“十三五”高等职业院校财会专业智能型教材

经全国财政职业教育教学指导委员会审定

# 会计信息化实训

## 用友ERP—U8 V10.1版

徐 沉 主编

PASS+ 会计学习系统 教学·实操·技能大赛



中国财经出版传媒集团
中国财政经济出版社

**图书在版编目（CIP）数据**

会计信息化实训：用友 ERP－U8 V10.1 版／徐沉主编．—北京：中国财政经济出版社，2017.3（2023.6重印）
“十三五”高等职业院校财会专业智能型教材
ISBN 978－7－5095－7328－0

Ⅰ.①会…　Ⅱ.①徐…　Ⅲ.①会计信息－财务管理系统－高等职业教育－教材　Ⅳ.①F232

中国版本图书馆 CIP 数据核字（2017）第 041690 号

责任编辑：马立祥　　　　责任校对：唐　堂
封面设计：孙俪铭

中国财政经济出版社出版
**URL**：http：//www.cfeph.cn
E－mail：cfeph @ cfeph.cn

社址：北京市海淀区阜成路甲 28 号　邮政编码：100142
营销中心电话：010－88191537　北京财经书店电话：64033436　84041336
北京中兴印刷有限公司印刷　各地新华书店经销
889×1194 毫米　16 开　25.5 印张　550 000 字
2017 年 3 月第 1 版　2023 年 6 月北京第13次印刷
定价：45.00 元
ISBN 978－7－5095－7328－0
（图书出现印装问题，本社负责调换）
本社质量投诉电话：010－88190744
**打击盗版举报热线：010－88191661　QQ：2242791300**

# 编写说明

为贯彻落实《国家中长期教育改革和发展规划纲要（2010—2020年）》，配合最新《高等职业学校专业教学标准（试行）》的实施，中国财经出版传媒集团特组织编写本书，参编团队由从事会计信息化教学的资深教师、相关行业企业与软件公司的信息化专家组成，兼具会计与计算机专业背景。本书为"'十三五'高等职业院校财会专业智能型教材"。

本着"实用、好用、够用"的编写原则，本书力图将课堂教学与信息化实操结合，方便会计信息化初学者及准备实施会计信息化的中小企业财务人员的使用。对于部分读者关心的会计技能大赛的相关内容，本书通过配套的PASS⁺会计学习系统做了拓展。

本书在编写时以《企业会计信息化工作规范》和高等职业教育相关专业标准中的"会计信息化"课程要求为依据，采用了完整的企业业务资料，设计了"系统管理初始设置信息化处理、基础档案设置信息化处理、总账管理系统信息化处理、业务系统初始设置信息化处理、采购与应付款管理系统日常业务信息化处理、销售与应收款管理系统日常业务信息化处理、库存管理系统日常业务信息化处理、固定资产管理系统信息化处理、薪资管理系统信息化处理、会计信息系统期末业务信息化处理、报表管理系统信息化处理"等十一个教学项目。这些项目涵盖了信息化的实施及经济业务的信息化处理等各个方面。

作为一本ERP管理软件的实训教材，本书的主要特点有：

1. 实用性。本书以工业企业一个月的完整经济业务为素材进行编写，包含一般企业常见的经济业务，所有经济业务内容均按实际工作以原始凭证形式呈现，有助于培养学生的观察与分析能力，提高会计职业素养。

2. 新体例。本书在内容编排上除了经济业务以原始凭证形式呈现外，还设计了业务分析、数据信息化、操作人员、信息化操作、知识要点等环节，对经济业务采取了分岗处理，便于实施教学内容，启发学生思考，强化会计职业的岗位要求。

3. 立体化。除了教材内容，本书还开发了配套教材资源，包括教学课件、电子教案、操作视频、分步骤账套及新道赛题等，以立体化的配套资源提供全面的教学支持。详情请访问 pass. cfeph. cn 或 cjjc. cfeph. cn。

本书具体编写分工为：项目一、项目二由赵廉编写；项目三、项目七由徐飞编写；项目四至项目六由徐沉编写；项目八、项目九由王咣茗编写；项目十、项目十一由施东云编写。徐沉负责本书的框架、体例、案例设计和全书的统稿工作。

本教材在编写过程中参阅了相关书籍，力求提供一本符合师生教学、财务人员实施信息化所用的指导教材，但由于水平限制、时间紧迫，书中难免有疏漏和不当之外，在此，恳请使用本书的老师和同学指正，以便我们今后完善。

编　者

2017 年 2 月

# 目录

项目 1

# 系统管理
# 初始设置信息化处理

**工作任务**

- 根据企业的实际情况完成企业 ERP 账套的建立工作
- 完成企业 ERP 账套的操作人员管理工作

**职业能力**

- 掌握企业账套建立所需的数据采集与分析能力
- 具备系统管理功能应用的能力

**知识要求**

- 能理解系统管理功能的内容及其重要性
- 能描述系统管理功能应用的处理流程

**技能要求**

- 能按企业的实际情况设置操作员及其权限
- 能按企业的实际情况合理建立核算账套，完成核算账套的信息化处理

# 实训一　用户设置信息化处理

【信息化要求】

会计信息系统中的用户是指有权登录系统，对会计信息系统进行操作的人员。设置用户主要是指将合法的用户增加到系统中，设置其用户名和初始密码，或对不再使用系统的人员进行注销其登录系统的权限等操作。信息化方式下，用户设置主要是指对用户进行增加、修改、删除和注销等操作，可以使会计信息系统的用户并不仅限于企业中的财务人员，业务部门的人员（如采购人员、销售人员或仓库管理人员）也可能要使用到会计信息系统中的相应功能。

在会计信息系统启用之前，为了协调各个子系统的使用，同时也为了系统的安全，对用户身份进行合法性检查，避免无关人员进入系统，应将对系统有操作权的用户录入系统，并指定相应的口令。

【业务描述】

2017 年 1 月 1 日，为了正确实施公司的会计信息化工作，通过查询公司财务部门相关文件资料，获得如下原始资料，如图 1－1 所示。

**企业财务会计机构设置、人员配备情况表**

| 企业名称（盖章）： | | 深圳市华威创新科技有限公司 | | | | 联系电话： | 0755-26656699 |
|---|---|---|---|---|---|---|---|
| 办公地址 | | 广东省深圳市南山区高新南四道18号创维半导体设计大厦北座18层 | | | | | |
| 财务会计机构设置 | | 财务会计机构人员配备明细 | | | | | |
| 名称 | 人数 | 姓名 | 岗位 | 职称 | 最高学历 | 身份证号码 | 会计从业资格证号码 |
| 财务部 | 1 | 郑静 | 财务经理 | 中级 | 研究生 | 110102197203243022 | 11023566634122 |
| 财务部 | 1 | 张学兵 | 财务副经理 | 中级 | 本科 | 440303197605213002 | 44015563225411 |
| 财务部 | 1 | 李蕊 | 会计主管 | 中级 | 本科 | 440307198011122203 | 44054654654646 |
| 财务部 | 1 | 张静仪 | 总账会计 | 初级 | 本科 | 530111198204262023 | 53011223221225 |
| 财务部 | 1 | 杨明 | 固定资产会计 | 初级 | 专科 | 44030519871211203X | 44023221123334 |
| 财务部 | 1 | 陈东 | 薪资会计 | 初级 | 专科 | 110102198908092023 | 11021222113544 |
| 财务部 | 1 | 李婷婷 | 出纳 | | 专科 | 310102199202222023 | 31033212231222 |
| | | | | | | | |
| | | | | | | | |
| | | | | | | | |

说明：会计从业资格证需要复印件

**图 1－1　［业务一　企业会计机构人员配备表］**

根据公司信息化要求，除了财务部人员外，采购部、销售部、仓储部的人员也要参与到信息化过程中来，并经公司研究决定，由采购部肖莹负责采购单据录入（具有公共单据、采购及库存权限），张瑜负责采购单据审核（具有公共单据、采购及库存权限）；销售部李倩负责销售单据录入（具有公共单据、销售及库存权限），王健负责销售单据审核（具有公共单据、销售及库存权限）；仓储部李伟负责库存单据录入（具有公共单据、库存及核算权限），宋春丽负责库存单据审核（具有公共单据、库存权限及核算）。

【业务分析】

该笔业务要求将公司会计信息化过程中所确定的使用会计信息系统的用户设置到系统中，便于以后在用户登录系统时，都能对用户的身份进行合法性检查，避免无关人员非法进入，保证系统的安全性。

【数据信息化】

数据来源：会计机构人员配备情况表、相关业务人员资料

根据以上业务资料采集得到会计信息系统用户信息化数据（见表 1－1）：

**表 1－1 会计信息系统用户信息化数据**

| 操作员编号 | 操作员姓名 | 操作员口令 | 操作员部门 |
| --- | --- | --- | --- |
| ZJ | 郑静 | 无 | 财务部 |
| ZXB | 张学兵 | 无 | 财务部 |
| LR | 李蕊 | 无 | 财务部 |
| ZJY | 张静仪 | 无 | 财务部 |
| YM | 杨明 | 无 | 财务部 |
| CD | 陈东 | 无 | 财务部 |
| LTT | 李婷婷 | 无 | 财务部 |
| XY | 肖莹 | 无 | 采购部 |
| ZY | 张瑜 | 无 | 采购部 |
| WJ | 王健 | 无 | 销售部 |
| LQ | 李倩 | 无 | 销售部 |
| SCL | 宋春丽 | 无 | 仓储部 |
| LW | 李伟 | 无 | 仓储部 |

【操作人员】

由具有用户管理权限的操作员［Admin 系统管理员］完成用户设置的操作，操作日期：2017 年 1 月 1 日。

【信息化操作】

（1）2017 年 1 月 1 日，由［Admin 系统管理员］执行【用友 U8】—【系统服务】—【系统管理】命令，打开【系统管理】窗口，如图 1－2 所示。

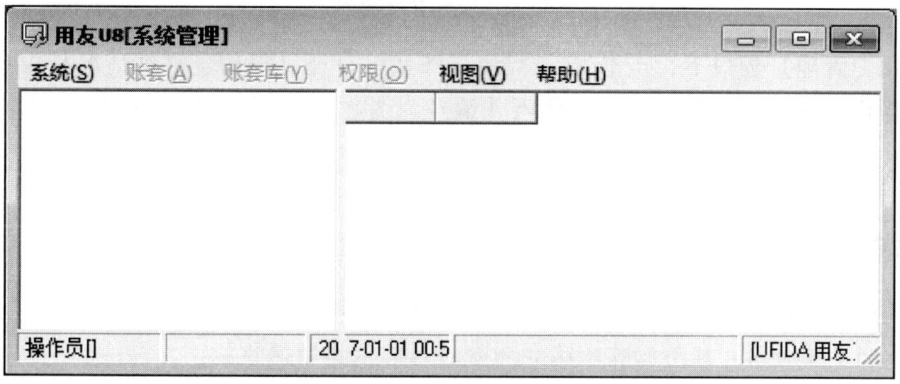


**图 1－2 系统管理**

（2）单击【系统】菜单，执行［注册］命令，打开系统管理【登录】窗口。

（3）在系统管理【登录】窗口下，输入［操作员］代码为“admin”，［密码］为空，［账套］为“（default）”，如图 1－3 所示。

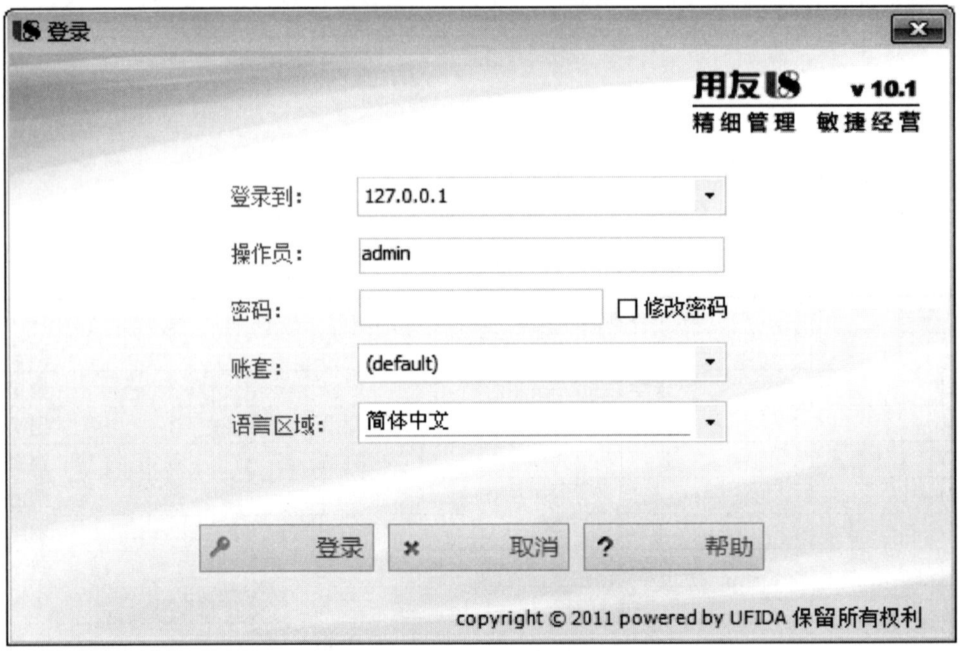


图 1－3　系统管理登录

（4）单击［登录］按钮，完成系统管理功能窗口的注册操作。

（5）在【系统管理】窗口下，执行【权限】—【用户】菜单命令，如图 1－4 所示，打开【用户管理】窗口。

图 1－4　用户管理菜单

（6）在【用户管理】窗口下，点击［增加］按钮，打开【操作员详细情况】窗口。

（7）在【操作员详细情况】窗口下，输入［编号］为“ZJ”，［姓名］为“郑静”，然后单击［增加］按钮，完成第一个用户的设置操作。如图 1－5 所示。

**知识要点**

①操作员编号在系统中必须保持唯一，操作员姓名可以重复。

②操作员一旦被引用，就不能被修改和删除，只能做注销操作。

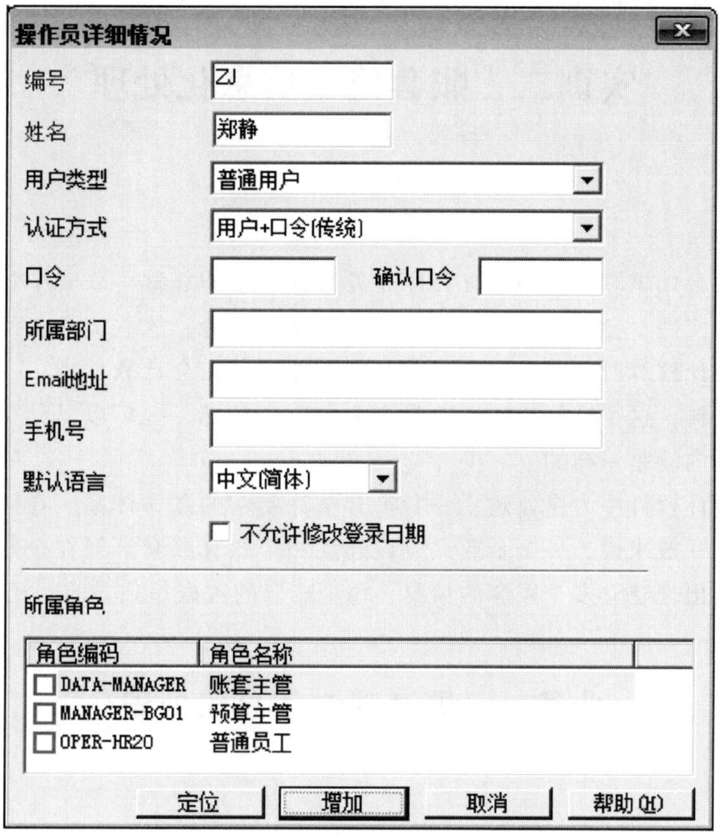


图1-5 操作人员详细情况—增加

（8）按以上方法，依次录入“会计信息系统用户信息化数据”表中的其他用户信息。结果如图1-6所示。

图1-6 用户管理

# 实训二　账套建立信息化处理

【信息化要求】

账套是指用来存放会计核算对象的所有会计业务数据文件的总称，账套中包含的计算机文件有会计科目文件、记账凭证文件、会计账簿文件、会计报表文件等等，这些文件之间相互联系，具有一定的逻辑关系，构成了会计核算对象完整的会计业务数据体系。在会计软件中，一个账套只能保存一个会计核算对象的业务资料，这个核算对象可以是企业的一个分部，也可以是整个企业集团，这和手工会计下会计核算对象的内涵是一样的。

建立账套是指在会计软件中为企业建立一套符合核算要求的账簿体系。在同一个会计软件中可以建立一个或多个账套。一般来说，一个企业只应该建立一个核算账套，但在企业存在多个会计核算对象的情况下，也可能会出现建立多个账套的情况，每个账套的数据是独立的，相互之间没有联系。

## 业务一　账套建立信息化处理

【业务描述】

2017 年 1 月 1 日，为了正确实施公司的会计信息化工作，建立公司的会计信息化账套，通过查询公司相关文件资料及会计政策，获得如下企业概况原始资料：

**（一）企业基本情况**

营业执照（副本）

统一社会信用代码　91440300MA5HDQ370L

名　　称　深圳华威创新科技有限公司

主体类型　有限责任公司

住　　所　广东省深圳市南山区高新南四道18号创维半导体设计大厦北座18层

法定代表人　李子明

成立日期　2015年10月26日

重要提示：1. 商事主体的经营范围由章程确定。经营范围中属于法律、法规规定应当经批准的项目，取得许可审批文件后方可开展相关经营活动。2. 商事主体经营范围和许可审批项目等有关事项及年报信息和其他信用信息，请登录深圳市市场和质量监督管理委员会商事主体信用信息公示平台（网址http://www.szcredit.com.cn）或扫描执照的二维码查询。3. 商事主体须于每年1月1日－6月30日向商事登记机关提交上一年度的年度报告。商事主体应当按照《企业信息公示暂行条例》等规定向社会公示商事主体信息。

登记机关

2015年10月26日

中华人民共和国国家工商行政管理总局监制

图 1－7　［业务一　企业营业执照］

企业名称：深圳华威创新科技有限公司（简称：华威创新）

经营范围：从事计算机信息科技领域内的技术开发、技术转让、技术咨询、技术服务；各类无人机的销售、租赁、批发、进出口及相关配套业务。

公司地址：广东省深圳市南山区高新南四道18号创维半导体设计大厦北座18层（邮编：518057）

企业类型：工业企业

法定代表人：李子明；财务主管：郑静

联系电话和传真：0755－26656699

统一社会信用代码（纳税人识别号）：91440300MA5HDQ370L

开户银行：工商银行深圳市南山区高新支行

账号：2086481614711133459

单位域名：www. hwcx. com. cn

电子邮件：hwcx@163. com

公司生产组织与生产工艺流程：公司生产部门下设两个生产车间，一车间生产PHANTOM系列和OSMO系列无人机，二车间生产INSPIRE系列和MAVIC系列无人机。公司在生产时，需要对生产成本按各系列无人机项目进行归集核算。

**（二）华威公司组织架构**

图1－8为华威公司组织机构图。

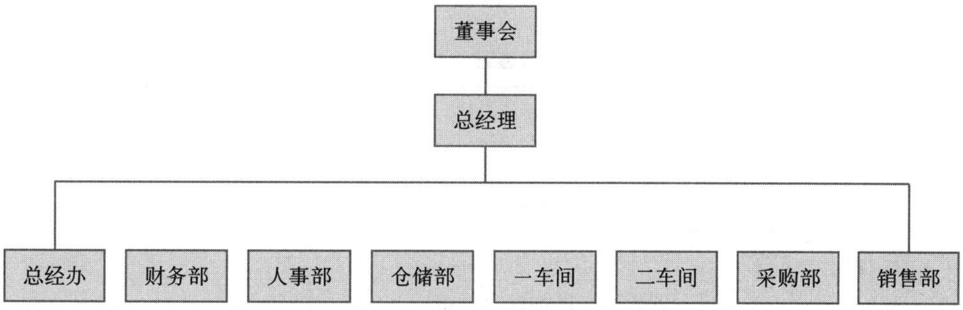


**图1－8 ［业务一 公司组织机构图］**

**（三）华威有限公司采用以下的会计政策和核算方法**

1. 公司为增值税一般纳税人，执行《企业会计准则》，增值税税率为17%，增值税采用当月计提，下月初交纳的方式。此外，公司按当期应交增值税税额的7%计算交纳城市维护建设税，按3%计算交纳教育费附加，按2%计算交纳地方教育费附加。公司企业所得税采用资产负债表债务法，除应收账款外，假设资产、负债的账面价值与其计税基础一致，未产生暂时性差异，企业所得税的计税依据为应纳税所得额，税率为25%，按月计提，按季预缴，全年汇算清缴。公司所有涉及的采购及销售业务均为无税单价。

2. 公司记账本位币为人民币，此外，还涉及美元及英镑外币业务。

3. 公司按存货分类进行管理，所有存货按照实际成本法核算，原材料出库成本按先进先出法计算，库存商品发出采用全月一次平均法计算成本，结转产品销售成本。

4. 产品成本计算采用品种法，设置直接材料、直接人工、制造费用三个成本项目；制造费用按生产工时比例在各种产品之间分配。

5. 公司承担的职工养老保险、医疗保险、失业保险、工伤保险、生育保险、住房公积金分别按20%、10%、1%、1%、0.8%、12%的比例计算；职工个人承担的养老保险、医疗保险、失业保险、住房公积金分别按8%、2%、0.2%、12%的比例计算。工会经费的计提比例为2%，职工教育经费的计提比例为2.5%，职工福利费按实际发生数列支。

6. 公司固定资产包括房屋及建筑物、生产设备、电子设备、运输设备，所有固定资产均为在用状态；公司固定资产折旧方法均采用平均年限法，按月计提折旧。

7. 公司对原材料供应商及客户采用分类方式进行管理。

8. 公司的损益结转采用账结法。

【业务分析】

该业务是为了建立企业账套而收集、准备的相关资料，通常为了建立账套需要了解企业的性质、经营范围、组织机构架构、企业的生产组织与生产工艺、存货管理方法、产成品成本的计算方法、企业职工薪酬的分配政策、固定资产管理的方法、客户及供应商的管理办法、会计核算政策等，在了解、掌握了相关资料后，开始建立企业账套，因为在账套建立过程中设置的参数有些一旦建立完成后就不允许进行修改，所以相关资料应准备充分、完整。账套的建立在用友 ERP 软件下应使用系统管理员身份通过“系统管理”功能完成，考虑到 ERP 软件的完整性及子系统间的衔接，在建立账套时要考虑需要启用的 ERP 软件的子系统。

【数据信息化】

数据来源：企业相关的经营资料

根据以上业务资料采集得到账套建立信息化数据（见表1－2）：

**表1－2　账套建立信息化数据**

| 账套信息 | 账套内容 |
|---|---|
| 账套号 | 777 |
| 账套名称 | 华威创新科技有限公司 |
| 启用会计期 | 2017.01 |
| 单位名称 | 华威创新科技有限公司 |
| 单位简称 | 华威创新 |
| 单位域名 | www.hwcx.com.cn |
| 单位地址 | 广东省深圳市南山区高新南四道18号创维半导体设计大厦北座18层 |
| 法人代表 | 李子明 |
| 联系电话 | 0755－26656699 |
| 电子邮件 | hwcx@163.com |
| 税号 | 91440300MA5HDQ370L |
| 行业性质 | 2007年新会计制度科目 |
| 账套主管 | 郑静 |
| 存货是否分类 | 是 |
| 客户是否分类 | 是 |
| 供应商是否分类 | 是 |
| 有无外币核算 | 有 |
| 科目编码级次 | 4222 |
| 客户、供应商、地区编码级次 | 233 |

续表

| 账套信息 | 账套内容 |
| --- | --- |
| 部门编码级次 | 122 |
| 结算方式编码级次 | 12 |
| 数据精度 | 2 |
| 启用系统 | 总账、薪酬、固定资产、应收应付、销售、采购、库存、存货核算 |
| 启用时间 | 2017. 01. 01 |

【操作人员】

由具有账套建立权限的操作员［Admin 系统管理员］完成账套建立的操作，操作日期：2017 年 1 月 1 日。

【信息化操作】

（1）2017 年 1 月 1 日，由［Admin 系统管理员］执行【用友 U8】—【系统服务】—【系统管理】命令，打开【系统管理】窗口，以系统管理员身份进行注册，然后单击【账套】菜单，选择【建立】命令，如图 1－9 所示。

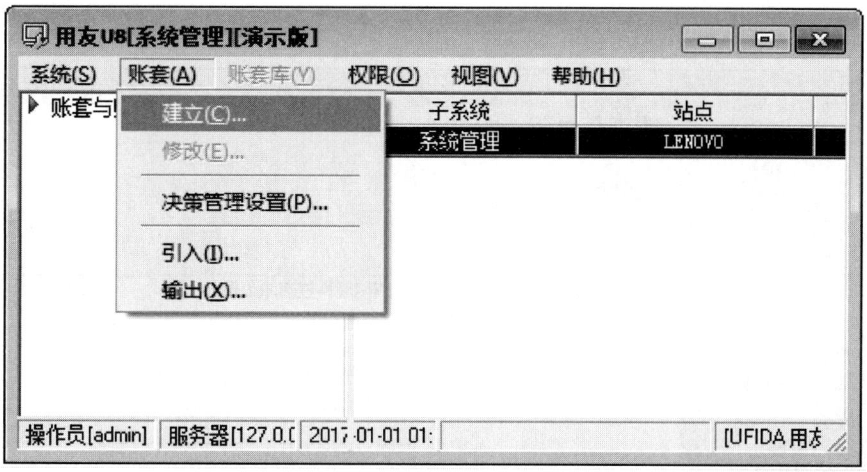


**图 1－9　系统管理—账套建立**

**知识要点**

①账套的建立操作只能由系统管理员 Admin 执行，其他任何人都没有账套建立的权限。

②用友 U8 中，账套号是账套的唯一标识，且账套号只能用三位数字编号，不能与已存账套号重复。

③账套的存放路径可以修改，在建立账套时，要注意账套的启用会计期间是否和计算机系统时间保持一致，否则会影响到以后的某些初始化操作。

（2）在【创建账套—建账方式】窗口下，选择［新建空白账套］单选按钮，如图 1－10 所示。

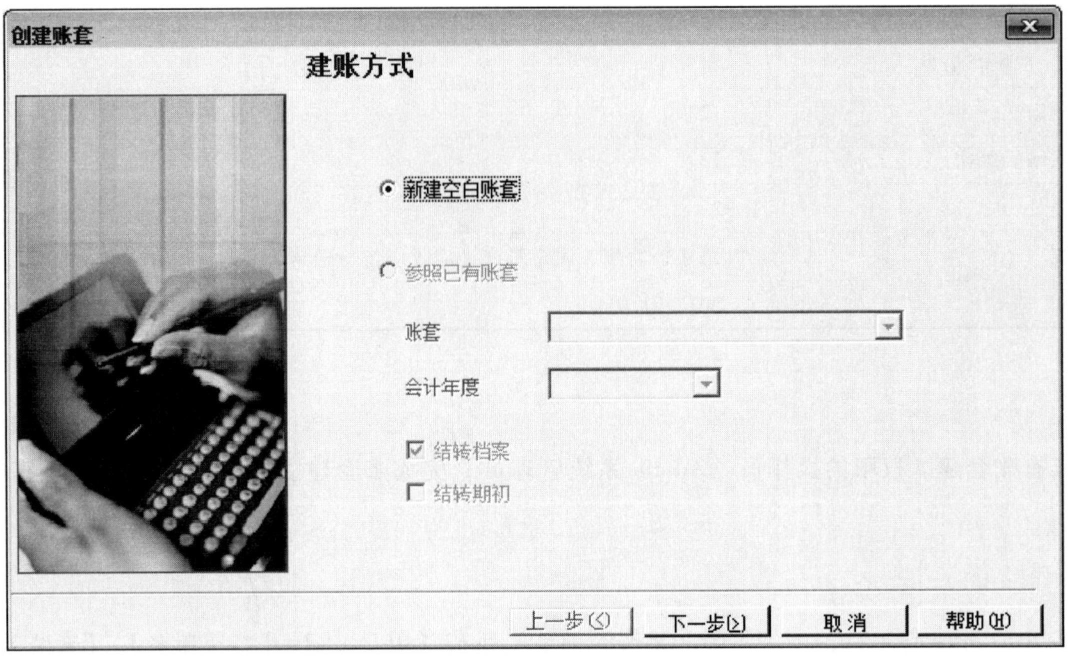


图 1-10　创建账套—建账方式

(3) 单击［下一步］，在【创建账套—账套信息】窗口下，输入［账套号］为“777”；［账套名称］为“华威创新科技有限公司”；［启用会计期］为“2017 年 1 月”。如图 1-11 所示。

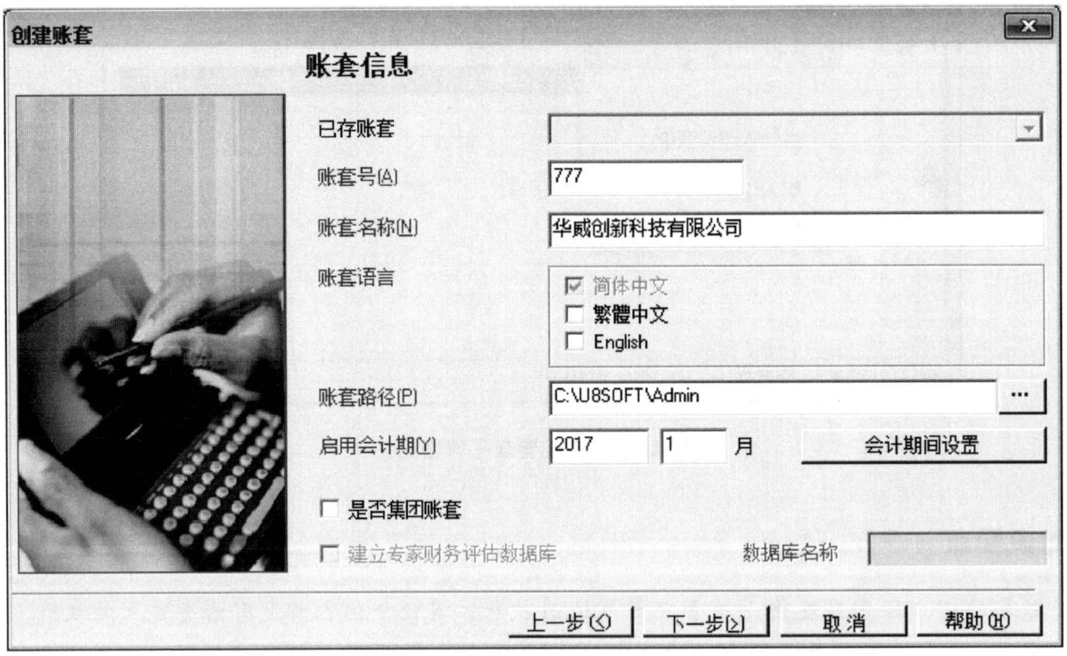


图 1-11　创建账套—账套信息

(4) 单击［下一步］，打开【创建账套—单位信息】窗口，依次输入［单位名称］为“华威创新科技有限公司”；［单位简称］为“华威创新”；［单位域名］为 www. hwcx. com. cn；［单位地址］为“广东省深圳市南山区高新南四道 18 号创维半导体设计大厦北座 18 层”；［法人代表］为“李子明”；［联系电话］为“0755-26656699”；［电子邮件］为 hwcx@ 163. com；［税号］为“91440300MA5HDQ370L”。如图 1-12 所示。

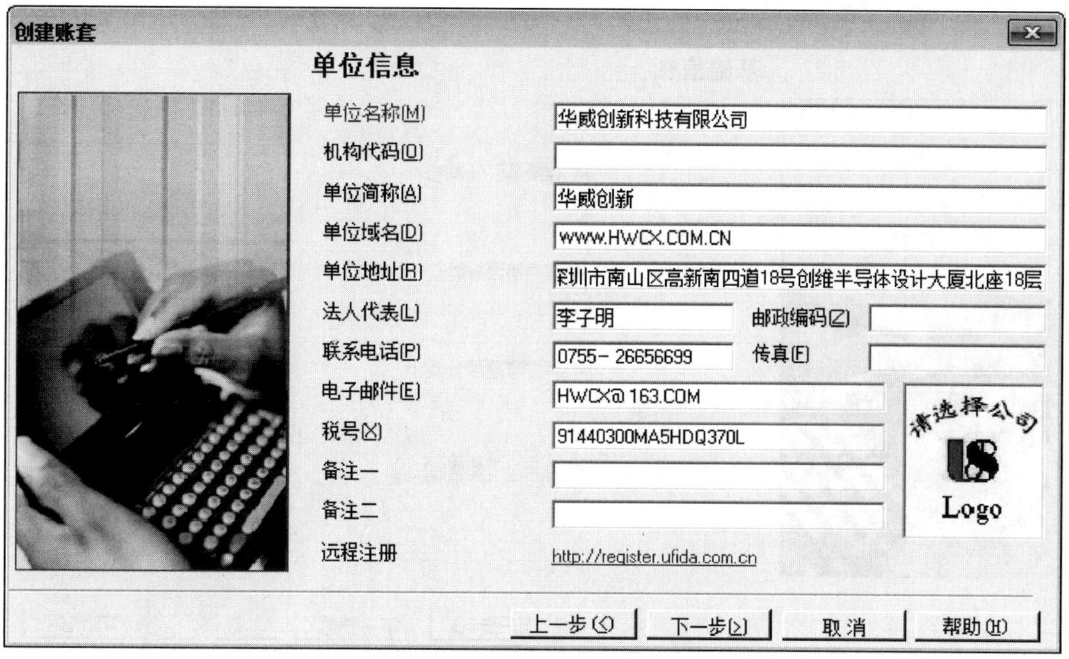


图 1-12　创建账套—单位信息

（5）单击［下一步］，打开【创建账套—核算类型】窗口，选择［行业性质］为“2007 年新会计制度科目”；［账套主管］为“ZJ 郑静”；其余采用默认值，如图 1-13 所示。

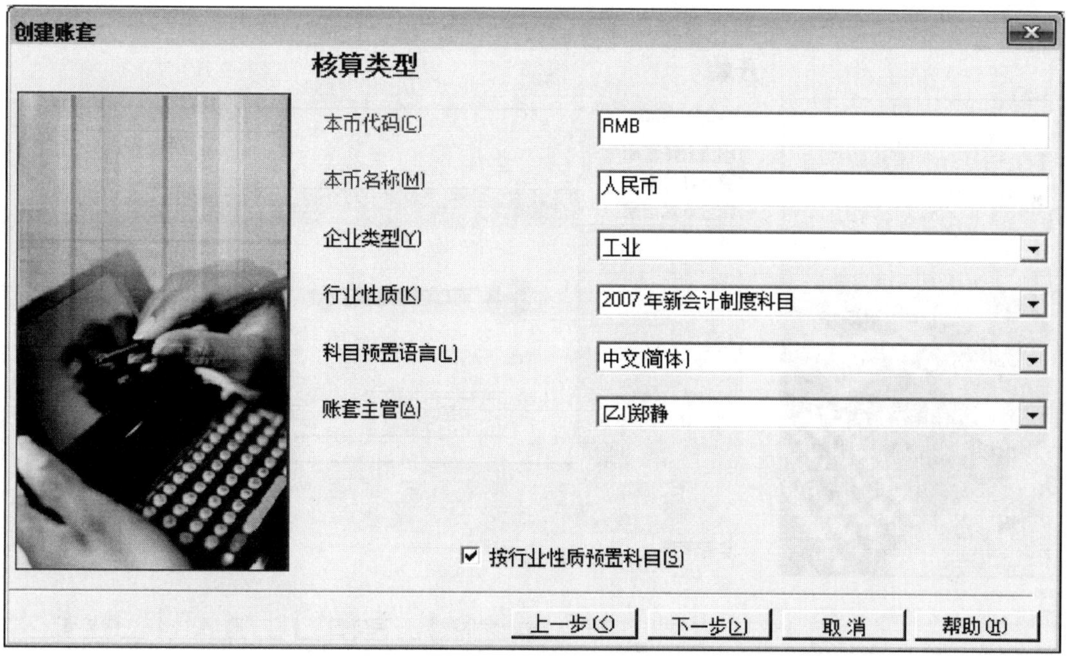


图 1-13　创建账套—核算类型

（6）单击［下一步］，打开【创建账套—基础信息】窗口，按账套建立信息化数据表的要求依次选中［存货是否分类］、［客户是否分类］、［供应商是否分类］、［有无外币核算］复选框，如图 1-14 所示。

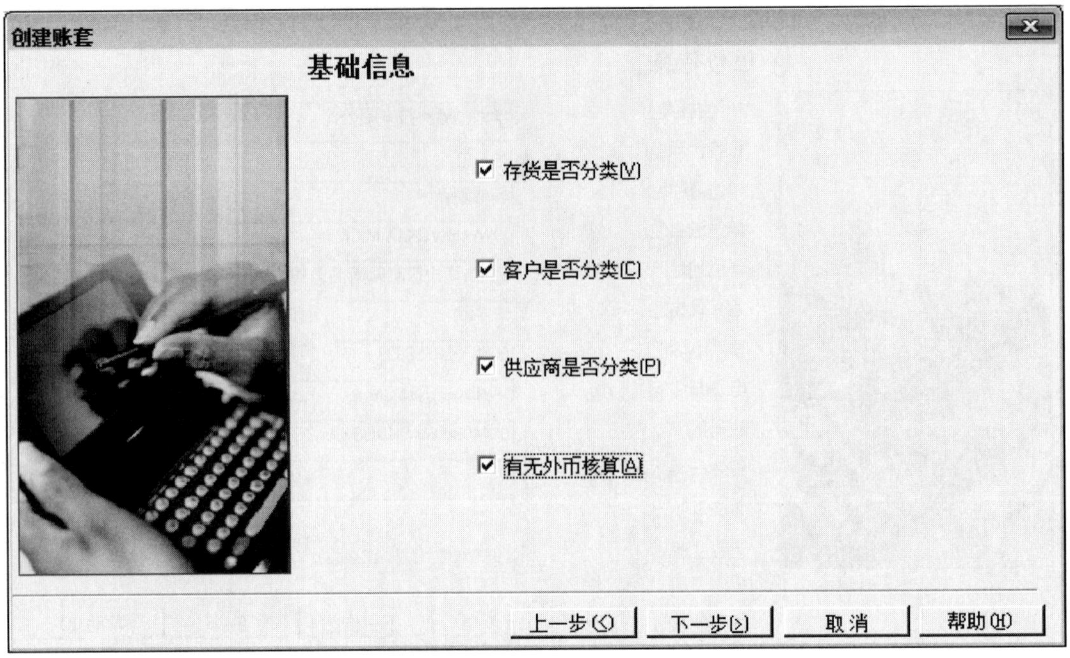


图 1－14 创建账套—基础信息

（7）单击［下一步］，打开【创建账套—开始】窗口，再单击［完成］按钮，系统提示“可以创建账套了吗?”，单击［是］按钮，系统开始根据之前所确定的信息创建账套，如图 1－15 所示。

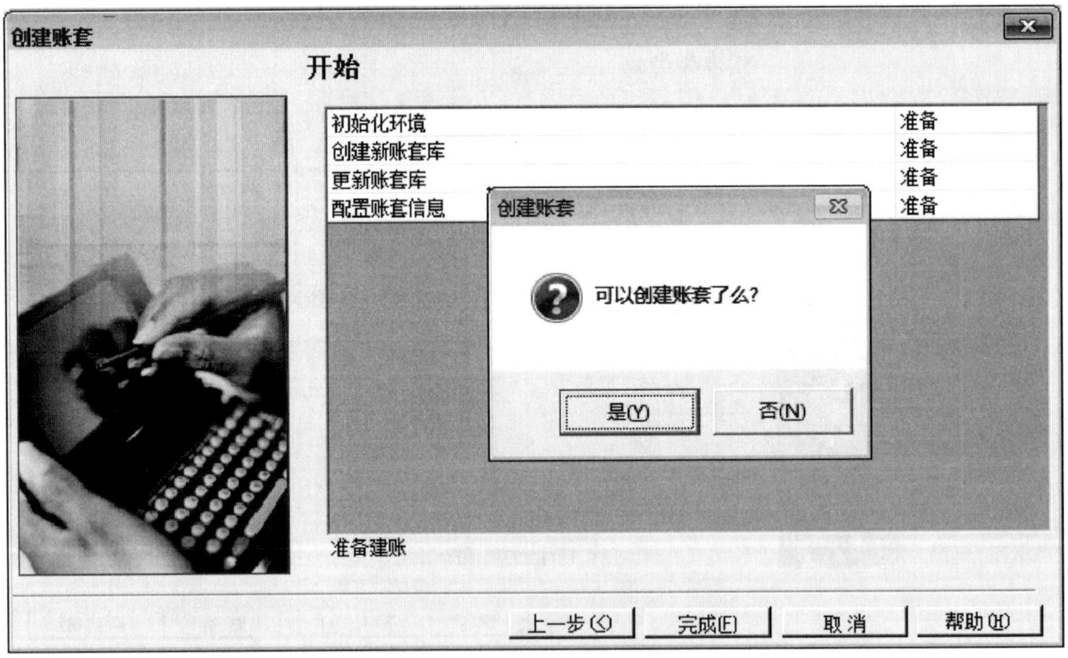


图 1－15 创建账套—开始

（8）账套创建过程中，系统打开【编码方案】窗口，按要求依次修改［科目编码级次］为“4－2－2－2”；［客户分类编码级次］为“2－3－3”；［供应商编码级次］为“2－3－3”；［地区分类编码级次］为“2－3－3”；［部门编码级次］为“1－2－2”；［结算方式编码级次］为“1－2”；其余信息采用默认值，如图 1－16 所示。

| 项目 | 最大级数 | 最大长度 | 单级最大长度 | 第1级 | 第2级 | 第3级 | 第4级 | 第5级 | 第6级 | 第7级 | 第8级 | 第9级 |
|---|---|---|---|---|---|---|---|---|---|---|---|---|
| 科目编码级次 | 13 | 40 | 9 | 4 | 2 | 2 | 2 | | | | | |
| 客户分类编码级次 | 5 | 12 | 9 | 2 | 3 | 3 | | | | | | |
| 供应商分类编码级次 | 5 | 12 | 9 | 2 | 3 | 3 | | | | | | |
| 存货分类编码级次 | 8 | 12 | 9 | 2 | 2 | 2 | 2 | 3 | | | | |
| 部门编码级次 | 9 | 12 | 9 | 1 | 2 | 2 | | | | | | |
| 地区分类编码级次 | 5 | 12 | 9 | 2 | 3 | 3 | | | | | | |
| 费用项目分类 | 5 | 12 | 9 | 1 | 2 | | | | | | | |
| 结算方式编码级次 | 2 | 3 | 3 | 1 | 2 | | | | | | | |
| 货位编码级次 | 8 | 20 | 9 | 2 | 3 | 4 | | | | | | |
| 收发类别编码级次 | 3 | 5 | 5 | 1 | 1 | 1 | | | | | | |
| 项目设备 | 8 | 30 | 9 | 2 | 2 | | | | | | | |
| 责任中心分类档案 | 5 | 30 | 9 | 2 | 2 | | | | | | | |
| 项目要素分类档案 | 6 | 30 | 9 | 2 | 2 | | | | | | | |
| 客户权限组级次 | 5 | 12 | 9 | 2 | 3 | 4 | | | | | | |

图 1-16　账套建立—编码方案

（9）单击［确定］按钮，再单击［取消］按钮，系统打开【数据精度】窗口，确认所有数据的小数位都为“2”，如图 1-17 所示。

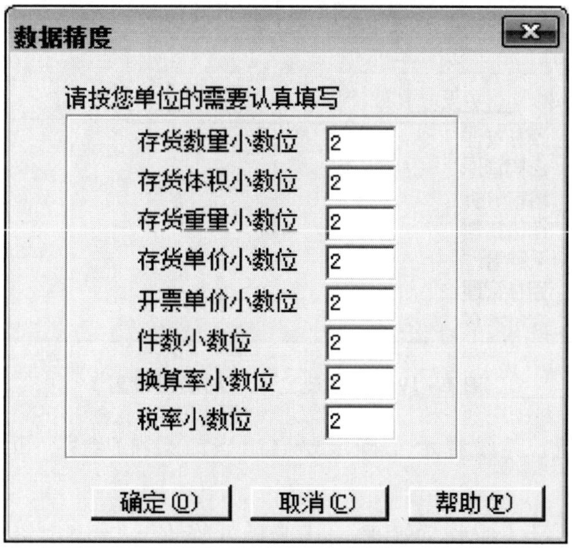


图 1-17　账套建立—数据精度

（10）单击［确定］按钮，系统经过短时建账过程，出现建账成功提示，如图 1－18 所示。

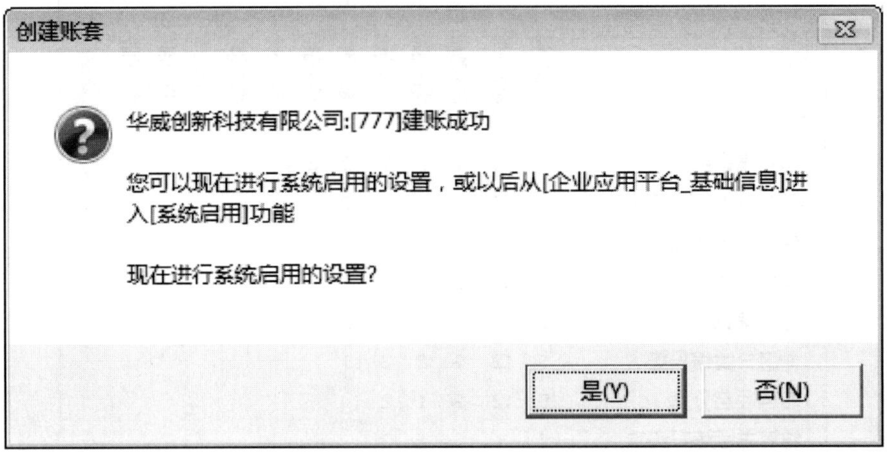


图 1－18　账套建立—建账成功

（11）单击［是］按钮，系统打开【系统启用】窗口，再单击［GL］前的复选框，打开［日历］选择器，选择总账的启用日期为“2017－01－01”，如图 1－19 所示。

图 1－19　账套建立—系统启用设置 1

（12）单击［确定］按钮，系统提示“确定要启用当前系统吗?”，再单击［是］按钮，完成总账系统的启用操作。

（13）依此方法，依次启用［应收款管理］、［应付款管理］、［固定资产］、［销售管理］、［采购管理］、［库存管理］、［存货核算］、［薪资管理］系统。结果如图 1－20 所示。

图1-20 账套建立—系统启用设置2

（14）系统启用完毕后，单击［退出］按钮，系统提示“请进入企业应用平台进行业务操作!”，如图1-21所示，单击［确定］按钮完成整个账套的建立过程。

图1-21 账套建立—结束提示

## 业务二 账套参数修改信息化处理

【业务描述】

2017年1月1日，在初次完成账套建立，尚未使用企业应用平台对业务及会计工作进行处理时，发现在建立账套时企业的传真号码0755-26656699漏填。

【业务分析】

本业务要求对在账套建立过程中设置错误的参数进行修改。账套参数的修改是有条件的，一般应该在账套还未使用之前进行，而且部分数据是不能进行修改的，如账套号、启用日期等，账套在使用后已经使用过的账套参数也将不再允许修改。

【数据信息化】

账套修改内容：传真号码 0755－26656699

【操作人员】

由具有账套修改权限的操作员［ZJ 郑静］完成账套修改操作，操作日期：2017 年 1 月 1 日。

【信息化操作】

◎前置操作：已经设置了账套主管。

（1）2017 年 1 月 1 日，由财务部账套主管［ZJ 郑静］进入系统【登录】窗口，如图 1－22 所示。

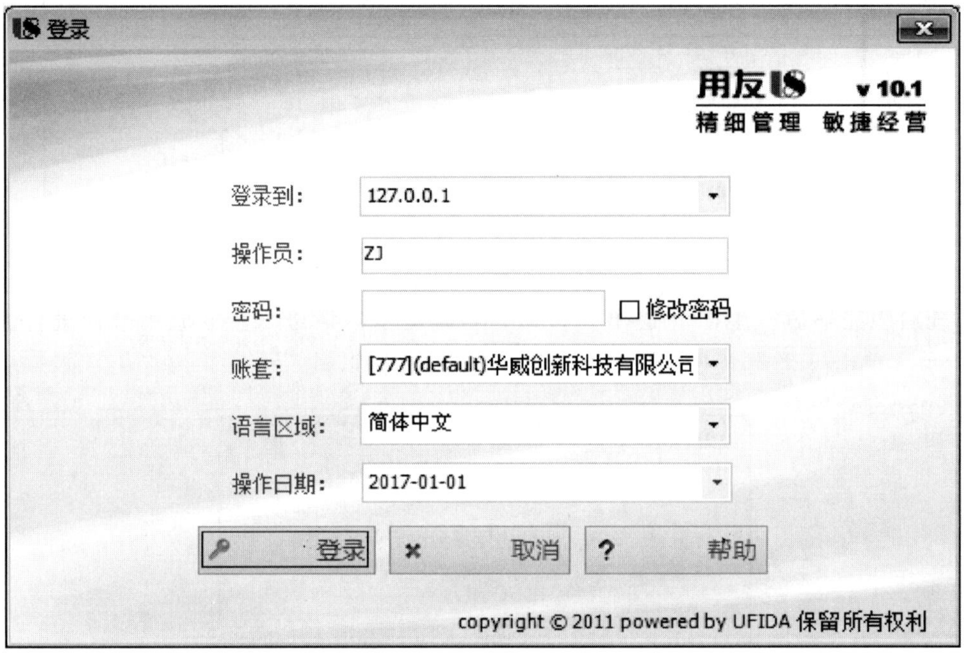


图 1－22　账套主管登录

（2）单击［登录］，选择【账套—修改】菜单命令，如图 1－23 所示。

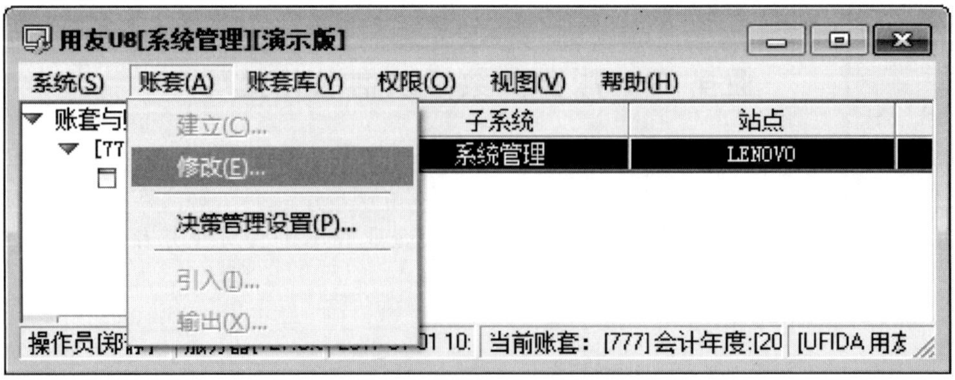


图 1－23　系统管理—账套修改

（3）系统打开【修改账套】对话框，单击［下一步］按钮，直到找到【修改账套—单位信息】对话框，在［传真］栏输入“0755－26656699”，如图1－24所示。

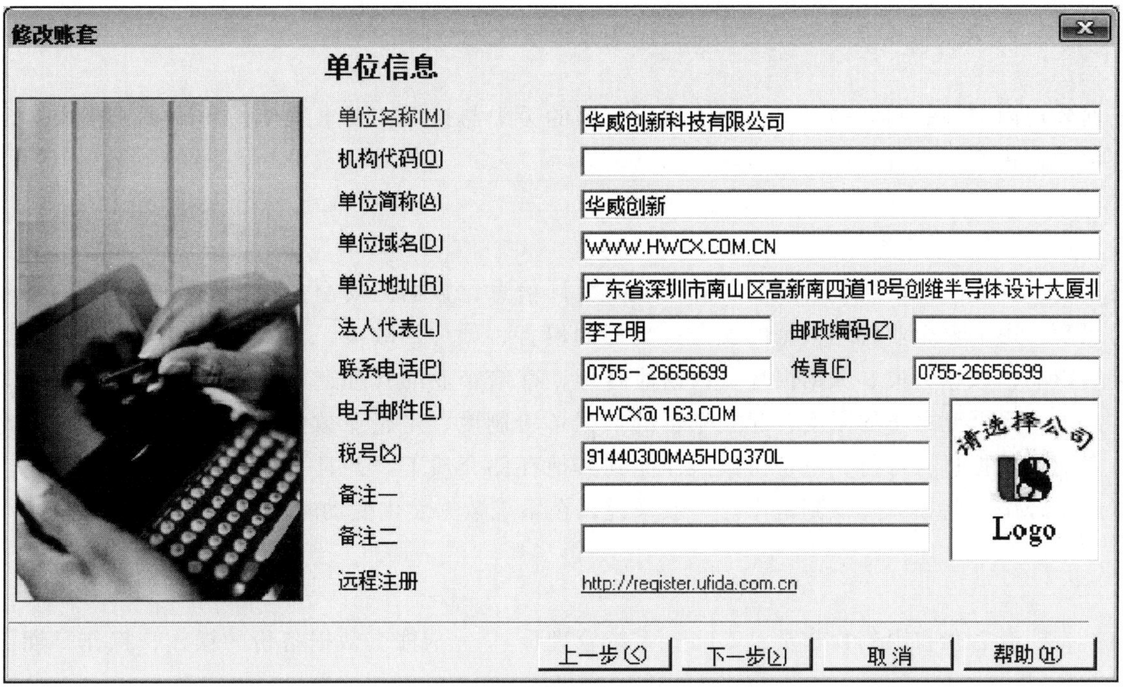


图1－24　修改账套—单位信息

（4）单击［下一步］，直到出现【修改账套—基础信息】窗口，再单击［完成］按钮，系统提示“确认修改账套了吗?”，单击［是］按钮确认，并在【编码方案】及【数据精度】窗口继续单击［确定］，完成对账套参数的修改，如图1－25所示。

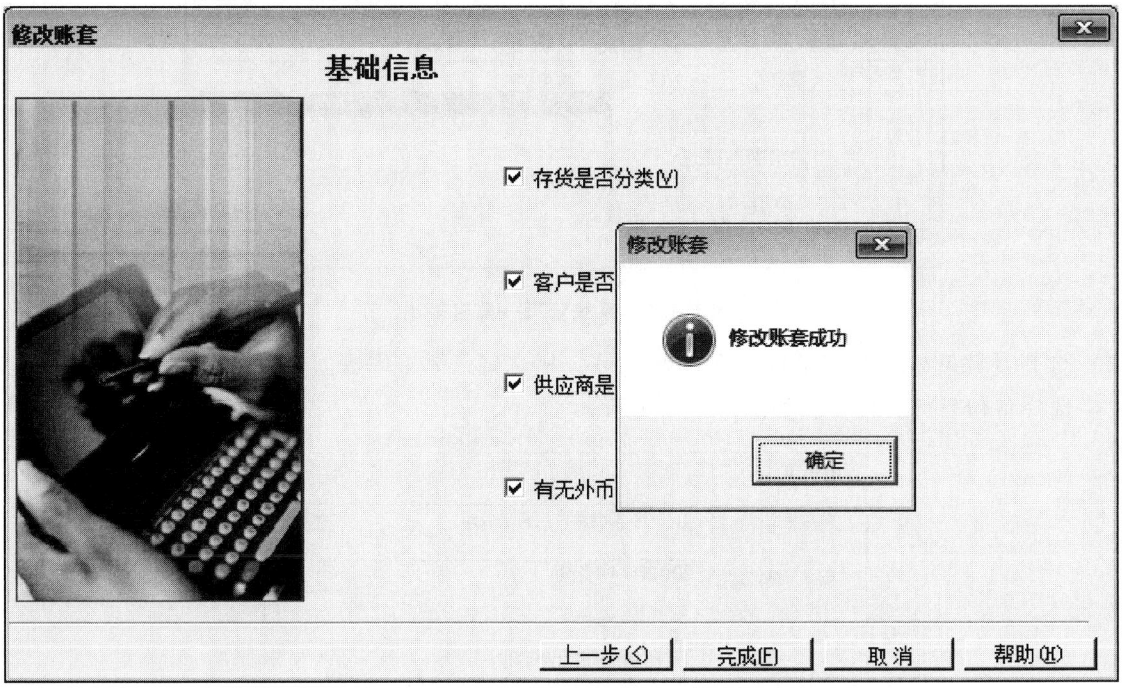


图1－25　修改账套成功

## 业务三　账套备份信息化处理

【业务描述】

根据公司内部控制制度的要求，为了防止数据的丢失与损坏，要求操作员每周必须至少对企业会计信息化数据进行一次备份。

【业务分析】

在实现了企业会计信息化管理后，对企业的会计信息化数据的安全性提出更高的要求。众多不可确定的因素，影响着企业管理数据的安全：病毒的侵害、硬件的故障、自然灾害等，都对数据安全有着直接的影响；数据丢失、数据损坏、数据泄露等，都给企业的管理造成极大的困扰。为了保护数据安全，让损失降低到最小的限度，建立完备的数据备份制度，是企业数据安全的制度保障。因此，操作员应定期对数据进行备份，将备份数据存储到其他存储介质上，并且在数据出现损失的时候，能恢复数据到系统中，将损失降低到最小。一般来说，在系统数据发生变动时都应该进行备份保存。

【操作人员】

由具有账套备份权限的操作员［Admin 系统管理员］完成账套数据备份的操作，操作日期：2017年1月1日。

【信息化操作】

（1）2017年1月1日，由［Admin 系统管理员］登录【系统管理】，选择【账套—输出】命令，如图1－26所示。

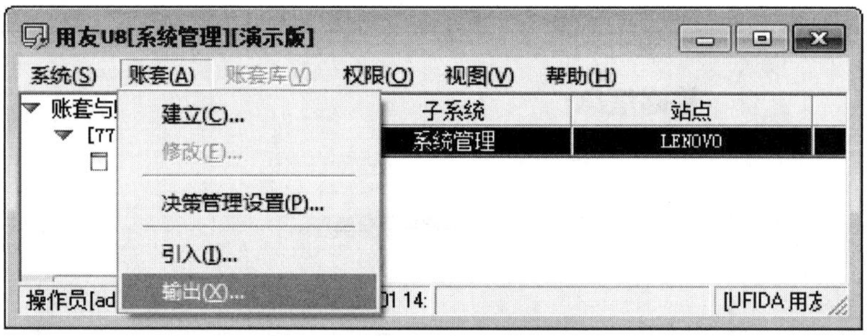


图1－26　系统管理—账套输出

（2）打开【账套输出】对话框，在［账套号］栏选择“777 华威创新科技有限公司”，［输出文件位置］栏选择备份目标文件夹，如图1－27所示。

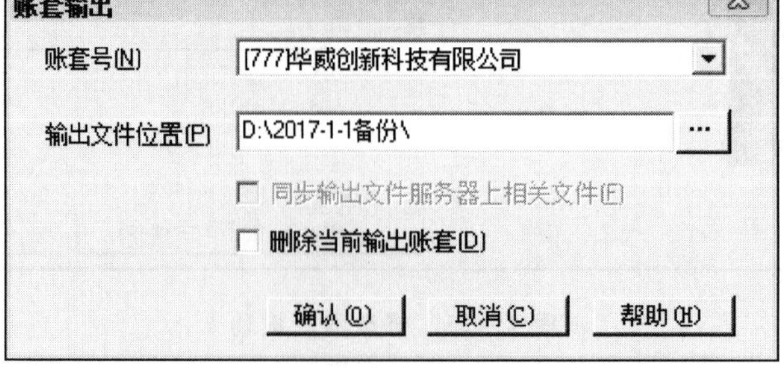


图1－27　账套输出选择

（3）单击［确认］按钮，系统自动完成账套备份并给出提示信息。

**知识要点**

不需要的账套也可以删除，账套的删除在账套备份的过程中完成，账套只有被强制备份后，才能被删除。

## 业务四 账套恢复信息化处理

【业务描述】

因公司会计信息系统服务器故障，部分数据丢失，需利用前期工作中最近一次的备份数据进行恢复。

【业务分析】

该业务是对备份数据所做的恢复操作。数据备份输出的账套数据，只有通过数据的引入才能在系统中使用，数据备份与数据的引入是一对相反的操作，备份的数据只有通过数据的引入才能体现其价值，而数据的备份则是数据引入的前提。数据的引入也是数据迁移的重要方式，一台计算机上的数据要移动到另外一台计算机上，也可利用备份、引入操作来完成。另外，子公司的账套数据也可引入集团公司的系统中，以方便集团公司对数据进行合并、分析。

【操作人员】

由具有账套恢复权限的操作员［Admin 系统管理员］完成账套数据引入的操作，操作日期：2017年1月1日。

【信息化操作】

（1）2017年1月1日，由［Admin 系统管理员］登录【系统管理】，选择【账套—引入】命令，如图1-28所示。

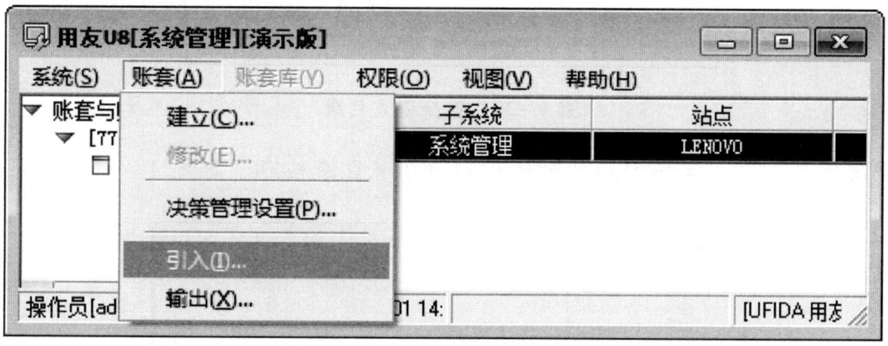


**图1-28 系统管理—账套引入**

（2）在【请选择账套备份文件】对话框下，选择备份文件夹中需要引入的备份文件“UfErpAct. Lst”，如图1-29所示。

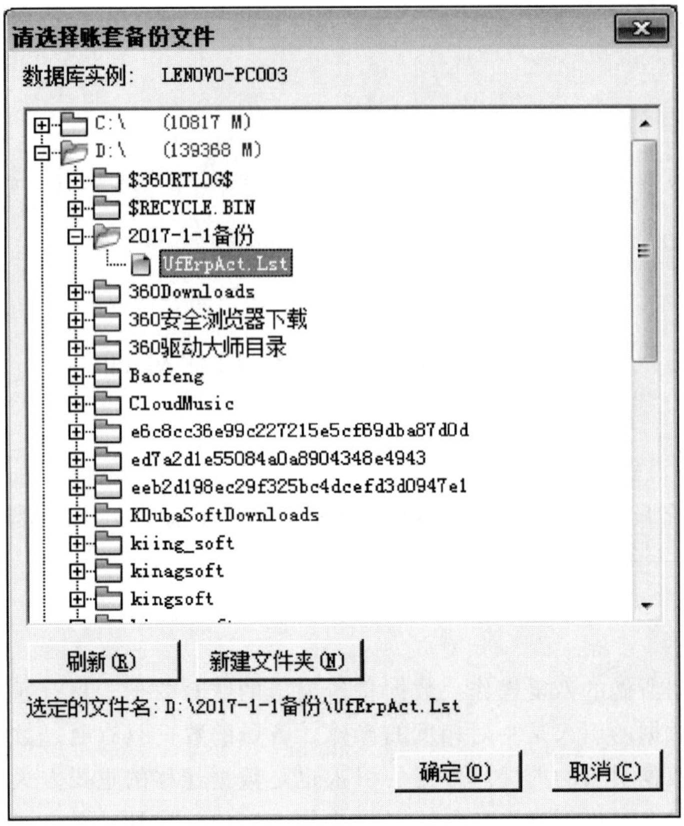


图 1-29 选择引入文件

（3）单击［确定］按钮，返回【系统管理】窗口，确认当前默认路径为引入目录，如图 1-30 所示。

图 1-30 选择引入目录

（4）单击［确定］按钮，系统经过短时操作自动引入账套成功，如图 1-31 所示。

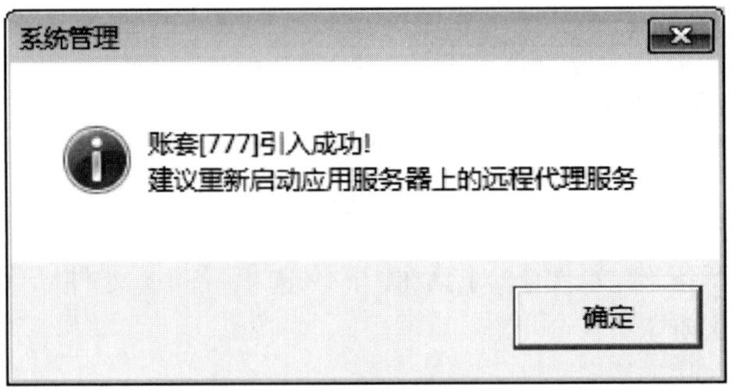


图 1-31 账套引入成功

# 实训三　操作人员权限设置信息化处理

【信息化要求】

根据企业内部控制制度的要求，在系统使用之前，系统操作员要有严格的岗位分工，严禁越权行为的发生，操作员权限的设置即是对岗位分工的具体体现。在增加用户后，一般应该根据用户在企业核算工作中所担任的职务、分工来设置、修改其对各功能模块的操作权限。通过设置权限，用户不能进行没有权限的操作，也不能查看没有权限的数据。如总账模块的工作可以交由一个人来完成，即将总账模块的所有权限赋予这个操作员，当然，也可以交由两个或更多的人来操作，这时将需做出更多的明细权限的设置。

【业务描述】

2017 年 1 月 1 日，取得“企业会计机构人员配备表”（图 1－1），同时，根据公司信息化要求，采购部肖莹负责采购单据录入，张瑜负责单据审核；销售部李倩负责销售单据录入，王健负责单据审核；仓储部李伟负责库存单据录入，宋春丽负责单据审核。

【业务分析】

该业务是对系统用户所作的财务分工及权限控制，根据内部控制的要求及企业实际工作岗位的设置，需要对各系统用户的操作权限进行授权及限定，以明确各人的职责及权利，更好地对企业的经营进行管理。在设置权限时，应考虑企业内部控制制度对各业务、财务岗位的控制规范。

【数据信息化】

数据来源：企业会计机构人员配备表、企业内部控制规范

根据以上业务资料及信息系统的要求得到操作员权限设置信息化数据（见表 1－3）：

**表 1－3　操作员权限设置信息化数据**

| 操作员编号 | 操作员姓名 | 操作员身份 | 操作员权限 |
|---|---|---|---|
| ZJ | 郑静 | 财务经理 | 账套主管（全部系统功能） |
| ZXB | 张学兵 | 财务副经理 | 账套主管（全部系统功能） |
| LR | 李蕊 | 会计主管 | 财务会计、管理会计、供应链、生产制造全部功能 |
| ZJY | 张静仪 | 总账会计 | 总账全部功能、应收款管理、应付款管理、固定资产、薪资管理、存货核算全部功能 |
| YM | 杨明 | 固定资产会计 | 固定资产全部功能 |
| CD | 陈东 | 薪资会计 | 薪资管理全部功能 |
| LTT | 李婷婷 | 出纳 | 总账出纳签字功能、出纳功能、出纳管理功能、收付款单填制、选择收款和付款权限 |
| XY | 肖莹 | 采购主管 | 公共单据、采购及库存权限 |
| ZY | 张瑜 | 采购管理人员 | 公共单据、采购及库存权限 |
| WJ | 王健 | 销售主管 | 公共单据、销售及库存权限 |
| LQ | 李倩 | 销售管理人员 | 公共单据、销售及库存权限 |
| SCL | 宋春丽 | 仓储主管 | 公共单据、库存及核算权限 |
| LW | 李伟 | 仓储管理人员 | 公共单据、库存及核算权限 |

【操作人员】

由具有财务分工权限的操作员［Admin 系统管理员］或财务部［ZJ 郑静］完成用户权限设置的操作，操作日期：2017 年 1 月 1 日。

【信息化操作】

（1）2017 年 1 月 1 日，由［Admin 系统管理员］登录【系统管理】窗口，选择【权限—权限】菜单命令，如图 1－32 所示。

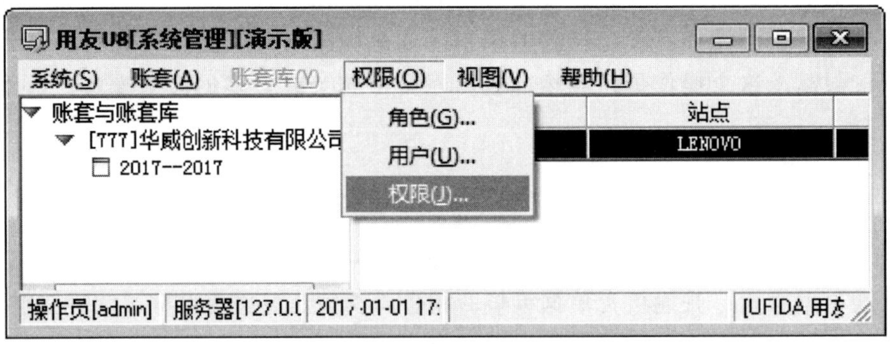


图 1－32　系统管理—权限设置

（2）打开【操作员权限】窗口，先选取左侧栏目中需要授权的操作员［李蕊］，在右上方选择授权账套“777”，然后单击［修改］按钮，在右侧栏目中选中［财务会计］、［管理会计］、［供应链］、［生产制造］四个复选框。结果如图 1－33 所示。

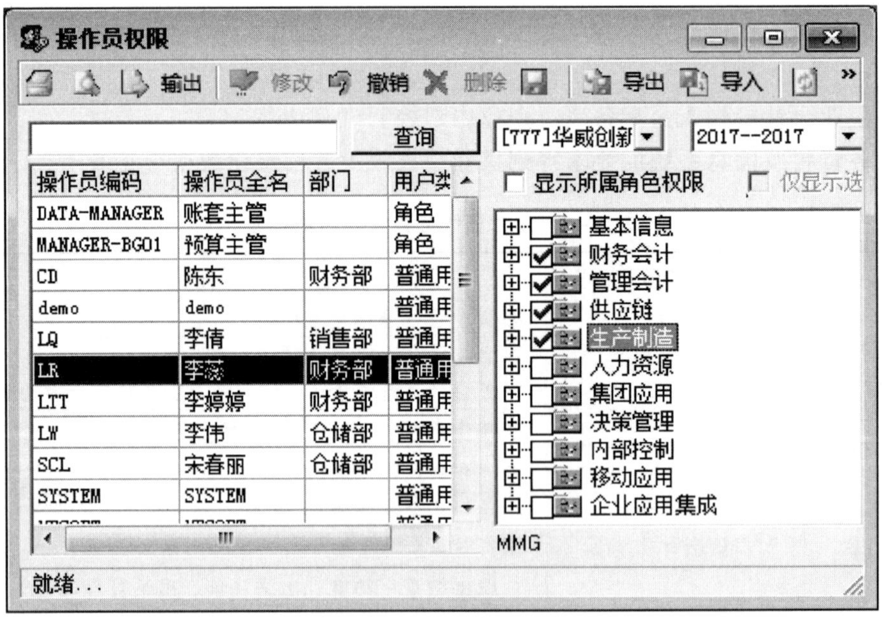


图 1－33　操作员权限设置

（3）确定完权限后，然后单击［保存］按钮，完成对用户“李蕊”的权限设置操作。

（4）按照以上方法，完成其他用户的权限设置操作。

## 知识要点

### 系统管理员 admin 与账套主管的权限区别

①系统管理员拥有账套管理的最大管理权，账套主管拥有账套的最大使用权。

②系统管理员负责用户的管理（增加、删除、修改），账套主管不能使用用户管理权限。

③系统管理员及账套主管都可以授权，但只有系统管理员才能指定账套主管。

④账套的修改及所有涉及年度账的处理都只能由账套主管负责，而账套的备份及删除账套的工作由系统管理员负责。

⑤账套主管拥有整个账套的最大使用权，而系统管理员不能处理具体的会计业务。

项目 2

# 基础档案设置信息化处理

**工作任务**

- 根据企业的实际情况完成企业基础档案及数据的收集、分类及整理
- 完成企业基础档案数据的信息化设计工作
- 完成企业基础档案数据的信息化处理工作

**职业能力**

- 具备基础档案数据的采集与分析能力
- 具备基础档案数据的信息化处理能力

**知识要求**

- 能理解企业基础档案信息设置的重要性与合理性
- 能描述基础档案信息设置的作用及意义

**技能要求**

- 能完成企业基础档案的归类、整理
- 能完成企业基础档案的信息化设计
- 能完成企业基础档案的信息化处理

# 实训一 机构人员设置信息化处理

【信息化要求】

机构人员设置包括部门信息及职员信息设置，在企业的财务业务工作中，各类经济业务的发生都会涉及到部门及人员，设置机构人员信息便于对各项经济业务的发生按部门或按人员进行归集、整理，同时，人员信息也是薪资管理的基础数据。对于机构人员的设置应满足企业日常经营及内部管理的需要，同时也要符合信息化系统对数据处理的要求，所以，科学合理的机构人员信息化设计，是保障企业会计信息系统准确、有效运行的保障。

## 业务一 部门档案设置信息化处理

【业务描述】

为了保证企业信息化过程中对部门核算的要求，2017 年 1 月 1 日通过企业办公室取得“企业机构设置情况表”，如图 2－1 所示。

企业机构设置情况表

| 企业名称（盖章）： | 深圳市华威创新科技有限公司 | 联系电话： | 0755-26656699 |
|---|---|---|---|
| 办公地址： | 广东省深圳市南山区高新南四道18号创维半导体设计大厦北座18层 | | |
| 企业领导情况 | | | |
| 职务 | 姓名 | 分管业务及部门 | 联系方式 |
| 董事长 | 李子明 | 企业发展及规划 | 0755-26658888 |
| 总经理 | 张国明 | 执行董事会决议，负责公司全面工作 | 0755-26658889 |
| 总经办 | 杨洋 | 负责公司日常行政事务 | 0755-26658891 |
| 一车间 | 邢杰 | 负责一车间生产、管理工作 | 0755-26658892 |
| 二车间 | 李月 | 负责二车间生产、管理工作 | 0755-26658893 |
| 财务部 | 郑静 | 负责公司财务管理工作 | 0755-26658894 |
| 销售部 | 王健 | 负责公司的销售管理工作 | 0755-26658895 |
| 采购部 | 张瑜 | 负责公司的采购管理工作 | 0755-26658896 |
| 仓储部 | 宋春丽 | 负责公司产品的入库、出库工作 | 0755-26658897 |
| 人事部 | 刘涛 | 负责公司人事、劳动合同、文档资料管理 | 0755-26658898 |

**图 2－1 ［业务一 企业机构设置情况表］**

【业务分析】

该业务要求在使用会计信息系统进行日常财务业务工作之前，应设置部门档案，以便于按部门进行数据的汇总和分析。部门指某使用单位下辖的具有分别进行财务核算或业务管理要求的单元体，可以是实际中的部门机构，也可以是虚拟的核算单元。

【数据信息化】

数据来源：企业机构设置情况表

根据以上业务资料及信息系统的要求得到部门档案信息化数据（见表2－1）：

**表2－1　部门档案信息化数据**

| 部门编码 | 部门名称 | 负责人 | 部门属性 |
|---|---|---|---|
| 1 | 总经办 | 杨洋 | 综合管理 |
| 2 | 财务部 | 郑静 | 财务管理 |
| 3 | 人事部 | 刘涛 | 人事管理 |
| 4 | 仓储部 | 宋春丽 | 仓储管理 |
| 5 | 一车间 | 邢杰 | 生产管理 |
| 6 | 二车间 | 李月 | 生产管理 |
| 7 | 采购部 | 张瑜 | 采购管理 |
| 8 | 销售部 | 王健 | 销售管理 |

【操作人员】

由具有部门档案设置权限的操作员或财务部［ZJ 郑静］进行部门档案设置操作，操作日期：2017年1月1日。

【信息化操作】

（1）2017年1月1日，由财务部［ZJ 郑静］执行【开始】—【所有程序】—【用友 U8】—【 企业应用平台】，打开登录对话框，在［操作员］栏输入“ZJ”；［密码］栏为空密码；单击［账套］栏右侧黑色倒三角选择“777 华威创新科技有限公司”；［操作日期］选择“2017－01－01”。如图2－2所示。

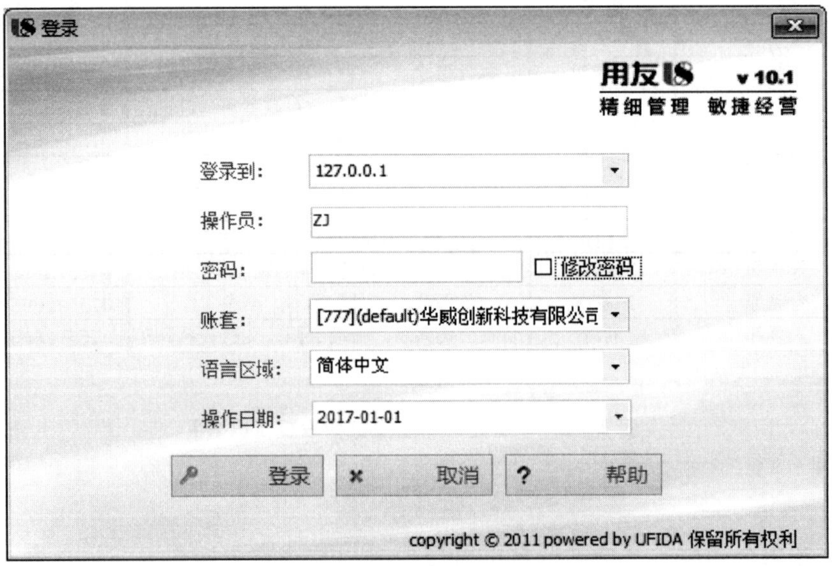


**图2－2　企业应用平台登录**

（2）单击［登录］按钮，执行【基础设置】—【基础档案】—【机构人员】—【部门档案】，打开【部门档案】窗口。单击［增加］按钮，在［部门编码］栏输入“1”；［部门名称］栏输入“总经办”；［部门属性］栏输入“综合管理”，然后单击［ ］按钮保存。如图2－3所示。

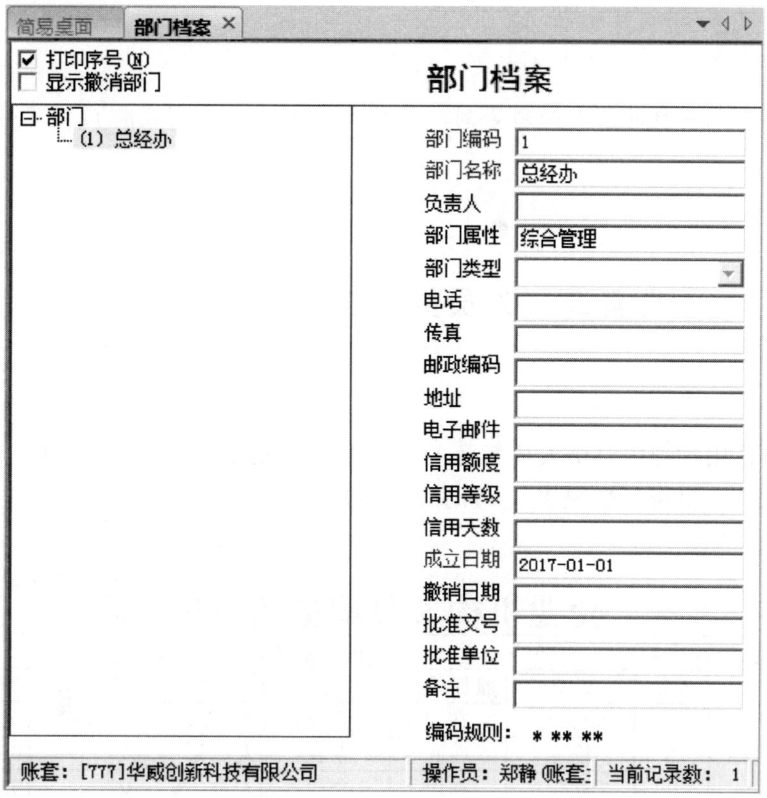


图 2－3　部门档案设置

(3) 按以上方法，完成所有部门档案的录入。结果如图 2－4 所示。

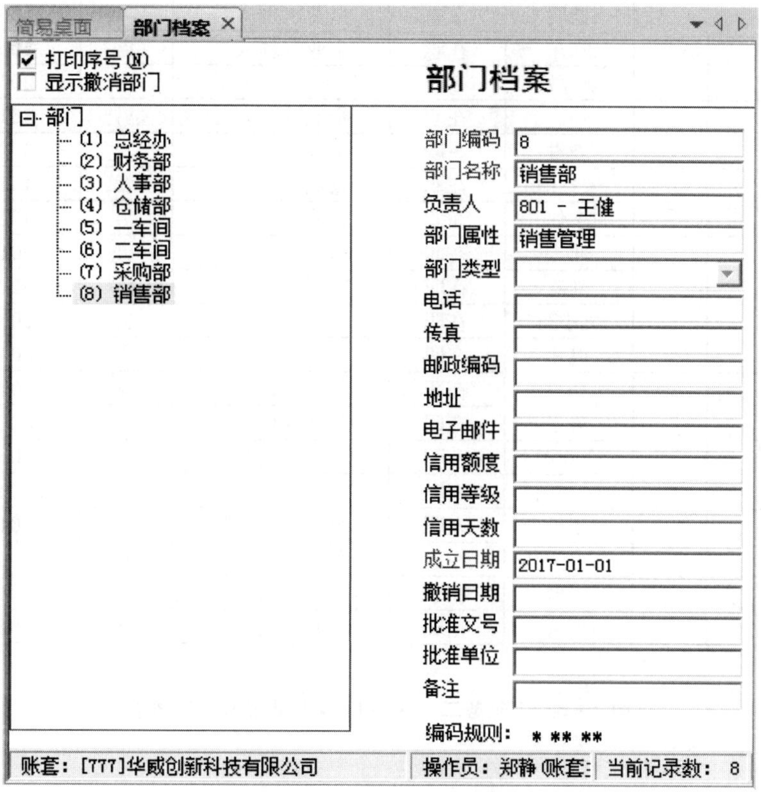


图 2－4　部门档案设置完成

**知识要点**

部门档案中负责人一栏的录入必须等到职员档案录入完毕，利用部门档案修改方法才能正确录入。

## 业务二　人员类别设置信息化处理

【业务描述】

为了保证企业信息化过程中对个人核算及工资分摊、分配核算的要求，2017 年 1 月 1 日通过企业办公室取得“企业机构人员配备情况表”，如图 2－5 所示。

**企业机构人员配备情况表**

| 设置机构及人数 | | 职员基本信息 | | | | |
|---|---|---|---|---|---|---|
| 名称 | 人数 | 姓名 | 雇佣状态 | 人员类别 | 性别 | 人员编码 |
| 总经办 | 3 | 张国明 | 在职 | 企业管理人员 | 男 | 101 |
| | | 杨洋 | 在职 | 企业管理人员 | 女 | 102 |
| | | 刘晴 | 在职 | 企业管理人员 | 女 | 103 |
| 财务部 | 7 | 郑静 | 在职 | 企业管理人员 | 女 | 201 |
| | | 张学兵 | 在职 | 企业管理人员 | 男 | 202 |
| | | 李蕊 | 在职 | 企业管理人员 | 女 | 203 |
| | | 张静仪 | 在职 | 企业管理人员 | 女 | 204 |
| | | 杨明 | 在职 | 企业管理人员 | 男 | 205 |
| | | 陈东 | 在职 | 企业管理人员 | 男 | 206 |
| | | 李婷婷 | 在职 | 企业管理人员 | 女 | 207 |
| 人事部 | 2 | 刘涛 | 在职 | 企业管理人员 | 男 | 301 |
| | | 刘琳 | 在职 | 企业管理人员 | 女 | 302 |
| 仓储部 | 2 | 宋春丽 | 在职 | 企业管理人员 | 女 | 401 |
| | | 李伟 | 在职 | 企业管理人员 | 男 | 402 |
| 一车间 | 4 | 邢杰 | 在职 | 车间管理人员 | 男 | 501 |
| | | 刘欢 | 在职 | 车间管理人员 | 男 | 502 |
| | | 吴小可 | 在职 | 生产人员 | 男 | 503 |
| | | 巩伟 | 在职 | 生产人员 | 男 | 504 |
| 二车间 | 4 | 李月 | 在职 | 车间管理人员 | 女 | 601 |
| | | 蒋平 | 在职 | 车间管理人员 | 男 | 602 |
| | | 邓建国 | 在职 | 生产人员 | 男 | 603 |
| | | 谢明明 | 在职 | 生产人员 | 男 | 604 |
| 采购部 | 2 | 张瑜 | 在职 | 企业管理人员 | 女 | 701 |
| | | 肖莹 | 在职 | 企业管理人员 | 女 | 702 |
| 销售部 | 2 | 王健 | 在职 | 销售人员 | 男 | 801 |
| | | 李倩 | 在职 | 销售人员 | 女 | 802 |

图 2－5　[业务二　企业机构人员配备情况表]

【业务分析】

该笔业务要求企业设置人员类别，人员类别的设置与工资费用的分配、分摊有关，便于对员工工资进行核算，方便按人员类别进行数据的汇总和分析，并自动生成工资分摊凭证。

【数据信息化】

数据来源：企业机构人员配备情况表

根据以上业务资料及信息系统的要求得到人员类别信息化数据（见表2－2）：

**表2－2　人员类别信息化数据**

| 档案编码 | 档案名称 |
|---|---|
| 1 | 企业管理人员 |
| 2 | 采购人员 |
| 3 | 销售人员 |
| 4 | 车间管理人员 |
| 5 | 生产人员 |

【操作人员】

由具有人员类别设置权限的操作员或财务部［ZJ郑静］进行人员类别设置操作，操作日期：2017年1月1日。

【信息化操作】

（1）2017年1月1日，由财务部［ZJ郑静］执行【基础设置】—【基础档案】—【机构人员】—【人员类别】命令，打开【人员类别】窗口。

（2）选择系统提供的末级分类“正式工”，单击［删除］按钮，删除“正式工”人员类别，并按同样的方法依次删除“合同工”、“实习工”类别。

（3）单击［增加］按钮，在［档案编码］栏输入“1”；［档案名称］栏输入“企业管理人员”。如图2－6所示。

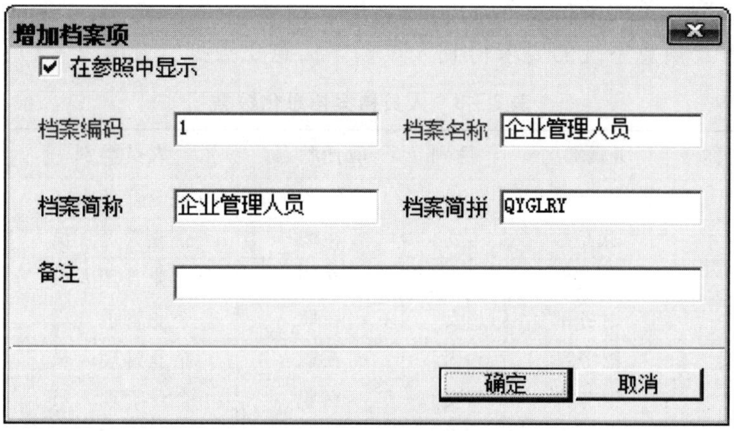


**图2－6　人员类别增加**

（4）单击［确定］按钮保存人员类别，并按以上方法继续输入“人员类别信息化数据表”中的其他人员类别。结果如图2－7所示。

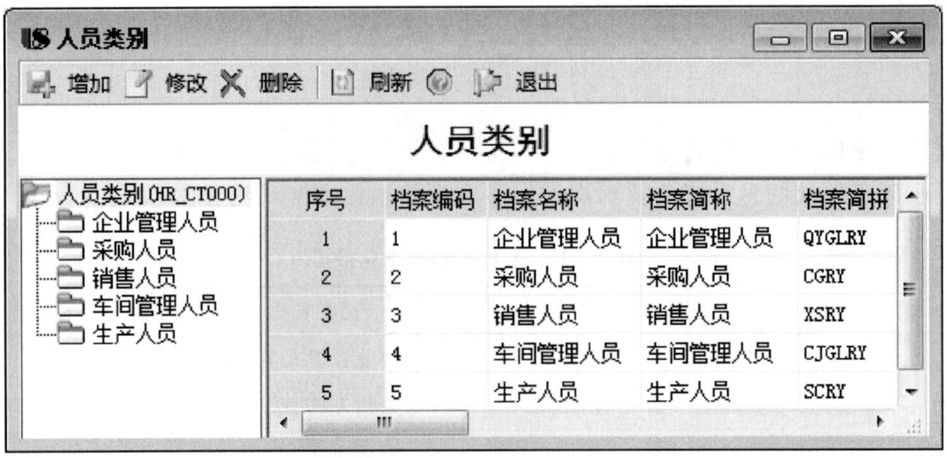


图 2－7　人员类别增加完毕

## 业务三　人员档案设置信息化处理

【业务描述】

为了保证企业信息化过程中对个人核算及工资分摊、分配核算的要求，2017 年 1 月 1 日通过企业办公室取得“企业机构人员配备情况表”，如图 2－5 所示。

【业务分析】

该笔业务要求设置企业各职能部门中需要进行核算和业务管理的职员信息，在设置职员档案前必须先设置好部门档案，才能在这些部门下设置相应的职员档案。除了固定资产和成本管理系统外，其他信息化子系统均需使用职员档案。如果企业不需要对职员进行核算和管理要求，则可以不设置职员档案。

【数据信息化】

数据来源：企业机构人员配备情况表

根据以上业务资料及信息系统的要求得到人员档案信息化数据（见表 2－3）：

表 2－3　人员档案信息化数据

| 职员编号 | 职员名称 | 所属部门 | 性别 | 雇佣状态 | 人员类别 | 业务及费用部门 |
|---|---|---|---|---|---|---|
| 101 | 张国明 | 总经办 | 男 | 在职 | 企业管理人员 | 总经办 |
| 102 | 杨洋 | 总经办 | 女 | 在职 | 企业管理人员 | 总经办 |
| 103 | 刘晴 | 总经办 | 女 | 在职 | 企业管理人员 | 总经办 |
| 201 | 郑静 | 财务部 | 女 | 在职 | 企业管理人员 | 财务部 |
| 202 | 张学兵 | 财务部 | 男 | 在职 | 企业管理人员 | 财务部 |
| 203 | 李蕊 | 财务部 | 女 | 在职 | 企业管理人员 | 财务部 |
| 204 | 张静仪 | 财务部 | 女 | 在职 | 企业管理人员 | 财务部 |
| 205 | 杨明 | 财务部 | 男 | 在职 | 企业管理人员 | 财务部 |
| 206 | 陈东 | 财务部 | 男 | 在职 | 企业管理人员 | 财务部 |
| 207 | 李婷婷 | 财务部 | 女 | 在职 | 企业管理人员 | 财务部 |
| 301 | 刘涛 | 人事部 | 男 | 在职 | 企业管理人员 | 人事部 |
| 302 | 刘琳 | 人事部 | 女 | 在职 | 企业管理人员 | 人事部 |

续表

| 职员编号 | 职员名称 | 所属部门 | 性别 | 雇佣状态 | 人员类别 | 业务及费用部门 |
|---|---|---|---|---|---|---|
| 401 | 宋春丽 | 仓储部 | 女 | 在职 | 企业管理人员 | 仓储部 |
| 402 | 李伟 | 仓储部 | 男 | 在职 | 企业管理人员 | 仓储部 |
| 501 | 邢杰 | 一车间 | 男 | 在职 | 车间管理人员 | 一车间 |
| 502 | 刘欢 | 一车间 | 男 | 在职 | 车间管理人员 | 一车间 |
| 503 | 吴小可 | 一车间 | 男 | 在职 | 生产人员 | 一车间 |
| 504 | 巩伟 | 一车间 | 男 | 在职 | 生产人员 | 一车间 |
| 601 | 李月 | 二车间 | 女 | 在职 | 车间管理人员 | 二车间 |
| 602 | 蒋平 | 二车间 | 男 | 在职 | 车间管理人员 | 二车间 |
| 603 | 邓建国 | 二车间 | 男 | 在职 | 生产人员 | 二车间 |
| 604 | 谢明明 | 二车间 | 男 | 在职 | 生产人员 | 二车间 |
| 701 | 张瑜 | 采购部 | 女 | 在职 | 企业管理人员 | 采购部 |
| 702 | 肖莹 | 采购部 | 女 | 在职 | 企业管理人员 | 采购部 |
| 801 | 王健 | 销售部 | 男 | 在职 | 销售人员 | 销售部 |
| 802 | 李倩 | 销售部 | 女 | 在职 | 销售人员 | 销售部 |

【操作人员】

由具有职员档案设置权限的操作员或财务部［ZJ 郑静］进行职员档案设置操作，操作日期：2017年1月1日。

【信息化操作】

◎ 前置操作：先完成“部门档案”及“人员类别”的设置操作。

（1）2017年1月1日，由财务部［ZJ 郑静］执行【基础设置】—【基础档案】—【机构人员】—【人员档案】命令，打开【人员档案】窗口。

（2）在【人员档案】窗口下单击［增加］按钮，打开【人员档案】对话窗，选择【基本】选项卡，在［人员编码］栏输入“101”；［人员姓名］栏输入“张国明”；［性别］栏输入“男”；［行政部门］栏选择“总经办”；［雇佣状态］栏选择“在职”；［人员类别］栏选择“企业管理人员”；然后选择［是否业务员］复选框，并选择［业务或费用部门］为“总经办”。如图2－8所示。

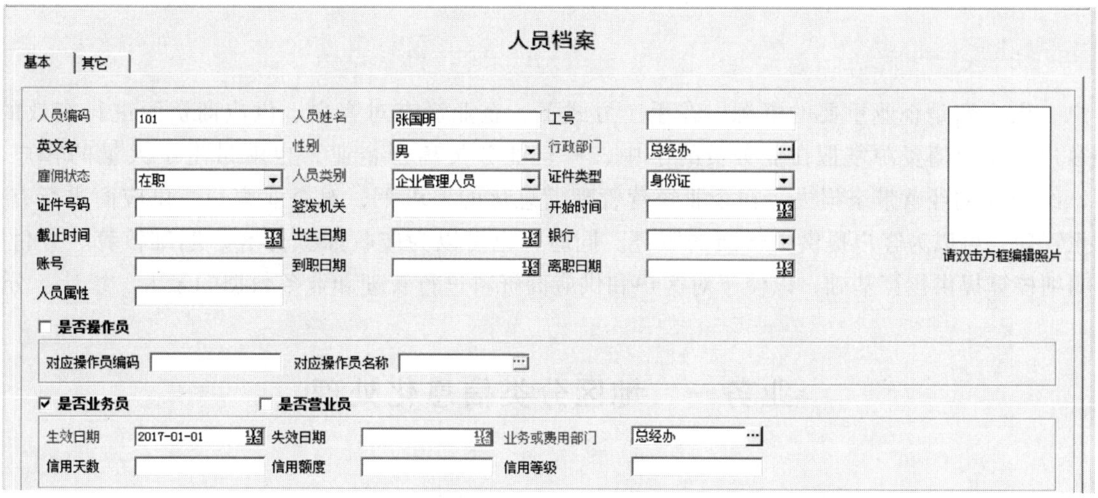


图2－8　人员档案增加

（3）单击［💾］按钮保存记录。重复以上步骤，完成“人员档案信息化数据表”中的人员档案信息录入。结果如图 2－9 所示。

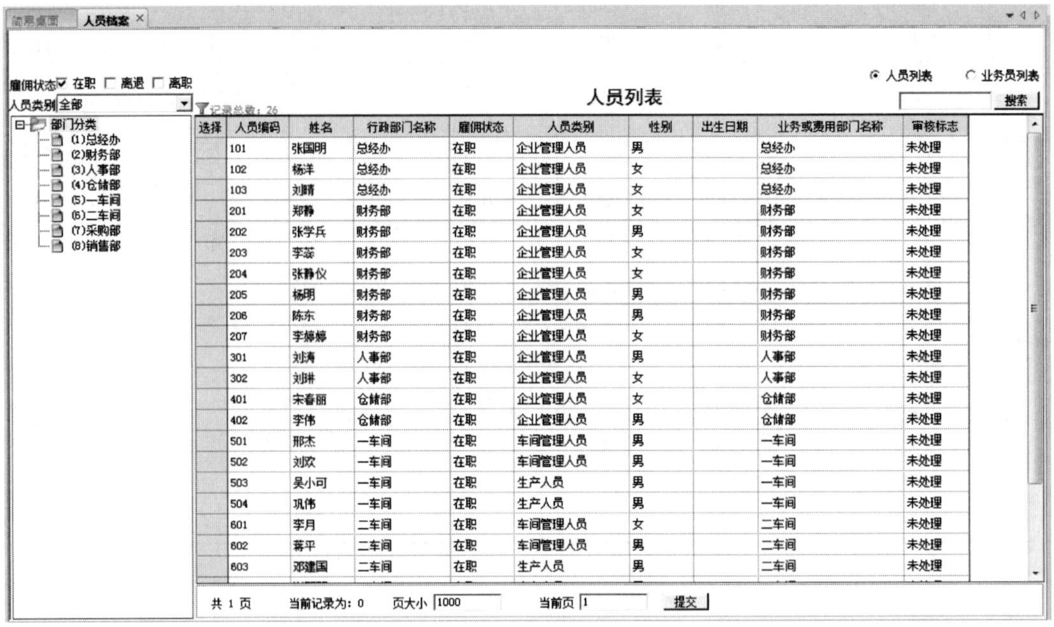


| 选择 | 人员编码 | 姓名 | 行政部门名称 | 雇佣状态 | 人员类别 | 性别 | 出生日期 | 业务或费用部门名称 | 审核标志 |
|---|---|---|---|---|---|---|---|---|---|
| | 101 | 张国明 | 总经办 | 在职 | 企业管理人员 | 男 | | 总经办 | 未处理 |
| | 102 | 杨洋 | 总经办 | 在职 | 企业管理人员 | 女 | | 总经办 | 未处理 |
| | 103 | 刘晴 | 总经办 | 在职 | 企业管理人员 | 女 | | 总经办 | 未处理 |
| | 201 | 郑静 | 财务部 | 在职 | 企业管理人员 | 女 | | 财务部 | 未处理 |
| | 202 | 张学兵 | 财务部 | 在职 | 企业管理人员 | 男 | | 财务部 | 未处理 |
| | 203 | 李蕊 | 财务部 | 在职 | 企业管理人员 | 女 | | 财务部 | 未处理 |
| | 204 | 张静仪 | 财务部 | 在职 | 企业管理人员 | 女 | | 财务部 | 未处理 |
| | 205 | 杨明 | 财务部 | 在职 | 企业管理人员 | 男 | | 财务部 | 未处理 |
| | 206 | 陈东 | 财务部 | 在职 | 企业管理人员 | 男 | | 财务部 | 未处理 |
| | 207 | 李婷婷 | 财务部 | 在职 | 企业管理人员 | 女 | | 财务部 | 未处理 |
| | 301 | 刘涛 | 人事部 | 在职 | 企业管理人员 | 男 | | 人事部 | 未处理 |
| | 302 | 刘琳 | 人事部 | 在职 | 企业管理人员 | 女 | | 人事部 | 未处理 |
| | 401 | 宋春丽 | 仓储部 | 在职 | 企业管理人员 | 女 | | 仓储部 | 未处理 |
| | 402 | 李伟 | 仓储部 | 在职 | 企业管理人员 | 男 | | 仓储部 | 未处理 |
| | 501 | 邢杰 | 一车间 | 在职 | 车间管理人员 | 男 | | 一车间 | 未处理 |
| | 502 | 刘欢 | 一车间 | 在职 | 车间管理人员 | 男 | | 一车间 | 未处理 |
| | 503 | 吴小可 | 一车间 | 在职 | 生产人员 | 男 | | 一车间 | 未处理 |
| | 504 | 巩伟 | 一车间 | 在职 | 生产人员 | 男 | | 一车间 | 未处理 |
| | 601 | 李月 | 二车间 | 在职 | 车间管理人员 | 女 | | 二车间 | 未处理 |
| | 602 | 蒋平 | 二车间 | 在职 | 车间管理人员 | 男 | | 二车间 | 未处理 |
| | 603 | 邓建国 | 二车间 | 在职 | 生产人员 | 男 | | 二车间 | 未处理 |

**图 2－9　人员档案设置完成**

**知识要点**

增加完部门档案后，再增加职员档案，也就是进行机构设置时应该先部门后职员。职员档案录入完毕后，再返回部门档案修改部门负责人。职员的编号是没有编码原则要求的编码，只需要符合软件的要求即可。可以是数字编号，也可以是数字、字母混合编号，当然，编号要唯一。

# 实训二　客商信息设置信息化处理

【信息化要求】

客户、供应商是企业重要的资源，在手工方式下，企业没有对客户、供应商资源进行有效的管理，大量的客户、供应商资源掌握在业务员的手中，一旦业务员离开企业，也就带走了大量的客户、供应商资源，给企业的经营带来损失，在企业经营管理信息化的要求下，对企业客户、供应商进行有效分类及信息化管理，可以为客户提供更优质的服务。同时，也可以为应收账款分客户明细核算、应付账款分供应商明细核算提供核算基础，以便于对客户和供应商资料进行管理和业务数据的录入、统计、分析。

## 业务一　地区分类信息化处理

【业务描述】

通过对公司业务部门的咨询，了解到目前公司的业务已经覆盖了全球各大洲，并将业务覆盖地区划分为大中华区、北美区、南美区、欧洲区、非洲区、大洋洲区六大地区。

【业务分析】

该笔业务要求对公司的客户及供应商的所属地区进行相应的分类，建立地区分类体系，以便对业务数据进行统计、分析。在会计信息系统中，如果需要对客户或供应商按地区进行统计，就应该建立地区分类体系，并在系统使用之前，将地区分类信息录入系统中。

【数据信息化】

根据以上业务资料及信息系统的要求得到地区分类信息化数据（见表2－4）：

**表2－4 地区分类信息化数据**

| 地区分类编码 | 地区分类名称 |
|---|---|
| 01 | 大中华区 |
| 02 | 北美区 |
| 03 | 南美区 |
| 04 | 欧洲区 |
| 05 | 非洲区 |
| 06 | 大洋洲区 |

【操作人员】

由具有地区分类设置权限的操作员或财务部［ZJ 郑静］进行地区分类设置操作，操作日期：2017年1月1日。

【信息化操作】

（1）2017年1月1日，由财务部［ZJ 郑静］执行【基础设置】—【基础档案】—【客商信息】—【地区分类】命令，打开【地区分类】窗口。

（2）单击［增加］按钮，在［分类编码］栏输入“01”；［分类名称］栏输入“大中华区”。如图2－10所示。

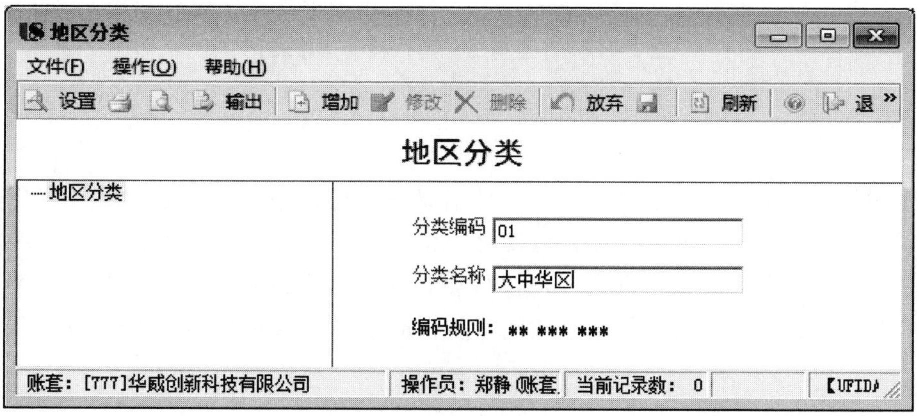


**图2－10 地区分类设置**

（3）单击［ ］按钮保存记录。重复以上步骤，完成“地区分类信息化数据表”中的地区分类信息录入。结果如图2－11所示。

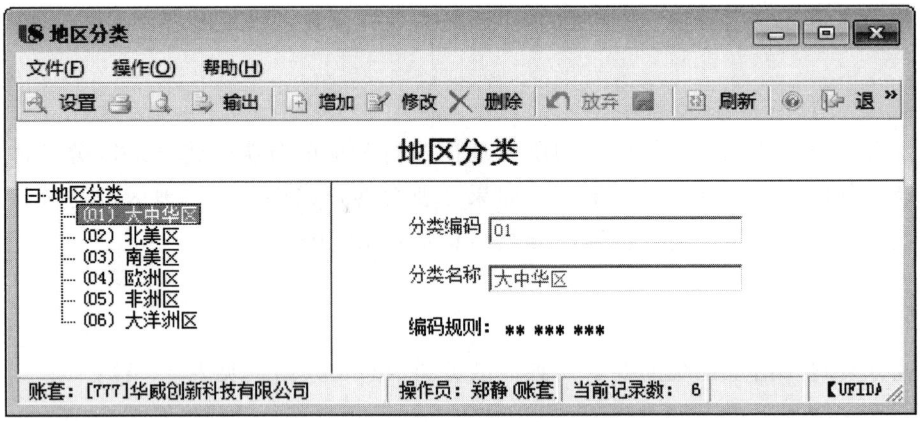


图 2－11 地区分类设置完成

## 业务二 客户分类及客户档案设置信息化处理

【业务描述】

2017 年 1 月 1 日，为了公司会计信息化工作的需要，通过到销售部了解并收集到公司客户的相关信息，如图 2－12 所示。

**华威公司客户信息简表**

| 客户名称 | 税号 | 地址及电话 | 开户银行 | 银行账号 | 联系人员 |
|---|---|---|---|---|---|
| 深圳市福田区沃尔玛超市 | 91440300MA5DMQ375L | 深圳市福田区华强北路405号 0755-89959452 | 中国建设银行深圳华强路支行 | 2693680183611120000 | 销售部 王健 |
| 深圳市时代数码科技有限公司 | 91440300MA5DKQ356L | 深圳市福田区华强北赛格广场3B21 0755-33085824 | 中国建设银行深圳华强路支行 | 2686381614700033654 | 销售部 王健 |
| 深圳市方邦科技有限公司 | 91440300MA5DNQ457L | 深圳市福田区振华路深纺大厦7112 0755-83758681 | 中国建设银行深圳振华路支行 | 2611100226943526273 | 销售部 王健 |
| 南京风尚科技有限公司 | 320121721797662 | 南京市雨花区中山路48号 025-865233474 | 中国工商银行南京中山路支行 | 2051124545111633241 | 销售部 王健 |
| 北京中泰国际贸易有限公司 | 91110302MA734R117F | 北京市经济技术开发区经海路30号 010-84722888 | 中国工商银行北京经开支行 | 9542111798751052366 | 销售部 王健 |

图 2－12 ［业务二 客户档案信息表］

【业务分析】

该业务要求设置公司的客户档案信息。在会计信息系统使用中，当企业的往来客户较多时，可以按照特定的分类标准对客户进行分类管理，以便分类汇总统计。企业可以根据自身管理的需要对客户进行分类管理，建立客户分类体系。可将客户按行业、地区等进行划分，设置客户分类后，根据不同的分类建立客户档案。因此，在会计信息系统使用前，应先将客户分类信息设置完成。

【数据信息化】

数据来源：客户档案信息表

根据以上业务资料及信息系统的要求得到客户分类信息化数据及客户档案信息化数据（见表 2－5）：

**表 2-5 客户分类信息化数据**

| 客户分类编码 | 客户分类名称 |
|---|---|
| 01 | 批发商 |
| 02 | 零售商 |
| 03 | 代销商 |
| 04 | 专柜商 |
| 05 | 其他 |

**表 2-6 客户档案信息化数据**

| 客户编码 | 客户名称 | 客户简称 | 税号 | 开户行 | 银行账号 | 地址电话 |
|---|---|---|---|---|---|---|
| 0101 | 深圳市福田区沃尔玛超市 | 沃尔玛 | 91440300MA5DMQ375L | 中国建设银行深圳华强路支行 | 2693680183611120000 | 深圳市福田区华强北路405号，0755-89959452 |
| 0102 | 深圳市时代数码科技有限公司 | 时代数码 | 91440300MA5DKQ356L | 中国建设银行深圳华强路支行 | 2686381614700033654 | 深圳市福田区华强北赛格广场3B21 0755-33085824 |
| 0103 | 深圳市方邦科技有限公司 | 方邦科技 | 91440300MA5DNQ457L | 中国建设银行深圳振华路支行 | 2611100226943526273 | 深圳市福田区振华路深纺大厦7112 0755-83758681 |
| 0104 | 南京风尚科技有限公司 | 风尚科技 | 320121721797662 | 中国工商银行南京中山路支行 | 2051124545111633241 | 南京市雨花区中山路48号，025-865233474 |
| 0105 | 北京中泰国际贸易有限公司 | 中泰国际 | 91110302MA734R117F | 中国工商银行北京经开支行 | 9542111798751052366 | 北京市经济技术开发区经海路30号 010-84722888 |

说明：以上客户的所属地区均为大中华区，所属分类均为批发商，分管部门均为销售部，专管业务员均为王健。

【操作人员】

由具有客户分类及客户档案设置权限的操作员或财务部［ZJ 郑静］进行客户分类和客户档案的设置操作，操作日期：2017 年 1 月 1 日。

【信息化操作】

（1）2017 年 1 月 1 日，由财务部［ZJ 郑静］执行【基础设置】—【基础档案】—【客商信息】—【客户分类】命令，打开【客户分类】窗口。

（2）单击［增加］按钮，在［分类编码］栏输入“01”；［分类名称］栏输入“批发商”。如图 2-13 所示。

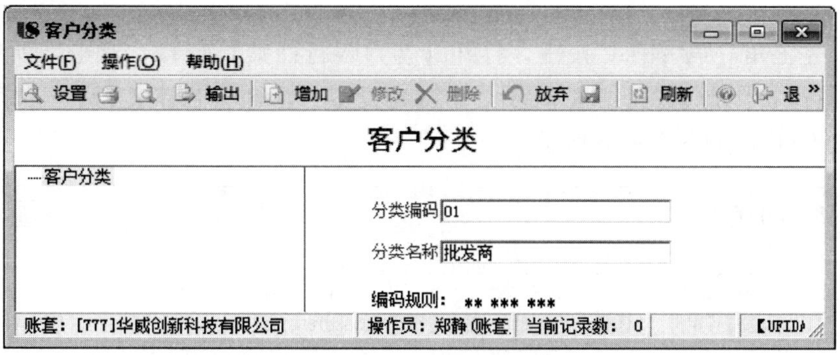


**图 2-13 客户分类设置**

（3）单击［ ］按钮保存记录。重复以上步骤，完成“客户分类信息化数据表”中的客户分类信息录入。结果如图 2－14 所示。

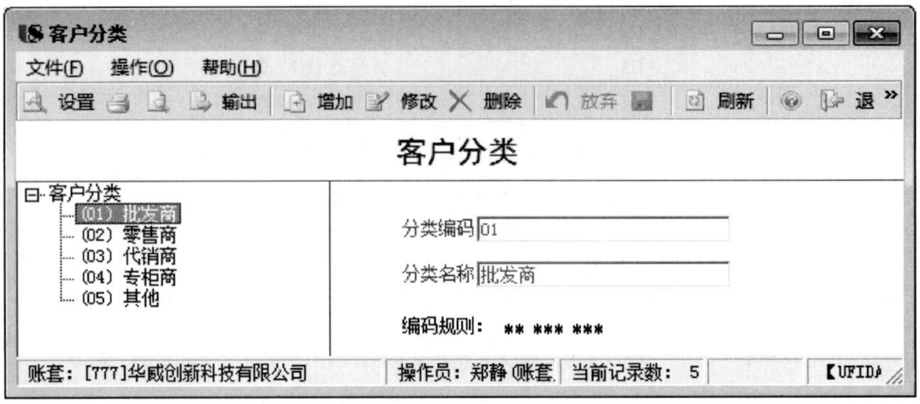


图 2－14　客户分类设置完成

（4）由财务部［ZJ 郑静］执行【基础设置】—【基础档案】—【客商信息】—【客户档案】命令，打开【客户档案】窗口。

（5）选择［客户分类］为“批发商”，再单击［增加］按钮，打开【增加客户档案】窗口，选择【基本】选项卡，在［客户编码］栏输入“0101”；［客户名称］栏输入“深圳市福田区沃尔玛超市”；［客户简称］栏输入“沃尔玛”；［所属地区］栏选择“01－大中华区”；［所属分类］栏选择“01－批发商”。如图 2－15 所示。

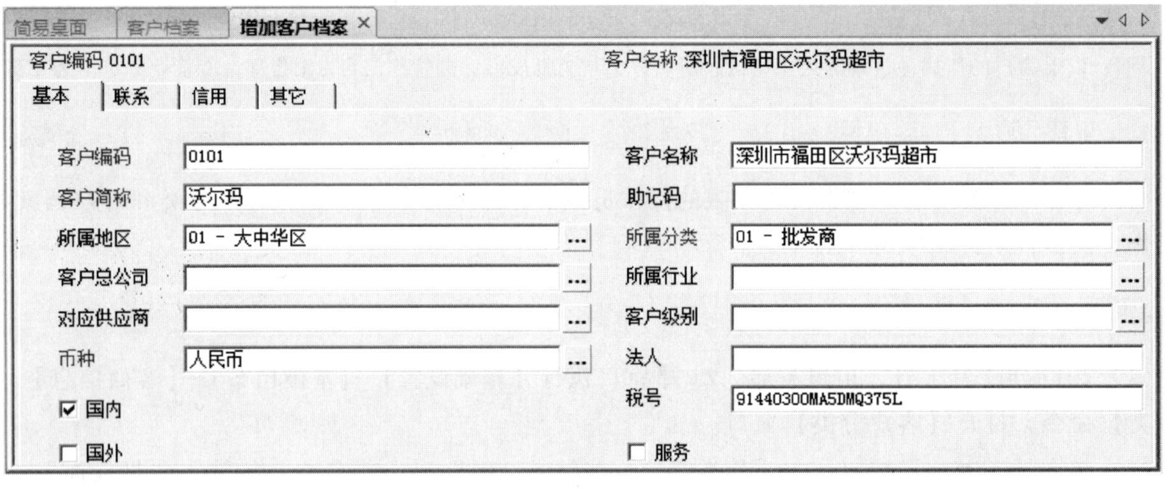


图 2－15　客户档案增加—基本选项卡

（6）单击窗口左上角［银行］按钮，打开【客户银行档案】窗口，双击［所属银行］单元格，选择“中国建设银行”，［开户银行］栏输入“中国建设银行深圳华强路支行”；［银行账号］栏输入“269368018361112000 0”。如图 2－16 所示。

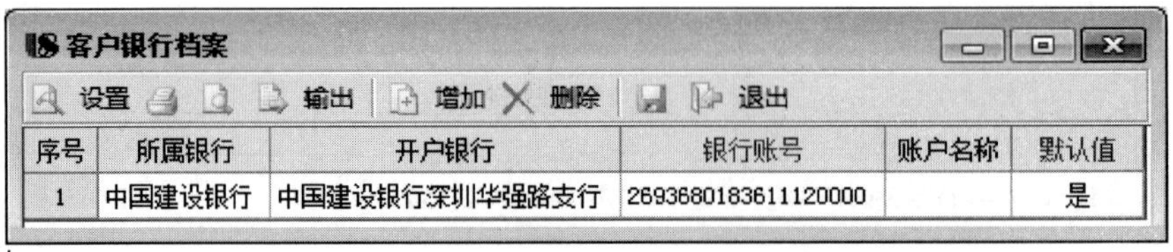


图 2－16　客户档案增加—客户银行档案

（7）单击［ ］按钮保存开户银行信息，退出【客户银行档案】窗口，再选择【联系】选项卡，在［分管部门］栏选择“8－销售部”；［专管业务员］栏选择“801－王健”；［电话］栏输入“0755－89959452”；［地址］栏输入“深圳市福田区华强北路405号”。如图2－17所示。

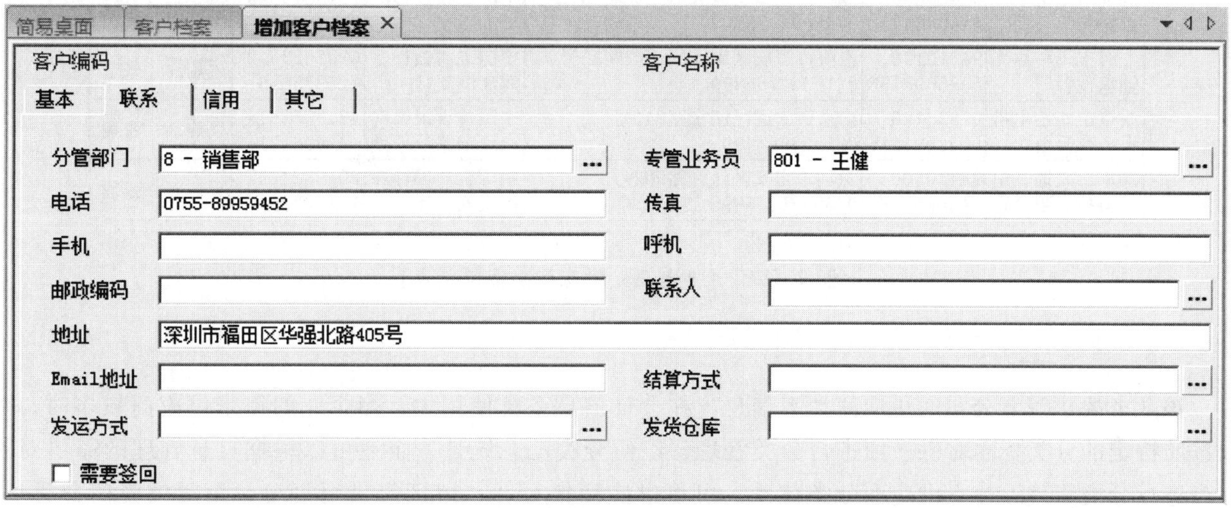


**图2－17　客户档案增加—联系选项卡**

（8）单击［ ］按钮保存记录。重复以上步骤，完成“客户档案信息化数据表”中的客户档案信息录入。结果如图2－18所示。

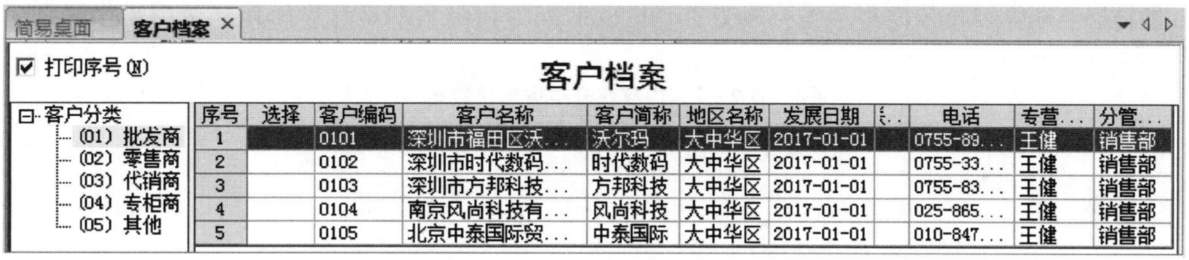


| 序号 | 选择 | 客户编码 | 客户名称 | 客户简称 | 地区名称 | 发展日期 | ... | 电话 | 专管... | 分管... |
|---|---|---|---|---|---|---|---|---|---|---|
| 1 | | 0101 | 深圳市福田区沃... | 沃尔玛 | 大中华区 | 2017-01-01 | | 0755-89... | 王健 | 销售部 |
| 2 | | 0102 | 深圳市时代数码... | 时代数码 | 大中华区 | 2017-01-01 | | 0755-33... | 王健 | 销售部 |
| 3 | | 0103 | 深圳市方邦科技... | 方邦科技 | 大中华区 | 2017-01-01 | | 0755-83... | 王健 | 销售部 |
| 4 | | 0104 | 南京风尚科技有... | 风尚科技 | 大中华区 | 2017-01-01 | | 025-865... | 王健 | 销售部 |
| 5 | | 0105 | 北京中泰国际贸... | 中泰国际 | 大中华区 | 2017-01-01 | | 010-847... | 王健 | 销售部 |

**图2－18　客户档案增加完成**

**知识要点**

①如果选择了客户需要进行分类管理，则必须先进行分类，然后才能录入客户档案。

②客户档案必须录入在最末级的分类上。

③客户的编码必须唯一。

## 业务三　供应商分类及供应商档案设置信息化处理

【业务描述】

2017年1月1日，为了公司会计信息化工作的需要，通过到采购部了解并收集到公司供应商的相关信息，如图2－19所示。

**华威公司供应商信息简表**

| 供应商名称 | 税号 | 地址及电话 | 开户银行 | 银行账号 | 联系人员 |
|---|---|---|---|---|---|
| 深圳市锐通电器制造有限公司 | 91440300<br>MA5DMJ625L | 深圳市福田区天安数码城B2502<br>0755-83652655 | 中国工商银行深圳天安支行 | 2010012242<br>122564255 | 采购部　张瑜 |
| 深圳市光明机械有限公司 | 91440300<br>MA5DHQ422L | 深圳市蛇口工业大道工业城1012号<br>0755-84475769 | 中国建设银行深圳高新支行 | 2623348013<br>311122010 | 采购部　张瑜 |
| 上海市飞科达轴承设备厂 | 91310120<br>588669815E | 上海市静安区工业区江滨路32号<br>021-367755899 | 中国工商银行上海江滨支行 | 6232023512<br>125335658 | 采购部　张瑜 |
| 南京市朗宇电机设备有限公司 | 91320120<br>65525M121E | 南京市玄武区江宁路241号<br>025-58697499 | 中国建设银行南京江宁路分理处 | 4213562514<br>143406121 | 采购部　张瑜 |
| 深圳市天地飞电子科技有限公司 | 91440300<br>MA5MLQ356F | 深圳市宝安区经开路502号<br>0755-85255999 | 中国工商银行深圳宝安支行 | 2010021242<br>111563259 | 采购部　张瑜 |

**图 2－19　[业务三　供应商档案信息表]**

【业务分析】

该业务要求设置公司的供应商档案信息。在会计信息系统使用中，当企业的往来供应商较多时，可以按照特定的分类标准对供应商进行分类管理，以便分类汇总统计。企业可以根据自身管理的需要对供应商进行分类管理，建立供应商分类体系。可将供应商按行业、地区等进行划分，设置供应商分类后，根据不同的分类建立供应商档案。因此，在会计信息系统使用前，应先将供应商分类信息设置完成。

【数据信息化】

数据来源：供应商信息简表

根据以上业务资料及信息系统的要求得到供应商分类信息化数据及供应商档案信息化数据（见表 2－7、表 2－8）：

**表 2－7　供应商分类信息化数据**

| 供应商分类编码 | 供应商分类名称 |
|---|---|
| 01 | 原料供应商 |
| 02 | 成品供应商 |

**表 2－8　供应商档案信息化数据**

| 供应商编码 | 供应商名称 | 供应商简称 | 税号 | 开户行 | 银行账号 | 地址电话 |
|---|---|---|---|---|---|---|
| 0101 | 深圳市锐通电器制造有限公司 | 锐通电器 | 91440300MA5DMJ625L | 中国工商银行深圳天安支行 | 2010012242122564255 | 深圳市福田区天安数码城 B2502<br>0755－83652655 |
| 0102 | 深圳市光明机械有限公司 | 光明机械 | 91440300MA5DHQ422L | 中国建设银行深圳高新支行 | 2623348013311122010 | 深圳市蛇口工业大道工业城 1012 号<br>0755－84475769 |
| 0103 | 上海市飞科达轴承设备厂 | 飞科达 | 91310120588669815E | 中国工商银行上海江滨支行 | 6232023512125335658 | 上海市静安区工业区江滨路 32 号<br>021－367755899 |
| 0104 | 南京市朗宇电机设备有限公司 | 朗宇电机 | 9132012065525M121E | 中国建设银行南京江宁路分理处 | 4213562514143406121 | 南京市玄武区江宁路 241 号<br>025－58697499 |
| 0105 | 深圳市天地飞电子科技有限公司 | 天地飞 | 91440300MA5MLQ356F | 中国工商银行深圳宝安支行 | 2010021242111563259 | 深圳市宝安区经开路 502 号<br>0755－85255999 |

说明：以上供应商的所属地区均为大中华区，所属分类均为原料供应商，分管部门均为采购部，专管业务员均为张瑜。

【操作人员】

由具有供应商分类及供应商档案设置权限的操作员或财务部［ZJ 郑静］进行供应商分类和供应商档案的设置操作，操作日期：2017 年 1 月 1 日。

【信息化操作】

（1）2017 年 1 月 1 日，由财务部［ZJ 郑静］执行【基础设置】—【基础档案】—【客商信息】—【供应商分类】命令，打开【供应商分类】窗口。

（2）单击［增加］按钮，在［分类编码］栏输入“01”；［分类名称］栏输入“原料供应商”。如图 2－20 所示。

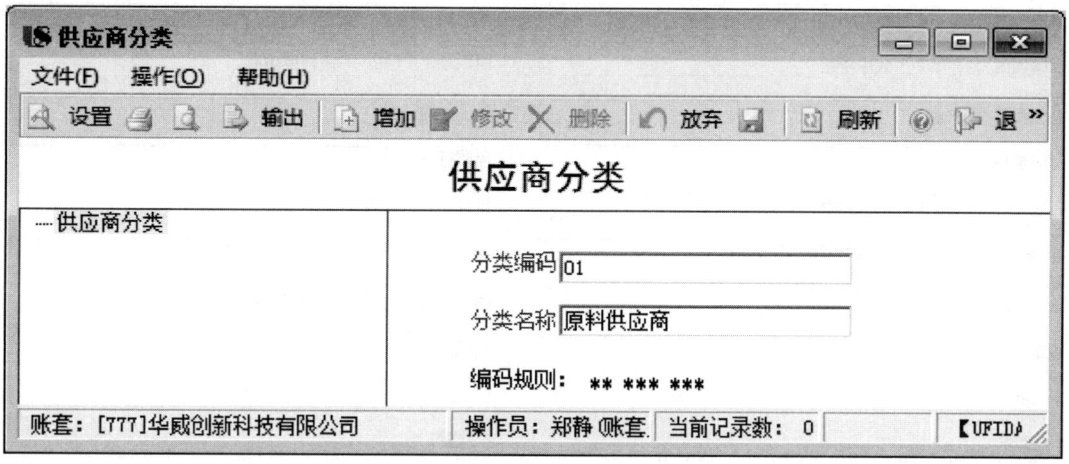


图 2－20　供应商分类设置

（3）单击［ ］按钮保存记录。重复以上步骤，完成“供应商分类信息化数据表”中的供应商分类信息录入。结果如图 2－21 所示。

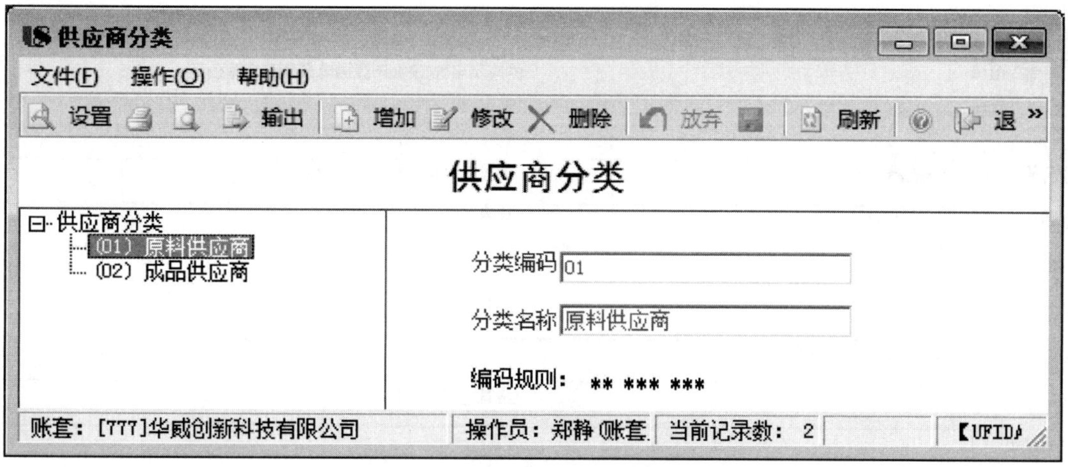


图 2－21　供应商分类设置完成

（4）由财务部［ZJ 郑静］执行【基础设置】—【基础档案】—【客商信息】—【供应商档案】命令，打开【供应商档案】窗口。

（5）选择［供应商分类］为“原料供应商”，再单击［增加］按钮，打开【增加供应商档案】窗口，选择【基本】选项卡，在［供应商编码］栏输入“0101”；［供应商名称］栏输入“深圳市锐通电器制造有限公司”；［供应商简称］栏输入“锐通电器”；［所属地区］栏选择“01－大中华区”；［所属分类］栏选择“01－原料供应商”，［税号］栏输入“91440300MA5DMJ625L”；［开户银行］栏输入“中国工商银行深圳天安支行”；［银行账号］栏输入“2010012242122564255”；［所属银行］选择“01－中国工商银行”。如图2－22所示。

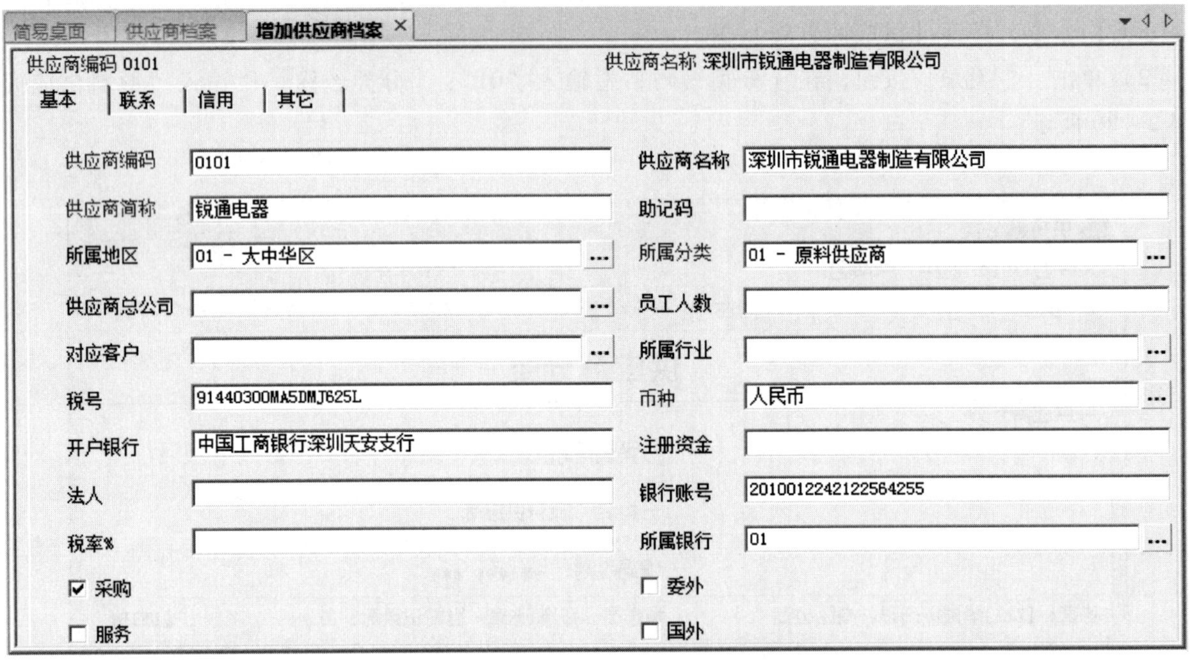


**图2－22　供应商档案增加—基本选项卡**

（6）选择【联系】选项卡，在［分管部门］栏选择“7－采购部”；［专管业务员］栏录入“701－张瑜”；［电话］栏录入“0755－83652655”；［地址］栏录入“深圳市福田区天安数码城B2502”。如图2－23所示。

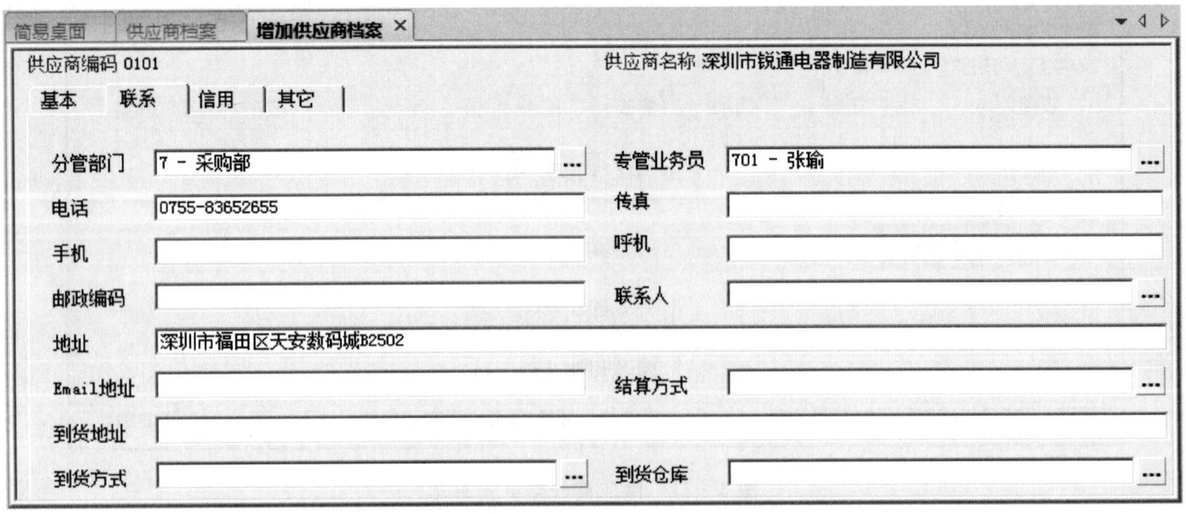


**图2－23　供应商档案增加—联系选项卡**

（7）单击窗口左上角［银行］按钮，打开【供应商银行档案】窗口，单击［增加］按钮，双击［所属银行］单元格，选择“中国工商银行”；［开户银行］栏输入“中国工商银行深圳天安支行”；［银行账号］栏输入“2010012242122564255”。如图2－24所示。

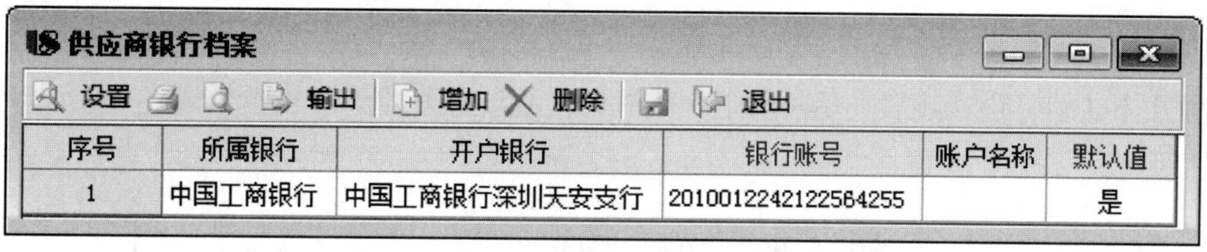


| 序号 | 所属银行 | 开户银行 | 银行账号 | 账户名称 | 默认值 |
| --- | --- | --- | --- | --- | --- |
| 1 | 中国工商银行 | 中国工商银行深圳天安支行 | 2010012242122564255 | | 是 |

图2－24 供应商档案增加—供应商银行档案

（8）单击［］按钮保存记录。重复以上步骤，完成“供应商档案信息化数据表”中的供应商档案信息录入。结果如图2－25所示。

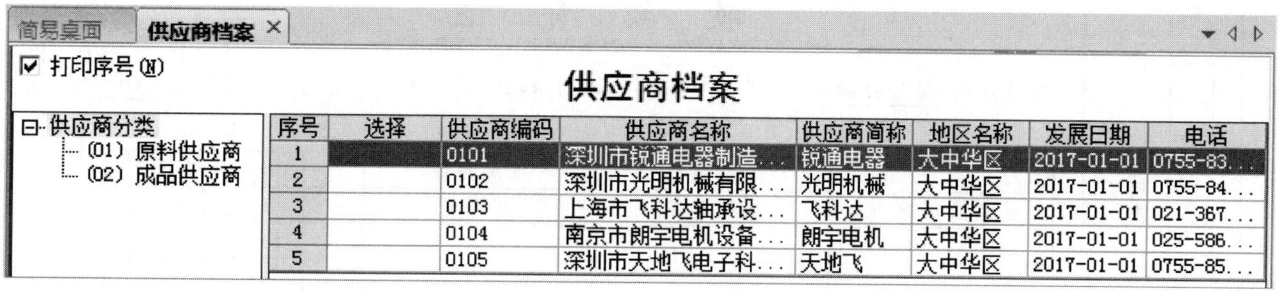


| 序号 | 选择 | 供应商编码 | 供应商名称 | 供应商简称 | 地区名称 | 发展日期 | 电话 |
| --- | --- | --- | --- | --- | --- | --- | --- |
| 1 | | 0101 | 深圳市锐通电器制造... | 锐通电器 | 大中华区 | 2017-01-01 | 0755-83... |
| 2 | | 0102 | 深圳市光明机械有限... | 光明机械 | 大中华区 | 2017-01-01 | 0755-84... |
| 3 | | 0103 | 上海市飞科达轴承设... | 飞科达 | 大中华区 | 2017-01-01 | 021-367... |
| 4 | | 0104 | 南京市朗宇电机设备... | 朗宇电机 | 大中华区 | 2017-01-01 | 025-586... |
| 5 | | 0105 | 深圳市天地飞电子科... | 天地飞 | 大中华区 | 2017-01-01 | 0755-85... |

图2－25 供应商档案增加完成

**知识要点**

①如果选择了供应商需要进行分类管理，则必须先进行分类，然后才能录入供应商档案。

②供应商档案必须录入在最末级的分类上。

③供应商的编码必须唯一。

# 实训三 财务信息设置信息化处理

【信息化要求】

企业在进行财务核算时需要明确进行财务核算所用到的会计科目的名称、凭证种类、是否涉及外币业务及企业采用的结算方式等基本信息，这些信息在手工方式下有的需要通过书面的设置方式予以体现，如会计科目的使用需要通过开设会计账簿来进行反映，有的则是在使用过程中来具体体现，如企业使用到的结算方式在实际用到时来反映其使用过的种类。会计信息化方式下，以上财务信息都需要在正式使用系统进行财务核算前设置完毕，其设置既需要符合财务核算的要求，也需要符合所使用的会计信息系统的要求。因此，信息化方式下需要根据两方的要求，科学、合理地对以上财务信息进行信息化设置，对手工业务下使用的财务信息进行规范化设计。

## 业务一　凭证类别设置信息化处理

【业务描述】

2017 年 1 月 1 日，因实施会计信息化工作的需要，通过财务部了解并收集到公司凭证分类情况如图 2－26 所示。

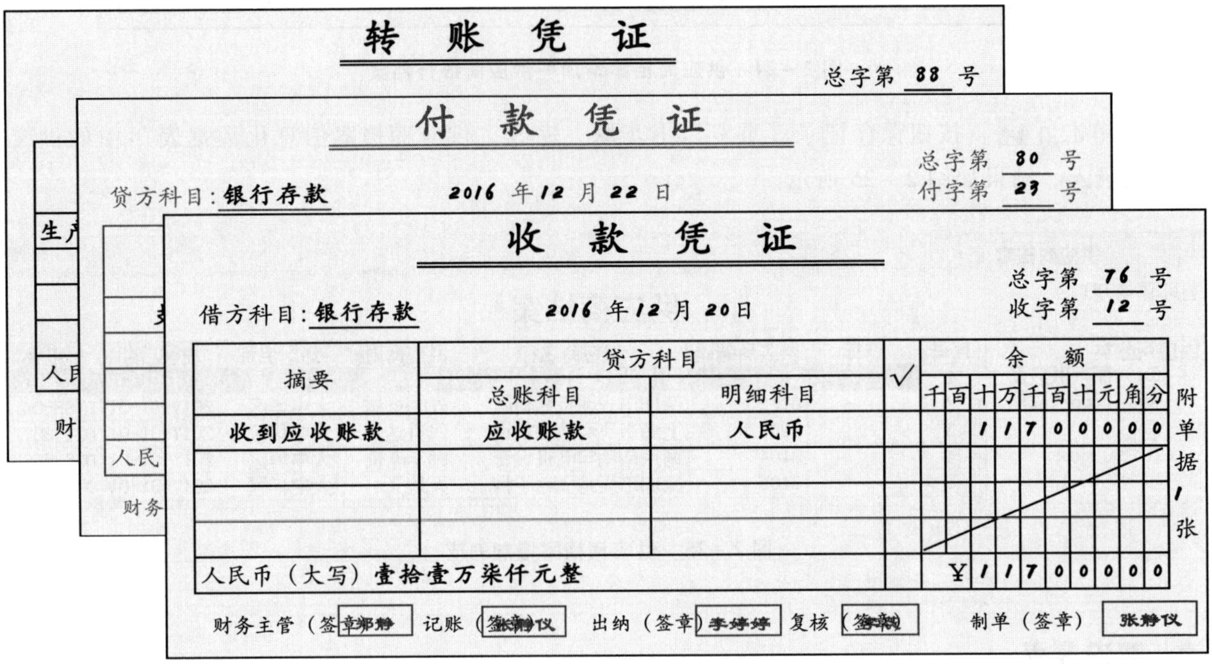


图 2－26　［业务一　记账凭证］

【业务分析】

该笔业务要求在使用会计信息系统之前，设置企业所使用的凭证类别信息。企业采用的凭证类别可以按企业经济业务发生的频度及财务核算的要求，选用通用记账凭证、收付转记账凭证等类别中的某一类作为企业使用的凭证类别，一经使用不得随意更改。根据本业务资料，公司所使用的凭证类别为收、付、转类别，采用该类别应限定收款凭证的借方只能是库存现金或银行存款科目，付款凭证的贷方只能是库存现金或银行存款科目，转账凭证中不能有库存现金或银行存款科目，该限制是为了控制凭证类型及会计科目的使用，以减少人为的错误。

【数据信息化】

根据以上业务资料采集得到凭证类别信息化数据（见表 2－9）：

表 2－9　凭证类别信息化数据

| 类别字 | 类别名称 | 限制类型 | 限制科目 |
|---|---|---|---|
| 收 | 收款凭证 | 借方必有 | 1001, 1002 |
| 付 | 付款凭证 | 贷方必有 | 1001, 1002 |
| 转 | 转账凭证 | 凭证必无 | 1001, 1002 |

【操作人员】

由具有凭证类别设置权限的操作员或财务部［ZJ 郑静］进行凭证类别的设置操作，操作日期：2017 年 1 月 1 日。

【信息化操作】

（1）2017 年 1 月 1 日，由财务部［ZJ 郑静］执行【基础设置】—【基础档案】—【财务】—【凭证类别】命令，打开【凭证类别预置】窗口。

（2）选择［收款凭证 付款凭证 转账凭证］选项，如图 2－27 所示。

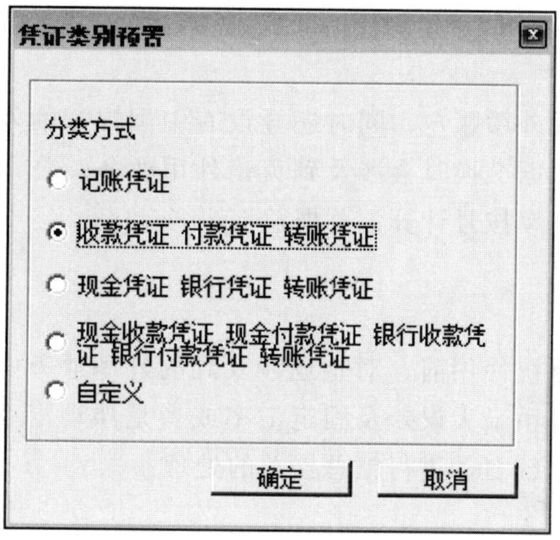


**图 2－27　凭证类别预设置**

（3）单击［确定］按钮，打开【凭证类别】对话框，单击［修改］按钮，选择收款凭证［限制类型］为"借方必有"，［限制科目］为"1001，1002"；选择付款凭证［限制类型］为"贷方必有"，［限制科目］为"1001，1002"；选择转账凭证［限制类型］为"凭证必无"，［限制科目］为"1001，1002"。结果如图 2－28 所示。

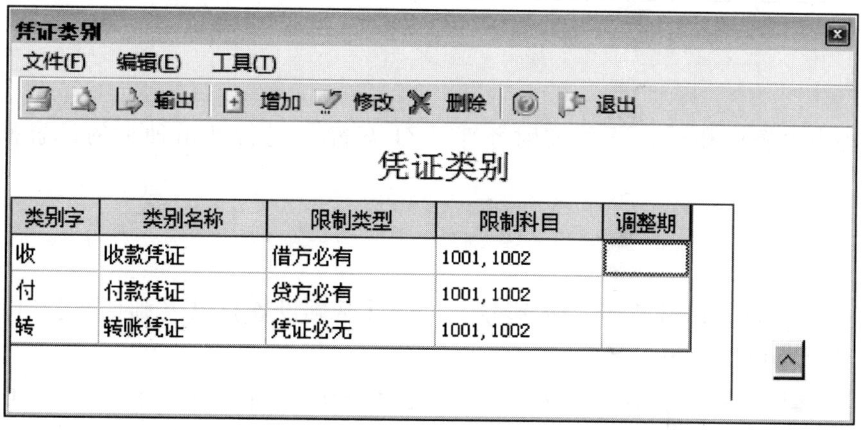


**图 2－28　凭证类别设置**

**知识要点**

①限制科目设置过程中，科目之间的逗号一律使用西文逗号。

②凭证类别一经使用，就不允许进行修改及删除。

## 业务二　外币档案设置信息化处理

【业务描述】

2017 年 1 月 1 日，因实施会计信息化工作的需要，通过财务部了解并收集到公司涉外业务的具体情况：

公司在工商银行开设有美元外币账户，同时还开设有中国银行的外币账户，用以对公司的外币业务进行处理，和国外客户进行票据交换时会涉及到英镑外币业务。公司所涉及到的外币业务以发生当日的即期汇率记账，采用期末汇率按月计算汇兑损益。

【业务分析】

该笔业务要求在会计信息系统使用前，对企业涉及到的外币业务中所使用的外币种类、币符、币名、汇率小数位、折算方式、外币最大误差及固定汇率或者是浮动汇率录入到系统中，方便在填制凭证时由系统换算成本位币并由系统自动进行汇总损益的处理。

【数据信息化】

根据以上业务资料采集得到外币种类信息化数据（见表 2－10）：

**表 2－10　外币种类信息化数据**

| 币符 | 币名 | 汇率类型 | 2017 年 01 月记账汇率 |
|---|---|---|---|
| USD | 美元 | 固定汇率 | 6.21 |
| GBP | 英镑 | 固定汇率 | 8.23 |

【操作人员】

由具有外币种类设置权限的操作员或财务部［ZJ 郑静］进行外币种类的设置操作，操作日期：2017 年 1 月 1 日。

【信息化操作】

（1）2017 年 1 月 1 日，由财务部［ZJ 郑静］执行【基础设置】—【基础档案】—【财务】—【外币设置】命令，打开【外币设置】窗口。

（2）单击［增加］按钮，在［币符］栏输入“USD”，［币名］栏输入“美元”，然后单击［确认］按钮，在左边栏目中选择［美元］，在［2017.01］栏的“记账汇率”中输入汇率“6.21”。如图 2－29 所示。

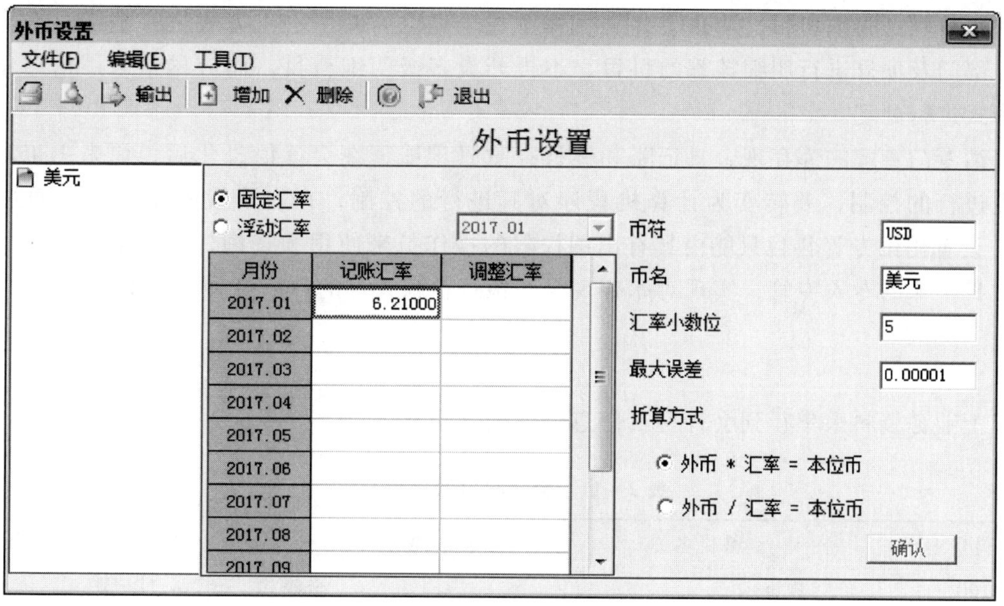


**图 2－29 外币设置**

（3）重复以上步骤，以同样的方法完成外币英镑的设置操作。

**知识要点**

①对于使用固定汇率（即使用月初或年初汇率）作为记账汇率的用户，在填制每月的凭证前，应预先在此录入该月的记账汇率，否则在填制该月外币凭证时，将会出现汇率为零的错误。

②调整汇率：即月末汇率。在期末计算汇兑损益时用，平时可不输，等期末可输入期末时汇率，用于计算汇兑损益，本汇率不作其他用途。

## 业务三 会计科目设置信息化处理

【业务描述】

2017 年 1 月 1 日，因实施会计信息化工作的需要，对公司所使用的总分类账簿、明细分类账簿、日记账账簿进行整理，并汇总公司财务核算所使用到的会计科目。根据公司的核算要求：对应收及预收款项要按客户进行详细核算；对应付及预付款项要按供应商进行详细核算；对其他应收款涉及到个人的按个人进行详细核算，其他的按部门进行详细核算；对存货类科目既要核算金额，又要核算数量；外币业务主要涉及工商银行的美元账户、中国银行的美元账户，应收应付及预收预付账户；生产成本需要按产品项目进行核算；管理费用需要按部门进行明细核算；库存现金日记账和银行存款日记账账本及支票登记簿由出纳专门进行登记与保管。

【业务分析】

该笔业务要求在使用会计信息系统前，应设置企业财务核算所用到的会计科目。设置会计科目是会计核算方法之一，是分门别类地反映企业的经济业务，是登记账簿、会计报表的基础。所以，设置会计科目是整个会计信息系统运行的基础，在设置会计科目时，要满足手工会计核算的要求，同时也要借助计算机信息处理的便捷，科学、合理地设置会计科目，在不影响会计核算要求的前提下尽量减少会计科目，特别是明细科目，防止会计科目体系过于庞大。对于手工方式下一些需要按客户、供应商、个人、部门及项目进行明细核算的科目，不再开设多级明细科目，而应尽量采用信息化方式下的辅助核算形式进行处理。

对于出纳专门管理的库存现金日记账和银行存款日记账，在会计信息化后，原来手工环境下依靠规则、制度进行的控制，要转变为计算机程序对其进行的控制，在科目设置中，企业通过“指定科目”功能，设置出纳专管科目只能由具有出纳权限的操作员来使用和查询，从而实现出纳签字、现金和银行存款日记账的专人专管，实现对库存现金、银行存款管理的计算机程序内部控制。

【数据信息化】

根据以上业务资料采集得到会计科目信息化数据（见表2－11）：

**表2－11　会计科目信息化数据**

| 类型 | 科目编码 | 科目名称 | 币种/单位 | 账页格式 | 辅助账/受控系统 |
|---|---|---|---|---|---|
| 资产 | 1001 | 库存现金 | | 金额式 | 日记账 |
| 资产 | 1002 | 银行存款 | | 金额式 | 日记账、银行账 |
| 资产 | 100201 | 工商银行 | | 金额式 | 日记账、银行账 |
| 资产 | 10020101 | 人民币 | | 金额式 | 日记账、银行账 |
| 资产 | 10020102 | 美元 | 美元 | 外币金额式 | 日记账、银行账 |
| 资产 | 100202 | 中国银行 | 美元 | 金额式 | 日记账、银行账 |
| 资产 | 1121 | 应收票据 | | 金额式 | |
| 资产 | 112101 | 人民币 | | 金额式 | 客户往来，应收系统 |
| 资产 | 112102 | 外币 | 英镑 | 外币金额式 | 客户往来，应收系统 |
| 资产 | 1122 | 应收账款 | | 金额式 | |
| 资产 | 112201 | 人民币 | | 金额式 | 供应商往来，应付系统 |
| 资产 | 112202 | 外币 | 美元 | 外币金额式 | 供应商往来，应付系统 |
| 资产 | 1123 | 预付账款 | | 金额式 | |
| 资产 | 112301 | 人民币 | | 金额式 | 供应商往来，应付系统 |
| 资产 | 112302 | 外币 | 美元 | 外币金额式 | 供应商往来，应付系统 |
| 资产 | 1221 | 其他应收款 | | 金额式 | |
| 资产 | 122101 | 应收个人款 | | 金额式 | 个人往来 |
| 资产 | 122102 | 其他 | | 金额式 | 部门核算 |
| 资产 | 1403 | 原材料 | | 金额式 | |
| 资产 | 140301 | 机架 | 架 | 数量金额式 | |
| 资产 | 140302 | 无刷电机 | 台 | 数量金额式 | |
| 资产 | 140303 | 电调 | 台 | 数量金额式 | |
| 资产 | 140304 | 锂电池 | 个 | 数量金额式 | |
| 资产 | 140305 | APM | 台 | 数量金额式 | |
| 资产 | 140306 | 螺旋桨 | 副 | 数量金额式 | |
| 资产 | 140307 | 起落架 | 个 | 数量金额式 | |
| 资产 | 140308 | 遥控器 | 台 | 数量金额式 | |
| 资产 | 140309 | 平衡充电器 | 个 | 数量金额式 | |
| 资产 | 1405 | 库存商品 | | 金额式 | |

续表

| 类型 | 科目编码 | 科目名称 | 币种/单位 | 账页格式 | 辅助账/受控系统 |
| --- | --- | --- | --- | --- | --- |
| 资产 | 140501 | PHANTOM 系列 | 台 | 数量金额式 | |
| 资产 | 140502 | OSMO 系列 | 台 | 数量金额式 | |
| 资产 | 140503 | INSPIRE 系列 | 台 | 数量金额式 | |
| 资产 | 140504 | MAVIC 系列 | 台 | 数量金额式 | |
| 资产 | 140505 | 通用系列 | 台 | 数量金额式 | |
| 资产 | 1601 | 固定资产 | | 金额式 | |
| 资产 | 1602 | 累计折旧 | | 金额式 | |
| 负债 | 2001 | 短期借款 | | 金额式 | |
| 负债 | 2201 | 应付票据 | | 金额式 | |
| 负债 | 220101 | 人民币 | | 金额式 | 供应商往来，应付系统 |
| 负债 | 220102 | 外币 | 英镑 | 外币金额式 | 供应商往来，应付系统 |
| 负债 | 2202 | 应付账款 | | 金额式 | |
| 负债 | 220201 | 一般应付款 | | 金额式 | 供应商往来，应付系统 |
| 负债 | 220202 | 暂估应付款 | | 金额式 | 供应商往来，应付系统 |
| 负债 | 2203 | 预收账款 | | 金额式 | |
| 负债 | 220301 | 人民币 | | 金额式 | 客户往来，应收系统 |
| 负债 | 220302 | 外币 | 美元 | 外币金额式 | 客户往来，应收系统 |
| 负债 | 2211 | 应付职工薪酬 | | 金额式 | |
| 负债 | 221101 | 工资 | | 金额式 | |
| 负债 | 221102 | 职工福利费 | | 金额式 | |
| 负债 | 221103 | 非货币性福利 | | 金额式 | |
| 负债 | 221104 | 社会保险费 | | 金额式 | |
| 负债 | 221105 | 住房公积金 | | 金额式 | |
| 负债 | 221106 | 工会经费 | | 金额式 | |
| 负债 | 221107 | 职工教育经费 | | 金额式 | |
| 负债 | 221108 | 累积带薪缺勤 | | 金额式 | |
| 负债 | 221109 | 设定提存计划 | | 金额式 | |
| 负债 | 22110901 | 基本养老保险 | | 金额式 | |
| 负债 | 22110902 | 失业保险 | | 金额式 | |
| 负债 | 221110 | 辞退福利 | | 金额式 | |
| 负债 | 221111 | 其他 | | 金额式 | |
| 负债 | 2221 | 应交税费 | | 金额式 | |
| 负债 | 222101 | 应交增值税 | | 金额式 | |
| 负债 | 22210101 | 进项税额 | | 金额式 | |
| 负债 | 22210102 | 销项税额抵减 | | 金额式 | |
| 负债 | 22210103 | 已交税金 | | 金额式 | |
| 负债 | 22210104 | 转出未交增值税 | | 金额式 | |
| 负债 | 22210105 | 减免税款 | | 金额式 | |
| 负债 | 22210106 | 出口抵减内销产品应纳税额 | | 金额式 | |

续表

| 类型 | 科目编码 | 科目名称 | 币种/单位 | 账页格式 | 辅助账/受控系统 |
|---|---|---|---|---|---|
| 负债 | 22210107 | 销项税额 | | 金额式 | |
| 负债 | 22210108 | 出口退税 | | 金额式 | |
| 负债 | 22210109 | 进项税额转出 | | 金额式 | |
| 负债 | 22210110 | 转出多交增值税 | | 金额式 | |
| 负债 | 222102 | 未交增值税 | | 金额式 | |
| 负债 | 222103 | 预交增值税 | | 金额式 | |
| 负债 | 222104 | 待抵扣进项税额 | | 金额式 | |
| 负债 | 222105 | 待认证进项税额 | | 金额式 | |
| 负债 | 222106 | 待转销项税额 | | 金额式 | |
| 负债 | 222107 | 增值税留抵税额 | | 金额式 | |
| 负债 | 222108 | 简易计税 | | 金额式 | |
| 负债 | 222109 | 转让金融商品应交增值税 | | 金额式 | |
| 负债 | 222110 | 待扣待交增值税 | | 金额式 | |
| 负债 | 222111 | 应交消费税 | | 金额式 | |
| 负债 | 222112 | 应交城建税 | | 金额式 | |
| 负债 | 222113 | 应交教育费附加 | | 金额式 | |
| 负债 | 222114 | 应交地方教育费附加 | | 金额式 | |
| 负债 | 222115 | 应交企业所得税 | | 金额式 | |
| 负债 | 222116 | 应交个人所得税 | | 金额式 | |
| 负债 | 2241 | 其他应付款 | | 金额式 | |
| 负债 | 224101 | 应付个人款 | | 金额式 | 个人往来 |
| 负债 | 224102 | 社会保险费 | | 金额式 | |
| 负债 | 224103 | 住房公积金 | | 金额式 | |
| 负债 | 224109 | 其他 | | 金额式 | |
| 权益 | 4001 | 实收资本 | | 金额式 | |
| 权益 | 4101 | 盈余公积 | | 金额式 | |
| 权益 | 410101 | 法定盈余公积 | | 金额式 | |
| 权益 | 410102 | 任意盈余公积 | | 金额式 | |
| 权益 | 4104 | 利润分配 | | 金额式 | |
| 权益 | 410401 | 提取法定盈余公积 | | 金额式 | |
| 权益 | 410402 | 提取任意盈余公积 | | 金额式 | |
| 权益 | 410403 | 应付利润 | | 金额式 | |
| 权益 | 410415 | 未分配利润 | | 金额式 | |
| 成本 | 5001 | 生产成本 | | 金额式 | |
| 成本 | 500101 | 直接材料 | | 金额式 | 项目核算 |
| 成本 | 500102 | 直接人工 | | 金额式 | 项目核算 |
| 成本 | 500103 | 制造费用 | | 金额式 | 项目核算 |
| 成本 | 500105 | 生产成本转出 | | 金额式 | |
| 成本 | 5101 | 制造费用 | | 金额式 | |

续表

| 类型 | 科目编码 | 科目名称 | 币种/单位 | 账页格式 | 辅助账/受控系统 |
|---|---|---|---|---|---|
| 成本 | 510101 | 工资 | | 金额式 | |
| 成本 | 510102 | 折旧费 | | 金额式 | |
| 成本 | 510103 | 其他 | | 金额式 | |
| 损益 | 6001 | 主营业务收入 | | 金额式 | |
| 损益 | 600101 | PHANTOM 系列 | 台 | 数量金额式 | |
| 损益 | 600102 | OSMO 系列 | 台 | 数量金额式 | |
| 损益 | 600103 | INSPIRE 系列 | 台 | 数量金额式 | |
| 损益 | 600104 | MAVIC 系列 | 台 | 数量金额式 | |
| 损益 | 600105 | 通用系列 | 台 | 数量金额式 | |
| 损益 | 6401 | 主营业务成本 | | 数量金额式 | |
| 损益 | 640101 | PHANTOM 系列 | 台 | 数量金额式 | |
| 损益 | 640102 | OSMO 系列 | 台 | 数量金额式 | |
| 损益 | 640103 | INSPIRE 系列 | 台 | 数量金额式 | |
| 损益 | 640104 | MAVIC 系列 | 台 | 数量金额式 | |
| 损益 | 640105 | 通用系列 | 台 | 数量金额式 | |
| 损益 | 6601 | 销售费用 | | 金额式 | |
| 损益 | 660101 | 工资 | | 金额式 | |
| 损益 | 660102 | 福利费 | | 金额式 | 部门核算 |
| 损益 | 660103 | 广告费 | | 金额式 | |
| 损益 | 660104 | 业务招待费 | | 金额式 | |
| 损益 | 660105 | 折旧费 | | 金额式 | |
| 损益 | 660106 | 委托代销手续费 | | 金额式 | |
| 损益 | 660107 | 其他 | | 金额式 | |
| 损益 | 6602 | 管理费用 | | 金额式 | |
| 损益 | 660201 | 工资 | | 金额式 | 部门核算 |
| 损益 | 660202 | 福利费 | | 金额式 | 部门核算 |
| 损益 | 660203 | 办公费 | | 金额式 | 部门核算 |
| 损益 | 660204 | 业务招待费 | | 金额式 | 部门核算 |
| 损益 | 660205 | 折旧费 | | 金额式 | 部门核算 |
| 损益 | 660206 | 差旅费 | | 金额式 | 部门核算 |
| 损益 | 660207 | 其他 | | 金额式 | 部门核算 |
| 损益 | 6603 | 财务费用 | | 金额式 | |
| 损益 | 660301 | 利息收支 | | 金额式 | |
| 损益 | 660302 | 手续费 | | 金额式 | |
| 损益 | 660303 | 其他 | | 金额式 | |

其中，出纳的专管科目是库存现金及银行存款科目。

【操作人员】

由具有会计科目设置权限的操作员或财务部［ZJ 郑静］进行会计科目的设置操作，操作日期：2017 年 1 月 1 日。

【信息化操作】

◎ 前置操作：建立账套时勾选“单位有外币业务”复选框。

1. 增加会计科目

（1）2017 年 1 月 1 日，由财务部［ZJ 郑静］执行【基础设置】—【基础档案】—【财务】—【会计科目】命令，打开【会计科目】窗口。

（2）选择［资产］选项卡，再单击［增加］按钮，打开【新增会计科目】窗口，在［科目编码］栏输入“100201”；［科目名称］栏输入“工商银行”；［账页格式］选择为“金额式”；勾选［日记账］、［银行账］复选框。如图 2－30 所示。

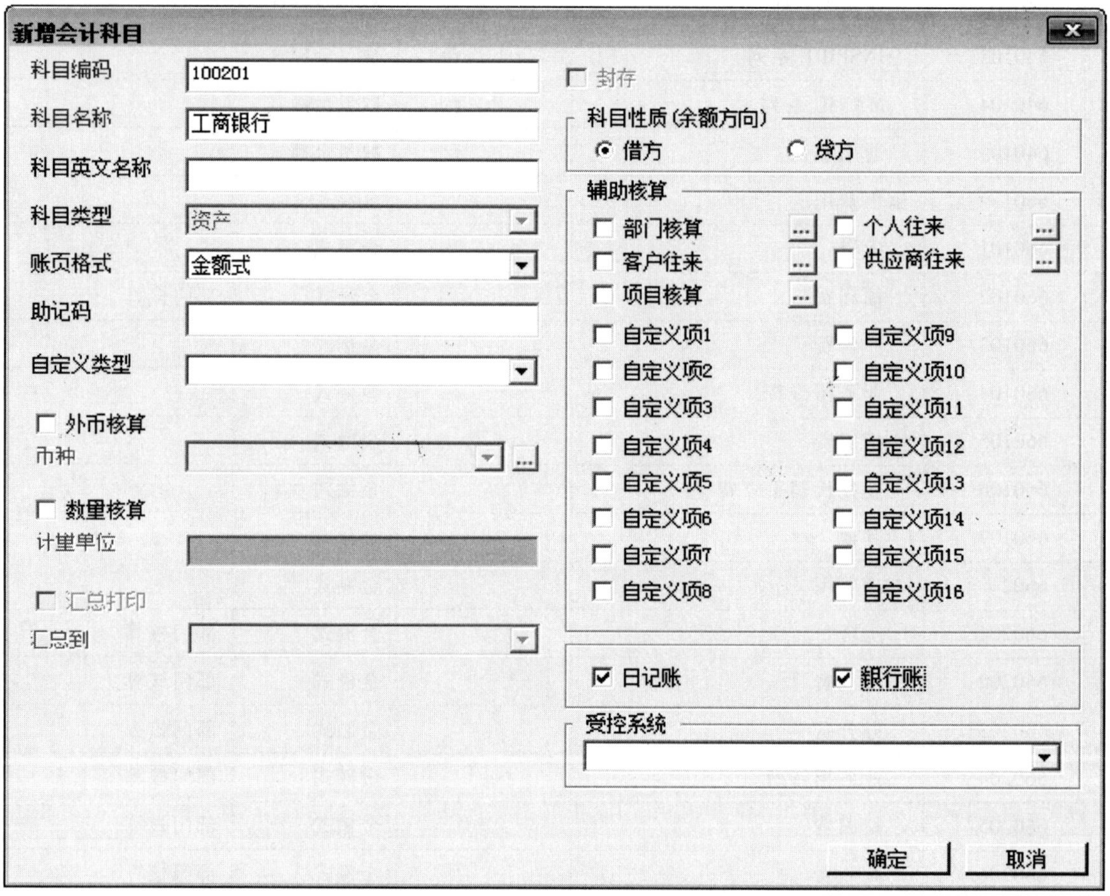


图 2－30 新增会计科目

（3）单击［确定］按钮保存新增会计科目。

（4）重复以上步骤，以同样的方法完成“会计科目信息化数据表”中需要增加的明细科目的录入工作。结果如图 2－31 所示。

| 级次 | 科目编码 | 科目名称 | 外币币种 | 辅助核算 | 银行科目 | 现金科目 | 计量单位 | 余额方向 | 受控系统 |
| --- | --- | --- | --- | --- | --- | --- | --- | --- | --- |
| 1 | 1031 | 存出保证金 | | | | | | 借 | |
| 1 | 1101 | 交易性金融资产 | | | | | | 借 | |
| 1 | 1111 | 买入返售金融资产 | | | | | | 借 | |
| 1 | 1121 | 应收票据 | | | | | | 借 | |
| 2 | 112101 | 人民币 | | 客户往来 | | | | 借 | 应收系统 |
| 2 | 112102 | 外币 | 英镑 | 客户往来 | | | | 借 | 应收系统 |
| 1 | 1122 | 应收账款 | | | | | | 借 | |
| 2 | 112201 | 人民币 | | 客户往来 | | | | 借 | 应收系统 |
| 2 | 112202 | 外币 | 美元 | 客户往来 | | | | 借 | 应收系统 |
| 1 | 1123 | 预付账款 | | | | | | 借 | |
| 2 | 112301 | 人民币 | | 供应商往来 | | | | 借 | 应付系统 |
| 2 | 112302 | 外币 | 美元 | 供应商往来 | | | | 借 | 应付系统 |
| 1 | 1131 | 应收股利 | | | | | | 借 | |

图 2－31 会计科目设置完成

## 知识要点

①系统通常会提供预置的会计科目。用户可以直接引入系统提供的预置会计科目，在此基础上根据需要，增加、修改、删除会计科目。如果企业所使用的会计科目与预置的会计科目相差较多，用户也可以根据需要自行设置全部会计科目。

②增加科目时应遵循先增加上级科目，再增加下级科目的原则，删除会计科目时，必须先从末级科目删除，再删除上级科目，但已经使用过的会计科目（如已经录入期初余额或已经用来填制了凭证的科目）不得删除或修改。

③科目编码必须输入且唯一；科目的名称必须输入，在不同科目下名称可以相同；英文名、助记码可填可不填。增加的会计科目编码必须遵循会计科目编码方案。

④科目性质和科目类型只在一级科目上进行设置，下级科目不需要设置。

⑤如有外币核算和数量核算，在其复选框里要打勾，并选择相应外币和输入数量单位。

⑥涉及辅助核算的要在对应的辅助核算复选框里打勾。一个科目最多可以设置两种相容的辅助核算，且一般设置在末级科目上，但为了管理方便，也可以在一级及末级科目上同时设置辅助核算。个人、客户、供应商不能一同设置。项目可以和个人、部门、客户、供应商同时设置。个人只能和项目一同设置。

⑦科目编码表中的科目不是全部需要增加，软件里已经有的科目不能再增加，但有些科目需要修改其外币币种、数量单位、账页格式和辅助核算，这些科目可以通过双击鼠标进行修改。

2. 修改会计科目

（1）2017 年 1 月 1 日，由财务部［ZJ 郑静］执行【基础设置】—【基础档案】—【财务】—【会计科目】命令，打开【会计科目】窗口。

（2）找到“损益类”科目“销售费用——福利费（660102）”，单击［修改］按钮，打开【会计科目——修改】对话框，再单击［修改］按钮，取消“销售费用——福利费”科目的［部门核算］选择标志，如图 2－32 所示。

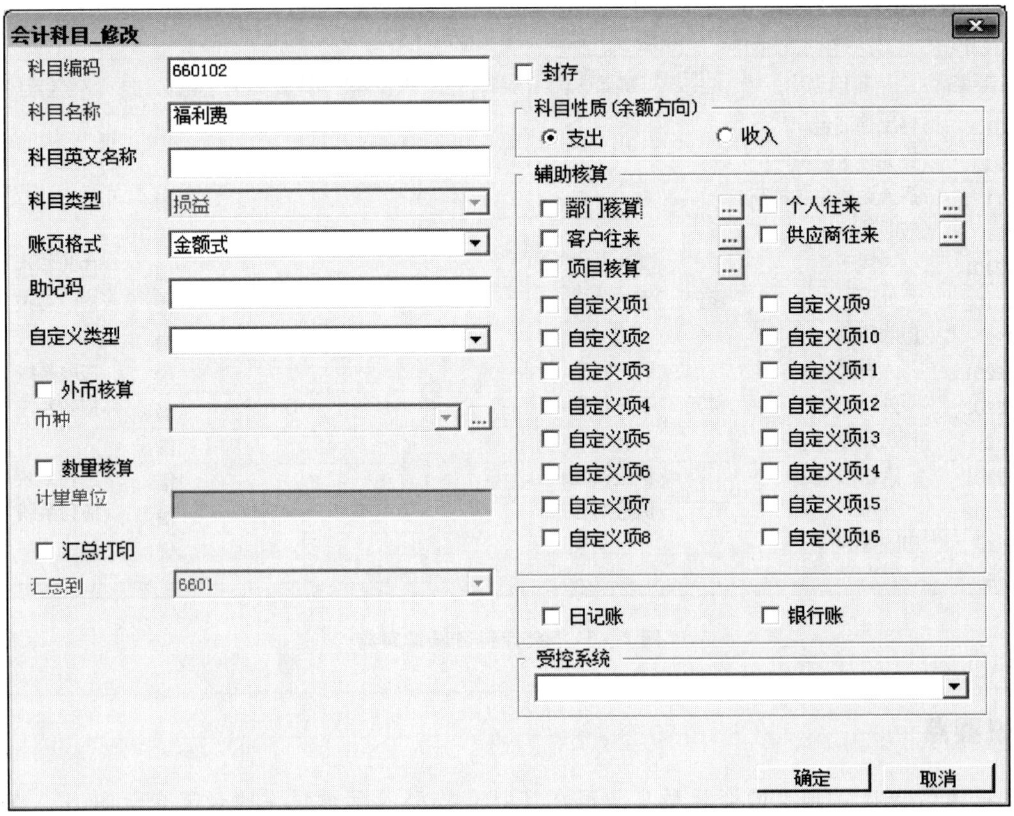


图 2－32　会计科目—修改

（3）单击［确定］按钮，完成会计科目的修改操作。

3. 指定会计科目

（1）2017 年 1 月 1 日，由财务部［ZJ 郑静］执行【基础设置】—【基础档案】—【财务】—【会计科目】命令，打开【会计科目】窗口。

（2）选择【编辑—指定科目】菜单命令，如图 2－33 所示。

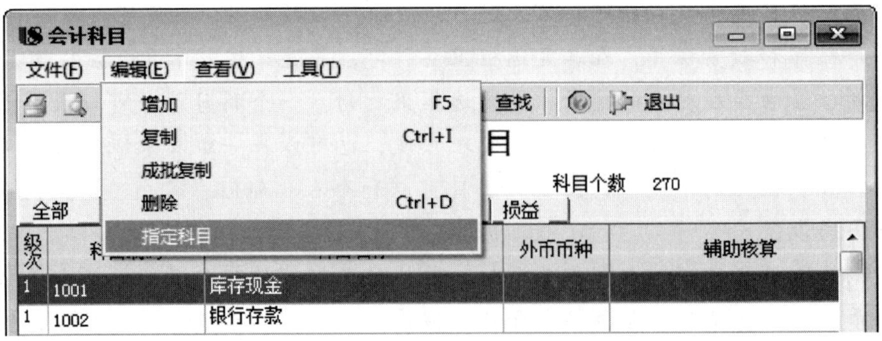


图 2－33　指定会计科目菜单

（3）打开【指定科目】对话框，选择［现金科目］单选按钮，在［待选科目］列表中选择“库存现金”，然后单击［ > ］按钮，将其移动到［已选科目］列表中。结果如图2－34所示。

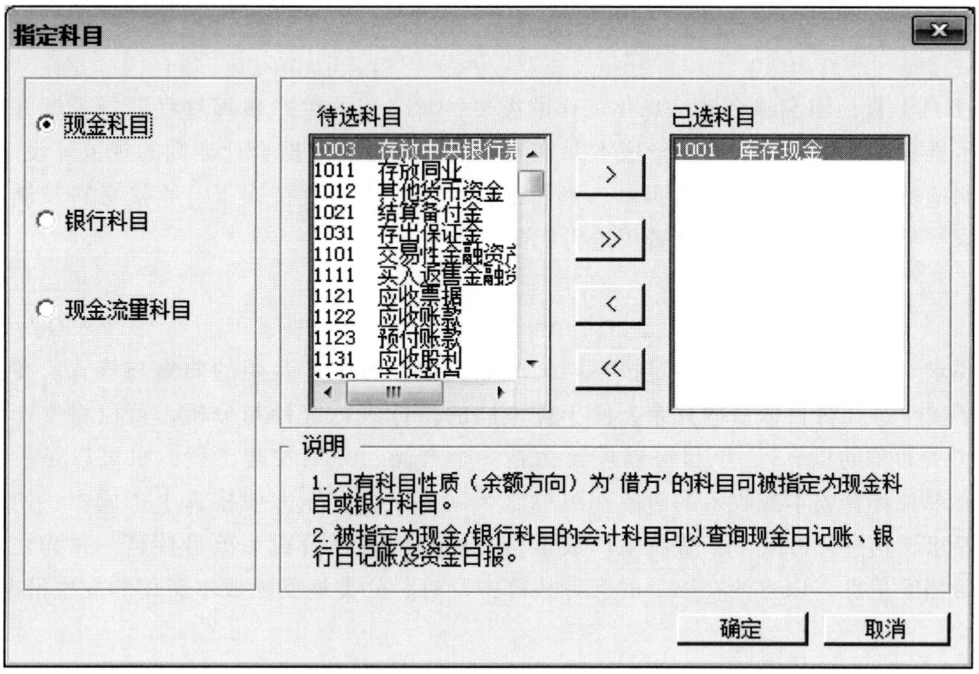


图2－34 指定现金科目

（4）选择［银行科目］单选按钮，在［待选科目］列表中选择“银行存款”，然后单击［ > ］按钮，将其移动到［已选科目］列表中。结果如图2－35所示。

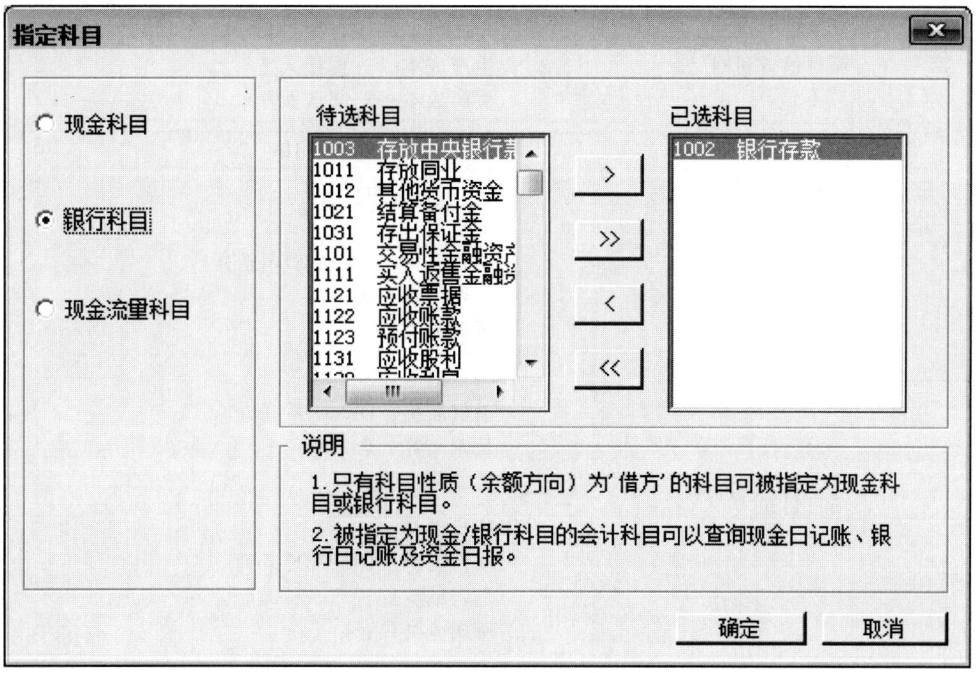


图2－35 指定银行科目

（5）单击［确定］按钮，完成指定会计科目设置操作。

## 业务四　项目档案设置信息化处理

【业务描述】

2017 年 1 月 1 日，因实施会计信息化工作的需要，对公司的生产核算过程进行了解并得到相关信息：公司为了准确核算每种产品的生产成本，在生产成本科目下根据会计准则的规范开设了直接人工、直接材料、制造费用和生产成本转出四个二级明细科目，其中，直接人工、直接材料及制造费用三个明细科目要求按照不同的产品对生产费用进行归集。

【业务分析】

该业务要求对生产成本的明细科目按不同的产品类型进行生产费用的归集与核算。在会计信息化方式下，为了减少会计科目体系的冗余，便于按不同的指标进行统计与分析，可以将生产成本的明细科目设置为“项目辅助核算”，项目可以理解为是一个产品、一项在建工程，也可以是一个订单，总之，一项需要单独计算成本或收入的对象都可称之为项目。为了能方便核算生产成本，使之符合手工会计核算的要求，信息化方式下一般将生产成本科目的明细科目设置为项目核算，并为之设置生产成本所属的项目档案信息，以方便在以后的会计核算中及时、分类地反映成本费用的发生情况。

【数据信息化】

根据以上业务数据采集得到项目档案信息化数据（见表 2－12）：

**表 2－12　项目档案信息化数据**

| 项目档案设置步骤 | 项目设置内容 |
|---|---|
| 项目大类名 | 产成品 |
| 项目核算科目 | 生产成本——直接材料<br>生产成本——直接人工<br>生产成本——制造费用 |
| 项目结构 | 完工日期：长度　10 |
| 项目分类 | 1　自产产品 |
| 项目目录 | 项目编号：1<br>项目名称：PHANTOM 系列<br>是否结算：否<br>所属分类码：1 |
| | 项目编号：2<br>项目名称：OSMO 系列<br>是否结算：否<br>所属分类码：1 |
| | 项目编号：3<br>项目名称：INSPIRE 系列<br>是否结算：否<br>所属分类码：1 |
| | 项目编号：4<br>项目名称：MAVIC 系列<br>是否结算：否<br>所属分类码：1 |

【操作人员】

由具有项目档案设置权限的操作员或财务部［ZJ 郑静］进行项目档案的设置操作，操作日期：2017 年 1 月 1 日。

【信息化操作】

1. 定义项目大类

(1) 2017 年 1 月 1 日，由财务部［ZJ 郑静］执行【基础设置】—【基础档案】—【财务】—【项目目录】命令，打开【项目档案】窗口。

(2) 单击［增加］按钮，打开【项目大类定义_增加】对话框，在［新项目大类名称］栏录入“产成品”，选择项目大类类型为“普通项目”，如图 2－36 所示。

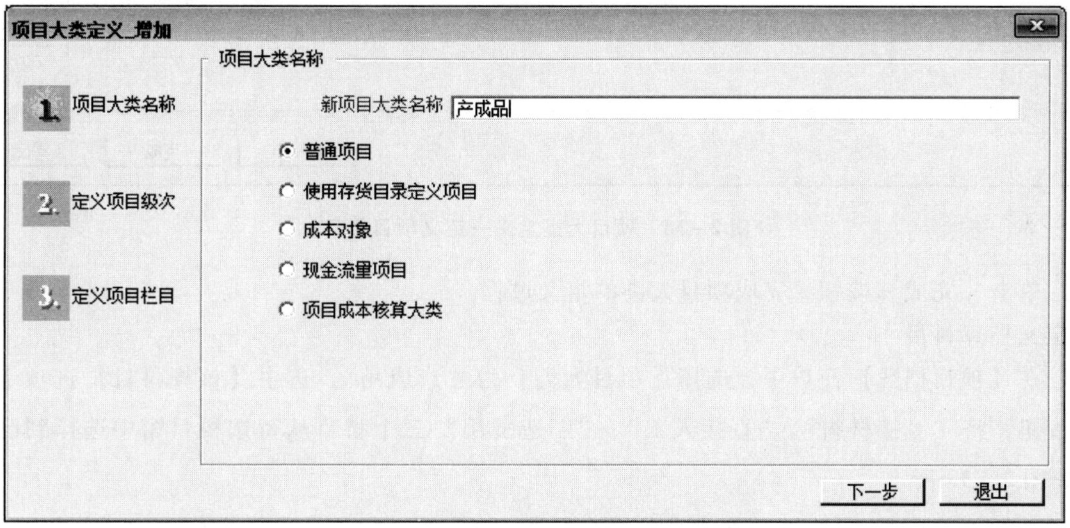


图 2－36　项目大类定义—项目大类名称

(3) 单击［下一步］，设置项目级次为“1”，即项目大类下项目分类只设置一级分类，分类编码长度为一位数字编码，如图 2－37 所示。

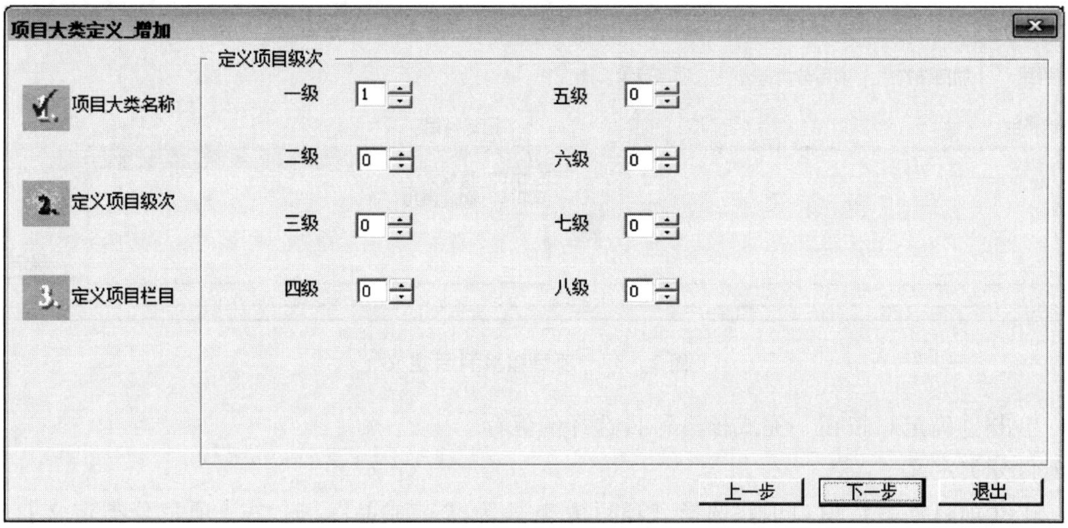


图 2－37　项目大类定义—定义项目级次

(4) 单击［下一步］按钮，在［定义项目栏目］步骤下，单击［增加］按钮，在［标题］栏输入“完工日期”；［类型］栏选择“日期”。如图 2 - 38 所示。

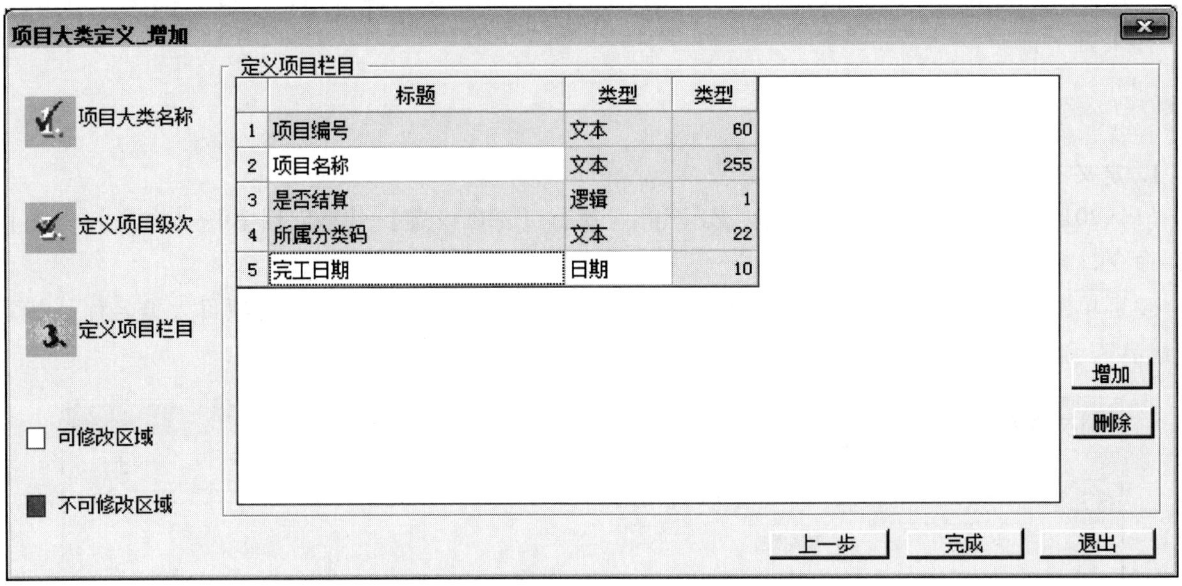


图 2 - 38　项目大类定义—定义项目栏目

(5) 单击［完成］按钮，完成项目大类的定义过程。

2. 定义核算科目

(1) 在【项目档案】窗口中，选择［项目大类］为“产成品”，选中【核算科目】选项卡，单击［>］按钮，将“直接材料”、“直接人工”、“制造费用”三个科目从待选科目窗中选择到已选科目窗中，如图 2 - 39 所示。

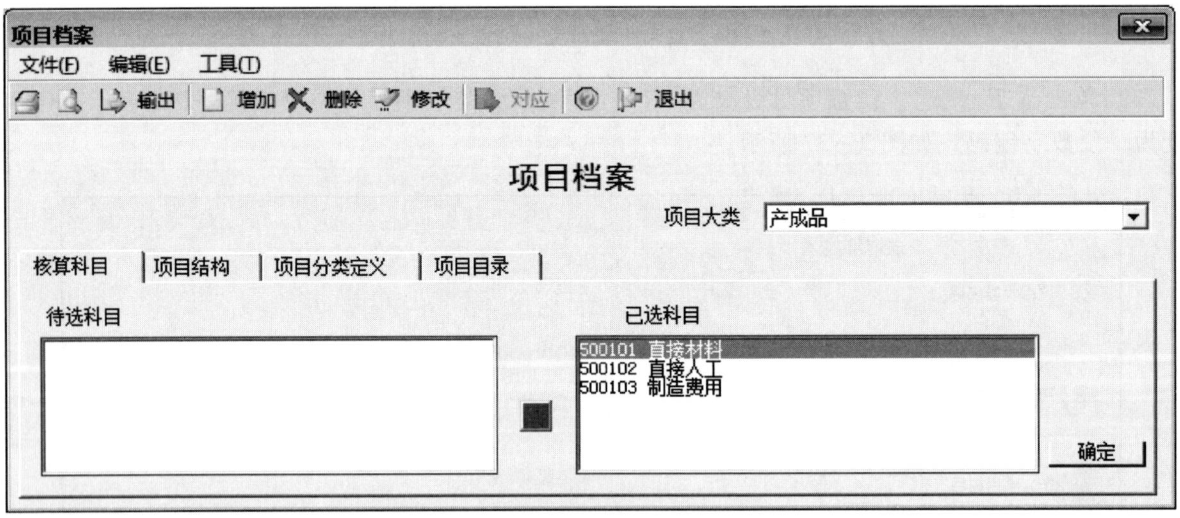


图 2 - 39　项目核算科目定义

(2) 单击［确定］按钮，完成核算科目选择的保存。

3. 项目分类定义

(1) 在【项目档案】窗口中，选择［项目大类］为“产成品”，选中【项目分类定义】选项卡，在［分类编码］栏输入“1”；［分类名称］栏输入“自产产品”，如图 2 - 40 所示。

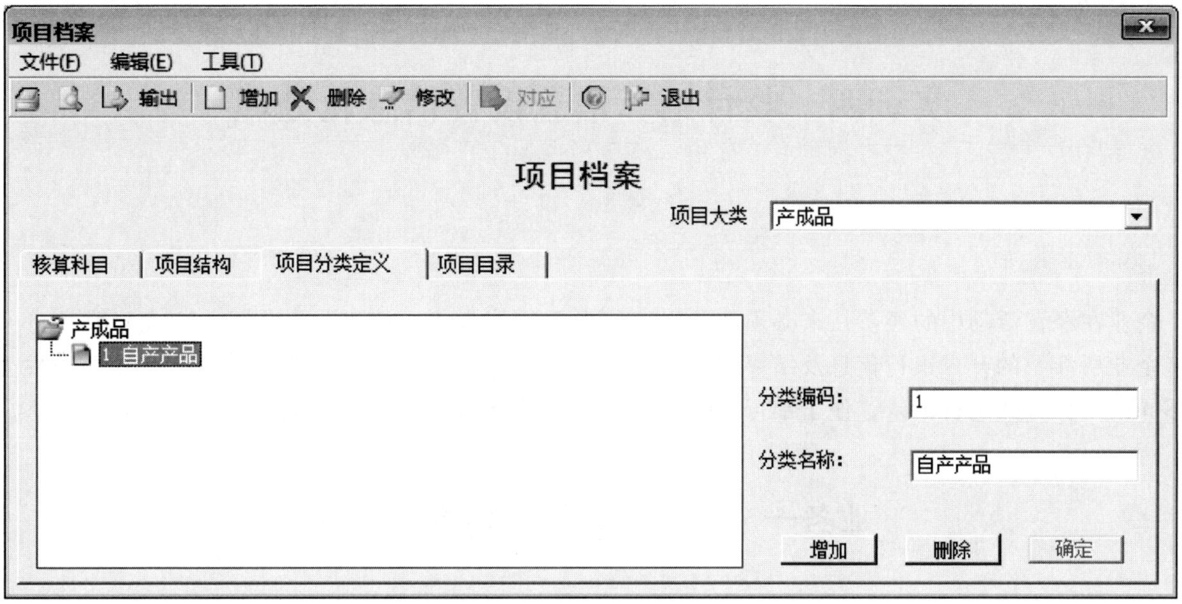


图 2-40　项目分类定义

（2）单击［确定］按钮，完成项目分类定义的保存。

4. 项目目录设置

（1）在【项目档案】窗口中，选择［项目大类］为“产成品”，选中【项目目录】选项卡，单击［维护］按钮，打开【项目目录维护】窗口。

（2）点击［增加］按钮，在［项目编号］栏输入“1”；［项目名称］栏输入“PHANTOM 系列”；［是否结算］栏选择“否”；［所属分类码］栏输入“1”。

（3）重复以上步骤，以同样方法完成项目目录的设置操作。结果如图 2-41 所示。

图 2-41　项目目录档案设置

（4）单击［退出］按钮，完成整个项目档案的设置过程。

**知识要点**

①一个项目大类可以指定多个核算科目，但一个会计科目只能针对一个项目大类核算。

②已经标识结算的项目不能再使用。

# 实训四　收付结算信息设置信息化处理

【信息化要求】

企业在经营活动中的经济往来必须涉及银行信息及结算方式，信息化方式下，应在日常业务开展前将企业所涉及的开户银行信息及结算方式信息录入信息化系统，以方便信息系统在经济业务发生时对不同的结算方式进行记录，便于银行对账及清晰反映资金的来龙去脉，加强资金的管理。

## 业务一　开户银行设置信息化处理

【业务描述】

2017 年 1 月 1 日，因实施会计信息化工作的需要，通过财务部了解并收集到公司开户银行相关资料，如图 2－42 所示。公司除开设了工商银行的基本存款账户外，为了核算外币业务，还在同一支行开设了美元外币账户，银行账号为 2086481614711133568。

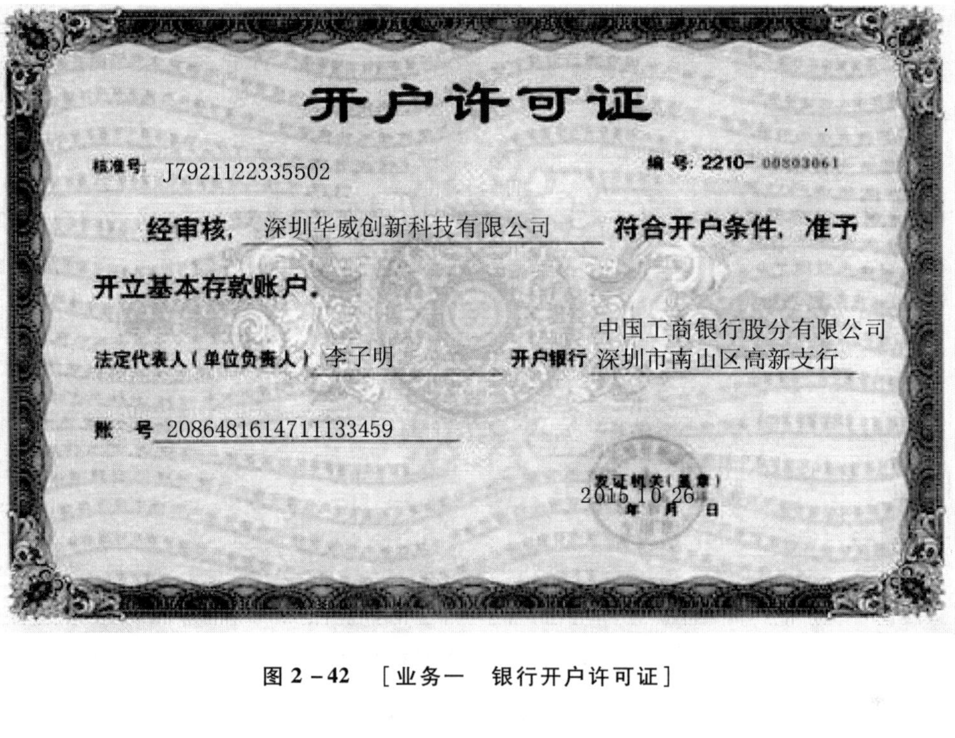


图 2－42　[业务一　银行开户许可证]

【业务分析】

该业务要求设置企业的开户银行基本信息，以便于反映企业银行存款的往来情况。

【数据信息化】

根据以上业务资料采集得到开户银行信息化数据（见表 2－13）：

表 2-13　开户银行信息化数据

| 开户行项目名称 | 开户行内容 |
| --- | --- |
| 开户银行编码 | 01 |
| 开户银行名称 | 中国工商银行深圳市南山区高新支行 |
| 银行账号 | 2086481614711133459 |
| 银行账户名称 | 深圳华威创新科技有限公司 |
| 币种 | 人民币 |
| 所属银行 | 中国工商银行 |
| 开户银行编码 | 02 |
| 开户银行名称 | 中国工商银行深圳市南山区高新支行 |
| 银行账号 | 2086481614711133568 |
| 银行账户名称 | 深圳华威创新科技有限公司 |
| 币种 | 美元 |
| 所属银行 | 中国工商银行 |

【操作人员】

由具有银行档案设置权限的操作员或财务部［ZJ 郑静］进行开户银行档案的设置操作，操作日期：2017 年 1 月 1 日。

【信息化操作】

◎ 前置操作：启用了“应收账款、应付账款”管理系统。

（1）2017 年 1 月 1 日，由财务部［ZJ 郑静］执行【基础设置】—【基础档案】—【收付结算】—【本单位开户银行】命令，打开【本单位开户银行】窗口。

（2）单击［增加］按钮，打开【增加本单位开户银行】窗口，在［编码］栏输入“01”；［银行账号］栏输入“2086481614711133459”；［账户名称］栏输入“深圳华威创新科技有限公司”；在［币种］栏单击［增加］按钮，从［币种档案参照］中选取“人民币”；在［开户银行］栏录入“中国工商银行深圳市南山区高新支行”；在［所属银行编码］栏单击［增加］按钮，从［银行档案基本参照］中选取“01－中国工商银行”。如图 2-43 所示。

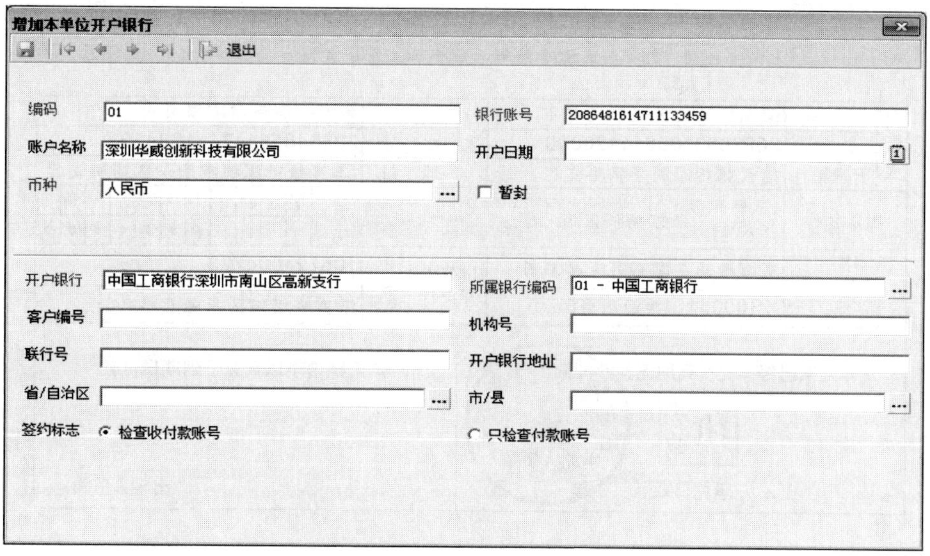


图 2-43　增加本单位开户银行

（3）单击［💾］按钮保存。按以上方法完成美元账户的设置。如图 2－44 所示。

**本单位开户银行**

| 序号 | 编码 | 银行账号 | 账户名称 | 是否暂封 | 开户银行 |
|---|---|---|---|---|---|
| 1 | 01 | 20864816147111 33459 | 深圳华威创新科技有限公司 | 否 | 中国工商银行深圳市南山区高新支行 |
| 2 | 02 | 2086481614711133568 | 深圳华威创新科技有限公司 | 否 | 中国工商银行深圳市南山区高新支行 |

图 2－44　本单位开户银行设置完成

## 业务二　结算方式设置信息化处理

【业务描述】

2017 年 1 月 1 日，根据会计信息化工作的需要，通过财务部了解并收集到公司相关结算方式资料，如图 2－45 至图 2－49 所示。

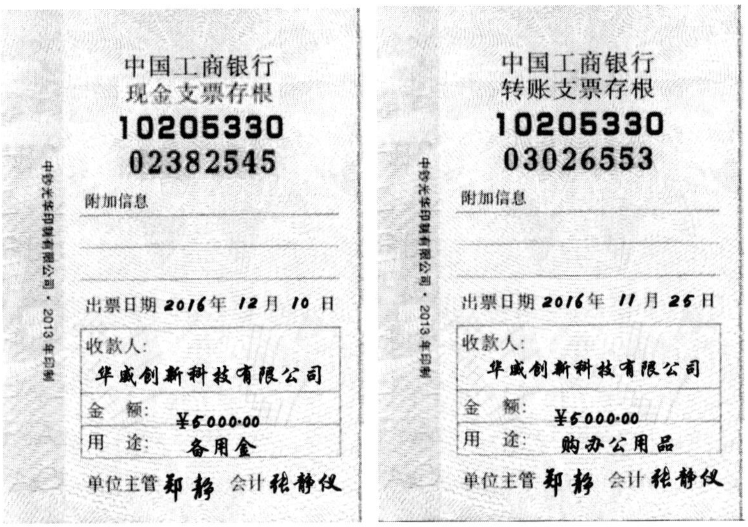
中国工商银行
现金支票存根
10205330
02382545
附加信息
出票日期 2016年 12月 10日
收款人：华威创新科技有限公司
金　额：¥5000.00
用　途：备用金
单位主管 郑彬　会计 张静仪
中钞光华印制有限公司 · 2013年印制

中国工商银行
转账支票存根
10205330
03026553
附加信息
出票日期 2016年 11月 25日
收款人：华威创新科技有限公司
金　额：¥5000.00
用　途：购办公用品
单位主管 郑彬　会计 张静仪
中钞光华印制有限公司 · 2013年印制

图 2－45　［业务二　现金支票及转账支票存根］

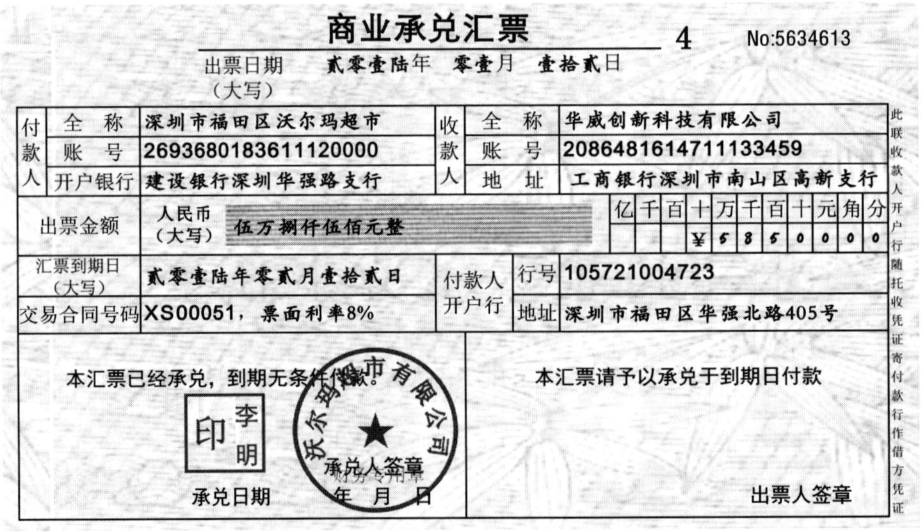
商业承兑汇票　4　No:5634613

出票日期（大写）贰零壹陆年 零壹月 壹拾贰日

| | | | | | |
|---|---|---|---|---|---|
| 付款人 | 全　称 | 深圳市福田区沃尔玛超市 | 收款人 | 全　称 | 华威创新科技有限公司 |
| | 账　号 | 269368018361112000 0 | | 账　号 | 2086481614711133459 |
| | 开户银行 | 建设银行深圳华强路支行 | | 地　址 | 工商银行深圳市南山区高新支行 |
| 出票金额 | 人民币（大写）伍万捌仟伍佰元整 | | 亿千百十万千百十元角分 | ¥58500 0 0 | |
| 汇票到期日（大写） | 贰零壹陆年零贰月壹拾贰日 | | 付款人开户行 | 行号 | 105721004723 |
| 交易合同号码 | XS00051，票面利率8% | | | 地址 | 深圳市福田区华强北路405号 |

本汇票已经承兑，到期无条件付款。　印 李明　沃尔玛超市有限公司 财务专用章　承兑人签章　承兑日期　年　月　日

本汇票请予以承兑于到期日付款　出票人签章

此联收款人开户行随托收凭证寄付款行作借方凭证

图 2－46　［业务二　商业承兑汇票］

## 银行承兑汇票

2　No:6639813

出票日期（大写）　贰零壹陆年　零贰月　贰拾贰日

| | | | | |
|---|---|---|---|---|
| 出票人全称 | 南京风尚科技有限公司 | 收款人 | 全　称 | 华威创新科技有限公司 |
| 出票人账号 | 2051124545111633241 | | 账　号 | 2086481614711133459 |
| 付款行全称 | 工商银行南京中山路支行 | | 地　址 | 工商银行深圳市南山区高新支行 |
| 出票金额 | 人民币（大写）肆拾叁万捌仟柒佰伍拾元整 | | 亿千百十万千百十元角分 | ￥438750000 |
| 汇票到期日（大写） | 贰零壹陆年零贰月贰拾贰日 | 付款人开户行 | 行号 | 105721004723 |
| 承兑协议编号 | 109251 | | 地址 | 深圳市福田区华强北路405号 |
| 本汇票请你行承兑，到期无条件付款　出票人签章 | | 本汇票已经承兑，到期日由本行付款。承兑行签章　承兑日期　2016年12月22日　备注：票面利率8% | | 复核　记账 |

南京风尚科技有限公司　4212562324231　印　李明

中国工商银行股份有限公司　301100000032　汇票专用章　张洁　莉印

此联收款人开户行随托收凭证寄付款行作借方凭证

图2－47　[业务二　银行承兑汇票]

## ICBC 中国工商银行托收凭证（收款通知）

4

委托日期 2016年12月25日　付款期限：2016年12月30日

| | | | | | | | |
|---|---|---|---|---|---|---|---|
| 业务类型 | 委托收款（邮划☐　电划☐）托收承付（邮划☐　电划☑） | | | | | | |
| 付款人 | 全　称 | 南京风尚科技有限公司 | | 收款人 | 全　称 | 华威创新科技有限公司 | |
| | 账　号 | 2051124545111633241 | | | 账　号 | 2086481614711133459 | |
| | 地　址 | 江苏省南京市 | 开户行 工商银行南京中山路支行 | | 地　址 | 广东省深圳市 | 开户行 工商银行深圳市南山区高新支行 |
| 金额 | 人民币（大写） | 伍万捌仟伍佰元整 | | | | 亿千百十万千百十元角分 | ￥5850000 |
| 款项内容 | | 商品款 | 托收凭据名称 | 银行承兑汇票 | | 附寄单证张数 | 1 |
| 商品发运情况 | | 商品已托运 | | 合同名称号码 | | XS1304 | |
| 备注　复核　记账 | | | 上列款项已划回收入方账户　收款人开户银行签章　2016年12月25日 | | | | |

工商银行深圳市南山区高新支行　2016.12.25　转讫

此联是收款人开户行给收款人的收账通知

图2－48　[业务二　银行托收凭证]

## 中国工商银行　电汇凭证（回　单）

1

☑普通　☐加急　委托日期 2016年09月21日　No:4234611

| | | | | | |
|---|---|---|---|---|---|
| 汇款人 | 全　称 | 华威创新科技有限公司 | 收款人 | 全　称 | 飞科达轴承设备厂 |
| | 账　号 | 2086481614711133459 | | 账　号 | 6232023512125335658 |
| | 汇出地点 | 广东省　深圳市/区县 | | 汇入地点 | 省　上海市/区县 |
| 汇出行名称 | | 工商银行深圳市南山区高新支行 | 汇入行名称 | | 工商银行上海江滨支行 |
| 金额 | 人民币（大写） | 伍万捌仟伍佰元整 | | 亿千百十万千百十元角分 | ￥5850000 |
| 汇出行签章 | | | 支付密码　附加信息及用途　支付购货款及运杂费　复核：　记账： | | |

工商银行深圳市南山区高新支行　2016.09.21　转讫

此联汇出行给汇款人的回单

图2－49　[业务二　银行电汇凭证]

【业务分析】

该业务要求在会计信息系统中设置公司目前所使用到的全部结算方式信息，它与财务结算方式一致。通过设置结算方式，便于进行银行对账，同时在业务往来中可依照所选结算方式自动带出结算科目。

【数据信息化】

根据以上业务资料采集得到公司结算方式信息化数据（见表 2－14）：

**表 2－14　结算方式信息化数据**

| 结算方式编码 | 结算方式名称 | 票据管理 |
|---|---|---|
| 1 | 现金结算 | 否 |
| 2 | 支票结算 | 否 |
| 201 | 现金支票 | 是 |
| 202 | 转账支票 | 是 |
| 3 | 汇票结算 | 否 |
| 301 | 商业承兑汇票 | 否 |
| 302 | 银行承兑汇票 | 否 |
| 4 | 电汇 | 否 |
| 5 | 托收承付 | 否 |
| 6 | 委托收款 | 否 |
| 9 | 其他 | 否 |

【操作人员】

由具有结算方式设置权限的操作员或财务部［ZJ 郑静］进行结算方式的设置操作，操作日期：2017 年 1 月 1 日。

【信息化操作】

1. 填制销售订单

（1）2017 年 1 月 1 日，由财务部［ZJ 郑静］执行【基础设置】—【基础档案】—【收付结算】—【结算方式】命令，打开【结算方式】窗口。

（2）单击［增加］按钮，在［结算方式编码］栏输入“1”，［结算方式名称］栏输入“现金结算”，并保持［是否票据管理］复选框为空。如图 2－50 所示。

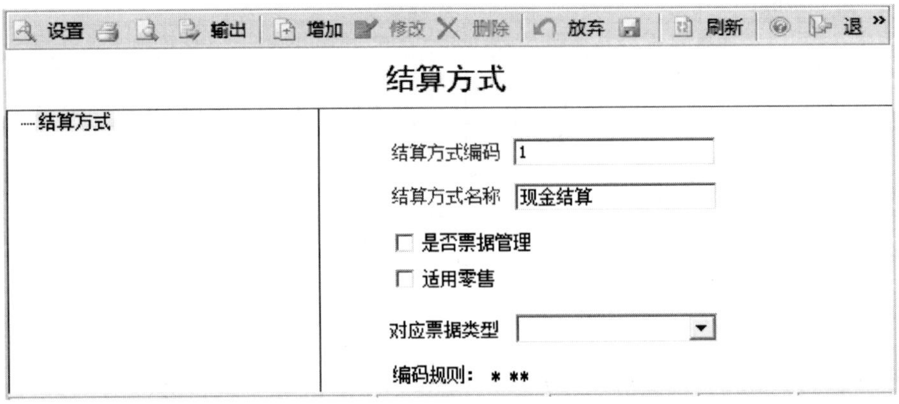


图 2－50　结算方式设置

（3）单击［💾］按钮保存。按以上方法完成其他结算方式的设置。结果如图 2－51 所示。

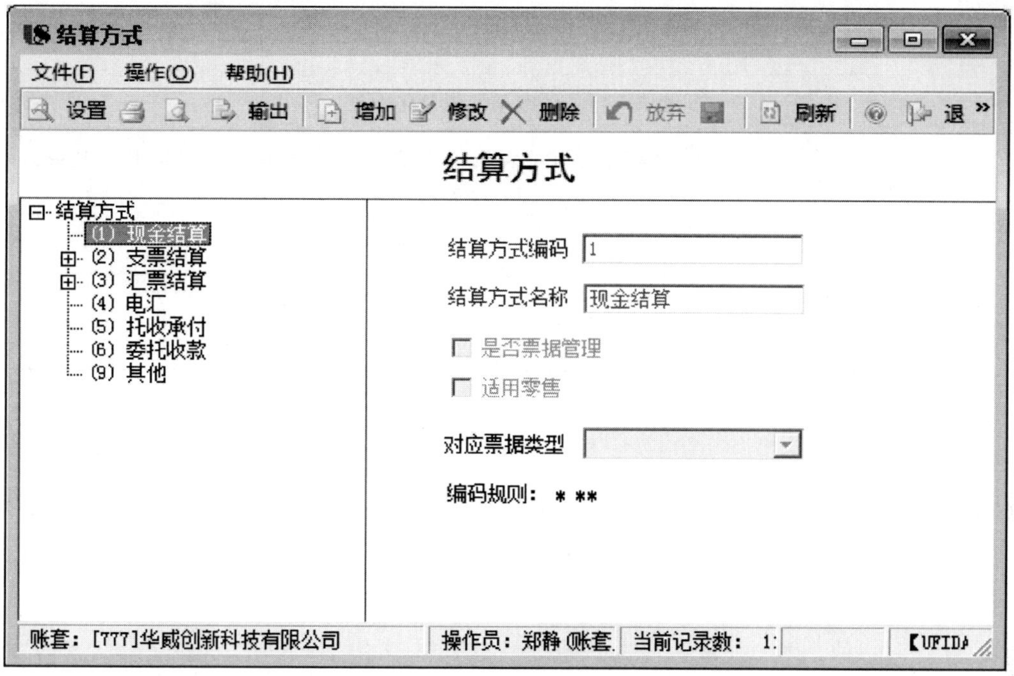


图 2－51 结算方式设置完成

**知识要点**

结算方式一旦被引用，便不能进行修改和删除操作。

## 业务三 付款条件设置信息化处理

【业务描述】

2017 年 1 月 1 日，因实施会计信息化工作的需要，通过财务部了解并收集到公司付款条件的相关信息。

随着社会经济的发展，企业间的竞争愈来愈激烈，为了更好地扩大市场的占有率，公司在进行产品销售时，赊销业务逐渐增多，应收款项也越来越多，所以，为了对应收款项进行有效管理，加速应收款的回款时间，公司制定的客户付款的信用条件如下：

三级客户的信用条件为：2/5，n/30。

二级客户的信用条件为：4/5，2/15，1/30，n/60。

一级客户的信用条件为：4/5，2/20，1/45，n/90。

【业务分析】

该业务要求设置企业给予客户的信用条件，以便于更好地对应收账款进行管理，同时便于信息系统自动根据信用条件计算应该享受的现金折扣金额。

【数据信息化】

根据以上业务资料采集得到公司付款条件信息化数据（见表 2－15）：

**表 2－15　付款条件信息化数据**

| 付款条件编码 | 付款条件表示 | 信用天数 | 优惠天数1 | 优惠率1 | 优惠天数2 | 优惠率2 | 优惠天数3 | 优惠率3 |
|---|---|---|---|---|---|---|---|---|
| 01 | 2/5，n/30 | 30 | 5 | 2 | | | | |
| 02 | 4/5，2/15，1/30，n/60 | 60 | 5 | 4 | 15 | 2 | 30 | 1 |
| 03 | 4/5，2/20，1/45，n/90 | 90 | 5 | 4 | 20 | 2 | 45 | 1 |

【操作人员】

由具有付款条件设置权限的操作员或财务部［ZJ 郑静］进行付款条件的设置操作，操作日期：2017 年 1 月 1 日。

【信息化操作】

（1）2017 年 1 月 1 日，由财务部［ZJ 郑静］执行【基础设置】—【基础档案】—【收付结算】—【付款条件】命令，打开【付款条件】窗口。

（2）单击［增加］按钮，在［付款条件编码］栏输入“01”；［信用天数］栏输入“30”；［优惠天数 1］栏输入“5”；［优惠率 1］栏输入“2”。如图 2－52 所示。

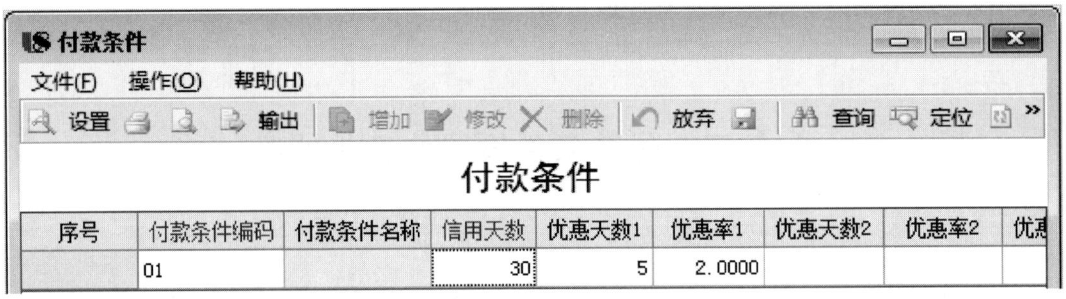


**图 2－52　付款条件设置**

（3）单击［保存］按钮保存。按以上方法完成其他付款条件的设置。结果如图 2－53 所示。

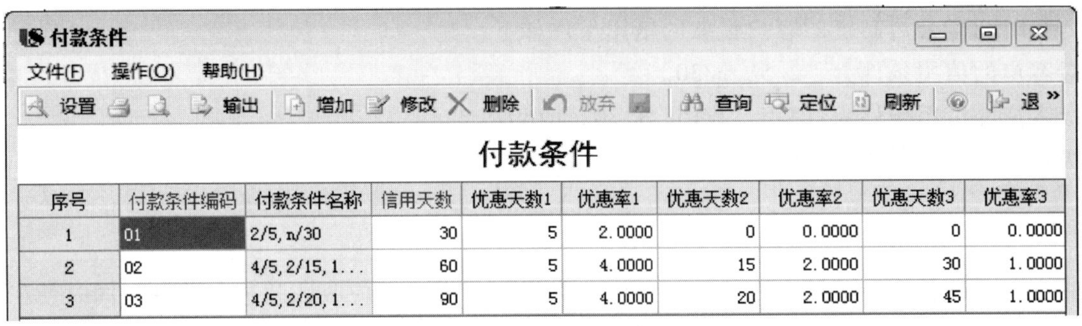


**图 2－53　付款条件设置完成**

# 实训五　业务信息设置信息化处理

【信息化要求】

企业的业务信息主要是指企业在采购、销售及库存管理过程中涉及到的各种业务档案资料，这些业务档案通常包括企业的存货分类信息、存货信息、仓库档案信息、采购类型、销售类型等等，这些业务档案信息在手工方式下不需要专门记录在业务资料中，更多的是在使用时自觉地进行分类记录。信息化方式下，需要对这些业务档案资料按信息系统的要求进行信息化处理，录入信息系统中，以备经济业务发生时系统进行调用，并根据各种业务档案之间的逻辑关系，自动地生成相关业务数据甚至业务凭证。

## 业务一　存货分类信息化处理

【业务描述】

2017 年 1 月 1 日，因实施会计信息化工作的需要，通过业务部门了解并收集到公司存货分类的相关信息。由于公司存货的规格、品种的纷繁复杂，在手工核算状态下，分类方法简单、粗糙，不能满足存货管理的要求，在实施信息化处理后，根据公司的管理需求，准备将公司的存货分类为原材料、产成品、周转材料和其他进行管理，便于根据存货的特点、用途进行分析，统计。

【业务分析】

该业务要求对公司的存货进行分类管理，便于进行分类核算与统计分析。

【数据信息化】

根据以上业务资料采集得到存货分类信息化数据（见表 2 - 16）：

**表 2 - 16　存货分类信息化数据**

| 分类编码 | 分类名称 |
|---|---|
| 01 | 原材料 |
| 02 | 产成品 |
| 03 | 周转材料 |
| 04 | 其他 |

【操作人员】

由具有存货分类设置权限的操作员或财务部［ZJ 郑静］进行存货分类的设置操作，操作日期：2017 年 1 月 1 日。

【信息化操作】

（1）2017 年 1 月 1 日，由财务部［ZJ 郑静］执行【基础设置】—【基础档案】—【存货】—【存货分类】命令，打开【存货分类】窗口。

（2）单击［增加］按钮，在［分类编码］栏输入“01”；［分类名称］栏输入“原材料”。如图 2－54 所示。

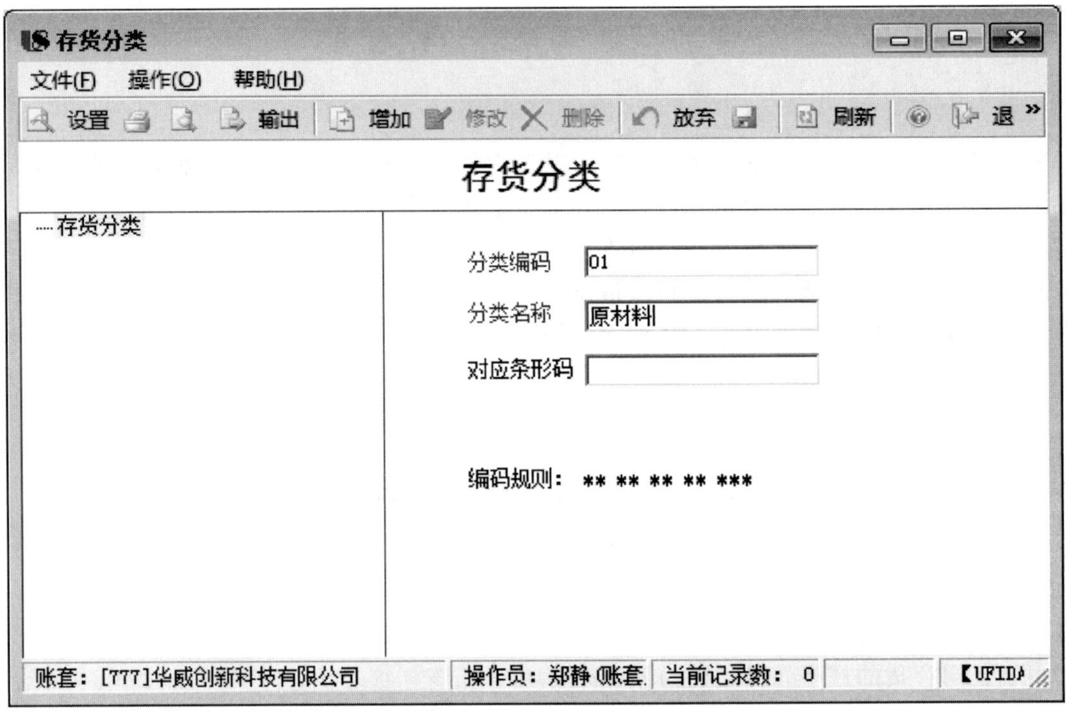


图 2－54 存货分类设置

（3）单击［］按钮保存。按以上方法完成其他存货分类信息的设置。结果如图 2－55 所示。

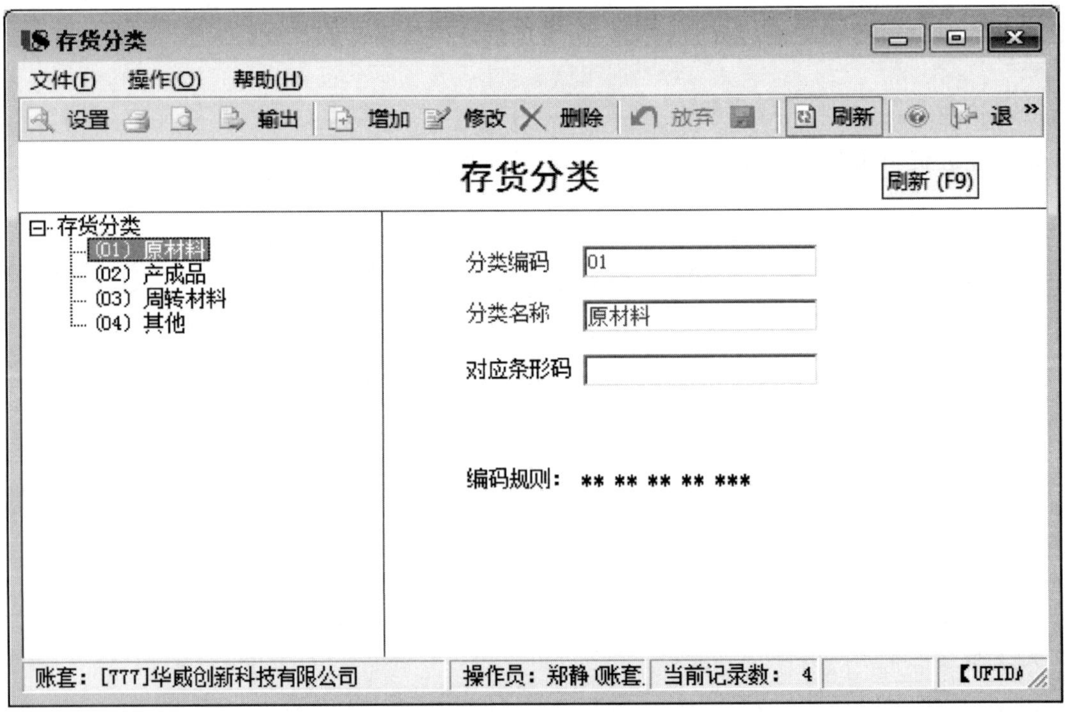


图 2－55 存货分类设置完成

# 业务二　计量单位组及计量单位信息化处理

【业务描述】

2017 年 1 月 1 日，因实施会计信息化工作的需要，通过业务部门了解并收集到公司存货的相关计量单位信息。因公司存货品种、规格繁多，不同的存货使用不同的计量单位，同一种存货在不同的业务环节中也可能计量单位不同，比如公司的原材料锂电池，购入时通常是以“盒”计量的，但在公司库存管理中又是按“个”进行计量。

【业务分析】

该业务要求按存货管理的要求设置存货的计量单位组信息和计量单位信息，计量单位组是根据计量单位的计量性质进行的归类，可以通过设置计量单位组将采购、销售、库存单位之间的换算关联起来管理。

【数据信息化】

根据以上业务数据采集得到计量单位组及计量单位信息化数据（见表 2－17）：

**表 2－17　计量单位组及计量单位信息化数据**

| 计量单位编码 | 计量单位名称 | 计量单位组编码 | 计量单位组名称 | 计量单位组类别 |
|---|---|---|---|---|
| 01 | 架 | 01 | 自然单位组 | 无换算率 |
| 02 | 台 | 01 | 自然单位组 | 无换算率 |
| 03 | 个 | 01 | 自然单位组 | 无换算率 |
| 04 | 副 | 01 | 自然单位组 | 无换算率 |
| 09 | 元 | 01 | 自然单位组 | 无换算率 |

【操作人员】

由具有计量单位设置权限的操作员或财务部［ZJ 郑静］进行计量单位组及计量单位的设置操作，操作日期：2017 年 1 月 1 日。

（1）2017 年 1 月 1 日，由财务部［ZJ 郑静］执行【基础设置】—【基础档案】—【存货】—【计量单位】命令，打开【计量单位】窗口。

（2）单击［分组］按钮，打开【计量单位组】窗口，单击［增加］按钮，在［计量单位组编码］栏录入“01”；［计量单位组名称］栏录入“自然单位组”；［计量单位组类别］栏选择“无换算率”。单击［］按钮保存。结果如图 2－56 所示。

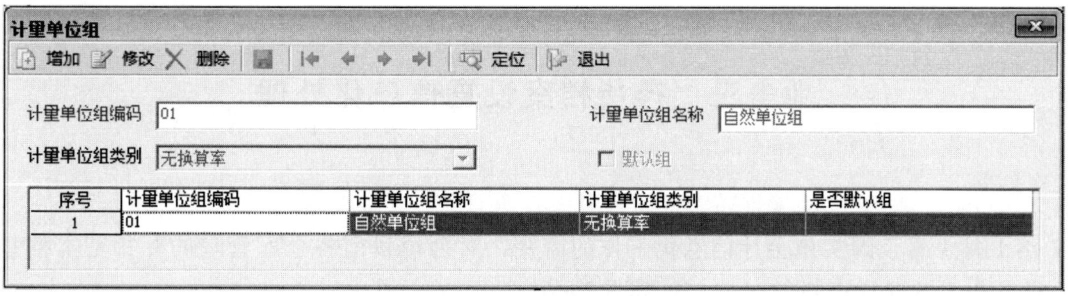


**图 2－56　计量单位组设置**

(3) 单击［退出］按钮，返回到【计量单位】窗口，然后选择［自然单位组］，再单击［ 单位］按钮，打开【计量单位】窗口，单击［ 增加］按钮，在［计量单位编码］栏录入“01”；［计量单位名称］录入“架”。单击［ ］按钮保存，如图 2－57 所示。

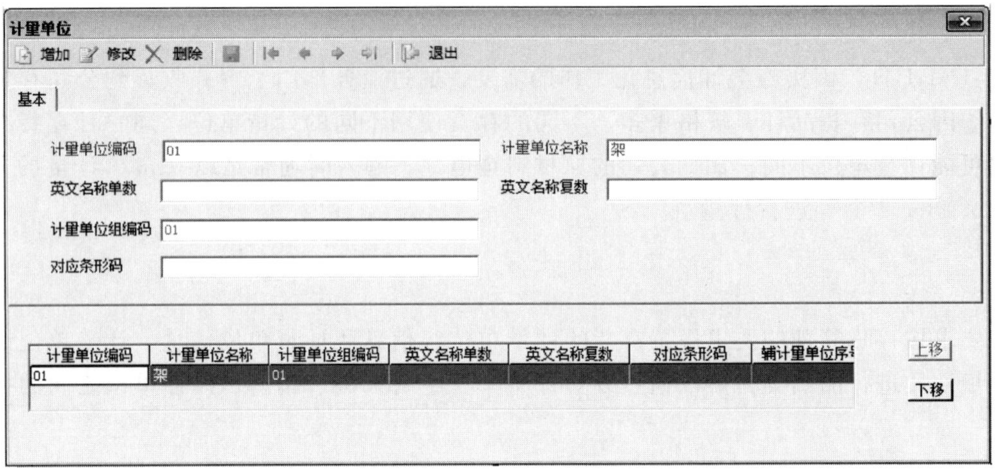


图 2－57 计量单位设置

(4) 重复以上步骤，录入其他计量单位信息。结果如图 2－58 所示。

图 2－58 计量单位设置完成

**知识要点**

①设置计量单位前必须先设置计量单位组，然后再在计量单位组中设置计量单位。

②在设置存货档案之前必须先设置计量单位，否则存货档案无法保存。

## 业务三 存货档案设置信息化处理

【业务描述】

2017 年 1 月 1 日，因实施会计信息化工作的需要，对公司目前各仓库管理的存货基本信息进行了统计，取得各仓库的存货资料如图 2－59 至图 2－61 所示。

## 账存实存对比表

单位名称：华威创新科技有限公司　　2016年12月31日　　单位：原材料库

| 编号 | 类别及名称 | 计量单位 | 单价 | 实存 | | 账存 | | 对比结果 | | | | 备注 |
|---|---|---|---|---|---|---|---|---|---|---|---|---|
| | | | | | | | | 盘盈 | | 盘亏 | | |
| | | | | 数量 | 金额 | 数量 | 金额 | 数量 | 金额 | 数量 | 金额 | |
| 0101 | 机架 | 架 | 200.00 | 50 | | 50 | | | | | | |
| 0102 | 无刷电机 | 台 | 400.00 | 50 | | 50 | | | | | | |
| 0103 | 电调 | 台 | 200.00 | 200 | | 200 | | | | | | |
| 0104 | 锂电池 | 个 | 200.00 | 50 | | 50 | | | | | | |
| 0105 | APM | 台 | 330.00 | 50 | | 50 | | | | | | |
| 0106 | 螺旋桨 | 副 | 30.00 | 50 | | 50 | | | | | | |
| 0107 | 起落架 | 个 | 80.00 | 50 | | 50 | | | | | | |
| 0108 | 遥控器 | 台 | 500.00 | 50 | | 50 | | | | | | |
| 0109 | 平衡充电器 | 个 | 150.00 | 50 | | 50 | | | | | | |
| 审核人：宋春丽 | | | | | | 制表人：李伟 | | | | | | |

报账联

图2－59　[业务三　存货信息—原材料库]

## 账存实存对比表

单位名称：华威创新科技有限公司　　2016年12月31日　　单位：产品一库

| 编号 | 类别及名称 | 计量单位 | 单价 | 实存 | | 账存 | | 对比结果 | | | | 备注 |
|---|---|---|---|---|---|---|---|---|---|---|---|---|
| | | | | | | | | 盘盈 | | 盘亏 | | |
| | | | | 数量 | 金额 | 数量 | 金额 | 数量 | 金额 | 数量 | 金额 | |
| 0201 | PHANTOM系列 | 台 | 2500.00 | 100 | | 100 | | | | | | |
| 0202 | OSMO系列 | 台 | 1500.00 | 100 | | 100 | | | | | | |
| | | | | | | | | | | | | |
| 审核人：宋春丽 | | | | | | 制表人：李伟 | | | | | | |

报账联

图2－60　[业务三　存货信息—产品一库]

## 账存实存对比表

单位名称：华威创新科技有限公司　　2016年12月31日　　单位：产品二库

| 编号 | 类别及名称 | 计量单位 | 单价 | 实存 | | 账存 | | 对比结果 | | | | 备注 |
|---|---|---|---|---|---|---|---|---|---|---|---|---|
| | | | | | | | | 盘盈 | | 盘亏 | | |
| | | | | 数量 | 金额 | 数量 | 金额 | 数量 | 金额 | 数量 | 金额 | |
| 0203 | INSPIRE系列 | 架 | 4000.00 | 200 | | 200 | | | | | | |
| 0204 | MAVIC系列 | 台 | 1800.00 | 150 | | 150 | | | | | | |
| | | | | | | | | | | | | |
| 审核人：宋春丽 | | | | | | 制表人：李伟 | | | | | | |

报账联

图2－61　[业务三　存货信息—产品二库]

【业务分析】

该业务要求设置企业在生产经营中使用到的各种存货信息，以便于对这些存货进行资料管理、实物管理和业务数据的统计、分析，随同发货单或发票一起开具的应税劳务等也应设置在存货档案中。在设置存货信息时，特别要对手工方式下并不明确的存货属性作出明确的定义，存货属性决定了存货能不能在各种业务单据上进行反映以及能不能对存货执行某些业务操作。

【数据信息化】

根据以上业务数据采集得到存货档案信息化数据（见表2－18）：

**表 2-18　存货档案信息化数据**

| 类别 | 存货编码 | 存货名称 | 计量单位组名称 | 主计量单位名称 | 存货属性 | 启用日期 |
|---|---|---|---|---|---|---|
| 01 | 0101 | 机架 | 自然单位组 | 架 | 外购/生产耗用 | 2017-1-1 |
| | 0102 | 无刷电机 | 自然单位组 | 台 | 外购/生产耗用 | 2017-1-1 |
| | 0103 | 电调 | 自然单位组 | 台 | 外购/生产耗用 | 2017-1-1 |
| | 0104 | 锂电池 | 自然单位组 | 个 | 外购/生产耗用 | 2017-1-1 |
| | 0105 | APM | 自然单位组 | 台 | 外购/生产耗用 | 2017-1-1 |
| | 0106 | 螺旋桨 | 自然单位组 | 副 | 外购/生产耗用 | 2017-1-1 |
| | 0107 | 起落架 | 自然单位组 | 个 | 外购/生产耗用 | 2017-1-1 |
| | 0108 | 遥控器 | 自然单位组 | 台 | 外购/生产耗用 | 2017-1-1 |
| | 0109 | 平衡充电器 | 自然单位组 | 个 | 外购/生产耗用 | 2017-1-1 |
| 02 | 0201 | PHANTOM 系列 | 自然单位组 | 台 | 内销/外销/自制 | 2017-1-1 |
| | 0202 | OSMO 系列 | 自然单位组 | 台 | 内销/外销/自制 | 2017-1-1 |
| | 0203 | INSPIRE 系列 | 自然单位组 | 台 | 内销/外销/自制 | 2017-1-1 |
| | 0204 | MAVIC 系列 | 自然单位组 | 台 | 内销/外销/自制 | 2017-1-1 |
| | 0205 | 通用系列 | 自然单位组 | 台 | 内销/外销/自制/外购 | 2017-1-1 |
| 04 | 0401 | 运输费（税率 11%） | 自然单位组 | 元 | 内销/外购/应税劳务 | 2017-1-1 |

【操作人员】

由具有存货档案设置权限的操作员或财务部［ZJ 郑静］进行存货档案的设置操作，操作日期：2017 年 1 月 1 日。

（1）2017 年 1 月 1 日，由财务部［ZJ 郑静］执行【基础设置】—【基础档案】—【存货】—【存货档案】，打开【存货档案】窗口。选择相应的存货类别，然后单击［增加］按钮，选择【基本】选项卡，按要求录入存货的基本信息，如图 2-62 所示。

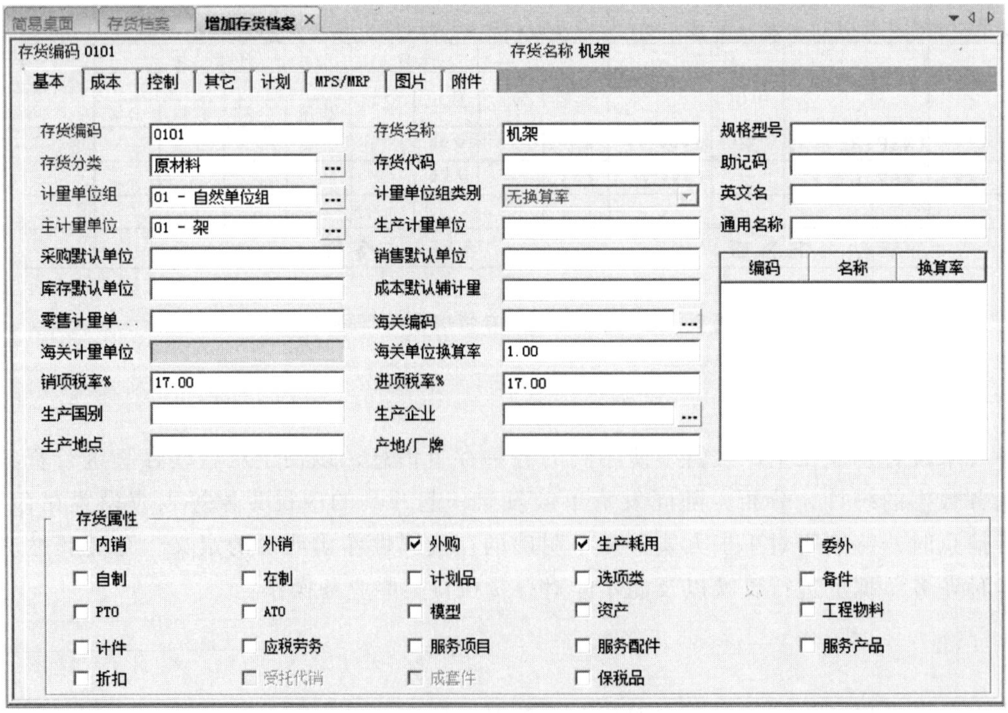


**图 2-62　增加存货档案—基本选项卡**

(2) 单击【其它】选项卡,在[启用日期]栏选择录入"2017-01-01",如图 2-63 所示。

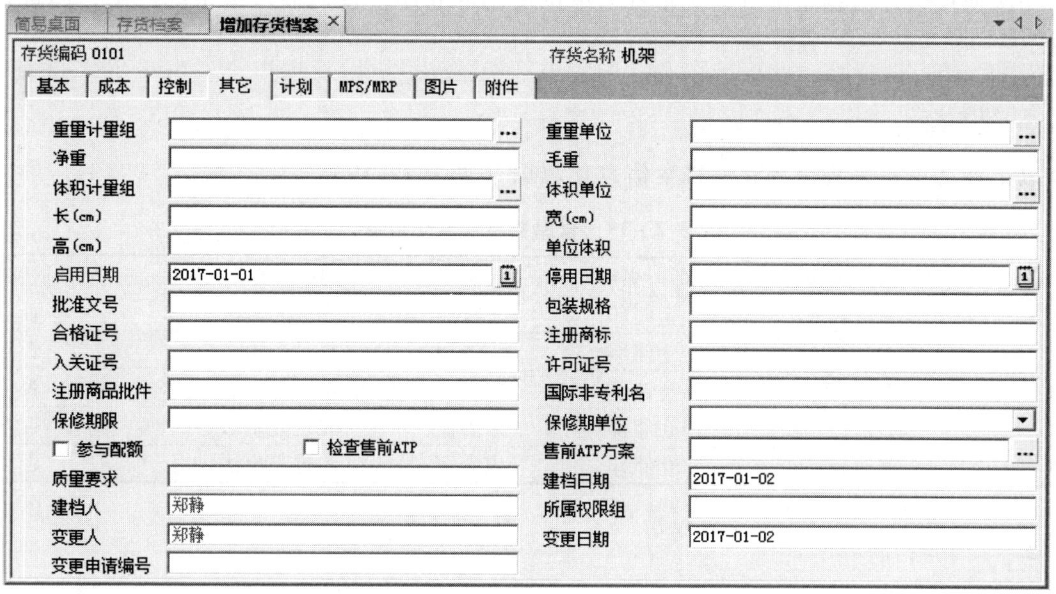


图 2-63 增加存货档案—其他选项卡

(3) 单击[保存图标]按钮保存。用相同的方法依次将其余的存货档案录入到系统中。结果如图 2-64 所示。

| 序号 | 选择 | 存货编码 | 存货名称 | 规.. | 手.. | ... | 启用日期 | 计量单位组名称 | 主计量单位名称 |
|---|---|---|---|---|---|---|---|---|---|
| 1 | | 0101 | 机架 | | | | 2017-01-01 | 自然单位组 | 架 |
| 2 | | 0102 | 无刷电机 | | | | 2017-01-01 | 自然单位组 | 台 |
| 3 | | 0103 | 电调 | | | | 2017-01-01 | 自然单位组 | 台 |
| 4 | | 0104 | 锂电池 | | | | 2017-01-01 | 自然单位组 | 个 |
| 5 | | 0105 | APM | | | | 2017-01-01 | 自然单位组 | 台 |
| 6 | | 0106 | 螺旋桨 | | | | 2017-01-01 | 自然单位组 | 副 |
| 7 | | 0107 | 起落架 | | | | 2017-01-01 | 自然单位组 | 个 |
| 8 | | 0108 | 遥控器 | | | | 2017-01-01 | 自然单位组 | 台 |
| 9 | | 0109 | 平衡充电器 | | | | 2017-01-01 | 自然单位组 | 个 |
| 10 | | 0201 | PHANTOM系列 | | | | 2017-01-01 | 自然单位组 | 台 |
| 11 | | 0202 | OSMO系列 | | | | 2017-01-01 | 自然单位组 | 台 |
| 12 | | 0203 | INSPIRE系列 | | | | 2017-01-01 | 自然单位组 | 台 |
| 13 | | 0204 | MAVIC系列 | | | | 2017-01-01 | 自然单位组 | 台 |
| 14 | | 0205 | 通用系列 | | | | 2017-01-01 | 自然单位组 | 台 |
| 15 | | 0401 | 运输费 | | | | 2017-01-01 | 自然单位组 | 元 |

图 2-64 存货档案设置完成

## 业务四 仓库档案设置信息化处理

【业务描述】

2017 年 1 月 1 日,因实施会计信息化工作的需要,对公司目前各仓库的基本信息进行了统计,了解到公司现有仓库有原材料库、产品一库、产品二库、周转材料库、临时仓库等多个仓库,除产品库采用全月平均法计价外,其余仓库均采用先进先出法进行计价。

【业务分析】

该业务要求设置企业在生产经营中保管存货的各仓库的信息。存货一般是用仓库来保管的,对存货进行核算管理，首先应对仓库进行管理，因此进行仓库设置是供销链管理系统的重要基础准备工作之一。第一次使用会计信息系统时，应先将本单位使用的仓库，预先输入到系统之中，即进行“仓库档案设置”。

【数据信息化】

根据以上业务资料采集得到仓库档案信息化数据（见表2－19）：

**表2－19　仓库档案信息化数据**

| 仓库编码 | 仓库名称 | 部门名称 | 负责人 | 计价方式 | 是否货位管理 |
|---|---|---|---|---|---|
| 01 | 原材料库 | 仓储部 | 宋春丽 | 先进先出法 | 否 |
| 02 | 产品一库 | 仓储部 | 宋春丽 | 全月平均法 | 否 |
| 03 | 产品二库 | 仓储部 | 宋春丽 | 全月平均法 | 否 |
| 04 | 周转材料库 | 仓储部 | 宋春丽 | 先进先出法 | 否 |
| 05 | 临时仓库 | 仓储部 | 宋春丽 | 先进先出法 | 否 |

【操作人员】

由具有仓库档案设置权限的操作员或财务部［ZJ 郑静］进行仓库档案的设置操作，操作日期：2017年1月1日。

（1）2017年1月1日，由财务部［ZJ 郑静］执行【基础设置】—【基础档案】—【业务】—【仓库档案】命令，打开【仓库档案】窗口。

（2）单击［增加］按钮，在［仓库编码］栏输入“01”；［仓库名称］栏输入“原材料库”；［部门编码］栏选择“4－仓储部”；［负责人］栏输入“宋春丽”；［计价方式］栏选择“先进先出法”；其余采用默认值。如图2－65所示。

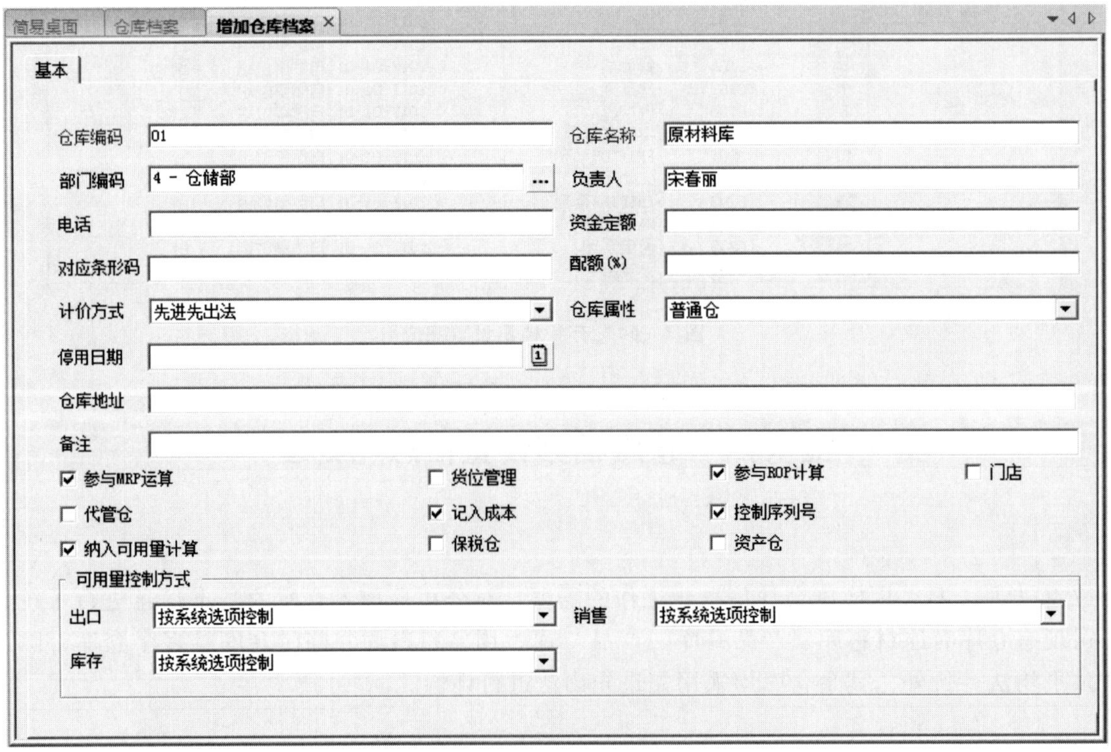


图2－65　增加仓库档案

（3）单击［ ］按钮保存。用相同的方法依次将其余的仓库档案录入到系统中。结果如图 2－66 所示。

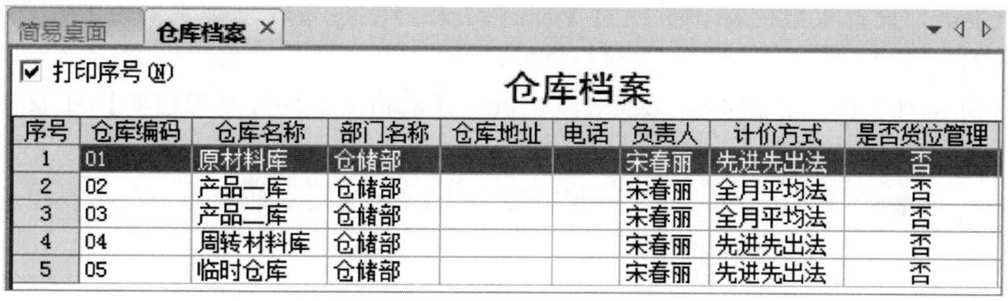

简易桌面 仓库档案

☑ 打印序号(N)

仓库档案

| 序号 | 仓库编码 | 仓库名称 | 部门名称 | 仓库地址 | 电话 | 负责人 | 计价方式 | 是否货位管理 |
|---|---|---|---|---|---|---|---|---|
| 1 | 01 | 原材料库 | 仓储部 | | | 宋春丽 | 先进先出法 | 否 |
| 2 | 02 | 产品一库 | 仓储部 | | | 宋春丽 | 全月平均法 | 否 |
| 3 | 03 | 产品二库 | 仓储部 | | | 宋春丽 | 全月平均法 | 否 |
| 4 | 04 | 周转材料库 | 仓储部 | | | 宋春丽 | 先进先出法 | 否 |
| 5 | 05 | 临时仓库 | 仓储部 | | | 宋春丽 | 先进先出法 | 否 |

图 2－66 仓库档案设置完成

## 业务五 收发类别设置信息化处理

【业务描述】

2017 年 1 月 1 日，因实施会计信息化工作的需要，对公司目前各仓库的材料的出入情况进行了统计，了解到公司现有材料的入库类型主要分为采购入库、产成品入库、退料入库等；出库类型主要有销售出库、领料出库、退货出库等。

【业务分析】

该业务要求设置企业在生产经营中各种存货的出库、入库类型。其目的是为了对材料的出入库情况进行分类汇总统计而设置，表示材料的出入库类型。

【数据信息化】

根据以上业务资料采集得到存货收发类别信息化数据（见表 2－20）：

表 2－20 收发类别信息化数据

| 收发类别编码 | 收发类别名称 | 收发标志 |
|---|---|---|
| 1 | 入库类别 | 收 |
| 11 | 采购入库 | 收 |
| 12 | 产成品入库 | 收 |
| 13 | 退料入库 | 收 |
| 14 | 半成品入库 | 收 |
| 15 | 委托加工入库 | 收 |
| 16 | 退货入库 | 收 |
| 17 | 盘盈入库 | 收 |
| 19 | 其他入库 | 收 |
| 2 | 出库类别 | 发 |
| 21 | 销售出库 | 发 |
| 22 | 退货出库 | 发 |
| 23 | 材料领用出库 | 发 |
| 24 | 委托代销出库 | 发 |
| 25 | 盘亏出库 | 发 |
| 29 | 其他出库 | 发 |

【操作人员】

由具有收发类别设置权限的操作员或财务部［ZJ 郑静］进行收发类别的设置操作，操作日期：2017 年 1 月 1 日。

（1）2017 年 1 月 1 日，由财务部［ZJ 郑静］执行【基础设置】—【基础档案】—【业务】—【收发类别】命令，打开【收发类别】窗口。

（2）单击［增加］按钮，在［收发类别编码］栏输入“1”；［收发类别名称］栏输入“入库类别”；［收发标志］选择“收”单选按钮。如图 2－67 所示。

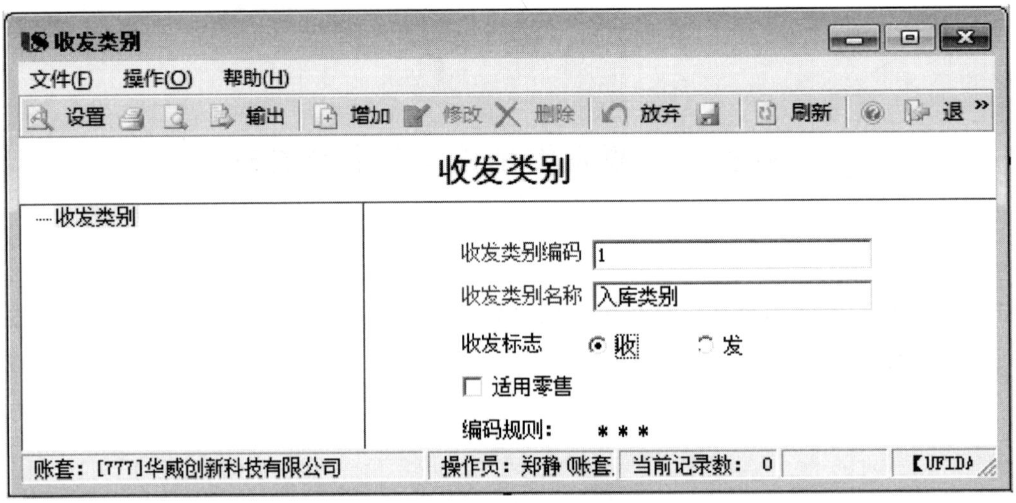


图 2－67　收发类别设置

（3）单击［］按钮保存。用相同的方法依次将其余的收发类别信息录入到系统中。结果如图 2－68 所示。

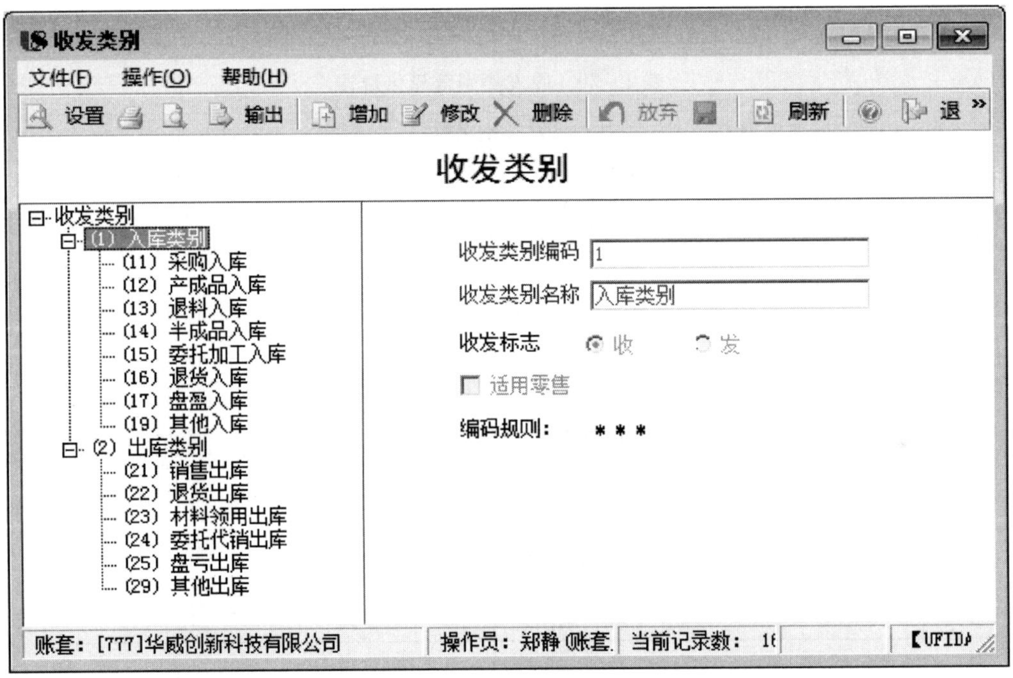


图 2－68　收发类别设置完成

# 业务六　采购类型设置信息化处理

【业务描述】

2017年1月1日，因实施会计信息化工作的需要，对公司目前材料采购的类型进行了统计，了解到公司现有材料采购细分为材料采购、商品采购和采购退货三种类型。

【业务分析】

该业务要求设置企业在生产经营中采购类型的详细信息。采购类型是由用户根据企业需要自行设定的项目，如果企业需要按采购类型进行统计，那就应该建立采购类型项目。采购类型不分级次，企业可以根据实际需要进行设立。

【数据信息化】

根据以上业务资料采集得到采购类型信息化数据（见表2-21）：

表2-21　采购类型信息化数据

| 采购类型编码 | 采购类型名称 | 入库类别 | 是否默认值 |
|---|---|---|---|
| 01 | 材料采购 | 采购入库 | 是 |
| 02 | 商品采购 | 采购入库 | 否 |
| 03 | 采购退货 | 退货入库 | 否 |

【操作人员】

由具有采购类型设置权限的操作员或财务部［ZJ郑静］进行采购类型的设置操作，操作日期：2017年1月1日。

（1）2017年1月1日，由财务部［ZJ郑静］执行【基础设置】—【基础档案】—【业务】—【采购类型】命令，打开【采购类型】窗口。

（2）单击［增加］按钮，在［采购类型编码］栏输入“01”；［采购类型名称］栏输入“材料采购”；双击［入库类别］栏选择“采购入库”；双击［是否默认值］栏选择“是”。如图2-69所示。

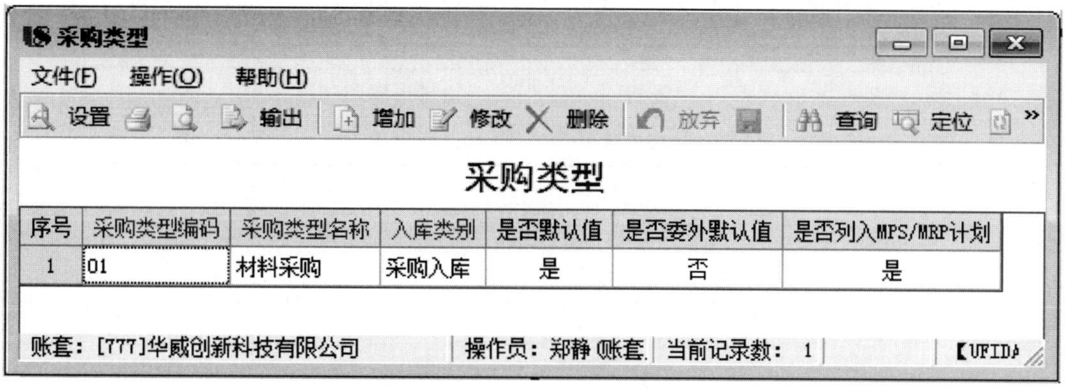


图2-69　采购类型设置

（3）单击［ ］按钮保存。用相同的方法依次将其余的采购类型信息录入到系统中。结果如图2-70所示。

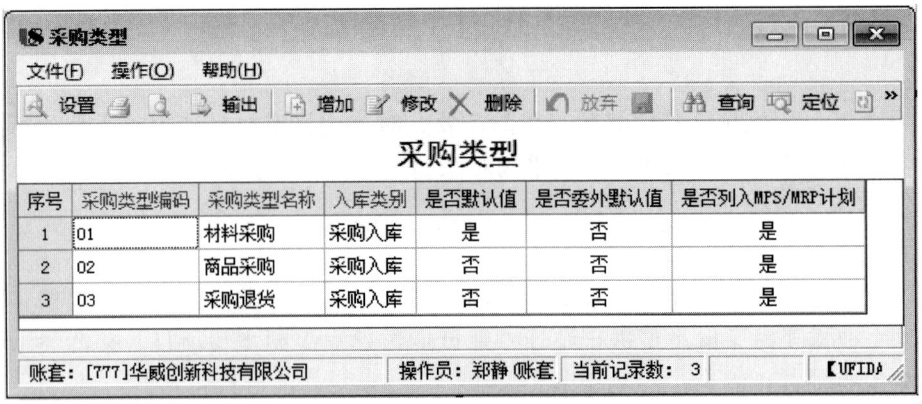


**图2-70 采购类型设置完成**

## 业务七 销售类型设置信息化处理

【业务描述】

2017年1月1日，因实施会计信息化工作的需要，对公司目前产品销售的类型进行了统计，了解到公司现有产品销售细分为批发、零售和销售退货三种类型。

【业务分析】

该业务要求设置企业在生产经营中销售类型的详细信息。销售类型是由用户根据企业需要自行设定的项目，如果企业需要按销售类型进行统计，那就应该建立销售类型项目。销售类型不分级次，企业可以根据实际需要进行设立。

【数据信息化】

根据以上业务资料采集得到销售类型信息化数据（见表2-22）：

**表2-22 销售类型信息化数据**

| 销售类型编码 | 销售类型名称 | 出库类别 | 是否默认值 |
|---|---|---|---|
| 01 | 批发 | 销售出库 | 是 |
| 02 | 零售 | 销售出库 | 否 |
| 03 | 销售退货 | 退货出库 | 否 |

【操作人员】

由具有销售类型设置权限的操作员或财务部［ZJ郑静］进行销售类型的设置操作，操作日期：2017年1月1日。

（1）2017年1月1日，由财务部［ZJ郑静］执行【基础设置】—【基础档案】—【业务】—【销售类型】命令，打开【销售类型】窗口。

（2）单击［增加］按钮，在［销售类型编码］栏输入“01”；［销售类型名称］栏输入“批发”；双击［出库类别］栏选择“销售出库”；双击［是否默认值］栏选择“是”。如图 2－71 所示。

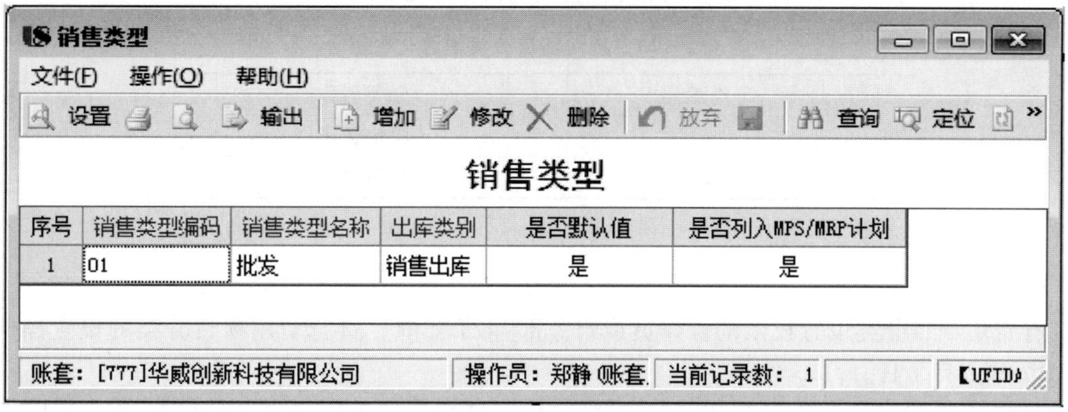


图 2－71　销售类型设置

（3）单击［］按钮保存。用相同的方法依次将其余的销售类型信息录入到系统中。结果如图 2－72 所示。

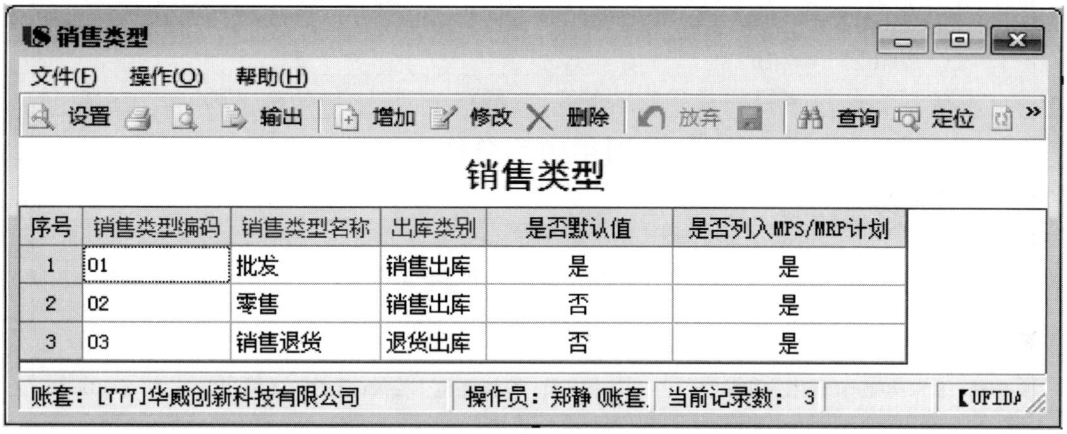


图 2－72　销售类型设置完成

## 业务八　费用项目分类设置信息化处理

【业务描述】

2017 年 1 月 1 日，因实施会计信息化工作的需要，对公司目前购销业务中的费用项目情况进行了统计，了解到公司现有的涉及到采购与销售业务中的费用项目分为了代垫费用和其他费用两类。

【业务分析】

该业务要求设置企业在采购与销售业务中涉及到的各种费用的分类信息。费用项目分类是对同一类属性的费用，归集成一类，以便于对它们进行统计和分析。根据出口和销售等业务的要求，增加费用项目分类档案，便于在业务数据中进行分析汇总。企业在处理销售业务中的代垫费用、销售支出费用时，应先行设定这些费用项目。

【数据信息化】

根据以上业务资料采集得到费用项目分类信息化数据（见表 2－23）：

**表 2－23　费用项目分类信息化数据**

| 分类编码 | 分类名称 |
|---|---|
| 1 | 代垫费用 |
| 2 | 其他费用 |

【操作人员】

由具有费用项目分类设置权限的操作员或财务部［ZJ 郑静］进行费用项目分类的设置操作，操作日期：2017 年 1 月 1 日。

（1）2017 年 1 月 1 日，由财务部［ZJ 郑静］执行【基础设置】—【基础档案】—【业务】—【费用项目分类】命令，打开【费用项目分类】窗口。

（2）单击［增加］按钮，在［分类编码］栏输入“1”；［分类名称］栏输入“代垫费用”。如图 2－73 所示。

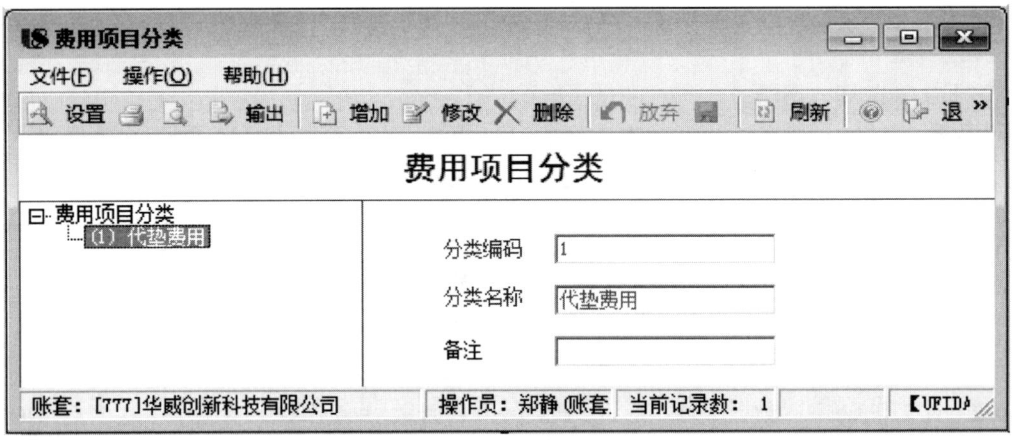


**图 2－73　费用项目分类**

（3）单击［ ］按钮保存。用相同的方法依次将其余的费用项目信息录入到系统中。结果如图 2－74 所示。

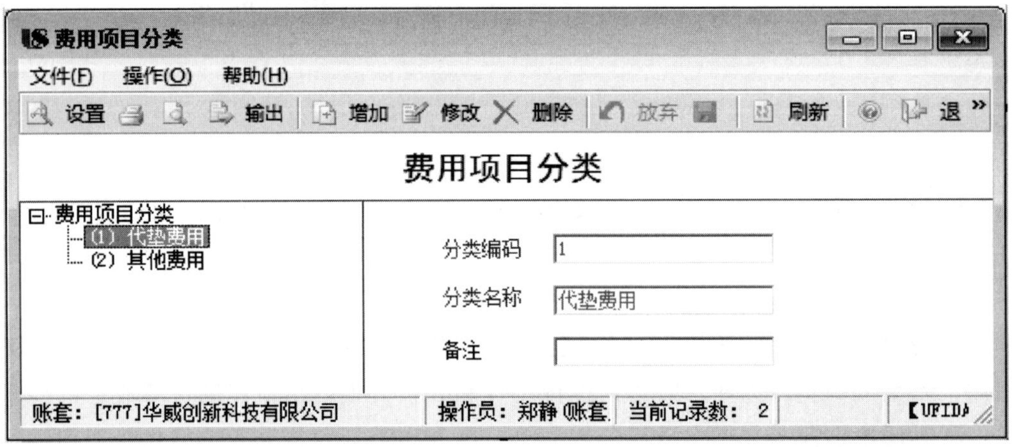


**图 2－74　费用项目设置完成**

# 业务九　费用项目档案设置信息化处理

【业务描述】

2017年1月1日，因实施会计信息化工作的需要，对公司目前购销业务中的费用项目情况进行了统计，了解到公司现有的涉及到采购与销售业务中的费用项目分为了代垫费用和其他费用两类，且代垫费用包含运输费、安装费，其他费用包含委托代销手续费。

【业务分析】

该业务要求设置企业在采购与销售业务中涉及到的各种费用的具体信息。企业在处理销售业务中的具体费用项目时，应先行设定这些费用项目档案。

【数据信息化】

根据以上业务资料采集得到费用项目档案信息化数据（见表2－24）：

**表2－24　费用项目档案信息化数据**

| 费用项目编码 | 费用项目名称 | 费用项目分类名称 |
|---|---|---|
| 01 | 运输费 | 代垫费用 |
| 02 | 安装费 | 代垫费用 |
| 03 | 委托代销手续费 | 其他费用 |

【操作人员】

由具有费用项目档案设置权限的操作员或财务部［ZJ 郑静］进行费用项目档案的设置操作，操作日期：2017年1月1日。

（1）2017年1月1日，由财务部［ZJ 郑静］执行【基础设置】—【基础档案】—【业务】—【费用项目】命令，打开【费用项目档案】窗口。

（2）在窗口左侧栏目中选择［代垫费用］分类，再单击［增加］按钮，在［费用项目编码］栏输入“01”；［费用项目名称］栏输入“运输费”；［费用项目分类］栏双击后选择“代垫费用”。如图2－75所示。

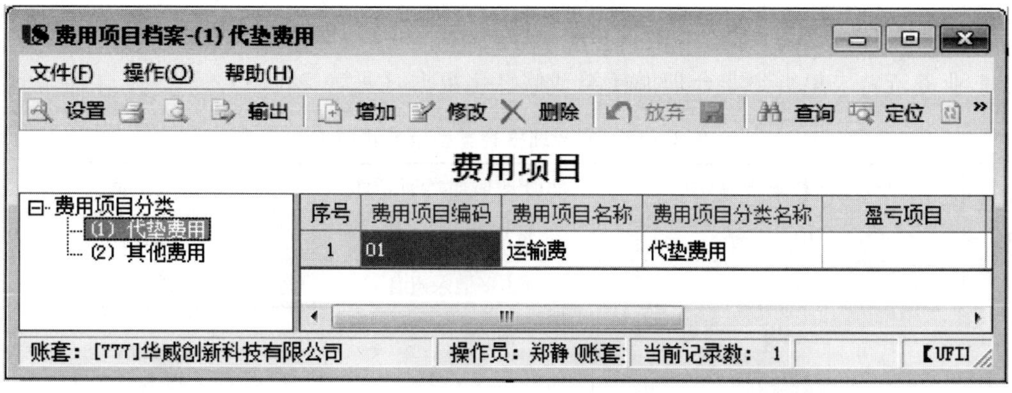


图2－75　费用项目档案设置

(3) 单击［］按钮保存。用相同的方法依次将其余的费用项目档案录入到系统中。结果如图2－76所示。

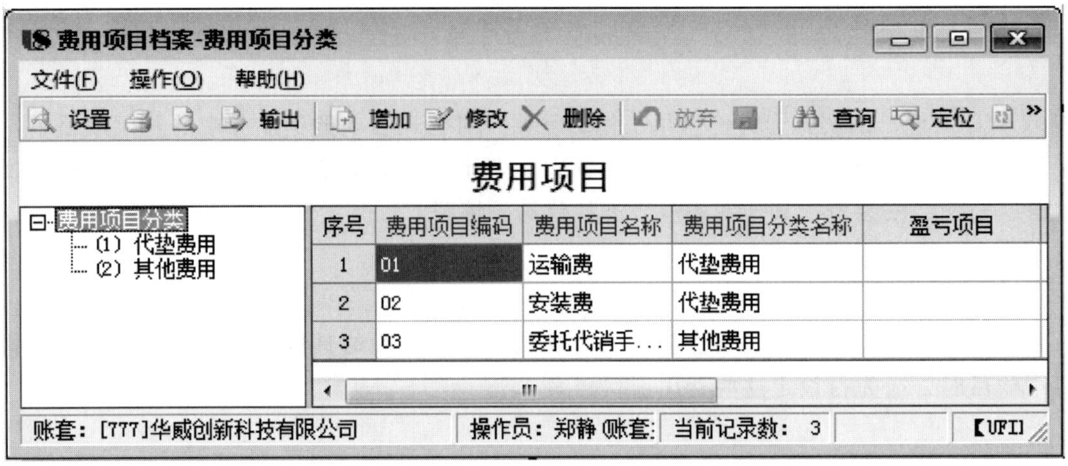


**图2－76 费用项目档案设置完成**

## 业务十 非合理损耗类型设置信息化处理

【业务描述】

2017年1月1日，因实施会计信息化工作的需要，对公司目前采购业务中的损耗类型进行了统计，了解到公司目前采购过程中产生的非合理损耗主要有非常损失和应由运输单位或个人承担责任两种情况。

【业务分析】

该业务要求设置企业在采购过程中发生的非合理损耗的类型。在企业的采购业务中，由于运输、装卸等原因采购的货物会发生短缺毁损，应根据不同情况，作出相应的账务处理。属于定额内合理损耗的，应视同提高入库货物的单位成本，不另作账处理；运输部门或供货单位造成的短缺毁损，属于定额外非合理损耗的，应根据不同情况分别进行账务处理。因此企业应在此事先设置好本企业可能发生的非合理损耗类型以及对应的入账科目，以便采购结算时根据具体的业务选择相应的非合理损耗类型，并由存货核算系统根据结算时记录的非合理损耗类型自动生成凭证。

【数据信息化】

根据以上业务资料采集得到非合理损耗类型信息化数据（见表2－25）：

**表2－25 非合理损耗类型信息化数据**

| 非合理损耗类型编码 | 非合理损耗类型名称 | 是否默认值 |
| --- | --- | --- |
| 01 | 非常损失 | 否 |
| 02 | 单位/个人责任 | 否 |

【操作人员】

由具有非合理损耗类型设置权限的操作员或财务部［ZJ 郑静］进行非合理损耗类型的设置操作，

操作日期：2017 年 1 月 1 日。

（1）2017 年 1 月 1 日，由财务部［ZJ 郑静］执行【基础设置】—【基础档案】—【业务】—【非合理损耗类型】命令，打开【非合理损耗类型】窗口。

（2）单击［增加］按钮，在［非合理损耗类型编码］栏输入“01”；［非合理损耗类型名称］栏输入“非常损失”；双击［是否默认值］栏选择“否”。如图 2－77 所示。

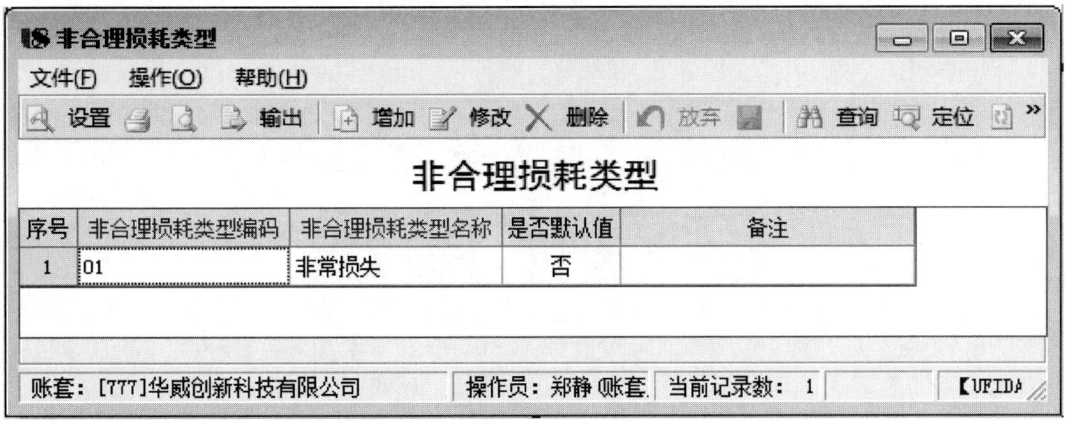


图 2－77　非合理损耗类型设置

（3）单击［ ］按钮保存。用相同的方法依次将其余的非合理损耗类型录入到系统中。结果如图 2－78 所示。

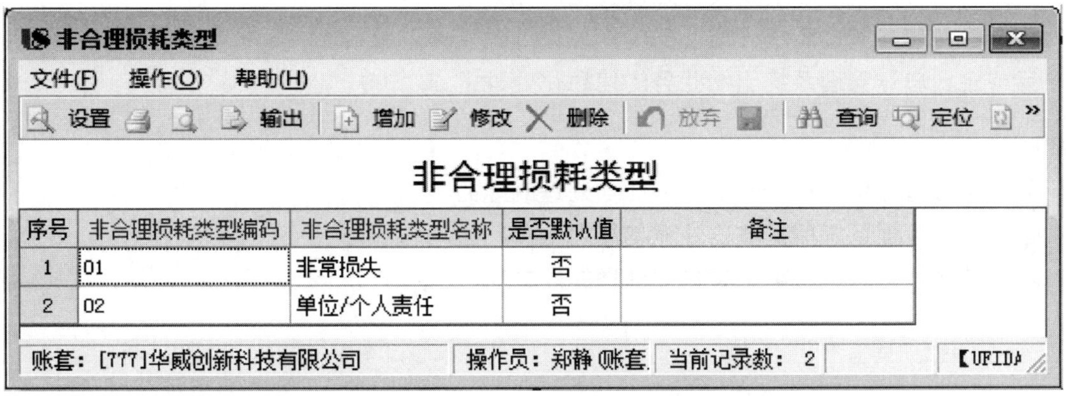


图 2－78　非合理损耗类型设置完成

项目 3

# 总账管理系统信息化处理

**工作任务**

- 完成企业总账管理系统有关基础数据的收集、分类及整理
- 完成企业总账管理系统相关初始设置信息化处理工作
- 完成企业总账管理系统日常业务的信息化处理工作
- 完成企业总账管理系统出纳业务的信息化处理工作

**职业能力**

- 掌握总账管理系统相关参数的设计与处理的能力
- 掌握总账管理系统期初数据处理的能力
- 具备总账管理系统日常业务数据处理的能力

**知识要求**

- 能理解总账管理系统控制参数设置的重要性与合理性
- 能理解总账管理系统期初数据处理的重要性与要求
- 能描述总账管理系统日常业务、期末业务、出纳业务的处理流程

**技能要求**

- 能按企业的实际情况完成总账管理系统数据的收集、归类、整理
- 能按企业的实际情况合理设置总账管理系统控制参数及期初数据
- 能完成总账管理系统日常业务的信息化处理
- 能完成出纳业务的信息化处理
- 能完成总账管理系统、出纳管理信息查询

# 实训一　总账管理系统初始设置信息化处理

【信息化要求】

在会计信息系统运行之前，企业应该根据国家统一的会计准则和内部控制制度来选择相应的运行控制参数，以符合企业核算的要求。因此，系统级初始化内容设置完毕后，对于每一个单独的子系统来说，还需要单独设置、确认本系统所独有的业务参数等内容。其次，账簿都应有期初数据，以保证其数据的连续性。所以在首次使用总账管理系统处理会计业务工作前，应先将手工整理好的会计科目的初始余额以及发生额数据录入系统中，以保证数据的完整、连续。

## 业务一　总账管理系统参数设置信息化处理

【业务描述】

2017 年 1 月 1 日，为了正确实施公司的会计信息化工作，通过对公司财务核算流程的咨询及了解：公司记账凭证的填制严格按业务发生时间的先后顺序进行处理，收付凭证需要由出纳签字，不允许修改他人填制的凭证，对库存现金及银行存款要进行资金赤字的管理。

【业务分析】

该业务是为了正确使用总账管理系统进行财务核算而进行的业务参数的设置控制措施。信息化方式下，除了需要在开始使用信息系统前完成系统级的初始化工作，还需要完成模块级的初始化工作，模块级初始化指的是设置会计信息系统某一特定模块运行过程中所需要的参数、数据和本模块单独使用的基础信息的过程，以保证某一子模块能按照企业的要求正常运行。

【数据信息化】

根据以上业务资料及会计信息系统的要求得到总账控制参数信息化数据（见表 3－1）：

表 3－1　总账参数信息化数据

| 选项卡 | 控制对象 | 参数设置 |
|---|---|---|
| 凭证 | 制单控制 | 勾选：制单序时控制、支票控制<br>资金及往来科目赤字控制<br>可以使用应收、应付及存货系统的受控科目 |
| | 凭证控制 | 取消：现金流量科目必录现金流量项目<br>勾选：自动填补凭证断号 |
| | 凭证编号方式 | 凭证编号方式采用系统编号 |
| 权限 | 权限控制 | 取消：允许、修改作废他人填制的凭证<br>明细账查询权限控制到科目<br>勾选：出纳凭证必须经由出纳签字 |
| 会计日历 | | 数量、单价小数位设为 2 位 |
| 其他 | 外币核算 | 固定汇率 |
| | 排序方式 | 部门、个人、项目按编码方式排序 |

【操作人员】

由具有总账管理系统选项设置权限的操作员或财务部［ZJ 郑静］进行参数设置操作，操作日期：2017 年 1 月 1 日。

【信息化操作】

（1）2017 年 1 月 1 日，由财务部［ZJ 郑静］执行【业务工作】—【财务会计】—【总账】—【设置】—【选项】命令，打开【选项】窗口。

（2）在【选项】窗口下，单击［编辑］按钮，选择【凭证】选项卡，勾选［制单序时控制］、［支票控制］、［赤字控制］复选框，选择［资金及往来科目］单选按钮，再勾选［可以使用应收受控科目］、［可以使用应付受控科目］、［可以使用存货受控科目］复选框，取消［现金流量科目必录现金流量项目］复选框，勾选［自动填补凭证断号］复选框，［凭证编号方式］选择“系统编号”。如图 3－1 所示。

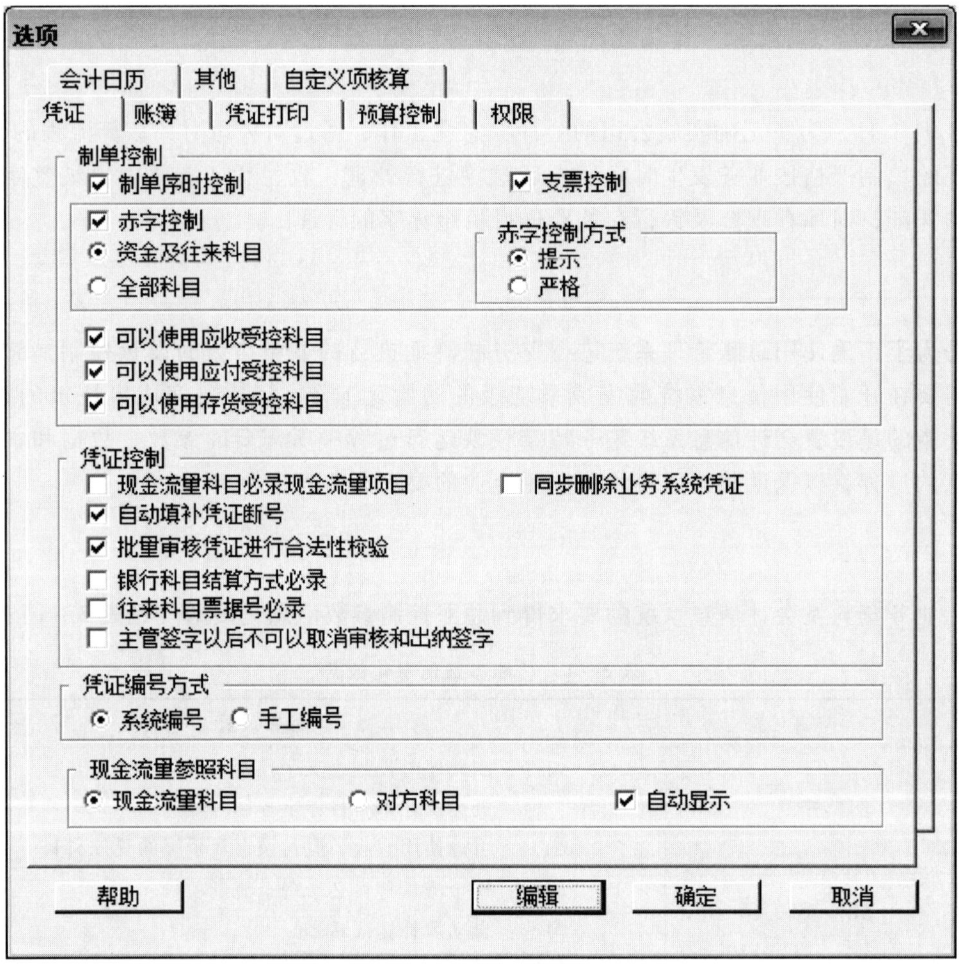


图 3－1　总账参数设置—凭证选项卡

（3）单击【权限】选项卡，取消［允许修改、作废他人填制的凭证］、［明细账查询权限控制到科目］复选框，勾选［出纳凭证必须经由出纳签字］复选框。如图 3－2 所示。

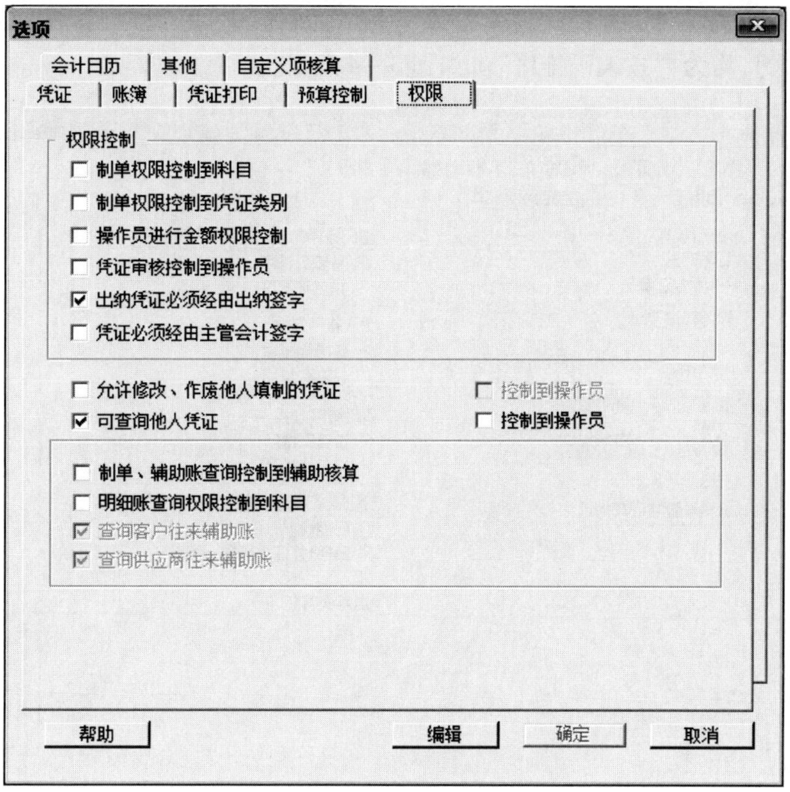

图 3－2　总账参数设置—权限选项卡

（4）单击【会计日历】选项卡，调整［数量小数位］、［单价小数位］、［本位币精度］为“2”。如图 3－3 所示。

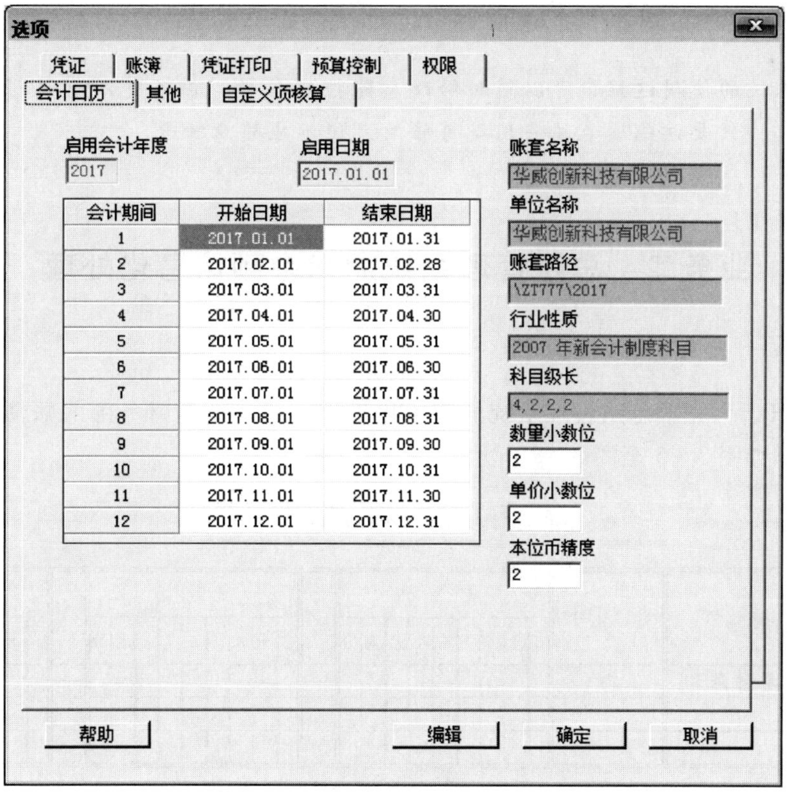

图 3－3　总账参数设置—会计日历选项卡

（5）单击【其他】选项卡，选择［汇率方式］为“固定汇率”，［部门排序方式］、［个人排序方式］、［项目排序方式］均为“按编码排序”。如图 3－4 所示。

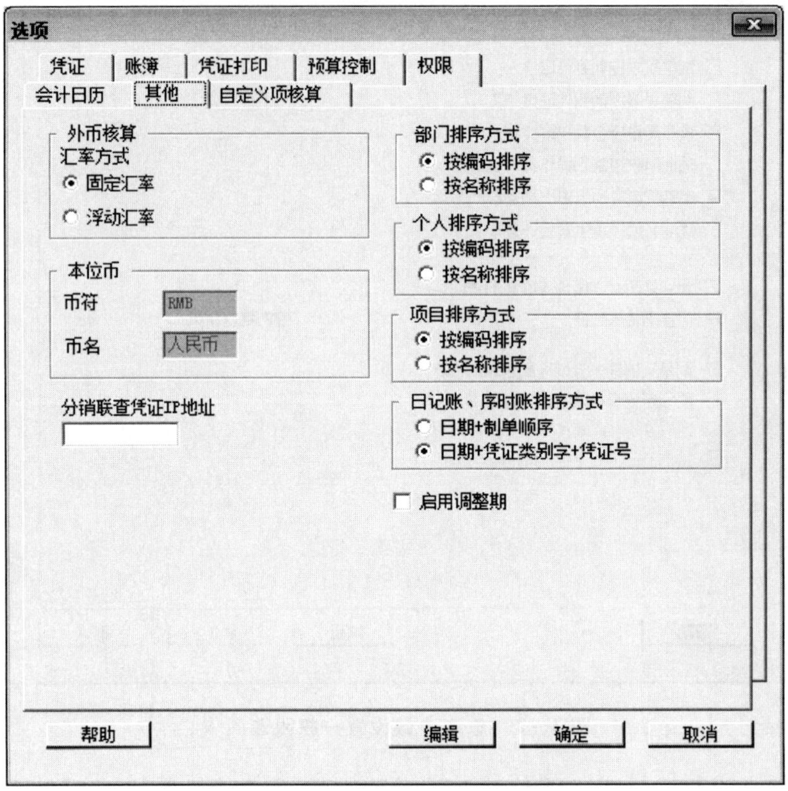


图 3－4　总账参数设置—其他选项卡

**知识要点**

在总账管理系统的使用过程中可以随时修改总账控制参数，但不是所有总账控制参数都能进行修改，一般而言，只要该选项未被使用就可修改，但不应随意修改。

## 业务二　总账管理系统期初余额信息化处理

【业务描述】

2017 年 1 月 1 日，为完成总账管理系统的初始化工作，通过查询财务部的账簿资料，取得各会计账户的年初余额数据如图 3－5 至图 3－8 所示。

### 库存现金日记账

| 2017年 | | 记账凭证号数 | 摘要 | 对应科目 | 借方 | | | | | | | | | √ | 贷方 | | | | | | | | | √ | 余额 | | | | | | | | |
|---|---|---|---|---|---|---|---|---|---|---|---|---|---|---|---|---|---|---|---|---|---|---|---|---|---|---|---|---|---|---|---|---|---|
| 月 | 日 | | | | 百 | 十 | 万 | 千 | 百 | 十 | 元 | 角 | 分 | | 百 | 十 | 万 | 千 | 百 | 十 | 元 | 角 | 分 | | 百 | 十 | 万 | 千 | 百 | 十 | 元 | 角 | 分 |
| 01 | 01 | | 上年结转 | | | | | | | | | | | | | | | | | | | | | | | | | 6 | 4 | 8 | 7 | 7 | 0 |

图 3－5　［业务二　库存现金日记账］

## 银行存款日记账

开户银行：工商银行深圳市南山区高新支行　　　　银行账号：20864816147111133459

| 2017年 | | 凭证号数 | | 摘要 | 结算凭证 | | 借方 | | | | | | | | | √ | 贷方 | | | | | | | | | √ | 余额 | | | | | | | | |
|---|---|---|---|---|---|---|---|---|---|---|---|---|---|---|---|---|---|---|---|---|---|---|---|---|---|---|---|---|---|---|---|---|---|---|---|
| 月 | 日 | 类 | 号 | | 类 | 号 | 百 | 十 | 万 | 千 | 百 | 十 | 元 | 角 | 分 | | 百 | 十 | 万 | 千 | 百 | 十 | 元 | 角 | 分 | | 百 | 十 | 万 | 千 | 百 | 十 | 元 | 角 | 分 |
| 01 | 01 | | | 上年结转 | | | | | | | | | | | | | | | | | | | | | | | 2 | 1 | 1 | 0 | 5 | 7 | 0 | 0 | 0 |
| | | | | | | | | | | | | | | | | | | | | | | | | | | | | | | | | | | | |
| | | | | | | | | | | | | | | | | | | | | | | | | | | | | | | | | | | | |

图3-6 ［业务二　银行存款日记账］

## 固定资产 总账

会计科目编号：1601

| 2017年 | | 凭证号数 | 摘要 | 借方 | | | | | | | | | 贷方 | | | | | | | | | 借或贷 | 余额 | | | | | | | | |
|---|---|---|---|---|---|---|---|---|---|---|---|---|---|---|---|---|---|---|---|---|---|---|---|---|---|---|---|---|---|---|---|
| 月 | 日 | | | 百 | 十 | 万 | 千 | 百 | 十 | 元 | 角 | 分 | 百 | 十 | 万 | 千 | 百 | 十 | 元 | 角 | 分 | | 百 | 十 | 万 | 千 | 百 | 十 | 元 | 角 | 分 |
| 01 | 01 | | 上年结转 | | | | | | | | | | | | | | | | | | | 借 | 2 | 6 | 0 | 8 | 6 | 0 | 0 | 0 | 0 |
| | | | | | | | | | | | | | | | | | | | | | | | | | | | | | | | |
| | | | | | | | | | | | | | | | | | | | | | | | | | | | | | | | |

图3-7 ［业务二　固定资产总账］

## 原材料 明细账

最高存储量______
最低存储量______
编号 9 规格 2212

| 计量单位： | 台 |
|---|---|
| 存放地点： | 原材料库 |

单位：台　　名称：无刷电机

| 2017年 | | 凭证 | | 摘要 | 收入 | | | | | | | | | | | 发出 | | | | | | | | | | | 结存 | | | | | | | | | | |
|---|---|---|---|---|---|---|---|---|---|---|---|---|---|---|---|---|---|---|---|---|---|---|---|---|---|---|---|---|---|---|---|---|---|---|---|---|---|
| 月 | 日 | 种类 | 号数 | | 数量 | 单价 | 百 | 十 | 万 | 千 | 百 | 十 | 元 | 角 | 分 | 数量 | 单价 | 百 | 十 | 万 | 千 | 百 | 十 | 元 | 角 | 分 | 数量 | 单价 | 百 | 十 | 万 | 千 | 百 | 十 | 元 | 角 | 分 |
| 01 | 01 | | | 上年结转 | | | | | | | | | | | | | | | | | | | | | | | 100 | 400 | | | 4 | 0 | 0 | 0 | 0 | 0 | 0 |
| | | | | | | | | | | | | | | | | | | | | | | | | | | | | | | | | | | | | | |
| | | | | | | | | | | | | | | | | | | | | | | | | | | | | | | | | | | | | | |

图3-8 ［业务二　原材料明细账］

【业务分析】

本业务要求在进入总账管理系统进行日常业务处理前录入各会计账户的期初金额。账簿都应有期初数据，以保证其数据的连续性。所以在首次使用总账管理系统完成会计业务数据处理前，应先将手工整理好的总账管理系统启用前一期的手工账的期末数据作为总账启用期的期初数据录入总账管理系统，以保证数据的完整、连续。总账的期初余额需要在信息化系统中通过总账管理系统的“期初余额”设置功能进行处理。

【数据信息化】

数据来源：日记账、总账、明细账账簿记录

根据以上业务资料整理采集得到总账管理系统会计科目期初余额信息化数据（见表3-2至表3-9）：

表 3-2　总账科目期初余额信息化数据

| 类型 | 科目编码 | 科目名称 | 方向 | 期初余额/元 |
| --- | --- | --- | --- | --- |
| 资产 | 1001 | 库存现金 | 借 | 6,487.70 |
| 资产 | 1002 | 银行存款 | 借 | 2,110,570.16 |
| 资产 | 100201 | 工商银行 | 借 | 2,110,570.16 |
| 资产 | 10020101 | 人民币户 | 借 | 2,110,570.16 |
| 资产 | 1122 | 应收账款 | 借 | 52,650.00 |
| 资产 | 112201 | 人民币 | 借 | 52,650.00（明细见后表） |
| 资产 | 1123 | 预付账款 | 借 | 10,000.00（明细见后表） |
| 资产 | 112301 | 人民币 | 借 | 10,000.00 |
| 资产 | 1221 | 其他应收款 | 借 | 5,000.00 |
| 资产 | 122101 | 应收个人款 | 借 | 5,000.00（明细见后表） |
| 资产 | 1231 | 坏账准备 | 贷 | 263.25 |
| 资产 | 1402 | 在途物资 | 借 | 22,500.00 |
| 资产 | 1403 | 原材料 | 借 | 134,500.00 |
| 资产 | 140301 | 机架 | 借 | 10,000.00 |
| | | | 借　架 | 50.00 |
| 资产 | 140302 | 无刷电机 | 借 | 20,000.00 |
| | | | 借　台 | 50.00 |
| 资产 | 140303 | 电调 | 借 | 40,000.00 |
| | | | 借　台 | 200.00 |
| 资产 | 140304 | 锂电池 | 借 | 10,000.00 |
| | | | 借　个 | 50.00 |
| 资产 | 140305 | APM | 借 | 16,500.00 |
| | | | 借　台 | 50.00 |
| 资产 | 140306 | 螺旋桨 | 借 | 1,500.00 |
| | | | 借　副 | 50.00 |
| 资产 | 140307 | 起落架 | 借 | 4,000.00 |
| | | | 借　个 | 50.00 |
| 资产 | 140308 | 遥控器 | 借 | 25,000.00 |
| | | | 借　台 | 50.00 |
| 资产 | 140309 | 平衡充电器 | 借 | 7,500.00 |
| | | | 借　个 | 50.00 |
| 资产 | 1405 | 库存商品 | 借 | 1,470,000.00 |
| 资产 | 140501 | PHANTOM 系列 | 借 | 250,000.00 |
| | | | 借　台 | 100.00 |
| 资产 | 140502 | OSMO 系列 | 借 | 150,000.00 |
| | | | 借　台 | 100.00 |
| 资产 | 140503 | INSPIRE 系列 | 借 | 800,000.00 |
| | | | 借　台 | 200.00 |
| 资产 | 140504 | MAVIC 系列 | 借 | 270,000.00 |
| | | | 借　台 | 150.00 |
| 资产 | 1601 | 固定资产 | 借 | 1,580,470.00 |
| 资产 | 1602 | 累计折旧 | 贷 | 54,503.25 |
| 负债 | 2001 | 短期借款 | 贷 | 100,000.00 |
| 负债 | 2202 | 应付账款 | 贷 | 19,700.00 |
| 负债 | 220201 | 一般应付款 | 贷 | 11,700.00（明细见后表） |
| 负债 | 220202 | 暂估应付款 | 贷 | 8,000.00（明细见后表） |

续表

| 类型 | 科目编码 | 科目名称 | 方向 | 期初余额/元 |
|---|---|---|---|---|
| 负债 | 2203 | 预收账款 | 贷 | 10,000.00 |
| 负债 | 220301 | 人民币 | 贷 | 10,000.00（明细见后表） |
| 负债 | 2211 | 应付职工薪酬 | 贷 | 280,173.50 |
| 负债 | 221101 | 工资 | 贷 | 202,082.30 |
| 负债 | 221104 | 社会保险费 | 贷 | 18,691.20 |
| 负债 | 221105 | 住房公积金 | 贷 | 19,008.00 |
| 负债 | 221106 | 工会经费 | 贷 | 3,168.00 |
| 负债 | 221107 | 职工教育经费 | 贷 | 3,960.00 |
| 负债 | 221109 | 设定提存计划 | 贷 | 33,264.00 |
| 负债 | 22110901 | 基本养老保险 | 贷 | 31,680.00 |
| 负债 | 22110902 | 失业保险 | 贷 | 1,584.00 |
| 负债 | 2221 | 应交税费 | 贷 | 117,746.50 |
| 负债 | 222102 | 未交增值税 | 贷 | 67，990.00 |
| 负债 | 222105 | 应交城建税 | 贷 | 4,759.30 |
| 负债 | 222106 | 应交教育费附加 | 贷 | 2,039.70 |
| 负债 | 222107 | 应交地方教育费附加 | 贷 | 1,359.80 |
| 负债 | 222108 | 应交企业所得税 | 贷 | 34,880.00 |
| 负债 | 222109 | 应交个人所得税 | 贷 | 6,717.70 |
| 权益 | 4001 | 实收资本 | 贷 | 4,000,000.00 |
| 权益 | 4002 | 资本公积 | 贷 | 505,588.56 |
| 权益 | 4104 | 利润分配 | 贷 | 500,000.00 |
| 权益 | 410401 | 未分配利润 | 贷 | 500,000.00 |
| 成本 | 5001 | 生产成本 | 贷 | 195,797.20 |
| 成本 | 500101 | 直接材料 | 贷 | 100,000.00（明细见后表） |
| 成本 | 500102 | 直接人工 | 贷 | 42,632.00（明细见后表） |
| 成本 | 500103 | 制造费用 | 贷 | 53,165.20（明细见后表） |

**表3-3　应收账款—人民币（112201）期初余额信息化数据**

| | | |
|---|---|---|
| 日期 | 2016-12-25 | 2016-12-26 |
| 凭证号 | 转-26 | 转-27 |
| 客户 | 沃乐玛超市 | 风尚科技 |
| 业务员 | 王健 | 王健 |
| 摘要 | 销售PHANTOM系列无人机10台 | 销售INSPIRE系列无人机5台 |
| 方向 | 借 | 借 |
| 金额 | 29,250.00 | 23,400.00 |
| 票号 | 30566883 | 33510598 |
| 票据日期 | 2016-10-25 | 2016-12-26 |

**表3-4　预付账款—人民币（112301）期初余额信息化数据**

| | |
|---|---|
| 日期 | 2016-12-16 |
| 凭证号 | 付-16 |
| 供应商 | 天地飞 |
| 业务员 | 张瑜 |
| 摘要 | 采购遥控器预付款项 |
| 方向 | 借 |
| 金额 | 10,000.00 |
| 票号 | 02395610 |
| 票据日期 | 2016-12-16 |

表 3－5　其他应收款—应收个人款（122101）期初余额信息化数据

| 日期 | 凭证号 | 部门 | 个人 | 摘要 | 方向 | 期初余额 |
|---|---|---|---|---|---|---|
| 2016－12－25 | 付－25 | 总经办 | 张国明 | 出差借款 | 借 | 5,000.00 |

表 3－6　应付账款——般应付款（220201）期初余额信息化数据

| | |
|---|---|
| 日期 | 2016－12－25 |
| 凭证号 | 转－25 |
| 供应商 | 朗宇电机 |
| 业务员 | 张瑜 |
| 摘要 | 采购电调 50 台，款未付 |
| 方向 | 贷 |
| 金额 | 11,700.00 |
| 票号 | 64728965 |
| 票据日期 | 2016－12－25 |

表 3－7　应付账款—暂估应付款（220202）期初余额信息化数据

| | |
|---|---|
| 日期 | 2016－12－24 |
| 凭证号 | 转－24 |
| 供应商 | 朗宇电机 |
| 业务员 | 张瑜 |
| 摘要 | 向朗宇电机采购无刷电机 20 台，票未到 |
| 方向 | 贷 |
| 金额 | 8,000.00 |

表 3－8　预收账款—人民币（220301）期初余额信息化数据

| | |
|---|---|
| 日期 | 2016－12－28 |
| 凭证号 | 收－28 |
| 客户 | 方邦科技 |
| 业务员 | 王健 |
| 摘要 | 销售 MAVIC 系列预收款 |
| 方向 | 贷 |
| 金额 | 10,000.00 |
| 票号 | 02392545 |
| 票据日期 | 2016－12－28 |

表 3－9　生产成本（5001）期初余额信息化数据

| 科目名称 | 项目名称 | | 合计 |
|---|---|---|---|
| | PHANTOM 系列 | INSPIRE 系列 | |
| 直接材料 500101 | 40,000.00 | 60,000.00 | 100,000.00 |
| 直接人工 500102 | 21,316.00 | 21,316.00 | 42,632.00 |
| 制造费用 500103 | 26,582.60 | 26,582.60 | 53,165.20 |
| 合计 | 87,898.60 | 107,898.60 | 195,797.20 |

【操作人员】

由具有期初余额设置权限的操作员或财务部［ZJ 郑静］完成期初余额的录入操作，操作日期：2017 年 1 月 1 日。

【信息化操作】

◎ 前置操作：已经设置了人员的“业务或费用部门”。

1. 一般会计科目期初余额录入

（1）2017 年 1 月 1 日，由财务部［ZJ 郑静］执行【业务工作】—【财务会计】—【总账】—【设置】—【期初余额】命令，打开【期初余额录入】窗口。

（2）双击白色末级科目“库存现金”，直接输入金额“6, 487. 70”；再双击白色末级科目“人民币”，直接输入金额“2, 110, 570. 16”，其上级科目“工商银行”和总账科目“银行存款”自动汇总期初余额。如图 3 - 9 所示。

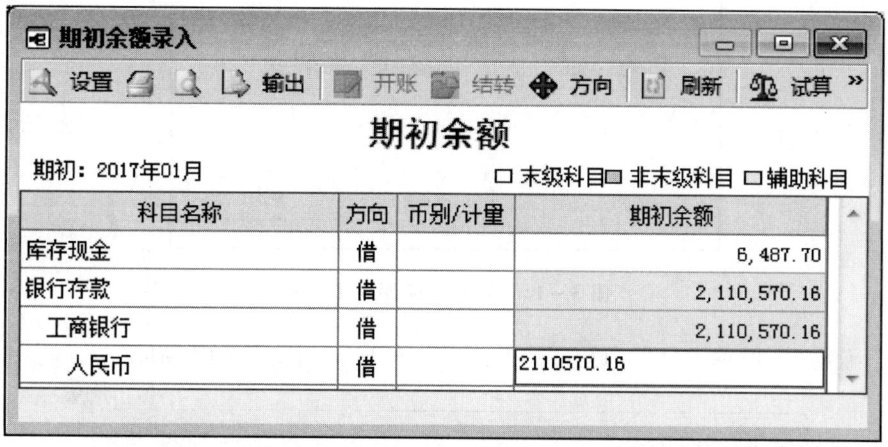


图 3 - 9　期初余额录入——一般会计科目

2. 辅助核算会计科目期初余额录入

（1）找到“应收账款——人民币”科目，双击鼠标左键，打开【辅助期初余额】窗口，如图 3 - 10 所示。

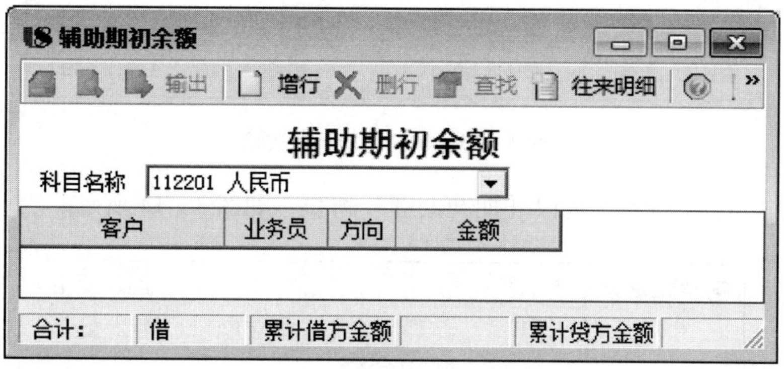


图 3 - 10　期初余额录入—辅助期初余额

（2）在【辅助期初余额】窗口下，单击［往来明细］按钮，打开【期初往来明细】窗口，再单击［增行］按钮，按“表 3 - 3 应收账款——人民币（112201）期初余额信息化数据”表的内容依次录入。结果如图 3 - 11 所示。

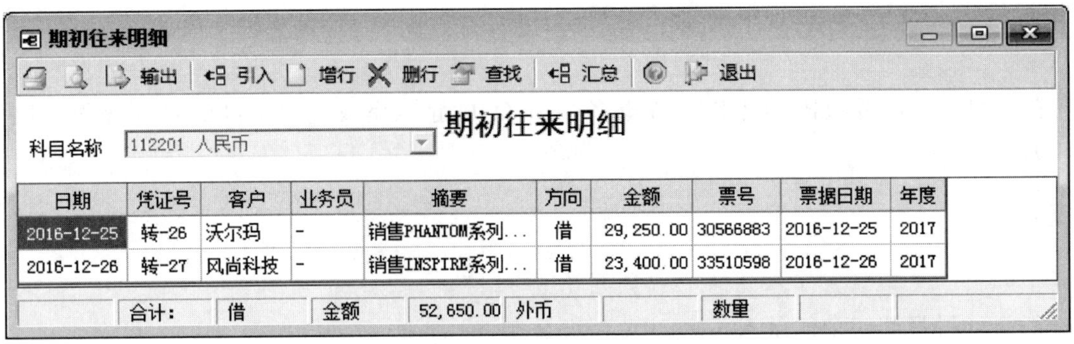


图 3－11　期初余额录入—期初往来明细

（3）在【期初往来明细】窗口下，单击［汇总］按钮，系统提示“完成了往来明细到辅助期初表的汇总！”，如图 3－12 所示。

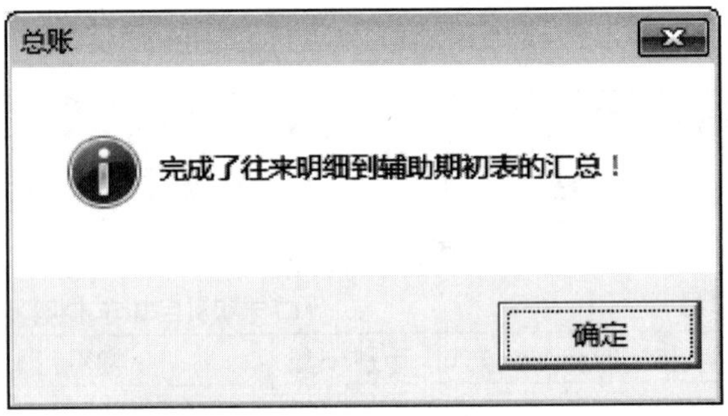


图 3－12　期初往来明细汇总息

（4）单击［确定］，再单击［退出］，返回上一窗口，如图 3－13 所示。

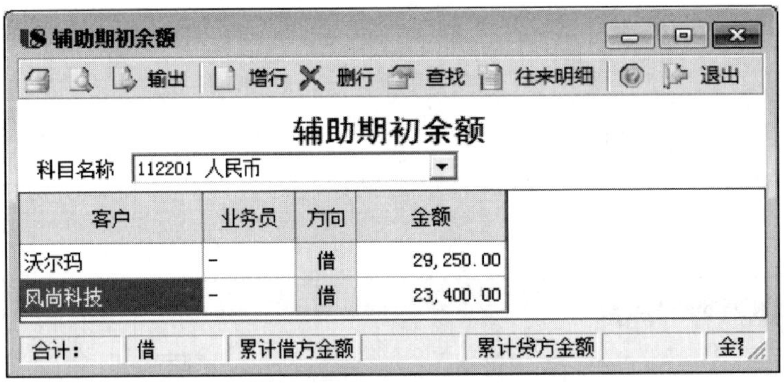


图 3－13　辅助期初余额完成

（5）再单击［退出］按钮，返回【期初余额】窗口，如图 3－14 所示。

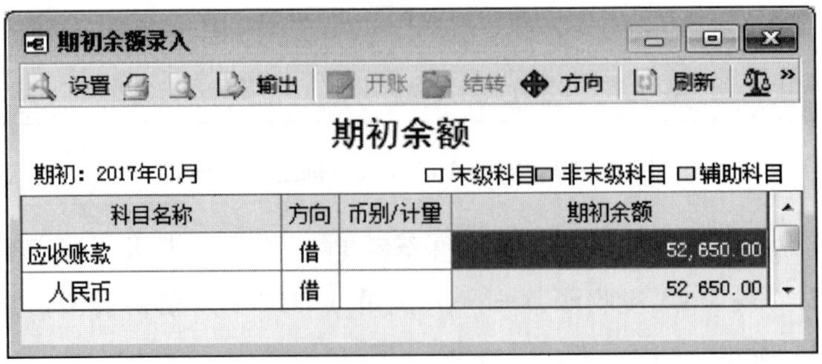


图 3－14　期初余额录入—辅助核算科目期初余额完成

（6）按以上方法，完成“表3－2　总账科目期初余额信息化数据”表中所有会计科目的期初余额的录入操作。

（7）单击［退出］按钮，对期初余额进行试算平衡测试。结果如图3－15所示。

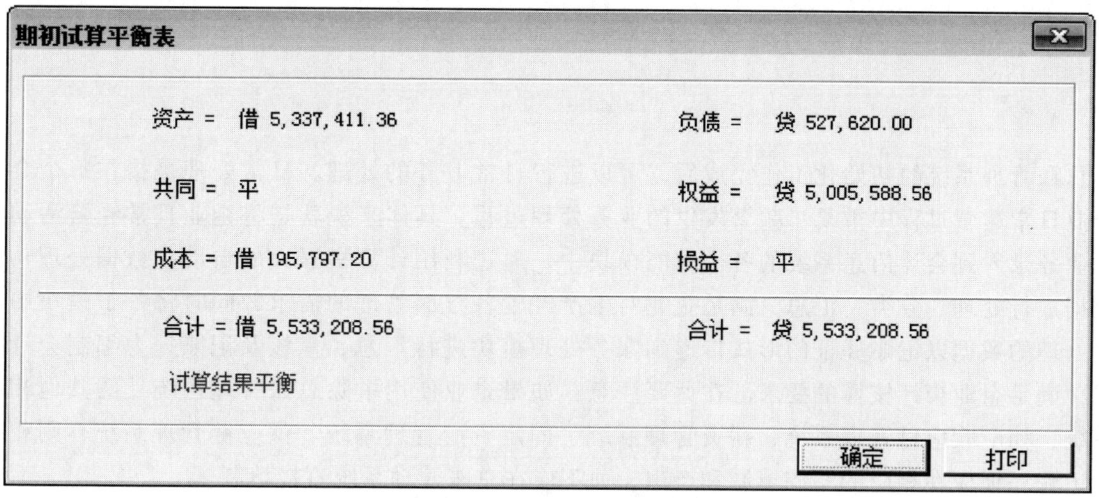


**图3－15　期初试算平衡表**

## 知识要点

①会计科目期初余额试算不平衡，将来记账凭证不能记账，但可以填制、审核凭证。

②已经在业务处理中使用过的会计科目不允许录入、修改期初余额，也不能执行“结转上年余额”功能。

③客户的编码必须唯一。

## 知识要点

会计科目期初余额录入不同情形

①不带辅助核算的末级科目（呈白底）直接录入。

②非末级科目（呈灰底）的不用录入，由下级科目自动汇总得到。

③带辅助核算（客户往来、供应商往来、个人往来、部门往来、项目核算）的末级科目（呈浅黄底），用鼠标双击后进入辅助窗口录入。

④带外币和数量核算的末级科目（呈白底），不论本币金额、外币金额、数量都是直接录入。

## 知识要点

带“客户往来、供应商往来”辅助核算的科目在录入期初明细时，如果对应科目已经在应收款、应付款管理系统中录入过期初余额明细，这时可以在“期初往来明细”窗口中通过［引入］按钮快速引入数据，但在“采购管理系统”下要先执行“期初记账”操作。

# 实训二　总账管理系统日常业务信息化处理

【信息化要求】

在总账管理系统的初始化工作完成后，可以进行日常业务的处理。日常处理是指在每个会计期间内，企业日常运营过程中重复、频繁发生的业务处理过程。具体来说就是将企业日常经营活动中发生的经济业务录入到会计信息系统的各个功能模块中，通过利用计算机强大的自动化数据处理功能，对业务数据进行处理、分类、汇总，满足企业对生产经营各方面管理的需求，同时将各子模块中涉及会计业务处理的数据以记账凭证的形式传递到账务处理模块进行汇总、审核及记账，为编制会计报表提供数据，满足企业会计核算的要求。在此要注意，如果企业使用了除总账管理系统外的其他相应的业务子系统，如应收应付管理系统、薪资管理系统、固定资产管理系统、供应链管理系统，则相关业务系统的记账凭证应在相应的系统填制和产生，而不应在总账管理系统直接填制。

## 业务一　凭证填制信息化处理

【业务描述1】

2017年1月1日，取得相关原始凭证如图3－16所示。

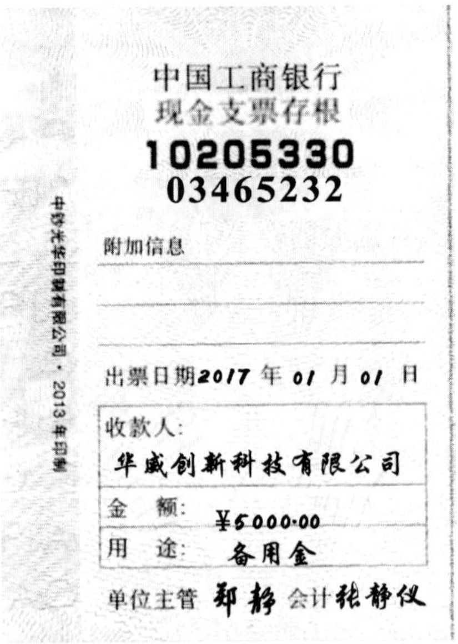
中国工商银行
现金支票存根
10205330
03465232
附加信息
出票日期2017年01月01日
收款人：华威创新科技有限公司
金　额：¥5000.00
用　途：备用金
单位主管 郑静　会计 张静仪
中钞光华印制有限公司·2013年印制

图3－16　[业务一（1）　现金支票存根]

【业务分析】

该笔业务属于财务人员用现金支票到银行提取备用金的提现业务，该业务要在总账管理系统直接处理，通过总账管理系统的“凭证—填制凭证”功能进行。同时，要注意的是，在该笔业务中所涉及的“工行存款”科目是银行科目，所以在填制凭证过程中还要录入结算方式和支票信息。

【数据信息化】

根据以上业务资料得到业务1记账凭证信息化数据（见表3-10）：

**表3-10 业务1记账凭证信息化数据**

| 凭证类别 | 制单日期 | 附单据数 | 摘要 | 会计科目 | 方向 | 金额 |
| --- | --- | --- | --- | --- | --- | --- |
| 付 | 2017-01-01 | 1 | 提备用金 | 1001 | 借 | 5,000 |
| | | | 提备用金 | 10020101 | 贷 | 5,000 |

【操作人员】

由具有凭证填制权限的操作员或财务部［ZJY 张静仪］完成记账凭证填制操作，操作日期：2017年1月1日。

【信息化操作】

（1）2017年1月1日，由财务部［ZJY 张静仪］］执行【业务工作】—【财务会计】—【总账】—【凭证】—【填制凭证】命令，打开【填制凭证】窗口。

（2）在【填制凭证】窗口下，单击［ ］按钮或F5键增加一张空白凭证。

（3）单击凭证类别参照按钮［ ］，双击选择"付款凭证"。

（4）按回车键，修改制单日期或点击［ ］按钮修改日期为"2017.01.01"。

（5）按回车键，在［附单据数］栏输入原始凭证张数"1"。

（6）按回车键，在［摘要］栏输入或单击参照按钮［ ］选择摘要"提备用金"。

（7）按回车键，在［科目名称］栏直接输入科目代码"1001"或单击参照按钮［ ］或按F2键，在【科目参照】窗口下选择［资产］类科目下的"1001 库存现金"，如图3-17所示。然后点击［确定］按钮。

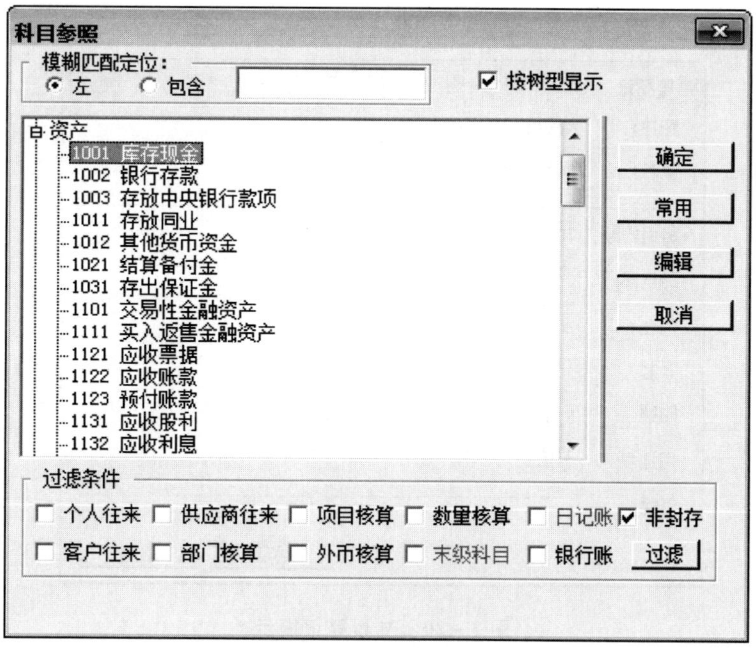


**图3-17 科目参照窗口**

（8）按回车键或用鼠标选择［借方金额］栏，录入借方金额“5,000.00”。

（9）按回车键，系统自动复制上一条分录的摘要，再按回车键，在［科目名称］栏直接输入科目代码“100201”或单击参照按钮［ ］或按 F2 键，在【科目参照】窗口下选择［资产］类科目下的“10020101 人民币户”，［确定］后系统弹出［辅助项］对话框，输入或选择［结算方式］为“201”，输入票号“03465232”，输入或选择日期为“2017-01-01”，如图 3-18 所示。

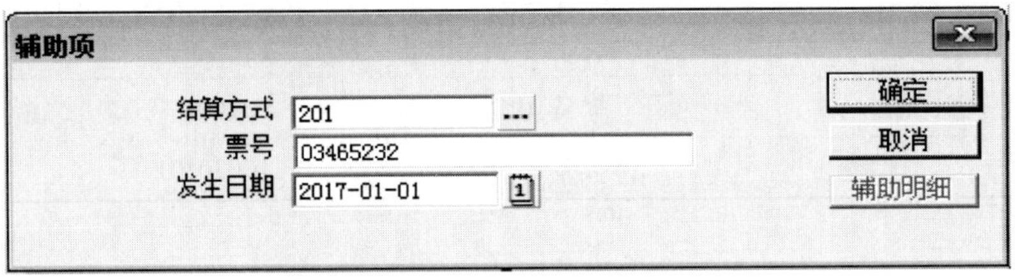


**图 3-18　结算方式辅助项**

（10）单击［确定］按钮，返回凭证窗口，按回车键或用鼠标选择［贷方金额］栏，录入贷方金额“5,000.00”或直接按“=”号键得到贷方金额。

（11）单击保存按钮［ ］，系统提示“此支票尚未登记，是否登记?”，如图 3-19 所示。

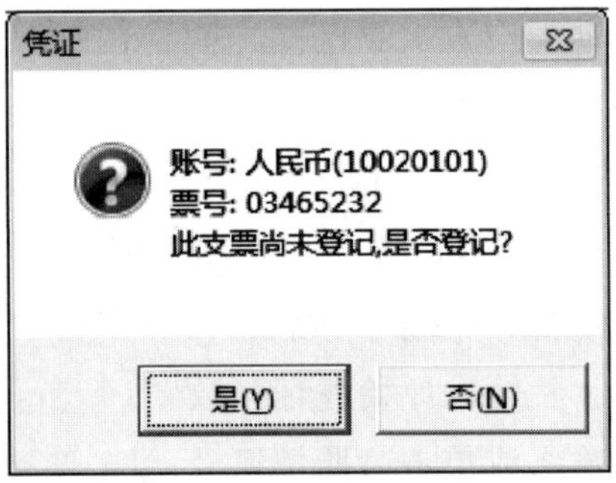


**图 3-19　支票登记提示**

（12）单击［是］按钮，系统显示【票号登记】窗口，按支票存根录入相关信息，如图 3-20 所示。

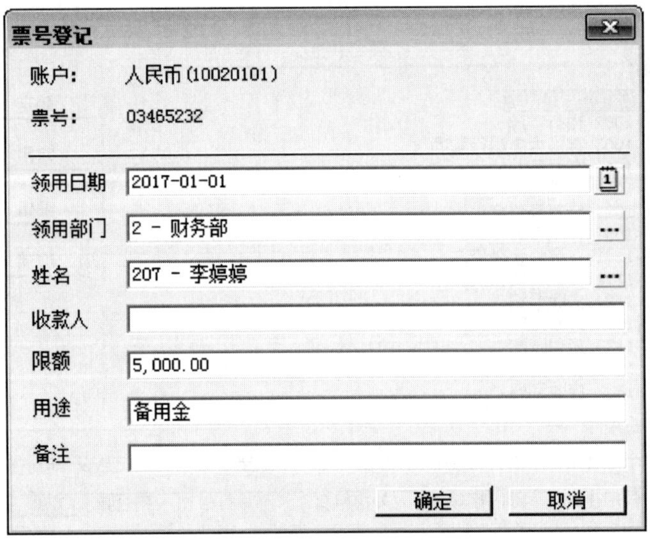


**图 3-20　支票登记提示**

（13）单击［确定］按钮，系统提示凭证保存成功，并显示凭证，如图 3－21 所示。

**付 款 凭 证**

付 字 0001　　制单日期：2017.01.01　　审核日期：　　附单据数：1

| 摘要 | 科目名称 | 借方金额 | 贷方金额 |
|---|---|---|---|
| 提取备用金 | 库存现金 | 500000 | |
| 提取备用金 | 银行存款/工商银行/人民币 | | 500000 |
| | | | |
| | | | |
| | | | |
| 票号 - 日期 | 数量 单价 合计 | 500000 | 500000 |

备注　项　目　　部　门
　　　个　人　　客　户
　　　业务员

记账　　审核　　出纳　　制单　张静仪

图 3－21　业务 1 凭证

【业务描述 2】

2017 年 1 月 3 日，取得相关原始凭证如图 3－22 所示。

**借　款　单**

借款日期：2017年01月03日

| 单位或部门 | 采购部 | 部门领导批示 | 同意 | 借款事由 | 差旅费 |
|---|---|---|---|---|---|
| 申请借款金额 | 金额（大写）贰仟元整 | | | ￥2000.00 | |
| 批准金额 | 金额（大写）贰仟元整 | | 现金付讫 | ￥2000.00 | |
| 部门领导 | 郑静 | 会计主管 | 李慈 | 借款人 | 张瑜 |

图 3－22　［业务一（2）　借款单］

【业务分析】

该笔业务属于采购人员出差借款业务，该业务要在总账管理系统直接处理，通过总账管理系统的“凭证—填制凭证”功能进行。在该笔业务中所涉及的“其他应收款——应收个人款”带有个人往来辅助核算，所以在填制凭证过程中需要录入个人往来信息。

【数据信息化】

根据以上业务资料得到业务 2 记账凭证信息化数据（见表 3－11）：

表 3－11　业务 2 记账凭证信息化数据

| 凭证类别 | 制单日期 | 附单据数 | 摘要 | 会计科目 | 方向 | 金额 |
|---|---|---|---|---|---|---|
| 付 | 2017－01－03 | 1 | 采购部张瑜出差借款 | 122101 | 借 | 2,000 |
| | | | 采购部张瑜出差借款 | 1001 | 贷 | 2,000 |

【操作人员】

由具有凭证填制权限的操作员或财务部［ZJY 张静仪］完成记账凭证填制操作，操作日期：2017 年 1 月 3 日。

【信息化操作】

（1）按业务 1 的方法，完成本笔业务记账凭证的填制。

（2）在填制本笔业务的记账凭证时，涉及“其他应收款——应收个人款”科目时，系统会提示辅助项要求输入个人往来信息，如图 3－23 所示。

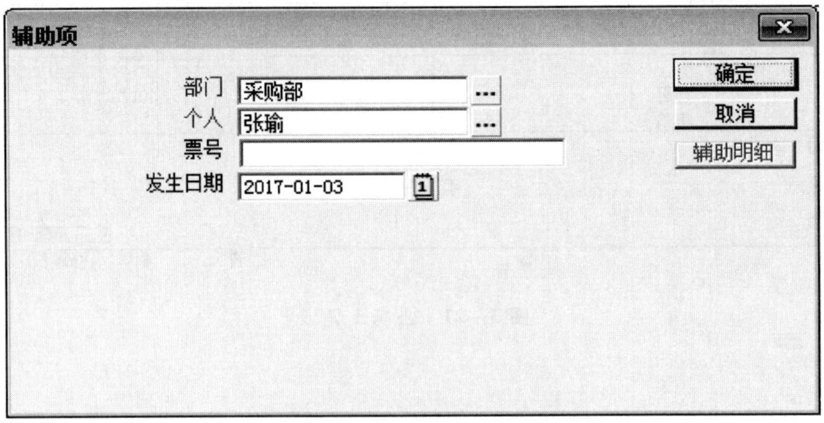


图 3－23　个人往来辅助项

（3）保存凭证，系统提示凭证保存成功，并显示凭证，如图 3－24 所示。

图 3－24　业务 2 凭证

【业务描述 3】

2017 年 1 月 5 日，取得相关原始凭证如图 3－25、图 3－26 所示。

**工资发放表**

编制单位： 所属月份： 12月份 发放日期： 2017.01.05 金额单位：元

| 序号 | 姓名 | 应发工资 | | | | 其他应发 | | | 其他应扣 | | | | | | 应扣部分（单位/个人承担社会保险） | | | | | | | | 代扣款项 | | | | 实发金额 | 签名 |
|---|---|---|---|---|---|---|---|---|---|---|---|---|---|---|---|---|---|---|---|---|---|---|---|---|---|---|---|---|
| | | 基本工资 | 岗位工资 | 奖金 | 小计 | 交通补贴 | 福利补贴 | 小计 | 缺勤扣款 | | 事假扣款 | 病假扣款 | 迟到扣款 | 小计 | 养老保险 | | 医疗保险 | | 失业保险 | | 工伤保险 | 生育保险 | 住房公积金 | | 个人所得税 | 小计 | | |
| | | | | | | | | | 天数 | 扣款 | | | | | 单位20% | 个人8% | 单位10% | 个人2% | 单位1% | 个人0.2% | 单位1% | 单位0.8% | 单位12% | 个人12% | | | | |
| 1 | 张国明 | 6,000.00 | 1,500.00 | 1,000.00 | 8,500.00 | 800.00 | 300.00 | 1,100.00 | | | | | | | 1,500.00 | 600.00 | 750.00 | 150.00 | 75.00 | 15.00 | 75.00 | 60.00 | 900.00 | 900.00 | 452.00 | 1,352.00 | 7,483.00 | |
| 2 | 杨洋 | 4,500.00 | 1,000.00 | 800.00 | 6,300.00 | 800.00 | 300.00 | 1,100.00 | | | | | | | 1,100.00 | 440.00 | 550.00 | 110.00 | 55.00 | 11.00 | 55.00 | 44.00 | 660.00 | 660.00 | 198.90 | 858.90 | 5,980.10 | |
| 3 | 刘晴 | 4,500.00 | 1,000.00 | 800.00 | 6,300.00 | 800.00 | 300.00 | 1,100.00 | | | | | | | 1,100.00 | 440.00 | 550.00 | 110.00 | 55.00 | 11.00 | 55.00 | 44.00 | 660.00 | 660.00 | 198.90 | 858.90 | 5,980.10 | |
| 4 | 邢杰 | 6,000.00 | 1,200.00 | 1,000.00 | 8,200.00 | 600.00 | 300.00 | 900.00 | | | | | | | 1,440.00 | 576.00 | 720.00 | 144.00 | 72.00 | 14.40 | 72.00 | 57.60 | 864.00 | 864.00 | 358.12 | 1,222.12 | 7,143.48 | |
| 5 | 刘欢 | 5,000.00 | 1,000.00 | 800.00 | 6,800.00 | 600.00 | 300.00 | 900.00 | | | | | | | 1,200.00 | 480.00 | 600.00 | 120.00 | 60.00 | 12.00 | 60.00 | 48.00 | 720.00 | 720.00 | 223.80 | 943.80 | 6,144.20 | |
| 6 | 吴小可 | 5,000.00 | 1,000.00 | 800.00 | 6,800.00 | 600.00 | 300.00 | 900.00 | | | | | | | 1,200.00 | 480.00 | 600.00 | 120.00 | 60.00 | 12.00 | 60.00 | 48.00 | 720.00 | 720.00 | 223.80 | 943.80 | 6,144.20 | |
| 7 | 巩伟 | 5,000.00 | 1,000.00 | 800.00 | 6,800.00 | 600.00 | 300.00 | 900.00 | | | | | | | 1,200.00 | 480.00 | 600.00 | 120.00 | 60.00 | 12.00 | 60.00 | 48.00 | 720.00 | 720.00 | 223.80 | 943.80 | 6,144.20 | |
| 8 | 李月 | 6,000.00 | 1,200.00 | 800.00 | 8,000.00 | 600.00 | 300.00 | 900.00 | | | | | | | 1,440.00 | 576.00 | 720.00 | 144.00 | 72.00 | 14.40 | 72.00 | 57.60 | 864.00 | 864.00 | 331.56 | 1,195.56 | 6,970.04 | |
| 9 | 蒋平 | 5,000.00 | 1,000.00 | 1,000.00 | 7,000.00 | 600.00 | 300.00 | 900.00 | | | | | | | 1,200.00 | 480.00 | 600.00 | 120.00 | 60.00 | 12.00 | 60.00 | 48.00 | 720.00 | 720.00 | 243.80 | 963.80 | 6,324.20 | |
| 10 | 邓建国 | 5,000.00 | 1,000.00 | 800.00 | 6,800.00 | 600.00 | 300.00 | 900.00 | | | | | | | 1,200.00 | 480.00 | 600.00 | 120.00 | 60.00 | 12.00 | 60.00 | 48.00 | 720.00 | 720.00 | 223.80 | 943.80 | 6,144.20 | |
| 11 | 谢明明 | 5,000.00 | 1,000.00 | 800.00 | 6,800.00 | 600.00 | 300.00 | 900.00 | | | | | | | 1,200.00 | 480.00 | 600.00 | 120.00 | 60.00 | 12.00 | 60.00 | 48.00 | 720.00 | 720.00 | 223.80 | 943.80 | 6,144.20 | |
| 12 | 郑静 | 5,500.00 | 1,200.00 | 1,000.00 | 7,700.00 | 800.00 | 300.00 | 1,100.00 | | | | | | | 1,340.00 | 536.00 | 670.00 | 134.00 | 67.00 | 13.40 | 67.00 | 53.60 | 804.00 | 804.00 | 326.66 | 1,130.66 | 6,985.94 | |
| 13 | 张学兵 | 5,500.00 | 1,000.00 | 1,000.00 | 7,500.00 | 800.00 | 300.00 | 1,100.00 | | | | | | | 1,300.00 | 520.00 | 650.00 | 130.00 | 65.00 | 13.00 | 65.00 | 52.00 | 780.00 | 780.00 | 308.70 | 1,088.70 | 6,848.30 | |
| 14 | 李蕊 | 4,500.00 | 1,000.00 | 800.00 | 6,300.00 | 800.00 | 300.00 | 1,100.00 | | | | | | | 1,100.00 | 440.00 | 550.00 | 110.00 | 55.00 | 11.00 | 55.00 | 44.00 | 660.00 | 660.00 | 198.90 | 858.90 | 5,980.10 | |
| 15 | 张静仪 | 4,500.00 | 1,000.00 | 800.00 | 6,300.00 | 800.00 | 300.00 | 1,100.00 | | | | | | | 1,100.00 | 440.00 | 550.00 | 110.00 | 55.00 | 11.00 | 55.00 | 44.00 | 660.00 | 660.00 | 198.90 | 858.90 | 5,980.10 | |
| 16 | 杨明 | 4,500.00 | 1,000.00 | 800.00 | 6,300.00 | 800.00 | 300.00 | 1,100.00 | | | | | | | 1,100.00 | 440.00 | 550.00 | 110.00 | 55.00 | 11.00 | 55.00 | 44.00 | 660.00 | 660.00 | 198.90 | 858.90 | 5,980.10 | |
| 17 | 陈东 | 4,500.00 | 1,000.00 | 800.00 | 6,300.00 | 800.00 | 300.00 | 1,100.00 | | | | | | | 1,100.00 | 440.00 | 550.00 | 110.00 | 55.00 | 11.00 | 55.00 | 44.00 | 660.00 | 660.00 | 198.90 | 858.90 | 5,980.10 | |
| 18 | 李婷婷 | 4,500.00 | 1,000.00 | 800.00 | 6,300.00 | 800.00 | 300.00 | 1,100.00 | | | | | | | 1,100.00 | 440.00 | 550.00 | 110.00 | 55.00 | 11.00 | 55.00 | 44.00 | 660.00 | 660.00 | 198.90 | 858.90 | 5,980.10 | |
| 19 | 王健 | 5,500.00 | 1,200.00 | 1,000.00 | 7,700.00 | 1,000.00 | 300.00 | 1,300.00 | | | | | | | 1,340.00 | 536.00 | 670.00 | 134.00 | 67.00 | 13.40 | 67.00 | 53.60 | 804.00 | 804.00 | 348.32 | 1,152.32 | 7,164.28 | |
| 20 | 李倩 | 4,500.00 | 1,000.00 | 800.00 | 6,300.00 | 1,000.00 | 300.00 | 1,300.00 | | | | | | | 1,100.00 | 440.00 | 550.00 | 110.00 | 55.00 | 11.00 | 55.00 | 44.00 | 660.00 | 660.00 | 218.90 | 878.90 | 6,160.10 | |
| 21 | 张瑜 | 5,500.00 | 1,200.00 | 1,000.00 | 7,700.00 | 1,000.00 | 300.00 | 1,300.00 | | | | | | | 1,340.00 | 536.00 | 670.00 | 134.00 | 67.00 | 13.40 | 67.00 | 53.60 | 804.00 | 804.00 | 348.32 | 1,152.32 | 7,164.28 | |
| 22 | 肖莹 | 4,500.00 | 1,000.00 | 800.00 | 6,300.00 | 1,000.00 | 300.00 | 1,300.00 | | | | | | | 1,100.00 | 440.00 | 550.00 | 110.00 | 55.00 | 11.00 | 55.00 | 44.00 | 660.00 | 660.00 | 218.90 | 878.90 | 6,160.10 | |
| 23 | 宋春丽 | 5,500.00 | 1,200.00 | 1,000.00 | 7,700.00 | 800.00 | 300.00 | 1,100.00 | | | | | | | 1,340.00 | 536.00 | 670.00 | 134.00 | 67.00 | 13.40 | 67.00 | 53.60 | 804.00 | 804.00 | 326.66 | 1,130.66 | 6,985.94 | |
| 24 | 李伟 | 4,500.00 | 1,000.00 | 800.00 | 6,300.00 | 800.00 | 300.00 | 1,100.00 | | | | | | | 1,100.00 | 440.00 | 550.00 | 110.00 | 55.00 | 11.00 | 55.00 | 44.00 | 660.00 | 660.00 | 198.90 | 858.90 | 5,980.10 | |
| 25 | 刘涛 | 5,500.00 | 1,200.00 | 1,000.00 | 7,700.00 | 800.00 | 300.00 | 1,100.00 | | | | | | | 1,340.00 | 536.00 | 670.00 | 134.00 | 67.00 | 13.40 | 67.00 | 53.60 | 804.00 | 804.00 | 326.66 | 1,130.66 | 6,985.94 | |
| 26 | 刘琳 | 4,500.00 | 1,000.00 | 800.00 | 6,300.00 | 800.00 | 300.00 | 1,100.00 | | | | | | | 1,100.00 | 440.00 | 550.00 | 110.00 | 55.00 | 11.00 | 55.00 | 44.00 | 660.00 | 660.00 | 198.90 | 858.90 | 5,980.10 | |
| 合计 | | 130,500.00 | 27,900.00 | 22,600.00 | 181,000.00 | 20,000.00 | 7,800.00 | 27,800.00 | | | | | | | 31,680.00 | 12,672.00 | 15,840.00 | 3,168.00 | 1,584.00 | 316.80 | 1,584.00 | 1,267.20 | 19,008.00 | 19,008.00 | 6,717.70 | 25,725.70 | 166,917.50 | |

批准： 李子明 制表： 陈东

图 3－25 ［业务一（3） 工资发放表］

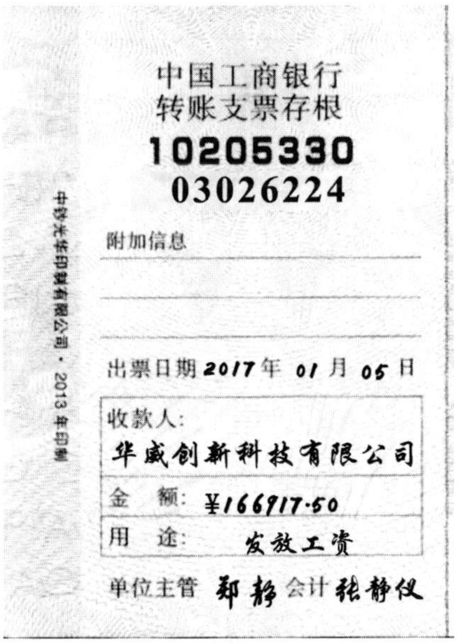
中国工商银行
转账支票存根
10205330
03026224
附加信息
出票日期 2017 年 01 月 05 日
收款人：华威创新科技有限公司
金 额：¥166917.50
用 途：发放工资
单位主管 郑静 会计 张静仪

图 3－26 ［业务一（3） 转账支票存根］

【业务分析】

该笔业务是通过银行发放上月工资的业务，该业务要在总账管理系统直接处理，不在薪资系统处理，通过总账管理系统的“凭证—填制凭证”功能进行。

该笔业务中的发放金额 166,917.50 与“应付职工薪酬——工资”科目的期初余额 208,800.00 不一致，其差额主要是个人承担的住房公积金 19,008.00、社会保险费 16,156.80、个人所得税 6,717.70，这三项内容尚未从“应付职工薪酬——工资”科目的期初余额中转出，所以发放工资时，不是按其期初余额全额发放。

【数据信息化】

根据以上业务资料得到业务 3 记账凭证信息化数据（见表 3－12）：

表 3－12　业务 3 记账凭证信息化数据

| 凭证类别 | 制单日期 | 附单据数 | 摘要 | 会计科目 | 方向 | 金额 |
|---|---|---|---|---|---|---|
| 付 | 2017－01－05 | 2 | 发放 12 月工资 | 221101 | 借 | 166, 917. 50 |
| | | | 发放 12 月工资 | 10020101 | 贷 | 166, 917. 50 |

【操作人员】

由具有凭证填制权限的操作员或财务部［ZJY 张静仪］完成记账凭证填制操作，操作日期：2017 年 1 月 5 日。

【信息化操作】

（1）按业务 1 的方法，完成本笔业务记账凭证的填制。

（2）保存凭证，系统显示凭证保存成功，并显示凭证，如图 3－27 所示。

图 3－27　业务 3 凭证

【业务描述 4】

2017 年 1 月 6 日，取得相关原始凭证如图 3－28、图 3－29 所示。

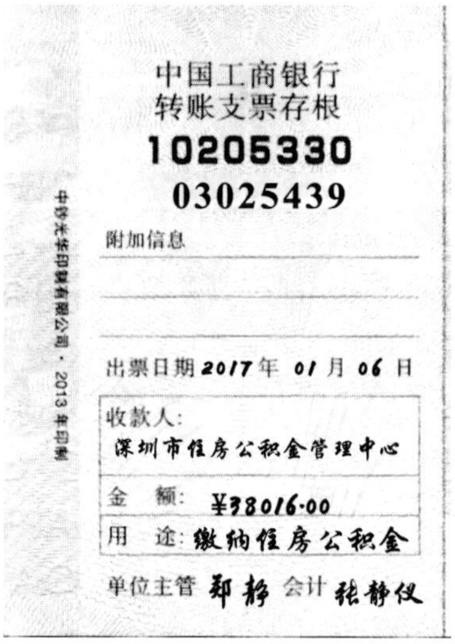


图 3－28　［业务一（4）　转账支票存根］

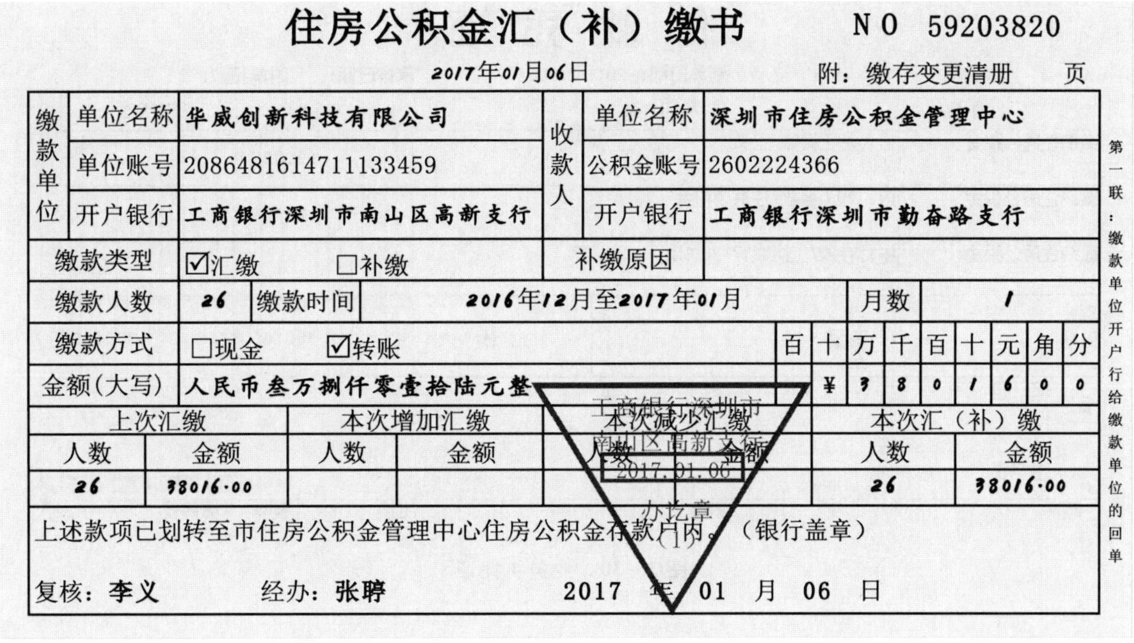

住房公积金汇（补）缴书　　N O 59203820

2017年01月06日　　附：缴存变更清册　页

| | | | | |
|---|---|---|---|---|
| 缴款单位 | 单位名称 | 华威创新科技有限公司 | 收款人 单位名称 | 深圳市住房公积金管理中心 |
| | 单位账号 | 2086481614711133459 | 公积金账号 | 2602224366 |
| | 开户银行 | 工商银行深圳市南山区高新支行 | 开户银行 | 工商银行深圳市勤奋路支行 |
| 缴款类型 | ☑汇缴　□补缴 | | 补缴原因 | |
| 缴款人数 | 26 | 缴款时间 2016年12月至2017年01月 | 月数 | 1 |
| 缴款方式 | □现金　☑转账 | | | |
| 金额（大写） | 人民币叁万捌仟零壹拾陆元整 | | | ¥38016.00 |

| 上次汇缴 | | 本次增加汇缴 | | 本次减少汇缴 | | 本次汇（补）缴 | |
|---|---|---|---|---|---|---|---|
| 人数 | 金额 | 人数 | 金额 | 人数 | 金额 | 人数 | 金额 |
| 26 | 38016.00 | | | | | 26 | 38016.00 |

上述款项已划转至市住房公积金管理中心住房公积金存款户内。（银行盖章）

复核：李义　　经办：张聘　　2017 年 01 月 06 日

第一联：缴款单位开户行给缴款单位的回单

工商银行深圳市南山区高新支行 2017.01.06 办讫章 (1)

图3-29 ［业务一（4） 住房公积金汇（补）缴书］

【业务分析】

该笔业务是通过银行缴纳上月住房公积金的业务，该业务要在总账管理系统直接处理，不在薪资系统处理，通过总账管理系统的“凭证-填制凭证”功能进行。

该笔业务中的上缴金额38,016.00包含个人承担部分与企业承担部分各19,008.00，且个人承担部分并未从职工应发工资总额中单独计提到“其他应付款”中，而是依然在“应付职工薪酬——工资”这个科目下，所以，本笔业务使用到的借方科目应为“应付职工薪酬——工资”科目和“应付职工薪酬——住房公积金”科目。

【数据信息化】

根据以上业务资料得到业务4记账凭证信息化数据（见表3-13）：

表3-13 业务4记账凭证信息化数据

| 凭证类别 | 制单日期 | 附单据数 | 摘要 | 会计科目 | 方向 | 金额 |
|---|---|---|---|---|---|---|
| 付 | 2017-01-06 | 2 | 缴纳住房公积金 | 221101 | 借 | 19,008.00 |
| | | | 缴纳住房公积金 | 221105 | 借 | 19,008.00 |
| | | | 缴纳住房公积金 | 10020101 | 贷 | 38,016.00 |

【操作人员】

由具有凭证填制权限的操作员或财务部［ZJY张静仪］完成记账凭证填制操作，操作日期：2017年1月6日。

【信息化操作】

（1）按业务1的方法，完成本笔业务记账凭证的填制。

（2）保存凭证，系统提示凭证保存成功，并显示凭证，如图3-30所示。

## 付款凭证

付 字 0004　　制单日期：2017.01.06　　审核日期：　　附单据数：2

| 摘要 | 科目名称 | 借方金额 | 贷方金额 |
|---|---|---|---|
| 缴纳住房公积金 | 应付职工薪酬/工资 | 1900800 | |
| 缴纳住房公积金 | 应付职工薪酬/住房公积金 | 1900800 | |
| 缴纳住房公积金 | 银行存款/工商银行/人民币 | | 3801600 |
| 票号 -<br>日期　　数量<br>单价 | 合计 | 3801600 | 3801600 |
| 备注 | 项目　　部门<br>个人　　客户<br>业务员 | | |

记账　　审核　　出纳　　制单　张静仪

图 3-30　业务 4 凭证

【业务描述 5】

2017 年 1 月 6 日，取得相关原始凭证如图 3-31 所示。

## 深圳市同城票据交换（借）方补充凭证　35655423

发报行名称：　　2017年01月06日　　提交号

| 发报行行号 | 102 | 汇（提）出行行号 | | 收报行行号 | 801 | 汇（提）出行行号 | 21 |
|---|---|---|---|---|---|---|---|
| 付款人 账号 | 2086481614711133459 | | | 收款人 账号 | 340200 | | |
| 付款人 名称 | 深圳市华威创新科技有限公司 | | | 收款人 名称 | 代报解共享收入 | | |
| 金额：陆仟柒佰壹拾柒元零柒角　¥6717.70 | | | | | | | |
| 事由：232042010040047856291　地税局 | | | | | 业务种类：同城 | | |
| 备注 | 签发日期20170106<br>支付密码67834757<br>地方密押<br>原凭证号码 | | | | | | |

工商银行深圳市南山区高新支行 16 2017.01.06 办讫章（1）

此联作贷方记账凭证或支款通知

汇（提）入序号　536512　打印日期　20170106　打印流水号08　电脑打印　手工无效

图 3-31　[业务一（5）　同城票据交换凭证]

【业务分析】

该笔业务是通过银行代扣上月个人所得税的业务，该业务要在总账管理系统直接处理，不在薪资系统处理，通过总账管理系统的“凭证—填制凭证”功能进行。

该笔业务可从原始凭证中的“事由”判断这是一笔交税业务，然后从会计科目期初余额表中查询到应交个人所得税的金额为 6, 717. 70。

【数据信息化】

根据以上业务资料得到业务 5 记账凭证信息化数据（见表 3-14）：

表 3－14 业务 5 记账凭证信息化数据

| 凭证类别 | 制单日期 | 附单据数 | 摘要 | 会计科目 | 方向 | 金额 |
|---|---|---|---|---|---|---|
| 付 | 2017－01－06 | 1 | 代缴个人所得税 | 222116 | 借 | 6, 717. 70 |
| | | | 代缴个人所得税 | 10020101 | 贷 | 6, 717. 70 |

【操作人员】

由具有凭证填制权限的操作员或财务部［ZJY 张静仪］完成记账凭证填制操作，操作日期：2017年1月6日。

【信息化操作】

（1）按业务1的方法，完成本笔业务记账凭证的填制。

（2）保存凭证，系统提示凭证保存成功，并显示凭证，如图3－32所示。

付款凭证

付 字 0005　　制单日期：2017.01.06　　审核日期：　　附单据数：1

| 摘要 | 科目名称 | 借方金额 | 贷方金额 |
|---|---|---|---|
| 代缴个人所得税 | 应交税费/应交个人所得税 | 671770 | |
| 代缴个人所得税 | 银行存款/工商银行/人民币 | | 671770 |
| 票号 －<br>日期　数量<br>单价 | 合 计 | 671770 | 671770 |

备注　项 目　　部 门<br>
个 人　　客 户<br>
业务员

记账　审核　出纳　制单 张静仪

图 3－32 业务 5 凭证

【业务描述 6】

2017年1月6日，取得相关原始凭证如图3－33所示。

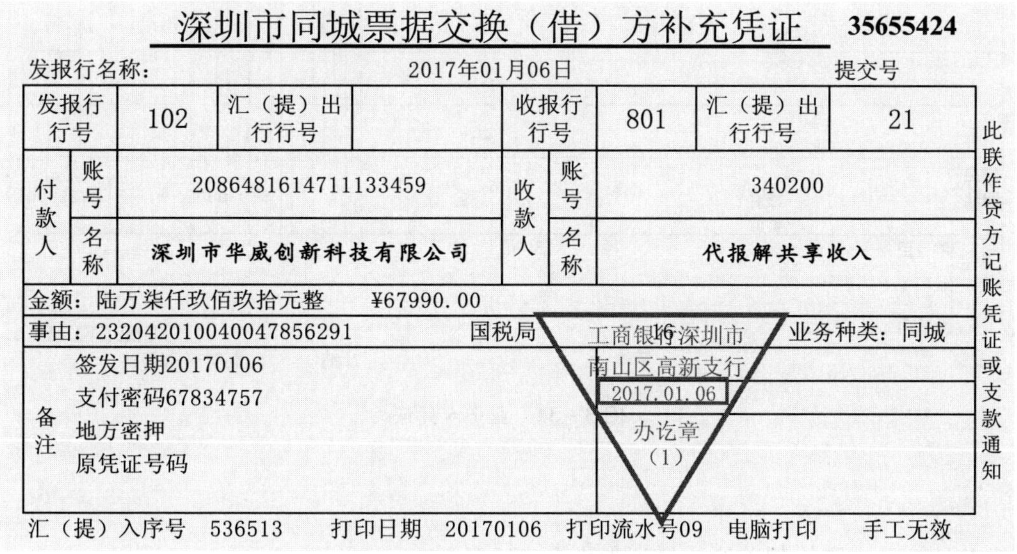

深圳市同城票据交换（借）方补充凭证　35655424

发报行名称：　2017年01月06日　提交号

| 发报行行号 | 102 | 汇（提）出行行号 | | 收报行行号 | 801 | 汇（提）出行行号 | 21 |
|---|---|---|---|---|---|---|---|
| 付款人 账号 | 2086481614711133459 | | | 收款人 账号 | 340200 | | |
| 付款人 名称 | 深圳市华威创新科技有限公司 | | | 收款人 名称 | 代报解共享收入 | | |

金额：陆万柒仟玖佰玖拾元整　¥67990.00

事由：232042010040047856291　国税局　业务种类：同城

备注：签发日期20170106<br>
支付密码67834757<br>
地方密押<br>
原凭证号码

工商银行深圳市南山区高新支行 2017.01.06 办讫章（1）

汇（提）入序号 536513　打印日期 20170106　打印流水号09　电脑打印　手工无效

此联作贷方记账凭证或支款通知

图 3－33 ［业务一（6） 同城票据交换凭证］

【业务分析】

该笔业务是通过银行代缴上月增值税的业务，该业务要在总账管理系统直接处理，通过总账管理系统的“凭证—填制凭证”功能进行。

该笔业务可从原始凭证中的“事由”判断这是一笔交税业务，然后从期初余额表中查询到未交增值税的金额为67,990.00。

【数据信息化】

根据以上业务资料得到业务6记账凭证信息化数据（见表3－15）：

表3－15 业务6记账凭证信息化数据

| 凭证类别 | 制单日期 | 附单据数 | 摘要 | 会计科目 | 方向 | 金额 |
|---|---|---|---|---|---|---|
| 付 | 2017－01－06 | 1 | 上缴上月增值税 | 222102 | 借 | 67,990.00 |
| | | | 上缴上月增值税 | 10020101 | 贷 | 67,990.00 |

【操作人员】

由具有凭证填制权限的操作员或财务部［ZJY 张静仪］完成记账凭证填制操作，操作日期：2017年1月6日。

【信息化操作】

（1）按业务1的方法，完成本笔业务记账凭证的填制。

（2）保存凭证，系统提示凭证保存成功，并显示凭证，如图3－34所示。

付款凭证

付 字0006 制单日期：2017.01.06 审核日期： 附单据数：1

| 摘要 | 科目名称 | 借方金额 | 贷方金额 |
|---|---|---|---|
| 上缴上月增值税 | 应交税费/未交增值税 | 6799000 | |
| 上缴上月增值税 | 银行存款/工商银行/人民币 | | 6799000 |
| 票号 - 日期 数量 单价 | 合计 | 6799000 | 6799000 |

备注 项目 部门 个人 客户 业务员

记账 审核 出纳 制单 张静仪

图3－34 业务6凭证

【业务描述7】

2017年1月6日，取得相关原始凭证如图3－35所示。

**深圳市同城票据交换（借）方补充凭证** 35655425

发报行名称： 2017年01月06日 提交号

| 发报行行号 | 102 | 汇（提）出行行号 | | 收报行行号 | 801 | 汇（提）出行行号 | 21 |
|---|---|---|---|---|---|---|---|
| 付款人 账号 | 20864816147111133459 | | | 收款人 账号 | 340200 | | |
| 付款人 名称 | 深圳市华威创新科技有限公司 | | | 收款人 名称 | 代报解共享收入 | | |
| 金额：捌仟壹佰伍拾捌元零捌角 ¥8158.80 | | | | | | | |
| 事由：23204201004004785629 1 | | | 地税局 | | | 业务种类：同城 | |
| 备注 | 签发日期20170106<br>支付密码67834757<br>地方密押<br>原凭证号码 | | | 工商银行深圳市南山区高新支行<br>2017.01.06<br>办讫章<br>（1） | | | |

此联作贷方记账凭证或支款通知

汇（提）入序号 536514 打印日期 20170106 打印流水号10 电脑打印 手工无效

**图3－35 ［业务一（7） 同城票据交换凭证］**

【业务分析】

该笔业务是通过银行代缴上月的城建税、教育费附加和地方教育费附加的业务，该业务要在总账管理系统直接处理，通过总账管理系统的“凭证—填制凭证”功能进行。

该笔业务可从原始凭证中的“事由”判断这是一笔交税业务，通过查询会计科目期初余额表，可以查到应交城建税的期初余额为4,759.30、应交教育费附加的期初余额为2,039.70、应交地方教育费附加的期初余额为1,359.80，三者之和刚好是8,158.80。

【数据信息化】

根据以上业务资料得到业务7记账凭证信息化数据（见表3－16）：

**表3－16 业务7记账凭证信息化数据**

| 凭证类别 | 制单日期 | 附单据数 | 摘要 | 会计科目 | 方向 | 金额 |
|---|---|---|---|---|---|---|
| 付 | 2017－01－06 | 1 | 上缴城建、教育附加、地方教育附加 | 222112 | 借 | 4,759.30 |
| | | | 上缴城建、教育附加、地方教育附加 | 222113 | 借 | 2,039.70 |
| | | | 上缴城建、教育附加、地方教育附加 | 222114 | 借 | 1,359.80 |
| | | | 上缴城建、教育附加、地方教育附加 | 10020101 | 贷 | 8,158.80 |

【操作人员】

由具有凭证填制权限的操作员或财务部［ZJY 张静仪］完成记账凭证填制操作，操作日期：2017年1月6日。

【信息化操作】

（1）按业务1的方法，完成本笔业务记账凭证的填制。

（2）保存凭证，系统提示凭证保存成功，并显示凭证，如图 3－36 所示。

**付 款 凭 证**

付 字 0007　　制单日期：2017.01.06　　审核日期：　　附单据数：1

| 摘要 | 科目名称 | 借方金额 | 贷方金额 |
|---|---|---|---|
| 上缴城建、教育附加、地方教育附加 | 应交税费/应交城建税 | 475930 | |
| 上缴城建、教育附加、地方教育附加 | 应交税费/应交教育费附加 | 203970 | |
| 上缴城建、教育附加、地方教育附加 | 应交税费/应交地方教育费附加 | 135980 | |
| 上缴城建、教育附加、地方教育附加 | 银行存款/工商银行/人民币 | | 815880 |
| 票号 - 日期 | 数量 单价 / 合计 | 815880 | 815880 |

备注　项目　　部门
　　　个人　　客户
　　　业务员

记账　　审核　　出纳　　制单 张静仪

图 3－36　业务 7 凭证

【业务描述 8】

2017 年 1 月 6 日，取得相关原始凭证如图 3－37 所示。

**深圳市同城票据交换（借）方补充凭证**　35655426

发报行名称：　　2017年01月06日　　提交号

| 发报行行号 | 102 | 汇（提）出行行号 | | 收报行行号 | 801 | 汇（提）出行行号 | 21 |
|---|---|---|---|---|---|---|---|
| 付款人 账号 | 2086481614711133459 | | | 收款人 账号 | 340200 | | |
| 付款人 名称 | 深圳市华威创新科技有限公司 | | | 收款人 名称 | 代报解共享收入 | | |
| 金额：叁万肆仟捌佰捌拾元整　¥34880.00 | | | | | | | |
| 事由：23204201004004785629 1　国税局 16 | | | | | | 业务种类：同城 | |
| 备注 | 签发日期20170106<br>支付密码67834757<br>地方密押<br>原凭证号码 | | | | | | |

工商银行深圳市南山区高新支行 2017.01.06 办讫章（1）

汇（提）入序号 536515　打印日期 20170106　打印流水号11　电脑打印　手工无效

此联作贷方记账凭证或支款通知

图 3－37　［业务一（8）　同城票据交换凭证］

【业务分析】

该笔业务是通过银行代缴上期企业所得税的业务，该业务要在总账管理系统直接处理，通过总账管理系统的“凭证—填制凭证”功能进行。

该笔业务可从原始凭证中的“事由”判断这是一笔交税业务，通过查询会计科目期初余额表，可以查到应交企业所得税的期初余额为 34,880.00。

【数据信息化】

根据以上业务资料得到业务 8 记账凭证信息化数据（见表 3－17）：

表 3－17　业务 8 记账凭证信息化数据

| 凭证类别 | 制单日期 | 附单据数 | 摘要 | 会计科目 | 方向 | 金额 |
|---|---|---|---|---|---|---|
| 付 | 2017－01－06 | 1 | 上缴上季企业所得税 | 222115 | 借 | 34，880.00 |
| | | | 上缴上季企业所得税 | 10020101 | 贷 | 34，880.00 |

【操作人员】

由具有凭证填制权限的操作员或财务部［ZJY 张静仪］完成记账凭证填制操作，操作日期：2017年1月6日。

【信息化操作】

（1）按业务1的方法，完成本笔业务记账凭证的填制。

（2）保存凭证，系统提示凭证保存成功，并显示凭证，如图3－38所示。

**付 款 凭 证**

付　字 0008　　制单日期：2017.01.06　　审核日期：　　附单据数：1

| 摘要 | 科目名称 | 借方金额 | 贷方金额 |
|---|---|---|---|
| 上缴上季企业所得税 | 应交税费/应交企业所得税 | 3488000 | |
| 上缴上季企业所得税 | 银行存款/工商银行/人民币 | | 3488000 |
| 票号 －<br>日期　数量<br>单价 | 合 计 | 3488000 | 3488000 |

备注　项　目　　部　门

个　人　　客　户

业务员

记账　　审核　　出纳　　制单　张静仪

图 3－38　业务 8 凭证

【业务描述9】

2017年1月6日，取得相关原始凭证如图3－39、图3－40所示。

**社会保险费专用收款票据**

流水号：123306558740　　NO：35655424

付款单位：深圳华威创新科技有限公司　　单位：元

| 收费项目 | 起始年月 | 终止年月 | 人数 | 单位缴纳额 | 个人缴纳额 | 滞纳金 | 利息 | 合计金额 |
|---|---|---|---|---|---|---|---|---|
| 养老保险 | 2016.12.01 | 2016.12.31 | 26 | 31680.00 | 12672.00 | | | 44352.00 |
| 医疗保险 | 2016.12.01 | 2016.12.31 | 26 | 15840.00 | 3168.00 | | | 19008.00 |
| 失业保险 | 2016.12.01 | 2016.12.31 | 26 | 1584.00 | 316.80 | | | 1900.80 |
| 工伤保险 | 2016.12.01 | 2016.12.31 | 26 | 1584.00 | | | | 1584.00 |
| 生育保险 | 2016.12.01 | 2016.12.31 | 26 | 1267.20 | | | | 1267.20 |
| 人民币合计（大写）：陆万捌仟壹佰壹拾贰元整 | | | | | | | | ¥68112.00 |

第二联：发票联

收款单位（章）：财务复核人：陈琳　业务复核人：张一山　操作员：李晓　开据时间：2017.01.06

（印章：全国统一发票监制章 深圳 国家税务局监制；深圳市人力资源和社会保障局 #2126527803）

图 3－39　［业务一（9）　社会保险费专用收款票据］

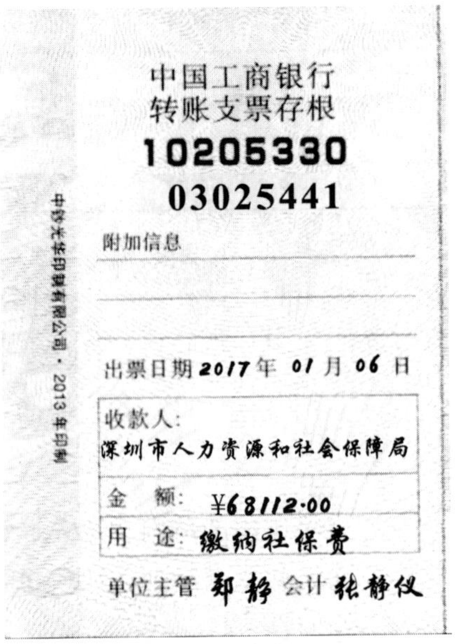
中国工商银行
转账支票存根
10205330
03025441
附加信息

出票日期 2017 年 01 月 06 日
收款人：
深圳市人力资源和社会保障局
金　额：¥68112.00
用　途：缴纳社保费
单位主管 郑静 会计 张静仪
中钞光华印制有限公司 · 2013 年印制

图 3－40 ［业务一（9） 转账支票存根］

【业务分析】

该笔业务是通过银行缴纳上月社会保险费的业务，该业务要在总账管理系统直接处理，不在薪资系统处理，通过总账管理系统的“凭证—填制凭证”功能进行。

该笔业务可从原始凭证判断这是一笔上交社会保险费的业务，通过社会保险费专用收款票据，可看出本次所缴纳的社会保险费包括个人承担部分和企业承担部分，企业承担部分包括五险，其中的“养老保险”和“失业保险”按会计准则的要求计入“设定提存计划”下，所以在“社会保险”科目下包含的是“医疗保险”、“工伤保险”、“生育保险”三个明细。而个人承担的养老保险、医疗保险、失业保险在上月并未从职工应发工资总额中计提到“其他应付款”，而是依然在“应付职工薪酬——工资”这个科目下。所以，业务中涉及到的借方科目应为“应付职工薪酬——工资”、“应付职工薪酬——设定提存计划——基本养老保险”、“应付职工薪酬——设定提存计划——失业保险”、“应付职工薪酬——社会保险费”。

【数据信息化】

根据以上业务资料得到业务 9 记账凭证信息化数据（见表 3－18）：

表 3－18 业务 9 记账凭证信息化数据

| 凭证类别 | 制单日期 | 附单据数 | 摘要 | 会计科目 | 方向 | 金额 |
|---|---|---|---|---|---|---|
| 付 | 2017－01－06 | 2 | 缴纳社会保险费 | 221101 | 借 | 16,156.80 |
| | | | 缴纳社会保险费 | 22110901 | 借 | 31,680.00 |
| | | | 缴纳社会保险费 | 22110902 | 借 | 1,584.00 |
| | | | 缴纳社会保险费 | 221104 | 借 | 18,691.20 |
| | | | 缴纳社会保险费 | 10020101 | 贷 | 68,112.00 |

【操作人员】

由具有凭证填制权限的操作员或财务部［ZJY 张静仪］完成记账凭证填制操作，操作日期：2017

年1月6日。

【信息化操作】

（1）按业务1的方法，完成本笔业务记账凭证的填制。

（2）保存凭证，系统提示凭证保存成功，并显示凭证，如图3－41所示。

**付款凭证**

付 字 0009　　制单日期：2017.01.06　　审核日期：　　附单据数：2

| 摘要 | 科目名称 | 借方金额 | 贷方金额 |
|---|---|---|---|
| 缴纳社会保险费 | 应付职工薪酬/工资 | 1615680 | |
| 缴纳社会保险费 | 应付职工薪酬/设定提存计划/基本养老保险 | 3168000 | |
| 缴纳社会保险费 | 应付职工薪酬/设定提存计划/失业保险 | 158400 | |
| 缴纳社会保险费 | 应付职工薪酬/社会保险费 | 1869120 | |
| 缴纳社会保险费 | 银行存款/工商银行/人民币 | | 6811200 |
| 票号 -<br>日期 | 数量<br>单价 合计 | 6811200 | 6811200 |

备注　项目　　部门<br>个人　　客户<br>业务员

记账　　审核　　出纳　　制单 张静仪

图3－41　业务9凭证

【业务描述10】

2017年1月8日，取得相关原始凭证如图3－42、图3－43所示。

深圳增值税专用发票

4500365233　　机器编号：422364740651

发票联

No 45238804　4500365233　45238804

开票日期：2016年12月25日

购买方　名称：深圳华威创新科技有限公司<br>纳税人识别号：91440300MA5HDQ370L<br>地址、电话：深圳市南山区高新南四道18号，0755-26656699<br>开户行及账号：工商银行深圳市南山区高新支行2086481614711133459

密码区　3-64754<19785<32+-4<>+/+08<br>56/375265*2>+-6//2<<-4**2115<br>>*8456255-7<8*24/+7721</>113<br>12-320154-/7412>8-27+-/19/82

| 货物或应税劳务、服务名称 | 规格型号 | 单位 | 数量 | 单价 | 金额 | 税率 | 税额 |
|---|---|---|---|---|---|---|---|
| 广告发布费 | | 笔 | 1 | 10000.00 | 10000.00 | 6% | 600.00 |
| 合计 | | | | | ¥10000.00 | | ¥600.00 |
| 价税合计（大写） | ⊗壹万零陆佰元整 | | | | （小写）¥10600.00 | | |

销售方　名称：深圳电视台<br>纳税人识别号：91430322MA5LMJ432L<br>地址、电话：深圳市福田区鹏程路广电集团大厦0755-339…2<br>开户行及账号：中国工商银行深圳鹏程支行2026012432123326425

深圳电视台　91430322MA5LMJ432L　发票专用章

第三联：发票联　购买方记账凭证

国税函［2016］号海南华森实业公司

收款人：刘超　　复核：马晓可　　开票人：张杨　　销售方：（章）

图3－42　［业务一（10）　增值税专用发票］

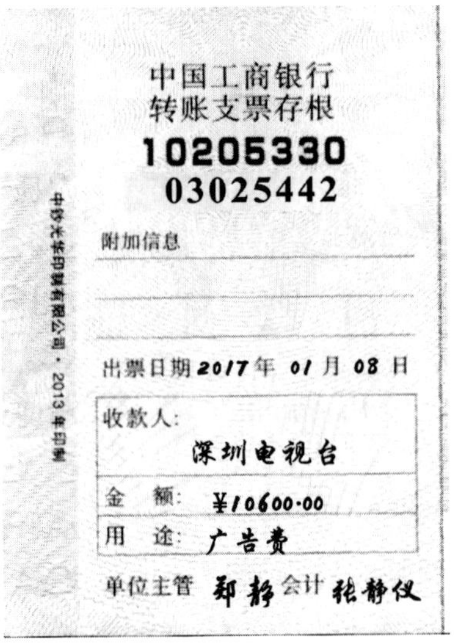
中国工商银行
转账支票存根
10205330
03025442
附加信息
出票日期 2017 年 01 月 08 日
收款人：
深圳电视台
金　额：¥10600.00
用　途：广告费
单位主管 郑静 会计 张静仪
中钞光华印制有限公司 · 2013 年印制

图 3－43 ［业务一（10） 转账支票存根］

【业务分析】

该笔业务是通过银行支付广告费的业务，该业务要在总账管理系统直接处理。

【数据信息化】

根据以上业务资料得到业务 10 记账凭证信息化数据（见表 3－19）：

表 3－19 业务 10 记账凭证信息化数据

| 凭证类别 | 制单日期 | 附单据数 | 摘要 | 会计科目 | 方向 | 金额 |
|---|---|---|---|---|---|---|
| 付 | 2017－01－08 | 2 | 支付广告费 | 660103 | 借 | 10,000.00 |
| | | | 支付广告费 | 22210101 | 借 | 600.00 |
| | | | 支付广告费 | 10020101 | 贷 | 16,000.00 |

【操作人员】

由具有凭证填制权限的操作员或财务部［ZJY 张静仪］完成记账凭证填制操作，操作日期：2017 年 1 月 8 日。

【信息化操作】

（1）按业务 1 的方法，完成本笔业务记账凭证的填制。

（2）保存凭证，系统提示凭证保存成功，并显示凭证，如图 3－44 所示。

【业务描述 11】

2017 年 1 月 9 日，取得相关原始凭证如图 3－45、图 3－46 所示。

# 付 款 凭 证

付 字 0010　　制单日期：2017.01.08　　审核日期：　　附单据数：2

| 摘 要 | 科目名称 | 借方金额 | 贷方金额 |
|---|---|---|---|
| 支付广告费 | 销售费用/广告费 | 1000000 | |
| 支付广告费 | 应交税费/应交增值税/进项税额 | 60000 | |
| 支付广告费 | 银行存款/工商银行/人民币 | | 1060000 |
| 票号 - 日期 | 数量 单价 合 计 | 1060000 | 1060000 |

备注　项 目　　部 门
个 人　　客 户
业务员

记账　　审核　　出纳　　制单 张静仪

图 3－44　业务 10 凭证

深圳市地方税务局通用机打发票　仟元版

全国统一发票监制章 深圳 国家税务局监制

发票联

开票日期：2017年01月09日　　发票代码 341256324724　发票号码 45001231

机打代码：3254788　机打号码：5994712536　检验码：33625

付款方名称：深圳华威创新科技有限公司　付款方纳税人代码：91440300MA5HDQ370L

| 开具项目 | 数量 | 单价 | 金额 |
|---|---|---|---|
| 签字笔 | 50.00 | 3.00 | 150.00 |
| 软面抄 | 50.00 | 5.00 | 250.00 |
| 复印纸 | 50.00 | 16.00 | 800.00 |

合计人民币（大写金额）：壹仟贰佰元整

备注：

深圳市鹰王办公用品公司 344501222367452 发票专用章

开票方名称：　开票方纳税人号码：344501222367452　开票员：李琳

发票防伪查询措施请登录深圳地税网站：www.szds.gov.cn　（本发票开具合计金额超过万元无效）

国税函［2016］号淮南泰华实业公司

第一联：发票联 购货单位付款凭证（手开无效）

图 3－45　［业务一（11）　通用机打发票］

中国工商银行
转账支票存根
10205330
03025443

附加信息

出票日期 2017 年 01 月 09 日

收款人：深圳市鹰王办公用品公司

金　额：¥1200.00

用　途：购办公用品

单位主管 郑静　会计 张静仪

中钞米华印制有限公司 · 2013年印制

图 3－46　［业务一（11）　转账支票存根］

【业务分析】

该笔业务是使用转账支票购买办公用品的业务，该业务要在总账管理系统直接处理。

【数据信息化】

根据以上业务资料得到业务 11 记账凭证信息化数据（见表 3－20）：

**表 3－20　业务 11 记账凭证信息化数据**

| 凭证类别 | 制单日期 | 附单据数 | 摘要 | 会计科目 | 方向 | 金额 |
|---|---|---|---|---|---|---|
| 付 | 2017－01－09 | 2 | 购办公用品 | 660203 | 借 | 1, 200. 00 |
| | | | 购办公用品 | 10020101 | 贷 | 1, 200. 00 |

【操作人员】

由具有凭证填制权限的操作员或财务部［ZJY 张静仪］完成记账凭证填制操作，操作日期：2017 年 1 月 9 日。

【信息化操作】

（1）按业务 1 的方法，完成本笔业务记账凭证的填制。
（2）保存凭证，系统提示凭证保存成功，并显示凭证，如图 3－47 所示。

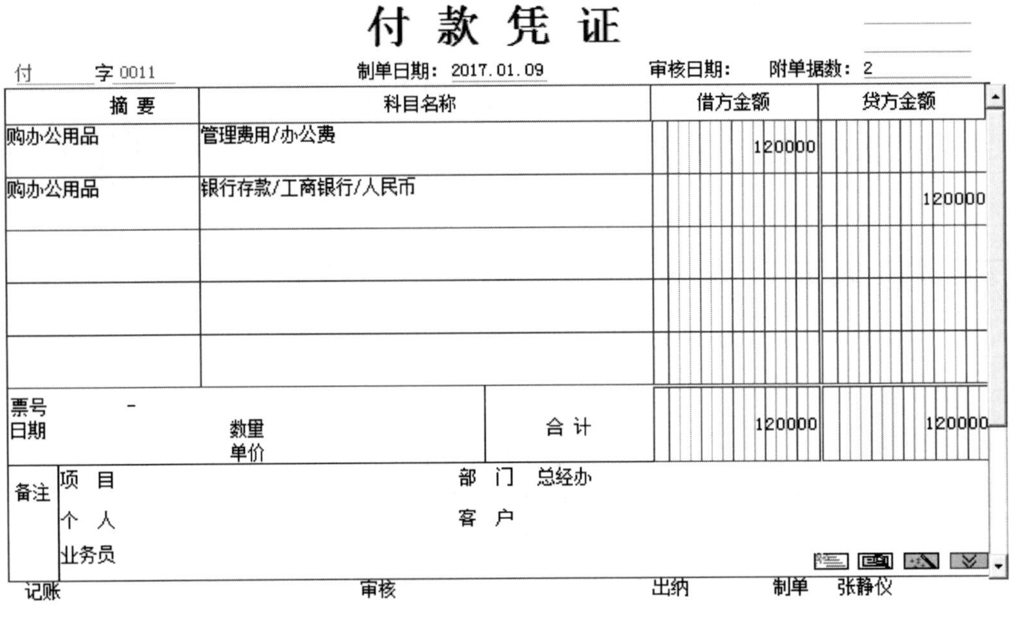
付款凭证

付 字 0011　制单日期：2017.01.09　审核日期：　附单据数：2

| 摘要 | 科目名称 | 借方金额 | 贷方金额 |
|---|---|---|---|
| 购办公用品 | 管理费用/办公费 | 120000 | |
| 购办公用品 | 银行存款/工商银行/人民币 | | 120000 |
| | | | |
| | | | |
| | | | |
| 票号 - 日期　数量 单价 | 合计 | 120000 | 120000 |

备注　项目　部门 总经办
个人　客户
业务员

记账　审核　出纳　制单 张静仪

**图 3－47　业务 11 凭证**

【业务描述 12】

2017 年 1 月 10 日，取得相关原始凭证如图 3－48、图 3－49、图 3－50 所示。

图3－48 ［业务一（12） 火车车票］

图3－49 ［业务一（12） 火车车票］

**差旅费报销单**

2017年01月10日

| 所属部门 | | | | 总经办 | 姓名 | 张国明 | 出差天数 | 自12月26日至01月06日共12天 | |
|---|---|---|---|---|---|---|---|---|---|
| 出差事由 | | | | 学习及业务洽谈 | 借支旅费 | 日期 | 2016.12.25 | 金额 | ¥5000.00 |
| | | | | | | 结算金额：¥8450.00 | | | |
| 出发 | | 到达 | | 起止地点 | 交通费 | 住宿费 | 伙食费 | 其他 | |
| 月 | 日 | 月 | 日 | | | | | | |
| 12 | 26 | 12 | 26 | 广州－上海 | 560.00 | 5500.00 | 1440.00 | | |
| 01 | 06 | 01 | 06 | 上海－广州 | 950.00 | | | | |
| | | | | | | 现金付讫 | | | |
| | | | | | | | | | |
| 合计 | | | | 零拾零万捌仟肆佰伍拾零元零角零分 ¥8450.00 | | | | | |

总经理 张国明 财务经理 郑静 会计 张静仪 出纳 李婷婷 报销人 张国明

图3－50 ［业务一（12） 差旅费报销单］

【业务分析】

该笔业务是差旅费报销的业务，在该笔业务中，一方面要冲抵个人原来的出差借款，同时还要以现金方式将差额补给个人，该业务要在总账管理系统直接处理。

【数据信息化】

根据以上业务资料得到业务 12 记账凭证信息化数据（见表 3－21）：

**表 3－21　业务 12 记账凭证信息化数据**

| 凭证类别 | 制单日期 | 附单据数 | 摘要 | 会计科目 | 方向 | 金额 |
|---|---|---|---|---|---|---|
| 付 | 2017－01－10 | 3 | 张国明报销差旅费 | 660206 | 借 | 8, 450. 00 |
| | | | 张国明报销差旅费 | 122101 | 借 | 5, 000. 00 |
| | | | 张国明报销差旅费 | 1001 | 贷 | 3, 450. 00 |

【操作人员】

由具有凭证填制权限的操作员或财务部［ZJY 张静仪］完成记账凭证填制操作，操作日期：2017 年 1 月 10 日。

【信息化操作】

（1）按业务 1 的方法，完成本笔业务记账凭证的填制。

（2）在填制本笔业务的记账凭证时，涉及“管理费用——差旅费”科目时，系统会提示辅助项要求输入部门信息，如图 3－51 所示。

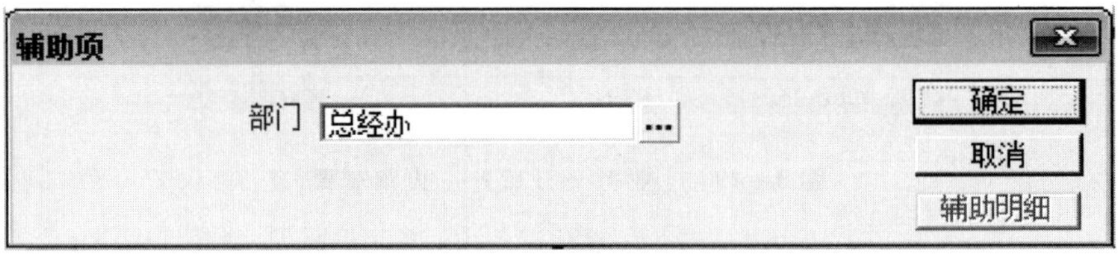


**图 3－51　部门辅助项**

（3）单击［确定］，系统提示凭证保存成功，并显示凭证，如图 3－52 所示。

**图 3－52　业务 12 凭证**

【业务描述 13】

2017 年 1 月 10 日，取得相关原始凭证如图 3－53 所示。

中国工商银行（高新支行）计付存款利息清单（收款通知） 4

2017年01月10日 第 66 号

| 单位名称： | 深圳华威创新科技有限公司 | | | | |
|---|---|---|---|---|---|
| 结算账号： | 2086481614711133459 | | 付款账号： | 2086481614711133459 | |
| 编号 | 计算类型 | 计息起讫日期 | 计息积数 | 利率 | 利息金额 |
| | 活期储蓄存款 | 2016-12-01～2016-12-31 | 157412571.4 | 0.35% | 1530.40 |
| 摘要：利息 | | | | 金额合计 | ¥1530.40 |
| 金额合计（大写）人民币壹仟伍佰叁拾元肆角整 | | | | | |

第二联 客户留存

工商银行深圳市南山区高新支行 2017.01.10 转讫

图 3－53 ［业务一（13） 利息清单］

【业务分析】

该笔业务是收到银行存款利息的业务，该业务要在总账管理系统直接处理。

**知识要点**

一般而言，编制记账凭证时应“有借必有贷，借贷必相等”，但在用友 ERP 信息系统中，在利用报表系统的报表模板编制利润表时，“财务费用”项目的取数公式默认是取“财务费用”科目的本期借方发生额，所以为了取数方便，避免将来在利润表编制时出错或是调整取数公式，在期间费用的金额发生在贷方时，一般将其调整到借方并用红字金额反映。

【数据信息化】

根据以上业务资料得到业务 13 记账凭证信息化数据（见表 3－22）：

表 3－22 业务 13 记账凭证信息化数据

| 凭证类别 | 制单日期 | 附单据数 | 摘要 | 会计科目 | 方向 | 金额 |
|---|---|---|---|---|---|---|
| 收 | 2017－01－10 | 1 | 收到存款利息 | 10020101 | 借 | 1, 530. 40 |
| | | | 收到存款利息 | 660301 | 借 | (1, 530. 40) |

【操作人员】

由具有凭证填制权限的操作员或财务部［ZJY 张静仪］完成记账凭证填制操作，操作日期：2017 年 1 月 10 日。

【信息化操作】

（1）按业务 1 的方法，完成本笔业务记账凭证的填制。

（2）保存凭证，系统提示凭证保存成功，并显示凭证，如图 3－54 所示。

# 收 款 凭 证

收 字 0001　　制单日期：2017.01.10　　审核日期：　　附单据数：1

| 摘要 | 科目名称 | 借方金额 | 贷方金额 |
| --- | --- | --- | --- |
| 收到存款利息 | 银行存款/工商银行/人民币 | 153040 | |
| 收到存款利息 | 财务费用/利息收支 | | 153040 |
| 票号 9 -<br>日期 2017.01.10　数量<br>单价 | 合 计 | | |
| 备注　项 目　　部 门<br>个 人　　客 户<br>业务员 | | | |

记账　　审核　　出纳　　制单 张静仪

图 3-54　业务 13 凭证

【业务描述 14】

2017 年 1 月 11 日，取得相关原始凭证如图 3-55、图 3-56 所示。

## ① 工会专用结算凭证（行政拨交工会经费缴款书）

缴款日期 2017年01月11日

| 付款单位 | | | | 收款单位 | | | 金额 |
| --- | --- | --- | --- | --- | --- | --- | --- |
| 全 称 | 华威创新科技有限公司 | | | 比例 60% | （1）全 称 | 华威创新科技有限公司工会委员会 | 万千百十元角分 |
| 账 号 | 2086481614711133459 | | | | 账 号 | 2086481614711133664 | |
| 开户银行 | 工商银行深圳市南山区高新支行 | | | | 开户银行 | 工商银行深圳市南山区高新支行 | ¥3168.00 |
| 所属月份 | 2016年12月 | 职工人数 | 26 | 比例 40% | （2）全 称 | 深圳市南山区工会委员会 | 金额 |
| 上月职工工资总额 | 158400.00 | 按2%计应缴交经费 | 3168.00 | | 账 号 | 2046481614711121226 | 万千百十元角分 |
| 迟交天数 | | 按1%计应缴滞纳金 | | | 开户银行 | 工商银行深圳市南山区中兴支行 | |
| 合计金额（人民币大写）叁仟壹佰陆拾捌元整 | | | | | | | 十万千百十元角分<br>¥3168.00 |
| 缴款单位盖章<br>深圳市华威创新科技有限公司 财务专用章 | | | 工会委员会盖章<br>2017年01月11日 | | 银行盖章<br>工商银行深圳市南山区高新支行 2017.01.11 转讫（1） | | 2017年01月11日 |

此联交款单位作回单

图 3-55 ［业务一（14） 工会经费缴款书］

中国工商银行
转账支票存根
10205330
03025444

附加信息

出票日期 2017 年 01 月 11 日

收款人：华威创新科技有限公司工会委员会

金 额：¥3168.00

用 途：支付工会经费

单位主管 郑静　会计 张静仪

中钞北华印制有限公司·2013年印制

图 3-56 ［业务一（14） 转账支票存根］

【业务分析】

该笔业务是将上月计提的工会经费拨付到工会经费专门账户的业务，该业务要在总账管理系统直接处理。

【数据信息化】

根据以上业务资料得到业务 14 记账凭证信息化数据（见表 3－23）：

**表 3－23　业务 14 记账凭证信息化数据**

| 凭证类别 | 制单日期 | 附单据数 | 摘要 | 会计科目 | 方向 | 金额 |
|---|---|---|---|---|---|---|
| 付 | 2017－01－11 | 2 | 拨付工会经费 | 221106 | 借 | 3, 168. 00 |
| | | | 拨付工会经费 | 10020101 | 贷 | 3, 168. 00 |

【操作人员】

由具有凭证填制权限的操作员或财务部［ZJY 张静仪］完成记账凭证填制操作，操作日期：2017 年 1 月 11 日。

【信息化操作】

（1）按业务 1 的方法，完成本笔业务记账凭证的填制。

（2）保存凭证，系统提示凭证保存成功，并显示凭证，如图 3－57 所示。

付款凭证

付 字 0013　　制单日期：2017.01.11　　审核日期：　　附单据数：2

| 摘要 | 科目名称 | 借方金额 | 贷方金额 |
|---|---|---|---|
| 拨付工会经费 | 应付职工薪酬/工会经费 | 316800 | |
| 拨付工会经费 | 银行存款/工商银行/人民币 | | 316800 |
| 票号 - 日期　数量 单价 | 合计 | 316800 | 316800 |

备注　项目　部门　个人　客户　业务员

记账　审核　出纳　制单 张静仪

**图 3－57　业务 14 凭证**

## 知识要点

①凭证制单日期要序时，不能大于计算机时间，也不能比上一张同类型凭证的日期小。

②凭证保存后，凭证字号将不能再修改。系统将对凭证号的连续性进行检查。

③出现在凭证上的科目必须是末级科目，摘要必须要填写，但可以不同。

④凭证的摘要可以通过选择常用摘要输入，也可以直接输入。常用摘要在定义时，可以不必定义相关科目。

### 知识要点

①涉及辅助核算－银行科目的凭证，系统会出现结算方式辅助项，请按实际内容选择，同时，如果设置了支票控制，保存时会要求进行支票登记，请按实际内容录入。

②涉及辅助核算－外币科目的凭证，系统会自动显示外币汇率，这时只需要输入外币金额即可，系统会自动换算为本币金额。

③涉及辅助核算－客户往来及供应商往来的科目，系统会出现要求选择客户及供应商的辅助窗口，这时要通过参照按钮进行参照选择，而且是必须进行选择，但要注意，客户及供应商必须是在档案中已经存在的客户及供应商，而不能在此直接输入新的客户或供应商。

④涉及辅助核算－部门核算、个人往来、项目核算的科目，系统会出现对应的辅助项窗口，要求选择对应的部门、个人及项目信息，这时要通过参照按钮进行参照选择，而且是必须进行选择。辅助项信息如果选择错误，可在凭证尾用鼠标双击对应的辅助项信息处后进行修改。部门、个人、项目、客户、供应商五种辅助核算如果定义过，则属于必须输入的内容。

## 业务二　凭证审核信息化处理

【业务描述】

2017 年 1 月 11 日，为了对已经填制完成的凭证进行记账操作，由会计主管对已制单完成的记账凭证进行复核、检验。

【业务分析】

该笔业务要求对已经填制、生成完成的记账凭证进行审核操作。审核凭证是审核员按照财会制度，对制单员填制的记账凭证进行检查核对，主要审核记账凭证是否与原始凭证相符、会计分录是否正确等，审查认为错误或有异议的凭证，应打上出错标记，同时可写入出错原因并交与填制人员修改后，再审核。只有具有审核凭证权限的人才能使用本功能。整个会计信息系统下产生的凭证都要在此处完成审核操作。

【操作人员】

由具有凭证审核权限的操作员或财务部［LR 李蕊］进行凭证的审核操作，操作日期：2017 年 1 月 11 日。

【信息化操作】

（1）2017 年 1 月 11 日，由财务部［LR 李蕊］执行【业务工作】—【财务会计】—【总账】—【凭证】—【审核凭证】命令，打开【凭证审核】过滤窗口。

（2）在【凭证审核】窗口下按要求选择筛选条件或直接单击［确定］按钮，进入【凭证审核列表】窗口，如图 3－58 所示。

简易桌面 | 凭证审核列表

凭证共 14张　已审核 0 张　未审核 14 张

| 制单日期 | 凭证编号 | 摘要 | 借方金额合计 | 贷方金额合计 | 制单人 | 审核人 |
|---|---|---|---|---|---|---|
| 2017-01-10 | 收 - 0001 | 收到存款利息 | 0.00 | 0.00 | 张静仪 | |
| 2017-01-01 | 付 - 0001 | 提取备用金 | 5,000.00 | 5,000.00 | 张静仪 | |
| 2017-01-03 | 付 - 0002 | 采购部张瑜出差借款 | 2,000.00 | 2,000.00 | 张静仪 | |
| 2017-01-05 | 付 - 0003 | 发放12月工资 | 166,917.50 | 166,917.50 | 张静仪 | |
| 2017-01-06 | 付 - 0004 | 缴纳住房公积金 | 38,016.00 | 38,016.00 | 张静仪 | |
| 2017-01-06 | 付 - 0005 | 代缴个人所得税 | 6,717.70 | 6,717.70 | 张静仪 | |
| 2017-01-06 | 付 - 0006 | 上缴上月增值税 | 67,990.00 | 67,990.00 | 张静仪 | |
| 2017-01-06 | 付 - 0007 | 上缴城建、教育附加、批 | 8,158.80 | 8,158.80 | 张静仪 | |
| 2017-01-06 | 付 - 0008 | 上缴上季企业所得税 | 34,880.00 | 34,880.00 | 张静仪 | |
| 2017-01-06 | 付 - 0009 | 缴纳社会保险费 | 68,112.00 | 68,112.00 | 张静仪 | |
| 2017-01-08 | 付 - 0010 | 支付广告费 | 10,600.00 | 10,600.00 | 张静仪 | |
| 2017-01-09 | 付 - 0011 | 购办公用品 | 1,200.00 | 1,200.00 | 张静仪 | |
| 2017-01-10 | 付 - 0012 | 总经办张国明报销差旅费 | 8,450.00 | 8,450.00 | 张静仪 | |
| 2017-01-11 | 付 - 0013 | 拨付工会经费 | 3,168.00 | 3,168.00 | 张静仪 | |

图 3－58　凭证审核列表

（3）双击【凭证审核列表】窗口下第一张未审核的凭证，进入【审核凭证】窗口，然后单击［审核］按钮，系统在凭证尾“审核”人后标注审核人的姓名“李蕊”，然后系统自动跳转到下一张待审核凭证。如图 3－59 所示。

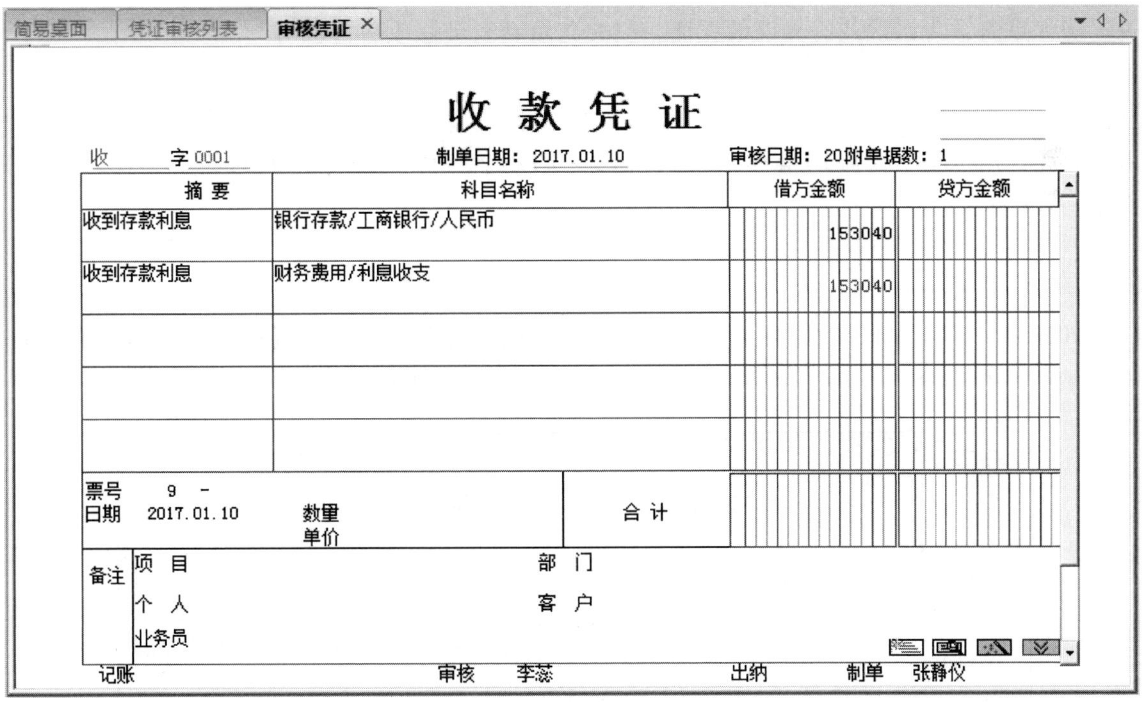


图 3－59　审核凭证

（4）除了可以单张审核凭证，也可以通过单击［批处理｜成批审核凭证］菜单命令，一次性审核所有凭证。审核完毕后，系统给出审核结果，如图 3－60 示。

图 3－60　成批审核凭证

（5）单击［确定］按钮，系统提示“是否重新刷新凭证列表数据?”，单击［是］按钮，完成所有凭证的审核操作。

## 业务三　凭证出纳签字信息化处理

【业务描述】

2017 年 1 月 11 日，为了对已经填制完成的凭证进行记账操作，由出纳员对已制单完成的记账凭证进行出纳签字操作。

【业务分析】

该笔业务要求出纳人员对已经填制、生成完成的涉及到现金、银行存款的记账凭证进行签字操作。出纳凭证由于涉及企业现金、银行的收入与支出，应加强对出纳凭证的管理。出纳人员可通过出纳签字功能对制单员填制的带有现金、银行科目的凭证进行检查核对，主要核对出纳凭证的出纳科目的金额是否正确，审查认为错误或有异议的凭证，应交与填制人员修改后再核对。

【操作人员】

由具有凭证出纳签字权限的操作员或财务部［LTT 李婷婷］进行凭证的签字操作，操作日期：2017 年 1 月 11 日。

【信息化操作】

（1）2017 年 1 月 11 日，由财务部［LTT 李婷婷］执行【业务工作】—【财务会计】—【总账】—【凭证】—【出纳签字】命令，打开【出纳签字】窗口，如图 3－61 所示。

图 3－61　出纳签字条件筛选窗口

（2）在【出纳签字】窗口下按要求选择筛选条件或直接单击［确定］按钮，进入【出纳签字列表】窗口，如图3－62所示。

简易桌面 | 出纳签字列表

凭证共 14张　　已签字 0张　　未签字 14张

| 制单日期 | 凭证编号 | 摘要 | 借方金额合计 | 贷方金额合计 | 制单人 | 签字人 |
|---|---|---|---|---|---|---|
| 2017-01-10 | 收 - 0001 | 收到存款利息 | 0.00 | 0.00 | 张静仪 | |
| 2017-01-01 | 付 - 0001 | 提取备用金 | 5,000.00 | 5,000.00 | 张静仪 | |
| 2017-01-03 | 付 - 0002 | 采购部张瑜出差借款 | 2,000.00 | 2,000.00 | 张静仪 | |
| 2017-01-05 | 付 - 0003 | 发放12月工资 | 166,917.50 | 166,917.50 | 张静仪 | |
| 2017-01-06 | 付 - 0004 | 缴纳住房公积金 | 38,016.00 | 38,016.00 | 张静仪 | |
| 2017-01-06 | 付 - 0005 | 代缴个人所得税 | 6,717.70 | 6,717.70 | 张静仪 | |
| 2017-01-06 | 付 - 0006 | 上缴上月增值税 | 67,990.00 | 67,990.00 | 张静仪 | |
| 2017-01-06 | 付 - 0007 | 上缴城建、教育附加、地 | 8,158.80 | 8,158.80 | 张静仪 | |
| 2017-01-06 | 付 - 0008 | 上缴上季企业所得税 | 34,880.00 | 34,880.00 | 张静仪 | |
| 2017-01-06 | 付 - 0009 | 缴纳社会保险费 | 68,112.00 | 68,112.00 | 张静仪 | |
| 2017-01-08 | 付 - 0010 | 支付广告费 | 10,600.00 | 10,600.00 | 张静仪 | |
| 2017-01-09 | 付 - 0011 | 购办公用品 | 1,200.00 | 1,200.00 | 张静仪 | |
| 2017-01-10 | 付 - 0012 | 总经办张国明报销差旅费 | 8,450.00 | 8,450.00 | 张静仪 | |
| 2017-01-11 | 付 - 0013 | 拨付工会经费 | 3,168.00 | 3,168.00 | 张静仪 | |

图3－62　出纳签字列表

（3）双击【出纳签字列表】窗口下第一张未签字的凭证，进入【出纳签字】窗口，然后单击［签字］按钮，系统在凭证尾“出纳”人后标注出纳人的姓名“李婷婷”。如图3－63所示。

收款凭证
收 字 0001　　制单日期：2017.01.10　　审核日期：2017.　附单据数：1

| 摘要 | 科目名称 | 借方金额 | 贷方金额 |
|---|---|---|---|
| 收到存款利息 | 银行存款/工商银行/人民币 | 153040 | |
| 收到存款利息 | 财务费用/利息收支 | 153040 | |
| | | | |
| | | | |
| | | | |

票号 9 -
日期 2017.01.10　　数量　单价　　合计
备注　项 目　　部 门
个 人　　客 户
业务员
记账　　审核 李蕊　　出纳 李婷婷　制单 张静仪

图3－63　出纳签字

（4）除了可以单张签字凭证，也可以通过单击［批处理｜成批出纳签字］菜单命令，一次性对所有凭证进行出纳签字。签字完毕后，系统给出出纳签字结果，如图3－64所示。

**图 3-64　成批出纳签字**

（5）单击［确定］按钮，系统提示“是否重新刷新凭证列表数据?”，单击［是］按钮，完成所有出纳凭证的出纳签字操作。

## 业务四　凭证记账信息化处理

【业务描述】

2017 年 1 月 11 日，对 1 月 1 日—1 月 11 日已经制单并经审核、出纳签字完成的记账凭证进行记账操作。

【业务分析】

该笔业务要求对已经审核、签字完毕的记账凭证进行记账操作。记账凭证经审核、签字后，即可用来登记总账和明细账、日记账、部门账、往来账、项目账以及备查账等。

【操作人员】

由具有凭证记账权限的操作员或财务部［ZJY 张静仪］进行凭证的记账操作，操作日期：2017 年 1 月 11 日。

【信息化操作】

（1）2017 年 1 月 1 日，由财务部［ZJY 张静仪］执行【业务工作】—【财务会计】—【总账】—【凭证】—【记账】命令，打开【记账】窗口。

（2）在【记账】窗口下单击［全选］按钮后单击［记账］按钮，或直接单击［记账］按钮，系统显示【期初试算平衡表】窗口，如图 3-65 所示。

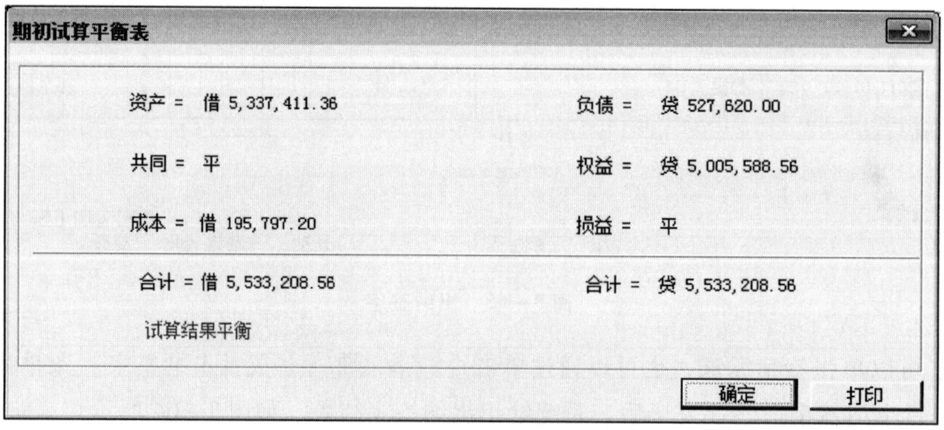


**图 3-65　期初试算平衡表**

（3）单击［确定］按钮，系统自动进行记账，记账完毕后，系统显示“记账完毕！”提示，如图 3-66 所示。

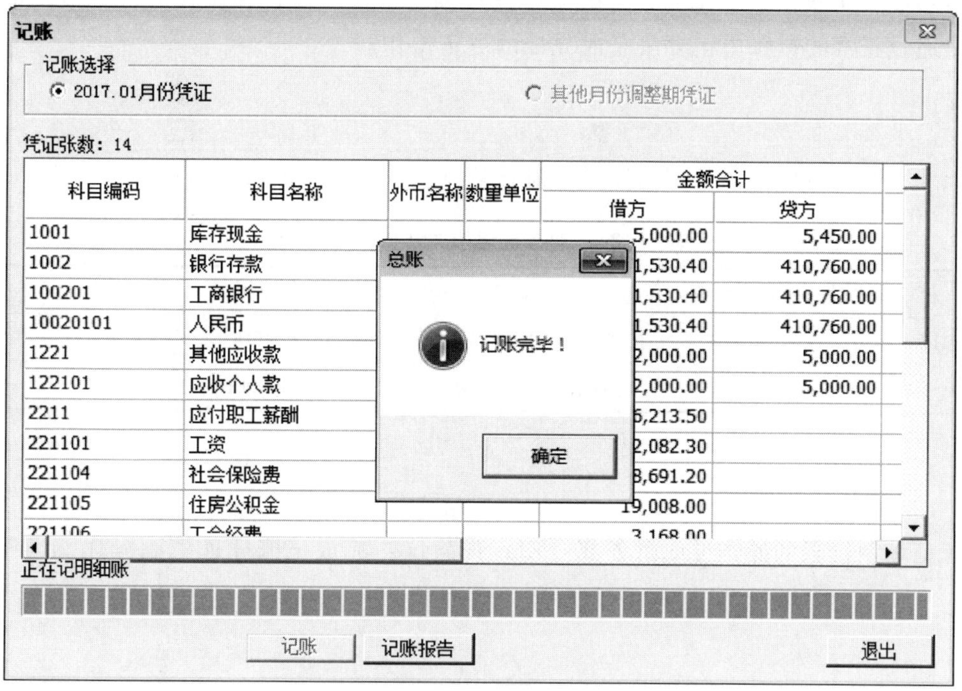


图 3-66 凭证记账完毕

## 业务五 错账更正信息化处理

【业务描述】

2017 年 1 月 11 日，取得相关原始凭证如图 3-67 所示。

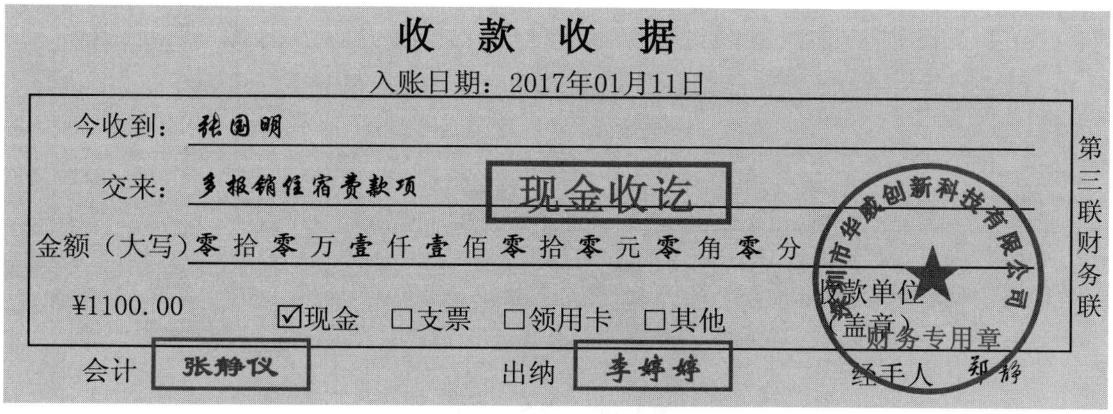

收 款 收 据

入账日期：2017年01月11日

今收到：张国明

交来：多报销住宿费款项　　现金收讫

金额（大写）零 拾 零 万 壹 仟 壹 佰 零 拾 零 元 零 角 零 分

¥1100.00　　☑现金 □支票 □领用卡 □其他

收款单位（盖章）　（印章：深圳市华威创新科技有限公司 财务专用章）

会计 张静仪　　出纳 李婷婷　　经手人 郑静

第三联财务联

图 3-67 ［业务五 收款收据］

【业务分析】

该笔业务是财务内部稽核时发现 1 月 10 日张国明多报销差旅费，按公司的规定，张国明出差上海的住宿标准为每晚 450.00 元，1 月 10 日张国明报销差旅费时，住宿费是按每晚 550.00 元的标准报销，现张国明缴回多报住宿费。该业务要在总账管理系统进行处理。按现行《企业会计信息化工作规范》的规定，会计软件应当提供不可逆的记账功能，确保对同类已记账凭证的连续编号，不得提供对已记账凭证的删除和插入功能，不得提供对已记账凭证日期、金额、科目和操作人的修改功能。因此，对本笔业务，应通过正常的错账更正方法完成凭证的更正操作。

【数据信息化】

根据以上业务资料得到业务五记账凭证信息化数据（见表 3－24）：

**表 3－24　业务五记账凭证信息化数据**

| 凭证类别 | 制单日期 | 附单据数 | 摘要 | 会计科目 | 方向 | 金额 |
|---|---|---|---|---|---|---|
| 收 | 2017－01－11 | 1 | 张国明退回多报销住宿费 | 1001 | 借 | 1, 100. 00 |
| | | | 张国明退回多报销住宿费 | 660206 | 借 | (1, 100. 00) |

【操作人员】

由具有凭证填制权限的操作员或财务部［ZJY 张静仪］完成记账凭证填制操作，操作日期：2017年1月11日。

【信息化操作】

（1）按业务 1 的方法，完成本笔业务记账凭证的填制。

（2）保存凭证，系统提示凭证保存成功，并显示凭证，如图 3－68 所示。

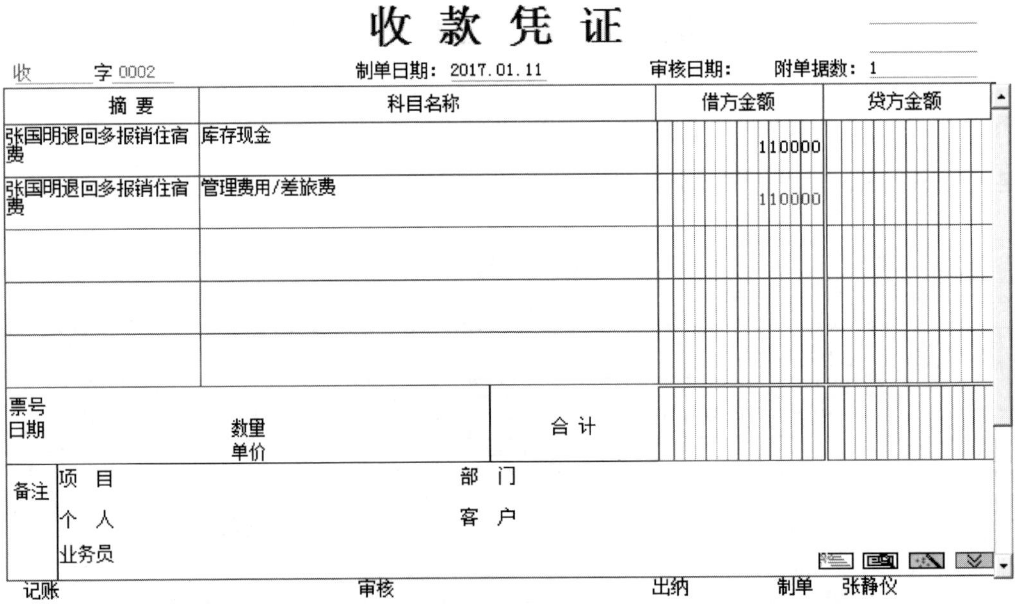


图 3－68　业务五凭证

（3）按前述操作方法，由相应的操作人员完成本笔业务记账凭证的审核、出纳签字及记账操作。

> **知识要点**
>
> 会计软件应当提供不可逆的记账功能，不得提供对已记账凭证的删除和插入功能，不得提供对已记账凭证日期、金额、科目和操作人的修改功能。因此，对于记账后发现凭证错误的情况，不管是任何原因都不得采用取消记账、取消审核、取消签字的方式进行修改，而必须采用红字冲销和蓝字补充法进行修改。

# 实训三　出纳业务信息化处理

【信息化要求】

出纳主要负责现金和银行存款的管理。出纳管理的主要工作包括：现金日记账、银行存款日记账和资金日报表的管理，支票管理，进行银行对账并输出银行存款余额调节表。会计信息化方式下，各种账簿所需要的数据均来源于记账凭证，所以，只要填制记账凭证时所录入的信息准确、完整，那么凭证经过审核记账后各种账簿数据就已经形成，不需要再单独进行现金、银行日记账的登账操作。所以，信息化方式下，出纳人员管理的现金日记账、银行存款日记账以及资金日报表均不需要出纳人员进行登记及编制，只需要进行查询及输出即可，出纳人员的工作主要是出纳签字、支票管理及银行对账。

## 业务一　支票领用信息化处理

【业务描述】

2017 年 1 月 12 日，取得相关原始凭证如图 3－69 所示。

中国工商银行 转账支票存根
10205330
03025445
附加信息
出票日期 2017 年 01 月 12 日
收款人：深圳市供电局
金　额：¥1200.00
用　途：付电费
单位主管 郑静　会计 张静仪

中国工商银行 转账支票 03025445　10205330 03025445
出票日期（大写）贰零壹柒年 零壹 月壹拾贰日　付款行名称：工商银行深圳市南山区高新支行
收款人：深圳市供电局　出票人账号：20864816147111133459
付款期限自出票之日起十天
人民币（大写）壹仟贰佰元整　¥120000
用途 付电费　密码
上列款项请从我账户内支付　行号 102731002066
出票人签章　深圳市华威创新科技有限公司 财务专用章　李明 印子
复核　记账

图 3－69　[业务一　转账支票]

【业务分析】

该笔业务是支票的领用业务。信息化方式下，为了加强支票的管理，支票领用时应登记详细的领用记录，包括领用部门、领用人信息、领用日期、支票用途、支票金额、支票号、备注等。支票的领用操作通过总账管理系统的“出纳—支票登记簿”功能进行处理。

【数据信息化】

根据以上业务资料得到支票领用信息化数据（见表 3－25）：

**表 3－25　支票领用信息化数据**

| 领用日期 | 领用部门 | 领用人 | 支票号 | 预计金额 | 用途 |
|---|---|---|---|---|---|
| 2017－01－12 | 财务部 | 李婷婷 | 03025445 | 1, 200. 00 | 付电费 |

【操作人员】

由具有支票领用登记权限的操作员或财务部［LTT 李婷婷］进行支票领用的登记操作，操作日期：2017 年 1 月 12 日。

【信息化操作】

（1）2017 年 1 月 12 日，由财务部［LTT 李婷婷］执行【业务工作】—【财务会计】—【总账】—【出纳】—【支票登记簿】命令，打开【银行科目选择】窗口，选择领用支票对应的银行科目为“人民币(10020101)”，如图 3－70 所示。

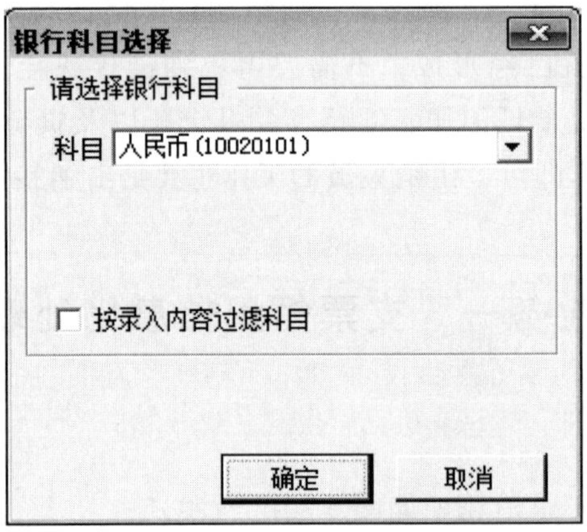


**图 3－70　银行科目选择**

（2）单击［确定］按钮进入【支票登记簿】窗口，然后单击［增加］按钮，依次录入“支票领用信息化数据表”中的数据。结果如图 3－71 所示。

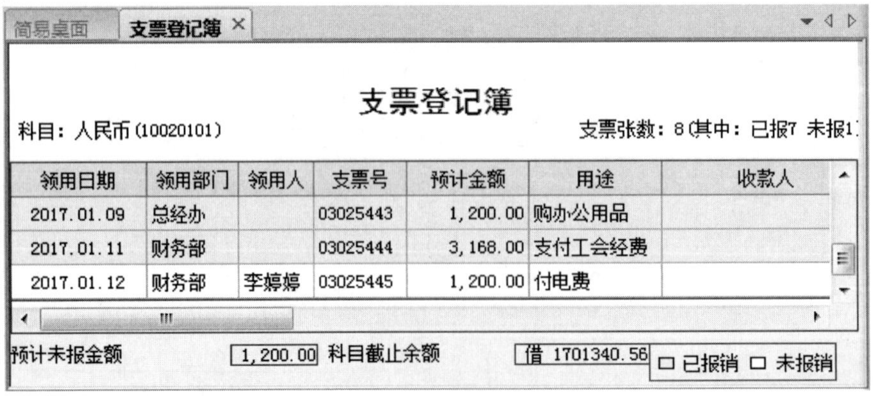


**图 3－71　支票登记簿**

（3）单击［ ］按钮保存记录。

# 业务二　银行对账信息化处理

【业务描述】

2017 年 1 月 12 日，取得相关原始凭证如图 3－72 所示。

中国工商银行客户存款对账单

（印章：中国工商银行深圳南山区高新支行 业务专用章 600541D16056）

地区号：1714　网点号：0250　币种：人民币（本位币）　单位：元　2017 年　页号：1

账号：2086481614711133459　户名：深圳华威创新科技有限公司　上页余额：2,110,570.16

| 日期 | 业务产品种类 | 凭证种类 | 凭证号 | 对方户名 | 摘要 | 借方发生额 | 贷方发生额 | 余额 | 记账信息 |
|---|---|---|---|---|---|---|---|---|---|
| 01-01 | 现金 | 000000000 | 00000000000000000 | **** | 备用金 | 5,000.00 | | 2,105,570.16 | ********* |
| 01-05 | 转账 | 000000000 | 00000000000000000 | | 工资 | 166,917.50 | | 1,938,652.66 | ********* |
| 01-06 | 转账 | 000000000 | 00000000000000000 | **** | 公积金 | 38,016.00 | | 1,900,636.66 | ********* |
| 01-06 | 转账 | 000000000 | 00000000000000000 | **** | 代理国库税收 | 6,717.70 | | 1,893,918.96 | ********* |
| 01-06 | 转账 | 000000000 | 00000000000000000 | **** | 代理国库税收 | 67,990.00 | | 1,825,928.96 | ********* |
| 01-06 | 转账 | 000000000 | 00000000000000000 | **** | 代理国库税收 | 8,158.80 | | 1,817,770.16 | ********* |
| 01-06 | 转账 | 000000000 | 00000000000000000 | **** | 代理国库税收 | 34,880.00 | | 1,782,890.16 | ********* |
| 01-06 | 转账 | 000000000 | 00000000000000000 | **** | 社保费 | 68,112.00 | | 1,714,778.16 | ********* |
| 01-08 | 转账 | 000000000 | 00000000000000000 | **** | 广告费 | 10,600.00 | | 1,704,178.16 | ********* |
| 01-10 | 转账 | 000000001 | 00000000000000000 | **** | 结息 | | 1,530.40 | 1,705,708.56 | ********* |

截止 2017年1月10日，　账户余额（额度）：1,705,708.56，　保留余额0.00　，冻结余额0.00　，透支余额0.00　可用余额1,705,708.56

打印次数：00001　校验码：*****************　打印日期：2017-01-10

**图 3－72　［业务二　银行对账单］**

【业务分析】

该业务是企业财务部门收到银行寄送的银行对账单，要求对银行对账单截止日前的银行存款进行核对。银行对账是指在每月月末，企业的出纳人员将企业的银行存款日记账与开户银行发来的当月银行存款对账单进行逐笔核对，勾对已达账项，找出未达账项，并编制每月银行存款余额调节表的过程。会计软件中银行对账功能的使用与否，不影响软件其他功能的使用，也不会影响到涉及银行存款科目的记账凭证的录入操作。

【数据信息化】

根据以上业务资料采集得到 1 月银行对账单信息化数据（见表 3－26）：

**表 3－26　1 月银行对账单信息化数据**

| 日期 | 结算方式 | 票号 | 借方金额 | 贷方金额 |
|---|---|---|---|---|
| 2017.01.01 | 201 | 03465232 | 5,000.00 | |
| 2017.01.05 | 202 | 03026224 | 166,917.50 | |
| 2017.01.06 | 202 | 03025439 | 38,016.00 | |
| 2017.01.06 | 9 | 35655423 | 6,717.70 | |
| 2017.01.06 | 9 | 35655424 | 67,990.00 | |
| 2017.01.06 | 9 | 35655425 | 8,158.80 | |
| 2017.01.06 | 9 | 35655426 | 34,880.00 | |
| 2017.01.06 | 202 | 03025441 | 68,112.00 | |
| 2017.01.08 | 202 | 03025442 | 10,600.00 | |
| 2017.01.10 | 9 | | | 1,530.40 |

【操作人员】

由具有银行对账权限的操作员或财务部［LTT 李婷婷］进行银行对账的操作，操作日期：2017 年 1 月 12 日。

【信息化操作】

1. 银行对账期初录入

（1）2017 年 1 月 12 日，由财务部［LTT 李婷婷］执行【业务工作】—【财务会计】—【总账】—【出纳】—【银行对账】—【银行对账期初录入】命令，打开【银行科目选择】窗口，选择需要对账的科目为“人民币（10020101）”，如图 3－73 所示。

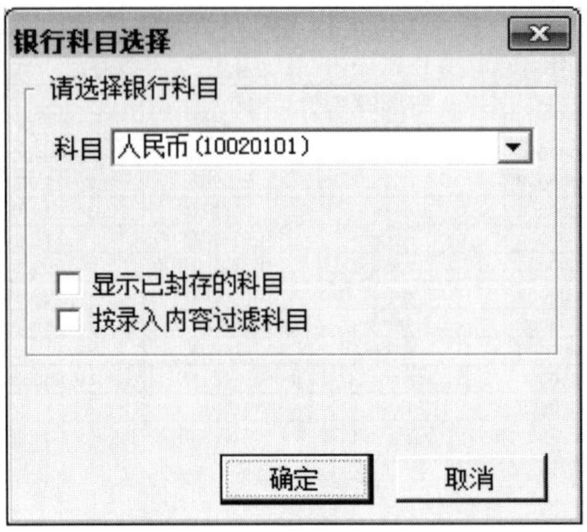


**图 3－73　银行科目选择**

（2）单击［确定］按钮，进入【银行对账期初】窗口，再单击［方向］按钮，将银行对账单的余额方向改为“贷方”，如图 3－74 所示。

**图 3－74　调整对账单余额方向**

（3）单击［是］按钮，在“单位日记账”和“银行对账单”两方的“调整前余额”栏内输入金额“2,110，570.16”，如图 3－75 所示。

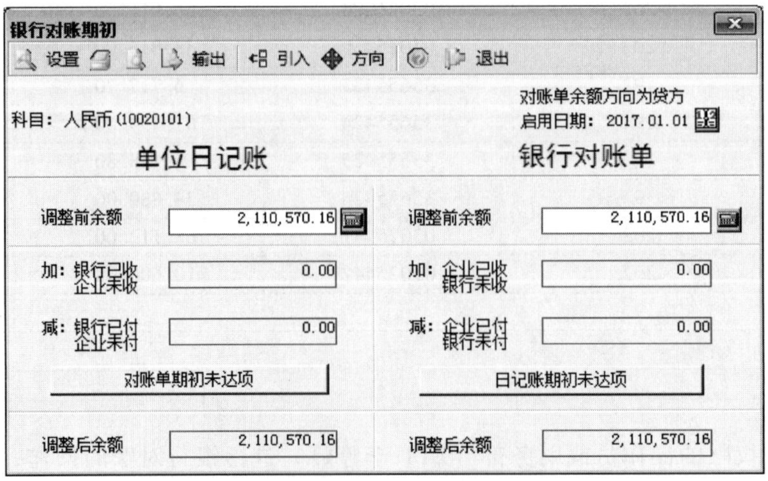


**图 3－75　银行对账期初录入**

2. 银行对账单录入

（1）2017 年 1 月 12 日，由财务部［LTT 李婷婷］执行【业务工作】—【财务会计】—【总账】—【出纳】—【银行对账】—【银行对账单】命令，打开【银行科目选择】窗口，选择需要对账的科目为“人民币（10020101）”，单击［确定］按钮，系统打开【银行对账单】窗口。

（2）在【银行对账单】窗口下，单击［增加］按钮，将“1 月银行对账单信息化数据表”中的数据依次录入完毕。结果如图 3 - 76 所示。

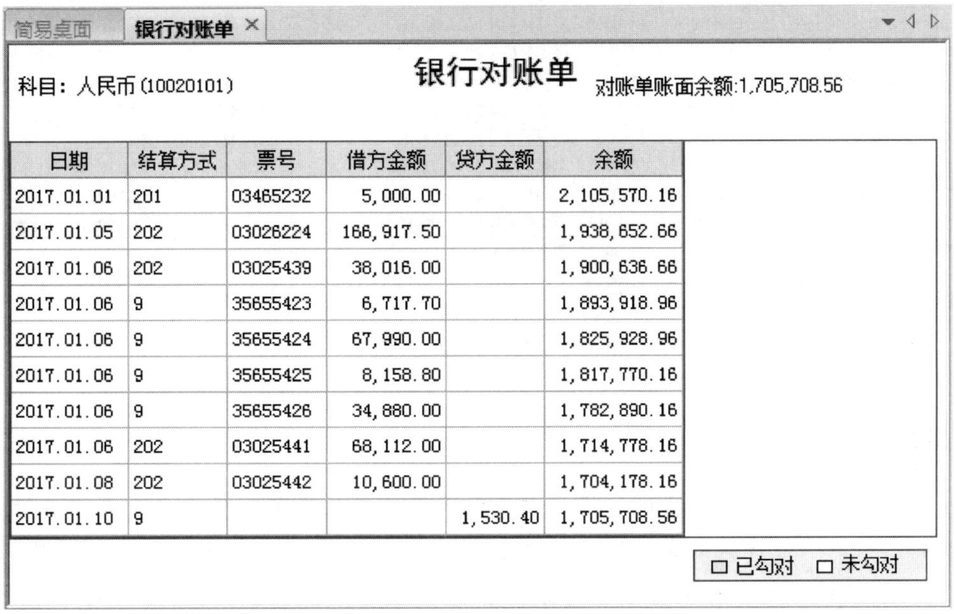
简易桌面　银行对账单

银行对账单

科目：人民币(10020101)　　对账单账面余额:1,705,708.56

| 日期 | 结算方式 | 票号 | 借方金额 | 贷方金额 | 余额 |
| --- | --- | --- | --- | --- | --- |
| 2017.01.01 | 201 | 03465232 | 5,000.00 | | 2,105,570.16 |
| 2017.01.05 | 202 | 03026224 | 166,917.50 | | 1,938,652.66 |
| 2017.01.06 | 202 | 03025439 | 38,016.00 | | 1,900,636.66 |
| 2017.01.06 | 9 | 35655423 | 6,717.70 | | 1,893,918.96 |
| 2017.01.06 | 9 | 35655424 | 67,990.00 | | 1,825,928.96 |
| 2017.01.06 | 9 | 35655425 | 8,158.80 | | 1,817,770.16 |
| 2017.01.06 | 9 | 35655426 | 34,880.00 | | 1,782,890.16 |
| 2017.01.06 | 202 | 03025441 | 68,112.00 | | 1,714,778.16 |
| 2017.01.08 | 202 | 03025442 | 10,600.00 | | 1,704,178.16 |
| 2017.01.10 | 9 | | | 1,530.40 | 1,705,708.56 |

□已勾对　□未勾对

图 3 - 76　银行对账单

3. 银行对账

（1）2017 年 1 月 12 日，由财务部［LTT 李婷婷］执行【业务工作】—【财务会计】—【总账】—【出纳】—【银行对账】—【银行对账】命令，打开【银行科目选择】窗口，选择需要对账的科目为“人民币（10020101）”，单击［确定］按钮，系统打开【银行对账】窗口。

（2）单击［对账］按钮，系统打开【自动对账】条件窗口，如图 3 - 77 所示。

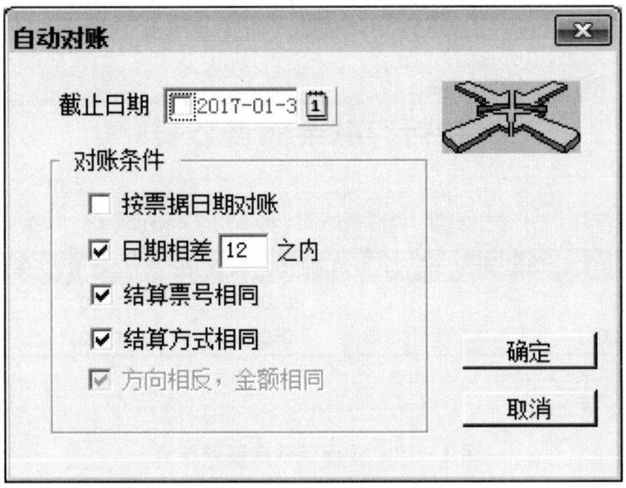


图 3 - 77　自动对账条件

（3）单击［确定］按钮，系统自动完成对账并显示对账结果，如图 3－78 所示。

简易桌面　银行对账

科目：10020101（人民币）

**单位日记账**

| 票据日期 | 结算方式 | 票号 | 方向 | 金额 | 两清 | 凭证号数 | 摘　要 |
|---|---|---|---|---|---|---|---|
| 2017.01.10 | 9 | | 借 | 1,530.40 | ○ | 收-0001 | 收到存款利 |
| 2017.01.01 | 201 | 03465232 | 贷 | 5,000.00 | ○ | 付-0001 | 提取备用金 |
| 2017.01.05 | 202 | 03026224 | 贷 | 166,917.50 | ○ | 付-0003 | 发放12月工 |
| 2017.01.06 | 202 | 03025439 | 贷 | 38,016.00 | ○ | 付-0004 | 缴纳住房公 |
| 2017.01.06 | 9 | 35655423 | 贷 | 6,717.70 | ○ | 付-0005 | 代缴个人所 |
| 2017.01.06 | 9 | 35655424 | 贷 | 67,990.00 | ○ | 付-0006 | 上缴上月增 |
| 2017.01.06 | 9 | 35655425 | 贷 | 8,158.80 | ○ | 付-0007 | 上缴城建 |
| 2017.01.06 | 9 | 35655426 | 贷 | 34,880.00 | ○ | 付-0008 | 上缴上季企 |
| 2017.01.06 | 202 | 03025441 | 贷 | 68,112.00 | ○ | 付-0009 | 缴纳社会保 |
| 2017.01.08 | 202 | 03025442 | 贷 | 10,600.00 | ○ | 付-0010 | 支付广告费 |
| 2017.01.09 | 202 | 03025443 | 贷 | 1,200.00 | | 付-0011 | 购办公用品 |
| 2017.01.11 | 202 | 03025444 | 贷 | 3,168.00 | | 付-0013 | 支付工会经 |

**银行对账单**

| 日期 | 结算方式 | 票号 | 方向 | 金额 | 两清 | 对账序号 |
|---|---|---|---|---|---|---|
| 2017.01.01 | 201 | 03465232 | 借 | 5,000.00 | ○ | 2017013100006 |
| 2017.01.05 | 202 | 03026224 | 借 | 166,917.50 | ○ | 2017013100005 |
| 2017.01.06 | 202 | 03025439 | 借 | 38,016.00 | ○ | 2017013100002 |
| 2017.01.06 | 9 | 35655423 | 借 | 6,717.70 | ○ | 2017013100007 |
| 2017.01.06 | 9 | 35655424 | 借 | 67,990.00 | ○ | 2017013100008 |
| 2017.01.06 | 9 | 35655425 | 借 | 8,158.80 | ○ | 2017013100009 |
| 2017.01.06 | 9 | 35655426 | 借 | 34,880.00 | ○ | 2017013100010 |
| 2017.01.06 | 202 | 03025441 | 借 | 68,112.00 | ○ | 2017013100003 |
| 2017.01.08 | 202 | 03025442 | 借 | 10,600.00 | ○ | 2017013100004 |
| 2017.01.10 | 9 | | 贷 | 1,530.40 | ○ | 2017013100001 |

**图 3－78　自动对账完成**

### 知识要点

①银行对账单余额方向为借方时，借方发生表示银行存款增加，贷方发生表示银行存款减少；反之，借方发生表示银行存款减少，贷方发生表示银行存款增加。系统默认银行对账单余额方向为借方，按"方向"按钮可调整银行对账单余额方向。已进行过银行对账勾对的银行科目不能调整银行对账单余额方向。

②银行对账包括自动对账和手工对账两种方式。自动对账的两清标记为"○"，手工对账的两清标记为"√"。

③银行对账可以通过单击"取消"按钮取消对账，或双击"√"标志取消对账。

4. 查询银行存款余额调节表

（1）2017 年 1 月 12 日，由财务部［LTT 李婷婷］执行【业务工作】—【财务会计】—【总账】—【出纳】—【银行对账】—【余额调节表查询】命令，打开【银行存款余额调节表】窗口，如图 3－79 所示。

简易桌面　银行存款余额调节表

**银行存款余额调节表**

| 银行科目（账户） | 对账截止日期 | 单位账账面余额 | 对账单账面余额 | 调整后存款余额 |
|---|---|---|---|---|
| 人民币(10020101) | | 1,701,340.56 | 1,705,708.56 | 1,701,340.56 |
| 美元(10020102) | | 0.00 | 0.00 | 0.00 |
| 中国银行(100202) | | 0.00 | 0.00 | 0.00 |

**图 3－79　银行存款余额调节表**

（2）单击［查看］按钮或直接双击需要查看的银行科目，系统显示余额调节表对话窗口，如图 3－80 所示。

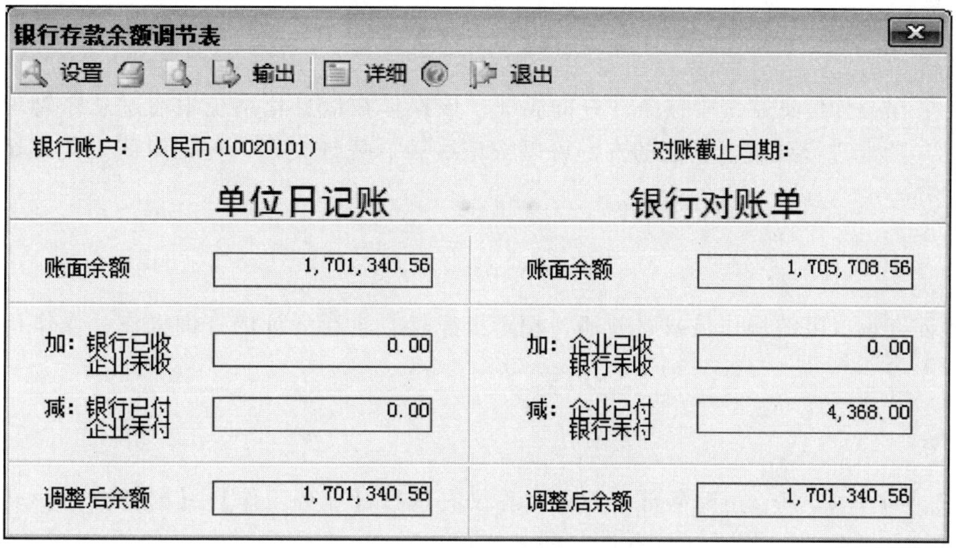


图3-80 银行存款余额调节表

（3）单击［详细］按钮，显示余额调节表（详细）窗口，如图3-81所示。

简易桌面 银行存款余额调节表 余额调节表(详细)

余额调节表(详细)

科目：人民币(10020101) 对账截止日期：

| 企业账面存款余额:1,701,340.56 | | | | | | 银行账面存款余额:1,705,708.56 | | | | | | | | | | | |
|---|---|---|---|---|---|---|---|---|---|---|---|---|---|---|---|---|---|
| 加：银行已收企业未收 | | | 减：银行已付企业未付 | | | 加：企业已收银行未收 | | | | | | 减：企业已付银行未付 | | | | | |
| 日期 | 票号 | 金额 | 日期 | 票号 | 金额 | 凭证日期 | 凭证号 | 票据日期 | 票号 | 摘要 | 金额 | 凭证日期 | 凭证号 | 票据日期 | 票号 | 摘要 | 金额 |
| | | | | | | | | | | | | 2017.01.09 | 付-0011 | 2017-01-09 | 03025443 | 购办公用品 | 1,200.00 |
| | | | | | | | | | | | | 2017.01.11 | 付-0013 | 2017-01-11 | 03025444 | 支付工会经费 | 3,168.00 |
| | 合计 | 0.00 | | 合计 | 0.00 | | | | | 合计 | 0.00 | | | | | 合计 | 4,368.00 |
| | | 企业账面 | 存款余 | | 1,701,340.56 | | | | | | 行账面 | 存款余额: | | | | | 1,701,340.56 |

图3-81 银行存款余额调节表（详细）

# 实训四 总账管理系统查询业务信息化处理

【信息化要求】

凭证数据和账簿数据是企业财务管理工作中经常要用到的数据，所以查询工作也是会计信息化工作方式下经常用到的功能。信息化方式下，账簿数据和凭证数据的查询变得极为方便，可以在记账前和记账后随时查询各种账簿数据，以加强企业财务工作的管理。

## 业务一 凭证查询信息化处理

【业务描述】

2017年1月12日，查询本月12日之前所有付款凭证。

【业务分析】

该业务要求在会计信息系统中按条件查询凭证，该操作在信息化系统中通过总账管理系统的“凭证—查询凭证”功能进行处理。凭证的查询可以按记账否、凭证类别、凭证时间、凭证金额等条件进行查询。

【操作人员】

由具有凭证查询权限的操作员或财务部［ZJY 张静仪］进行凭证的查询操作，操作日期：2017 年 1 月 12 日。

【信息化操作】

（1）2017 年 1 月 12 日，由财务部［ZJY 张静仪］执行【业务工作】—【财务会计】—【总账】—【凭证】—【查询凭证】命令，打开【凭证查询】过滤窗口。

（2）按查询条件选择［记账范围］为“全部凭证”，［凭证标志］为“全部”，［凭证类别］为“付　付款凭证”，［日期］为“2017－01－01 至 2017－01－12”，如图 3－82 所示。

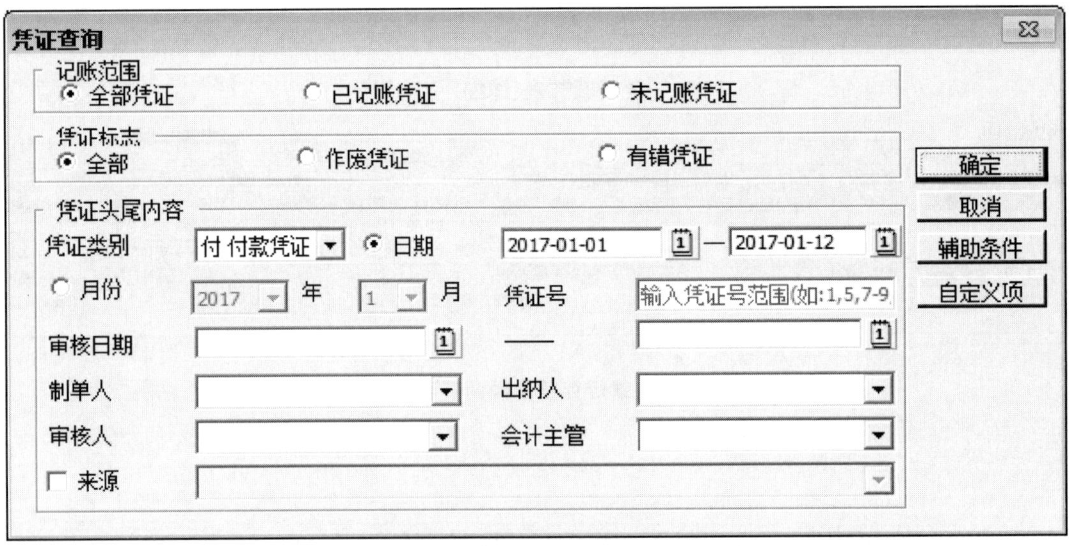


图 3－82　凭证查询条件窗口

（3）单击［确定］按钮，系统显示按条件查询出的符合条件的凭证，如图 3－83 所示。

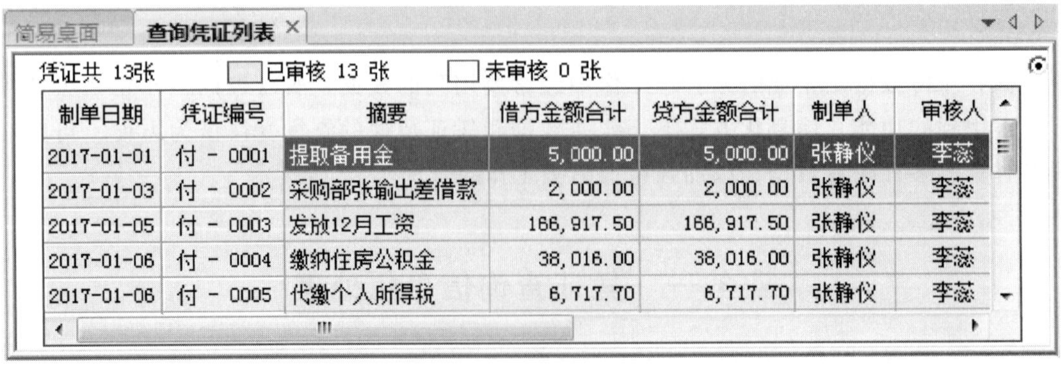


图 3－83　查询凭证列表

# 业务二　总账查询信息化处理

【业务描述】

2017 年 1 月 12 日，查询本月 12 日之前“应交税费”科目的总账数据，并联查明细账数据。

【业务分析】

该业务要求在会计信息系统中查询科目总账数据，并联查相关的明细账数据，该操作在信息化系统中通过总账管理系统的“账表—科目账—总账”功能进行处理。总账的查询可以按科目、级次、是否包含未记账凭证等条件进行。

【操作人员】

由具有总账查询权限的操作员或财务部［ZJY 张静仪］进行总账的查询操作，操作日期：2017 年 1 月 12 日。

【信息化操作】

（1）2017 年 1 月 12 日，由财务部［ZJY 张静仪］执行【业务工作】—【财务会计】—【总账】—【账表】—【科目账】—【总账】命令，打开【总账查询条件】窗口，在［科目］栏中输入“2221”，选择［科目级次］为“1 - 4”，如图 3 - 84 所示

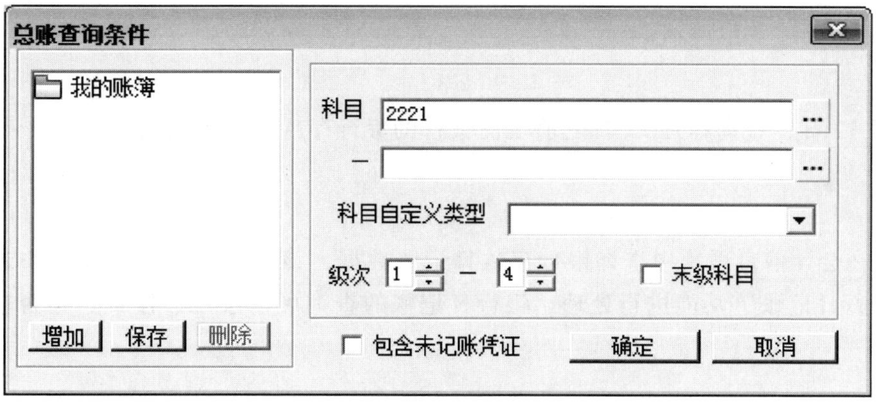


图 3 - 84　总账查询条件窗口

（2）单击［确定］按钮，系统显示“应交税费”科目总账，如图 3 - 85 所示。

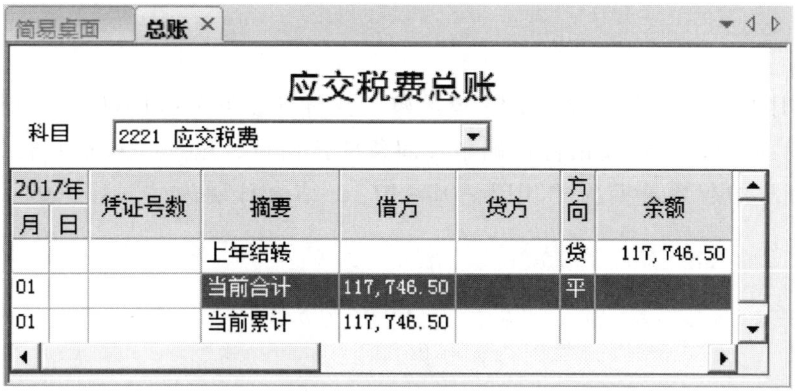


| 2017年 月 | 日 | 凭证号数 | 摘要 | 借方 | 贷方 | 方向 | 余额 |
|---|---|---|---|---|---|---|---|
| | | | 上年结转 | | | 贷 | 117,746.50 |
| 01 | | | 当前合计 | 117,746.50 | | 平 | |
| 01 | | | 当前累计 | 117,746.50 | | | |

图 3 - 85　总账查询

（3）单击［明细］按钮或双击“当前合计”行，系统显示“应交税费”科目的明细账，如图3－86所示。

简易桌面　总账　明细账

应交税费明细账

金额式

科目　2221 应交税费　　月份：2017.01-2017.01

| 2017年 | | 凭证号数 | 摘要 | 借方 | 贷方 | 方向 | 余额 |
|---|---|---|---|---|---|---|---|
| 月 | 日 | | | | | | |
| | | | 上年结转 | | | 贷 | 117,746.50 |
| 01 | 06 | 付-0005 | 代缴个人所得税 | 6,717.70 | | 贷 | 111,028.80 |
| 01 | 06 | 付-0006 | 上缴上月增值税 | 67,990.00 | | 贷 | 43,038.80 |
| 01 | 06 | 付-0007 | 上缴城建、教育附加、地方教育附加 | 4,759.30 | | 贷 | 38,279.50 |
| 01 | 06 | 付-0007 | 上缴城建、教育附加、地方教育附加 | 2,039.70 | | 贷 | 36,239.80 |
| 01 | 06 | 付-0007 | 上缴城建、教育附加、地方教育附加 | 1,359.80 | | 贷 | 34,880.00 |
| 01 | 06 | 付-0008 | 上缴上季企业所得税 | 34,880.00 | | 平 | |
| 01 | | | 当前合计 | 117,746.50 | | 平 | |
| 01 | | | 当前累计 | 117,746.50 | | 平 | |

**图3－86　总账联明细账**

## 业务三　银行存款日记账查询信息化处理

【业务描述】

2017年1月12日，查询本月12日之前工商银行的银行存款日记账数据。

【业务分析】

该业务要求在会计信息系统中查询银行存款日记账数据，该操作在信息化系统中通过总账管理系统的“出纳—银行日记账”功能进行处理。银行日记账的查询可以按月、按日、是否包含未记账凭证等条件进行。

【操作人员】

由具有银行日记账查询权限的操作员或财务部［LTT 李婷婷］进行银行日记账的查询操作，操作日期：2017年1月12日。

【信息化操作】

（1）2017年1月12日，由财务部［LTT 李婷婷］执行【业务工作】—【财务会计】—【总账】—【出纳】—【银行日记账】命令，打开【银行日记账查询条件】窗口，选择［科目］栏为“100201 工商银行”，选择［按日查］的起始日期为“2017－01－01”，结束日期为“2017－01－12”，如图3－87所示。

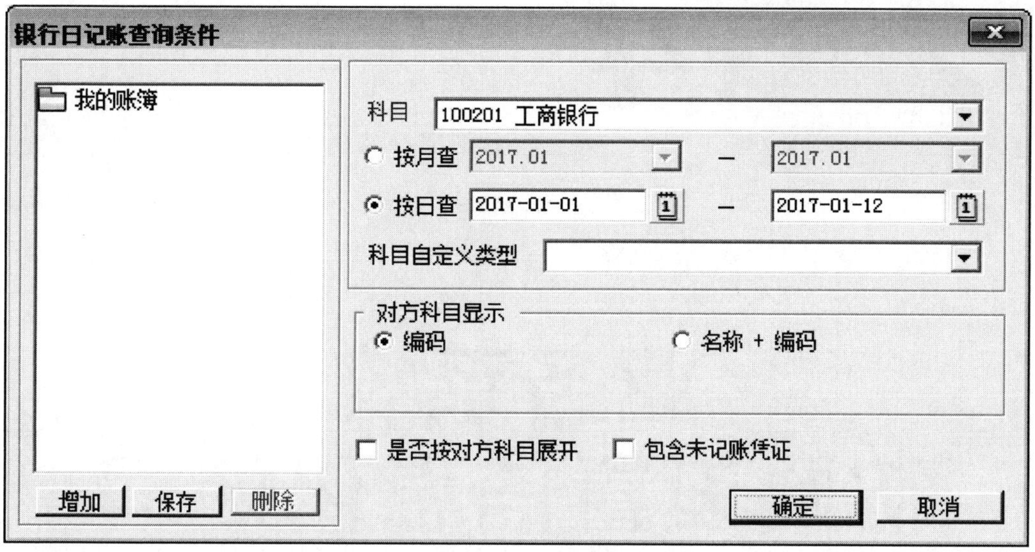


图 3－87 银行日记账查询条件窗口

（2）单击［确定］按钮，系统显示“100201 工商银行”科目银行日记账，如图 3－88 所示。

| 2017年 月 | 日 | 凭证号数 | 摘要 | 结算号 | 对方科目 | 借方 | 贷方 | 方向 | 余额 |
|---|---|---|---|---|---|---|---|---|---|
| | | | 上年结转 | | | | | 借 | 2,110,570.16 |
| 01 | 01 | 付-0001 | 提取备用金_201_03465232_2017.01 | 现金支票-034652 | 1001 | | 5,000.00 | 借 | 2,105,570.16 |
| 01 | 01 | | 本日合计 | | | | 5,000.00 | 借 | 2,105,570.16 |
| 01 | 05 | 付-0003 | 发放12月工资_202_03026224_2017. | 转账支票-030262 | 221101 | | 166,917.50 | 借 | 1,938,652.66 |
| 01 | 05 | | 本日合计 | | | | 166,917.50 | 借 | 1,938,652.66 |
| 01 | 06 | 付-0004 | 缴纳住房公积金_202_03025439_201 | 转账支票-030254 | 221101,221105 | | 38,016.00 | 借 | 1,900,636.66 |
| 01 | 06 | 付-0005 | 代缴个人所得税_9_35655423_2017. | 其他-35655423 | 222116 | | 6,717.70 | 借 | 1,893,918.96 |
| 01 | 06 | 付-0006 | 上缴上月增值税_9_35655424_2017. | 其他-35655424 | 222102 | | 67,990.00 | 借 | 1,825,928.96 |
| 01 | 06 | 付-0007 | 上缴城建、教育附加、地方教育附力 | 其他-35655425 | 222112,222113 | | 8,158.80 | 借 | 1,817,770.16 |
| 01 | 06 | 付-0008 | 上缴上季企业所得税_9_35655426_2 | 其他-35655426 | 222115 | | 34,880.00 | 借 | 1,782,890.16 |
| 01 | 06 | 付-0009 | 缴纳社会保险费_202_03025441_201 | 转账支票-030254 | 221101,22110901 | | 68,112.00 | 借 | 1,714,778.16 |
| 01 | 06 | | 本日合计 | | | | 223,874.50 | 借 | 1,714,778.16 |

图 3－88 银行日记账

# 项目 4

# 业务系统初始设置信息化处理

**工作任务**

- 根据企业的实际情况完成企业业务子系统有关期初数据的收集、分类及整理工作
- 完成企业业务子系统期初数据的信息化处理工作
- 完成保证企业业务子系统合理使用的控制参数的设置工作

**职业能力**

- 掌握业务子系统期初数据的采集与分析能力
- 具备业务子系统期初数据的处理能力及数据分析能力

**知识要求**

- 能理解业务子系统控制参数设置的重要性与合理性
- 能描述业务子系统期初数据的处理流程

**技能要求**

- 能按企业的实际情况对业务子系统的期初数据进行合理归类、整理
- 能完成业务子系统期初数据的信息化处理工作
- 能按企业的实际情况合理设置业务子系统的控制参数

# 实训一　采购与应付款系统初始设置信息化处理

【信息化要求】

账簿都应有期初数据，以保证其数据的连贯性。所以在初次使用采购与应付款管理系统时，应先将上一期间的手工方式下采购未完成的业务数据及上期未核销完成的应付款数据录入采购管理系统与应付款管理系统，以保证数据的完整、连续，并与总账系统对账正确。信息化方式下需要在初次使用采购管理系统时录入的期初数据包括手工方式下上期未完成的暂估入库数据、在途存货数据、受托代销商品数据、代管挂账数据。为了使应付款管理系统在使用上与手工业务匹配，同时方便操作，在初次使用应付款管理系统时，除了需要录入上一期间的未处理完的与供应商之间的应付款项、预付款项、应付票据等期初数据外，还需要根据企业的实际情况对应付款管理系统的有关参数做出设置或调整，这些参数涉及应付款业务过程中各种单据的控制与凭证生成的控制等，合理设置系统参数有利于及时、高效、准确地完成应付款业务的处理。

【软件操作流程】

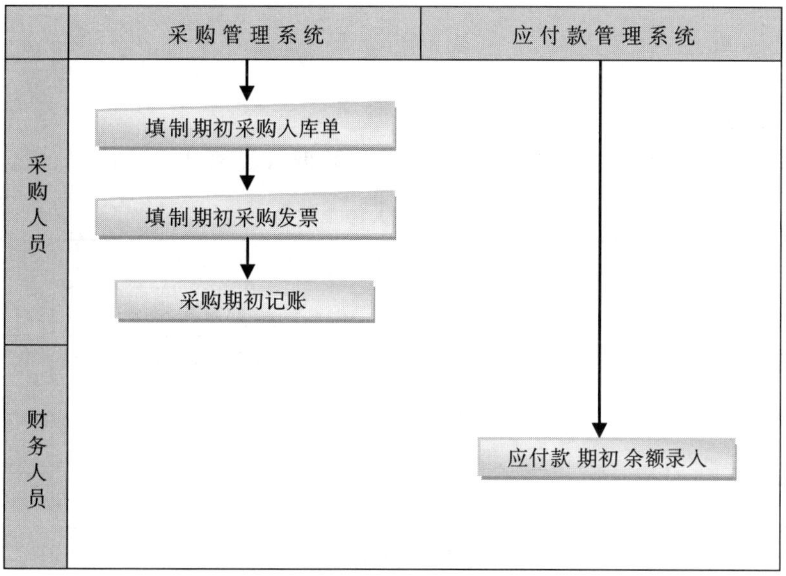


［软件操作流程图1］　采购与应付款系统期初余额录入业务

## 业务一　采购管理系统期初余额信息化处理

2017年1月1日，为了正常使用采购管理系统，对采购管理系统的期初余额数据进行录入，通过查询相关账簿数据及相关凭证，发现如下两笔上期末未处理完的经济业务：

【业务描述1】

通过查询相关账簿数据得到“应付账款——暂估应付款”明细账的记录，如图4-1所示。

## 应付账款 明细账

二 级科目 暂估应付款

| 2017年 | | 记账凭证号数 | 摘 要 | 对方科目 | 借 方（百十万千百十元角分） | 贷 方（百十万千百十元角分） | 借或贷 | 余 额（百十万千百十元角分） |
|---|---|---|---|---|---|---|---|---|
| 月 | 日 | | | | | | | |
| 01 | 01 | | 上年结转 | 原材料 | | | 贷 | 800000 |
| | | | | | | | | |
| | | | | | | | | |

图 4-1 ［业务一 应付账款明细账］

经核查上年的应付账款明细账账簿记录，该笔业务是 2016 年 12 月 16 日，采购部张瑜向南京市朗宇电机设备有限公司采购无刷电机 20 台，不含税单价 400.00 元/台，货物已于当日验收入原材料库，但至今尚未收到发票。

【业务分析】

该笔业务属于上期的“货到票未到”即上期末的暂估入库业务，对这类业务如果是本月发生的，要通过暂估业务进行处理，待下月初用红字回冲后再按正常程序处理，信息化方式下应作为本期的期初数，对这笔业务要通过采购管理系统的“期初采购入库单”功能处理，在进行操作前应根据上期末有关业务的原始凭证及账簿数据采集相应的存货入库及供应商信息，然后再填制采购入库单。

【数据信息化】

数据来源：应付账款明细账、采购合同

根据以上业务资料采集得到期初采购入库单信息化数据（见表 4-1）：

表 4-1 期初采购入库单信息化数据

| | | |
|---|---|---|
| 表头信息 | 入库日期 | 2016-12-16 |
| | 仓库 | 原材料库 |
| | 供货单位 | 朗宇电机 |
| | 部门 | 采购部 |
| | 业务员 | 张瑜 |
| | 入库类别 | 采购入库 |
| 表体信息 | 货物代码 | 0102 |
| | 货物名称 | 无刷电机 |
| | 数量 | 20.00 |
| | 单价 | 400.00 |

【操作人员】

由具有采购管理系统期初录入权限的操作员或采购部［XY 肖莹］录入采购期初数据，操作日期：2017 年 1 月 1 日。

【信息化操作】

（1）2017 年 1 月 1 日，由采购部［XY 肖莹］执行【业务工作】—【供应链】—【采购管理】—【采购入库】—【采购入库单】命令，打开【期初采购入库单】窗口。

（2）在【期初采购入库单】窗口下单击［增加］按钮，按要求录入期初采购入库单信息化数据并单击［ ］按钮保存。结果如图 4－2 所示。

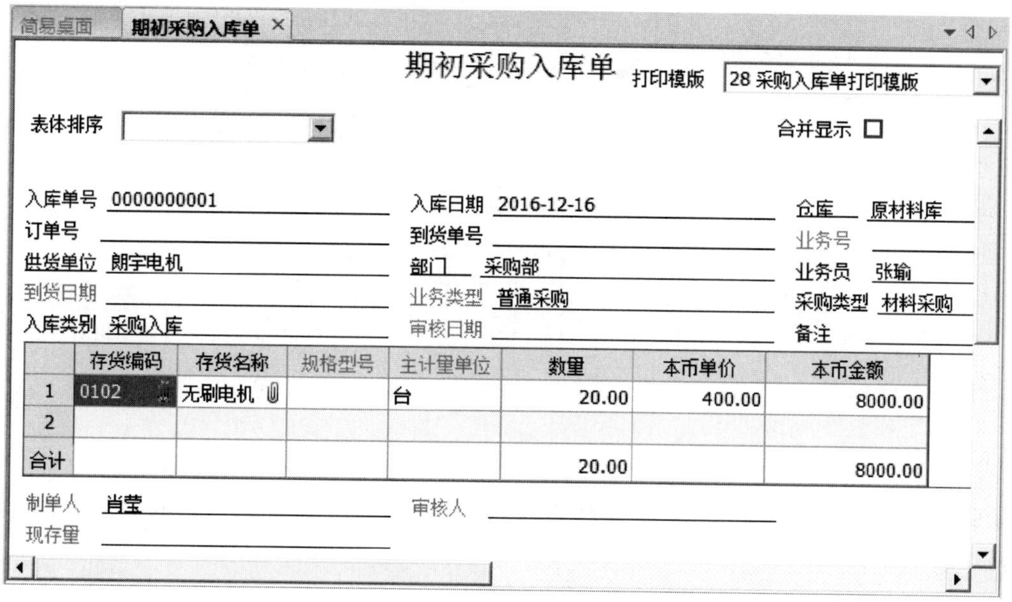

简易桌面　期初采购入库单

期初采购入库单　打印模版　28 采购入库单打印模版

表体排序　　合并显示

入库单号 0000000001　入库日期 2016-12-16　仓库 原材料库
订单号　到货单号　业务号
供货单位 朗宇电机　部门 采购部　业务员 张瑜
到货日期　业务类型 普通采购　采购类型 材料采购
入库类别 采购入库　审核日期　备注

| | 存货编码 | 存货名称 | 规格型号 | 主计量单位 | 数量 | 本币单价 | 本币金额 |
|---|---|---|---|---|---|---|---|
| 1 | 0102 | 无刷电机 | | 台 | 20.00 | 400.00 | 8000.00 |
| 2 | | | | | | | |
| 合计 | | | | | 20.00 | | 8000.00 |

制单人 肖莹　审核人
现存量

图 4－2　期初采购入库单

【业务描述 2】

2. 查询相关原始凭证记录得到增值税专用发票一张，没有对应的账簿记录。增值税专用发票如图 4－3 所示。

深圳增值税专用发票

4500143160　No 45768848　4500143160 45768848

机器编号：499908224062

发票联

开票日期：2016年12月25日

购买方　名　称：深圳华威创新科技有限公司
纳税人识别号：91440300MA5HDQ370L
地址、电话：深圳市南山区高新南四道18号，0755-26656699
开户行及账号：工商银行深圳市南山区高新支行2086481614711133459

密码区　3-64754<19785<32+-4<>+/+08
56/375265*2>+-6//2<<-4**2115
>*8456255-7<8*24/+7721</>113
12-320154-/7412>8-27+-/19/82

| 货物或应税劳务、服务名称 | 规格型号 | 单位 | 数量 | 单价 | 金额 | 税率 | 税额 |
|---|---|---|---|---|---|---|---|
| 平衡充电器 | | 个 | 150 | 150.00 | 22500.00 | 17% | 3825.00 |
| 合　计 | | | | | ¥22500.00 | | ¥3825.00 |

价税合计（大写）⊗贰万陆仟叁佰贰拾伍元整　（小写）¥26325.00

销售方　名　称：深圳市锐通电器制造有限公司
纳税人识别号：91440300MA5DMJ625L
地址、电话：深圳市福田区天安数码城B2502，0755-88656655
开户行及账号：中国工商银行深圳天安支行2010012242122564255

校验码 00731 21246 30341 15503

备注

收款人：　复核：孙妍　开票人：李明明　销售方：（章）

第三联：发票联　购买方记账凭证

国税函［2016］号海南泰华实业公司

图 4－3　［业务一　采购专用发票］

【数据信息化】

数据来源：增值税专用发票

根据以上业务资料采集得到期初采购发票信息化数据（见表 4－2）：

**表 4－2　期初采购发票信息化数据**

| | | |
|---|---|---|
| 表头信息 | 发票类型 | 专用发票 |
| | 发票号 | 45768848 |
| | 开票日期 | 2016－12－25 |
| | 供应商 | 锐通电器 |
| | 部门 | 采购部 |
| | 业务员 | 张瑜 |
| 表体信息 | 货物代码 | 0109 |
| | 货物名称 | 平衡充电器 |
| | 数量 | 150.00 |
| | 原单价 | 150.00 |

【操作人员】

由具有采购管理系统期初录入权限的操作员或采购部［XY 肖莹］录入采购期初数据，操作日期：2017 年 1 月 1 日。

【信息化操作】

◎ 前置操作：先修改“销售发票”的编号方式为“完全手工编号方式”。

①由财务部［ZJ 郑静］执行【基础设置】—【单据设置】—【单据编号设置】命令，打开【单据编号设置】窗口，选择［编号设置］选项卡。

②在【单据编号设置—编号设置】选项卡下选择［采购管理］下的“采购专用发票”，单击［］按钮进行修改，勾选［完全手工编号］复选框，如图 4－4 所示。

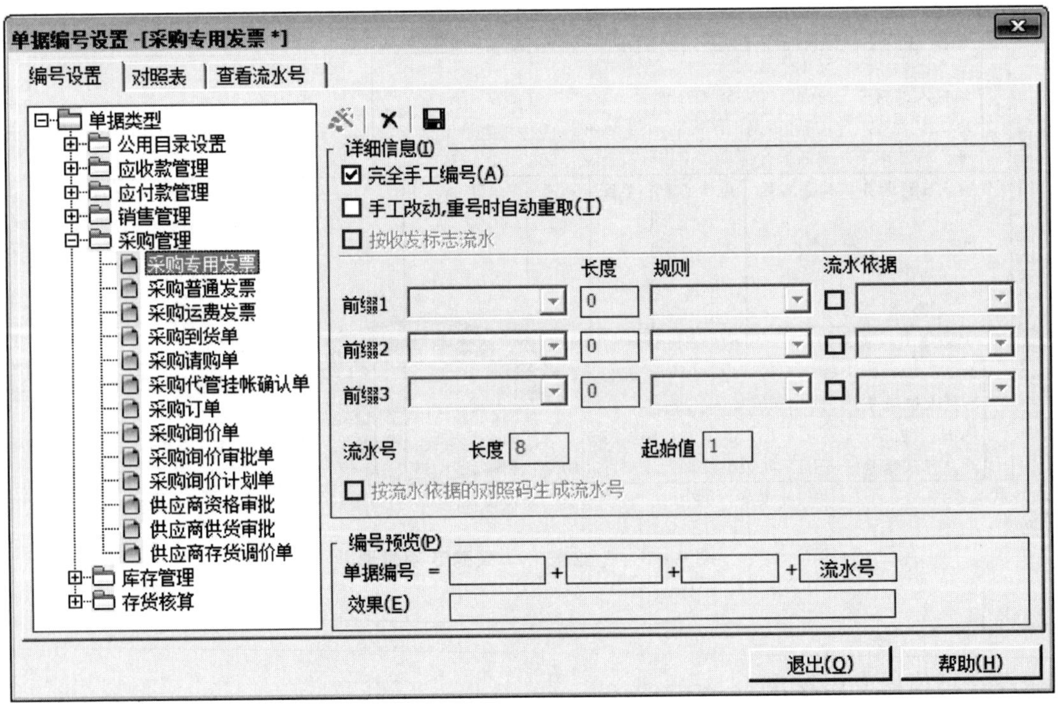


**图 4－4　单据编号设置—销售专用发票**

③单击［ ］按钮保存设置。

④以同样的方法完成“采购普通发票”编号方式的设置。

（1）2017年1月1日，由采购部［XY 肖莹］执行【业务工作】—【供应链】—【采购管理】—【采购发票】—【采购专用发票】命令，打开【期初专用发票】窗口。

（2）单击［ 增加］按钮，按要求录入期初采购专用发票信息化数据并单击［ ］按钮保存。结果如图4－5所示。

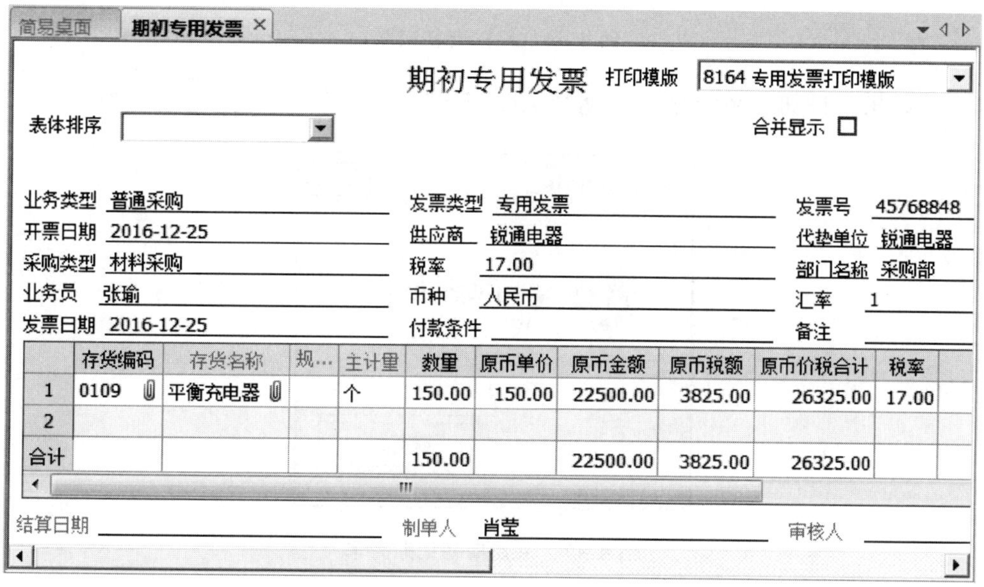


| | 存货编码 | 存货名称 | 规… | 主计量 | 数量 | 原币单价 | 原币金额 | 原币税额 | 原币价税合计 | 税率 |
|---|---|---|---|---|---|---|---|---|---|---|
| 1 | 0109 | 平衡充电器 | | 个 | 150.00 | 150.00 | 22500.00 | 3825.00 | 26325.00 | 17.00 |
| 2 | | | | | | | | | | |
| 合计 | | | | | 150.00 | | 22500.00 | 3825.00 | 26325.00 | |

图4－5 期初采购专用发票

## 业务二 采购管理系统期初记账

【业务描述】

根据用友U8管理软件的要求，在采购管理系统的初始化数据录入完成后，应执行采购管理系统期初记账操作功能，从而明确采购管理系统期初数据录入工作结束。

【业务分析】

为保证账簿数据的连贯性，应将采购期初数据记入有关的采购账簿，对采购管理系统执行期初记账操作，记账后，采购系统将进入本月的日常单据处理状态。该操作需要在信息化系统中通过采购管理系统的“设置”功能进行记账处理。

【操作人员】

由具有采购管理系统设置权限的操作员或采购部［XY 肖莹］进行采购期初记账操作，操作日期：2017年1月1日。

【信息化操作】

（1）2017年1月1日，由采购部［XY 肖莹］执行【业务工作】—【供应链】—【采购管理】—【设置】—【采购期初记账】命令，打开【期初记账】窗口，如图4－6所示。

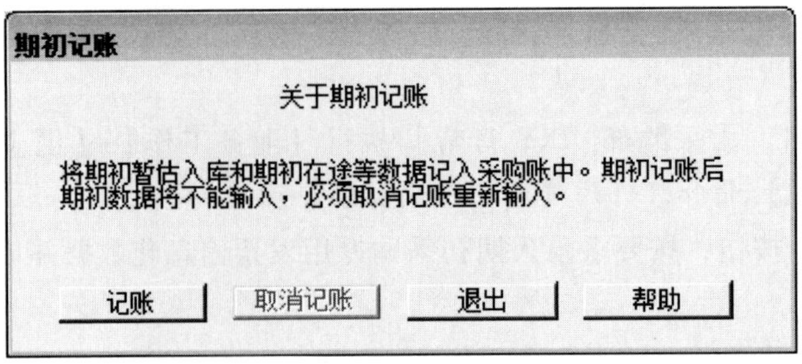


图 4－6　采购期初记账

（2）单击［记账］按钮，系统显示“期初记账完毕!”提示信息，如图 4－7 所示。

图 4－7　采购期初记账完毕

**知识要点**

①在采购管理系统执行期初记账操作前，采购管理系统的【采购入库】只能录入期初采购入库单，【采购发票】只能录入期初采购发票。执行采购期初记账后，日常业务中的采购入库单要在“库存管理系统”录入。

②采购期初记账后，才标志着进入本期正常的采购业务工作。

③各种业务单据的编号系统默认不允许修改，如果需要手工录入单据号，应先通过【基础设置】－【单据设置】－【单据编号设置】进行调整。

④各种期初余额所录入的单据在保存后系统自动进行审核操作。

## 业务三　应付款管理系统参数设置

【业务描述】

根据对公司应付款业务流程的了解及查询，本公司在进行付款时对有关单据先进行审核，审核日期以单据日期为准，对所有供应商按公司的有关规定在评定信誉等级后统一提供公司确定的现金折扣条件，涉及同一家供应商的多笔业务在进行会计核算时不汇总合并，在进行账务处理时同一供应商的每一笔业务仍单独作为一条分录处理。

【业务分析】

该笔业务属于公司在应付款业务上的控制措施，为了保持信息化方式与手工方式的处理控制一致，对于手工业务处理中的有关控制规范，需要在信息化系统中通过应付款管理系统的“选项”设置功能进行设置处理。

【数据信息化】

数据来源：手工业务的控制规范及会计核算要求

根据以上业务资料及信息系统的要求得到应付款管理系统的控制参数（见表4-3）：

**表4-3 应付款管理系统参数信息化数据**

| 选项卡名称 | 控制名称 | 控制内容 |
|---|---|---|
| 常规 | 单据审核日期依据 | 单据日期 |
| | 是否自动计算现金折扣 | 是 |
| 凭证 | 受控科目制单依据 | 明细到单据 |
| 权限与预警 | 控制操作员权限 | 否 |

【操作人员】

由具有应付款管理系统设置权限的操作员或财务部［ZJ 郑静］进行参数设置操作，操作日期：2017年1月1日。

【信息化操作】

（1）2017年1月1日，由财务部［ZJ 郑静］执行【业务工作】—【财务会计】—【应付款管理】—【设置】—【选项】命令，打开【账套参数设置】窗口。

（2）在【账套参数设置】窗口下单击［编辑］按钮，系统弹出提示信息，如图4-8所示。

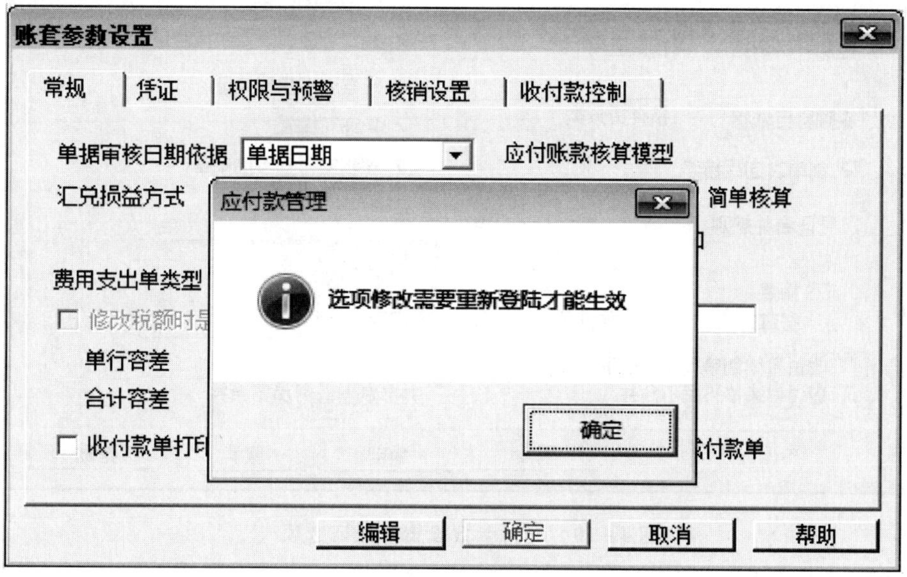


图4-8 应付参数设置—主窗口

（3）单击［确定］按钮，打开【账套参数设置—常规】选项卡，修改［单据审核日期依据］为“单据日期”，然后勾选［自动计算现金折扣］复选框，如图4-9所示。

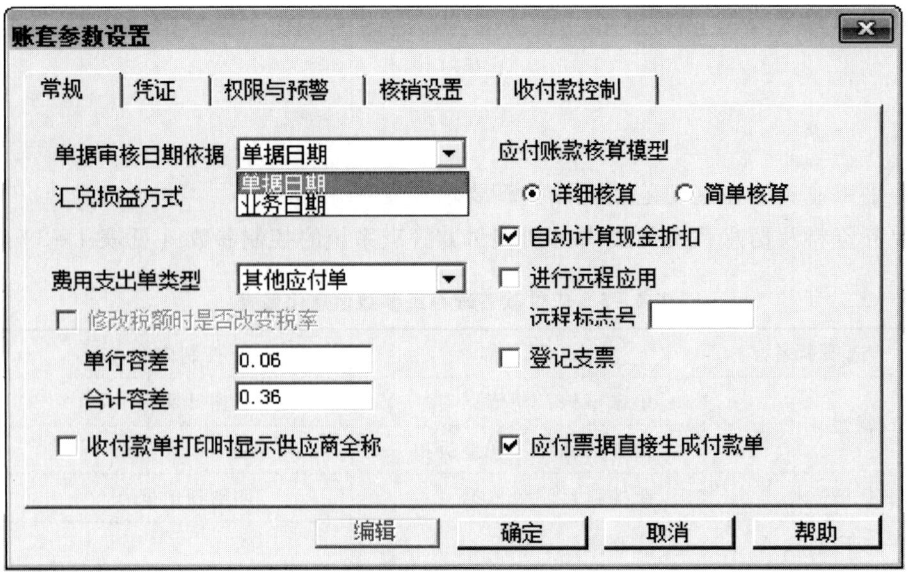


图 4-9　应付参数设置—常规选项卡

（4）单击【账套参数设置—凭证】选项卡，修改［受控科目制单方式］为“明细到单据”，如图 4-10 所示。

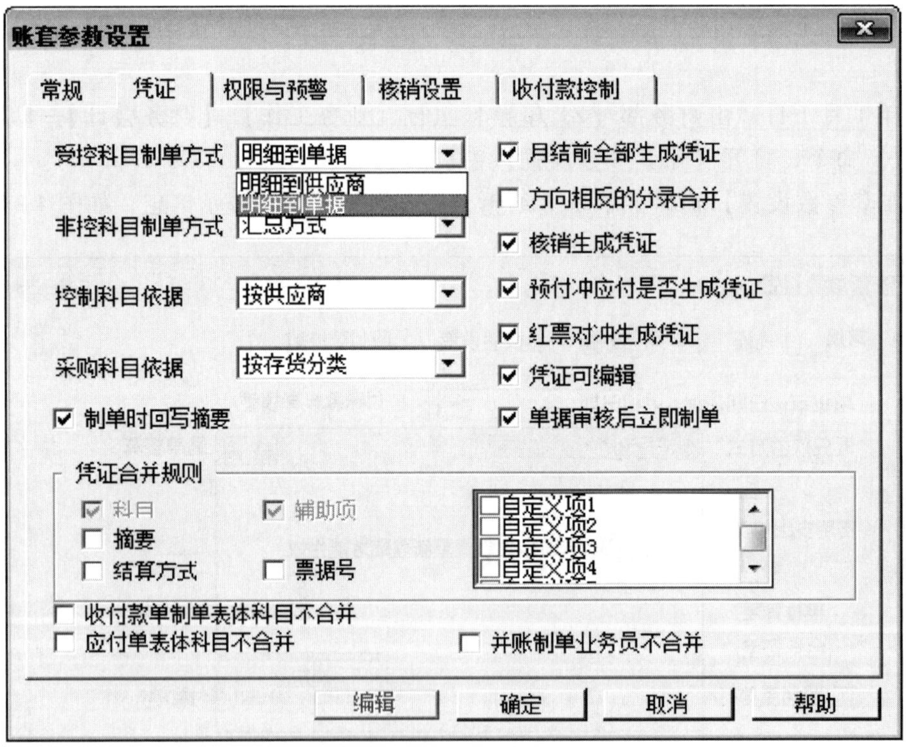


图 4-10　应付参数设置—凭证选项卡

（5）单击【账套参数设置—权限与预警】选项卡，取消［控制操作员权限］复选框后单击［确定］按钮保存，结果如图 4-11 所示。

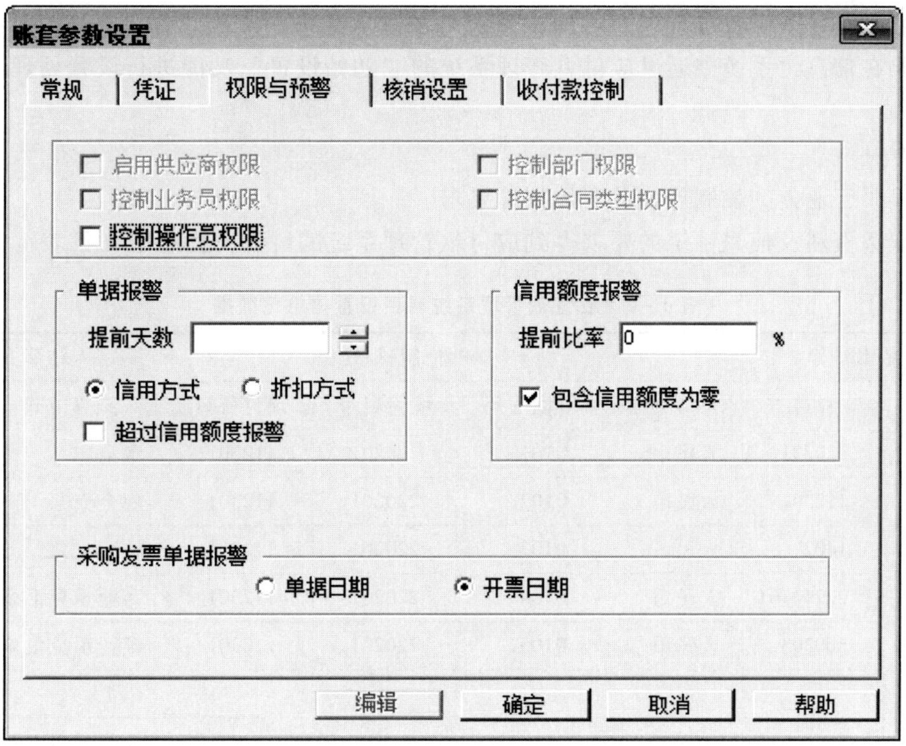


图4－11　应付参数设置—权限与预警选项卡

**知识要点**

①在应付款管理系统的使用过程中，可以随时修改应付款管理系统控制参数，但不是所有的控制参数都能进行修改。

②在应付款管理系统没有进行任何业务处理时应付账款的核算模型可以从“简单核算模式”改为“详细核算模式”，在进行了日常业务处理后，不能再从“简单核算模式”改为“详细核算模式”，而“详细核算模式”可以随时调整为“简单核算模式”。

## 业务四　应付款管理系统初始设置信息化处理

【业务描述】

根据对公司应付款业务流程的了解及查询，本公司在对采购业务进行会计处理时所涉及的基本会计科目有“应付账款——一般应付款”、“预付账款——人民币”、“在途物资”，“应交税费——应交增值税——进项税额”等，采购发生的现金折扣通过“财务费用——其他”科目进行核算。所有针对供应商的应付款项均通过“应付账款——一般应付款”处理，所有预付给供应商的预付款均通过“预付账款——人民币”处理。公司在采购中使用到的结算方式主要有：现金、现金支票、转账支票、商业承兑汇票、银行承兑汇票、电汇、托收承付、委托收款及其他结算方式。

【业务分析】

该笔业务属于公司对应付款业务在会计核算过程中所使用的会计科目及结算方式的控制措施，其目的是按手工业务工作的要求规范会计凭证处理，同时在信息化方式下，对采购过程的各种应付、预付科目及结算方式科目的设置也有利于信息化系统自动生成凭证，提高工作效率。对于该手工业务的控制规范，需要在信息化系统中通过应付款管理系统的“初始设置”功能进行设置处理。

【数据信息化】

数据来源：手工业务的控制规范及会计核算要求

根据以上业务资料及信息系统的要求得到应付款管理系统的科目设置数据（见表4－4）：

**表4－4　应付款管理系统科目设置信息化数据**

| 基本科目 | | | 控制科目 | | | 结算方式科目 | |
|---|---|---|---|---|---|---|---|
| 科目种类 | 科目 | 币种 | 供应商编码 | 应付科目 | 预付科目 | 结算方式 | 科目 |
| 应付科目 | 220201 | 人民币 | 0101 | 220201 | 112301 | 现金 | 1001 |
| 预付科目 | 112301 | 人民币 | 0102 | 220201 | 112301 | 现金支票 | 10020101 |
| 采购科目 | 1402 | 人民币 | 0103 | 220201 | 112301 | 转账支票 | 10020101 |
| 税金科目 | 22210101 | 人民币 | 0104 | 220201 | 112301 | 商业承兑汇票 | 10020101 |
| 现金折扣科目 | 660303 | 人民币 | 0105 | 220201 | 112301 | 银行承兑汇票 | 10020101 |
| | | | | | | 电汇 | 10020101 |
| | | | | | | 托收承付 | 10020101 |
| | | | | | | 委托收款 | 10020101 |
| | | | | | | 其他 | 10020101 |

【操作人员】

由具有应付款管理系统设置权限的操作员或财务部［ZJ 郑静］进行参数设置操作，操作日期：2017年1月1日。

【信息化操作】

（1）2017年1月1日，由财务部［ZJ 郑静］执行【业务工作】—【财务会计】—【应付款管理】—【设置】—【初始设置】命令，打开【初始设置】窗口。

（2）在【初始设置】窗口下选择［基本科目设置］，然后单击［增加］按钮，按表4－4录入基本科目信息，结果如图4－12所示。

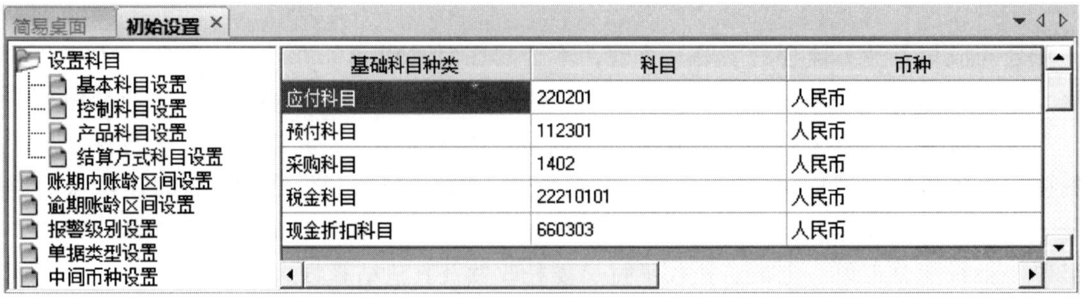


**图4－12　应付初始设置—基本科目设置**

（3）选择［控制科目设置］，然后单击［增加］按钮，按表4－4录入控制科目信息，结果如图4－13所示。

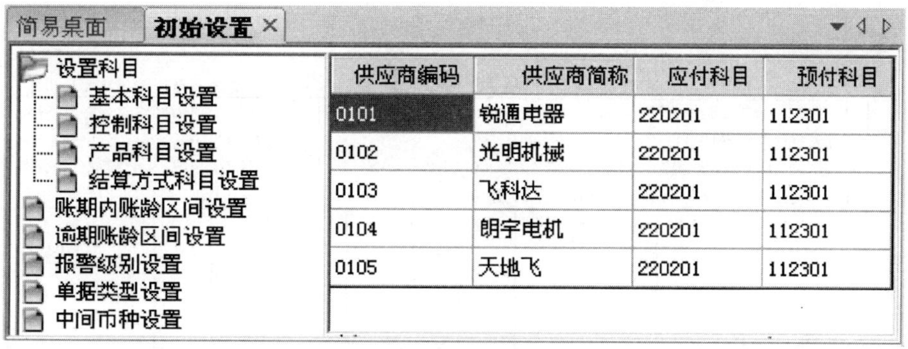


图 4－13　应付初始设置—控制科目设置

（4）选择［结算方式科目设置］，然后单击［增加］按钮，按表 4－4 录入结算方式科目信息，结果如图 4－14 所示。

图 4－14　应付初始设置—结算方式科目设置

## 业务五　应付款管理系统期初余额信息化处理

【业务描述 1】

通过查询账簿数据及相关凭证，发现公司的应付款期初余额包含以下数据：

通过查询相关账簿数据得到“应付账款——一般应付款”明细账的记录（如图 4－15 所示）。通过查询相关原始凭证得到增值税专用发票一张，如图 4－16 所示。

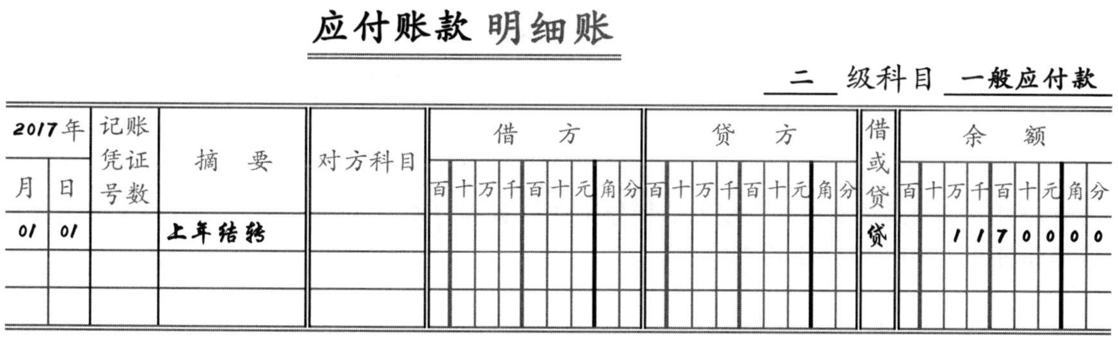
应付账款 明细账

二 级科目 一般应付款

| 2017年 月 | 日 | 记账凭证号数 | 摘要 | 对方科目 | 借方 | 贷方 | 借或贷 | 余额 |
|---|---|---|---|---|---|---|---|---|
| 01 | 01 | | 上年结转 | | | | 贷 | 1170000 |
| | | | | | | | | |
| | | | | | | | | |

图 4－15　［业务五　应付账款明细账］

江苏增值税专用发票

4050833460
机器编号：
405408114012

№ 64728965 4050833460
64728965

开票日期：2016年12月25日

| | | | | | | | |
|---|---|---|---|---|---|---|---|
| 购买方 | 名称：深圳华威创新科技有限公司<br>纳税人识别号：91440300MA5HDQ370L<br>地址、电话：深圳市南山区高新南四道18号，0755-26656699<br>开户行及账号：工商银行深圳市南山区高新支行2086481614711133459 | | | | 密码区 | 3-65254<19785<32+-4<>+/+48<br>56/375265*2>+-6//2<<-4**2321<br>>*8456255-7<8*24/+7721</>662<br>12-320154-/7412>8-27+-/19/45 | |
| 货物或应税劳务、服务名称 | 规格型号 | 单位 | 数量 | 单价 | 金额 | 税率 | 税额 |
| 电调 | | 台 | 50 | 200.00 | 10000.00 | 17% | 1700.00 |
| 合计 | | | | | ¥10000.00 | | ¥1700.00 |
| 价税合计（大写） | ⊗壹万壹仟柒佰元整 | | | | （小写）¥11700.00 | | |
| 销售方 | 名称：南京市朗宇电机设备有限公司<br>纳税人识别号：9132012065525M121E<br>地址、电话：南京市玄武区江宁路241号，025-58697499<br>开户行及账号：建设银行南京江宁路分理处4213562514143406121 | | | | 备注 | 校验码 00561 21246 41241 26447 | |

收款人：　复核：宁波　开票人：杨志　销售方：（章）

第三联：发票联　购买方记账凭证

国税函〔2016〕号江苏泰华实业公司

南京市朗宇电机设备有限公司 9132012065525M121E 发票专用章

图 4-16　[业务五　采购专用发票]

【业务分析】

该笔业务属于上期货物已经入库，发票已经收到，但尚未付款的采购业务。该业务在信息化环境下应作为本期的期初数据录入到应付系统中，且便于和总账系统对账。在以后的年度中，系统会自动将上年度未处理完的数据转入下一年度的期初余额。该业务需要在应付款管理系统中通过“期初余额”功能录入“期初采购专用发票”来反映。

【数据信息化】

数据来源：应付账款明细账、采购发票

根据以上业务资料采集得到应付款期初采购发票信息化数据（见表 4-5）：

表 4-5　应付款期初采购发票信息化数据

| | | |
|---|---|---|
| 表头信息 | 发票类型 | 专用发票 |
| | 发票号 | 64728965 |
| | 开票日期 | 2016-12-25 |
| | 供应商 | 朗宇电机 |
| | 科目 | 220201 |
| | 部门 | 采购部 |
| 表体信息 | 货物代码 | 0103 |
| | 货物名称 | 电调 |
| | 数量 | 50.00 |
| | 原币单价 | 200.00 |

【操作人员】

由具有应付款管理系统期初录入权限的操作员或财务部［ZJY 张静仪］录入应付款管理系统的期初数据，操作日期：2017 年 1 月 1 日。

【信息化操作】

（1）2017 年 1 月 1 日，由财务部［ZJY 张静仪］执行【业务工作】—【财务会计】—【应付款管理】—【设置】—【期初余额】命令，打开【期初余额—查询】窗口，如图 4－17 所示。

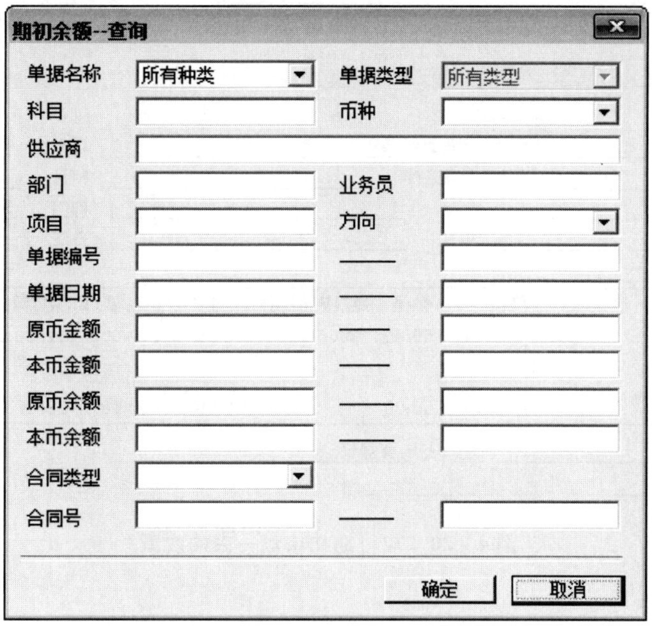


图 4－17　应付期初余额—查询

（2）单击［确定］按钮，打开【期初余额】窗口，如图 4－18 所示。

图 4－18　应付期初余额—期初余额明细表

（3）在【期初余额】窗口下单击［增加］按钮，打开【单据类别】窗口。选择［单据名称］为“采购发票”，［单据类型］为“采购专用发票”，［方向］为“正向”，如图 4－19 所示。

图 4－19　应付期初余额—单据类别

（4）单击［确定］按钮，打开【采购专用发票】窗口，再单击［增加］按钮，录入应付款期初采购专用发票的相关信息后单击［ ］按钮保存，结果如图 4－20 所示。

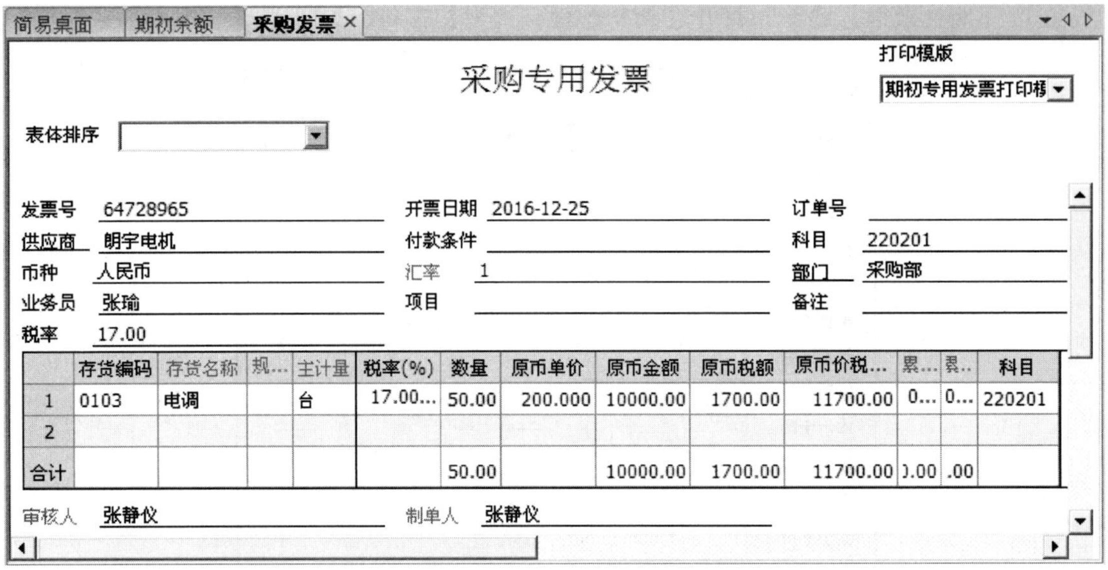

简易桌面 | 期初余额 | 采购发票

采购专用发票

打印模版 期初专用发票打印模

表体排序

发票号 64728965　开票日期 2016-12-25　订单号

供应商 朗宇电机　付款条件　科目 220201

币种 人民币　汇率 1　部门 采购部

业务员 张瑜　项目　备注

税率 17.00

| | 存货编码 | 存货名称 | 规... | 主计量 | 税率(%) | 数量 | 原币单价 | 原币金额 | 原币税额 | 原币价税... | 累... | 累... | 科目 |
|---|---|---|---|---|---|---|---|---|---|---|---|---|---|
| 1 | 0103 | 电调 | | 台 | 17.00... | 50.00 | 200.000 | 10000.00 | 1700.00 | 11700.00 | 0... | 0... | 220201 |
| 2 | | | | | | | | | | | | | |
| 合计 | | | | | | 50.00 | | 10000.00 | 1700.00 | 11700.00 | ).00 | .00 | |

审核人 张静仪　制单人 张静仪

图 4－20　应付期初余额—采购发票

【业务描述 2】

通过查询账簿数据及相关凭证，发现公司的预付款期初余额包含如下数据：

通过查询相关账簿数据得到“预付账款——人民币”明细账的记录（如图 4－21 所示）。通过查询相关原始凭证得到转账支票存根一张，如图 4－22 所示。

## 预付账款 明细账

二级科目 人民币

| 2017年 月 | 日 | 记账凭证号数 | 摘要 | 对方科目 | 借方 | 贷方 | 借或贷 | 余额 |
|---|---|---|---|---|---|---|---|---|
| 01 | 01 | | 上年结转 | | | | 贷 | 1000000 |
| | | | | | | | | |
| | | | | | | | | |

图 4－21　[业务五　预付账款明细账]

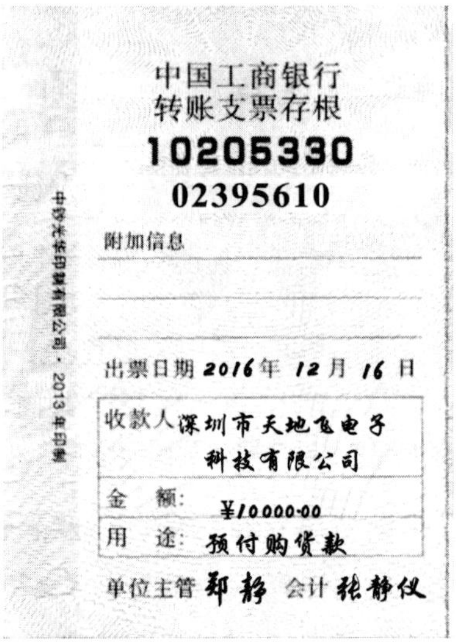

中国工商银行
转账支票存根
10205330
02395610
附加信息
出票日期 2016 年 12 月 16 日
收款人 深圳市天地飞电子科技有限公司
金额：¥10000.00
用途：预付购货款
单位主管 郑静　会计 张静仪


图 4－22　[业务五　转账支票存根]

【业务分析】

该笔业务属于上期采购货物而预付给供应商的预付款项，该业务在信息化环境下应作为本期的期初数据录入到应付款管理系统中。该业务需要在应付款管理系统中通过“期初余额”功能录入“付款单”来反映。

【数据信息化】

数据来源：预付账款明细账、支票存根

根据以上业务资料采集得到预付款期初信息化数据（见表 4－6）：

**表 4－6　预付款期初信息化数据**

| | | |
|---|---|---|
| 表头信息 | 单据名称 | 预付款 |
| | 单据类型 | 付款单 |
| | 单据编号 | F161216 |
| | 日期 | 2016－12－16 |
| | 供应商 | 天地飞 |
| | 结算方式 | 转账支票 |
| | 结算科目 | 10020101 |
| | 金额 | 10000.00 |
| | 票据号 | 02395610 |
| | 摘要 | 预付购货款 |
| 表体信息 | 款项类型 | 预付款 |

【操作人员】

由具有应付款管理系统期初录入权限的操作员或财务部［ZJY 张静仪］录入预付款期初数据，操作日期：2017 年 1 月 1 日。

【信息化操作】

◎ 前置操作：先修改应付款系统的“付款单”的编号方式为“完全手工编号方式”。

（1）2017 年 1 月 1 日，由财务部［ZJY　张静仪］执行【业务工作】—【财务会计】—【应付款管理】—【设置】—【期初余额】命令，打开【期初余额—查询】窗口。

（2）在【期初余额—查询】窗口下单击［确定］按钮，打开【期初余额】窗口。

（3）单击［增加］按钮，打开【单据类别】窗口。选择［单据名称］为“预付款”，［单据类型］为“付款单”，［方向］为“正向”，如图 4－23 所示。

图 4－23　应付期初余额—单据类别

(4) 单击［确定］按钮，打开【期初余额】窗口，再单击［增加］按钮，在【期初单据录入】窗口下录入预付款的期初付款单相关信息，然后单击［］按钮保存，结果如图 4－24 所示。

简易桌面 期初余额 期初单据录入

付款单

打印模版 应付付款单打印模

表体排序

| | | | | | |
|---|---|---|---|---|---|
| 单据编号 | 0000000001 | 日期 | 2016-12-16 | 供应商 | 天地飞 |
| 结算方式 | 转账支票 | 结算科目 | 10020101 | 币种 | 人民币 |
| 汇率 | 1 | 金额 | 10000.00 | 本币金额 | 10000.00 |
| 供应商银行 | 中国工商银行深圳宝安支行 | 供应商账号 | 2010021242111563259 | 票据号 | 02395610 |
| 部门 | 采购部 | 业务员 | 张瑜 | 项目 | |
| 摘要 | 预付购货款 | | | | |

| | 款项类型 | 供应商 | 科目 | 金额 | 本币金额 | 部门 | 业务员... | 项目 |
|---|---|---|---|---|---|---|---|---|
| 1 | 预付款 | 天地飞 | 112301 | 10000.00 | 10000.00 | 采购部 | 张瑜 | |
| 2 | | | | | | | | |
| 合计 | | | | 10000.00 | 10000.00 | | | |

审核人 张静仪　　录入人 张静仪　　核销人

**图 4－24　应付期初余额—预付款单**

**知识要点**

①在初次使用应付款管理系统时，需要录入的期初余额包括未处理完的与供应商之间的应付账款、预付账款、应付票据等数据。

②采购管理系统的期初应付账款数据通过录入发票信息进行处理，期初预付账款数据通过录入付款单进行处理。

③所有期初余额录入完毕后应与总账系统进行对账，所以在录入期初单据时需要录入期初余额的会计科目，否则与总账对账会不正确。同时，应付款系统与总账系统要对账，则应付款系统要与总账系统同时启用。

④期初余额录入所涉及的票据保存后，系统会自动进行审核。

# 实训二　销售与应收款系统初始设置信息化处理

【信息化要求】

由于账簿数据的连贯性要求，在使用销售及应收款管理系统时，应先将上一期间的销售未完成的业务数据录入销售及应收款管理系统，以保证数据的完整、连续，与总账系统对账正确。需要在初次使用销售及应收款管理系统时录入的期初数据包括手工方式下上期末结算完的发票和应收单、预收款单据、未结算完的应收票据以及未结算完毕的合同金额。为了使销售及应收款管理系统在使用上与手工业务匹配，同时方便操作，在初次使用销售及应收款管理系统时，还需要根据企业的实际情况对销售及应收款管理系统的有关参数做出设置或调整。这些参数涉及销售及应收款业务过程中各种单据的控制、业务的控制、凭证生成的控制、坏账的控制等。合理设置系统参数有利于及时、高效、准确地完成销售及应收款业务的处理。

## 业务一　销售管理系统参数设置

【业务描述】

根据对公司销售业务流程的了解及查询，本公司的销售业务类型有一般销售业务、零售日报业务、委托代销业务、直运销售业务等。销售业务发生时，先填制发货单，根据发货单填制销售出库单，退货时也根据发货单进行填制。

【业务分析】

该笔业务属于公司在销售业务流程中对销售环节各种规范程序的控制措施，对于这些手工业务的控制规范，需要在信息化系统中通过销售管理系统的“销售选项”设置功能进行设置处理。

【数据信息化】

根据以上业务资料及信息系统的要求得到销售管理系统的控制参数（见表4-7）：

**表4-7　销售管理系统参数信息化数据**

| 选项卡名称 | 控制名称 | 控制内容 |
|---|---|---|
| 业务控制 | 有零售日报业务 | 是 |
| | 有委托代销业务 | 是 |
| | 有直运销售业务 | 是 |
| | 销售生成出库单 | 否 |
| 其他控制 | 新增退货单默认 | 参照发货 |

【操作人员】

由具有销售管理系统设置权限的操作员或财务部［ZJ 郑静］进行参数设置操作，操作日期：2017年1月1日。

【信息化操作】

（1）2017年1月1日，由财务部［ZJ 郑静］执行【业务工作】—【供应链】—【销售管理】—【设置】—【销售选项】命令，打开【销售选项】窗口。

（2）在【销售选项】窗口下单击【业务控制】选项卡，勾选［有零售日报业务］、［有委托代销业务］、［有直运销售业务］三个复选框，取消［销售生成出库单］复选框，如图4-25所示。

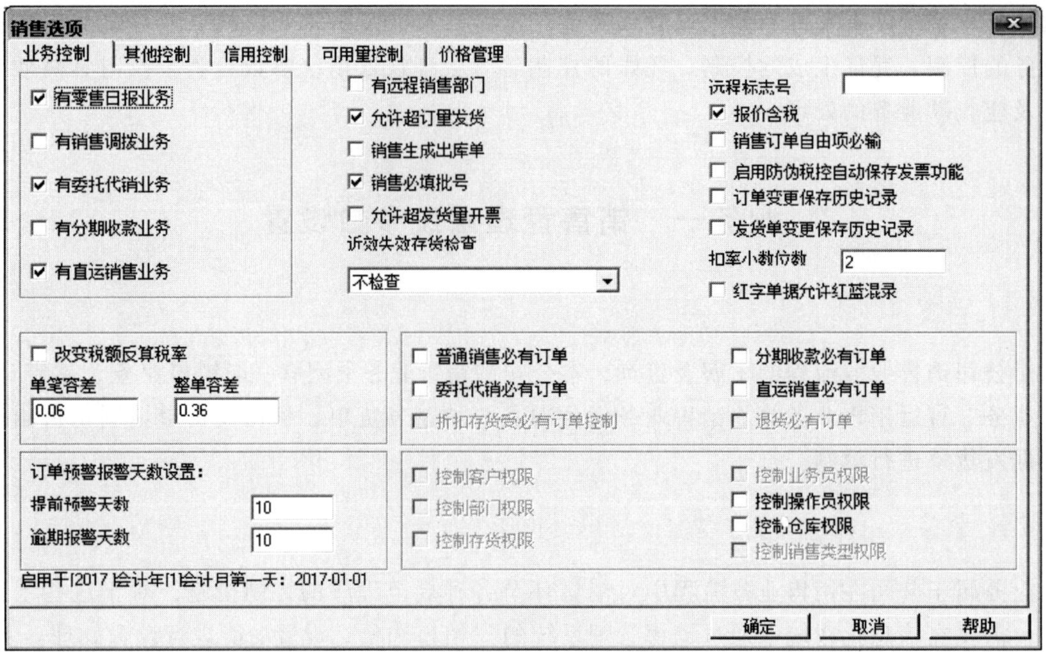


图 4－25　售选项—业务控制选项卡

（3）单击【其他控制】选项卡，选择［新增退货单默认］选项为“参照发货”，如图 4－26 所示。调整完毕后单击［确定］按钮保存所设置的参数。

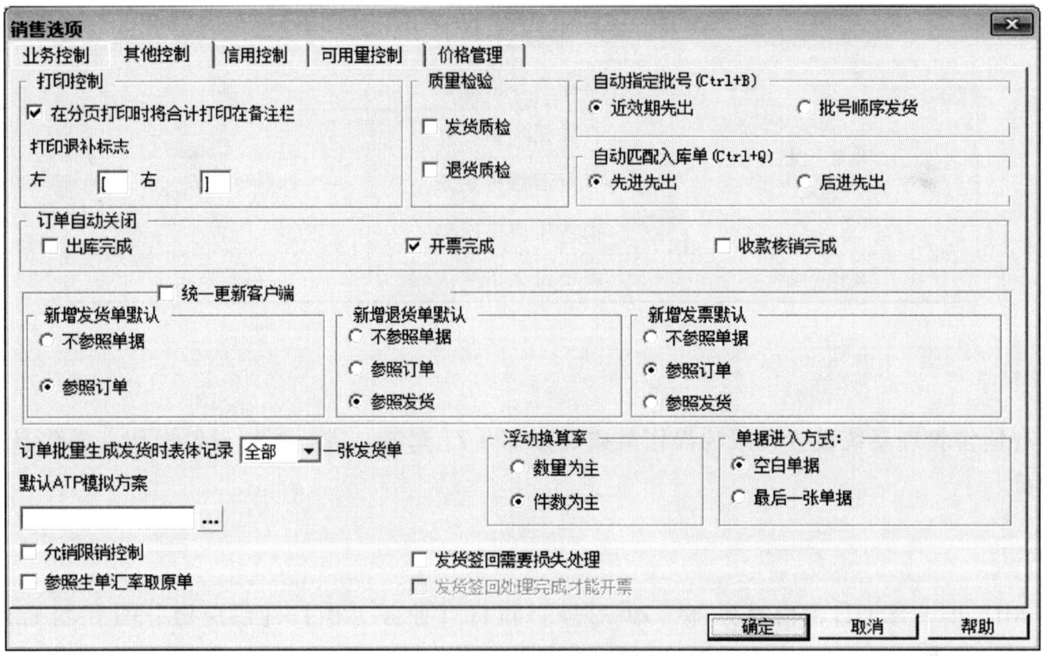


图 4－26　销售选项—其他控制选项卡

## 业务二　应收款管理系统参数设置

【业务描述】

根据对公司应收款业务流程的了解及查询，本公司在进行收款时对有关单据先进行审核，审核日期以单据日期为准，对所有客户统一提供公司确定的现金折扣条件，涉及应收款项制单时主要依据相关原始单据进行处理。

【业务分析】

该笔业务属于公司在应收款业务上的控制措施，对于手工业务的控制规范，需要在信息化系统中通过应收款管理系统的“选项”设置功能进行设置处理。

【数据信息化】

根据以上业务资料及信息系统的要求得到应收款管理系统的控制参数（见表4－8）：

**表4－8 应收款管理系统参数信息化数据**

| 选项卡名称 | 控制名称 | 控制内容 |
| --- | --- | --- |
| 常规 | 单据审核日期依据 | 单据日期 |
| | 是否自动计算现金折扣 | 是 |
| 凭证 | 受控科目制单方式 | 明细到单据 |
| 权限与预警 | 控制操作员权限 | 否 |

【操作人员】

由具有应付款管理系统设置权限的操作员或财务部［ZJ 郑静］进行参数设置操作，操作日期：2017年1月1日。

【信息化操作】

（1）2017年1月1日，由财务部［ZJ 郑静］执行【业务工作】—【财务会计】—【应收款管理】—【设置】—【选项】命令，打开【账套参数设置】窗口。

（2）单击［编辑］按钮，系统弹出提示信息，如图4－27所示。

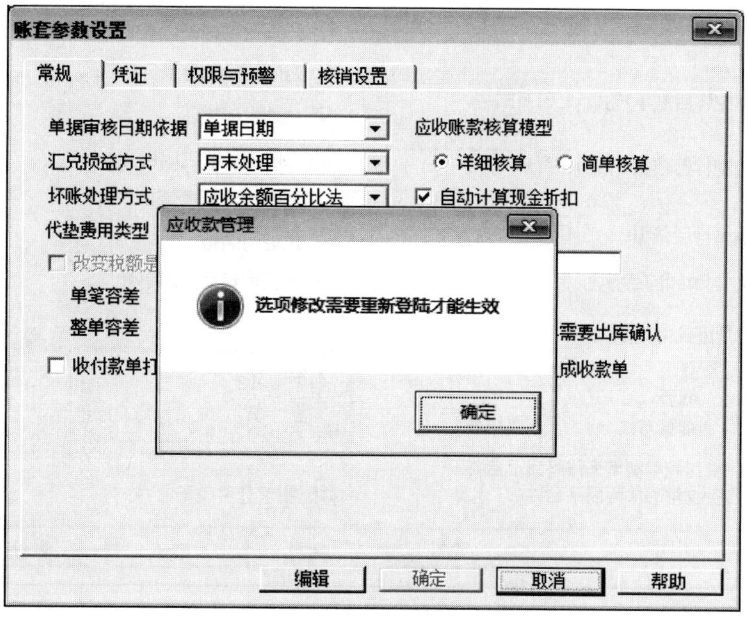


图4－27 应收参数设置—主窗口

（3）单击［确定］按钮，打开【账套参数设置—常规】选项卡，修改［单据审核日期依据］为“单据日期”，然后勾选［自动计算现金折扣］复选框，如图4－28所示。

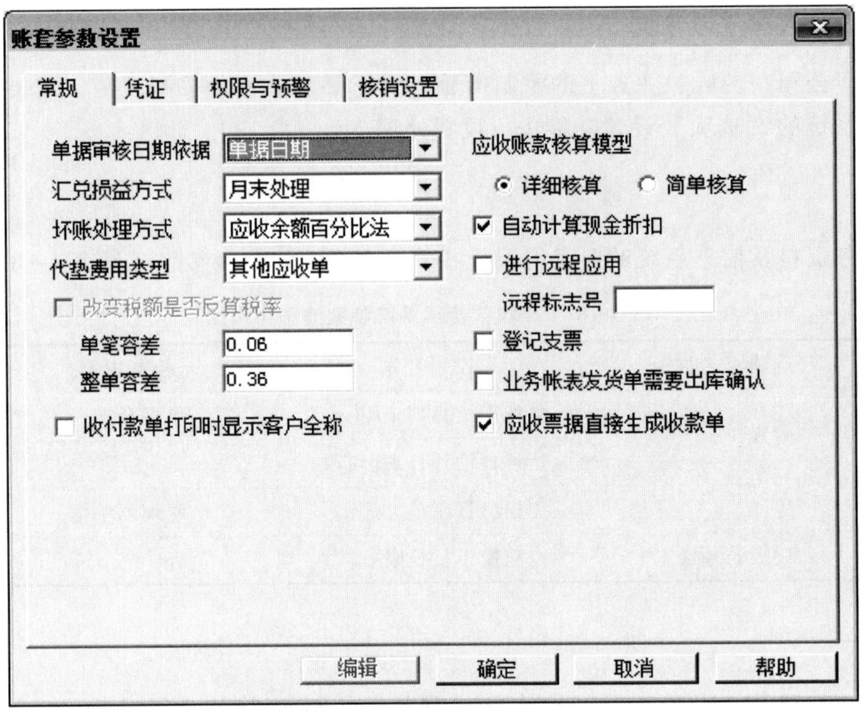


图4－28　应收参数设置—常规选项卡

（4）单击【账套参数设置—凭证】选项卡，修改［受控科目制单方式］为“明细到单据”后单击［确定］按钮保存，如图4－29所示。

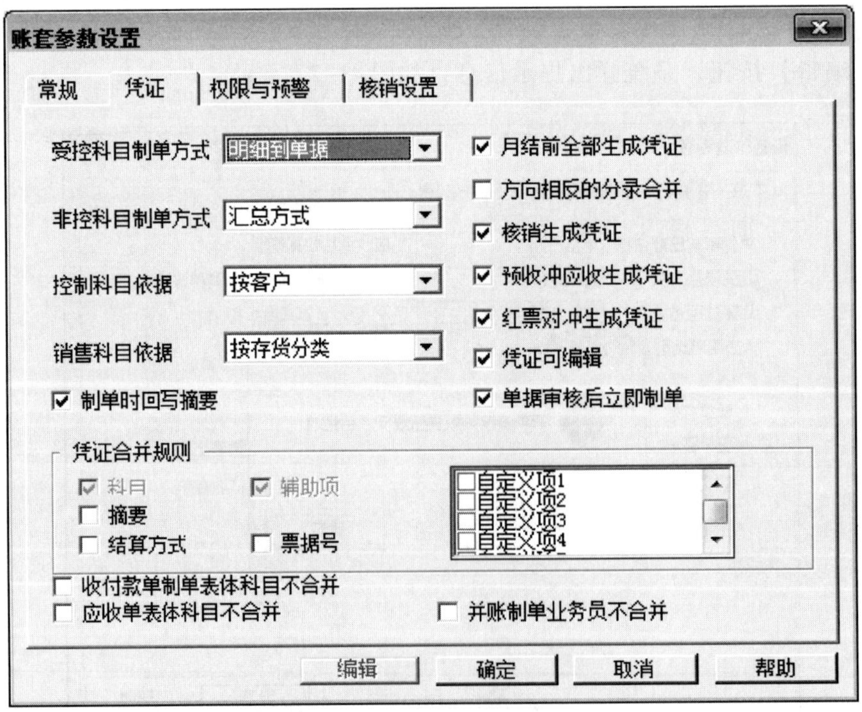


图4－29　应收参数设置—凭证选项卡

（5）单击【账套参数设置—权限与预警】选项卡，取消［控制操作员权限］复选框后单击［确定］按钮保存，如图4-30所示。

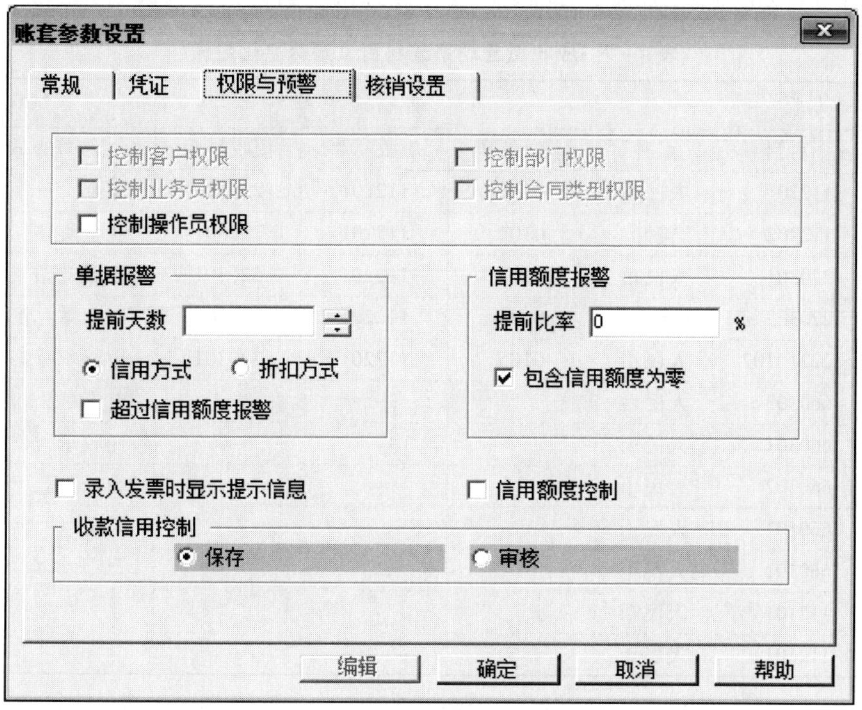


图4-30 应收参数设置—权限与预警

## 业务三 应收款管理系统初始设置信息化处理

【业务描述】

根据对公司应收款业务流程的了解及查询，本公司在对销售业务进行会计处理时所涉及的基本会计科目有“应收账款——人民币”，“预收账款——人民币”、“应交税费——应交增值税——销项税额”等，销售发生的现金折扣通过“财务费用——其他”科目进行核算。所有针对供应商的应付款项均通过“应付账款——人民币”处理，所有收到的客户的预付款均通过“预收账款——人民币”处理。公司在采购中使用到的结算方式主要有：现金、现金支票、转账支票、商业承兑汇票、银行承兑汇票、电汇、托收承付、委托收款及其他结算方式。商业汇票产生的利息计入“财务费用——利息收支”科目，票据产生的费用计入“财务费用——手续费”。

公司对应收款项根据应收账款余额百分比法计提坏账准备，提取比例为0.5%，坏账准备的上期余额为263.25元，计提坏账准备时，借记“资产减值损失”科目，贷记“坏账准备”科目。

为便于公司进行应收账款或收款的账龄查询和账龄分析，清楚了解在一定期间内所发生的应收款、收款情况，公司设置了10天、30天、60天、90天的账龄区间。

【业务分析】

该笔业务属于公司在应收款业务上对会计处理的科目控制措施及应收款管理的有关控制措施，其目的是规范会计凭证处理，对于该手工业务的控制规范，需要在信息化系统中通过应收款管理系统的“初始设置”设置功能进行设置处理。

【数据信息化】

根据以上业务资料及信息系统的要求得到应收款管理系统的科目设置数据（见表4－9）：

**表4－9 应收款管理系统科目设置信息化数据**

| 基本科目 | | | 控制科目 | | | 结算方式科目 | |
|---|---|---|---|---|---|---|---|
| 科目种类 | 科目 | 币种 | 客户编码 | 应收科目 | 预收科目 | 结算方式 | 科目 |
| 应收科目 | 112201 | 人民币 | 0101 | 112201 | 220301 | 现金 | 1001 |
| 应收科目 | 112202 | 美元 | 0102 | 112201 | 220301 | 现金支票 | 10020101 |
| 预收科目 | 220301 | 人民币 | 0103 | 112201 | 220301 | 转账支票 | 10020101 |
| 预收科目 | 220302 | 美元 | 0104 | 112201 | 220301 | 商业承兑汇票 | 10020101 |
| 税金科目 | 22210107 | 人民币 | 0105 | 112201 | 220301 | 银行承兑汇票 | 10020101 |
| 现金折扣科目 | 660303 | 人民币 | | | | 电汇 | 10020101 |
| 票据利息科目 | 660301 | 人民币 | | | | 托收承付 | 10020101 |
| 票据费用科目 | 660302 | 人民币 | | | | 委托收款 | 10020101 |
| 销售收入科目 | 660101 | 人民币 | | | | 其他 | 10020101 |
| 销售退回科目 | 660101 | 人民币 | | | | | |
| 银行承兑科目 | 112101 | 人民币 | | | | | |
| 商业承兑科目 | 112101 | 人民币 | | | | | |

根据以上业务资料及信息系统的要求得到应收款管理系统的坏账准备设置数据（见表4－10）：

**表4－10 坏账准备设置信息表**

| | |
|---|---|
| 提取比率 | 0.5% |
| 坏账准备期初余额 | 263.25 |
| 坏账准备科目 | 1231 |
| 对方科目 | 6701 |

根据以上业务资料及信息系统的要求得到应收款管理系统的账龄区间设置数据（见表4－11）：

**表4－11 账龄区间设置信息表**

| 序号 | 起止天数 | 总天数 |
|---|---|---|
| 01 | 0～10 | 10 |
| 02 | 11～30 | 30 |
| 03 | 31～60 | 60 |
| 04 | 61～90 | 90 |
| 05 | 91 以上 | |

【操作人员】

由具有应收款管理系统设置权限的操作员或财务部［ZJ 郑静］进行参数设置操作，操作日期：2017年1月1日。

【信息化操作】

1. 科目设置

（1）2017年1月1日，由财务部［ZJ 郑静］执行【业务工作】—【财务会计】—【应收款管理】—

【设置】—【初始设置】命令，打开【初始设置】窗口。

（2）选择［基本科目设置］功能，然后单击［增加］按钮，录入基本科目信息，结果如图 4－31 所示。

| 基础科目种类 | 科目 | 币种 |
|---|---|---|
| 应收科目 | 112201 | 人民币 |
| 应收科目 | 112202 | 美元 |
| 预收科目 | 220301 | 人民币 |
| 预收科目 | 220302 | 美元 |
| 税金科目 | 22210107 | 人民币 |
| 现金折扣科目 | 660303 | 人民币 |
| 票据利息科目 | 660301 | 人民币 |
| 票据费用科目 | 660302 | 人民币 |
| 销售收入科目 | 600101 | 人民币 |
| 销售退回科目 | 600101 | 人民币 |
| 银行承兑科目 | 112101 | 人民币 |
| 商业承兑科目 | 112101 | 人民币 |

图 4－31 应收初始设置—基本科目设置

（3）选择［控制科目设置］功能，然后单击［增加］按钮，录入控制科目信息，结果如图 4－32 所示。

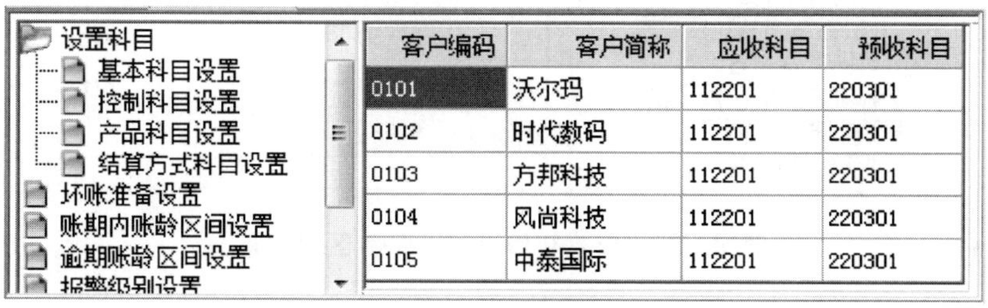


| 客户编码 | 客户简称 | 应收科目 | 预收科目 |
|---|---|---|---|
| 0101 | 沃尔玛 | 112201 | 220301 |
| 0102 | 时代数码 | 112201 | 220301 |
| 0103 | 方邦科技 | 112201 | 220301 |
| 0104 | 风尚科技 | 112201 | 220301 |
| 0105 | 中泰国际 | 112201 | 220301 |

图 4－32 应收初始设置—控制科目设置

（4）选择［结算方式科目设置］功能，然后单击［增加］按钮，录入结算方式科目信息，结果如图 4－33 所示。

| 结算方式 | 币种 | 本单位账号 | 科目 |
|---|---|---|---|
| 1 现金结算 | 人民币 | 2086481... | 1001 |
| 201 现金支票 | 人民币 | 2086481... | 10020101 |
| 202 转账支票 | 人民币 | 2086481... | 10020101 |
| 301 商业承兑汇票 | 人民币 | 2086481... | 10020101 |
| 302 银行承兑汇票 | 人民币 | 2086481... | 10020101 |
| 4 电汇 | 人民币 | 2086481... | 10020101 |
| 5 托收承付 | 人民币 | 2086481... | 10020101 |
| 6 委托收款 | 人民币 | 2086481... | 10020101 |
| 9 其他 | 人民币 | 2086481... | 10020101 |

图 4－33 应收初始设置—结算方式科目设置

2. 坏账准备设置

（1）执行【业务工作】—【财务会计】—【应收款管理】—【设置】—【初始设置】命令，打开【初始设置】窗口。

(2) 选择［坏账准备设置］功能，录入坏账准备设置信息，然后单击［确定］保存，结果如图4－34所示。

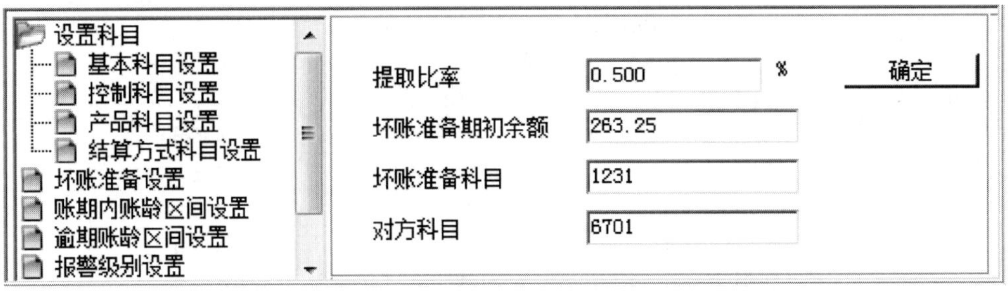


**图4－34 应收初始设置—结算方式科目设置**

3. 账龄区间设置

(1) 执行【业务工作】—【财务会计】—【应收款管理】—【设置】—【初始设置】命令，打开【初始设置】窗口。

(2) 选择［账期内账龄区间设置］，录入账龄区间信息。结果如图4－35所示。

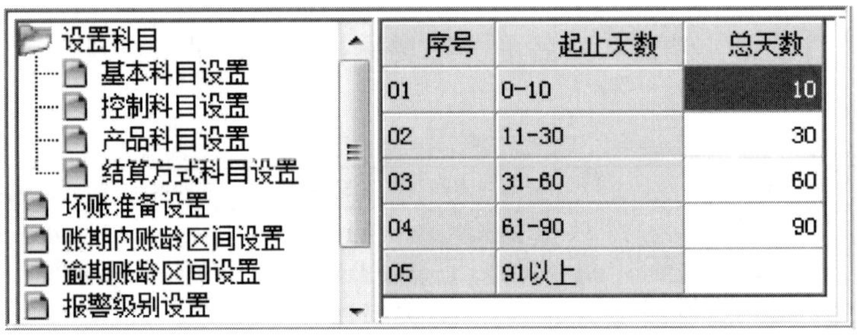


**图4－35 应收初始设置—账龄区间设置**

## 业务四 应收款管理系统期初余额信息化处理

【业务描述1】

1. 通过查询账簿数据及相关凭证，发现应收款系统的应收期初余额如下：

查询相关账簿数据得到"应收账款——人民币"明细账的记录（如图4－36所示）。查询相关原始凭证得到增值税专用发票两张，如图4－37、图4－38所示。

**应收账款 明细账**

二 级科目 人民币

| 2017年 月 | 日 | 记账凭证号数 | 摘要 | 对方科目 | 借方（百十万千百十元角分） | 贷方（百十万千百十元角分） | 借或贷 | 余额（百十万千百十元角分） |
|---|---|---|---|---|---|---|---|---|
| 01 | 01 | | 上年结转 | | | | 借 | 52650.00 |
| | | | | | | | | |
| | | | | | | | | |

**图4－36 ［业务四 应收账款明细账］**

深圳增值税专用发票

4415632170 机器编号：445402332359

№ 30566883 4415632170 30566883

此联不作报销、扣税凭证使用　　开票日期：2016年12月25日

购买方 名称：深圳市福田区沃尔玛超市
纳税人识别号：91440300MA5DMQ375L
地址、电话：深圳市福田区华强北路405号，0755-89959452
开户行及账号：中国建设银行深圳华强路支行2693680183611120000

密码区 3-65254<19254<32+-4<>+/+-8
56/372155*2>+-6//2<<-4**2361
>*8455675-7<8*24/+7721</>45*
12-320154-/7412>8-27+-/19/15

| 货物或应税劳务、服务名称 | 规格型号 | 单位 | 数量 | 单价 | 金额 | 税率 | 税额 |
|---|---|---|---|---|---|---|---|
| PHANTOM系列 | | 台 | 10 | 2500.00 | 25000.00 | 17% | 4250.00 |
| 合　计 | | | | | ¥25000.00 | | ¥4250.00 |
| 价税合计（大写） | ⊗贰万玖仟贰佰伍拾元整 | | | | （小写）¥29250.00 | | |

销售方 名称：深圳华威创新科技有限公司
纳税人识别号：91440300MA5HDQ370L
地址、电话：深圳市南山区高新南四道18号，0755-26656699
开户行及账号：工商银行深圳市南山区高新支行20864816147111334

校验码 01461 22178 41241 26579　备注

收款人：　复核：张静仪　开票人：李婷婷　销售方：（章）

国税函［2016］号江苏泰华实业公司　第一联：记账联 销售方记账凭证

深圳华威创新科技有限公司 91440300MA5HDQ370L 发票专用章

图 4－37　［业务四　销售专用发票］

深圳增值税专用发票

4415632271 机器编号：445402332359

№ 33510598 4415632271 33510598

此联不作报销、扣税凭证使用　　开票日期：2016年12月26日

购买方 名称：南京风尚科技有限公司
纳税人识别号：320121721797662
地址、电话：南京市雨花区中山路48号，025-865233474
开户行及账号：中国工商银行南京中山路支行2051124545111633241

密码区 4-62344<65854<32+-4<>+/*0-
56/3731+5*2>+-6//2<<-4**2141
>*8462175-7<8*24/+7721</>45*
12-320154-/7412>8-27+-/19+*8

| 货物或应税劳务、服务名称 | 规格型号 | 单位 | 数量 | 单价 | 金额 | 税率 | 税额 |
|---|---|---|---|---|---|---|---|
| INSPIRE系列 | | 台 | 5 | 4000.00 | 20000.00 | 17% | 3400.00 |
| 合　计 | | | | | ¥20000.00 | | ¥3400.00 |
| 价税合计（大写） | ⊗贰万叁仟肆佰元整 | | | | （小写）¥23400.00 | | |

销售方 名称：深圳华威创新科技有限公司
纳税人识别号：91440300MA5HDQ370L
地址、电话：深圳市南山区高新南四道18号，0755-26656699
开户行及账号：工商银行深圳市南山区高新支行20864816147111334

校验码 04561 22738 41257 26531　备注

收款人：　复核：张静仪　开票人：李婷婷　销售方：（章）

国税函［2016］号江苏泰华实业公司　第一联：记账联 销售方记账凭证

深圳华威创新科技有限公司 91440300MA5HDQ370L 发票专用章

图 4－38　［业务四　销售专用发票］

【业务分析】

该笔业务属于上期已经销售出库，发票已经开出，但尚未收到款项的销售业务。该业务在信息化环境下应作为本期的期初数据录入到应收系统中，且便于和总账系统对账。在以后的年度中，系统会自动将上年度未处理完的数据转入下一年度的期初余额。该业务需要在应收款管理系统中通过录入“期初销售专用发票”来反映。

【数据信息化】

数据来源：应收账款明细账、销售发票

根据以上业务资料采集得到应收款期初销售专用发票信息化数据（见表 4－12）：

**表 4 – 12　应收款期初销售专用发票信息化数据**

| | | | |
|---|---|---|---|
| 表头信息 | 发票类型 | 专用发票 | 专用发票 |
| | 开票日期 | 2016 – 12 – 25 | 2016 – 12 – 26 |
| | 发票号 | 30566883 | 33510598 |
| | 客户名称 | 沃尔玛 | 风尚科技 |
| | 税率 | 17% | 17% |
| | 科目 | 112201 | 112201 |
| | 部门 | 销售部 | 销售部 |
| 表体信息 | 货物代码 | 0201 | 0203 |
| | 货物名称 | PHANTOM 系列 | INSPIRE 系列 |
| | 数量 | 10.00 | 5.00 |
| | 无税单价 | 2500.00 | 4000.00 |

【操作人员】

由具有应收款管理系统期初录入权限的操作员或财务部［ZJY 张静仪］录入销售期初数据，操作日期：2017 年 1 月 1 日。

【信息化操作】

（1）2017 年 1 月 1 日，由财务部［ZJY 张静仪］执行【业务工作】—【财务会计】—【应收款管理】—【设置】—【期初余额】命令，打开【期初余额—查询】窗口。如图 4 – 39 所示。

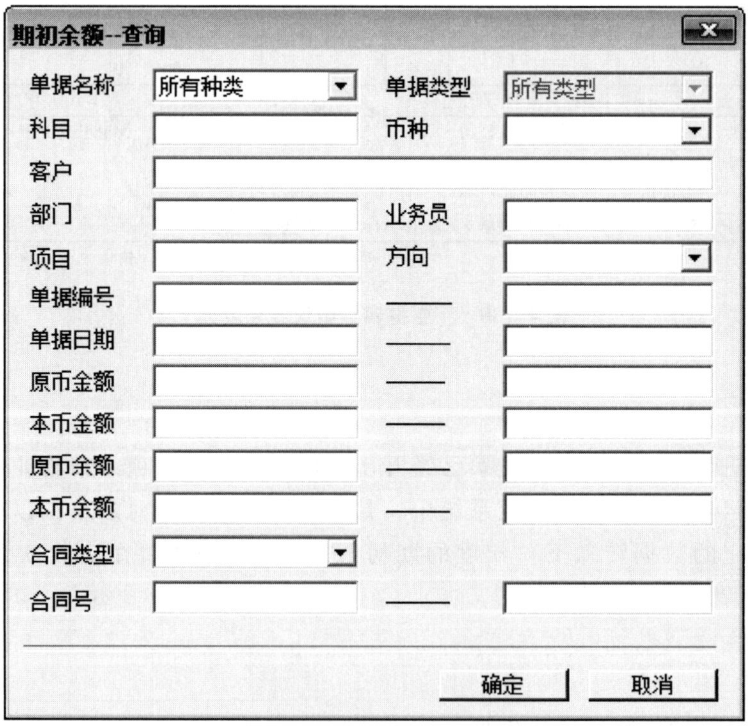


**图 4 – 39　应收期初余额—查询**

（2）单击［确定］按钮，打开【期初余额】窗口。如图 4 – 40 所示。

图 4-40　应收期初余额—期初余额明细表

（3）单击［增加］按钮，打开【单据类别】窗口。选择［单据名称］为“销售发票”，［单据类型］为“销售专用发票”，［方向］为“正向”。如图 4-41 所示。

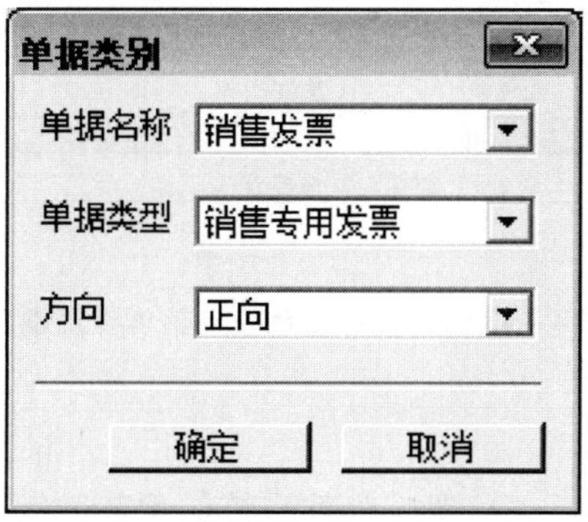


图 4-41　应收期初余额—单据类别

（4）单击［确定］按钮，打开【销售专用发票】窗口，单击［增加］按钮，录入应收款期初第一张销售专用发票的相关信息后单击［ ］保存。结果如图 4-42 所示。

图 4-42　应收期初余额—销售专用发票

（5）继续单击［增加］按钮，录入应收款期初第二张销售专用发票的相关信息后单击按钮［ ］保存。结果如图 4-43 所示。

| 简易桌面 | 期初余额 | 期初销售发票 × |
|---|---|---|

**销售专用发票**

打印模版 期初专用发票打印模

表体排序

| | | | | | |
|---|---|---|---|---|---|
| 开票日期 | 2016-12-26 | 发票号 | 33510598 | 订单号 | |
| 客户名称 | 风尚科技 | 客户地址 | 南京市雨花区中山路48号 | 电话 | 025-8652334 |
| 开户银行 | 中国工商银行南京中山路支行 | 银行账号 | 2051124545111633241 | 税号 | 32012172179 |
| 付款条件 | | 税率(%) | 17.00 | 科目 | 112201 |
| 币种 | 人民币 | 汇率 | 1 | 销售部门 | 销售部 |
| 业务员 | 王健 | 项目 | | 备注 | |

| | 货物编号 | 货物名称 | 规格型号 | 主计量单位 | 税率(%) | 数量 | 无税单价 | 含税单价 | 税额 | 无税金额 | 价税合计 |
|---|---|---|---|---|---|---|---|---|---|---|---|
| 1 | 0203 | INSPIRE系列 | | 台 | 17.00 | 5.00 | 4000.00 | 4680.00 | 3400.00 | 20000.00 | 23400.00 |
| 合计 | | | | | | 5.00 | | | 3400.00 | 20000.00 | 23400.00 |

制单人 张静仪　　审核人 张静仪

图 4－43　应收期初余额—销售专用发票

【业务描述 2】

2. 通过查询账簿数据及相关凭证，发现应收款系统的预收款期初余额如下：

查询相关账簿数据得到“预收账款—人民币”明细账的记录如图 4－44 所示。查询相关原始凭证得到转账支票存根一张，如图 4－45 所示。

**预收账款 明细账**

二级科目　人民币

| 2017年 月 | 日 | 记账凭证号数 | 摘要 | 对方科目 | 借方 | 贷方 | 借或贷 | 余额 |
|---|---|---|---|---|---|---|---|---|
| 01 | 01 | | 上年结转 | | | | 贷 | 1000000 |
| | | | | | | | | |
| | | | | | | | | |

图 4－44　［业务四　预收账款明细账］

**ICBC 中国工商银行进账单**（收账通知）　4

2016年12月28日　　第 50 号

| | | | | | |
|---|---|---|---|---|---|
| 出票人 | 全称 | 深圳市方邦科技有限公司 | 收款人 | 全称 | 华威创新科技有限公司 |
| | 账号 | 2611100226943526273 | | 账号 | 2086481614711133459 |
| | 开户银行 | 中国建设银行深圳振华路支行 | | 开户银行 | 工商银行深圳市南山区高新支行 |
| 金额 | 人民币（大写） | 壹万元整 | | 亿千百十万千百十元角分 | ¥1000000 |
| 票据种类 | 转账支票 | 票据张数 | 壹张 | | |
| 票据号码 | 转账02392545 | | | | |
| | 复核　记账 | | | 收款人开户银行盖章 | |

工商银行深圳市南山区高新支行 2016.12.28 转讫

此联是收款人开户行交给收款人的收账通知

图 4－45　［业务四　银行进账单］

【业务分析】

该笔业务属于上期销售产品的预收款项，该业务在信息化环境下应作为本期的期初数据录入到系统中。该业务需要在应收款管理系统中通过录入预收款的“收款单”来反映。

【数据信息化】

数据来源：预收账款明细账、银行进账单

根据以上业务资料采集得到预收款期初信息化数据（见表4－13）：

**表4－13 预收款期初信息化数据**

| | | |
|---|---|---|
| 表头信息 | 单据名称 | 预收款 |
| | 单据类型 | 收款单 |
| | 单据编号 | S161228 |
| | 日期 | 2016－12－28 |
| | 客户 | 方邦科技 |
| | 结算方式 | 转账支票 |
| | 结算科目 | 10020101 |
| | 金额 | 10000.00 |
| | 票据号 | 02392545 |
| | 摘要 | 预收货款 |
| 表体信息 | 款项类型 | 预收款 |

【操作人员】

由具有应收款管理系统期初录入权限的操作员或财务部［ZJY 张静仪］录入预收款期初数据，操作日期：2017年1月1日。

【信息化操作】

◎ 前置操作：先修改应收系统的“收款单”的编号方式为“完全手工编号方式”。

（1）2017年1月1日，由财务部［ZJY 张静仪］执行【业务工作】—【财务会计】—【应收款管理】—【设置】—【期初余额】命令，打开【期初余额—查询】窗口。

（2）在【期初余额—查询】窗口下单击［确定］按钮，打开【期初余额】窗口。

（3）单击［增加］按钮，打开【单据类别】窗口。选择［单据名称］为“预收款”，［单据类型］为“收款单”，如图4－46所示。

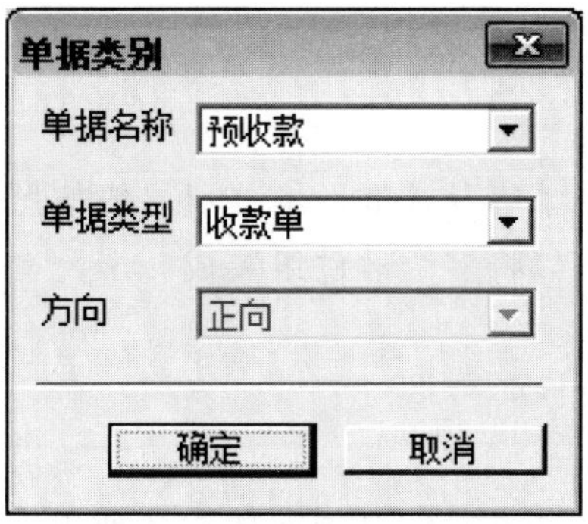


**图4－46 应收期初余额—单据类别**

（4）单击［确定］按钮，打开【期初余额】窗口，然后单击［增加］按钮，录入预收款期初收款单相关信息后单击［ ］按钮保存。结果如图 4－47 所示。

**图 4－47　应收期初余额—预收款单**

# 实训三　库存管理与存货核算系统初始设置信息化处理

【信息化要求】

账簿都应有期初数据，以保证其数据的连贯性。所以在使用库存及存货核算管理系统时，应先将上一期末的全部存货的期末数据作为初次使用信息系统时的期初数据录入库存及存货核算管理系统，以保证数据的完整、连续，与总账系统对账正确。同时，为了高效、方便地使用相关功能，使相关业务工作与手工业务匹配，在初次使用库存及存货核算管理系统时，还需要根据企业的实际情况对库存及存货核算管理系统的有关参数做出设置或调整。这些参数涉及库存及存货核算管理过程中的业务模式、业务流程、数据流向等。

## 业务一　库存管理系统参数设置

【业务描述】

根据对公司库存管理业务流程的了解及查询，本公司一般按照各种出入库单据审核完成时调整存货的库存量。同时，公司的存货中可以将多个散件组装成一个配套件，也可以将一个配套件拆卸成多个散件。公司还有委托代销业务。

【业务分析】

该笔业务属于公司在库存管理业务流程中对管理环节各种规范程序的控制措施，对于这些业务的控制规范，需要在信息系统中通过库存管理系统的“库存选项”设置功能进行设置处理。

【数据信息化】

根据以上业务资料及信息系统的要求得到库存管理系统的控制参数（见表4-14）：

**表4-14 库存管理系统参数信息化数据**

| 选项卡名称 | | 控制名称 | 控制内容 |
|---|---|---|---|
| 通用设置 | 业务设置 | 有无组装拆卸业务 | 有 |
| | | 有无委托代销业务 | 有 |
| | 修改现存量时点 | 采购入库审核时改现存量<br>销售出库审核时改现存量<br>产成品入库审核时改现存量<br>材料出库审核时改现存量<br>其他出入库审核时改现存量 | 选中 |

【操作人员】

由具有库存管理系统设置权限的操作员或财务部［ZJ郑静］进行参数设置操作，操作日期：2017年1月1日。

【信息化操作】

（1）2017年1月1日，由财务部［ZJ郑静］执行【业务工作】—【供应链】—【库存管理】—【初始设置】—【选项】命令，打开【库存选项设置】窗口。

（2）单击【库存选项设置—通用设置】选项卡，按库存管理系统参数信息化数据表中的设置内容勾选或取消相关项目后，单击［确定］按钮保存。结果如图4-48所示。

**图4-48 库存选项设置—通用设置选项卡**

## 业务二　库存管理系统期初余额信息化处理

【业务描述】

通过查询账簿数据及相关凭证，发现库存管理系统的存货期初数据如下：

查询相关账簿数据得到“原材料”总分类账和“库存商品”总分类账的记录（如图4－49、图4－50所示）。查询相关原始凭证得到上期末“账存实存对比表”如图4－51至图4－53所示。

**原材料　总账**　　　　会计科目编号：1403

| 2017年 | | 凭证号数 | 摘要 | 借方 | | | | | | | | | 贷方 | | | | | | | | | 借或贷 | 余额 | | | | | | | | |
|---|---|---|---|---|---|---|---|---|---|---|---|---|---|---|---|---|---|---|---|---|---|---|---|---|---|---|---|---|---|---|---|
| 月 | 日 | | | 百 | 十 | 万 | 千 | 百 | 十 | 元 | 角 | 分 | 百 | 十 | 万 | 千 | 百 | 十 | 元 | 角 | 分 | | 百 | 十 | 万 | 千 | 百 | 十 | 元 | 角 | 分 |
| 01 | 01 | | 上年结转 | | | | | | | | | | | | | | | | | | | 借 | | 1 | 3 | 4 | 5 | 0 | 0 | 0 | 0 |
| | | | | | | | | | | | | | | | | | | | | | | | | | | | | | | | |
| | | | | | | | | | | | | | | | | | | | | | | | | | | | | | | | |

图4－49　[业务二　原材料总账]

**库存商品　总账**　　　　会计科目编号：1405

| 2017年 | | 凭证号数 | 摘要 | 借方 | | | | | | | | | 贷方 | | | | | | | | | 借或贷 | 余额 | | | | | | | | |
|---|---|---|---|---|---|---|---|---|---|---|---|---|---|---|---|---|---|---|---|---|---|---|---|---|---|---|---|---|---|---|---|
| 月 | 日 | | | 百 | 十 | 万 | 千 | 百 | 十 | 元 | 角 | 分 | 百 | 十 | 万 | 千 | 百 | 十 | 元 | 角 | 分 | | 百 | 十 | 万 | 千 | 百 | 十 | 元 | 角 | 分 |
| 01 | 01 | | 上年结转 | | | | | | | | | | | | | | | | | | | 借 | 1 | 4 | 7 | 0 | 0 | 0 | 0 | 0 | 0 |
| | | | | | | | | | | | | | | | | | | | | | | | | | | | | | | | |
| | | | | | | | | | | | | | | | | | | | | | | | | | | | | | | | |

图4－50　[业务二　库存商品总账]

**账存实存对比表**

单位名称：华威创新科技有限公司　　2016年12月31日　　单位：原材料库

| 编号 | 类别及名称 | 计量单位 | 单价 | 实存 | | 账存 | | 对比结果 | | | | 备注 |
|---|---|---|---|---|---|---|---|---|---|---|---|---|
| | | | | | | | | 盘盈 | | 盘亏 | | |
| | | | | 数量 | 金额 | 数量 | 金额 | 数量 | 金额 | 数量 | 金额 | |
| 0101 | 机架 | 架 | 200.00 | 50 | | 50 | | | | | | |
| 0102 | 无刷电机 | 台 | 400.00 | 50 | | 50 | | | | | | |
| 0103 | 电调 | 台 | 200.00 | 200 | | 200 | | | | | | |
| 0104 | 锂电池 | 个 | 200.00 | 50 | | 50 | | | | | | |
| 0105 | APM | 台 | 330.00 | 50 | | 50 | | | | | | |
| 0106 | 螺旋桨 | 副 | 30.00 | 50 | | 50 | | | | | | |
| 0107 | 起落架 | 个 | 80.00 | 50 | | 50 | | | | | | |
| 0108 | 遥控器 | 台 | 500.00 | 50 | | 50 | | | | | | |
| 0109 | 平衡充电器 | 个 | 150.00 | 50 | | 50 | | | | | | |
| 审核人：宋春丽 | | | | | | 制表人：李伟 | | | | | | |

报账联

图4－51　[业务二　账存实存对比表—原材料库]

**账存实存对比表**

单位名称：华威创新科技有限公司　　2016年12月31日　　单位：产品一库

| 编号 | 类别及名称 | 计量单位 | 单价 | 实存 | | 账存 | | 对比结果 | | | | 备注 |
|---|---|---|---|---|---|---|---|---|---|---|---|---|
| | | | | | | | | 盘盈 | | 盘亏 | | |
| | | | | 数量 | 金额 | 数量 | 金额 | 数量 | 金额 | 数量 | 金额 | |
| 0201 | PHANTOM系列 | 台 | 2500.00 | 100 | | 100 | | | | | | |
| 0202 | OSMO系列 | 台 | 1500.00 | 100 | | 100 | | | | | | |
| | | | | | | | | | | | | |

审核人：宋春丽　　制表人：李伟

报账联

图 4-52　[业务二　账存实存对比表—产品一库]

**账存实存对比表**

单位名称：华威创新科技有限公司　　2016年12月31日　　单位：产品二库

| 编号 | 类别及名称 | 计量单位 | 单价 | 实存 | | 账存 | | 对比结果 | | | | 备注 |
|---|---|---|---|---|---|---|---|---|---|---|---|---|
| | | | | | | | | 盘盈 | | 盘亏 | | |
| | | | | 数量 | 金额 | 数量 | 金额 | 数量 | 金额 | 数量 | 金额 | |
| 0203 | INSPIRE系列 | 架 | 4000.00 | 200 | | 200 | | | | | | |
| 0204 | MAVIC系列 | 台 | 1800.00 | 150 | | 150 | | | | | | |
| | | | | | | | | | | | | |

审核人：宋春丽　　制表人：李伟

报账联

图 4-53　[业务二　账存实存对比表—产品二库]

【业务分析】

该笔业务属于公司在库存管理中上期末各仓库的结存情况，在使用信息系统时需要将其录入系统作为本期的期初余额。该业务需要在信息系统中通过库存管理系统的“期初结存”设置功能进行设置处理。

【数据信息化】

数据来源：原材料总分类账、库存商品总分类账、账存实存对比表

根据以上业务资料采集得到库存管理系统的期初存货结存信息化数据（见表 4-15）：

**表 4-15　库存管理系统期初结存信息化数据**

| 仓库 | 存货编码 | 存货名称 | 计量单位 | 数量 | 单价 |
|---|---|---|---|---|---|
| 原材料库 | 0101 | 机架 | 架 | 50.00 | 200.00 |
| | 0102 | 无刷电机 | 台 | 50.00 | 400.00 |
| | 0103 | 电调 | 台 | 200.00 | 200.00 |
| | 0104 | 锂电池 | 个 | 50.00 | 200.00 |
| | 0105 | APM | 台 | 50.00 | 330.00 |
| | 0106 | 螺旋桨 | 副 | 50.00 | 30.00 |
| | 0107 | 起落架 | 个 | 50.00 | 80.00 |
| | 0108 | 遥控器 | 台 | 50.00 | 500.00 |
| | 0109 | 平衡充电器 | 个 | 50.00 | 150.00 |
| 产品一库 | 0201 | PHANTOM 系列 | 台 | 100.00 | 2500.00 |
| | 0202 | OSMO 系列 | 台 | 100.00 | 1500.00 |
| 产品二库 | 0203 | INSPIRE 系列 | 台 | 200.00 | 4000.00 |
| | 0204 | MAVIC 系列 | 台 | 150.00 | 1800.00 |

【操作人员】

由具有库存管理系统设置权限的操作员或财务部［LR 李蕊］进行存货期初结存数据的录入操作，操作日期：2017 年 1 月 1 日。

【信息化操作】

（1）2017 年 1 月 1 日，由财务部［LR 李蕊］执行【业务工作】—【供应链】—【库存管理】—【初始设置】—【期初结存】命令，打开【库存期初数据录入】窗口。

（2）在【库存期初数据录入】窗口右上角选择［仓库］为“原材料库”。

（3）单击［修改］按钮，依次输入原材料库的期初存货结存数量后，单击［保存］按钮保存存货信息。

（4）保存完毕存货信息后，单击［批审］按钮，完成原材料库的数据录入。结果如图 4－54 所示。

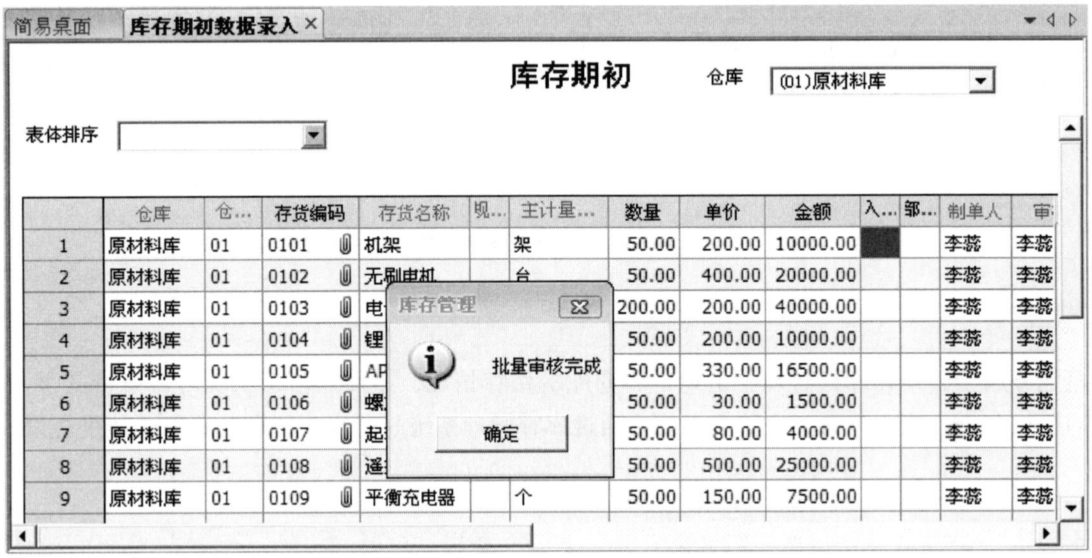


图 4－54　库存期初数据录入—原材料库

（5）选择［仓库］为“产品一库”，以同样方法完成产品一库的数据录入。结果如图 4－55 所示。

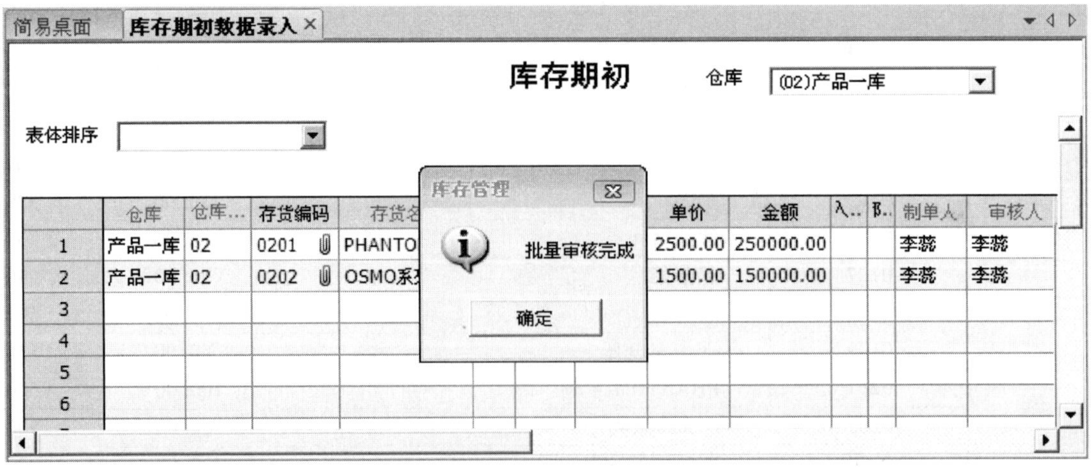


图 4－55　库存期初数据录入—产品一库

（6）选择［仓库］为“产品二库”，以同样方法完成产品二库的数据录入。结果如图4－56所示。

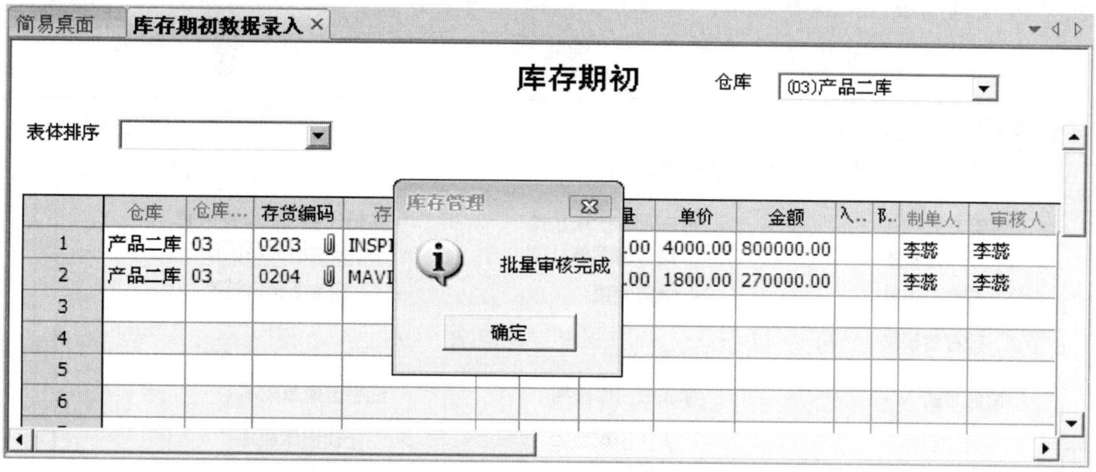

图4－56 库存期初数据录入—产品二库

## 业务三 存货核算管理系统参数设置

【业务描述】

根据对公司存货核算业务流程的了解及查询，本公司对存货的核算程序及方法一般均按会计准则的规定进行，对上月的暂估业务采用下月收到发票时先回冲，然后再按正常程序处理的方法，对于对外发出的委托代销商品在发出时通过“发出商品”科目进行核算。

【业务分析】

该笔业务属于公司在对存货进行核算时所采用的核算规则的规定，对于这些业务程序的控制，需要在信息化系统中通过存货核算系统的“选项录入”设置功能进行设置处理。

【数据信息化】

根据以上业务资料及信息系统的要求得到存货核算系统的控制参数：

表4－16 存货核算系统参数信息化数据（见表4－16）

| 选项卡名称 | 控制名称 | 控制内容 |
|---|---|---|
| 核算方式 | 暂估方式 | 单到回冲 |
| | 委托代销成本核算方式 | 按发出商品核算 |

【操作人员】

由具有存货核算系统设置权限的操作员或财务部［ZJ 郑静］进行参数设置操作，操作日期：2017年1月1日。

【信息化操作】

（1）2017年1月1日，由财务部［ZJ 郑静］执行【业务工作】—【供应链】—【存货核算】—【初始设置】—【选项】—【选项录入】命令，打开【选项录入】窗口。

（2）单击【选项录入—核算方式】选项卡，选择［暂估方式］为“单到回冲”，［委托代销成本核算方式］为“按发出商品核算”，然后单击［确定］按钮保存。结果如图 4－57 所示。

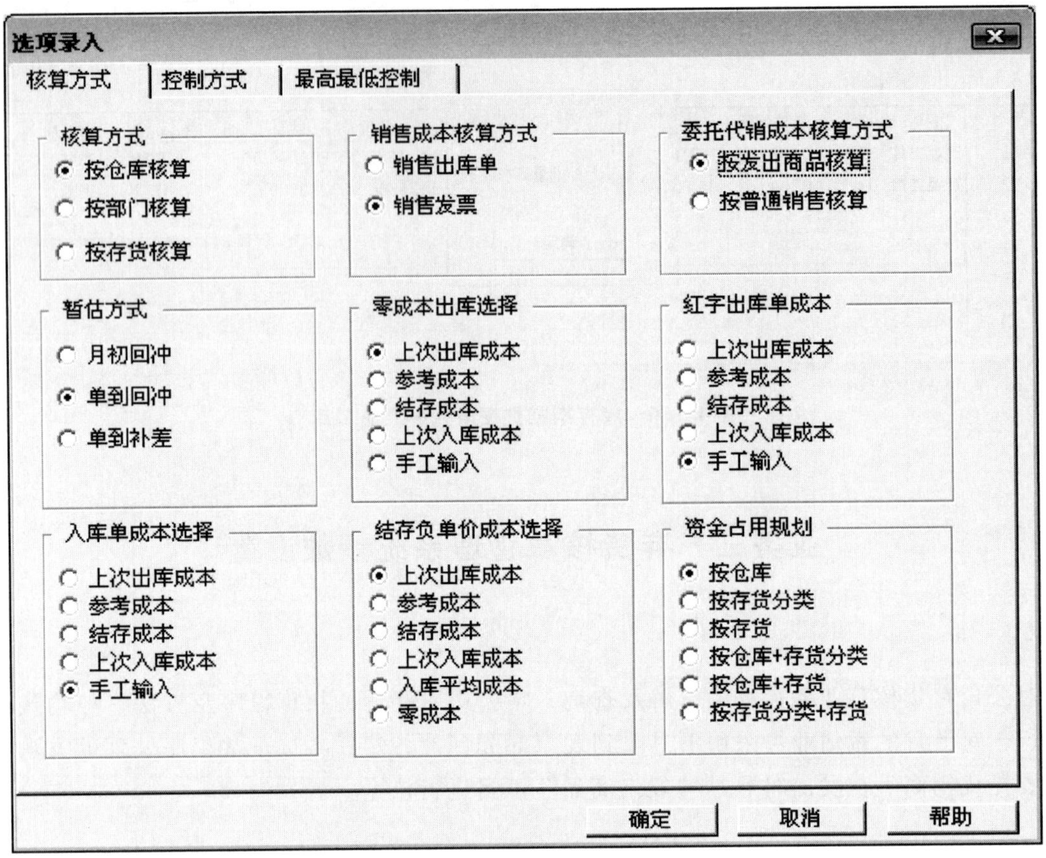


图 4－57　选项录入—核算方式选项卡

## 业务四　存货核算系统核算科目信息化处理

【业务描述】

根据对公司存货核算业务流程的了解及查询，公司在进行存货核算时，各仓库所存放的存货均按存货名称设置为二级科目进行核算。各类存货在收入和发出时均按现行会计准则的要求对其进行核算。

【业务分析】

该笔业务主要对公司在存货收入及发出的会计核算上作了规范，为了能在信息系统中实现存货收发核算的自动化，需要对各种存货收入及发出进行核算时所使用的会计科目及处理规则做出设置，以便系统可以在业务发生时自动生成各类存货收入及发出的会计凭证。该业务需要在信息系统中通过存货核算系统的“科目设置”功能进行设置处理。

【数据信息化】

根据以上业务资料及信息系统的要求得到存货核算系统的科目设置数据（见表 4－17）：

**表 4-17　存货核算系统科目设置信息化数据**

| 存货科目 | | | 存货对方科目 | | |
|---|---|---|---|---|---|
| 仓库编码 | 存货编码 | 存货科目编码 | 收发类别编码 | 对方科目编码 | 其他 |
| 01 | 0101 | 140301 | 11 | 1402 | 暂估科目 220202 |
| 01 | 0102 | 140302 | 12 | 500101 | |
| 01 | 0103 | 140303 | 16 | 1402 | |
| 01 | 0104 | 140304 | 17 | 1901 | |
| 01 | 0105 | 140305 | 21 | 640101 | |
| 01 | 0106 | 140306 | 23 | 500101 | |
| 01 | 0107 | 140307 | 24 | 640103 | |
| 01 | 0108 | 140308 | 25 | 1901 | |
| 01 | 0109 | 140309 | | | |
| 02 | 0201 | 140501 | | | |
| 02 | 0202 | 140502 | | | |
| 03 | 0203 | 140503 | | | |
| 03 | 0204 | 140504 | | | |
| 03 | 0205 | 140505 | | | |

【操作人员】

由具有存货核算系统设置权限的操作员或财务部［ZJ 郑静］进行参数设置操作，操作日期：2017 年 1 月 1 日。

【信息化操作】

（1）2017 年 1 月 1 日，由财务部［ZJ 郑静］执行【业务工作】—【供应链】—【存货核算】—【初始设置】—【科目设置】—【存货科目】命令，打开【存货科目】窗口。

（2）单击［增加］按钮，按科目设置数据表的内容，依次录入各仓库存货的科目信息后单击［］按钮保存，结果如图 4-58 所示。

存货科目

| 仓库编码 | 仓库名称 | 存货... | 存货... | 存货编码 | 存货名称 | 存货科目编码 | 存货科目名称 |
|---|---|---|---|---|---|---|---|
| 01 | 原材料库 | | | 0101 | 机架 | 140301 | 机架 |
| 01 | 原材料库 | | | 0102 | 无刷电机 | 140302 | 无刷电机 |
| 01 | 原材料库 | | | 0103 | 电调 | 140303 | 电调 |
| 01 | 原材料库 | | | 0104 | 锂电池 | 140304 | 锂电池 |
| 01 | 原材料库 | | | 0105 | APM | 140305 | APM |
| 01 | 原材料库 | | | 0106 | 螺旋桨 | 140306 | 螺旋桨 |
| 01 | 原材料库 | | | 0107 | 起落架 | 140307 | 起落架 |
| 01 | 原材料库 | | | 0108 | 遥控器 | 140308 | 遥控器 |
| 01 | 原材料库 | | | 0109 | 平衡充电器 | 140309 | 平衡充电器 |
| 02 | 产品一库 | | | 0201 | PHANTOM系列 | 140501 | PHANTOM系列 |
| 02 | 产品一库 | | | 0202 | OSMO系列 | 140502 | OSMO系列 |
| 03 | 产品二库 | | | 0203 | INSPIRE系列 | 140503 | INSPIRE系列 |
| 03 | 产品二库 | | | 0204 | MAVIC系列 | 140504 | MAVIC系列 |
| 03 | 产品二库 | | | 0205 | 通用系列 | 140505 | 通用系列 |

**图 4-58　存货科目设置**

(3) 执行【业务工作】—【供应链】—【存货核算】—【初始设置】—【科目设置】—【对方科目】命令，打开【对方科目】窗口。

(4) 单击［增加］按钮，按科目设置数据表的内容，依次录入各存货的对方科目信息后单击［ ］按钮保存，结果如图 4－59 所示。

| 收发类别编码 | 收发类别名称 | F.. | 3.. | I.. | 对方科目编码 | 对方科目名称 | 暂估科目编码 | 暂估科目名称 | 委外加 |
|---|---|---|---|---|---|---|---|---|---|
| 11 | 采购入库 | | | | 1402 | 在途物资 | 220202 | 暂估应付款 | |
| 12 | 产成品入库 | | | | 500101 | 直接材料 | | | |
| 16 | 退货入库 | | | | 1402 | 在途物资 | | | |
| 17 | 盘盈入库 | | | | 1901 | 待处理财产损溢 | | | |
| 21 | 销售出库 | | | | 640101 | PHANTOM系列 | | | |
| 23 | 材料领用出库 | | | | 500101 | 直接材料 | | | |
| 24 | 委托代销出库 | | | | 640103 | INSPIRE系列 | | | |
| 25 | 盘亏出库 | | | | 1901 | 待处理财产损溢 | | | |

图 4－59　存货对方科目设置

## 业务五　存货核算系统期初余额信息化处理

【业务描述】

为准确掌握存货的耗用情况，核算公司存货的收发业务，查询账簿得到“原材料”总分类账和“库存商品”总分类账的记录（如图 4－47、图 4－48 所示），查询相关原始凭证得到上期末“账存实存对比表”数据（如图 4－49 至图 4－51 所示）。

【业务分析】

该笔业务属于公司为进行存货核算需要录入的期初存货数据，其数据和库存管理系统的期初数据应一致，可在库存管理系统和存货核算系统的期初数据功能下分别录入处理。该业务需要在信息化系统中通过存货核算系统的“期初余额”设置功能进行设置处理。

【数据信息化】

数据来源：原材料总分类账、库存商品总分类账、账存实存对比表

根据以上业务资料采集得到存货核算系统期初余额和库存管理系统的存货结存信息化数据一致（见表 4－14）。

【操作人员】

由具有存货核算系统设置权限的操作员或财务部［LR 李蕊］进行期初余额数据录入操作，操作日期：2017 年 1 月 1 日。

【信息化操作】

（1）2017 年 1 月 1 日，由财务部［LR 李蕊］执行【业务工作】—【供应链】—【存货核算】—【初始设置】—【期初数据】—【期初余额】命令，打开【期初余额】窗口。

（2）在【期初余额】窗口选择［仓库］为“原材料库”，单击［取数］按钮，系统自动从库存管理系统取出该仓库的存货信息，如图 4－60 所示。

期初余额

输出 增加 删除 选择 取数 汇总 对账 定位 格式 记账

**期初余额**

年度 2017　仓库 01 原材料库　计价方式：全月平均方式

| 存货编码 | 存货名称 | 规格型号 | 计量单位 | 数量 | 单价 | 金额 | 计划价 | 计划金额 | 存货科... | 存货科目 |
|---|---|---|---|---|---|---|---|---|---|---|
| 0101 | 机架 | | 架 | 50.00 | 200.00 | 10,000.00 | | | 140301 | 机架 |
| 0102 | 无刷电机 | | 台 | 50.00 | 400.00 | 20,000.00 | | | 140302 | 无刷电机 |
| 0103 | 电调 | | 台 | 200.00 | 200.00 | 40,000.00 | | | 140303 | 电调 |
| 0104 | 锂电池 | | 个 | 50.00 | 200.00 | 10,000.00 | | | 140304 | 锂电池 |
| 0105 | APM | | 台 | 50.00 | 330.00 | 16,500.00 | | | 140305 | APM |
| 0106 | 螺旋桨 | | 副 | 50.00 | 30.00 | 1,500.00 | | | 140306 | 螺旋桨 |
| 0107 | 起落架 | | 个 | 50.00 | 80.00 | 4,000.00 | | | 140307 | 起落架 |
| 0108 | 遥控器 | | 台 | 50.00 | 500.00 | 25,000.00 | | | 140308 | 遥控器 |
| 0109 | 平衡充电器 | | 个 | 50.00 | 150.00 | 7,500.00 | | | 140309 | 平衡充电器 |
| 合计： | | | | 600.00 | | 134,500.00 | | | | |

图 4－60　期初余额录入—原材料库

（3）按以上方法，选择［仓库］为“产品一库”，单击［取数］按钮，从库存管理系统取出该仓库的存货信息。如图 4－61 所示。

期初余额

输出 增加 删除 选择 取数 汇总 对账 定位 格式 记账

**期初余额**

年度 2017　仓库 02 产品一库　计价方式：全月平均方式

| 存货编码 | 存货名称 | 规格型号 | 计量单位 | 数量 | 单价 | 金额 | 计划价 | 计划金额 | 存货科... | 存货科目 |
|---|---|---|---|---|---|---|---|---|---|---|
| 0201 | PHANTOM... | | 台 | 100.00 | 2,500.00 | 250,000.00 | | | 140501 | PHANTOM... |
| 0202 | OSMO系列 | | 台 | 100.00 | 1,500.00 | 150,000.00 | | | 140502 | OSMO系列 |
| 合计： | | | | 200.00 | | 400,000.00 | | | | |

图 4－61　期初余额录入—产品一库

（4）按以上方法，选择［仓库］为“产品二库”，单击［取数］按钮，从库存管理系统取出该仓库的存货信息。如图 4－62 所示。

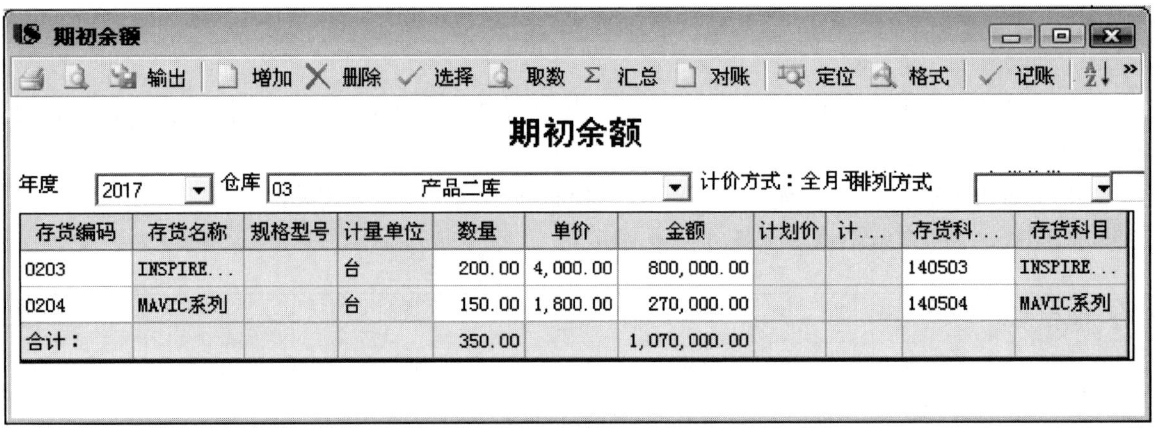


图 4－62　期初余额录入—产品二库

（5）取数完毕后，点击［ 对账］按钮，勾选所有仓库，然后单击［确定］按钮，系统将自动与库存管理系统的期初存货数据进行对账，对账成功后系统给出提示信息，单击［确定］按钮退出，如图 4－63 所示。

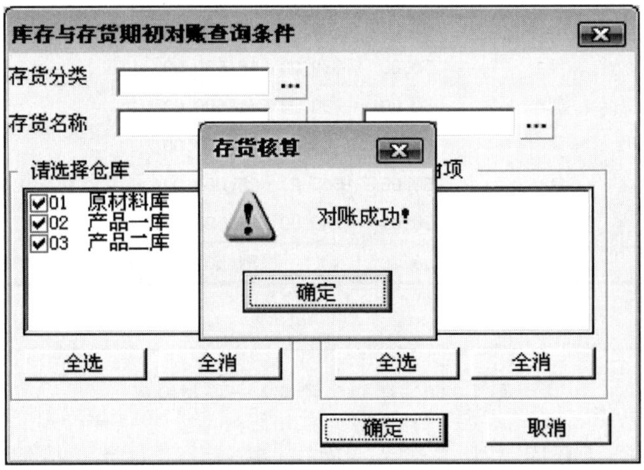


图 4－63　期初余额录入—对账

## 业务六　存货核算系统期初记账

【业务描述】

根据用友 U8 软件的要求，在存货核算期初余额录入完成后，应执行存货核算系统期初记账操作。

【业务分析】

为保证账簿数据的连贯性，应将存货期初数据记入有关的存货总账、存货明细账、差异账、委托代销/分期收款发出商品明细账，期初记账后，用户才能进行库存日常业务、账簿查询、统计分析等操作。该操作需要在信息化系统中通过存货核算系统的“期初余额—记账”功能进行记账处理。

【操作人员】

由具有存货核算系统设置权限的操作员或财务部［LR 李蕊］进行存货核算期初记账操作，操作日期：2017 年 1 月 1 日。

【信息化操作】

◎ 前置操作：已经执行过“采购管理系统”的【采购期初记账】操作。

（1）2017年1月1日，由财务部［LR 李蕊］执行【业务工作】—【供应链】—【存货核算】—【初始设置】—【期初数据】—【期初余额】命令，打开【期初余额】窗口。

（2）在【期初余额】窗口下单击［✓ 记账］按钮，系统完成记账操作并提示“期初记账成功!”，单击［确定］按钮后完成存货核算的期初记账工作，如图4－64所示。

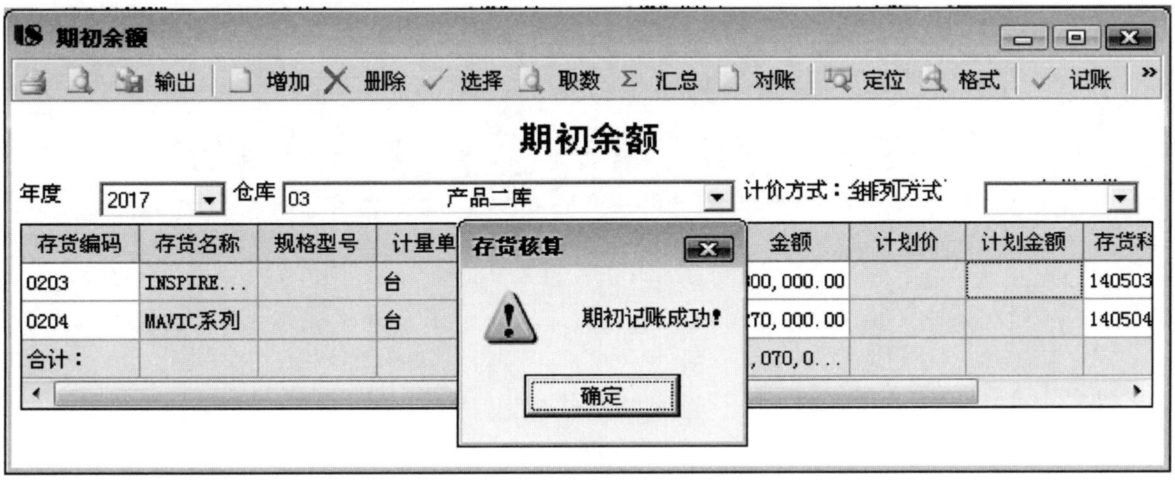


图4－64 期初余额录入—记账

# 项 目 5

# 采购与应付款管理系统日常业务信息化处理

**工作任务**

- 完成企业普通采购业务的处理工作
- 完成企业采购付款的会计核算工作

**职业能力**

- 掌握采购与应付款有关数据的采集与分析能力
- 具备采购与应付款业务的处理能力及数据分析能力
- 掌握企业采购业务的信息化处理方法

**知识要求**

- 能理解企业采购与应付款业务流程的逻辑关系
- 能描述采购与应付款业务的处理流程
- 能理解采购管理系统与其他子系统之间的数据关系

**技能要求**

- 能按企业的实际情况对采购及应付款数据进行合理归类、整理
- 能完成企业正常采购业务中涉及的各项业务单据的处理
- 能完成企业正常的采购及应付款的会计核算

# 实训一　普通采购业务信息化处理

【信息化要求】

企业的采购业务过程主要包括采购订货、预付货款、到货、入库、开票、付款结算等环节，在这些环节、流程中会出现及使用到各种原始凭证及单据，采购与应付款管理系统的日常业务信息化处理就是要对采购业务的各个环节进行管理，提供对请购、采购订货、到货、入库、开票、采购结算等采购流程的信息化处理与全面控制，对在采购流程中出现的各种单据及原始凭证进行信息化数据的采集与录入，有效、及时、精准完成企业的采购与付款的业务处理及会计核算。

## 业务一　采购预付款业务

【业务描述】

2017年1月15日，取得相关原始凭证如图5－1、图5－2所示。

**购销合同**

供方：深圳市光明机械有限公司　　合同号：CG201701001

需方：深圳华威创新科技有限公司　　签订日期：2017年01月15日

为保护买卖双方的合法权益，买卖双方根据《中华人民共和国合同法》的有关规定，经友好协商，一致同意签订本合同如下：

| 产品型号 | 名称 | 数量 | 单价 | 总额 | 其他要求 |
|---|---|---|---|---|---|
| | 机架 | 100.00 | 234.00 | 23400.00 | |
| | | | | | |
| | | | | | |
| | | | | | |
| 合计 | | 20.00 | | ¥23400.00 | |

货款总计（大写）：人民币贰万叁仟肆佰元整

质量验收标准：货物验收合格。

交货日期：2017年01月16日

交货地点：深圳华威创新科技有限公司

结算方式：转账支票，合同签订当日预付货款人民币伍仟元整。

违约条款：违约方须赔偿对方一切经济损失。但遇天灾人祸或其他人力不能控制之因素而导致延误交货，需方不能要求供方赔偿任何损失。

解决合同纠纷的方式：由双方协商解决，如协商不成，可向当地仲裁委员会提出仲裁申请。

本合同一式两份，买卖双方各执一份，自签定之日起生效。

| 供方（盖章）：深圳市光明机械有限公司 | 需方（盖章）：深圳华威创新科技有限公司 |
|---|---|
| 地址：深圳市蛇口工业大道工业城1012号 | 地址：深圳市南山区高新南四道[illegible]号 |
| 法定代表：张志敏 | 法定代表：李子明 |
| 联系电话：0755-84475769 | 联系电话：0755-26656699 |

合同专用章　　合同专用章

图5－1　［业务一　购销合同］

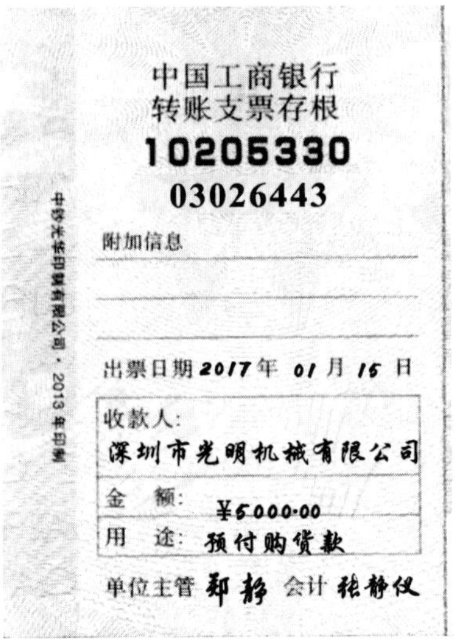
中国工商银行
转账支票存根
10205330
03026443
附加信息
出票日期 2017 年 01 月 15 日
收款人：深圳市光明机械有限公司
金额：¥5000.00
用途：预付购货款
单位主管 郑静 会计 张静仪

图 5-2 ［业务一 转账支票存根］

【业务分析】

该笔业务属于公司签订购货合同并支付给供应商的预付款项，按会计核算要求应编制相应的会计分录，同时反映公司的订货情况。信息化方式下，该笔业务应在采购管理系统填制“采购订单”，并在应付款管理系统中应通过填制“付款单”完成信息化处理。

【数据信息化】

根据以上业务资料采集得到采购订单及付款单信息化数据（见表 5-1、表 5-2）：

表 5-1 采购订单信息化数据

| | | |
|---|---|---|
| 表头信息 | 订单日期 | 2017-01-15 |
| | 订单编号 | CG201701001 |
| | 供应商 | 光明机械 |
| | 部门 | 采购部 |
| | 业务员 | 张瑜 |
| 表体信息 | 存货编码 | 0101 |
| | 数量 | 100.00 |
| | 原币含税单价 | 234.00 |
| | 计划到货日期 | 2017-01-16 |

表 5-2 付款单信息化数据

| | | |
|---|---|---|
| 表头信息 | 单据编号 | F170101 |
| | 日期 | 2017-01-15 |
| | 供应商 | 光明机械 |
| | 结算方式 | 转账支票 |
| | 结算科目 | 10020101 |
| | 金额 | 5000.00 |
| | 票据号 | 03026443 |
| | 摘要 | 预付购货款 |
| 表体信息 | 款项类型 | 预付款 |

【操作人员】

由采购部［XY 肖莹］负责订单处理，财务部［LTT 李婷婷］负责付款单填制，财务部［ZJY 张静仪］负责付款单的审核及制单处理，操作日期：2017 年 1 月 15 日。

【软件操作流程】

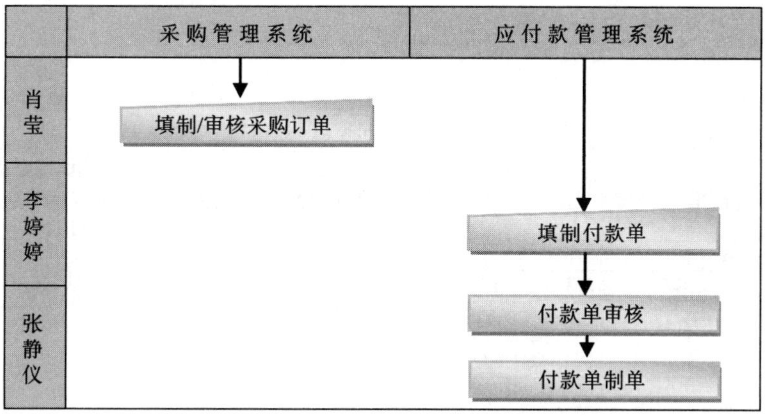


［软件操作流程图 2］　采购订单与预付款业务

【信息化操作】

◎ 前置操作：先修改采购系统的“采购订单”的编号方式为“完全手工编号方式”。

1. 填制采购订单

（1）2017 年 1 月 15 日，由采购部［XY 肖莹］执行【业务工作】—【供应链】—【采购管理】—【采购订货】—【采购订单】命令，打开【采购订单】窗口。

（2）单击［增加］按钮，按采购订单信息化数据表要求录入采购订单信息，单击［ ］按钮保存订单。

（3）单击［审核］按钮，审核采购订单。结果如图 5－3 所示。

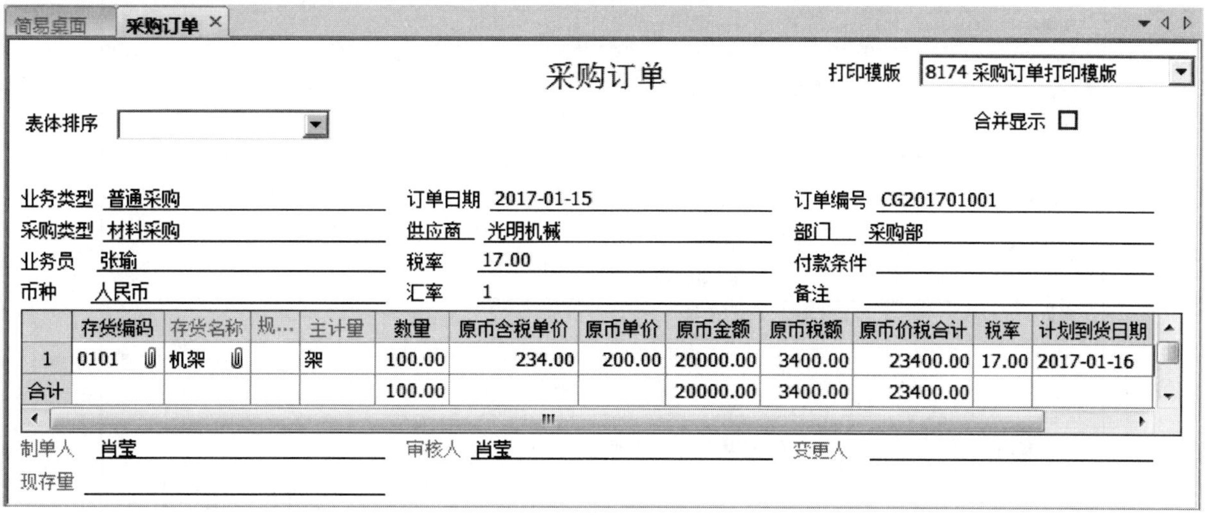


| | 存货编码 | 存货名称 | 规… | 主计量 | 数量 | 原币含税单价 | 原币单价 | 原币金额 | 原币税额 | 原币价税合计 | 税率 | 计划到货日期 |
|---|---|---|---|---|---|---|---|---|---|---|---|---|
| 1 | 0101 | 机架 | | 架 | 100.00 | 234.00 | 200.00 | 20000.00 | 3400.00 | 23400.00 | 17.00 | 2017-01-16 |
| 合计 | | | | | 100.00 | | | 20000.00 | 3400.00 | 23400.00 | | |

图 5－3　采购订单

2. 付款单录入

（1）2017 年 1 月 15 日，由财务部［LTT 李婷婷］执行【业务工作】—【财务会计】—【应付款管理】—【付款单据处理】—【付款单据录入】命令，打开【收付款单录入】窗口。

（2）单击［增加］按钮，按要求录入付款单信息化数据，在表体中选择［款项类型］为“预付款”并单击［ ］按钮保存。结果如图 5－4 所示。

图 5－4　付款单

3. 付款单审核

（1）2017 年 1 月 15 日，由财务部［ZJY 张静仪］执行【业务工作】—【财务会计】—【应付款管理】—【付款单据处理】—【付款单据审核】命令，打开【付款单据查询】窗口，如图 5－5 所示。

图 5－5　付款单条件查询

（2）单击［确定］按钮，打开【收付款单列表】窗口，鼠标双击［选择］栏或单击［ALL 全选］按钮，选中需要进行审核的单据，如图 5－6 所示。

收付款单列表

记录总数：1

| 选择 | 审核人 | 单据日期 | 单据类型 | 单据编号 | 供应商 | 部门 | 业务员 | 结算方式 | 票据号 | 币种 | 汇率 | 原币金额 | 本币金额 | 备注 |
|---|---|---|---|---|---|---|---|---|---|---|---|---|---|---|
| Y | | 2017-01-15 | 付款单 | F170101 | 深圳市光明机械有限公司 | 采购部 | 张瑜 | 转账支票 | 03026443 | 人民币 | 1.00000000 | 5,000.00 | 5,000.00 | 预付购货款 |
| 合计 | | | | | | | | | | | | 5,000.00 | 5,000.00 | |

图 5－6　收付款单列表

（3）单击［审核］按钮，系统提示单据审核成功。如图 5－7 所示。

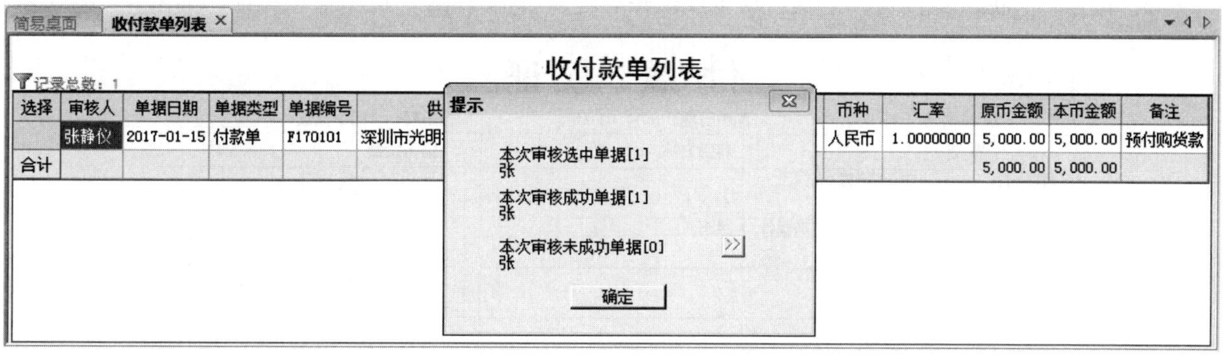


图 5－7　单据审核成功

4. 付款单制单

（1）2017 年 1 月 15 日，由财务部［ZJY 张静仪］执行【业务工作】—【财务会计】—【应付款管理】—【制单处理】命令，打开【制单查询】窗口，点选［收付款单制单］复选框，如图 5－8 所示。

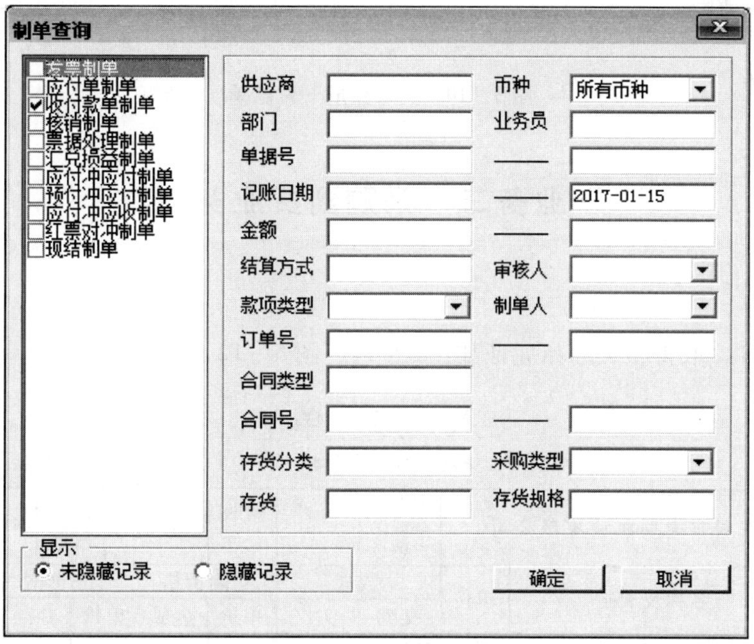


图 5－8　制单查询

（2）单击［确定］按钮，打开【制单】窗口，选择［凭证类别］为“付款凭证”，再鼠标双击［选择标志］栏或单击［ALL 全选］选择需要制单的付款单，如图 5－9 所示。

简易桌面 | 制单 ×

**收付款单制单**

凭证类别 付款凭证　　制单日期 2017-01-15　　共 1 条

| 选择标志 | 凭证类别 | 单据类型 | 单据号 | 日期 | 供应商编码 | 供应商名称 | 部门 | 业务员 | 金额 |
|---|---|---|---|---|---|---|---|---|---|
| 1 | 付款凭证 | 付款单 | F170101 | 2017-01-15 | 0102 | 深圳市光明机械有限公司 | 采购部 | 张瑜 | 5,000.00 |

图 5－9　收付款单制单

（3）单击［制单］按钮，系统自动生成记账凭证，单击［保存］按钮保存凭证，如图 5－10 所示。

已生成

**付 款 凭 证**

付　字 0014　　制单日期：2017.01.15　　审核日期：　　附单据数：1

| 摘 要 | 科目名称 | 借方金额 | 贷方金额 |
|---|---|---|---|
| 预付购货款 | 预付账款/人民币 | 500000 | |
| 预付购货款 | 银行存款/工商银行/人民币 | | 500000 |
| | | | |
| | | | |
| | | | |
| 票号<br>日期 | 数量<br>单价 合 计 | 500000 | 500000 |

备注　项　目　　　部　门

个　人　　　供应商 光明机械

业务员　张瑜

记账　　审核　　出纳　　制单　张静仪

图 5－10　凭证生成—付款单

## 业务二　采购到货业务

【业务描述】

2017 年 1 月 16 日，取得相关原始凭证如图 5－11、图 5－12 所示。

**入　库　单**

2017年01月16日　　单号：1701

| 交货单位及部门 | 深圳市光明机械有限公司 | | | 发票号码或生产单号 | | 验收仓库 | 原材料库 | 入库日期 | 2017·01·16 | |
|---|---|---|---|---|---|---|---|---|---|---|
| 编号 | 名称及规格 | 单位 | 数量 | | 实际价格 | | 计划价格 | | 价格差异 | |
| | | | 交库 | 实收 | 单价 | 金额 | 单价 | 金额 | | |
| 001 | 机架 | 架 | 100·00 | 100·00 | | | | | | |
| | | | | | | | | | | |
| | | | | | | | | | | |
| 合计 | | | 100·00 | 100·00 | | | | | | |

主管：宋春丽　　会计：李蕊　　仓库：李伟　　经办人：肖莹

第三联：财务联

图 5－11　［业务二　入库单］

深圳增值税专用发票

4500162330
机器编号：
423307223051

№ 47018020　4500162330
47018020

发票联

开票日期：2017年01月16日

| | | | | | | | | |
|---|---|---|---|---|---|---|---|---|
| 购买方 | 名　称：深圳华威创新科技有限公司<br>纳税人识别号：91440300MA5HDQ370L<br>地址、电话：深圳市南山区高新南四道18号，0755-26656699<br>开户行及账号：工商银行深圳市南山区高新支行208648161471113345 | | | | 密码区 | 3-64754<19785<32+-4840481/<br>56/376151*2>+-6//2<<-4**2<>/5<br>>*8457>/*5-7<8*24/+7721</>113<br>12-320154-/7412>8-27+-/213*>2 | | |
| 货物或应税劳务、服务名称 | 规格型号 | 单位 | 数量 | 单价 | 金额 | 税率 | 税额 | |
| 机架 | | 架 | 100 | 200.00 | 20000.00 | 17% | 3400.00 | |
| 合　计 | | | | | ¥20000.00 | | ¥3400.00 | |
| 价税合计（大写） | ⊗贰万叁仟肆佰元整 | | | | （小写）¥23400.00 | | | |
| 销售方 | 名　称：深圳市光明机械有限公司<br>纳税人识别号：91440300MA5DHQ422L<br>地址、电话：深圳市蛇口工业大道工业城1012号，0755-8447576<br>开户行及账号：中国建设银行深圳高新支行 | | | | 备注 | 校验码 47031 54246 36579 18516 | | |

收款人：　　复核：孙杨　　开票人：李旭飞　　销售方：（章）

第三联：发票联　购买方记账凭证

国税函［2016］号海南泰华实业公司

深圳市光明机械有限公司 91440300MA5DHQ422L 发票专用章

**图5－12　［业务二　采购专用发票］**

【业务分析】

该笔业务反映的是公司所订货物到货入库并收到该批货物的增值税专用发票一张。会计处理上应对货物入库及发票进行核算，由于货款还未支付，应通过“应付账款”进行处理。在信息化方式下，该笔业务应在采购管理系统填制采购专用发票、到货单，在库存管理系统填制入库单，在存货核算系统进行存货的核算。

【数据信息化】

数据来源：采购专用发票、采购入库单

根据以上业务资料采集得到采购专用发票及采购入库单信息化数据（见表5－3）：

**表5－3　采购专用发票信息化数据**

| | | |
|---|---|---|
| 表头信息 | 发票类型 | 专用发票 |
| | 发票号 | 47018020 |
| | 开票日期 | 2017－01－16 |
| | 部门 | 采购部 |
| | 供应商 | 光明机械 |
| 表体信息 | 货物代码 | 0101 |
| | 货物名称 | 机架 |
| | 数量 | 100.00 |
| | 原币单价 | 200.00 |

【操作人员】

由采购部［XY 肖莹］负责采购专用发票、采购到货单及采购结算处理；仓储部［LW 李伟］负责入库单的填制、审核；财务部［ZJY 张静仪］负责单据记账及制单处理。操作日期：2017年1月15日。

【软件操作流程】

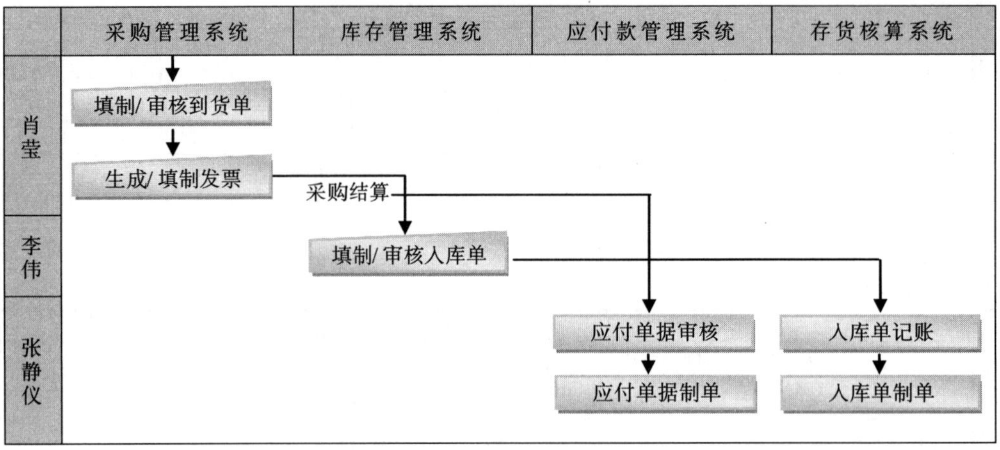


［软件操作流程图3］　采购入库与应付款业务

【信息化操作】

1. 生成/填制采购到货单

（1）2017年1月16日，由采购部［XY 肖莹］执行【业务工作】—【供应链】—【采购管理】—【采购到货】—【到货单】命令，打开【到货单】窗口。

（2）单击［增加］按钮，增加到货单，然后单击［生单｜采购订单］按钮，打开【采购订单列表过滤】窗口，如图5-13所示。

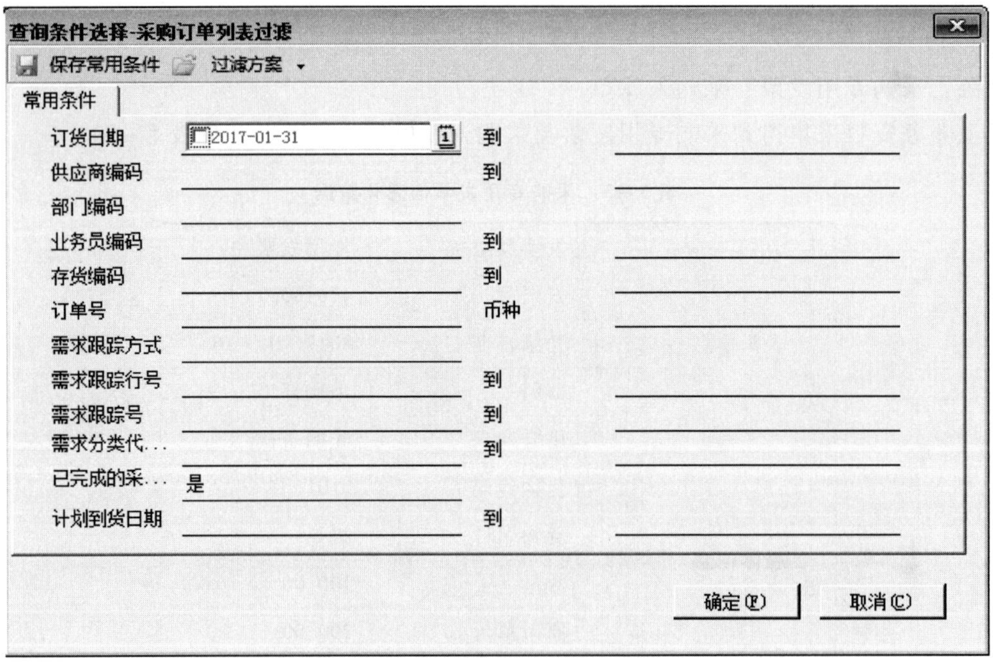


图5-13　采购订单列表过滤

（3）单击［确定］按钮，系统打开【到货单拷贝订单表头列表】，单击［全选］按钮或选择需要生成到货单的订单，如图5-14所示。

到货单拷贝订单表头列表　□ 选中合计

记录总数：1

| 选择 | 业务类型 | 订单号 | 订单日期 | 供货商 | 币种 |
|---|---|---|---|---|---|
| Y | 普通采购 | CG201701001 | 2017-01-15 | 光明机械 | 人民币 |
| 合计 | | | | | |

到货单拷贝订单表体列表　□ 选中合计

记录总数：1

| 选择 | 存货编码 | 存货名称 | 规格型号 | 主计量 | 订货数量 | 原币单价 | 原币含税单价 | 原币金额 | 原币税额 | 原币价税合计 |
|---|---|---|---|---|---|---|---|---|---|---|
| Y | 0101 | 机架 | | 架 | 100.00 | 200.00 | 234.00 | 20,000.00 | 3,400.00 | 23,400.00 |

图 5－14　到货单拷贝订单表头列表

（3）单击［OK 确定］按钮，系统自动生成到货单，单击［保存］按钮保存到货单，然后单击［审核］按钮，完成到货单的处理。结果如图 5－15 所示。

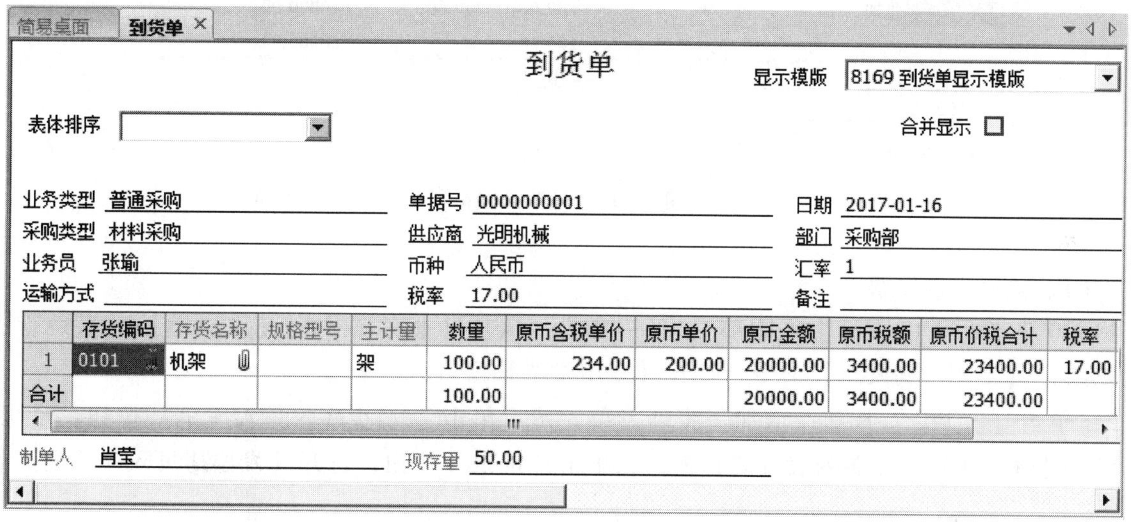

简易桌面　到货单

到货单　　显示模版　8169 到货单显示模版

表体排序　　合并显示 □

业务类型　普通采购　　单据号　0000000001　　日期　2017-01-16

采购类型　材料采购　　供应商　光明机械　　部门　采购部

业务员　张瑜　　币种　人民币　　汇率　1

运输方式　　税率　17.00　　备注

| | 存货编码 | 存货名称 | 规格型号 | 主计量 | 数量 | 原币含税单价 | 原币单价 | 原币金额 | 原币税额 | 原币价税合计 | 税率 |
|---|---|---|---|---|---|---|---|---|---|---|---|
| 1 | 0101 | 机架 | | 架 | 100.00 | 234.00 | 200.00 | 20000.00 | 3400.00 | 23400.00 | 17.00 |
| 合计 | | | | | 100.00 | | | 20000.00 | 3400.00 | 23400.00 | |

制单人　肖莹　　现存量　50.00

图 5－15　到货单

2. 生成/填制采购入库单

（1）2017 年 1 月 16 日，由仓储部［LW　李伟］执行【业务工作】—【供应链】—【库存管理】—【入库业务】—【采购入库单】命令，打开【采购入库单】窗口。

（2）单击［生单 ▾｜采购到货单（蓝字）］按钮，打开【查询条件选择—采购到货单列表】窗口，单击［确定］按钮，打开【到货单生单列表】窗口。

（3）在【到货单生单列表】窗口下，单击［ALL 全选］按钮或选择需要生成采购入库单的到货单，如图 5－16 所示。

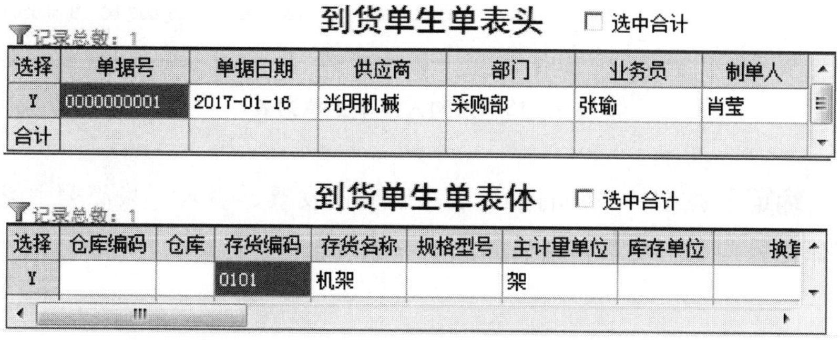

到货单生单表头　□ 选中合计

记录总数：1

| 选择 | 单据号 | 单据日期 | 供应商 | 部门 | 业务员 | 制单人 |
|---|---|---|---|---|---|---|
| Y | 0000000001 | 2017-01-16 | 光明机械 | 采购部 | 张瑜 | 肖莹 |
| 合计 | | | | | | |

到货单生单表体　□ 选中合计

记录总数：1

| 选择 | 仓库编码 | 仓库 | 存货编码 | 存货名称 | 规格型号 | 主计量单位 | 库存单位 | 换算 |
|---|---|---|---|---|---|---|---|---|
| Y | | | 0101 | 机架 | | 架 | | |

图 5－16　到货单生单列表

（4）单击［OK 确定］按钮，系统自动生成采购入库单，选择仓库为［原材料库］，然后单击［ ］按钮保存采购入库单，再单击［审核］按钮完成入库单的审核，结果如图 5－17 所示。

**图 5－17　采购入库单**

3. 生成/填制采购发票

（1）2017 年 1 月 16 日，由采购部［XY　肖莹］执行【业务工作】—【供应链】—【采购管理】—【采购发票】—【专用采购发票】命令，打开【专用发票】窗口。

（2）单击［增加］按钮，增加一张新发票，然后单击［生单 ▾｜入库单］按钮，系统打开【查询条件选择—采购入库单列表过滤】窗口，单击［确定］按钮，打开【发票拷贝入库单表头列表】窗口。

（3）在【发票拷贝入库单表头列表】窗口下，双击鼠标选择需要生成采购发票的入库单，如图 5－18 所示。

**图 5－18　采购入库单生单列表**

（4）单击［OK 确定］按钮，系统自动生成采购专用发票，输入［发票号］为“47018020”，然后单击［ ］按钮保存采购专用发票，结果如图 5－19 所示。

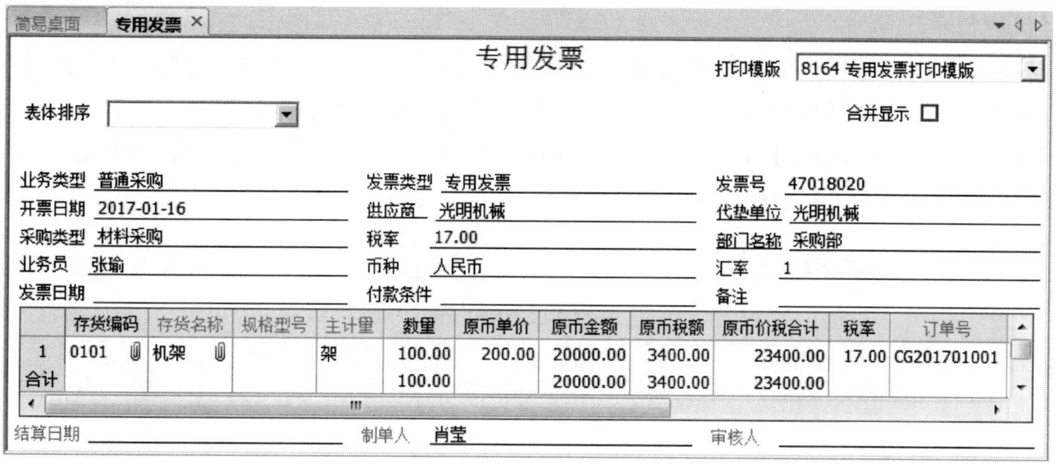


图 5－19 采购专用发票

4. 采购结算（手工结算）

（1）2017 年 1 月 16 日，由采购部［XY 肖莹］执行【业务工作】—【供应链】—【采购管理】—【采购结算】—【手工结算】命令，打开【手工结算】窗口。

（2）在【手工结算】窗口下单击［✓ 选单］按钮，系统打开【结算选单】窗口，在【结算选单】窗口下单击［查询］按钮，打开【查询条件选择—采购手工结算】窗口，单击［确定］按钮，系统过滤出需要结算的发票和入库单信息。双击鼠标分别选择需要结算的发票和入库单，如图 5－20 所示。

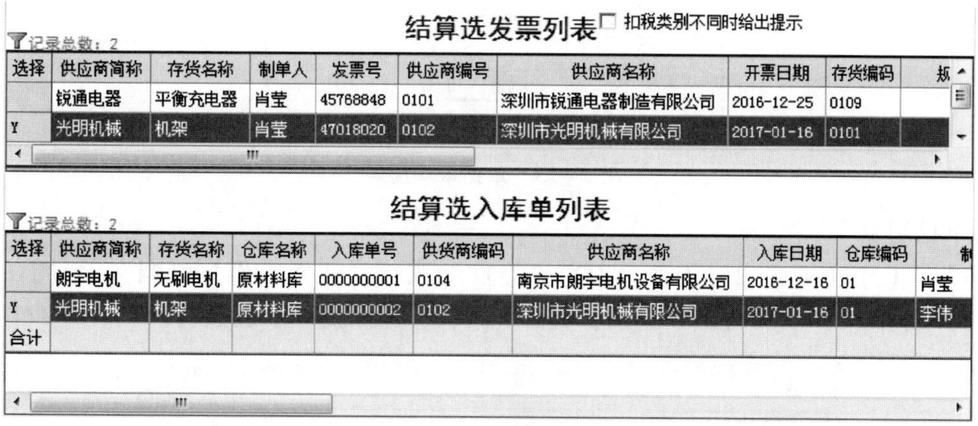


图 5－20 结算选单

（4）单击［OK 确定］按钮，系统自动将结算信息带入【手工结算】窗口，单击［结算］按钮，系统显示“完成结算！”窗口。结果如图 5－21 所示。

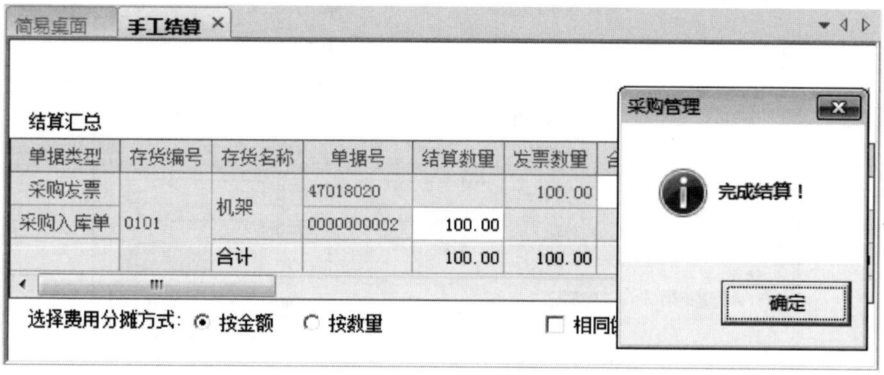


图 5－21 手工结算

5. 审核应付单

（1）2017 年 1 月 16 日，由财务部［ZJY　张静仪］执行【业务工作】—【财务会计】—【应付款管理】—【应付单据处理】—【应付单据审核】命令，打开【应付单查询条件】窗口。

（2）在【应付单查询条件】窗口下单击［确定］按钮，系统打开［应付单据列表］窗口，鼠标双击［选择］栏或单击［ALL 全选］选择需要审核的单据，如图 5－22 所示。

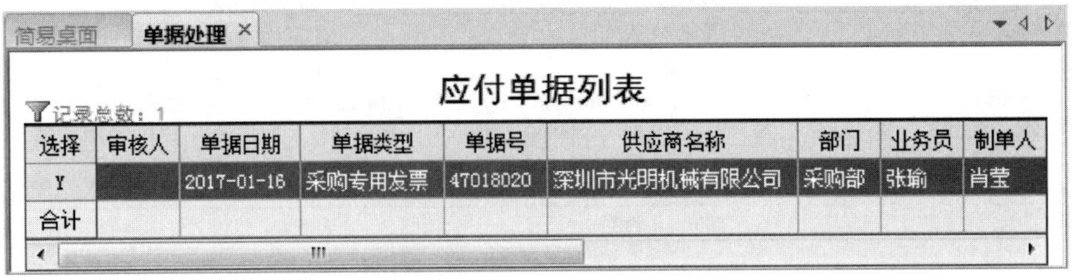


图 5－22　应付单据列表

（3）单击［审核］按钮，系统给出审核提示，再单击［确定］按钮，完成单据审核操作，如图 5－23 所示。

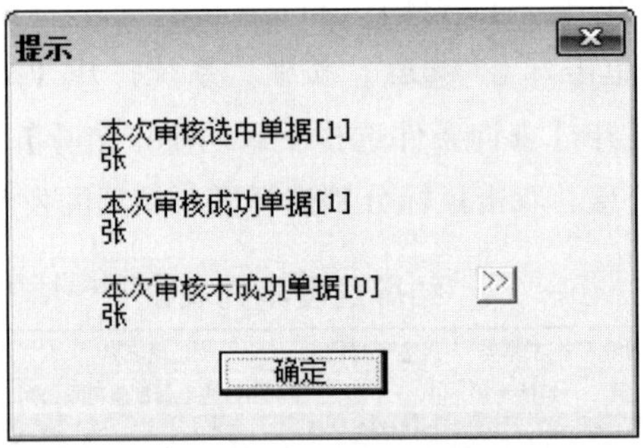


图 5－23　单据审核提示

6. 应付单据制单

（1）2017 年 1 月 16 日，由财务部［ZJY 张静仪］执行【业务工作】—【财务会计】—【应付款管理】—【制单处理】命令，打开【制单查询】窗口，选择［发票制单］复选框，如图 5－24 所示。

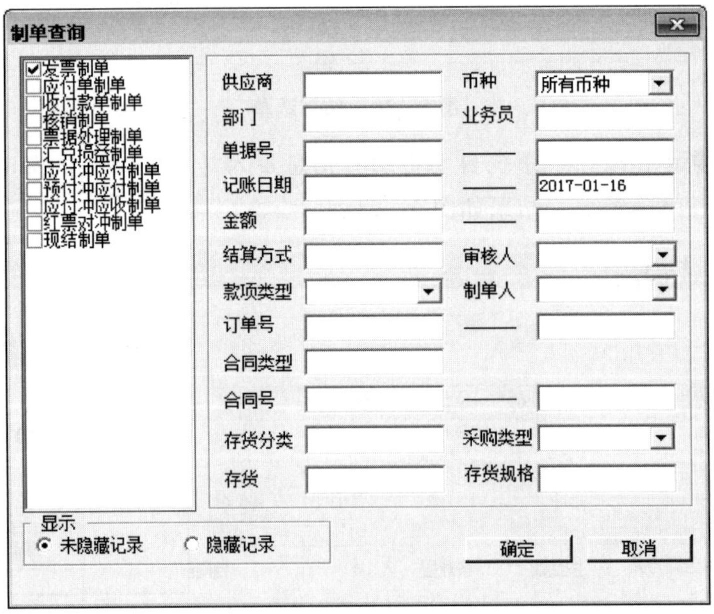


图 5－24　制单查询

（2）单击［确定］按钮，打开【采购发票制单】窗口，选择［凭证类别］为“转账凭证”，再鼠标双击［选择标志］栏或单击［全选］按钮选择需要制单的采购发票，如图5－25所示。

图5－25 采购发票制单

（3）单击［制单］按钮，系统生成一张凭证，单击［ ］按钮保存凭证，如图5－26所示。

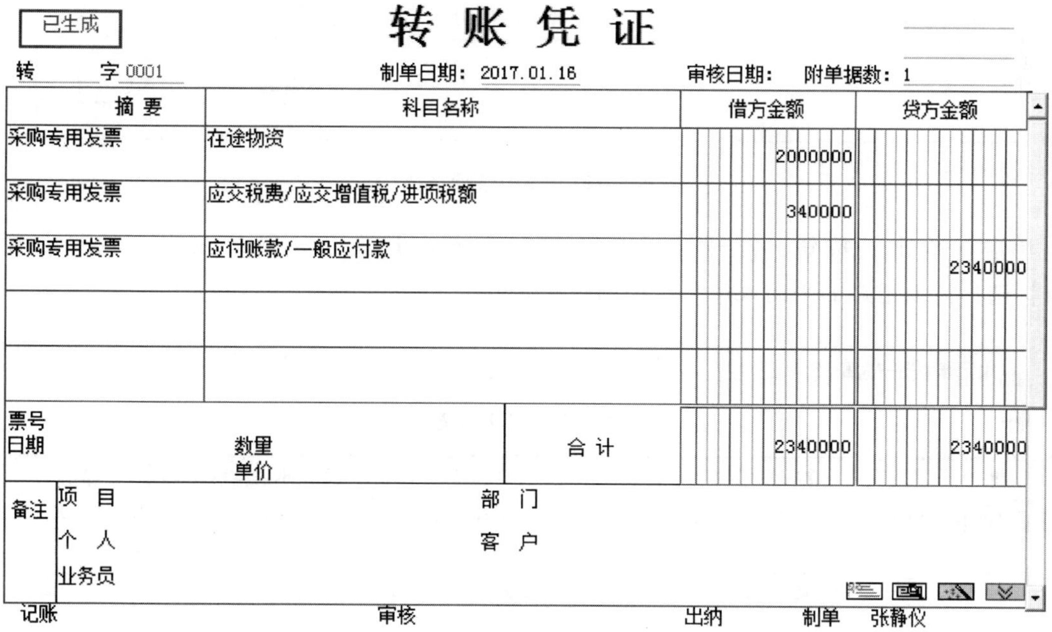


图5－26 凭证生成—采购专用发票

7. 采购入库单记账

（1）2017年1月16日，由财务部［ZJY 张静仪］执行【业务工作】—【供应链】—【业务核算】—【正常单据记账】命令，打开【查询条件选择】窗口，如图5－27所示。

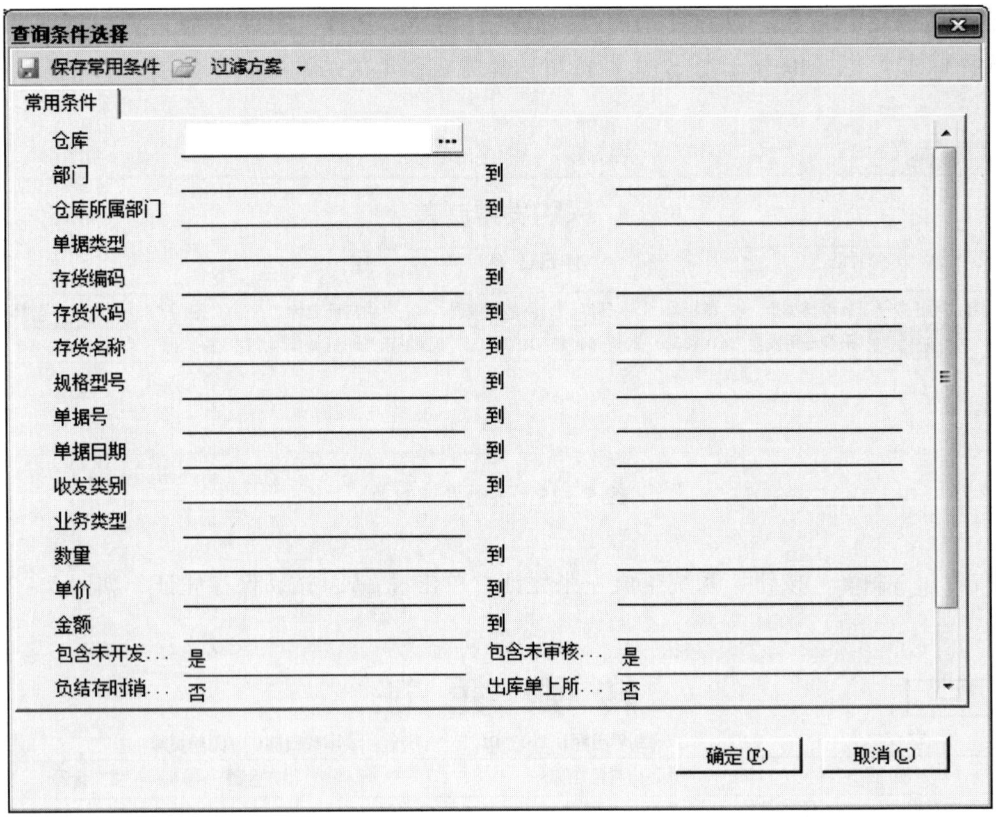


图 5-27 查询条件选择

(2) 单击［确定］按钮，打开【正常单据记账列表】窗口，鼠标双击［选择］栏或单击［全选］选择需要记账的采购入库单，如图 5-28 所示。

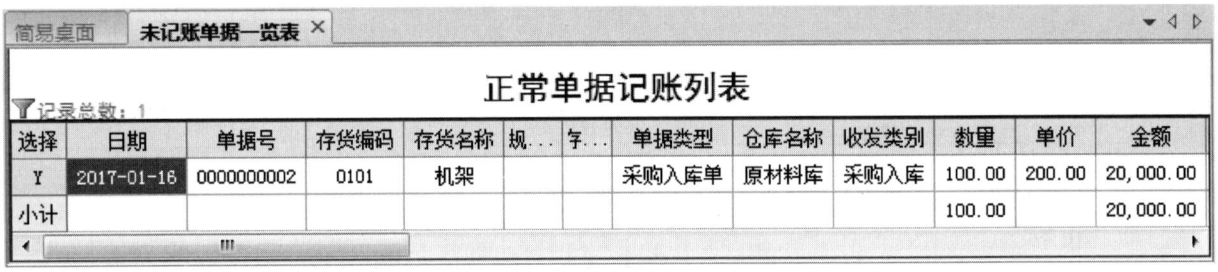


| 选择 | 日期 | 单据号 | 存货编码 | 存货名称 | 规... | 字... | 单据类型 | 仓库名称 | 收发类别 | 数量 | 单价 | 金额 |
|---|---|---|---|---|---|---|---|---|---|---|---|---|
| Y | 2017-01-16 | 0000000002 | 0101 | 机架 | | | 采购入库单 | 原材料库 | 采购入库 | 100.00 | 200.00 | 20,000.00 |
| 小计 | | | | | | | | | | 100.00 | | 20,000.00 |

图 5-28 正常单据记账列表

(3) 单击［记账］按钮，系统提示“记账成功”，如图 5-29 所示。

图 5-29 单据记账成功

8. 采购入库单制单

（1）2017 年 1 月 16 日，由财务部［ZJY 张静仪］执行【业务工作】—【供应链】—【财务核算】—【生成凭证】命令，打开【生成凭证】窗口。

（2）在【生成凭证】窗口单击［选择］按钮，系统打开【查询条件】窗口，如图 5－30 所示。

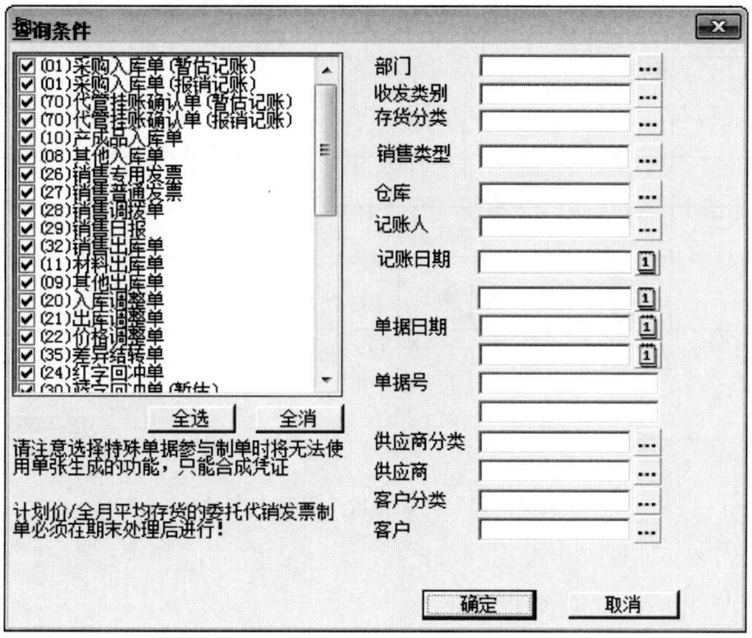


图 5－30　查询条件

（3）单击［确定］按钮，系统打开【未生成凭证单据一览表】，鼠标双击［选择］栏或单击［全选］选择需要生成凭证的单据，如图 5－31 所示。

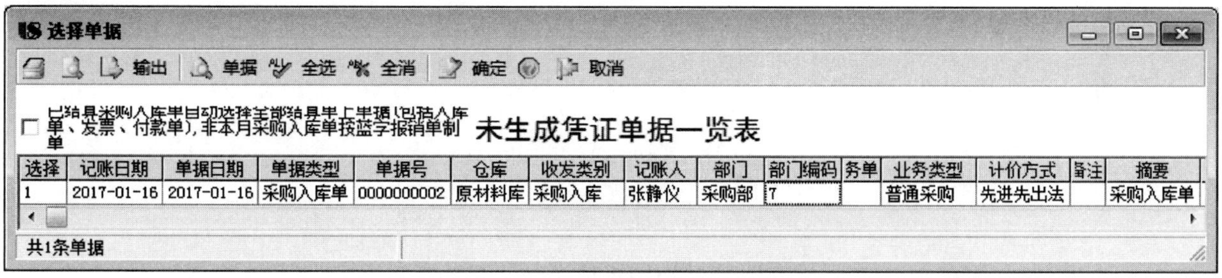


| 选择 | 记账日期 | 单据日期 | 单据类型 | 单据号 | 仓库 | 收发类别 | 记账人 | 部门 | 部门编码 | 务单 | 业务类型 | 计价方式 | 备注 | 摘要 |
|---|---|---|---|---|---|---|---|---|---|---|---|---|---|---|
| 1 | 2017-01-16 | 2017-01-16 | 采购入库单 | 0000000002 | 原材料库 | 采购入库 | 张静仪 | 采购部 | 7 | | 普通采购 | 先进先出法 | | 采购入库单 |



图 5－31　未生成凭证一览表

（4）单击［确定］按钮，系统显示要生成凭证的借贷方信息，选择［凭证类别］为“转账凭证”，如图 5－32 所示。

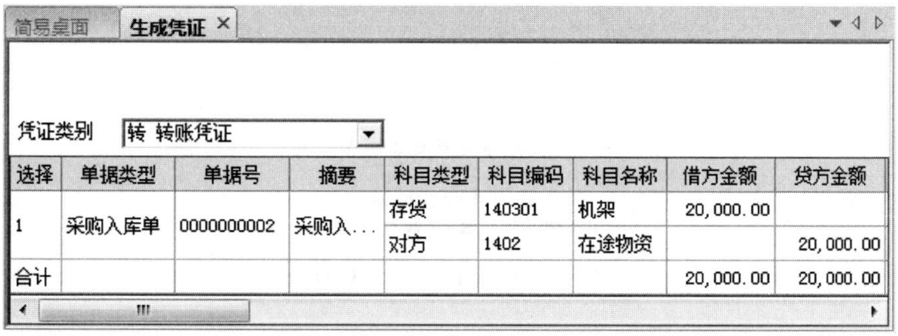


| 选择 | 单据类型 | 单据号 | 摘要 | 科目类型 | 科目编码 | 科目名称 | 借方金额 | 贷方金额 |
|---|---|---|---|---|---|---|---|---|
| 1 | 采购入库单 | 0000000002 | 采购入... | 存货 | 140301 | 机架 | 20,000.00 | |
| | | | | 对方 | 1402 | 在途物资 | | 20,000.00 |
| 合计 | | | | | | | 20,000.00 | 20,000.00 |

图 5－32　凭证信息

（5）单击［生成］按钮，系统生成一张凭证，单击［保存］按钮保存凭证，如图 5－33 所示。

已生成

**转 账 凭 证**

转 字 0002　　制单日期：2017.01.16　　审核日期：　　附单据数：1

| 摘 要 | 科目名称 | 借方金额 | 贷方金额 |
|---|---|---|---|
| 采购入库单 | 原材料/机架 | 2000000 | |
| 采购入库单 | 在途物资 | | 2000000 |
| | | | |
| | | | |
| | | | |
| 票号 日期　数量 100.00架　单价 200.00 | 合 计 | 2000000 | 2000000 |

备注　项 目　　部 门
个 人　　客 户
业务员

记账　　审核　　出纳　　制单 张静仪

图 5－33　凭证生成—采购入库单

**知识要点**

采购发票没有复核动作，只有经过采购结算后的采购发票才能自动传递到应付款管理系统中进行审核，经过审核后才能形成应付账款。

## 业务三　采购付款业务

【业务描述】

2017 年 1 月 17 日，取得相关原始凭证如图 5－34 所示。

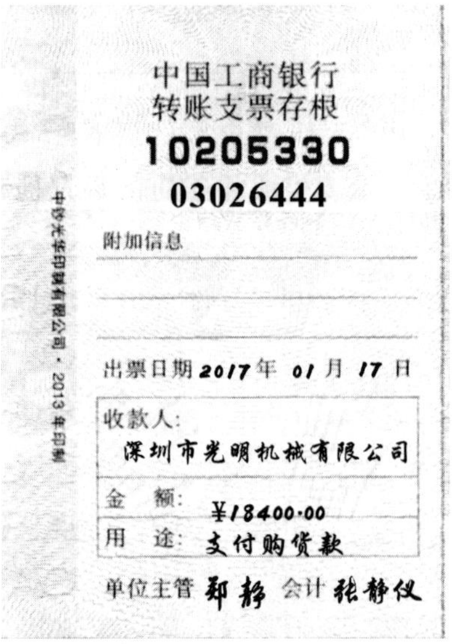
中国工商银行
转账支票存根
10205330
03026444
附加信息
出票日期 2017 年 01 月 17 日
收款人：深圳市光明机械有限公司
金　额：¥18400.00
用　途：支付购货款
单位主管 郑静　会计 张静仪

图 5－34　［业务三　转账支票存根］

【业务分析】

该笔业务是公司支付给光明机械公司的购货尾款，按会计核算要求应编制会计分录进行处理。信息化方式下，该笔业务应在应付款管理系统中填制“付款单”完成信息化处理。

【数据信息化】

根据以上业务资料采集得到付款单信息化数据：

**表5－4　付款单信息化数据**

| | | |
|---|---|---|
| 表头信息 | 单据编号 | F170102 |
| | 日期 | 2017－01－17 |
| | 供应商 | 光明机械 |
| | 结算方式 | 转账支票 |
| | 结算科目 | 10020101 |
| | 金额 | 18400.00 |
| | 票据号 | 03026444 |
| | 摘要 | 支付购货款 |
| 表体信息 | 款项类型 | 应付款 |

【操作人员】

由财务部［LTT 李婷婷］负责付款单填制，财务部［ZJY 张静仪］负责付款单的审核及制单处理，操作日期：2017年1月17日。

【软件操作流程】

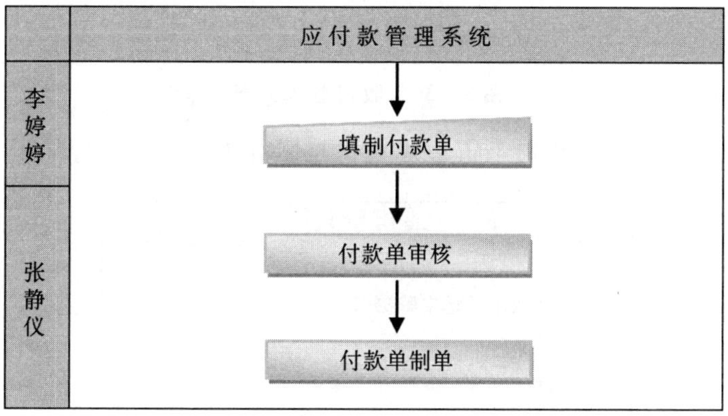


［软件操作流程图4］　采购付款业务

1. 填制付款单

（1）2017年1月17日，由财务部［LTT 李婷婷］执行【业务工作】—【财务会计】—【应付款管理】—【付款单据处理】—【付款单据录入】命令，打开【收付款单录入】窗口。

（2）单击［增加］按钮，按要求录入付款单信息化数据，在表体中选择［款项类型］为“应付款”并单击［］按钮保存。结果如图5－35所示。

图 5 – 35　付款单

2. 审核付款单

(1) 2017 年 1 月 17 日，由财务部 [ZJY 张静仪] 执行【业务工作】—【财务会计】—【应付款管理】—【付款单据处理】—【付款单据审核】命令，打开【付款单查询条件】窗口。

(2) 单击 [确定] 按钮，系统显示【收付款单列表】窗口，鼠标双击 [选择] 栏或单击 [全选] 选择需要审核的付款单，如图 5 – 36 所示。

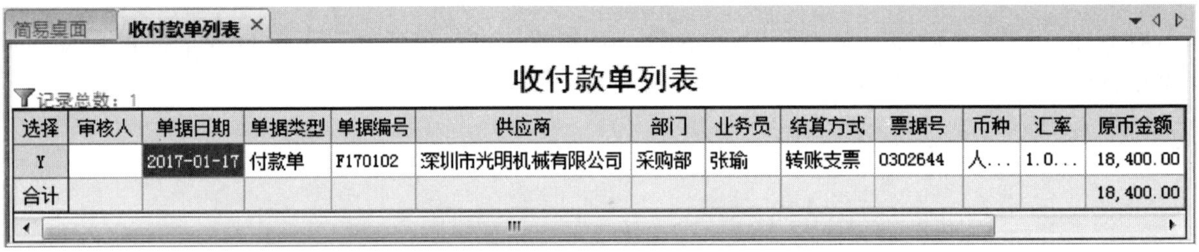


图 5 – 36　收付款单列表

(3) 单击 [审核] 按钮，系统提示审核成功信息，如图 5 – 37 所示。

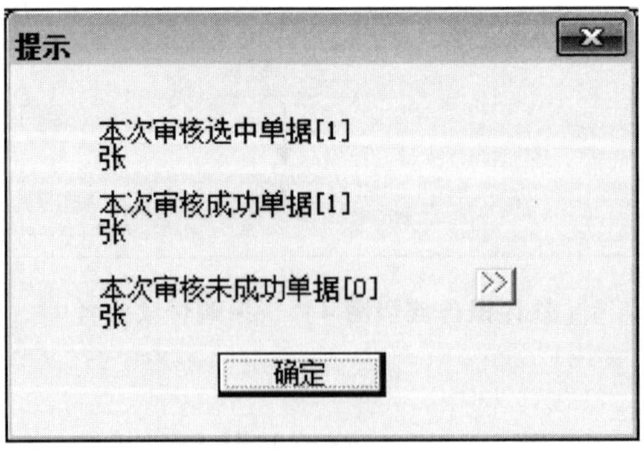


图 5 – 37　单据审核成功

3. 付款单制单

(1) 2017 年 1 月 17 日，由财务部 [ZJY 张静仪] 执行【业务工作】—【财务会计】—【应付款管理】—【制单处理】，打开【制单查询】窗口，选择 [收付款单制单] 复选框后，单击 [确定] 按钮，打开【收付款单制单】窗口。

（2）在【收付款单制单】窗口下，选择［凭证类别］为“付账凭证”，再鼠标双击［选择标志］栏或单击［全选］选择需要制单的付款单，如图5－38所示。

图5－38 收付款单制单

（2）单击［制单］按钮，系统生成一张凭证，单击［］按钮保存凭证。如图5－39所示。

图5－39 凭证生成—付款单

# 实训二　应付款转账业务信息化处理

【信息化要求】

企业的采购业务过程中经常会出现多头挂账的问题，包括欠供应商的应付款与应收客户的应收款之间的对冲问题，应付款项在不同的供应商之间入错账及对冲的问题等。应付款的转账业务主要就是要在信息化系统下处理应付款业务在供应商、部门、业务员、项目和合同之间进行转入、转出，实现应付业务的调整，解决应付款业务在不同供应商、部门、业务员、项目和合同间入错户或合并户问题，将预付供应商款项和所欠供应商的货款进行转账核销，对某供应商的应付账款冲抵对某客户的应收账款。

## 业务一　预付冲应付业务信息化处理

【业务描述】

2017 年 1 月 18 日，根据与深圳光明机械有限公司签订的购销合同，双方经沟通决定以预付给光明机械公司的预付款项冲减应付给光明机械公司的应付款余额 5000 元，结清 2017 年 1 月 15 日的采购业务款项。

【业务分析】

该笔业务是 2017 年 1 月 15 日通过预付款采购机架的业务的组成部分，按照会计准则的规定应通过“预付账款”科目对本业务进行核算，在用友 U8 系统中，后续支付余款时仍然通过“应付账款”进行业务处理，应付款项的余额与之前预付的款项应通过“预付冲应付”功能处理，以结平本业务中应付款项及预付款项。

【数据信息化】

根据以上业务资料采集得到预付冲应付信息化数据（见表 5 - 5）：

表 5 - 5　预付冲应付信息化数据

| 项目 | 预付款 | 应付款 |
|---|---|---|
| 供应商 | 光明机械 | 光明机械 |
| 单据日期 | 2017 - 01 - 15 | 2017 - 01 - 16 |
| 单据类型 | 付款单 | 采购专用发票 |
| 单据编号 | 000000002 | 47018020 |
| 转账金额 | 5000. 00 | 5000. 00 |

【操作人员】

由财务部［ZJY 张静仪］负责预付冲应付款操作、核销操作及制单处理，操作日期：2017 年 1 月 18 日。

【信息化操作】

1. 预付冲应付操作/制单

（1）2017 年 1 月 18 日，由财务部［ZJY 张静仪］执行【业务工作】—【财务会计】—【应付款管理】—【转账】—【预付冲应付】命令，打开【预付冲应付】窗口。

（2）在【预付冲应付】窗口下单击【预付款】选项卡，选择［供应商］为“0102 深圳市光明机械有限公司”，然后单击［过滤］按钮，在表体中选择编号为“F170101”的付款单记录，在［转账金额］栏内填入转账金额“5000. 00”，如图 5 - 40 所示。

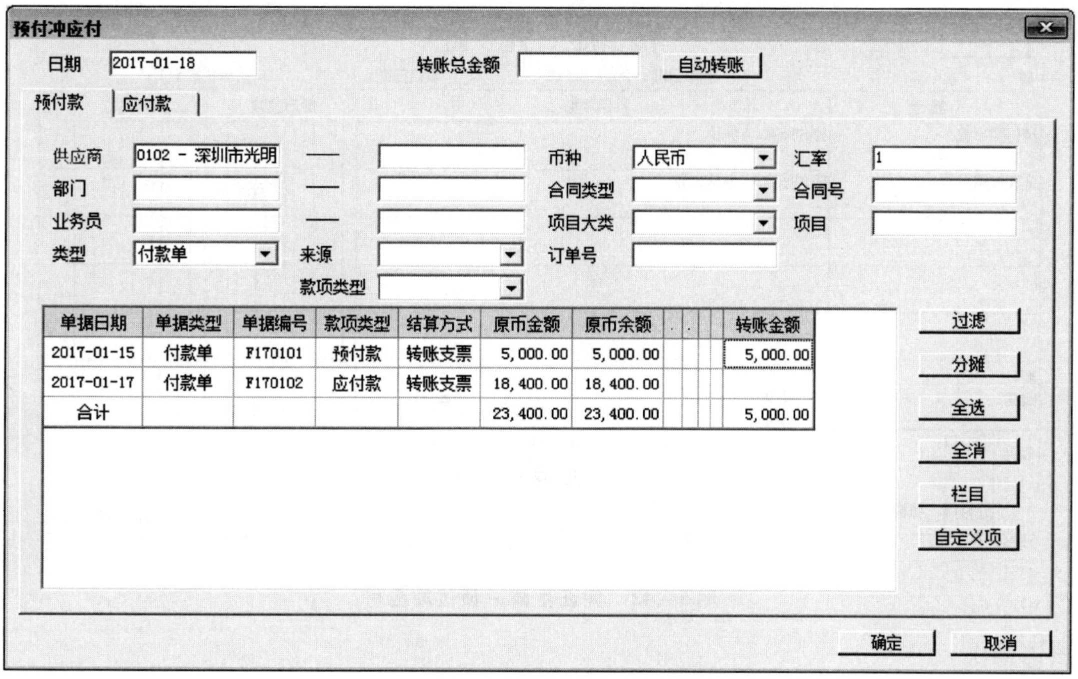


图 5-40 预付冲应付—预付款选项卡

(3) 单击【应付款】选项卡，选择［供应商］为“0102 深圳市光明机械有限公司”，然后单击［过滤］按钮，在表体中选择单据编号为“47018020”的采购专用发票，在［转账金额］栏内填入转账金额“5000.00”，如图 5-41 所示。

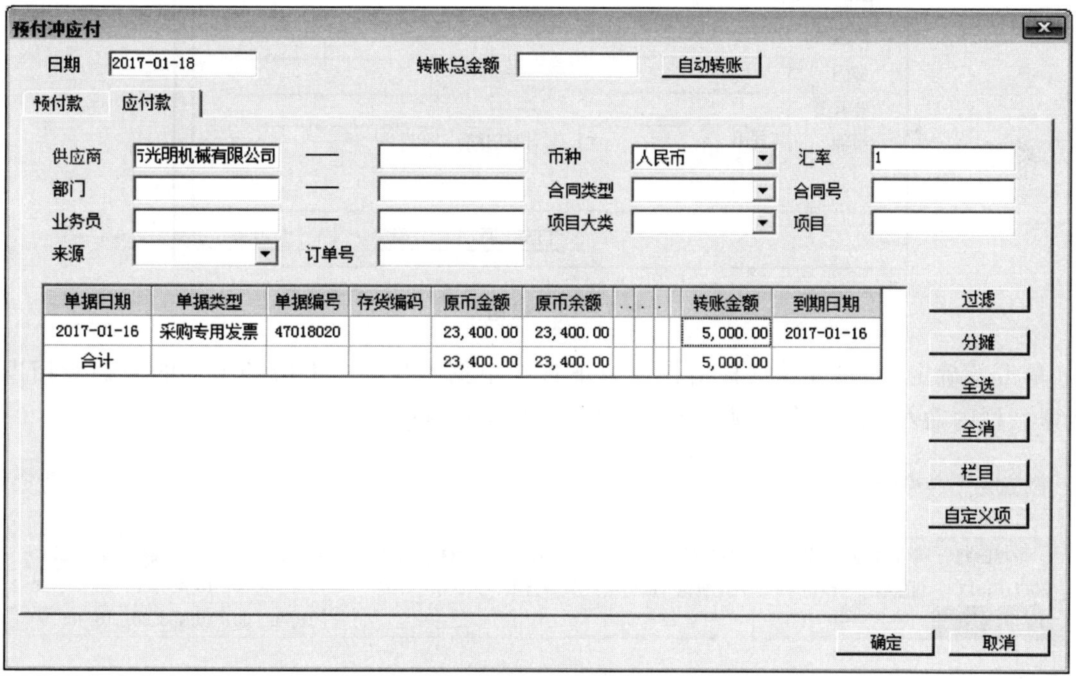


图 5-41 预付冲应付—应付款选项卡

(4) 单击［确定］按钮，系统提示“是否立即制单?”

(5) 单击［是］按钮，系统自动生成一张凭证，修改凭证类别字为“转”字，然后单击保存按钮［ ］保存凭证，如图 5-42 所示。

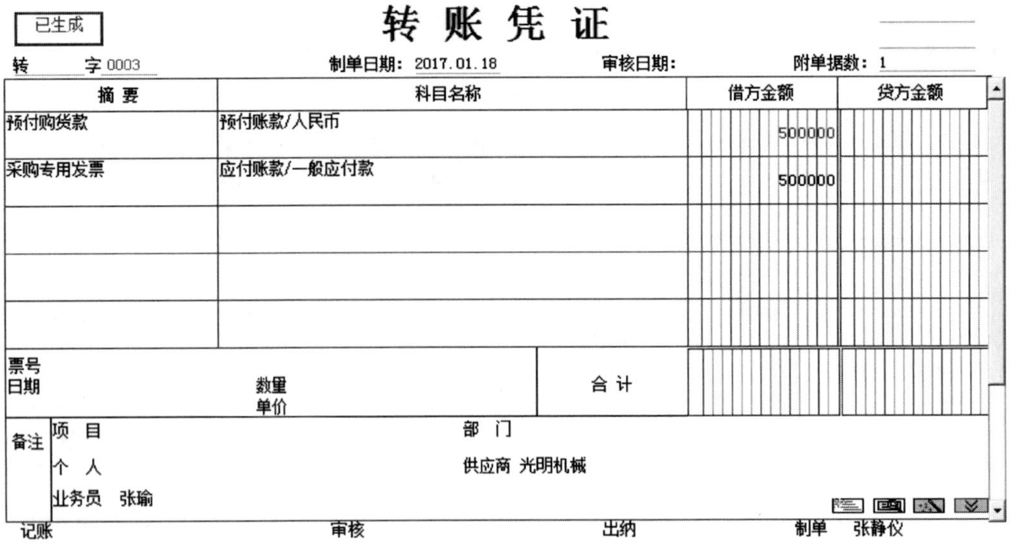


图 5－42　凭证生成—预付冲应付

2. 核销操作

（1）2017 年 1 月 18 日，由财务部［ZJY 张静仪］执行【业务工作】—【财务会计】—【应付款管理】—【核销处理】—【手工核销】命令，打开【核销条件】窗口。

（2）在【核销条件】窗口选择［供应商］为“0102 光明机械”，如图 5－43 所示。

图 5－43　核销条件

（3）单击［确定］，在【单据核销】窗口下选择单据编号为“47018020”的采购专用发票，在［本次结算］栏内输入本次结算金额“18400.00”，如图 5－44 所示。

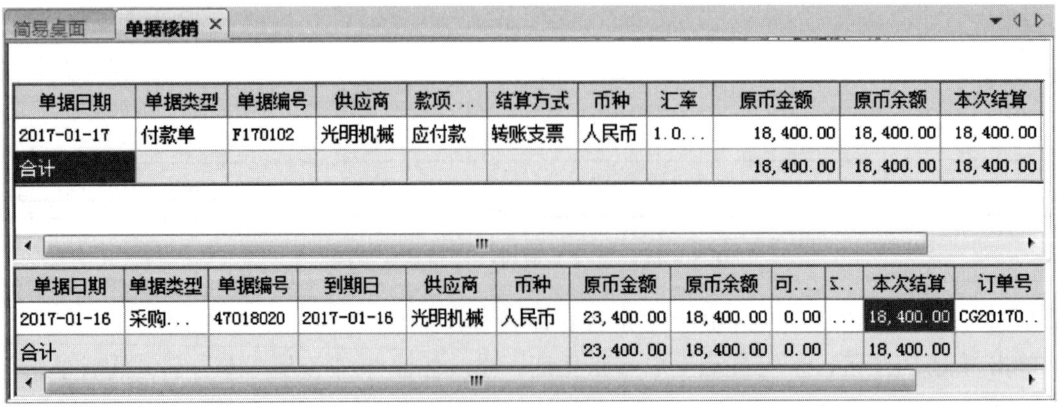


| 单据日期 | 单据类型 | 单据编号 | 供应商 | 款项... | 结算方式 | 币种 | 汇率 | 原币金额 | 原币余额 | 本次结算 |
|---|---|---|---|---|---|---|---|---|---|---|
| 2017-01-17 | 付款单 | F170102 | 光明机械 | 应付款 | 转账支票 | 人民币 | 1.0... | 18, 400. 00 | 18, 400. 00 | 18, 400. 00 |
| 合计 | | | | | | | | 18, 400. 00 | 18, 400. 00 | 18, 400. 00 |

| 单据日期 | 单据类型 | 单据编号 | 到期日 | 供应商 | 币种 | 原币金额 | 原币余额 | 可... | Σ.. | 本次结算 | 订单号 |
|---|---|---|---|---|---|---|---|---|---|---|---|
| 2017-01-16 | 采购... | 47018020 | 2017-01-16 | 光明机械 | 人民币 | 23, 400. 00 | 18, 400. 00 | 0. 00 | ... | 18, 400. 00 | CG20170.. |
| 合计 | | | | | | 23, 400. 00 | 18, 400. 00 | 0. 00 | | 18, 400. 00 | |

图 5－44　核销操作

（3）单击保存按钮［ ］，完成本次核销操作。

**知识要点**

①核销处理指用户日常进行的付款核销应付款的工作。单据核销的作用是处理付款，核销应付款，建立付款与应付款的核销记录，监督应付款及时核销，加强往来款项的管理。

②核销主要是收付款单与发票、其他应付单之间的核销。

③如果在核销前执行转账操作，即使已经付款也会显示所有的应付款金额。核销之后应付款记录在转账时不再显示。

## 业务二 应付冲应付业务信息化处理

【业务描述】

2017 年 1 月 20 日，取得相关原始凭证如图 5－45 所示。

**债权债务转让协议**

甲方：深圳华威创新科技有限公司　　协议日期及编号：2017年01月20日　第001号

乙方：南京市朗宇电机设备有限公司　　丙方：深圳市天地飞电子科技有限公司

截止2017年1月20日，甲方欠乙方购货款金额为人民币¥11700.00元（大写：壹万壹仟柒佰元整）。

为保护各方的合法权益，甲、乙、丙三方根据《中华人民共和国合同法》的有关规定，经友好协商，一致同意签订协议如下：

一、乙方将上述所列的债权金额全部转让给丙方。

二、本协议生效后，甲方负有及时清偿丙方债权的义务，甲方与乙方的债权债务关系即为终止。

三、本协议于2017年1月20日由甲方、乙方、丙方代表共同签订，加盖完甲方、乙方、丙方三方公章及法定代表人或代理人签章后即刻生效。

四、本协议执行过程中出现的任何问题由甲方、乙方、丙方共同协商解决。协商不能达成一致意见的，任何一方可向甲方所在地人民法院提起诉讼。

五、本协议一式叁份，甲方、乙方、丙方各留存壹份，作为甲方、乙方、丙方转账的依据。

甲方（盖章）：深圳市华威创新科技有限公司 合同专用章　　乙方（盖章）：南京市朗宇电机设备有限公司 合同专用章　　丙方（盖章）：深圳市天地飞电子科技有限公司 合同专用章

法定代表：任子　　法定代表：杨国庆　　法定代表：安以

联系电话：0755-26656699　联系电话：025-58697499　联系电话：0755-85255999

图 5－45 ［业务二 债权债务转让协议］

【业务分析】

该笔业务是 2016 年 12 月 25 日本公司向南京朗宇电机采购电调 50 台的未付款项，经与朗宇电机及天地飞公司三方协商，原应支付给朗宇电机的人民币 ¥11700.00 元的款项现转移给天地飞公司，本公司应向天地飞公司支付款项人民币 ¥11700.00 元，原与朗宇电机公司的债权债务关系灭失。信息化方式下，本业务应通过“应付冲应付”功能处理，以完成应付款项在不同供应商之间的转入、转出操作。

【数据信息化】

根据以上业务资料采集得到应付冲应付信息化数据（见表 5－6）：

**表 5－6　应付冲应付信息化数据**

| 项目 | 应付款转出 | 应付款转入 |
| --- | --- | --- |
| 供应商 | 朗宇电机 | 天地飞 |
| 单据日期 | 2016－12－25 | |
| 单据类型 | 采购专用发票 | |
| 单据编号 | 64728965 | |
| 并账金额 | 11700.00 | 11700.00 |

【操作人员】

由财务部［ZJY 张静仪］负责应付冲应付款的操作及制单处理，操作日期：2017 年 1 月 20 日。

【信息化操作】

1. 应付冲应付操作

（1）2017 年 1 月 20 日，由财务部［ZJY 张静仪］执行【业务工作】—【财务会计】—【应付款管理】—【转账】—【应付冲应付】命令，打开【应付冲应付】窗口。

（2）在【应付冲应付】窗口下选择转出［供应商］为“0104　朗宇电机”，转入［供应商］为“0105　天地飞”，然后单击［查询］按钮，系统显示公司的应付款余额，在表体中选择单据编号为“64728965”的采购专用发票，在［并账金额］栏内填入并账金额“11700.00”，如图 5－46 所示。

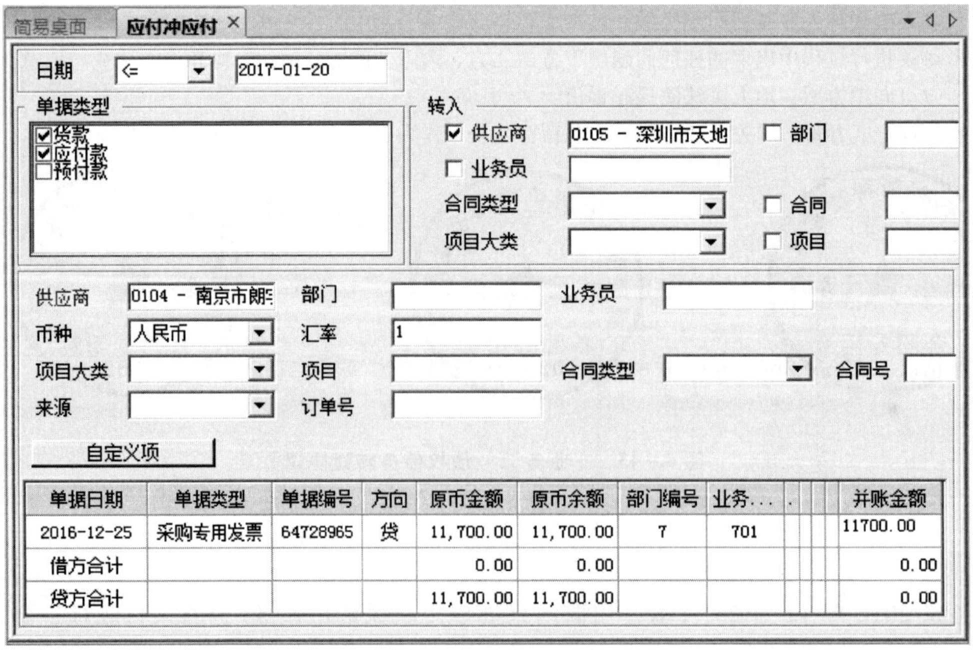


**图 5－46　应付冲应付**

（3）单击保存按钮［ ］，系统提问“是否立即制单?”，如图5－47所示。点击［否］按钮退出。

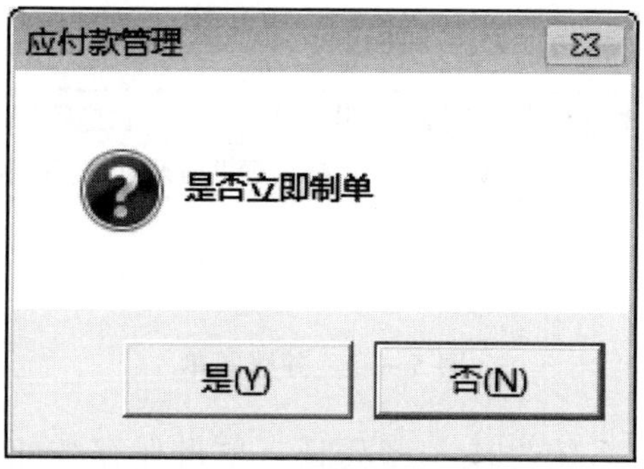


**图5－47　制单提示**

2. 应付冲应付制单

（1）2017年1月20日，由财务部［ZJY 张静仪］执行【业务工作】—【财务会计】—【应付款管理】—【制单处理】，打开【制单查询】窗口，选择［应付冲应付制单］复选框，如图5－48所示。

**图5－48　制单查询**

（2）单击［确定］按钮，打开【并账制单】窗口，选择［凭证类别］为“转账凭证”，再鼠标双击［选择标志］栏或单击［全选］选择需要制单的单据，如图5－49所示。

图 5-49　并账制单

(3) 单击 [制单] 按钮，系统生成一张凭证，单击保存按钮 [ ] 保存凭证，如图 5-50 所示。

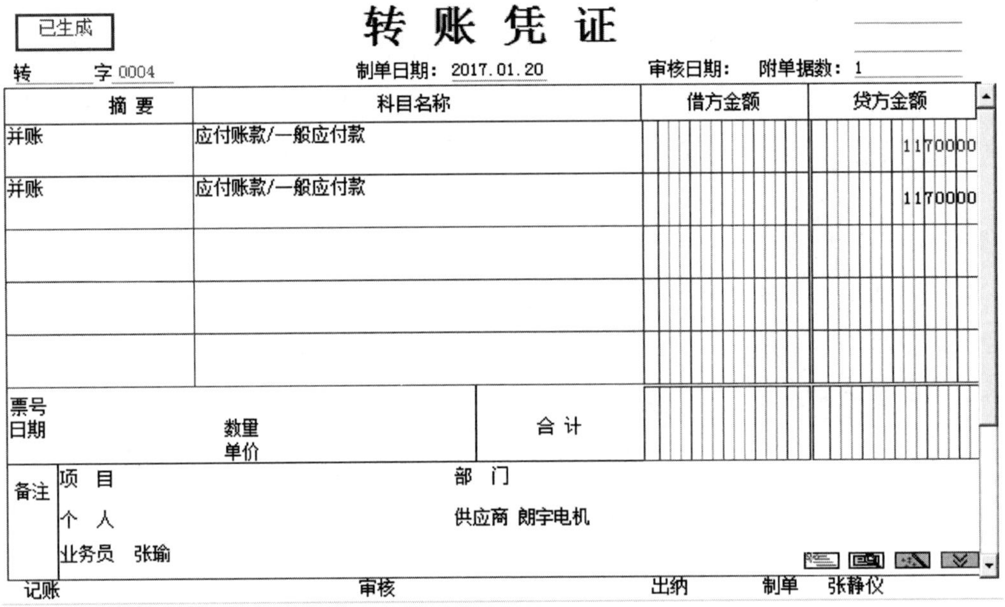


图 5-50　凭证生成—应付冲应付

# 项目6

# 销售与应收款管理系统日常业务信息化处理

**工作任务**

- 完成企业普通销售业务的处理工作
- 完成企业销售收款的会计核算工作

**职业能力**

- 掌握销售与应收款有关数据的采集与分析能力
- 具备销售与应收款业务的处理能力及数据分析能力
- 掌握企业销售业务的信息化处理方法

**知识要求**

- 能理解企业销售与应收款业务流程的逻辑关系
- 能描述销售与应收款业务的处理流程
- 能理解销售管理系统与其他子系统之间的数据关系

**技能要求**

- 能按企业的实际情况对销售及应收款数据进行合理归类、整理
- 能完成企业正常销售业务中涉及的各项业务单据的处理
- 能完成企业正常的销售及应收款的会计核算

# 实训一　普通销售业务信息化处理

【信息化要求】

企业的销售业务主要包括销售订货、预收货款、发货、出库、开票、收款结算等程序，在这些流程中会出现及使用到各种原始凭证及单据，销售与应收款管理系统的日常业务信息化处理，就是要对销售业务的全部流程进行管理，提供销售报价、销售订货、发货、出库、开票、收款结算等销售流程的信息化处理与全面控制，对在销售流程中出现的各种单据及原始凭证进行信息化数据的采集，有效、及时、精准地完成企业的销售与收款的业务处理及会计核算。

## 业务一　销售订货预收款业务

【业务描述】

2017 年 1 月 20 日，取得相关原始凭证，如图 6－1、图 6－2 所示。

**购销合同**

供方：深圳华威创新科技有限公司　　合同号：XS201701001

需方：南京风尚科技有限公司　　签订日期：2017年01月20日

为保护买卖双方的合法权益，买卖双方根据《中华人民共和国合同法》的有关规定，经友好协商，一致同意签订本合同如下：

| 产品型号 | 名称 | 数量 | 单价 | 总额 | 其他要求 |
|---|---|---|---|---|---|
| II型 | INSPIRE系列 | 50.00 | 5850.00 | 292500.00 | |
| | | | | | |
| | | | | | |
| | | | | | |
| 合计 | | 50.00 | | ¥292500.00 | |
| 货款总计（大写）：人民币贰拾玖万贰仟伍佰元整 | | | | | |

质量验收标准：货物验收合格。

交货日期：2017年02月01日

交货地点：南京风尚科技有限公司

结算方式：转账支票，合同签订当日预收货款人民币伍万元整。

违约条款：违约方须赔偿对方一切经济损失。但遇天灾人祸或其他人力不能控制之因素而导致延误交货，需方不能要求供方赔偿任何损失。

解决合同纠纷的方式：由双方协商解决，如协商不成，可向当地仲裁委员会提出仲裁申请。

本合同一式两份，买卖双方各执一份，自签定之日起生效。

供方（盖章）：深圳华威创新科技有限公司　　需方（盖章）：南京风尚科技有限公司

地址：深圳市南山区高新南[illegible]18号　　地址：南京市雨花区[illegible]山路48[illegible]

法定代表：李子明　　法定代表：张智

联系电话：0755-26656699　　联系电话：025-8652334[illegible]

（印章：深圳华威创新科技有限公司 合同专用章；南京风尚科技有限公司 合同专用章）

**图 6－1　［业务一　购销合同］**

ICBC 中国工商银行进账单（收账通知） 3

2017年01月20日 第 11 号

| | | | | | | |
|---|---|---|---|---|---|---|
| 出票人 | 全　称 | 南京风尚科技有限公司 | | 收款人 | 全　称 | 华威创新科技有限公司 |
| | 账　号 | 2051124545111633241 | | | 账　号 | 2086481614711133459 |
| | 开户银行 | 中国工商银行南京中山路支行 | | | 开户银行 | 中国工商银行深圳市南山区高新支行 |
| 金额 | 人民币（大写） | 伍万元整 | | 亿千百十万千百十元角分 | | ¥ 5 0 0 0 0 0 0 |
| 票据种类 | 转账支票 | 票据张数 | 壹张 | | | |
| 票据号码 | 转账36357823 | | | | | |
| 复核　记账 | | | | 收款人开户银行盖章 | | |

工商银行深圳市南山区高新支行 2017.01.20 转讫

此联是收款人开户行交给收款人的收账通知

图 6-2 ［业务一 银行进账单］

【业务分析】

该笔业务属于公司与客户签订销售合同并收取的客户的预付款项，按会计核算要求应作为预收账款处理。信息化方式下，该笔业务应在销售管理系统中填制“销售订单”，并在应收款管理系统中应通过填制“收款单”完成信息化处理。

【数据信息化】

根据以上业务资料采集得到销售订单及收款单信息化数据（见表 6-1、表 6-2）：

表 6-1 销售订单信息化数据

| | | |
|---|---|---|
| 表头信息 | 订单号 | XS201701001 |
| | 订单日期 | 2017-01-20 |
| | 客户简称 | 风尚科技 |
| 表体信息 | 存货编码 | 0203 |
| | 数量 | 50.00 |
| | 原币含税单价 | 5850.00 |
| | 预发货日期 | 2017-02-01 |

表 6-2 收款单信息化数据

| | | |
|---|---|---|
| 表头信息 | 单据编号 | S170101 |
| | 日期 | 2017-01-20 |
| | 客户 | 风尚科技 |
| | 结算方式 | 转账支票 |
| | 结算科目 | 10020101 |
| | 金额 | 50000.00 |
| | 票据号 | 36357823 |
| | 摘要 | 预收销货款 |
| 表体信息 | 款项类型 | 预收款 |

【操作人员】

由销售部［LQ 李倩］负责订单处理，财务部［LTT 李婷婷］负责收款单填制，财务部［ZJY 张静仪］负责收款单的审核及制单处理。

【软件操作流程】

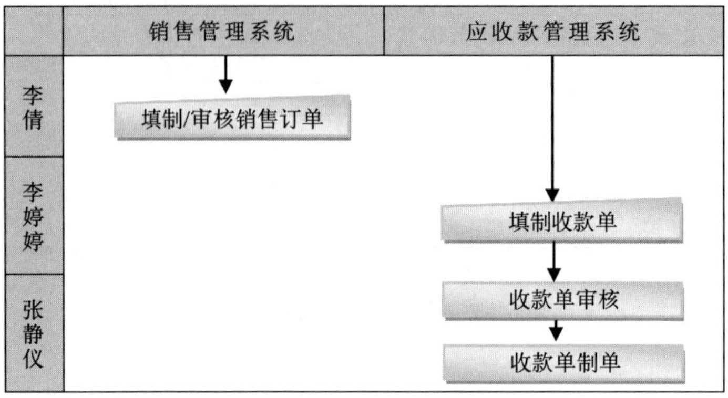


［软件操作流程图 5］　销售订单与预收款业务

【信息化操作】

1. 填制销售订单

◎ 前置操作：先修改销售系统的“销售订单”的编号方式为“完全手工编号方式”。

（1）2017 年 1 月 20 日，由销售部［LQ 李倩］执行【业务工作】—【供应链】—【销售管理】—【销售订货】—【销售订单】命令，打开【销售订单】窗口。

（2）在【销售订单】窗口下单击［增加］按钮，按销售订单信息化数据表要求录入销售订单信息，然后单击［］按钮保存订单。

（3）单击［审核］按钮，审核销售订单。结果如图 6－3 所示。

图 6－3　采购订单

2. 收款单录入

（1）2017 年 1 月 20 日，由财务部［LTT 李婷婷］执行【业务工作】—【财务会计】—【应收款管理】—【收款单据处理】—【收款单据录入】命令，打开【收付款单录入】窗口。

（2）在【收付款单录入】窗口下单击［增加］按钮，按要求录入收款单信息化数据，在表体中选择款项类型为“预收款”并单击［ ］按钮保存。结果如图6－4所示。

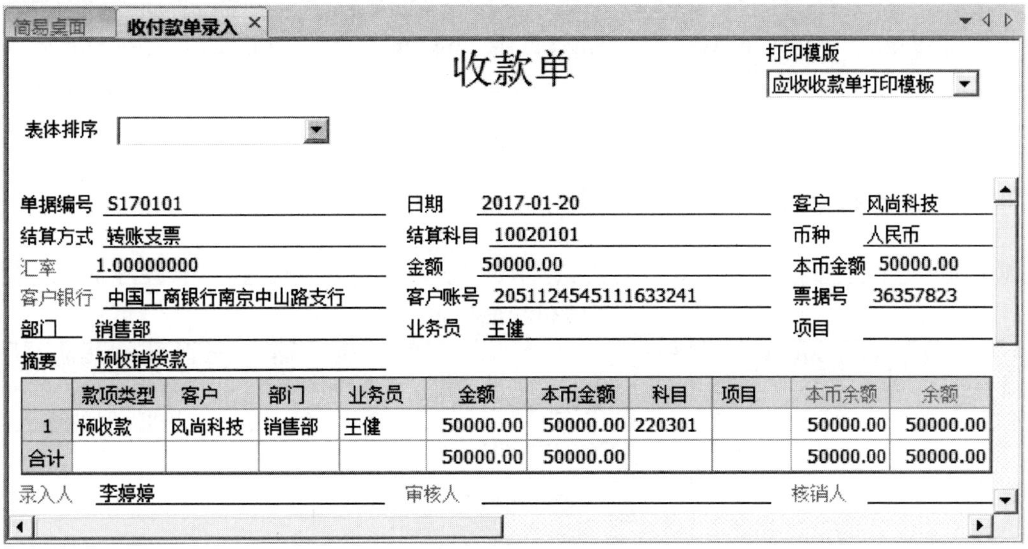


图6－4 收款单

3. 收款单审核

（1）2017年1月20日，由财务部［ZJY 张静仪］执行【业务工作】—【财务会计】—【应收款管理】—【收款单据处理】—【收款单据审核】命令，打开【收款单查询条件】窗口，如图6－5所示。

图6－5 收款单查询条件

（2）单击［全选］按钮，打开【收付款单列表】窗口，鼠标双击［选择］栏或单击［全选］按钮，选中需要进行审核的单据，如图 6 - 6 所示。

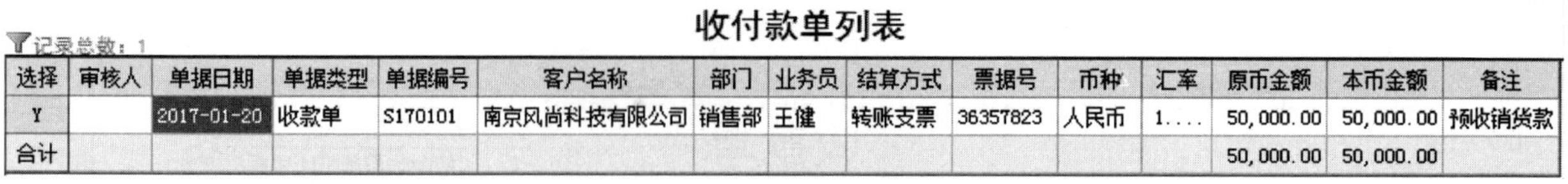

| 选择 | 审核人 | 单据日期 | 单据类型 | 单据编号 | 客户名称 | 部门 | 业务员 | 结算方式 | 票据号 | 币种 | 汇率 | 原币金额 | 本币金额 | 备注 |
|---|---|---|---|---|---|---|---|---|---|---|---|---|---|---|
| Y | | 2017-01-20 | 收款单 | S170101 | 南京风尚科技有限公司 | 销售部 | 王健 | 转账支票 | 36357823 | 人民币 | 1.... | 50,000.00 | 50,000.00 | 预收销货款 |
| 合计 | | | | | | | | | | | | 50,000.00 | 50,000.00 | |

图 6 - 6　收付款单列表

（3）单击［审核］按钮，系统提示单据审核成功，如图 6 - 7 所示。

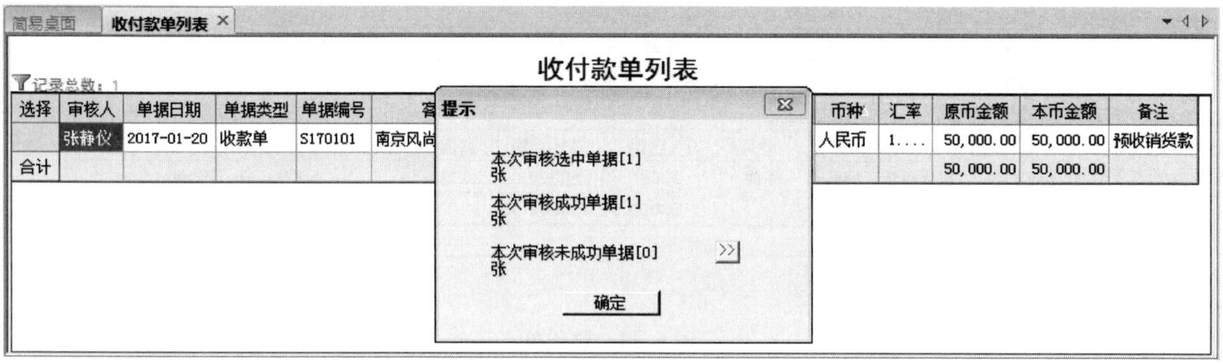


图 6 - 7　单据审核成功提示

4. 收款单制单

（1）2017 年 1 月 20 日，由财务部［ZJY 张静仪］执行【业务工作】—【财务会计】—【应收款管理】—【制单处理】命令，打开【制单查询】窗口，点选［收付款单制单］复选框，如图 6 - 8 所示。

图 6 - 8　制单查询

（2）单击［确定］按钮，系统打开【制单】窗口，在【制单】窗口下选择［凭证类别］为“收款凭证”，再鼠标双击［选择标志］栏或单击［全选］选择需要制单的［单据号］为“S170101”的收款单，如图6－9所示。

| 选择标志 | 凭证类别 | 单据类型 | 单据号 | 日期 | 客户编码 | 客户名称 | 部门 | 业务员 | 金额 |
|---|---|---|---|---|---|---|---|---|---|
| 1 | 收款凭证 | 收款单 | S170101 | 2017-01-20 | 0104 | 南京风尚科技有限公司 | 销售部 | 王健 | 50,000.00 |

图6－9 收付款单制单

（3）单击［制单］按钮，系统自动生成记账凭证，单击［保存］按钮保存凭证，如图6－10所示。

| 摘要 | 科目名称 | 借方金额 | 贷方金额 |
|---|---|---|---|
| 预收销货款 | 银行存款/工商银行/人民币 | 5000000 | |
| 预收销货款 | 预收账款/人民币 | | 5000000 |
| | | | |
| | | | |
| | | | |
| 票号 202－36357823 日期 2017.01.20 数量 单价 | 合计 | 5000000 | 5000000 |



图6－10 凭证生成—收款单

## 业务二 销售订货发货业务

【业务描述】

2017年1月21日，取得相关原始凭证如图6－11至图6－13所示。

# 购销合同

供方：深圳华威创新科技有限公司　　合同号：XS201701002

需方：北京中泰国际贸易有限公司　　签订日期：2017年01月21日

为保护买卖双方的合法权益，买卖双方根据《中华人民共和国合同法》的有关规定，经友好协商，一致同意签订本合同如下：

| 产品型号 | 名称 | 数量 | 单价 | 总额 | 其他要求 |
|---|---|---|---|---|---|
| III型 | PHANTOM系列 | 50.00 | 4680.00 | 234000.00 | |
| | | | | | |
| | | | | | |
| | | | | | |
| 合计 | | 50.00 | | ¥234000.00 | |
| 货款总计（大写）：人民币贰拾叁万肆仟元整 | | | | | |

质量验收标准：货物验收合格。

交货日期：2017年01月23日

交货地点：北京中泰国际贸易有限公司

结算方式：电汇，付款条件2/5,n/30，现金折扣不考虑增值税。

违约条款：违约方须赔偿对方一切经济损失。但遇天灾人祸或其他人力不能控制之因素而导致延误交货，需方不能要求供方赔偿任何损失。

解决合同纠纷的方式：　由双方协商解决，如协商不成，可向当地仲裁委员会提出仲裁申请。

本合同一式两份，买卖双方各执一份，自签订之日起生效。

供方（盖章）：深圳华威创新科技有限公司　　需方（盖章）：北京中泰国际贸易有限公司

地址：深圳市南山区高新南四道18号　　地址：北京市经济技术开发区经海路30号

法定代表：李子明　　法定代表：张达军

联系电话：0755-26656699　　联系电话：010-84722888

（印章：深圳华威创新科技有限公司 合同专用章；北京中泰国际贸易有限公司 合同专用章）

图 6－11　［业务二　购销合同］

深圳增值税专用发票

4415632281　　№ 41567854　4415632281 41567854

机器编号：445402332359

此联不作报销、扣税凭证使用　　开票日期：2017年01月21日

| 购买方 | |
|---|---|
| 名称 | 北京中泰国际贸易有限公司 |
| 纳税人识别号 | 91110302MA734R117F |
| 地址、电话 | 北京市经济技术开发区经海路30号，010-84722888 |
| 开户行及账号 | 中国工商银行北京经开支行9542111798751052366 |

密码区：
4-62344<6541*<32+-4<>+/21-
56/351>+5*2>+-6//2<<-4**2141
>*8445/75-7<8*24/+7561</>99*
12-560154-/7412>8-27+-/456*<

| 货物或应税劳务、服务名称 | 规格型号 | 单位 | 数量 | 单价 | 金额 | 税率 | 税额 |
|---|---|---|---|---|---|---|---|
| PHANTOM系列 | | 台 | 50 | 4000.00 | 200000.00 | 17% | 34000.00 |
| 合计 | | | | | ¥200000.00 | | ¥34000.00 |

价税合计（大写）⊗贰拾叁万肆仟元整　（小写）¥234000.00

| 销售方 | |
|---|---|
| 名称 | 深圳华威创新科技有限公司 |
| 纳税人识别号 | 91440300MA5HDQ370L |
| 地址、电话 | 深圳市南山区高新南四道18号，0755-26656699 |
| 开户行及账号 | 工商银行深圳市南山区高新支行208648161471113345 |

校验码 04841 23618 48917 23341

备注

收款人：　复核：张静仪　开票人：李婷婷　销售方：（章）

第一联：记账联　销售方记账凭证

国税函［2016］号江苏泰华实业公司

图 6－12　［业务二　销售专用发票］

**产品出库单（财务联）**

合同编号：XS201701002

送货日期：2017·01·23　　2017年01月21日　　单号：20983205

| 提货单位<br>领货部门 | 北京中泰国际贸易有限公司 | | 销售<br>单号 | 201701 | 发出<br>仓库 | 产品<br>一库 | 出库<br>日期 | 2017·01·21 |
|---|---|---|---|---|---|---|---|---|

| 编号 | 名称及规格 | 单位 | 数量 应发 | 数量 实发 | 单价 | 金额 |
|---|---|---|---|---|---|---|
| 001 | PHANTOM系列 | 架 | 50·00 | 50·00 | | |
| | | | | | | |
| | | | | | | |
| 合计 | | | 50·00 | 50·00 | | |

财务联

主管：宋春丽　　会计：李蕊　　仓库：李伟　　经办人：李倩

图 6－13　［业务二　产品出库单］

【业务分析】

该笔业务反映的是公司签订销售合同，从仓库发出产品并开具该批产品的增值税专用发票一张。会计处理上应对产品出库及发票进行核算，同时，由于货款还未收到，应通过“应收账款”进行处理。信息化方式下，该笔业务应在销售管理系统填制销售订单、销售专用发票、发货单，在库存管理系统填制出库单，在存货核算系统进行存货的会计核算。

【数据信息化】

数据来源：购销合同、销售专用发票、销售出库单

根据以上业务资料采集得到销售订单、销售专用发票信息化数据（见表6－3、表6－4）：

**表 6－3　销售订单信息化数据**

| | | |
|---|---|---|
| 表头信息 | 订单号 | XS201701002 |
| | 订单日期 | 2017－01－21 |
| | 客户简称 | 中泰国际 |
| | 付款条件 | 2/5，n/30 |
| 表体信息 | 存货编码 | 0201 |
| | 数量 | 50.00 |
| | 含税单价 | 4680.00 |
| | 预发货日期 | 2017－01－23 |

**表 6－4　销售专用发票信息化数据**

| | | |
|---|---|---|
| 表头信息 | 发票类型 | 专用发票 |
| | 发票号 | 41567854 |
| | 开票日期 | 2017－01－21 |
| | 客户简称 | 中泰国际 |
| | 部门 | 销售部 |
| | 付款条件 | 2/5，n/30 |
| 表体信息 | 仓库 | 产品一库 |
| | 货物代码 | 0201 |
| | 货物名称 | PHANTOM 系列 |
| | 数量 | 50.00 |
| | 无税单价 | 40000.00 |

【操作人员】

由销售部［LQ 李倩］负责销售订单、销售专用发票、销售发货单的填制、审核；仓储部李伟负责出库单的填制、审核；财务部［ZJY 张静仪］负责单据记账及制单处理。

【软件操作流程】

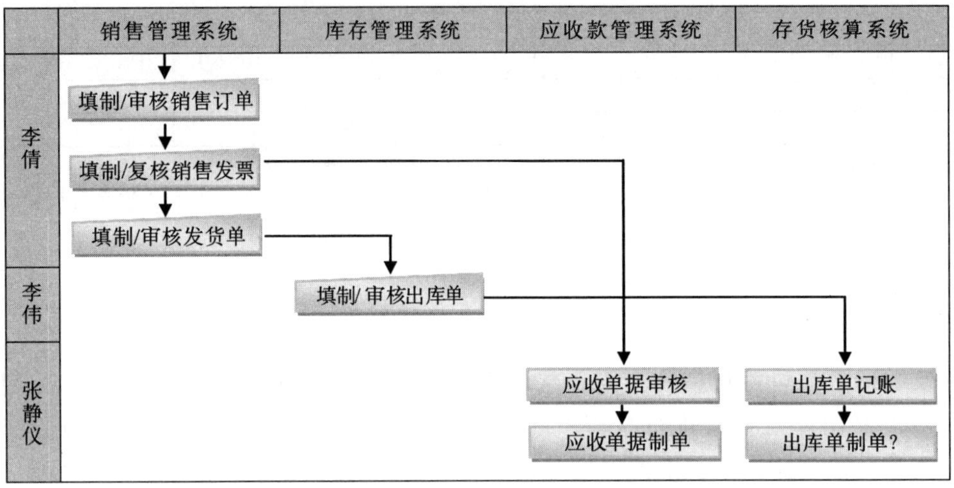


［软件操作流程图 6］　采购入库与应付款业务

【信息化操作】

1. 填制销售订单

（1）2017 年 1 月 21 日，由销售部［LQ 李倩］执行【业务工作】—【供应链】—【销售管理】—【销售订货】—【销售订单】命令，打开【销售订单】窗口。

（2）单击［增加］按钮，按销售订单信息化数据表要求录入销售订单信息，单击［保存］按钮保存订单，结果如图 6－14 所示。

（3）单击［审核］按钮，审核销售订单。

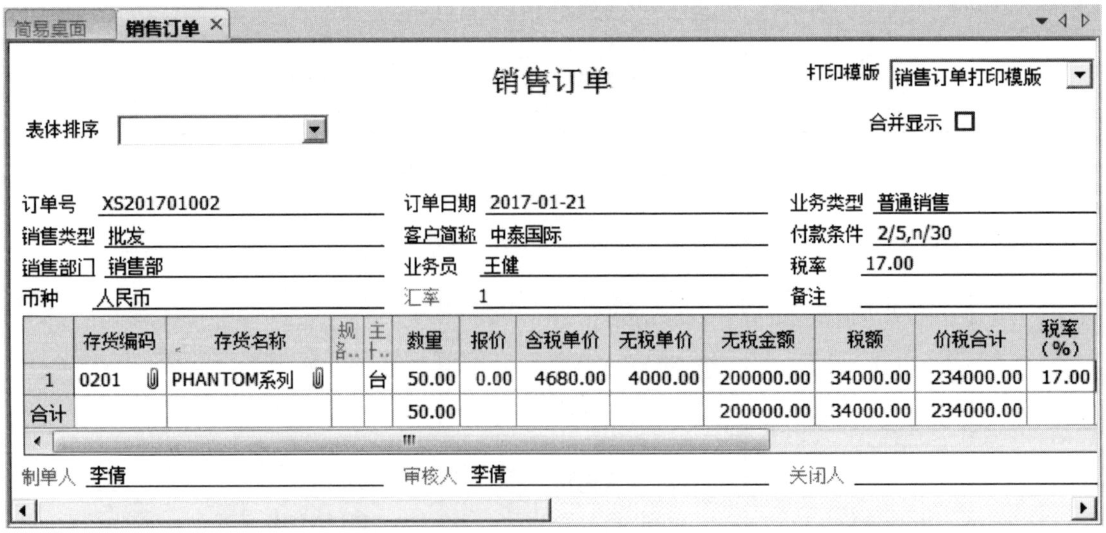
简易桌面　销售订单

销售订单

打印模版 销售订单打印模版

表体排序

合并显示

订单号 XS201701002　订单日期 2017-01-21　业务类型 普通销售

销售类型 批发　客户简称 中泰国际　付款条件 2/5,n/30

销售部门 销售部　业务员 王健　税率 17.00

币种 人民币　汇率 1　备注

| | 存货编码 | 存货名称 | 规格... | 主计... | 数量 | 报价 | 含税单价 | 无税单价 | 无税金额 | 税额 | 价税合计 | 税率（%） |
|---|---|---|---|---|---|---|---|---|---|---|---|---|
| 1 | 0201 | PHANTOM系列 | | 台 | 50.00 | 0.00 | 4680.00 | 4000.00 | 200000.00 | 34000.00 | 234000.00 | 17.00 |
| 合计 | | | | | 50.00 | | | | 200000.00 | 34000.00 | 234000.00 | |

制单人 李倩　审核人 李倩　关闭人

图 6－14　销售订单

2. 生成/填制销售发票

（1）2017 年 1 月 21 日，由销售部［LQ 李倩］执行【业务工作】—【供应链】—【销售管理】—【销售开票】—【销售专用发票】命令，打开【销售专用发票】窗口。

（2）单击［增加］按钮，增加销售专用发票，系统打开【查询条件选择—参照订单】窗口，如图 6－15 所示。

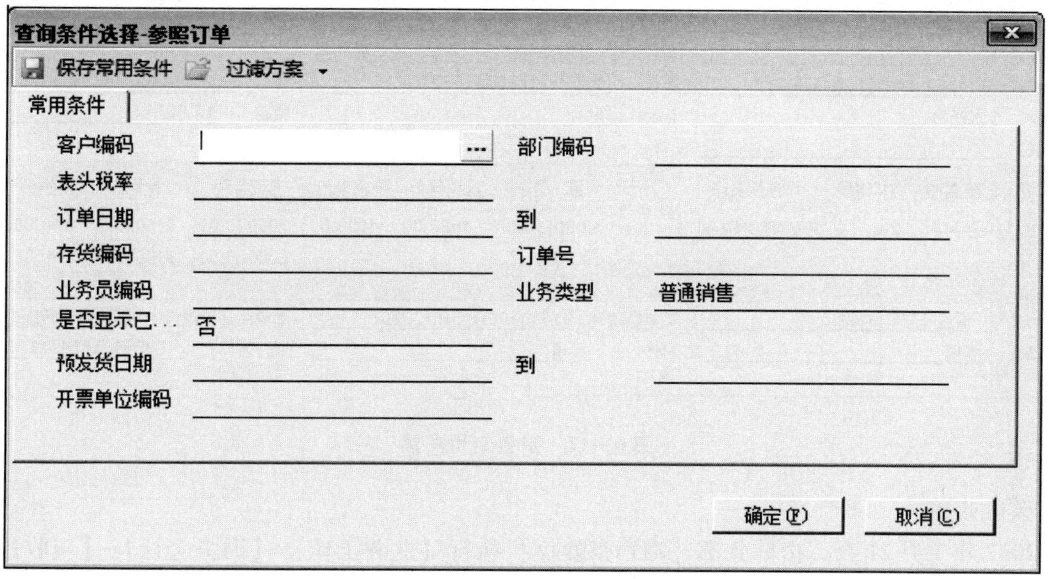


**图 6－15　查询条件选择—参照订单**

（3）单击［确定］按钮，系统打开【参照生单】窗口，双击鼠标选择需要生单的相应的订单的［选择］栏，如图 6－16 所示。

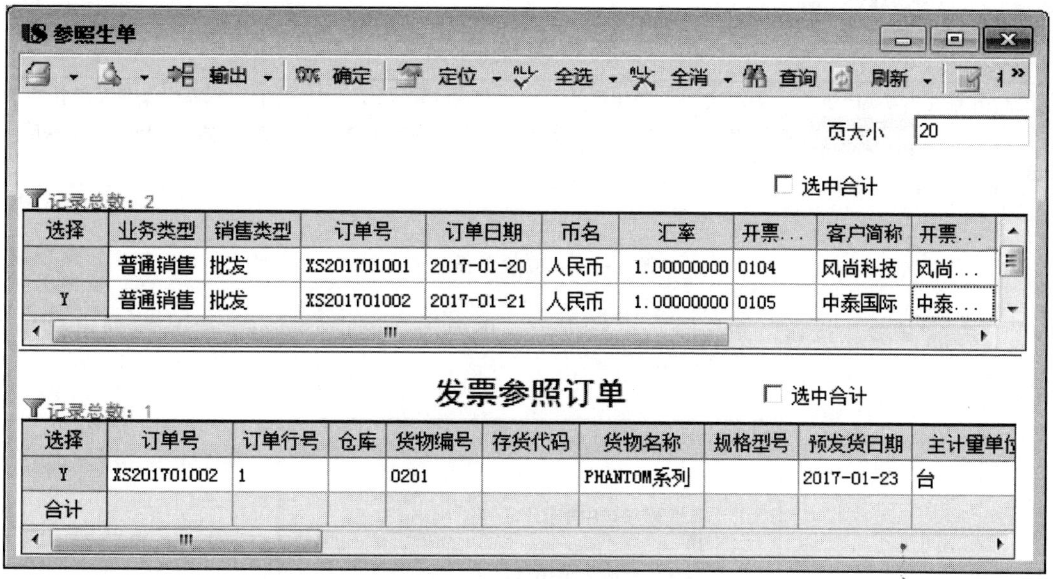


**图 6－16　参照生单**

（4）单击［OK 确定］按钮，系统将订单信息带入发票，修改表头［发票号］为“41567854”，选择表体［仓库名称］为“产品一库”，单击［保存］按钮保存发票信息，再单击打开［复核］按钮复核发票，如图 6－17 所示。

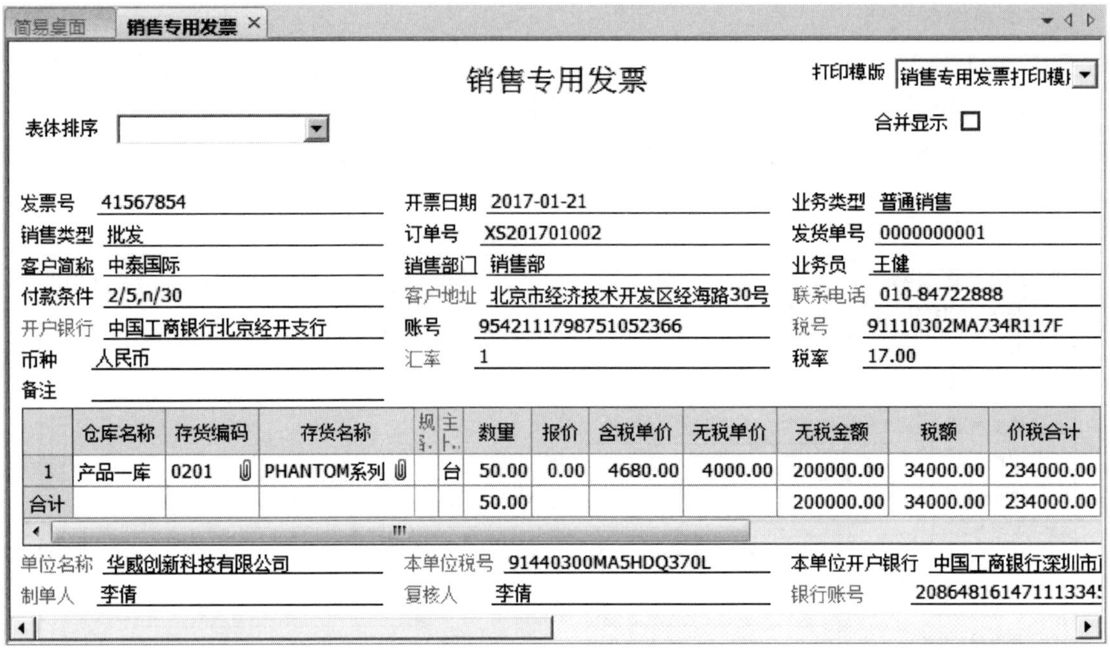


图 6－17　销售专用发票

3. 审核应收单

（1）2017 年 1 月 21 日，由财务部［ZJY 张静仪］执行【业务工作】—【财务会计】—【应收款管理】—【应收单据处理】—【应收单据审核】命令，打开【应收单查询条件】窗口。

（2）单击［确定］按钮，系统打开［应收单据列表］窗口，鼠标双击［选择］栏或单击［全选］选择需要审核的单据，如图 6－18 所示。

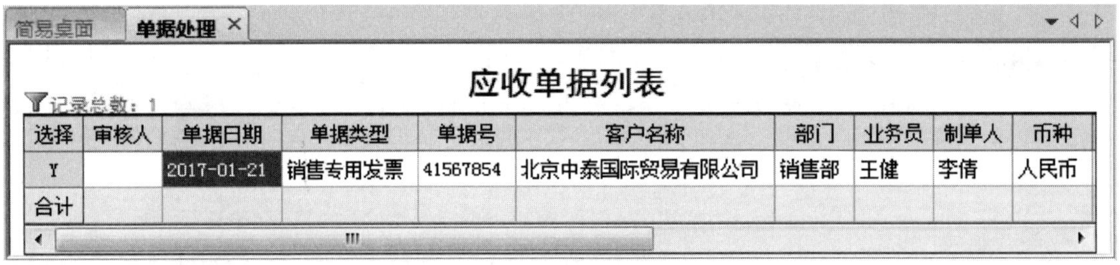


图 6－18　应收单据列表

（3）单击［审核］按钮，系统给出审核提示，再单击［确定］按钮，完成单据审核操作，如图 6－19 所示。

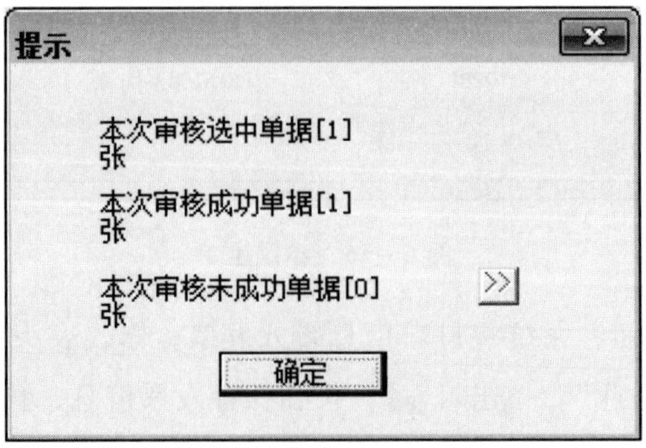


图 6－19　单据审核提示

4. 应收单据制单

（1）2017 年 1 月 21 日，由财务部［ZJY 张静仪］执行【业务工作】—【财务会计】—【应收款管理】—【制单处理】命令，打开【制单查询】窗口，选择［发票制单］复选框，如图 6－20 所示。

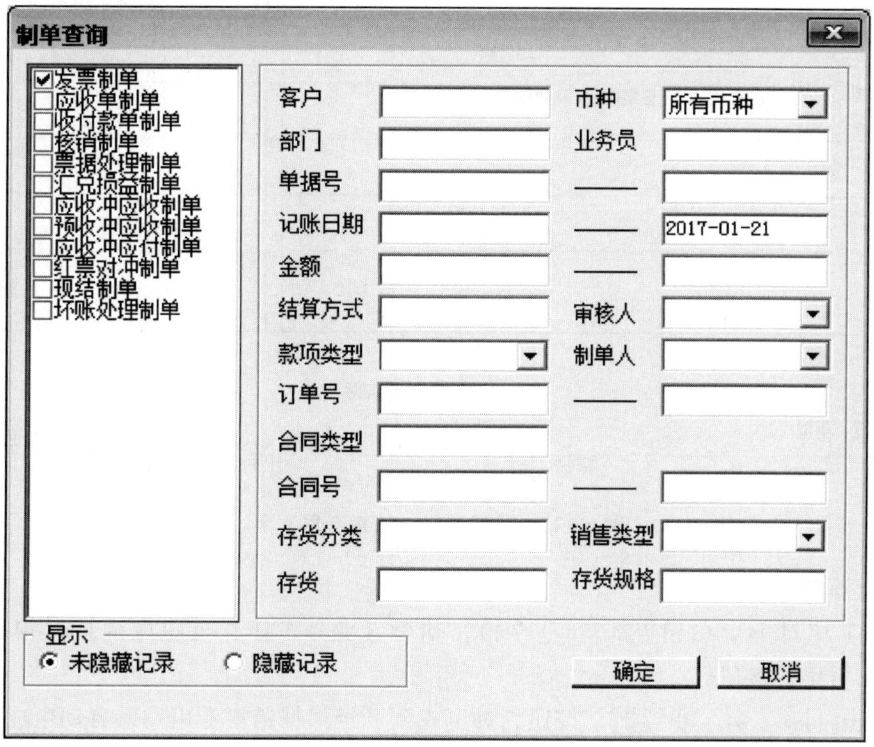


图 6－20　制单查询

（2）单击［确定］按钮，打开【销售发票制单】窗口，选择［凭证类别］为“转账凭证”，再鼠标双击［选择标志］栏或单击［全选］选择需要制单的销售发票，如图 6－21 所示。

图 6－21　销售发票制单

（3）单击［制单］按钮，系统生成一张凭证，单击［ ］按钮保存凭证，如图 6－22 所示。

已生成

**转 账 凭 证**

转 字 0005 制单日期：2017.01.21 审核日期： 附单据数：1

| 摘要 | 科目名称 | 借方金额 | 贷方金额 |
|---|---|---|---|
| 销售专用发票 | 应收账款/人民币 | 23400000 | |
| 销售专用发票 | 主营业务收入/PHANTOM系列 | | 20000000 |
| 销售专用发票 | 应交税费/应交增值税/销项税额 | | 3400000 |
| | | | |
| | | | |
| 票号 日期 数量 单价 | 合计 | 23400000 | 23400000 |

备注 项 目 部 门

个 人 客 户 中泰国际

业务员 王健

记账 审核 出纳 制单 张静仪

图 6－22 凭证生成—销售专用发票

5. 自动生成/审核发货单

(1) 2017 年 1 月 21 日，由销售部［LQ 李倩］执行【业务工作】—【供应链】—【销售管理】—【销售发货】，打开【发货单】窗口。

(2) 通过点击［|◀ ◀ ▶ ▶|］按钮，浏览找到已经根据销售专用发票自动生成的发货单，该发货单由系统自动进行审核操作，如图 6－23 所示。

简易桌面 发货单

**发货单**

打印模版 发货单打印模版

表体排序 合并显示 □

发货单号 0000000001 发货日期 2017-01-21 业务类型 普通销售

销售类型 批发 订单号 XS201701002 发票号 41567854

客户简称 中泰国际 销售部门 销售部 业务员 王健

发货地址 发运方式 付款条件 2/5,n/30

税率 17.00 币种 人民币 汇率 1

备注

| | 仓库名称 | 存货编码 | 存货名称 | 规格型号 | 主计量 | 数量 | 报价 | 含税单价 | 无税单价 | 无税金额 |
|---|---|---|---|---|---|---|---|---|---|---|
| 1 | 产品一库 | 0201 | PHANTOM... | | 台 | 50.00 | 0.00 | 4680.00 | 4000.00 | 200000.00 |
| 合计 | | | | | | 50.00 | | | | 200000.00 |

制单人 李倩 审核人 李倩 关闭人

图 6－23 销售发货单

6. 生成/审核销售出库单

(1) 2017 年 1 月 21 日，由仓储部［LW 李伟］执行【业务工作】—【供应链】—【库存管理】—【出库业务】—【销售出库单】命令，打开【销售出库单】窗口。

（2）单击［生成］按钮，系统打开【查询条件选择—销售发货单列表】窗口，如图 6－24 所示。

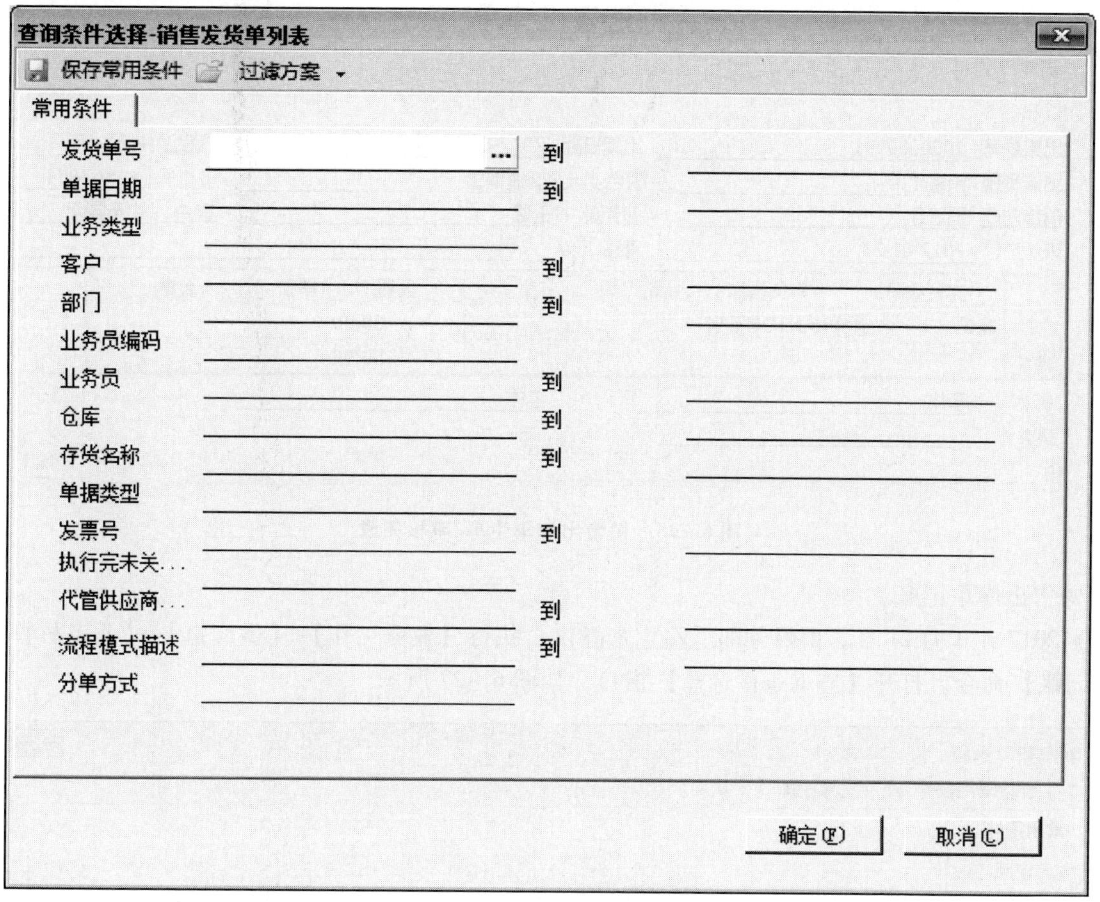


图 6－24　销售发货单参照

（3）单击［确定］按钮，系统打开【销售生单】窗口，双击鼠标选择需要生单的相应的发货单的［选择］栏或单击［全选］按钮，如图 6－25 所示。

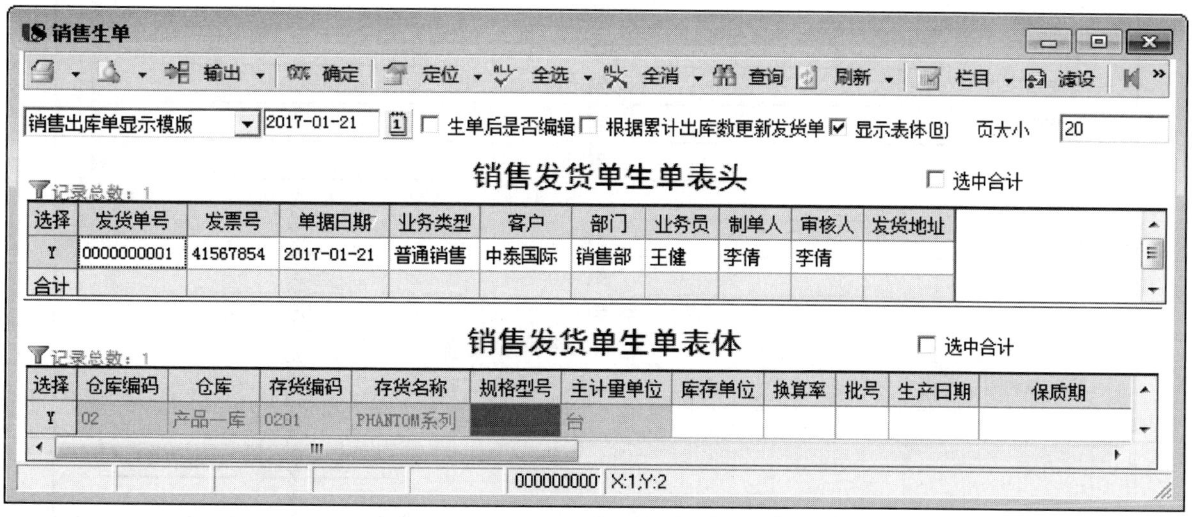


图 6－25　销售生单

（4）单击［确定］按钮，系统提示生单成功，在【销售出库单】窗口单击［审核］按钮，完成销售出库单的审核操作，如图 6－26 所示。

图 6-26 销售出库单生单/审核完成

7. 销售出库单记账

（1）2017 年 1 月 21 日，由财务部［ZJY 张静仪］执行【业务工作】—【供应链】—【业务核算】—【正常单据记账】命令，打开【查询条件选择】窗口，如图 6-27 所示。

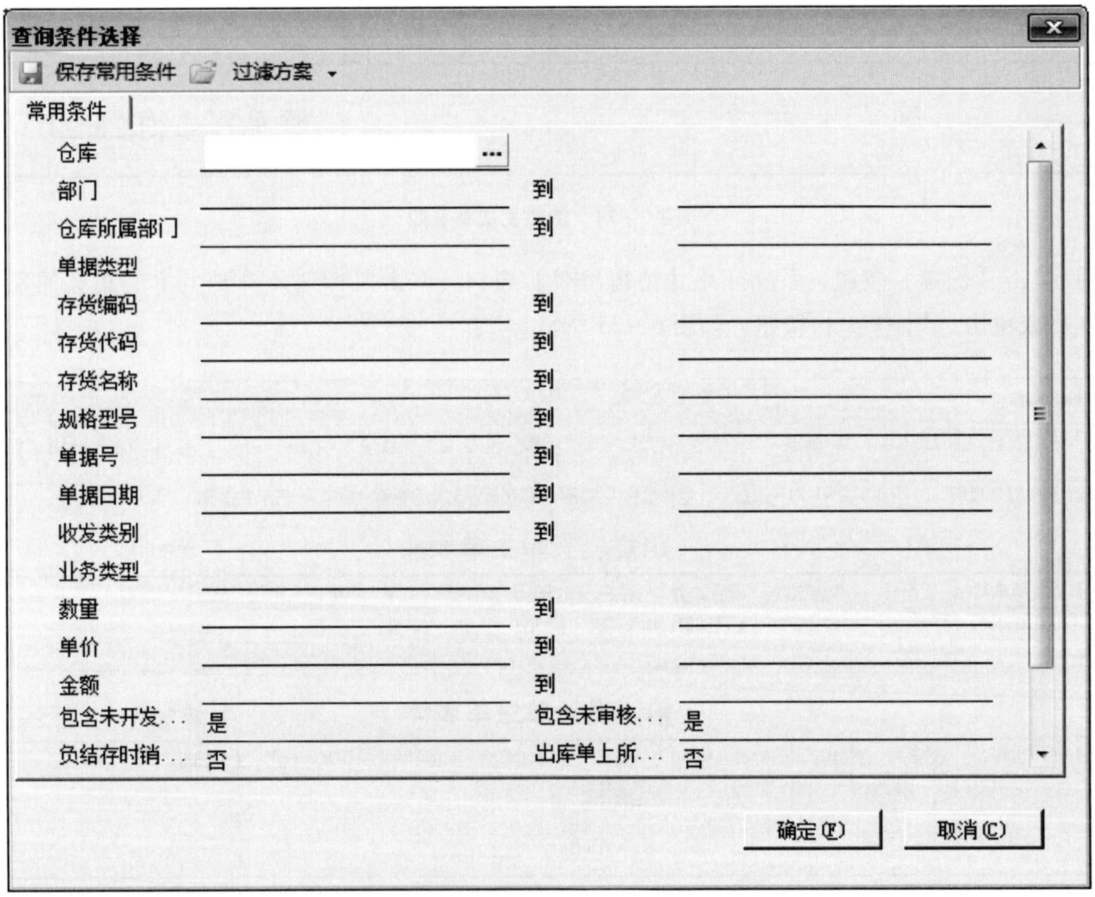


图 6-27 查询条件选择

（2）单击［确定］按钮，打开【正常单据记账列表】窗口，鼠标双击［选择］栏或单击［全选］按钮选择需要记账的销售出库单，如图 6-28 所示。

简易桌面 | 未记账单据一览表

**正常单据记账列表**

记录总数：1

| 选择 | 日期 | 单据号 | 存货编码 | 存货名称 | 见.. | 子.. | 单据类型 | 仓库名称 | 收发类别 | 数量 | 单价 |
|---|---|---|---|---|---|---|---|---|---|---|---|
| Y | 2017-01-21 | 41567854 | 0201 | PHANTOM系列 | | | 专用发票 | 产品一库 | 销售出库 | 50.00 | |
| 小计 | | | | | | | | | | 50.00 | |

图6-28 正常单据记账列表

（3）单击［记账］按钮，系统提示“记账成功”，单击［确定］按钮退出。

**知识要点**

本笔业务在销售出库单记账后不进行出库凭证的处理，其原因是产品一库采用的是全月一次加权平均法计算出库单价，需要等到月末处理后由系统自动计算出平均单价后才能填制出库凭证。

## 业务三 销售付款业务

【业务描述】

2017年1月23日，取得相关原始凭证如图6-29所示。

ICBC 中国工商银行 业务回单（收款）

入账日期： 2017年01月23日 回单编号：31234112

付款人户名： 北京中泰国际贸易有限公司

付款人账号： 9542111798751052366

付款人开户行（发报行）：中国工商银行北京经开支行

收款人户名：深圳华威创新科技有限公司

收款人账号：2086481614711133459

收款人开户行（发报行）：工商银行深圳市南山区高新支行

币种：人民币（本位币） 金额（小写）¥230000.00

金额（大写）贰拾叁万元整

凭证种类： 1 凭证号码： 25487

业务（产品）种类：电汇 摘要：货款

交易机构号： 1233343352517 记账柜员号：231476 交易代码： 312689 用途：

附言：货款

支付交易序号： 332106 报文种类： CWT100 委托日期： 2017年01月23

业务种类：

打印次数： 1次 机打回单注意重复打印日期：2017-01-23 打印柜员：000421 验证号：fd651427

（印章：中国工商银行股份有限公司北京经开区支行 自动回单机专用章 (003)）

图6-29 银行业务回单

【业务分析】

该笔业务属于公司销售货物给北京中泰国际贸易有限公司而收到的货款，根据合同规定，给予客户的付款条件为：2/5，n/30，所以客户可以享受2%的现金折扣，现金折扣的计算不考虑增值税。信息化方式下，该笔业务应在应收款管理系统填制收款单进行信息化处理。

【数据信息化】

根据以上业务资料采集得到收款单信息化数据（见表6－5）：

**表6－5　收款单信息化数据**

| | | |
|---|---|---|
| 表头信息 | 单据编号 | S170102 |
| | 日期 | 2017－01－23 |
| | 客户 | 中泰国际 |
| | 结算方式 | 电汇 |
| | 结算科目 | 10020101 |
| | 金额 | 230000.00 |
| | 票据号 | 31234112 |
| | 摘要 | 收到销货款 |
| 表体信息 | 款项类型 | 应收款 |

【操作人员】

由财务部［LTT 李婷婷］负责收款单填制，财务部［ZJY 张静仪］负责收款单的审核、核销及制单处理。

【软件操作流程】

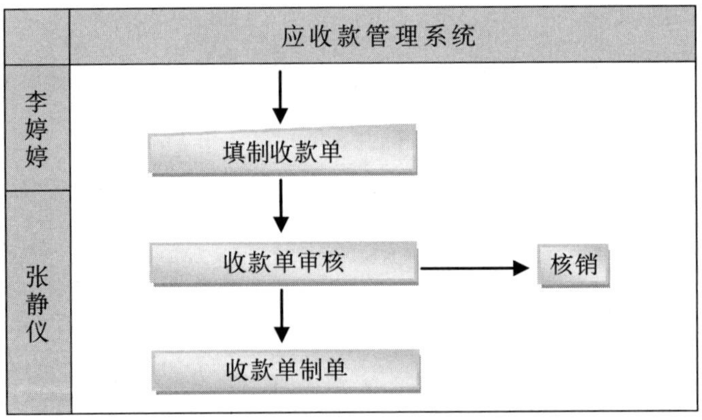


**［软件操作流程图7］　销售收款业务**

【信息化操作】

1. 收款单录入

（1）2017年1月23日，由财务部［LTT 李婷婷］执行【业务工作】—【财务会计】—【应收款管理】—【收款单据处理】—【收款单据录入】命令，打开【收付款单录入】窗口。

（2）单击［增加］按钮，按要求录入收款单信息化数据，在表体中选择款项类型为“应收款”并单击［］按钮保存。结果如图6－30所示。

简易桌面 | 收付款单录入

# 收款单

显示模版：应收收款单显示模版

表体排序：

单据编号 S170102　日期 2017-01-23　客户 中泰国际
结算方式 电汇　结算科目 10020101　币种 人民币
汇率 1.00000000　金额 230000.00　本币金额 230000.00
客户银行 中国工商银行北京经开支行　客户账号 9542111798751052366　票据号 31234112
部门 销售部　业务员 王健　项目
摘要 收到销货款

| | 款项类型 | 客户 | 部门 | 业务员 | 金额 | 本币金额 | 科目 | 项... | 本币余额 | 余额 |
|---|---|---|---|---|---|---|---|---|---|---|
| 1 | 应收款 | 中泰国际 | 销售部 | 王健 | 230000.00 | 230000.00 | 112201 | | 230000.00 | 230000.00 |
| 合计 | | | | | 230000.00 | 230000.00 | | | 230000.00 | 230000.00 |

录入人 李婷婷　审核人　核销人

图 6－30　收款单

2. 收款单审核

（1）2017 年 1 月 23 日，由财务部［ZJY 张静仪］执行【业务工作】—【财务会计】—【应收款管理】—【收款单据处理】—【收款单据审核】命令，打开【收款单据查询】窗口。

（2）在【收款单据查询】窗口下单击［确定］按钮，打开【收付款单列表】窗口，鼠标双击［选择］栏或单击［全选］按钮，选中需要进行审核的单据，如图 6－31 所示。

收付款单列表

记录总数：1

| 选择 | 审核人 | 单据日期 | 单据类型 | 单据编号 | 客户名称 | 部门 | 业务员 | 结算方式 | 票据号 | 币种 | 汇率 | 原币金额 | 本币金额 | 备注 |
|---|---|---|---|---|---|---|---|---|---|---|---|---|---|---|
| Y | | 2017-01-23 | 收款单 | S170102 | 北京中泰国际贸易... | 销售部 | 王健 | 电汇 | 31234112 | 人民币 | 1.... | 230,000.00 | 230,000.00 | 收到销货款 |
| 合计 | | | | | | | | | | | | 230,000.00 | 230,000.00 | |

图 6－31　收付款单列表

（3）单击［审核］按钮，系统提示单据审核成功，如图 6－32 所示。

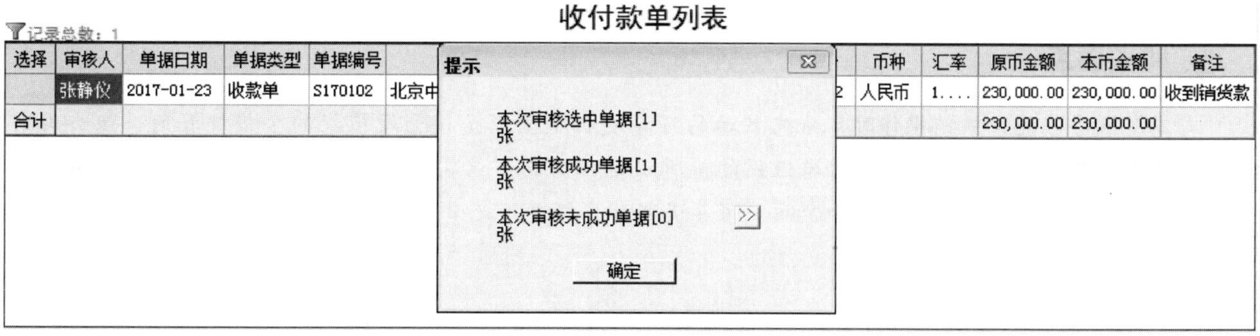


图 6－32　单据审核成功提示

3. 收款单核销

（1）2017 年 1 月 23 日，由财务部［ZJY 张静仪］执行【业务工作】—【财务会计】—【应收款管理】—【核销处理】—【手工核销】命令，打开【核销条件】窗口，点选［客户］为“0105 北京中泰国际贸易有限公司”，如图 6－33 所示。

**图 6－33　核销条件**

（2）单击［确定］按钮，在【单据核销】窗口的发票表体内输入［本次结算］金额为“230000. 00”，系统自动算出［本次折扣］金额为“4000. 00”，如图 6－34 所示。

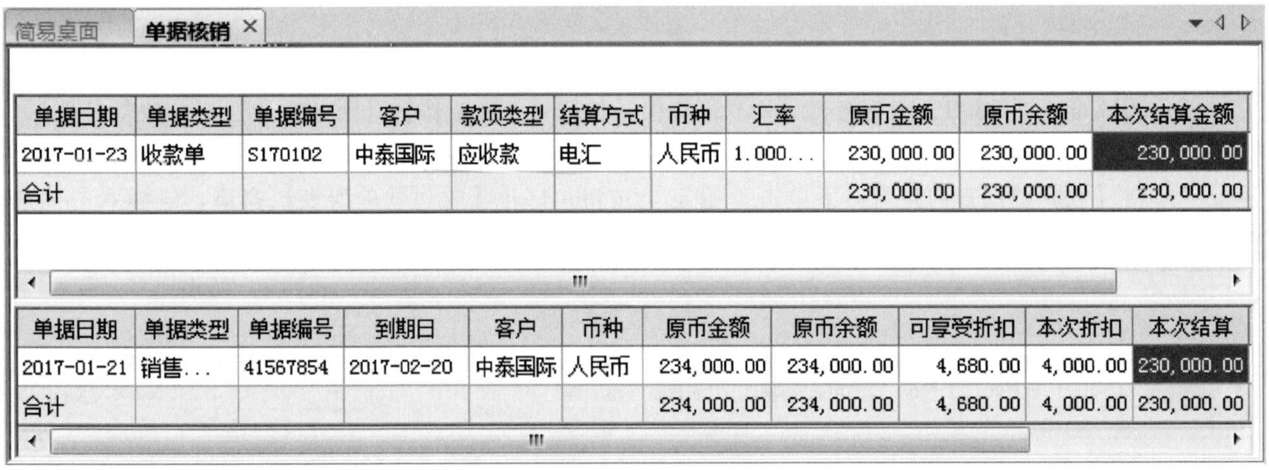


| 单据日期 | 单据类型 | 单据编号 | 客户 | 款项类型 | 结算方式 | 币种 | 汇率 | 原币金额 | 原币余额 | 本次结算金额 |
|---|---|---|---|---|---|---|---|---|---|---|
| 2017-01-23 | 收款单 | S170102 | 中泰国际 | 应收款 | 电汇 | 人民币 | 1.000... | 230,000.00 | 230,000.00 | 230,000.00 |
| 合计 | | | | | | | | 230,000.00 | 230,000.00 | 230,000.00 |

| 单据日期 | 单据类型 | 单据编号 | 到期日 | 客户 | 币种 | 原币金额 | 原币余额 | 可享受折扣 | 本次折扣 | 本次结算 |
|---|---|---|---|---|---|---|---|---|---|---|
| 2017-01-21 | 销售... | 41567854 | 2017-02-20 | 中泰国际 | 人民币 | 234,000.00 | 234,000.00 | 4,680.00 | 4,000.00 | 230,000.00 |
| 合计 | | | | | | 234,000.00 | 234,000.00 | 4,680.00 | 4,000.00 | 230,000.00 |

**图 6－34　单据核销**

（3）单击［ ］按钮，完成单据核销操作。

**知识要点**

本笔业务在进行核销操作时，系统显示的可享受折扣金额是按含增值税的金额计算的，但公司给出的现金折扣条件的计算是不含增值税的，所以这种情况下只需要直接填入本次结算金额，系统会自动倒挤本次可享受的现金折扣金额。可享受折扣金额并不是必须享受金额。

4. 收款单/核销合并制单

（1）2017 年 1 月 23 日，由财务部［ZJY 张静仪］执行【业务工作】—【财务会计】—【应收款管理】—【制单处理】命令，打开【制单查询】窗口，点选［收付款单制单］和［核销制单］复选框，如图 6－35 所示。

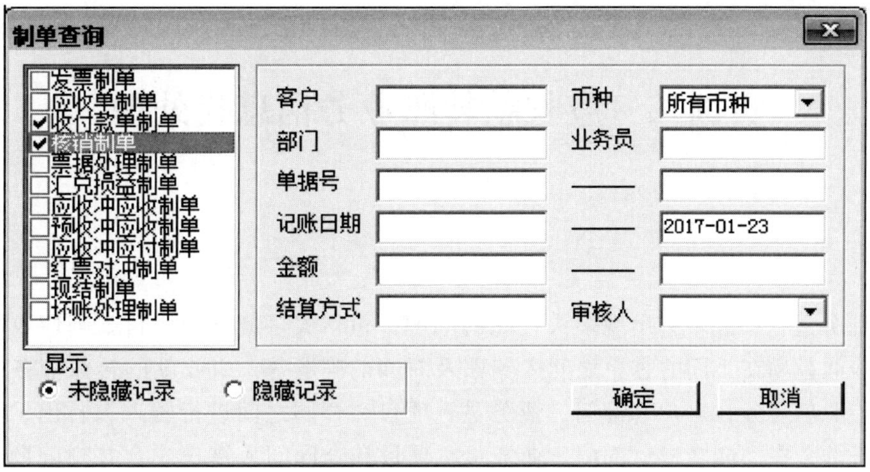


图 6－35　制单查询

（2）在【制单】窗口下选择［凭证类别］为“收款凭证”，再双击［选择标志］栏或单击［ALL 全选］选择需要制单的单据，单击［合并］按钮，如图 6－36 所示。

应收制单

凭证类别 收款凭证　　制单日期 2017-01-23　　共 2 条

| 选择标志 | 凭证类别 | 单据类型 | 单据号 | 日期 | 客户... | 客户名称 | 部门 | 业务员 | 金额 |
|---|---|---|---|---|---|---|---|---|---|
| 1 | 收款凭证 | 收款单 | S170102 | 2017-01-23 | 0105 | 北京中泰... | 销售部 | 王健 | 230,000.00 |
| 1 | 收款凭证 | 核销 | ZKAR0... | 2017-01-23 | 0105 | 北京中泰... | 销售部 | 王健 | 234,000.00 |

图 6－36　应收单制单

（3）单击［制单］按钮，系统自动生成记账凭证，单击［保存］按钮保存凭证，如图 6－37 所示。

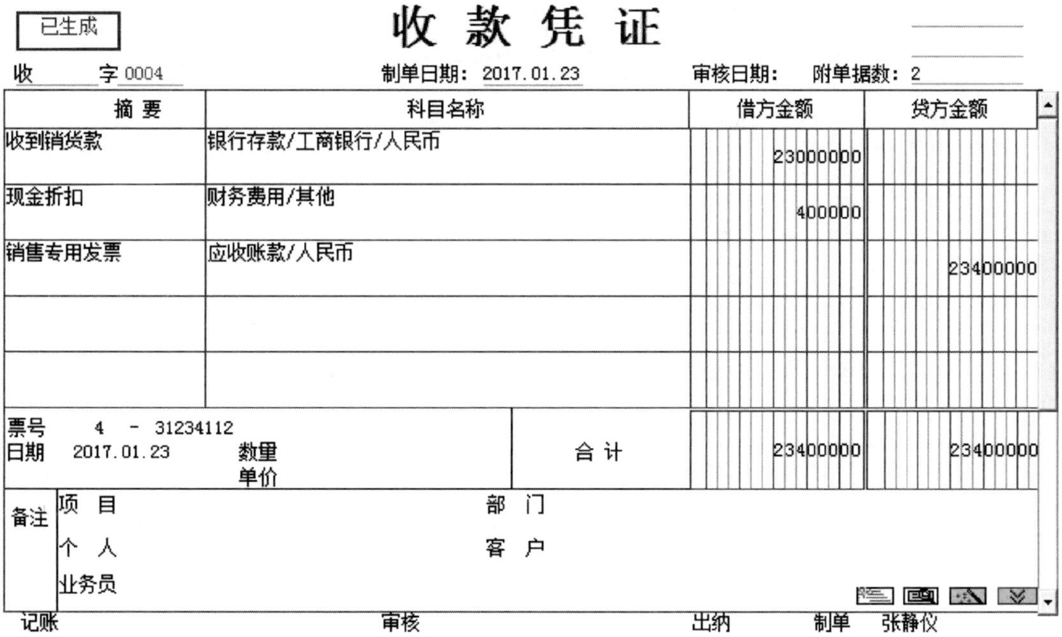


图 6－37　凭证生成—应收单制单

# 实训二　应收款转账业务信息化处理

【信息化要求】

企业的销售业务过程中经常会出现多头挂账的问题，包括欠供应商的应付款与应收客户的应收款之间的对冲问题，应收款项在不同的客户之间入错账及对冲的问题等。应收款的转账业务主要就是要在信息化系统下处理应收款业务在客户、部门、业务员、项目和合同之间进行转入、转出，实现应收业务的调整，解决应收款业务在不同客户、部门、业务员、项目和合同间入错户或合并户问题，将预收客户款项和应收客户的货款进行转账核销，将对某客户的应收账款冲抵对某一供应商的应付账款。

## 业务一　预收冲应收业务信息化处理

【业务描述】

2017 年 1 月 24 日，取得相关原始凭证如图 6－38 所示。

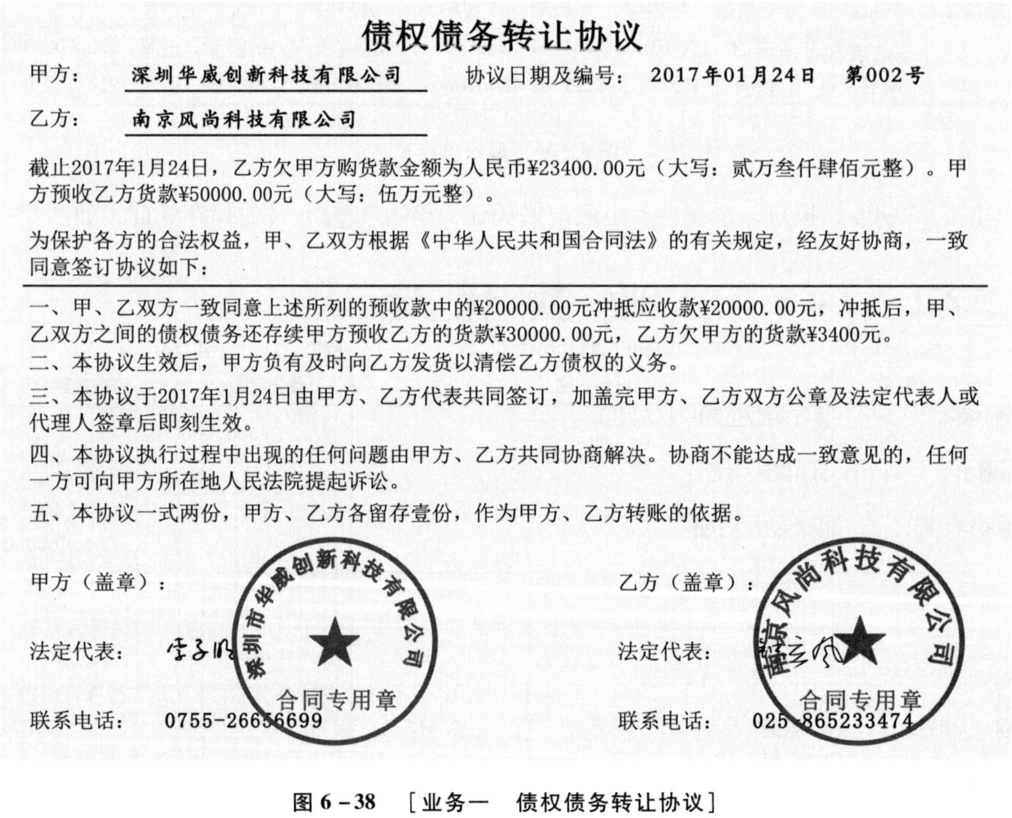

**债权债务转让协议**

甲方：　深圳华威创新科技有限公司　　协议日期及编号：　2017年01月24日　第002号

乙方：　南京风尚科技有限公司

截止2017年1月24日，乙方欠甲方购货款金额为人民币¥23400.00元（大写：贰万叁仟肆佰元整）。甲方预收乙方货款¥50000.00元（大写：伍万元整）。

为保护各方的合法权益，甲、乙双方根据《中华人民共和国合同法》的有关规定，经友好协商，一致同意签订协议如下：

一、甲、乙双方一致同意上述所列的预收款中的¥20000.00元冲抵应收款¥20000.00元，冲抵后，甲、乙双方之间的债权债务还存续甲方预收乙方的货款¥30000.00元，乙方欠甲方的货款¥3400元。

二、本协议生效后，甲方负有及时向乙方发货以清偿乙方债权的义务。

三、本协议于2017年1月24日由甲方、乙方代表共同签订，加盖完甲方、乙方双方公章及法定代表人或代理人签章后即刻生效。

四、本协议执行过程中出现的任何问题由甲方、乙方共同协商解决。协商不能达成一致意见的，任何一方可向甲方所在地人民法院提起诉讼。

五、本协议一式两份，甲方、乙方各留存壹份，作为甲方、乙方转账的依据。

甲方（盖章）：　深圳市华威创新科技有限公司 合同专用章　　乙方（盖章）：　南京风尚科技有限公司 合同专用章

法定代表人：　　　　法定代表：

联系电话：　0755-26656699　　联系电话：　025-865233474

**图 6－38　［业务一　债权债务转让协议］**

【业务分析】

该笔业务是 2016 年 12 月 26 日应收南京风尚科技有限公司的货款及 2017 年 1 月 20 日预收南京风尚科技有限公司的预收款项之间的冲销业务，通过本业务的处理，本公司与南京风尚科技有限公司之间的债权债务关系还存续预收的货款￥30000.00元，应收的货款￥3400元。信息化方式下，本业务应通过“预收冲应收”功能处理。

【数据信息化】

根据以上业务资料采集得到预收冲应收信息化数据（见表6－6）：

表6－6　预收冲应收信息化数据

| 项目 | 预收款 | 应收款 |
| --- | --- | --- |
| 客户 | 风尚科技 | 风尚科技 |
| 单据日期 | 2017－01－20 | 2016－12－26 |
| 单据类型 | 收款单 | 销售专用发票 |
| 单据编号 | S170101 | 33510598 |
| 转账金额 | 20000.00 | 20000.00 |

【操作人员】

由财务部［ZJY 张静仪］负责预收款冲应收款的操作记账及制单处理，操作日期：2017年1月24日。

【信息化操作】

（1）2017年1月24日，由财务部［ZJY 张静仪］执行【业务工作】—【财务会计】—【应收款管理】—【转账】—【预收冲应收】命令，打开【预收冲应收】窗口。

（2）单击【预收款】选项卡，选择［客户］为“0104南京风尚科技有限公司”，然后单击［过滤］按钮，在表体中选择对应的收款单，在［转账金额］栏内填入转账金额“20000.00”，如图6－39所示。

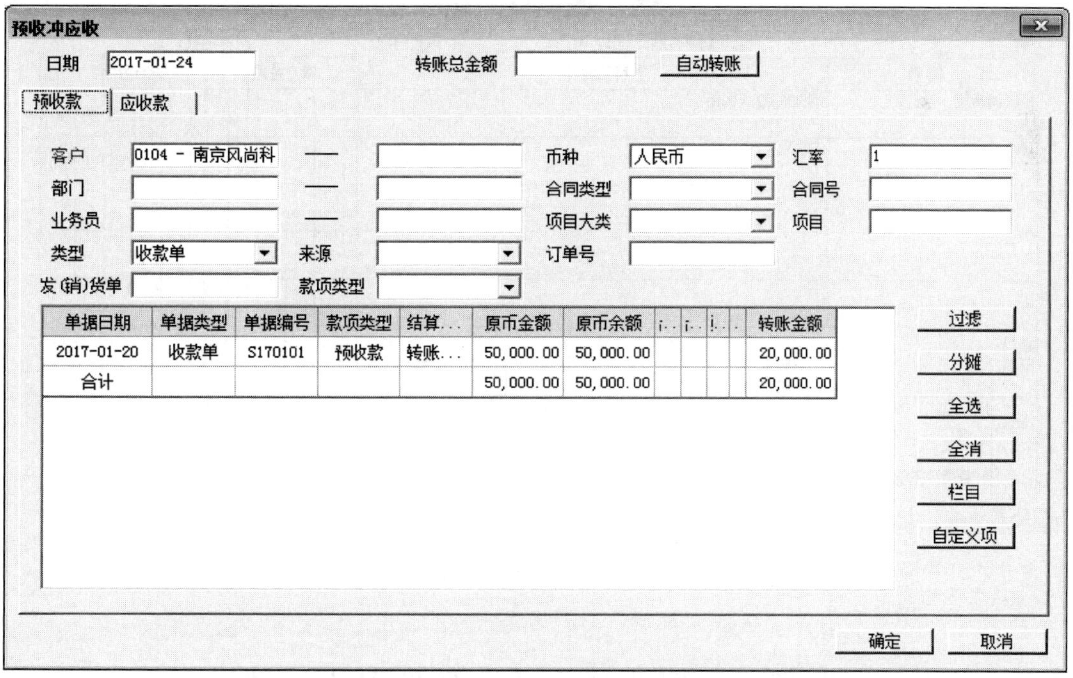


图6－39　预收冲应收—预收款选项卡

（3）单击【应收款】选项卡，选择［客户］为“0104南京风尚科技有限公司”，然后单击［过滤］按钮，在表体中选择单据编号为“33510598”的销售专用发票，在［转账金额］栏内填入转账金额“20000.00”，如图6－40所示。

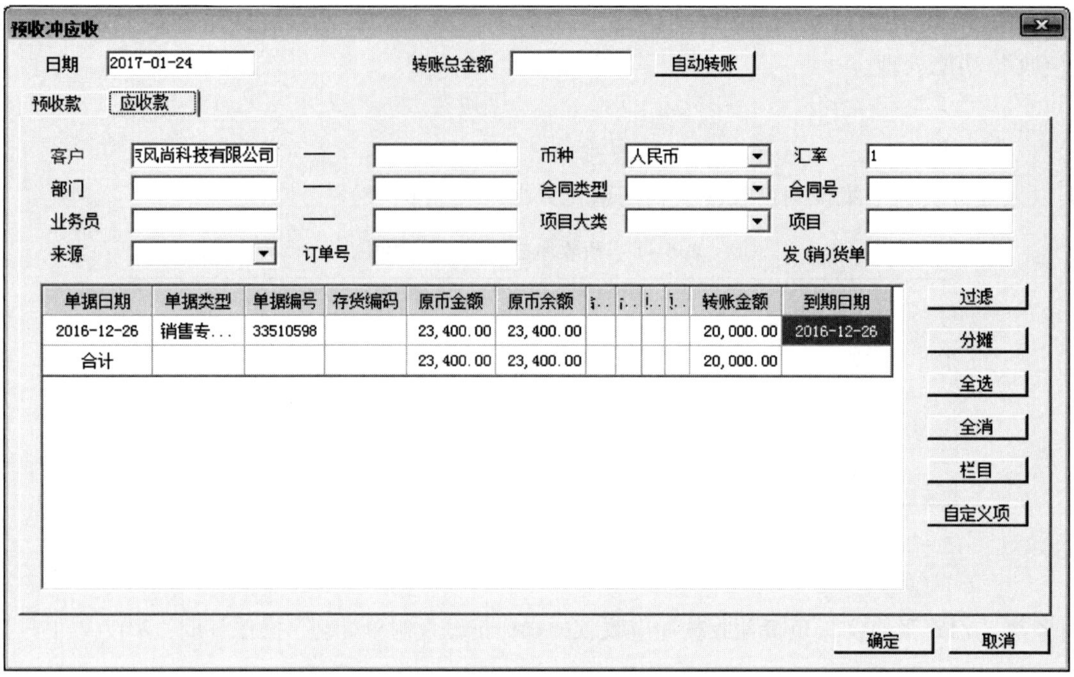


图 6-40　预收冲应收—应收款选项卡

（4）单击［确定］按钮，系统提示“是否立即制单？”

（5）单击［是］按钮，系统自动生成一张凭证，修改凭证类别字为“转”字，然后单击保存按钮［ ］保存凭证，如图 6-41 所示。

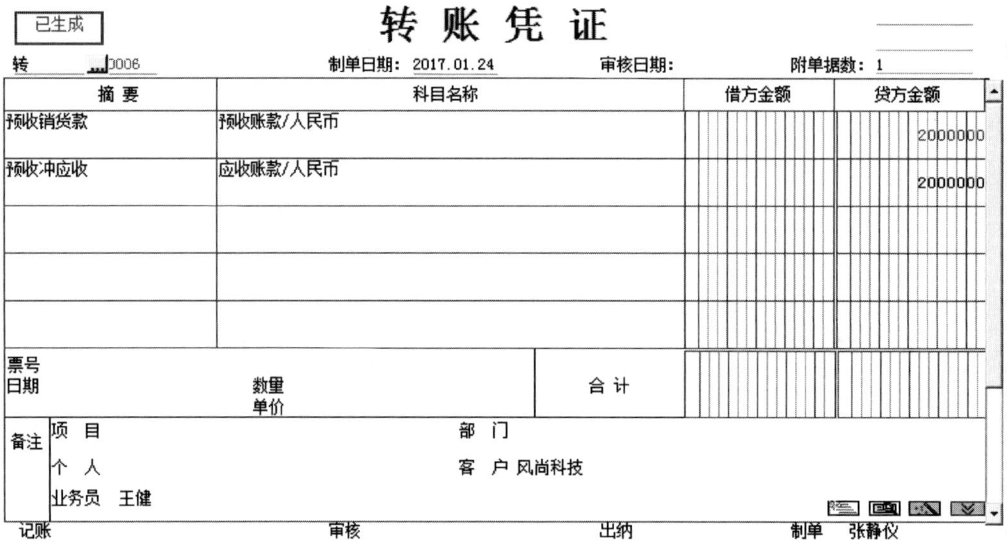


图 6-41　凭证生成—预收冲应收

## 业务二　应收冲应收业务信息化处理

【业务描述】

2017 年 1 月 24 日，取得相关原始凭证如图 6-42 所示。

## 债权债务转让协议

甲方： 深圳华威创新科技有限公司　　协议日期及编号： 2017年01月24日　第003号

乙方： 南京风尚科技有限公司　　丙方： 深圳市福田区沃尔玛超市

截止2017年1月24日，乙方欠甲方购货款金额为人民币¥3400.00元（大写：叁仟肆佰元整）。丙方欠甲方购货款¥29250.00元（大写：贰万玖贰佰伍拾元整）。

为保护各方的合法权益，甲、乙、丙三方根据《中华人民共和国合同法》的有关规定，经友好协商，一致同意签订协议如下：

一、甲、乙、丙三方一致同意上述所列的乙方欠甲方的货款全额转给丙方，由丙方承担乙方对甲方的债务¥3400.00元，债务转让后，甲、乙双方之间的债权债务全部灭失，甲方应收丙方的货款变为¥32650.00元。

二、本协议生效后，丙方负有及时向甲方清偿债务的义务。

三、本协议于2017年1月24日由甲方、乙、丙三方代表共同签订，加盖完甲方、乙、丙方三方公章及法定代表人或代理人签章后即刻生效。

四、本协议执行过程中出现的任何问题由甲方、乙、丙三方共同协商解决。协商不能达成一致意见的，任何一方可向甲方所在地人民法院提起诉讼。

五、本协议一式叁份，甲方、乙方、丙方各留存壹份，作为甲方、乙方、丙方转账的依据。

甲方（盖章）：　　乙方（盖章）：　　丙方（盖章）：

法定代表：　　法定代表：　　法定代表：

联系电话： 0755-26656699　联系电话： 025-86523474　联系电话： 0755-89959452

**图6-42 ［业务二 债权债务转让协议］**

【业务分析】

该笔业务是2016年12月26日应收南京风尚科技有限公司货款的尾款转给深圳市福田区沃尔玛超市，由深圳市福田区沃尔玛超市承受南京风尚科技有限公司的债务，通过本业务的处理，本公司与南京风尚科技有限公司之间的债权债务关系完全灭失，还存续我公司应收深圳市福田区沃尔玛超市的货款共￥32650.00元。信息化方式下，本业务应通过“应收冲应收”功能处理。

【数据信息化】

根据以上业务资料采集得到应收冲应收信息化数据（见表6-7）：

**表6-7 应收冲应收信息化数据**

| 项目 | 转出应收款 | 转入应收款 |
|---|---|---|
| 客户 | 风尚科技 | 沃尔玛 |
| 单据日期 | 2016-12-26 | |
| 单据类型 | 销售专用发票 | |
| 单据编号 | 33510598 | |
| 并账金额 | 3400.00 | 3400.00 |

【操作人员】

由财务部［ZJY 张静仪］负责应收款冲应收款的操作记账及制单处理，操作日期：2017年1月24日。

（1）2017 年 1 月 24 日，由财务部［ZJY 张静仪］执行【业务工作】—【财务会计】—【应收款管理】—【转账】—【应收冲应收】命令，打开【应收冲应收】窗口。

（2）选择转出［客户］为“0104 南京风尚科技有限公司”，转入［客户］为“0101 深圳市福田区沃尔玛超市”，然后单击［查询］按钮，系统显示公司的应收款余额，在表体中选择单据编号为“33510598”的销售专用发票，在［并账金额］栏内填入并账金额“3400.00”，如图 6－43 所示。

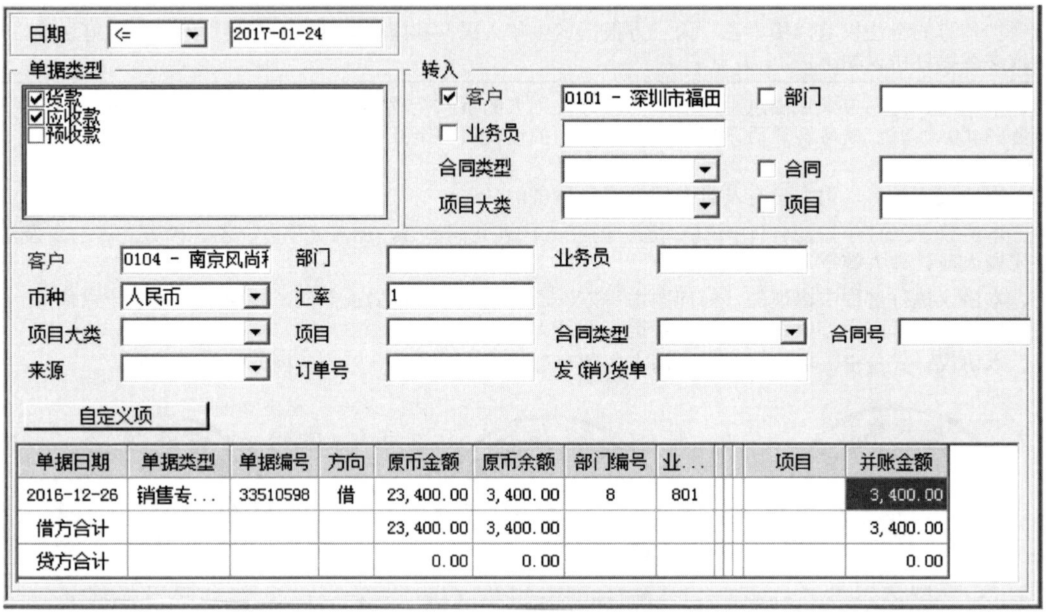


图 6－43　应收冲应收

（3）单击保存按钮［］，系统提问“是否立即制单?”，点击［是］按钮，系统自动生成一张凭证，修改凭证类别字为“转”字，然后单击保存按钮［］保存凭证。如图 6－44 所示。

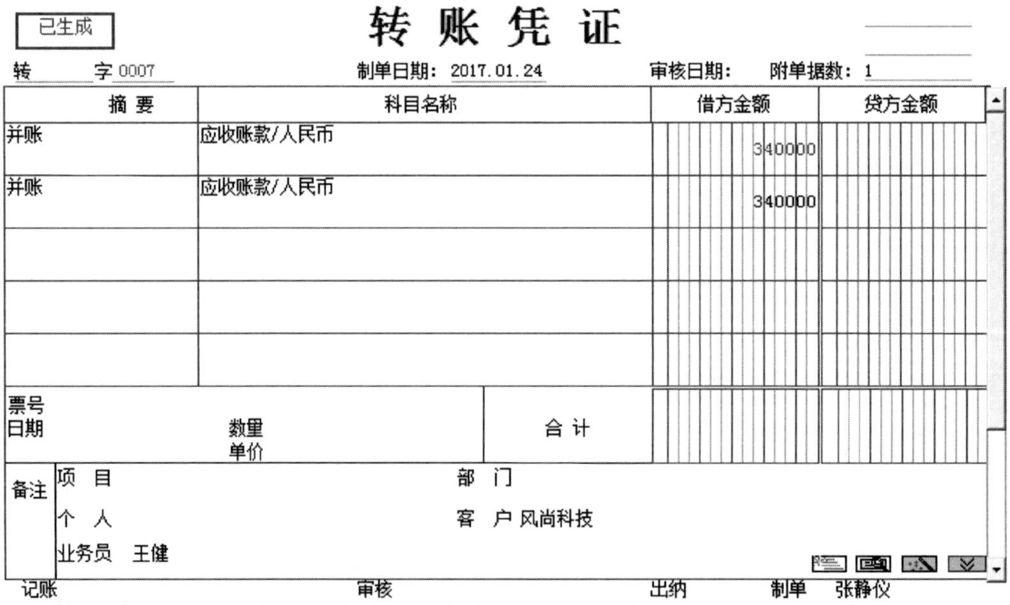


图 6－44　凭证生成—应收冲应收

## 业务三 应收冲应付业务信息化处理

【业务描述】

2017 年 1 月 25 日，取得相关原始凭证如图 6－45 所示。

**债权债务转让协议**

甲方： 深圳华威创新科技有限公司　　协议日期及编号： 2017年01月25日　第004号

乙方： 深圳市天地飞电子科技有限公司　丙方： 深圳市福田区沃尔玛超市

截止2017年1月25日，丙方欠甲方购货款金额为人民币¥32650.00元（大写：叁万贰仟肆陆佰伍拾元整）。甲方欠乙方购货款¥11700.00元（大写：壹万壹仟柒佰元整）。

为保护各方的合法权益，甲、乙、丙三方根据《中华人民共和国合同法》的有关规定，经友好协商，一致同意签订协议如下：

一、甲、乙、丙三方一致同意上述所列的甲方欠方的货款全额转给丙方，由丙方承担甲方对乙方的债务¥11700.00元，债务转让后，甲、乙双方之间的债权债务全部灭失，甲方应收丙方的货款变为¥20950.00元。

二、本协议生效后，丙方负有及时向甲方、乙方清偿债务的义务。

三、本协议于2017年1月25日由甲方、乙、丙三方代表共同签订，加盖完甲方、乙、丙方三方公章及法定代表人或代理人签章后即刻生效。

四、本协议执行过程中出现的任何问题由甲方、乙、丙三方共同协商解决。协商不能达成一致意见的，任何一方可向甲方所在地人民法院提起诉讼。

五、本协议一式叁份，甲方、乙方、丙方各留存壹份，作为甲方、乙方、丙方转账的依据。

甲方（盖章）：　乙方（盖章）：　丙方（盖章）：

法定代表：　法定代表：　法定代表：

联系电话： 0755-26656699　联系电话：0755-85255999　联系电话： 0755-89959452

图 6－45 ［业务三 债权债务转让协议］

【业务分析】

该笔业务是将应付深圳市天地飞电子科技有限公司的应付款全部转为由深圳市福田区沃尔玛超市承受，由深圳市福田区沃尔玛超市承受本公司的债务，同时，本公司应收深圳市福田区沃尔玛超市的债权也同时减少相应的金额，通过本业务的处理，本公司与深圳市天地飞电子科技有限公司间的债权债务关系完全灭失，还存续我公司应收深圳市福田区沃尔玛超市的货款共￥20950.00 元。信息化方式下，本业务应通过“应收冲应付”功能处理。

【数据信息化】

根据以上业务资料采集得到应收冲应付信息化数据（见表 6－8）：

表 6－8 应收冲应付信息化数据

| 项目 | 应收款 | 应付款 |
|---|---|---|
| 客户/供应商 | 沃尔玛 | 天地飞 |
| 单据日期 | 2016－12－26 | |
| 单据类型 | 销售专用发票 | |
| 单据编号 | 33510598 | |
| 并账金额 | 11700.00 | 11700.00 |

【操作人员】

由财务部［ZJY 张静仪］负责应收款冲应付款的操作记账及制单处理，操作日期：2017 年 1 月 25 日。

（1）2017 年 1 月 25 日，由财务部［ZJY 张静仪］执行【业务工作】—【财务会计】—【应收款管理】—【转账】—【应收冲应付】命令，打开【应收冲应付】窗口。

（2）单击【应收】选项卡，选择［客户］为“0101 深圳市福田区沃尔玛超市”，然后单击【应付】选项卡，选择［供应商］为“0105 深圳市天地飞电子科技有限公司”，如图 6－46、图 6－47 所示。

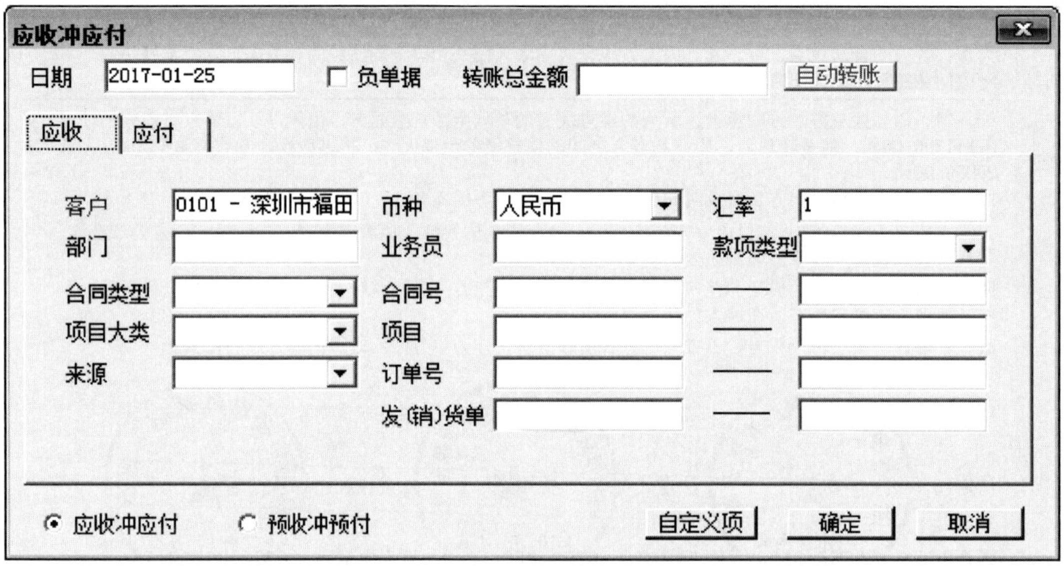


图 6－46 应收冲应付—应收选项卡

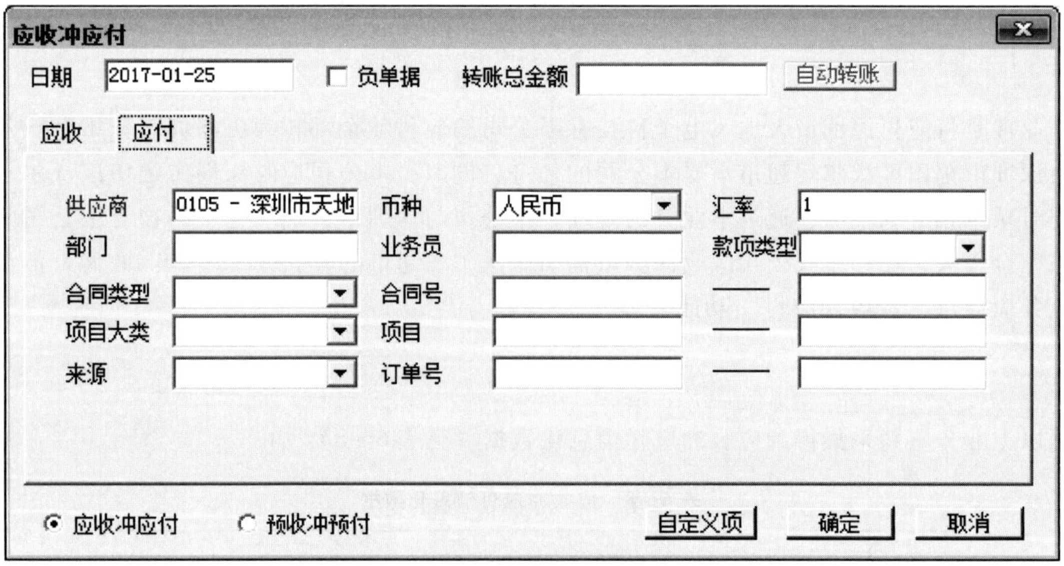


图 6－47 应收冲应付—应付选项卡

（3）单击［确定］按钮，系统打开【应收冲应付】窗口，在表体中选择单据编号为“33510598”的销售专用发票，在［转账金额］栏内填入转账金额“3400.00”，选择单据编号为“30566883”的销售专用发票，在［转账金额］栏内填入转账金额“8300.00”，选择单据编号为“64728965”的采购专用发票，在［转账金额］栏内填入转账金额“11700.00”，如图 6－48 所示。

简易桌面 应收冲应付

转账总金额

| 单据日期 | 单据类型 | 单据编号 | 原币余额 | 合同号 | 合同名称 | 项目编码 | 项目 | 转账金额 |
|---|---|---|---|---|---|---|---|---|
| 2016-12-25 | 销售专... | 30566883 | 29,250.00 | | | | | 8,300.00 |
| 2016-12-26 | 销售专... | 33510598 | 3,400.00 | | | | | 3,400.00 |
| 合计 | | | 32,650.00 | | | | | 11,700.00 |

| 单据日期 | 单据类型 | 单据编号 | 原币余额 | 合同号 | 合同名称 | 项目编码 | 项目 | 转账金额 |
|---|---|---|---|---|---|---|---|---|
| 2016-12-25 | 采购专... | 64728965 | 11,700.00 | | | | | 11,700.00 |
| 合计 | | | 11,700.00 | | | | | 11,700.00 |

图 6－48　应收冲应付

（4）单击保存按钮［ ］，系统提问“是否立即制单?”，点击［是］按钮，系统自动生成一张凭证，修改凭证类别字为“转”字，然后单击保存按钮［ ］保存凭证，如图 6－49 所示。

已生成

转 账 凭 证

转 字 0008　制单日期：2017.01.25　审核日期：　附单据数：1

| 摘要 | 科目名称 | 借方金额 | 贷方金额 |
|---|---|---|---|
| 并账 | 应付账款/一般应付款 | 1170000 | |
| 应收冲应付 | 应收账款/人民币 | | 830000 |
| 并账 | 应收账款/人民币 | | 340000 |
| | | | |
| | | | |
| 票号 日期 数量 单价 | 合 计 | 1170000 | 1170000 |

备注　项 目　部 门

个 人　供应商 天地飞

业务员 张瑜

记账　审核　出纳　制单 张静仪

图 6－49　凭证生成—应收冲应付

# 项目 7

# 库存管理系统日常业务信息化处理

**工作任务**

- 完成企业存货出库、入库业务的处理工作
- 完成企业存货盘点的处理工作
- 完成企业存货出库、入库及盘点的会计核算工作

**职业能力**

- 掌握存货出库、入库有关数据的采集与分析能力
- 具备存货出入库、盘点业务的处理能力及数据分析能力
- 掌握企业存货管理的信息化处理方法

**知识要求**

- 能描述存货出入库与盘点业务的处理流程
- 能理解存货管理系统与其他子系统之间的数据关系

**技能要求**

- 能按企业的实际情况对存货出入库数据进行合理归类、整理
- 能完成企业存货管理中涉及的各项业务单据的处理
- 能完成企业存货管理的会计核算

# 实训一　材料出库业务信息化处理

【信息化要求】

企业的库存管理简单说主要涉及存货的入库、出库及盘点业务，但在入库及出库业务中，又涉及各种出入库的具体形态，如调拨业务、组装拆卸业务、形态转换业务等。入库业务通常是材料采购入库和产成品入库，仓库收到采购或生产的货物，仓库保管员验收货物的数量、质量、规格型号等，确认验收无误后入库，并登记库存账。出库业务通常是销售出库和材料领用出库。材料领用业务需要填制材料出库单，材料出库单是领用材料时所填制的出库单据，当从仓库中领用材料用于生产或委外加工时，就需要填制材料出库单。只有工业企业才有材料出库单，商业企业没有此单据。信息化方式下，需要对生产领用材料的流程进行信息化处理与全面控制，对在材料领用出库流程中出现的各种单据及原始凭证进行信息化数据的采集与录入，有效、及时、精准地完成企业的出库业务处理及会计核算。

## 业务一　一车间领料信息化处理

【业务描述】

2017 年 1 月 25 日，取得相关原始凭证如图 7－1 所示。

**领　料　单**

领料部门：一车间　　　　发料编号：17001 号

用途：生产OSMO系列　　2017 年 01 月 25 日　　发料仓库：原材料库

| 材料 | | | 单位 | 数量 | | 成本 | | | | | | | | | | |
|---|---|---|---|---|---|---|---|---|---|---|---|---|---|---|---|---|
| | | | | | | 单价 | 总价 | | | | | | | | | |
| 编号 | 名称 | 规格 | | 请领 | 实发 | | 千 | 百 | 十 | 万 | 千 | 百 | 十 | 元 | 角 | 分 |
| 0101 | 机架 | | 架 | 20.00 | 20.00 | | | | | | | | | | | |
| 0102 | 无刷电机 | | 台 | 20.00 | 20.00 | | | | | | | | | | | |
| 0103 | 电调 | | 台 | 20.00 | 20.00 | | | | | | | | | | | |
| 合计 | | | | | | | | | | | | | | | | |

第二联：财务联

部门主管：宋春丽　　会计：李蕊　　发料：李伟　　领料：刘欢

图 7－1　[业务一　领料单]

【业务分析】

该笔业务属于企业为生产产品领用原材料的材料领用出库业务。按会计核算要求应编制相应的会计分录，同时反映原材料的出库情况。信息化方式下，该笔业务应在库存管理系统填制“材料出库单”，并在存货核算管理系统中完成材料出库的财务核算，从而完成材料出库业务的信息化处理。

【数据信息化】

数据来源：领料单

根据以上业务资料采集得到材料出库单信息化数据（见表 7－1）：

表 7－1 材料出库单信息化数据

| | | | | |
|---|---|---|---|---|
| 表头信息 | 出库日期 | 2017－01－25 | | |
| | 仓库 | 原材料库 | | |
| | 出库类别 | 材料领用出库 | | |
| | 部门 | 一车间 | | |
| 表体信息 | 材料编码 | 0101 | 0102 | 0103 |
| | 货物名称 | 机架 | 无刷电机 | 电调 |
| | 数量 | 20.00 | 20.00 | 20.00 |

【操作人员】

由仓储部［LW 李伟］负责材料出库单的填制；仓储部［SCL 宋春丽］负责材料出库单的审核；财务部［ZJY 张静仪］负责单据记账及制单处理。操作日期：2017 年 1 月 25 日。

【信息化操作】

1. 材料出库单填制

（1）2017 年 1 月 25 日，由仓储部［LW 李伟］执行【业务工作】—【供应链】—【库存管理】—【出库业务】—【材料出库单】命令，打开【材料出库单】窗口。

（2）在【材料出库单】窗口下单击［增加］按钮，系统自动生成出库单单号，按“材料出库单信息化数据表”的要求录入材料出库单信息，单击［］按钮保存材料出库单。结果如图 7－2 所示。

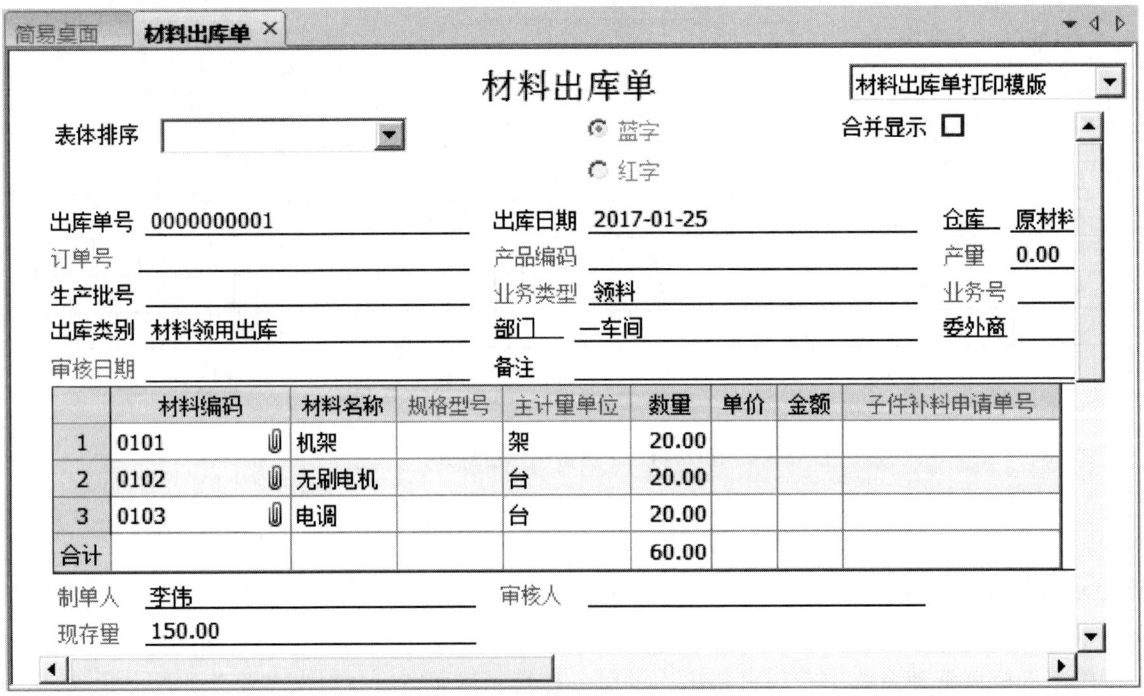


图 7－2 材料出库单填制

【软件操作流程】

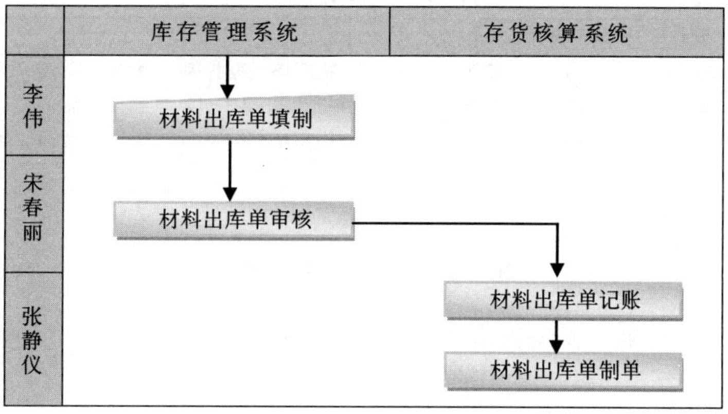


［软件操作流程图8］　材料出库业务

2. 材料出库单审核

（1）2017年1月25日，由仓储部［SCL 宋春丽］执行【业务工作】—【供应链】—【库存管理】—【出库业务】—【材料出库单】命令，打开【材料出库单】窗口。

（2）在【材料出库单】窗口下通过点击［ ］按钮，找到需要进行审核的材料出库单，再单击［审核］按钮，完成单据审核。结果如图7-3所示。

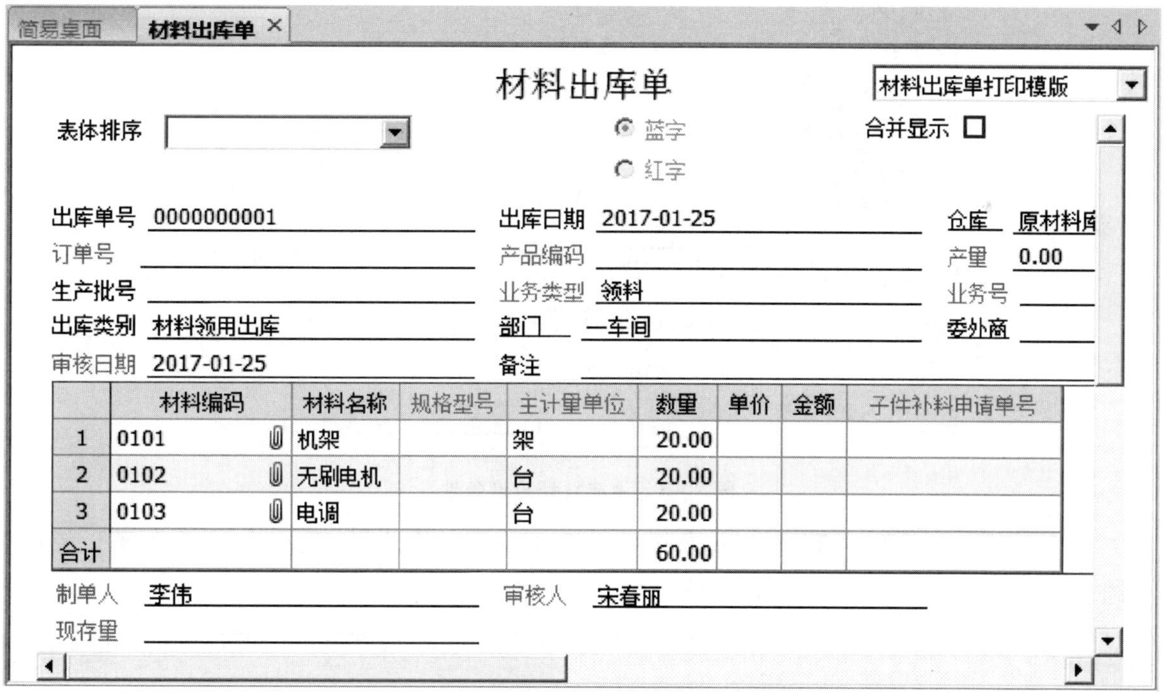


| | 材料编码 | 材料名称 | 规格型号 | 主计量单位 | 数量 | 单价 | 金额 | 子件补料申请单号 |
|---|---|---|---|---|---|---|---|---|
| 1 | 0101 | 机架 | | 架 | 20.00 | | | |
| 2 | 0102 | 无刷电机 | | 台 | 20.00 | | | |
| 3 | 0103 | 电调 | | 台 | 20.00 | | | |
| 合计 | | | | | 60.00 | | | |



图7-3　材料出库单审核

3. 材料出库单记账

（1）2017年1月25日，由财务部［ZJY 张静仪］执行【业务工作】—【供应链】—【业务核算】—【正常单据记账】命令，打开【查询条件选择】窗口。

（2）单击［确定］按钮，打开【未记账单据一览表】窗口，鼠标双击［选择］栏或单击［全选］选择需要记账的材料出库单，如图7-4所示。

正常单据记账列表

记录总数：3

| 选择 | 日期 | 单据号 | 存货编码 | 存货名称 | ... | E.. | 单据类型 | 仓库名称 | 收发类别 | 数量 | 单价 | 金额 |
|---|---|---|---|---|---|---|---|---|---|---|---|---|
| Y | 2017-01-25 | 0000000001 | 0101 | 机架 | | | 材料出库单 | 原材料库 | 材料领用出库 | 20.00 | | |
| Y | 2017-01-25 | 0000000001 | 0102 | 无刷电机 | | | 材料出库单 | 原材料库 | 材料领用出库 | 20.00 | | |
| Y | 2017-01-25 | 0000000001 | 0103 | 电调 | | | 材料出库单 | 原材料库 | 材料领用出库 | 20.00 | | |
| 小计 | | | | | | | | | | 60.00 | | |

图 7－4　未记账单据一览表

（3）单击［记账］按钮，系统提示“记账成功”。

4. 材料出库单制单

（1）2017 年 1 月 25 日，由财务部［ZJY 张静仪］执行【业务工作】—【供应链】—【存货核算】—【财务核算】—【生成凭证】命令，打开【生成凭证】窗口。

（2）单击［选择］按钮，系统打开【查询条件】窗口，如图 7－5 所示。

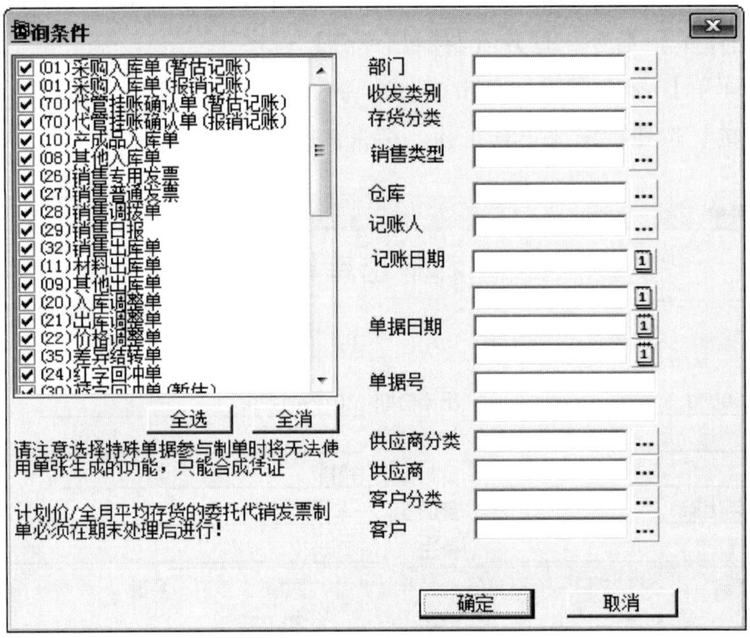


图 7－5　生成凭证查询条件

（3）单击［确定］按钮，系统打开【未生成凭证单据一览表】，鼠标双击［选择］栏或单击［全选］选择需要生成凭证的材料出库单，如图 7－6 所示。

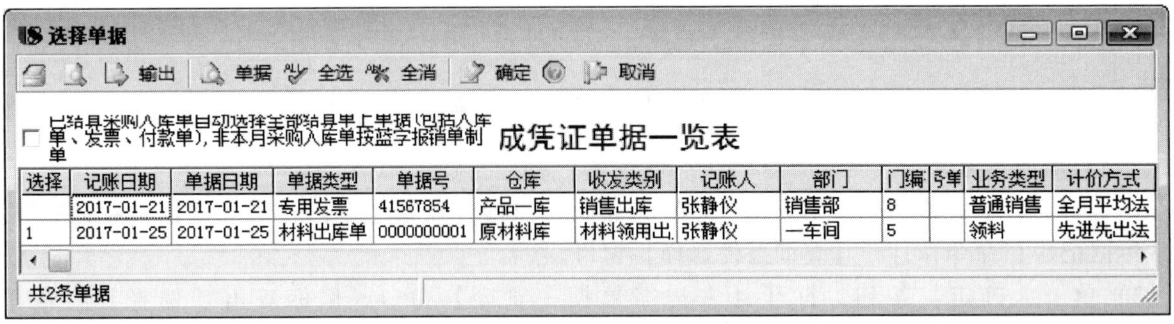


| 选择 | 记账日期 | 单据日期 | 单据类型 | 单据号 | 仓库 | 收发类别 | 记账人 | 部门 | 门编 | 务单 | 业务类型 | 计价方式 |
|---|---|---|---|---|---|---|---|---|---|---|---|---|
| | 2017-01-21 | 2017-01-21 | 专用发票 | 41567854 | 产品一库 | 销售出库 | 张静仪 | 销售部 | 8 | | 普通销售 | 全月平均法 |
| 1 | 2017-01-25 | 2017-01-25 | 材料出库单 | 0000000001 | 原材料库 | 材料领用出 | 张静仪 | 一车间 | 5 | | 领料 | 先进先出法 |

图 7－6　未生成凭证单据一览表

（4）单击［确定］按钮，系统显示要生成凭证的借贷方信息，选择［凭证类别］为“转账凭证”，如图7－7所示。

| 选择 | 单据类型 | 单据号 | 摘要 | 科目类型 | 科目编码 | 科目名称 | 借方金额 | 贷方金额 | 借方数量 | 贷方数量 |
|---|---|---|---|---|---|---|---|---|---|---|
| 1 | 材料出库单 | 0000000001 | 材料出... | 对方 | 500101 | 直接材料 | 4,000.00 | | 20.00 | |
| | | | | 存货 | 140301 | 机架 | | 4,000.00 | | 20.00 |
| | | | | 对方 | 500101 | 直接材料 | 8,000.00 | | 20.00 | |
| | | | | 存货 | 140302 | 无刷电机 | | 8,000.00 | | 20.00 |
| | | | | 对方 | 500101 | 直接材料 | 4,000.00 | | 20.00 | |
| | | | | 存货 | 140303 | 电调 | | 4,000.00 | | 20.00 |
| 合计 | | | | | | | 16,000.00 | 16,000.00 | | |

图7－7 凭证信息

（5）单击［生成］按钮，系统生成一张凭证，单击［ ］按钮，系统提示“项目核算科目的项目不能为空”，如图7－8所示。

图7－8 凭证生成—辅助项提示信息

（6）单击［确定］按钮，选择“生产成本/直接材料”科目，再将鼠标移到凭证尾空白处双击，系统打开【辅助项】窗口，点击［...］按钮，选择［项目名称］为“OSMO系列”，如图7－9所示。

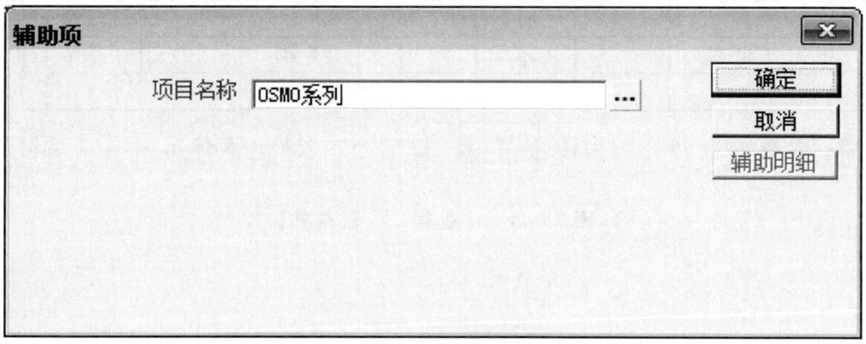


图7－9 辅助项窗口

（7）单击［确定］按钮后，再单击［ ］按钮保存凭证，系统显示凭证已生成。如图7－10

所示。

已生成

**转 账 凭 证**

转 字 0009　　制单日期：2017.01.25　　审核日期：　　附单据数：1

| 摘要 | 科目名称 | 借方金额 | 贷方金额 |
|---|---|---|---|
| 材料出库单 | 生产成本/直接材料 | 1600000 | |
| 材料出库单 | 原材料/机架 | | 400000 |
| 材料出库单 | 原材料/无刷电机 | | 800000 |
| 材料出库单 | 原材料/电调 | | 400000 |
| | | | |
| 票号<br>日期　　数量<br>单价 | 合 计 | 1600000 | 1600000 |

备注　项 目　OSMO系列　　部 门
　　　个 人　　　　　　　客 户
　　　业务员

记账　　审核　　出纳　　制单　张静仪

图 7－10　凭证生成—材料出库单

## 业务二　二车间领料信息化处理

【业务描述】

2017 年 1 月 25 日，取得相关原始凭证如图 7－11 所示。

**领 料 单**

领料部门：二车间　　　　　　　　　　　　发料编号：17002 号
用途：生产MAVIC系列　　2017 年 01 月 25 日　　发料仓库：原材料库

| 材料 | | | 单位 | 数量 | | 成本 | | | | | | | | | |
|---|---|---|---|---|---|---|---|---|---|---|---|---|---|---|---|
| | | | | | | 单价 | 总价 | | | | | | | | |
| 编号 | 名称 | 规格 | | 请领 | 实发 | | 千 | 百 | 十 | 万 | 千 | 百 | 十 | 元 | 角 | 分 |
| 0105 | APM | | 台 | 30.00 | 30.00 | | | | | | | | | | | |
| 0108 | 遥控器 | | 台 | 30.00 | 30.00 | | | | | | | | | | | |
| 0109 | 平衡充电器 | | 个 | 30.00 | 30.00 | | | | | | | | | | | |
| 合计 | | | | | | | | | | | | | | | | |

第二联：财务联

部门主管：宋春丽　　会计：李蕊　　发料：李伟　　领料：邓建国

图 7－11　［业务二　领料单］

【业务分析】

该笔业务属于企业为生产产品领用原材料的材料领用出库业务。按会计核算要求应编制相应的会计分录，同时反映原材料的出库情况。信息化方式下，该笔业务应在库存管理系统填制“材料出库单”，并在存货核算管理系统中完成材料出库的财务核算，从而完成材料出库业务的信息化处理。

【数据信息化】

数据来源：领料单

根据以上业务资料采集得到材料出库单信息化数据（见表7－2）：

**表7－2　材料出库单信息化数据**

| | | | | |
|---|---|---|---|---|
| 表头信息 | 出库日期 | 2017－01－25 | | |
| | 仓库 | 原材料库 | | |
| | 出库类别 | 材料领用出库 | | |
| | 部门 | 二车间 | | |
| 表体信息 | 材料编码 | 0105 | 0108 | 0109 |
| | 货物名称 | APM | 遥控器 | 平衡充电器 |
| | 数量 | 30.00 | 30.00 | 30.00 |

【操作人员】

由仓储部［LW 李伟］负责材料出库单的填制；仓储部［SCL 宋春丽］负责材料出库单的审核；财务部［ZJY 张静仪］负责单据记账及制单处理。操作日期：2017年1月25日。

【信息化操作】

1. 材料出库单填制

（1）2017年1月25日，由仓储部［LW 李伟］执行【业务工作】—【供应链】—【库存管理】—【出库业务】—【材料出库单】命令，打开【材料出库单】窗口。

（2）在【材料出库单】窗口下单击［增加］按钮，系统自动生成出库单单号，按“材料出库单信息化数据表”的要求录入材料出库单信息，单击［ ］按钮保存材料出库单。结果如图7－12所示。

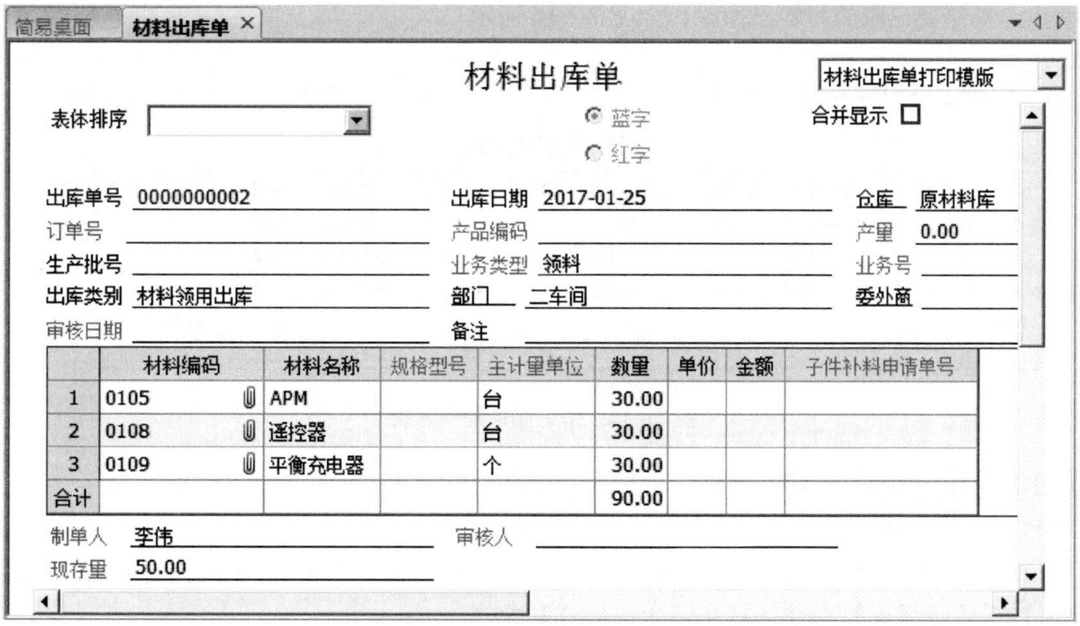


**图7－12　材料出库单填制**

2. 材料出库单审核

（1）2017 年 1 月 25 日，由仓储部［SCL 宋春丽］执行【业务工作】—【供应链】—【库存管理】—【出库业务】—【材料出库单】命令，打开【材料出库单】窗口。

（2）在【材料出库单】窗口下通过点击［◀◀ ◀ ▶ ▶▶］按钮，找到需要进行审核的材料出库单，再单击［审核］按钮，完成单据审核。结果如图 7－13 所示。

简易桌面 材料出库单

材料出库单

材料出库单打印模版

表体排序 蓝字 红字 合并显示

出库单号 0000000002 出库日期 2017-01-25 仓库 原材料库

订单号 产品编码 产量 0.00

生产批号 业务类型 领料 业务号

出库类别 材料领用出库 部门 二车间 委外商

审核日期 2017-01-25 备注

| | 材料编码 | 材料名称 | 规格型号 | 主计量单位 | 数量 | 单价 | 金额 | 子件补料申请单号 |
|---|---|---|---|---|---|---|---|---|
| 1 | 0105 | APM | | 台 | 30.00 | | | |
| 2 | 0108 | 遥控器 | | 台 | 30.00 | | | |
| 3 | 0109 | 平衡充电器 | | 个 | 30.00 | | | |
| 合计 | | | | | 90.00 | | | |

制单人 李伟 审核人 宋春丽

现存量

图 7－13　材料出库单审核

3. 材料出库单记账

（1）2017 年 1 月 25 日，由财务部［ZJY 张静仪］执行【业务工作】—【供应链】—【业务核算】—【正常单据记账】命令，打开【查询条件选择】窗口。

（2）单击［确定］按钮，打开【未记账单据一览表】窗口，鼠标双击［选择］栏或单击［ALL 全选］选择需要记账的材料出库单，如图 7－14 所示。

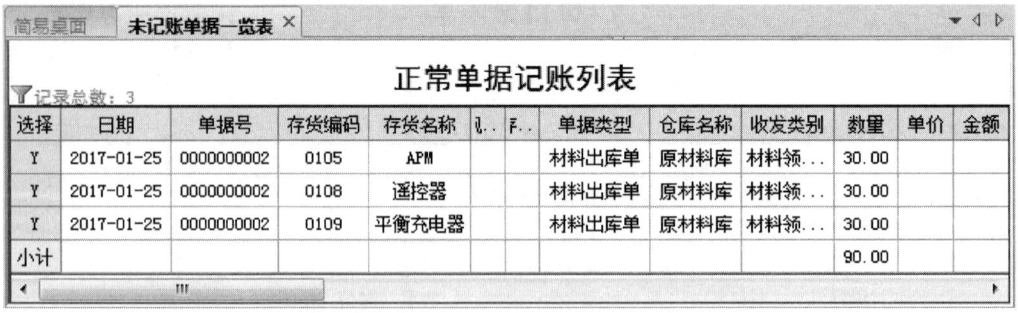
简易桌面 未记账单据一览表

正常单据记账列表

记录总数：3

| 选择 | 日期 | 单据号 | 存货编码 | 存货名称 | 规... | F... | 单据类型 | 仓库名称 | 收发类别 | 数量 | 单价 | 金额 |
|---|---|---|---|---|---|---|---|---|---|---|---|---|
| Y | 2017-01-25 | 0000000002 | 0105 | APM | | | 材料出库单 | 原材料库 | 材料领... | 30.00 | | |
| Y | 2017-01-25 | 0000000002 | 0108 | 遥控器 | | | 材料出库单 | 原材料库 | 材料领... | 30.00 | | |
| Y | 2017-01-25 | 0000000002 | 0109 | 平衡充电器 | | | 材料出库单 | 原材料库 | 材料领... | 30.00 | | |
| 小计 | | | | | | | | | | 90.00 | | |

图 7－14　未记账单据一览表

（3）单击［记账］按钮，系统提示“记账成功”。

4. 材料出库单制单

（1）2017 年 1 月 25 日，由财务部［ZJY 张静仪］执行【业务工作】—【供应链】—【存货核算】—【财务核算】—【生成凭证】命令，打开【生成凭证】窗口。

（2）单击［选择］按钮，系统打开【查询条件】窗口。

（3）单击［确定］按钮，系统打开【未生成凭证单据一览表】，鼠标双击［选择］栏或单击［ALL 全选］选择需要生成凭证的材料出库单，如图7－15所示。

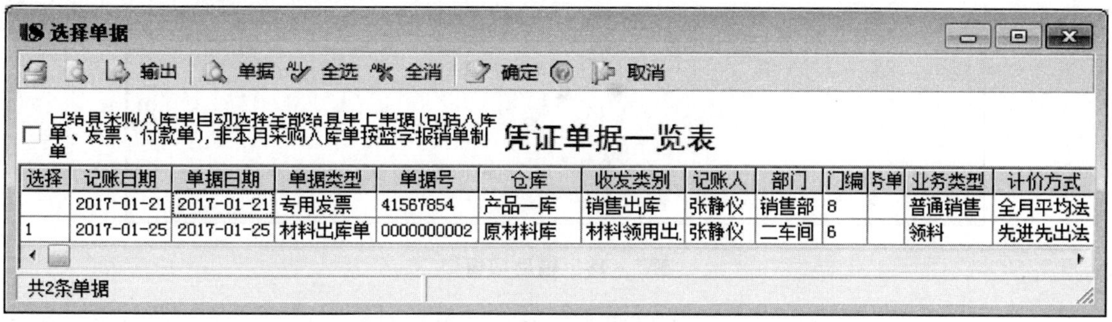


| 选择 | 记账日期 | 单据日期 | 单据类型 | 单据号 | 仓库 | 收发类别 | 记账人 | 部门 | 门编 | 务单 | 业务类型 | 计价方式 |
|---|---|---|---|---|---|---|---|---|---|---|---|---|
| | 2017-01-21 | 2017-01-21 | 专用发票 | 41567854 | 产品一库 | 销售出库 | 张静仪 | 销售部 | 8 | | 普通销售 | 全月平均法 |
| 1 | 2017-01-25 | 2017-01-25 | 材料出库单 | 0000000002 | 原材料库 | 材料领用出 | 张静仪 | 二车间 | 6 | | 领料 | 先进先出法 |

图7－15 未生成凭证单据一览表

（4）单击［确定］按钮，系统显示要生成凭证的借贷方信息，选择［凭证类别］为“转账凭证”，如图7－16所示。

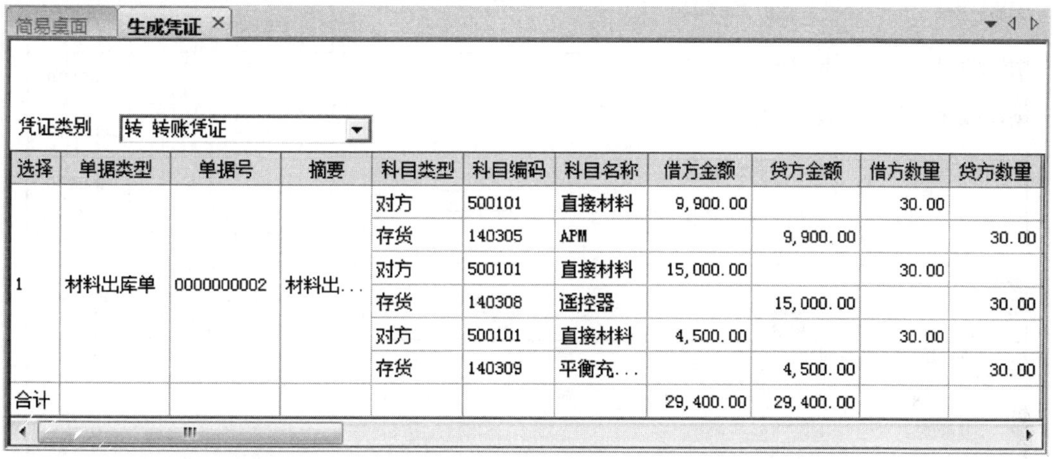


| 选择 | 单据类型 | 单据号 | 摘要 | 科目类型 | 科目编码 | 科目名称 | 借方金额 | 贷方金额 | 借方数量 | 贷方数量 |
|---|---|---|---|---|---|---|---|---|---|---|
| 1 | 材料出库单 | 0000000002 | 材料出... | 对方 | 500101 | 直接材料 | 9,900.00 | | 30.00 | |
| | | | | 存货 | 140305 | APM | | 9,900.00 | | 30.00 |
| | | | | 对方 | 500101 | 直接材料 | 15,000.00 | | 30.00 | |
| | | | | 存货 | 140308 | 遥控器 | | 15,000.00 | | 30.00 |
| | | | | 对方 | 500101 | 直接材料 | 4,500.00 | | 30.00 | |
| | | | | 存货 | 140309 | 平衡充... | | 4,500.00 | | 30.00 |
| 合计 | | | | | | | 29,400.00 | 29,400.00 | | |

图7－16 凭证信息

（5）单击［生成］按钮，系统生成一张凭证，再单击［保存］按钮，系统提示“项目核算科目的项目不能为空”，如图7－17所示。

图7－17 凭证生成—辅助项提示信息

（6）单击［确定］按钮，选择“生产成本/直接材料”科目，再将鼠标移到凭证尾空白处双击，系统打开【辅助项】窗口，点击［...］按钮，选择［项目名称］为“MAVIC系列”，如图7－18所示。

图 7－18　辅助项窗口

（7）单击［确定］按钮后，再单击［ ］保存凭证，系统显示凭证已生成。如图 7－19 所示。

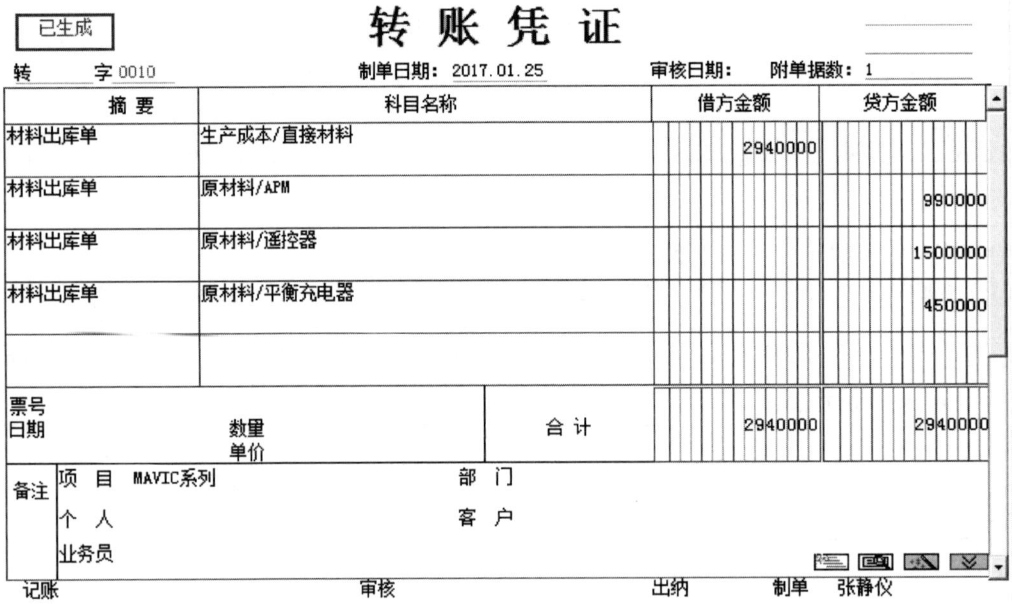

已生成

转账凭证

转 字 0010　　制单日期：2017.01.25　　审核日期：　　附单据数：1

| 摘要 | 科目名称 | 借方金额 | 贷方金额 |
|---|---|---|---|
| 材料出库单 | 生产成本/直接材料 | 2940000 | |
| 材料出库单 | 原材料/APM | | 990000 |
| 材料出库单 | 原材料/遥控器 | | 1500000 |
| 材料出库单 | 原材料/平衡充电器 | | 450000 |
| | | | |
| 票号 日期　数量 单价 | 合计 | 2940000 | 2940000 |

备注　项目 MAVIC系列　　部门
个人　　客户
业务员

记账　　审核　　出纳　　制单 张静仪

图 7－19　凭证生成—材料出库单

## 实训二　仓库盘点业务信息化处理

【信息化要求】

为了保证企业库存资产的安全和完整，做到账实相符，企业必须对存货进行定期或不定期的清查，查明存货盘盈、盘亏、损毁的数量以及造成的原因，并据以编制存货盘点报告表，按规定程序，报有关部门审批。

经有关部门批准后，应进行相应的账务处理，调整存货账的实存数，使存货的账面记录与库存实物核对相符。

盘点时系统提供多种盘点方式，如按仓库盘点、按批次盘点、按类别盘点、对保质期临近多少天的存货进行盘点等等，还可以对各仓库或批次中的全部或部分存货进行盘点，盘盈、盘亏的结果自动生成其他出入库单。

盘点还可以分为普通仓库盘点和倒冲仓库盘点。倒冲仓库盘点指对现场仓或委外仓进行盘点，盘点单审核后盈亏数分摊到生产订单或委外订单中生成材料出库单；普通仓库盘点审核后盈亏数生成其他出入库单。

【软件操作流程】

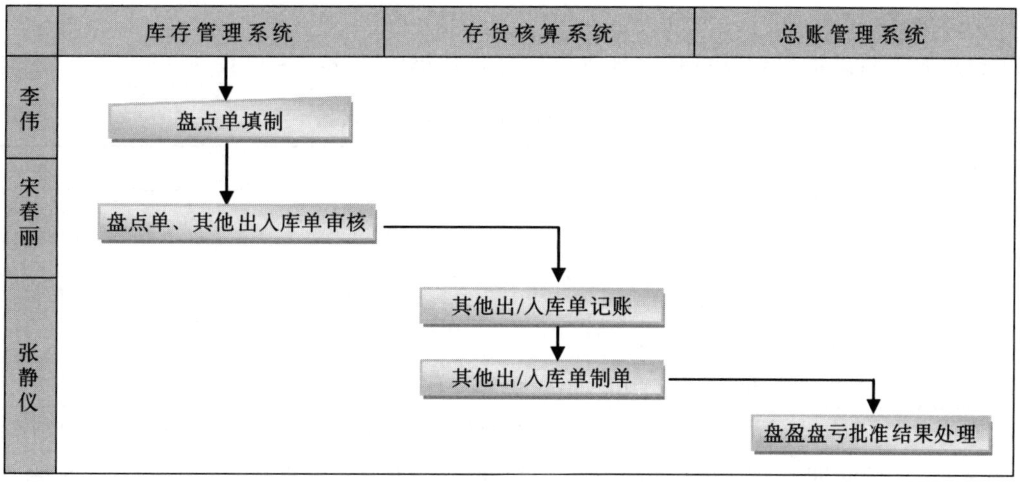


[软件操作流程图 9]　仓库盘点业务

## 业务一　盘亏盘盈业务信息化处理

【业务描述】

2017 年 1 月 25 日，取得相关原始凭证如图 7－20 所示。

**盘点报告表**

单位名称：华威创新科技有限公司　2017年01月25日　单位：原材料库

| 编号 | 类别及名称 | 计量单位 | 单价 | 实存 |  | 账存 |  | 对比结果 |  |  |  | 备注 |
|---|---|---|---|---|---|---|---|---|---|---|---|---|
|  |  |  |  |  |  |  |  | 盘盈 |  | 盘亏 |  |  |
|  |  |  |  | 数量 | 金额 | 数量 | 金额 | 数量 | 金额 | 数量 | 金额 |  |
| 0101 | 机架 | 架 | 200.00 | 130 |  | 130 |  |  |  |  |  |  |
| 0102 | 无刷电机 | 台 | 400.00 | 32 |  | 30 |  | 2 | 800.00 |  |  |  |
| 0103 | 电调 | 台 | 200.00 | 180 |  | 180 |  |  |  |  |  |  |
| 0104 | 锂电池 | 个 | 200.00 | 49 |  | 50 |  |  |  | 1 | 200.00 |  |
| 0105 | APM | 台 | 330.00 | 20 |  | 20 |  |  |  |  |  |  |
| 0106 | 螺旋桨 | 副 | 30.00 | 50 |  | 50 |  |  |  |  |  |  |
| 0107 | 起落架 | 个 | 80.00 | 50 |  | 50 |  |  |  |  |  |  |
| 0108 | 遥控器 | 台 | 500.00 | 20 |  | 20 |  |  |  |  |  |  |
| 0109 | 平衡充电器 | 个 | 150.00 | 20 |  | 20 |  |  |  |  |  |  |

审核人：宋春丽　制表人：李伟

第一联财务联

图 7－20　[业务一　盘点报告表]

【业务分析】

该笔业务属于企业对存货进行的盘点业务，根据盘点报告表，企业的存货会有盈、有亏，按会计核算要求应调整账簿记录，编制相应的会计分录，同时应根据处理结果进行会计处理。信息化方式下，该笔业务应在库存管理系统通过盘点功能进行处理，并在存货核算管理系统中完成其他出库、其他入库的财务核算，盘盈盘亏的处理结果则在总账管理系统处理，从而完成仓库盘点业务的信息化处理工作。

【数据信息化】

数据来源：盘点报告表

根据以上业务资料采集得到原材料库盘点单信息化数据（见表 7－3）：

**表 7－3　原材料库盘点单信息化数据**

| | | | | | | | | | | |
|---|---|---|---|---|---|---|---|---|---|---|
| 表头信息 | 盘点日期 | 2017－01－25 | | | | | | | | |
| | 账面日期 | 2017－01－25 | | | | | | | | |
| | 仓库 | 原材料库 | | | | | | | | |
| | 出入库类别 | 其他入库/其他出库 | | | | | | | | |
| | 部门 | 仓储部 | | | | | | | | |
| 表体信息 | 存货编码 | 0101 | 0102 | 0103 | 0104 | 0105 | 0106 | 0107 | 0108 | 0109 |
| | 存货名称 | 机架 | 无刷电机 | 电调 | 锂电池 | APM | 螺旋桨 | 起落架 | 遥控器 | 平衡充电器 |
| | 账面数量 | 130.00 | 30.00 | 180.00 | 50.00 | 20.00 | 50.00 | 50.00 | 20.00 | 20.00 |
| | 盘点数量 | 130.00 | 32.00 | 180.00 | 49.00 | 20.00 | 50.00 | 50.00 | 20.00 | 20.00 |
| | 盈亏数量 | 0.00 | 2.00 | 0.00 | －1.00 | 0.00 | 0.00 | 0.00 | 0.00 | 0.00 |
| | 单价 | 0.00 | 400.00 | 0.00 | 0.00 | 0.00 | 0.00 | 0.00 | 0.00 | 0.00 |

【操作人员】

由仓储部［LW 李伟］负责仓库盘点业务的处理；仓储部［SCL 宋春丽］负责盘点相关单据的审核；财务部［ZJY 张静仪］负责单据记账及制单处理。操作日期：2017 年 1 月 25 日。

【信息化操作】

1. 仓库盘点操作

（1）2017 年 1 月 25 日，由仓储部［LW 李伟］执行【业务工作】—【供应链】—【库存管理】—【盘点业务】命令，打开【盘点单】窗口。

（2）在【盘点单】窗口下单击［增加］按钮，系统增加一张盘点单，选择［盘点仓库］为“原材料库”，［出库类别］为“其他出库”，［入库类别］为“其他入库”，［部门］为“仓储部”，然后单击［盘库］按钮，系统提问“盘库将删除未保存的所有记录，是否继续？”，如图 7－21 所示。

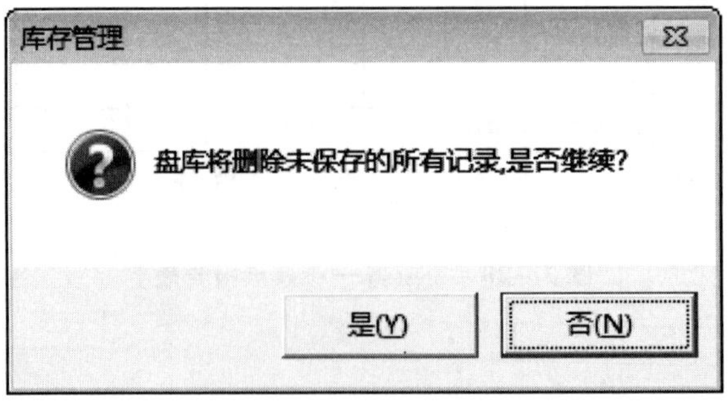


**图 7－21　盘点提示**

（3）单击［是］按钮，系统打开【盘点处理】窗口，选择［盘点方式］为“按仓库盘点”，如图7－22所示。

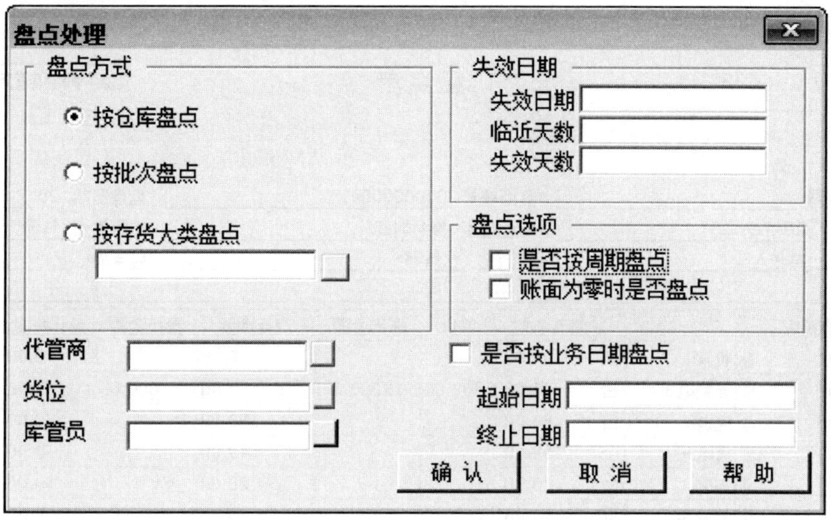


**图7－22　盘点处理**

（4）单击［确认］按钮，系统自动对“原材料库”进行盘点，显示的账面数量与盘点数量默认为相同，按“原材料库盘点单信息化数据表”的数据，输入“无刷电机”的盘点数量为“32”，单价为“400.00”，“锂电池”的盘点数量为“49”，再单击［ ］按钮保存盘点单。结果如图7－23所示。

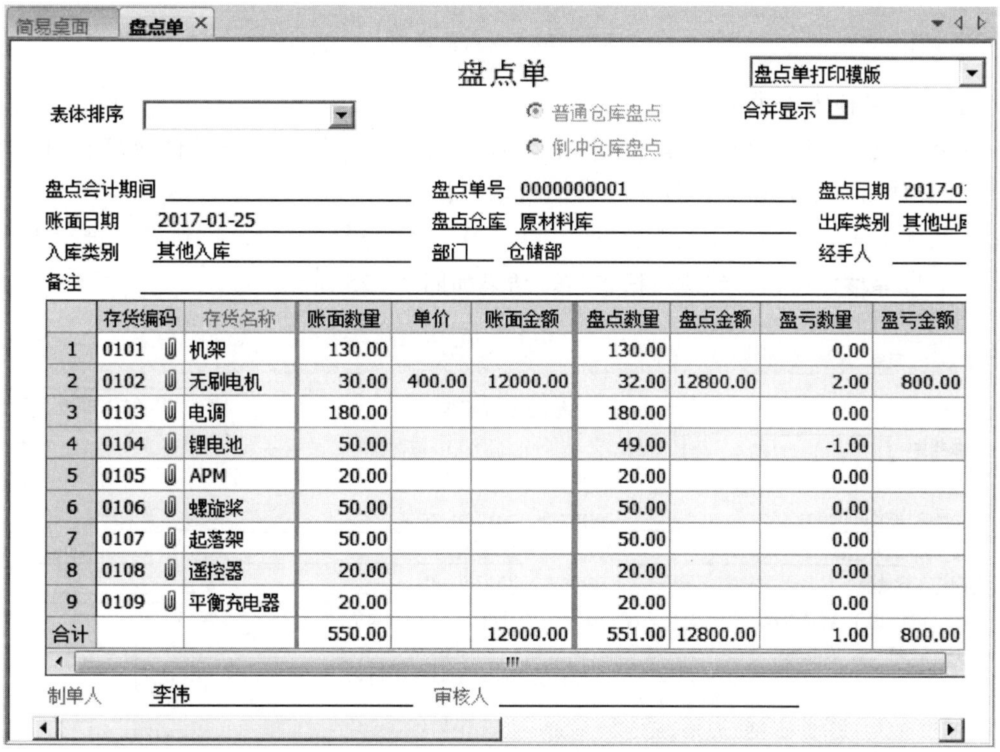


| | 存货编码 | 存货名称 | 账面数量 | 单价 | 账面金额 | 盘点数量 | 盘点金额 | 盈亏数量 | 盈亏金额 |
|---|---|---|---|---|---|---|---|---|---|
| 1 | 0101 | 机架 | 130.00 | | | 130.00 | | 0.00 | |
| 2 | 0102 | 无刷电机 | 30.00 | 400.00 | 12000.00 | 32.00 | 12800.00 | 2.00 | 800.00 |
| 3 | 0103 | 电调 | 180.00 | | | 180.00 | | 0.00 | |
| 4 | 0104 | 锂电池 | 50.00 | | | 49.00 | | -1.00 | |
| 5 | 0105 | APM | 20.00 | | | 20.00 | | 0.00 | |
| 6 | 0106 | 螺旋桨 | 50.00 | | | 50.00 | | 0.00 | |
| 7 | 0107 | 起落架 | 50.00 | | | 50.00 | | 0.00 | |
| 8 | 0108 | 遥控器 | 20.00 | | | 20.00 | | 0.00 | |
| 9 | 0109 | 平衡充电器 | 20.00 | | | 20.00 | | 0.00 | |
| 合计 | | | 550.00 | | 12000.00 | 551.00 | 12800.00 | 1.00 | 800.00 |

**图7－23　盘点单**

2. 盘点单审核

（1）2017年1月25日，由仓储部［SCL 宋春丽］执行【业务工作】—【供应链】—【库存管理】—【盘点业务】命令，打开【盘点单】窗口。

（2）在【盘点单】窗口下通过点击［⏮ ◀ ▶ ⏭］按钮，找到需要进行审核的盘点单，再单击［审核］按钮，完成单据审核。结果如图 7－24 所示。

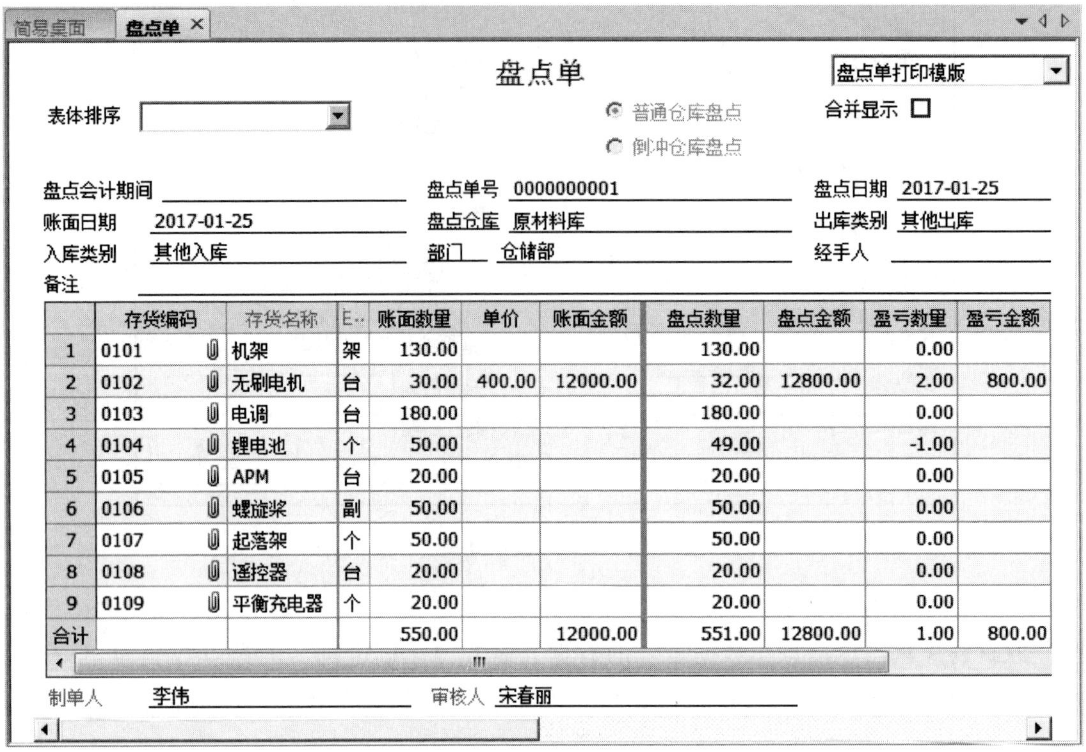
简易桌面 盘点单

盘点单

盘点单打印模版

表体排序

普通仓库盘点

倒冲仓库盘点

合并显示

盘点会计期间

盘点单号 0000000001

盘点日期 2017-01-25

账面日期 2017-01-25

盘点仓库 原材料库

出库类别 其他出库

入库类别 其他入库

部门 仓储部

经手人

备注

| | 存货编码 | 存货名称 | E.. | 账面数量 | 单价 | 账面金额 | 盘点数量 | 盘点金额 | 盘亏数量 | 盘亏金额 |
|---|---|---|---|---|---|---|---|---|---|---|
| 1 | 0101 | 机架 | 架 | 130.00 | | | 130.00 | | 0.00 | |
| 2 | 0102 | 无刷电机 | 台 | 30.00 | 400.00 | 12000.00 | 32.00 | 12800.00 | 2.00 | 800.00 |
| 3 | 0103 | 电调 | 台 | 180.00 | | | 180.00 | | 0.00 | |
| 4 | 0104 | 锂电池 | 个 | 50.00 | | | 49.00 | | -1.00 | |
| 5 | 0105 | APM | 台 | 20.00 | | | 20.00 | | 0.00 | |
| 6 | 0106 | 螺旋桨 | 副 | 50.00 | | | 50.00 | | 0.00 | |
| 7 | 0107 | 起落架 | 个 | 50.00 | | | 50.00 | | 0.00 | |
| 8 | 0108 | 遥控器 | 台 | 20.00 | | | 20.00 | | 0.00 | |
| 9 | 0109 | 平衡充电器 | 个 | 20.00 | | | 20.00 | | 0.00 | |
| 合计 | | | | 550.00 | | 12000.00 | 551.00 | 12800.00 | 1.00 | 800.00 |

制单人 李伟

审核人 宋春丽

图 7－24 盘点单审核

3. 其他出库单/其他入库单审核

（1）2017 年 1 月 25 日，由仓储部［SCL 宋春丽］执行【业务工作】—【供应链】—【库存管理】—【出库业务】—【其他出库单】命令，打开【其他出库单】窗口

（2）在【其他出库单】窗口下通过点击［⏮ ◀ ▶ ⏭］按钮，找到需要进行审核的其他出库单，再单击［审核］按钮，完成单据审核。结果如图 7－25 所示。

简易桌面 其他出库单

其他出库单

其他出库单打印模版

表体排序

蓝字

红字

合并显示

出库单号 0000000001

出库日期 2017-01-25

仓库 原材料库

出库类别 其他出库

业务类型 盘亏出库

业务号 0000000001

部门 仓储部

审核日期 2017-01-25

备注

| | 存货编码 | 存货名称 | 规格型号 | 主计量单位 | 数量 | 单价 | 金额 |
|---|---|---|---|---|---|---|---|
| 1 | 0104 | 锂电池 | | 个 | 1.00 | | |
| 2 | | | | | | | |
| 合计 | | | | | 1.00 | | |

制单人 宋春丽

审核人 宋春丽

现存量

发货地址

图 7－25 其他出库单审核

（3）2017 年 1 月 25 日，由仓储部［SCL 宋春丽］执行【业务工作】—【供应链】—【库存管理】—【入库业务】—【其他入库单】命令，打开【其他入库单】窗口

（4）在【其他入库单】窗口下通过点击［ ］按钮，找到需要进行审核的其他入库单，再单击［审核］按钮，完成单据审核。结果如图 7－26 所示。

**图 7－26 其他入库单审核**

4. 出/入库单记账

（1）2017 年 1 月 25 日，由财务部［ZJY 张静仪］执行【业务工作】—【供应链】—【存货核算】—【业务核算】—【正常单据记账】命令，打开【查询条件选择】窗口。

（2）单击［确定］按钮，打开【未记账单据一览表】窗口，鼠标双击［选择］栏或单击［全选］选择需要记账的出/入库单，如图 7－27 所示。

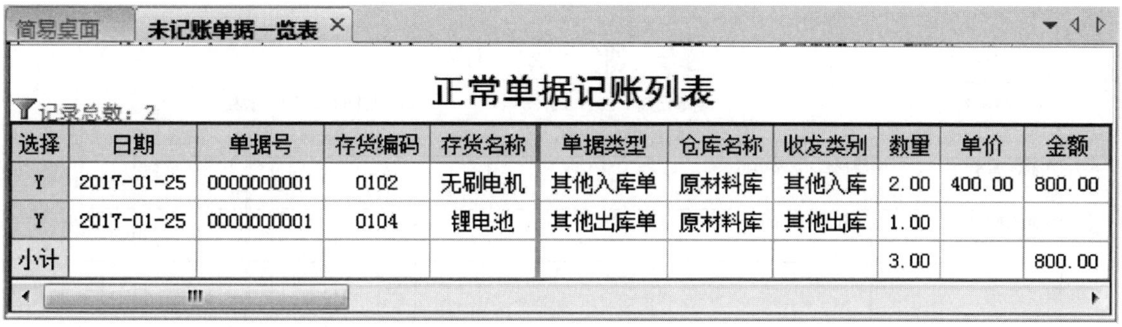


**图 7－27 未记账单据一览表**

（3）单击［记账］按钮，系统提示“记账成功”。

5. 出/入库单制单

（1）2017 年 1 月 25 日，由财务部［ZJY 张静仪］执行【业务工作】—【供应链】—【存货核算】—【财务核算】—【生成凭证】命令，打开【生成凭证】窗口。

（2）单击［选择］按钮，系统打开【查询条件】窗口。

（3）单击［确定］按钮，系统打开【未生成凭证单据一览表】，鼠标双击［选择］栏或单击［全选］选择需要生成凭证的出/入库单，如图 7－28 所示。

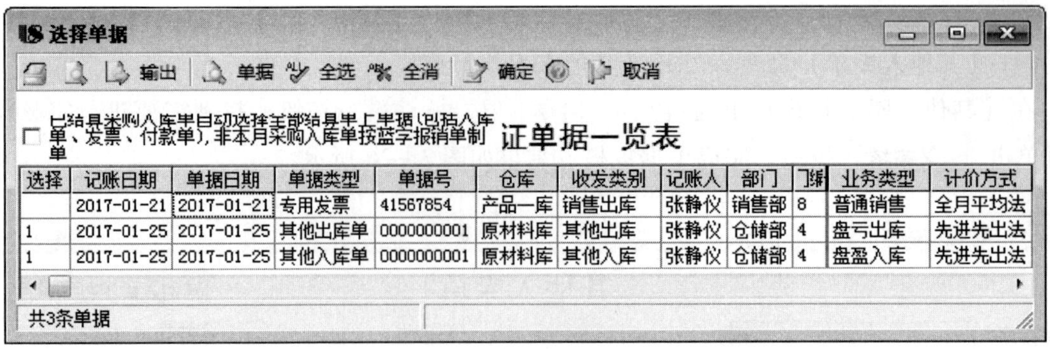


| 选择 | 记账日期 | 单据日期 | 单据类型 | 单据号 | 仓库 | 收发类别 | 记账人 | 部门 | 门编 | 业务类型 | 计价方式 |
|---|---|---|---|---|---|---|---|---|---|---|---|
| | 2017-01-21 | 2017-01-21 | 专用发票 | 41567854 | 产品一库 | 销售出库 | 张静仪 | 销售部 | 8 | 普通销售 | 全月平均法 |
| 1 | 2017-01-25 | 2017-01-25 | 其他出库单 | 0000000001 | 原材料库 | 其他出库 | 张静仪 | 仓储部 | 4 | 盘亏出库 | 先进先出法 |
| 1 | 2017-01-25 | 2017-01-25 | 其他入库单 | 0000000001 | 原材料库 | 其他入库 | 张静仪 | 仓储部 | 4 | 盘盈入库 | 先进先出法 |

图 7－28　未生成凭证一览表

（4）单击［确定］按钮，系统显示凭证的借贷方信息，选择［凭证类别］为“转账凭证”，输入或选择［对方］科目为“1901 待处理财产损溢”，如图 7－29 所示。

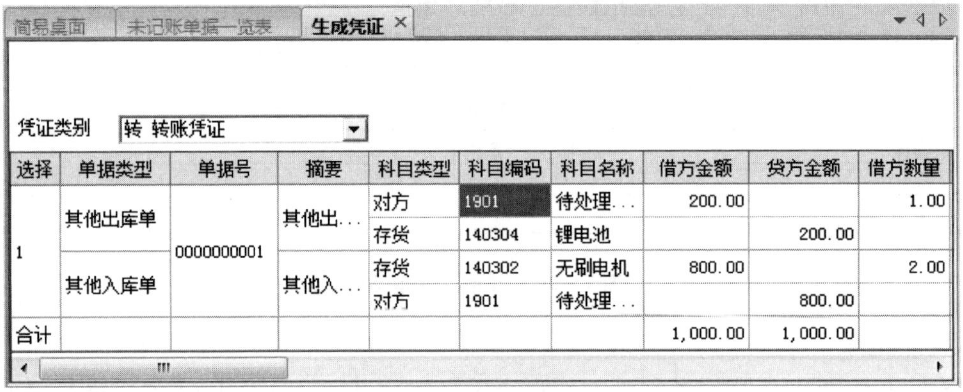


| 选择 | 单据类型 | 单据号 | 摘要 | 科目类型 | 科目编码 | 科目名称 | 借方金额 | 贷方金额 | 借方数量 |
|---|---|---|---|---|---|---|---|---|---|
| 1 | 其他出库单 | 0000000001 | 其他出... | 对方 | 1901 | 待处理... | 200.00 | | 1.00 |
| | | | | 存货 | 140304 | 锂电池 | | 200.00 | |
| | 其他入库单 | | 其他入... | 存货 | 140302 | 无刷电机 | 800.00 | | 2.00 |
| | | | | 对方 | 1901 | 待处理... | | 800.00 | |
| 合计 | | | | | | | 1,000.00 | 1,000.00 | |

图 7－29　凭证信息

（5）单击［生成］按钮，系统生成两张凭证，单击［保存］按钮，保存第一张由“其他入库单”产生的凭证，如图 7－30 所示。

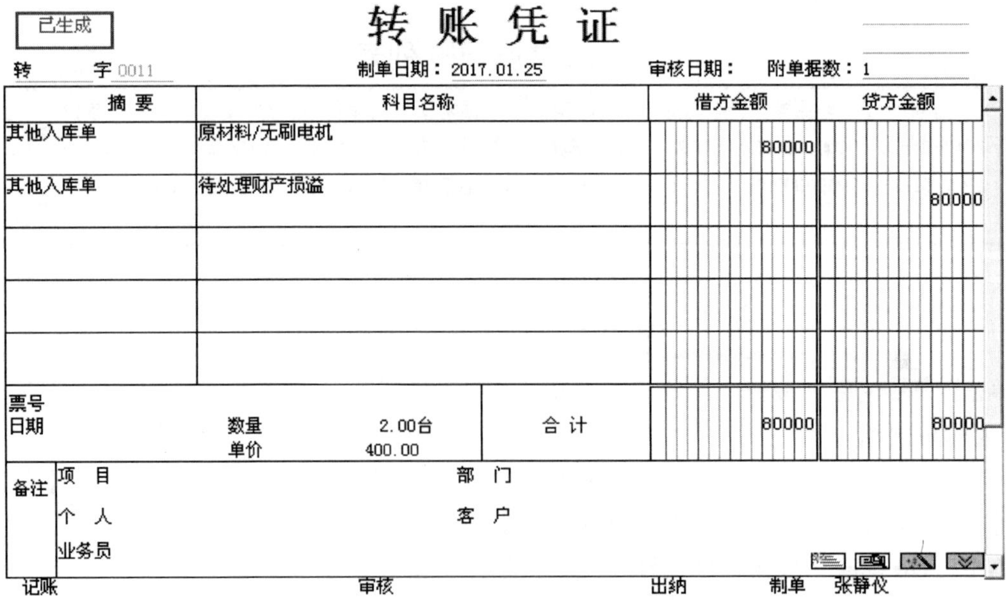


| 摘 要 | 科目名称 | 借方金额 | 贷方金额 |
|---|---|---|---|
| 其他入库单 | 原材料/无刷电机 | 80000 | |
| 其他入库单 | 待处理财产损溢 | | 80000 |
| | | | |
| | | | |
| | | | |
| 票号 日期 | 数量 2.00台 单价 400.00 合 计 | 80000 | 80000 |



图 7－30　凭证生成—其他入库单

(6) 单击 [➡] 按钮，选择第二张凭证，再单击 [💾] 按钮，保存第二张由“其他出库单”产生的凭证，如图 7-31 所示。

已生成

**转 账 凭 证**

转 字 0012　　制单日期：2017.01.25　　审核日期：　　附单据数：1

| 摘 要 | 科目名称 | 借方金额 | 贷方金额 |
|---|---|---|---|
| 其他出库单 | 待处理财产损溢 | 20000 | |
| 其他出库单 | 原材料/锂电池 | | 20000 |
| | | | |
| | | | |
| | | | |
| 票号<br>日期 | 数量<br>单价 合 计 | 20000 | 20000 |

备注　项 目　　部 门
　　　个 人　　客 户
　　　业务员

记账　　审核　　出纳　　制单 张静仪

图 7-31　凭证生成—其他出库单

## 业务二　盘点结果信息化处理

【业务描述】

2017 年 1 月 25 日，取得相关原始凭证如图 7-32 所示。

**账存实存对比表**

单位名称：华威创新科技有限公司　　2017年01月25日　　单位：原材料库

| 编号 | 类别及名称 | 计量单位 | 单价 | 实存 | | 账存 | | 对比结果 | | | | 备注 |
|---|---|---|---|---|---|---|---|---|---|---|---|---|
| | | | | | | | | 盘盈 | | 盘亏 | | |
| | | | | 数量 | 金额 | 数量 | 金额 | 数量 | 金额 | 数量 | 金额 | |
| 0102 | 无刷电机 | 台 | 400.00 | 32 | | 30 | | 2.00 | 800.00 | | | 差错 |
| 0104 | 锂电池 | 个 | 200.00 | 49 | | 50 | | | | 1.00 | 200.00 | 潮湿 |

处理决定：

上述盘盈冲减“管理费用”账户，上述盘亏记入“营业外支出”账户。

同意。

总经理：张国明

审核人：宋春丽　　制表人：李伟

批复联

图 7-32　[业务二　盘点处理结果批复]

【业务分析】

该笔业务属于存货盘点的处理结果批复。根据会计准则的要求，存货的盘点，应先根据盘点结果调整账面记录，经批准后，再根据不同的原因进行账务处理。信息化方式下，存货的盘点结果经批准后的处理，要在总账管理系统直接通过“填制凭证”功能完成。

【数据信息化】

根据以上业务资料得到业务二记账凭证信息化数据（见表7－4、表7－5）：

表7－4 业务二记账凭证信息化数据

| 凭证类别 | 制单日期 | 附单据数 | 摘要 | 会计科目 | 方向 | 金额 |
|---|---|---|---|---|---|---|
| 转 | 2017－01－25 | 1 | 原材料盘盈处理 | 1901 | 借 | 800.00 |
| | | | 原材料盘盈处理 | 660207 | 借 | (800.00) |

表7－5 业务二记账凭证信息化数据

| 凭证类别 | 制单日期 | 附单据数 | 摘要 | 会计科目 | 方向 | 金额 |
|---|---|---|---|---|---|---|
| 转 | 2017－01－25 | 1 | 原材料盘亏处理 | 6711 | 借 | 234.00 |
| | | | 原材料盘亏处理 | 1901 | 贷 | 200.00 |
| | | | 原材料盘亏处理 | 22210109 | 贷 | 34.00 |

【操作人员】

由具有凭证填制权限的操作员或财务部［ZJY 张静仪］完成记账凭证填制操作，操作日期：2017年1月25日。

【信息化操作】

（1）按项目三实训二业务一的方法，完成本笔业务记账凭证的填制。

（2）保存凭证，系统提示凭证保存成功，并显示两张凭证，如图7－33、图7－34所示。

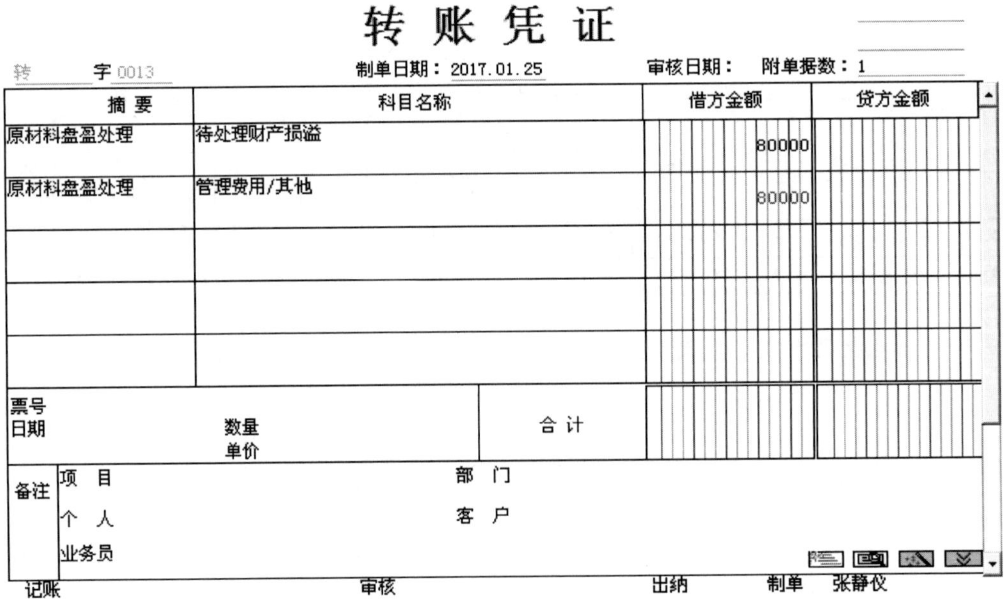


图7－33 凭证填制—存货盘盈批准处理

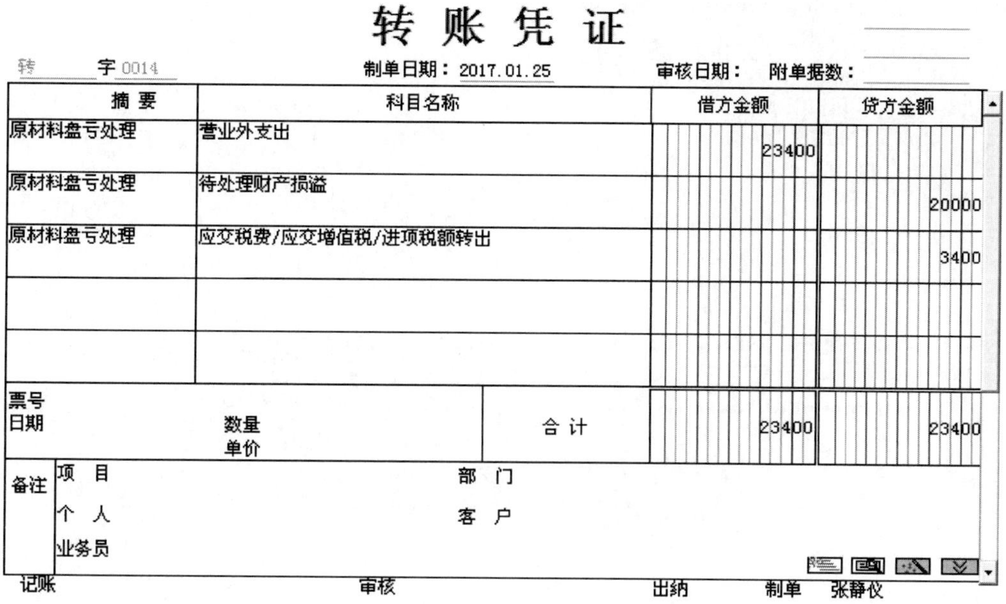

转账凭证

转 字 0014　　制单日期：2017.01.25　　审核日期：　附单据数：

| 摘要 | 科目名称 | 借方金额 | 贷方金额 |
|---|---|---|---|
| 原材料盘亏处理 | 营业外支出 | 23400 | |
| 原材料盘亏处理 | 待处理财产损溢 | | 20000 |
| 原材料盘亏处理 | 应交税费/应交增值税/进项税额转出 | | 3400 |
| | | | |
| | | | |
| 票号 日期　数量 单价 | 合计 | 23400 | 23400 |

备注　项目　部门　个人　客户　业务员

记账　审核　出纳　制单 张静仪

图7-34　凭证填制—存货盘亏批准处理

**知识要点**

①材料的领用出库只考虑数量，不考虑单价，单价根据仓库所使用的计价方式自动判断，如果是个别计价法或先进先出法，则系统会自动获取单价，如果是全月一次平均法，则材料出库单只需记账，不需要制单。

②盘点时系统提供多种盘点方式，如按仓库盘点、按批次盘点、按类别盘点、对保质期临近多少天的存货进行盘点等，还可以对各仓库或批次中的全部或部分存货进行盘点，盘盈、盘亏的结果自动生成其他出入库单。

③存货盘点时，可按整个仓库盘点，也可以只盘点某种存货，但必须先选择“盘点仓库”才能执行“盘库”操作和“盘库”操作。

④存货盘点批准处理的账务处理应到总账管理系统直接填制凭证完成，涉及到盘亏的应同时处理增值税进项税额的转出。

# 项目 8

# 固定资产管理系统信息化处理

**工作任务**

- 完成固定资产相关管理和核算资料的收集整理与信息化处理工作
- 完成企业固定资产管理日常业务的信息化处理工作
- 完成企业固定资产管理期末业务的信息化处理工作

**职业能力**

- 掌握固定资产管理有关数据的采集与分析能力
- 具备固定资产管理业务的处理能力及数据分析能力

**知识要求**

- 能理解固定资产管理系统初始设置的重要性与合理性
- 能描述固定资产管理业务的处理流程

**技能要求**

- 能按企业的实际情况对固定资产管理业务数据进行合理归类、整理
- 能按企业的实际情况合理设置固定资产管理的初始设置信息
- 能完成企业固定资产管理日常业务及期末业务的信息化处理工作

# 实训一　固定资产管理系统初始设置信息化处理

【信息化要求】

固定资产是公司财产的重要组成部分，固定资产的验收、领发、保管、调拨、登记、检查、维修、计提折旧、报废、毁损等工作，都必须进行管理与核算，唯有实施信息化才能提高管理效率和质量。在实施固定资产管理信息化的过程中，首先要对公司固定资产管理制度、固定资产卡片、固定资产总账、固定资产明细账及相关管理与核算资料进行收集整理，结合固定资产管理系统的要求，对固定资产主要折旧方法、固定资产编码方式、固定资产类别、固定资产对应折旧科目、固定资产原始卡片等进行信息化处理。

## 业务一　固定资产账套信息化处理

【业务描述】

2017 年 1 月 1 日，通过查阅公司固定资产管理制度，得到以下有关信息：

**第十四条**　固定资产按其结构和性能分为四大类，每大类下最多可划分四级类别，具体项目按本办法附件 1 执行。分类目录以外的固定资产，可在相近类、项、目、节中反映。

**第十六条**　“固定资产卡片号”采用自然顺序进行编号，长度为五位，前面补“0”。“固定资产编码”采用“资产类别码 + 部门编码 + 资产自然序号”方式进行编码，编码不得重复。

**第二十三条**　公司的固定资产一般采用年限平均法计提折旧：

年限平均法基本计算公式为：

年折旧率 =（1 - 预计净残值率）÷预计使用寿命（年）×100%

月折旧率 = 年折旧率 ÷12

月折旧额 = 固定资产原值 × 月折旧率

各类固定资产的折旧年限和预计净残值率见本办法附件 2。

**第三十三条**　固定资产的减值：

各单位应于期末对固定资产进行检查，并根据检查结果判断是否需要计提固定资产减值准备。对需要计提减值准备的固定资产由单位减值小组按规定填制固定资产减值准备审批表（财固 - 2），报有关部门批准后，由财务部门进行账务处理。

【业务分析】

在企业业务活动中，固定资产管理是一项繁杂而又相对独立的业务，而且各企业通常都有自己的管理特色，因此，在用友 ERP - U8 管理系统中专门设置子账套进行管理。各单位固定资产管理的特色是通过固定资产账套的各项参数设置来体现的，如主要的折旧方法、固定资产编码的方式等等。在进行信息化处理前，这些参数均需要从公司固定资产管理制度及相关会计核算资料中，按照固定资产管理系统的要求进行收集整理。

【数据信息化】

根据以上业务资料及公司固定资产管理制度、固定资产卡片、固定资产总账及相关会计核算资料，收集整理得到固定资产账套信息化数据（见表 8－1）：

**表 8－1　固定资产账套信息化数据**

| 控制参数 | 参数设置 |
| --- | --- |
| 约定与说明 | 我同意：选中 |
| 启用月份 | 2017. 01 |
| 折旧信息 | 本账套计提折旧：选中<br>折旧方法：平均年限法（一）<br>折旧汇总分配周期：1 个月<br>当（月初已计提月份＝可使用月份－1）时，将剩余折旧全部提足（工作量法除外）：选中 |
| 编码方式 | 资产类别编码方式：2112 |
| | 固定资产编码方式：自动编号“类别编号＋部门编号＋序号” |
| | 序号长度为 3 |
| 财务接口 | 与账务系统进行对账：选中<br>对账科目：<br>固定资产对账科目：1601，固定资产<br>累计折旧对账科目：1602，累计折旧<br>对账不平情况下允许固定资产月末结账：选中 |
| 补充参数 | 业务发生后立即制单：不选中<br>月末结账前一定要完成制单登账业务：选中<br>［固定资产］缺省入账科目：1601，固定资产<br>［累计折旧］缺省入账科目：1602，累计折旧<br>［减值准备］缺省入账科目：1603，固定资产减值准备<br>［增值税进项税额］缺省入账科目：22210101，进项税额<br>［固定资产清理］缺省入账科目：1606，固定资产清理 |

【操作人员】

由具有固定资产账套初始化设置权限的操作员或财务部［YM 杨明］进行固定资产账套的初始化设置操作，操作日期：2017 年 1 月 1 日。

【信息化操作】

（1）2017 年 1 月 1 日，由财务部［YM 杨明］执行【业务工作】—【财务会计】—【固定资产】命令，系统弹出固定资产账套初始化信息提示对话框，如图 8－1 所示。

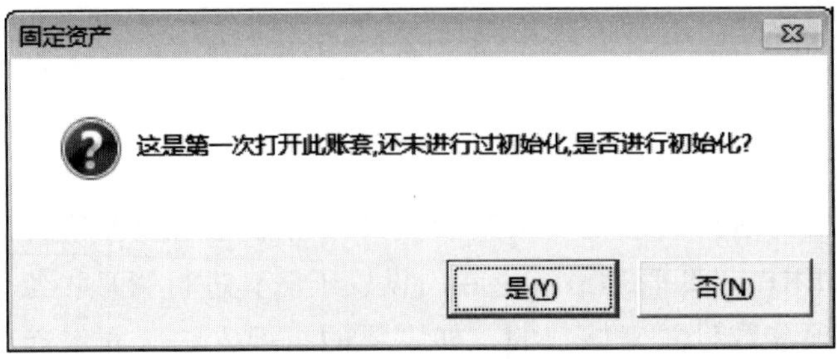


**图 8－1　固定资产账套初始化信息提示**

（2）单击［是（Y）］按钮，在【初始化账套向导—约定与说明】对话框中，选中［我同意］单选按钮，如图 8-2 所示。

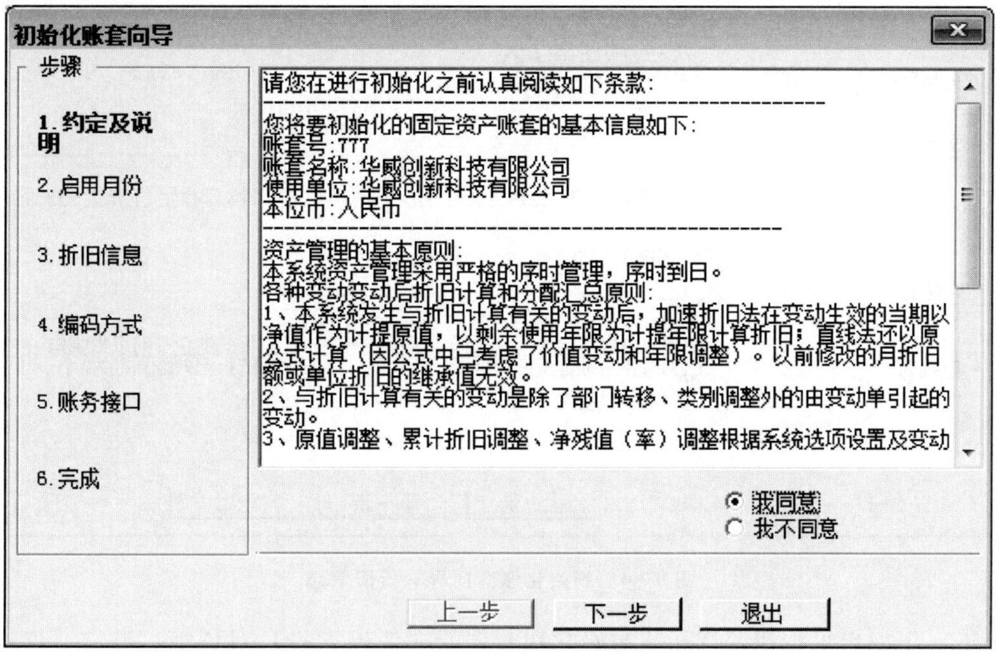


图 8-2 初始化账套向导—约定与说明

（3）单击［下一步］，打开【初始化账套向导—启用月份】窗口，如图 8-3 所示。

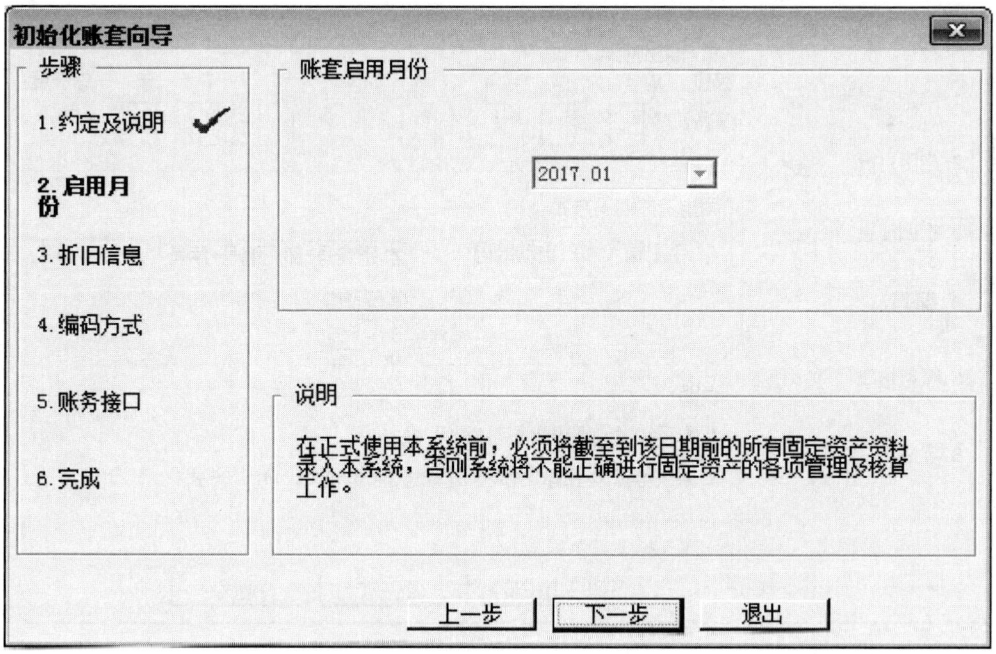


图 8-3 初始化账套向导—启用月份

（4）单击［下一步］按钮，打开【初始化账套向导—折旧信息】对话框，选中［本账套计提折旧］复选框；选择［主要折旧方法］为"平均年限法（一）"，［折旧汇总分配周期］为"1 个月"；选中［当（月初已计提月份 = 可使用月份 - 1）时将剩余折旧全部提足（工作量法除外）］复选框。如图 8-4 所示。

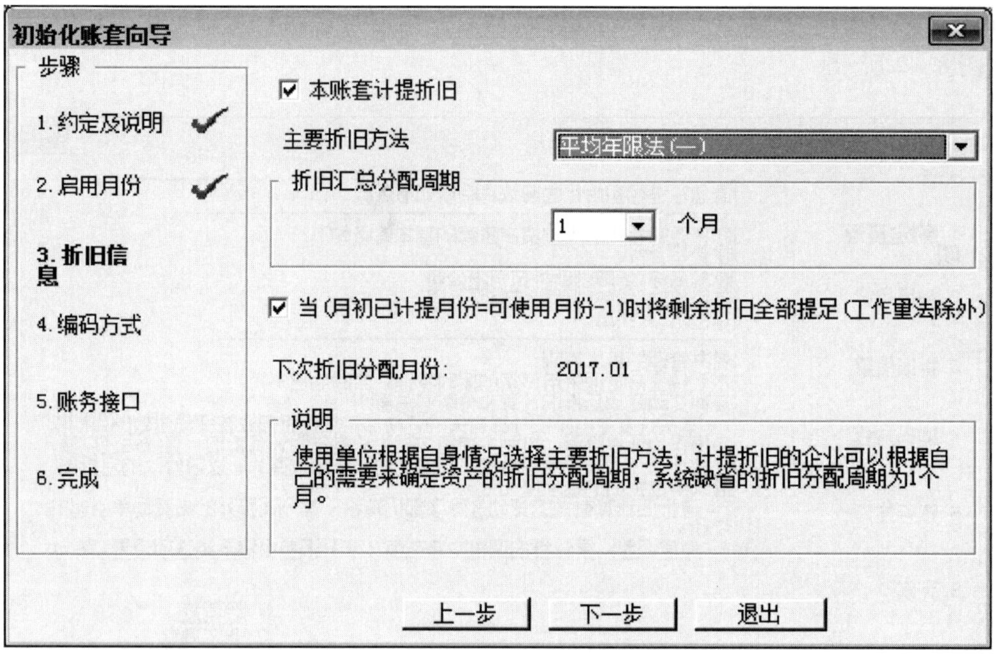


图 8-4　初始化账套向导—折旧信息

（5）单击［下一步］按钮，打开【初始化账套向导—编码方式】对话框，设定［资产类别编码长度］为“2112”；选中［自动编码］单选按钮，选择自动编码方式为“类别编号+部门编号+序号”；选择［序号长度］为“3”。如图 8-5 所示。

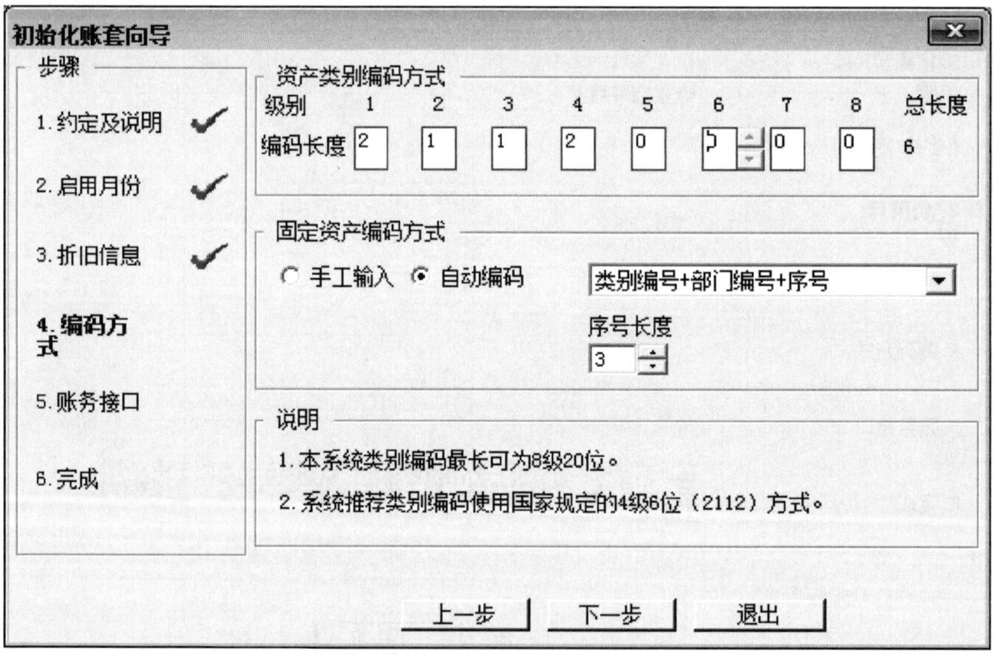


图 8-5　初始化账套向导—编码方式

（6）单击［下一步］按钮，打开【初始化账套向导—财务接口】对话框，选中［与财务系统进行对账］复选框；选择［固定资产对账科目］为“1601，固定资产”，选择［累计折旧对账科目］为“1602，累计折旧”；选中［在对账不平情况下允许固定资产月末结账］复选框。如图 8-6 所示。

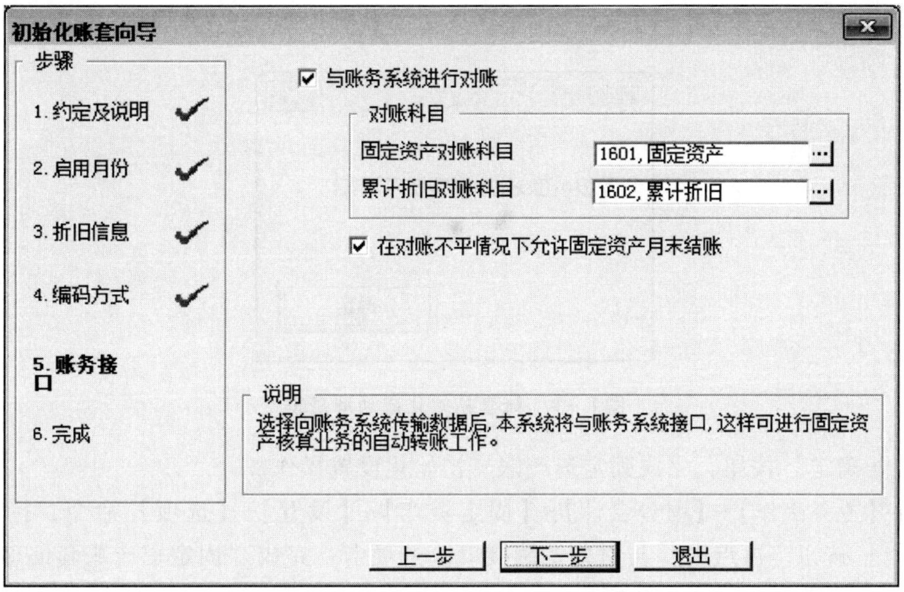


图 8-6 初始化账套向导—财务接口

（7）单击［下一步］，打开【初始化账套向导—完成】对话框，如图 8-7 所示。

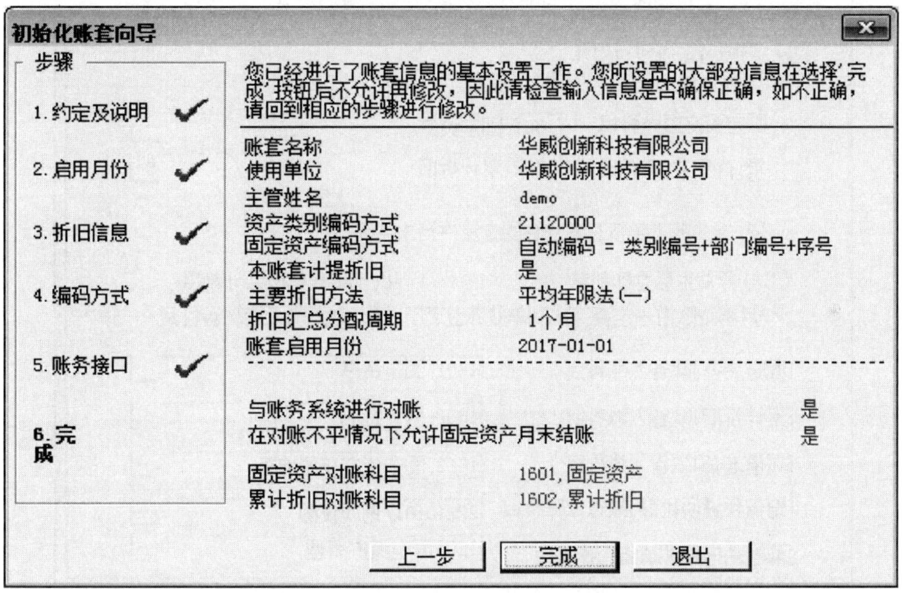


图 8-7 初始化账套向导—完成

（8）单击［完成］按钮，系统弹出账套设置完成信息提示对话框，如图 8-8 所示。

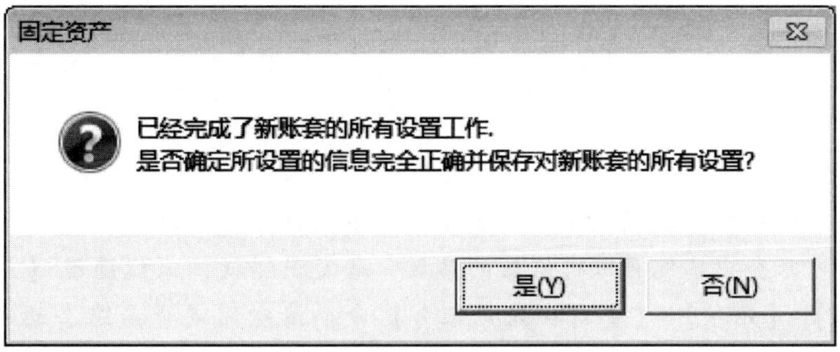


图 8-8 账套设置完成提示信息

（9）单击［是（Y）］按钮，系统弹出初始化成功消息框，如图8－9所示。

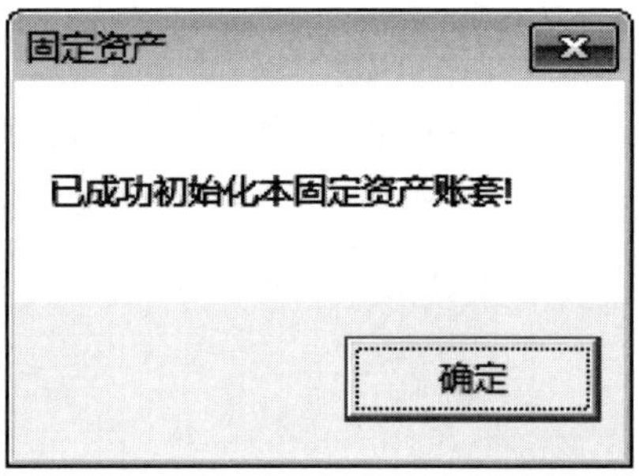


图8－9　账套初始化成功消息框

（10）单击［确定］按钮，完成固定资产账套初始化设置操作。

（11）执行【业务工作】—【财务会计】—【固定资产】—【设置】—【选项】命令，打开【选项】窗口，单击［编辑］按钮，再点击［与财务系统接口］选项卡，完成“固定资产账套信息化数据表”中的“补充参数”的设置。如图8－10所示。

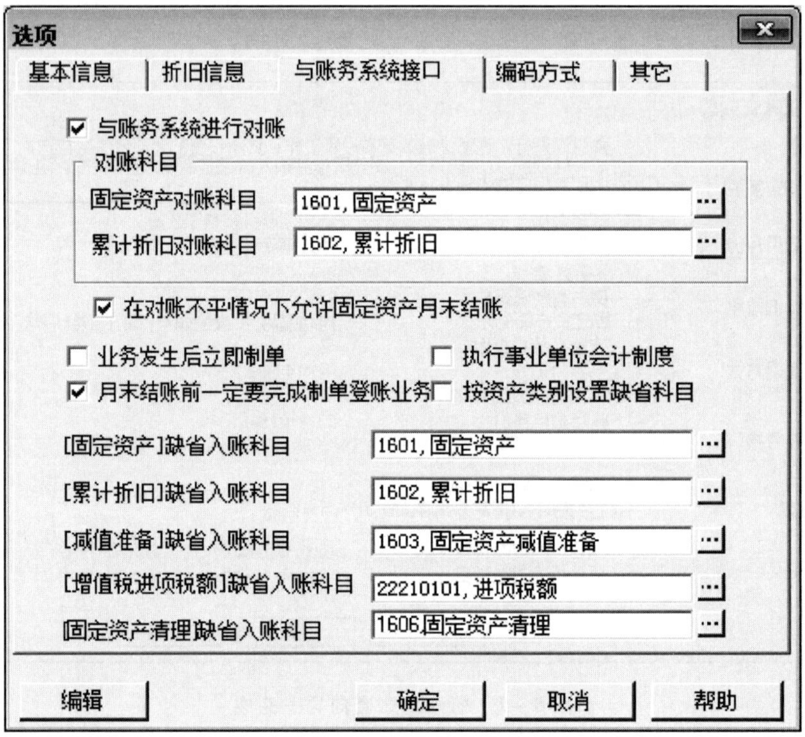


图8－10　固定资产选项设置

（11）单击［确定］按钮，完成整个固定资产账套参数的设置。

**知识要点**

①固定资产账套初始化设置完成后，一些参数就不能再进行修改。

②对于固定资产账套中不能再进行修改的参数，若发现错误，只能通过【业务工作】－【财务会计】－【固定资产】－【维护】－【重新初始化账套】命令清空固定资产账套的所有工作，重新进行固定资产账套初始化设置。

## 业务二 固定资产类别信息化处理

【业务描述】

2017 年 1 月 1 日，通过查阅公司固定资产管理制度，得到以下信息：

**附件2**

**华威公司固定资产分类折旧率**

| 固定资产分类 | 折旧年限 | 预计净残值率% | 月折旧率%（或额） |
|---|---|---|---|
| 01. 房屋及建筑物 | 30年 | 5 | 0.26% |
| 02. 生产设备 | 10年 | 5 | 0.79% |
| 03. 电子设备 | 3年 | 1 | 2.75% |
| 04. 运输设备 | 8年 | 5 | 0.99% |

【业务分析】

该笔业务要求对企业固定资产进行分类管理。固定资产分类，是进行固定资产管理、计提折旧和相关会计核算的重要依据。在进行固定资产管理信息化的过程中，要根据固定资产管理制度及相关会计核算资料，结合固定资产管理系统的特点和要求，对固定资产分类信息进行收集整理。

【数据信息化】

根据以上业务资料及《中华人民共和国企业所得税法实施条例》中固定资产折旧的相关规定，公司固定资产管理制度及相关会计核算资料，按照会计信息系统的要求，收集整理得到固定资产类别信息化数据（见表 8－2）：

**表 8－2 固定资产类别信息化数据**

| 类别编码 | 类别名称 | 使用年限（年） | 净残值率 | 计提属性 | 折旧方法 | 卡片样式 |
|---|---|---|---|---|---|---|
| 01 | 房屋及建筑物 | 30 | 5% | 正常计提 | 平均年限法（一） | 含税卡片样式 |
| 02 | 生产设备 | 10 | 5% | 正常计提 | 平均年限法（一） | 含税卡片样式 |
| 03 | 电子设备 | 3 | 1% | 正常计提 | 平均年限法（一） | 含税卡片样式 |
| 04 | 运输设备 | 8 | 5% | 正常计提 | 平均年限法（一） | 含税卡片样式 |

【操作人员】

由具有固定资产类别设置权限的操作员或财务部［YM 杨明］进行固定资产类别的设置操作，操作日期：2017 年 1 月 1 日。

【信息化操作】

（1）2017 年 1 月 1 日，由财务部［YM 杨明］执行【业务工作】—【财务会计】—【固定资产】—【设置】—【资产类别】命令，打开【资产类别】设置窗口。

（2）单击［增加］按钮，系统自动给出［类别编码］为“01”，输入［类别名称］为“房屋及建筑物”，［使用年限］为“30”，［净残值率］为“5”；选择［计提属性］为“正常计提”，点击［ ］选择［折旧方法］为“平均年限法（一）”，点击［ ］选择［卡片样式］为“含税卡片样式”。如图 8－11 所示。

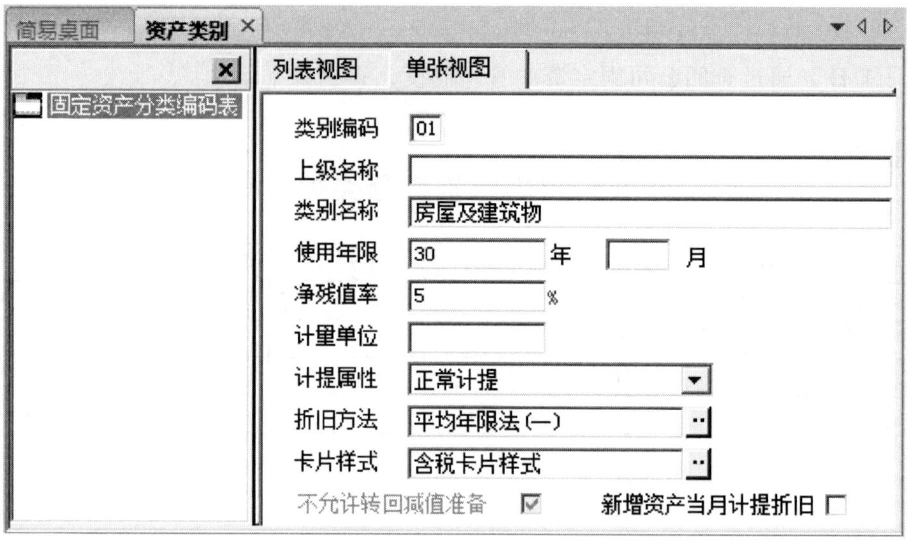


**图 8－11　资产类别设置**

（3）单击［ ］按钮保存信息。

（4）用同样方法，按照“固定资产类别信息化数据表”完成其他资产类别的设置。结果如图 8－12 所示。

**图 8－12　资产类别设置完成**

### 知识要点

①资产类别编码不能重复，同级类别名称不能重复。

②类别编码、类别名称、计提属性、卡片样式不能为空。

③已使用过的类别不能设置新下级类别。

## 业务三　固定资产部门对应折旧科目信息化处理

【业务描述】

2017 年 1 月 1 日，通过查阅公司固定资产管理制度，得到以下信息：

**第二条**　加强固定资产的核算。要及时办理有关固定资产的增减动态和使用状态的变更手续，正确进行会计核算。固定资产的折旧根据本公司情况，按最新会计准则的要求进行处理，总经办、财务部、人事部、仓储部、采购部的固定资产折旧计入管理费用，生产车间的固定资产折旧计入制造费用，销售部的固定资产折旧计入销售费用。

【业务分析】

该笔业务要求设置企业每一个部门的固定资产的折旧费应计入的会计科目。固定资产的折旧费用，一般按固定资产使用部门决定列支科目。在进行固定资产管理信息化的过程中，要根据会计制度、固定资产管理制度及相关会计核算资料，结合固定资产管理系统的特点和要求，收集整理部门对应折旧科目信息。

【数据信息化】

根据以上业务资料及公司会计制度、固定资产管理制度及相关会计核算资料，按照会计信息系统的要求，收集整理得到固定资产部门对应折旧科目信息化数据（见表 8－3）：

**表 8－3　固定资产部门对应折旧科目信息化数据**

| 部门 | 对应折旧科目 |
|---|---|
| 总经办、财务部、人事部、仓储部、采购部 | 660205，折旧费 |
| 销售部 | 660105，折旧费 |
| 生产部、一车间、二车间 | 510102，折旧费 |

【操作人员】

由具有固定资产部门对应折旧科目设置权限的操作员或财务部［YM 杨明］进行固定资产部门对应折旧科目的设置操作，操作日期：2017 年 1 月 1 日。

【信息化操作】

（1）2017 年 1 月 1 日，由财务部［YM 杨明］执行【业务工作】—【财务会计】—【固定资产】—【设置】—【部门对应折旧科目】命令，打开【部门对应折旧科目】设置窗口，如图 8－13 所示。

图 8－13　部门对应折旧科目窗口

（2）选择部门“总经办”，单击［修改］按钮，直接输入或通过［··］按钮选择［折旧科目］为“660205，折旧费用”，如图 8－14 所示。

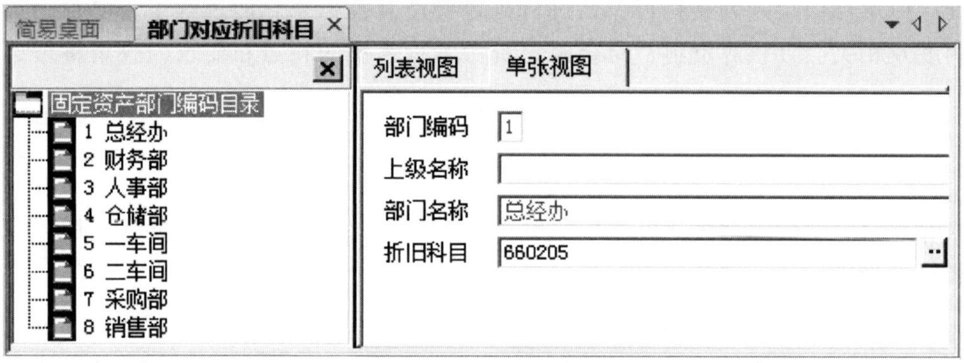


图 8－14　部门对应折旧科目设置

（3）单击［ ］按钮保存信息。

（4）用同样方法，按照“部门对应折旧科目信息化数据表”中的内容完成其他部门对应折旧科目设置。结果如图 8－15 所示。

图 8－15　部门对应折旧科目设置完成

## 业务四　固定资产增减方式对应入账科目信息化处理

【业务描述】

2017 年 1 月 1 日，通过查阅公司固定资产管理制度及会计核算资料，得到以下信息：

**第五十八条**　固定资产增减的核算。公司固定资产的增加主要通过直接购入和在建工程转入，固定资产的减少主要是出售、报废及盘亏。各种情况财务部门均要及时办理有关固定资产的变更手续，正确进行会计核算。

【业务分析】

该笔业务要求设置企业固定资产发生增减时所对应的会计科目。固定资产的增加减少，按规定都要进行管理和核算。在进行固定资产管理信息化的过程中，要根据会计制度、固定资产管理制度及相关会计核算资料，结合固定资产管理系统的特点和要求，收集整理固定资产增减方式对应入账科目信息。

【数据信息化】

根据以上业务资料及公司会计制度、固定资产管理制度及相关会计核算资料，按照会计信息系统的要求，收集整理得到固定资产增减方式对应入账科目信息化数据（见表 8－4）：

**表 8－4　增减方式对应入账科目信息化数据**

| 增减方式 | 对应入账科目 |
|---|---|
| 增加方式：直接购入 | 10020101，人民币 |
| 在建工程转入 | 1604，在建工程 |
| 减少方式：出售 | 1606，固定资产清理 |
| 毁损 | 1606，固定资产清理 |
| 盘亏 | 1901，待处理财产损溢 |

【操作人员】

由具有固定资产增减方式对应入账科目设置权限的操作员或财务部［YM 杨明］进行固定资产增减方式对应入账科目的设置操作，操作日期：2017 年 1 月 1 日。

【信息化操作】

（1）2017 年 1 月 1 日，由财务部［YM 杨明］执行【业务工作】—【财务会计】—【固定资产】—【设置】—【增减方式】命令，打开【增减方式】设置窗口。

（2）在窗口左侧列表框中，单击［增加方式］前的“⊞”号按钮展开明细方式，选择“直接购入”方式，再单击［修改］按钮，直接输入或通过［…］按钮选择［对应入账科目］为“10020101，人民币”，如图 8－16 所示。

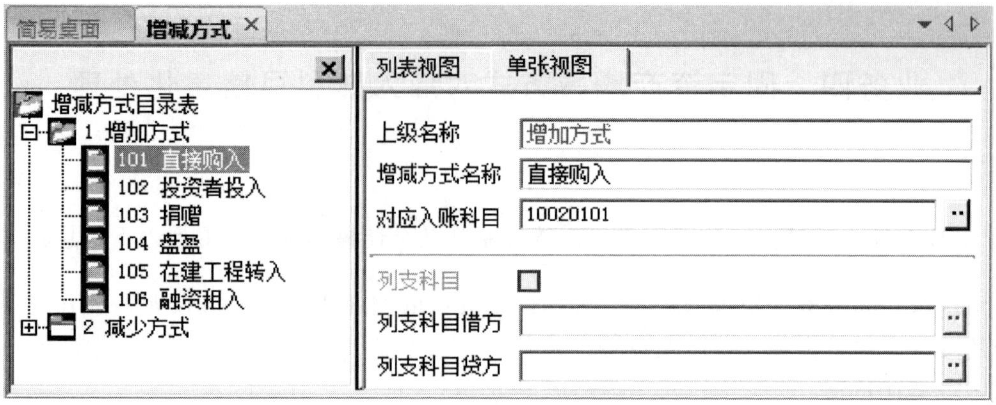


图 8－16 增减方式设置

（3）单击［ ］按钮保存信息。

（4）用同样方法，按照“增减方式对应入账科目信息化数据表”中的内容完成其他增减方式对应入账科目的设置。结果如图 8－17 所示。

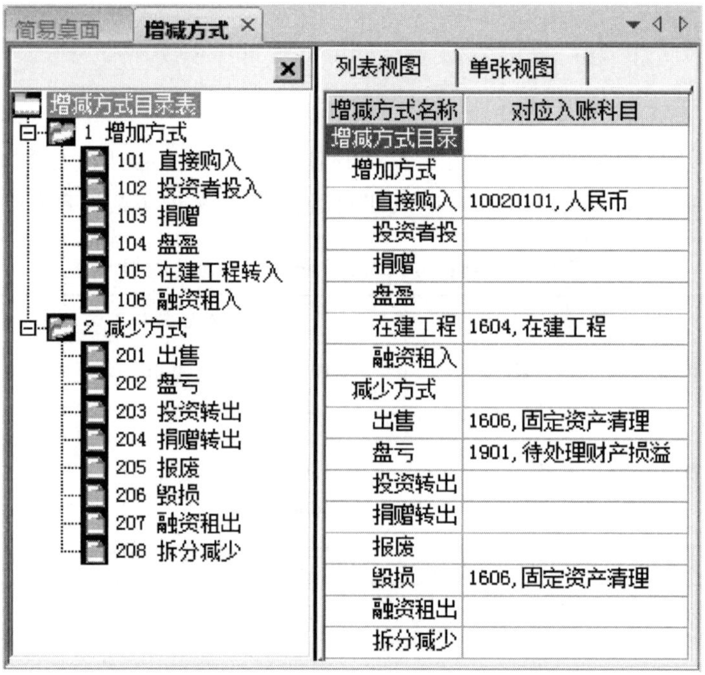


图 8－17 增减方式对应入账科目设置完成

**知识要点**

增减方式对应入账科目是固定资产发生增减业务，由系统自动生成记账凭证所采用的会计科目。

## 业务五 固定资产原始卡片信息化处理

【业务描述】

2017 年 1 月 1 日，通过查阅公司固定资产卡片账，取得原始资料如图 8－18 所示。

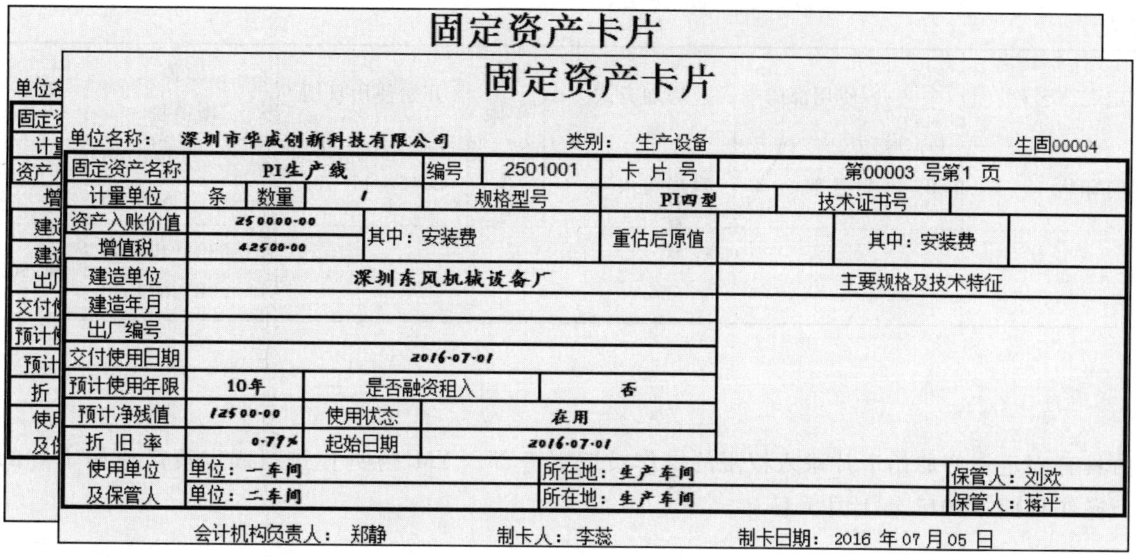

固定资产卡片

单位名称：深圳市华威创新科技有限公司　类别：生产设备　生固00004

| 固定资产名称 | PI生产线 | 编号 | 2501001 | 卡片号 | 第00003号第1页 |
|---|---|---|---|---|---|
| 计量单位 | 条 | 数量 | 1 | 规格型号 | PI四型 | 技术证书号 |
| 资产入账价值 | 250000.00 | 其中：安装费 | | 重估后原值 | 其中：安装费 |
| 增值税 | 42500.00 | | | | |
| 建造单位 | 深圳东风机械设备厂 | | | 主要规格及技术特征 | |
| 建造年月 | | | | | |
| 出厂编号 | | | | | |
| 交付使用日期 | 2016-07-01 | | | | |
| 预计使用年限 | 10年 | 是否融资租入 | 否 | | |
| 预计净残值 | 12500.00 | 使用状态 | 在用 | | |
| 折旧率 | 0.79% | 起始日期 | 2016-07-01 | | |
| 使用单位及保管人 | 单位：一车间 | 所在地：生产车间 | 保管人：刘欢 | | |
| | 单位：二车间 | 所在地：生产车间 | 保管人：蒋平 | | |

会计机构负责人：郑静　制卡人：李蕊　制卡日期：2016年07月05日

图 8－18 ［业务五 固定资产卡片账］

【业务分析】

该业务要求设置企业会计信息化前已经使用的固定资产信息。固定资产卡片是公司记录固定资产信息的重要资料，是固定资产管理的重要手段。固定资产管理业务信息化后，仍然要保留这种管理方式。因此，在进行固定资产管理信息化的过程中，要收集公司所有固定资产卡片，并结合固定资产管理系统的特点和要求，整理固定资产原始卡片信息。

【数据信息化】

根据以上业务资料及公司固定资产卡片，按照会计信息系统的要求，收集整理得到固定资产原始卡片信息化数据（见表 8－5）：

表 8－5 固定资产原始卡片信息化数据

| 固定资产名称 | 类别编码 | 使用部门 | 增加方式 | 可用年限 | 开始使用日期 | 原值<br>增值税 | 累计折旧 |
|---|---|---|---|---|---|---|---|
| 厂房 | 01 | 一车间 50%<br>二车间 50% | 在建工程转入 | 30 | 2016－02－01 | 1，000，000.00<br>0.00 | 26，000.00 |
| 仓库 | 01 | 仓储部 | 在建工程转入 | 30 | 2016－02－01 | 100，000.00<br>0.00 | 2，600.00 |
| PI 生产线 | 02 | 一车间 50%<br>二车间 50% | 直接购入 | 10 | 2016－07－01 | 250，000.00<br>42，500.00 | 9，875.00 |
| 大众 PASSAT 轿车 | 04 | 总经办 | 直接购入 | 8 | 2016－07－01 | 215，470.00<br>36，629.90 | 10，665.75 |
| 联想电脑 | 03 | 采购部 | 直接购入 | 3 | 2015－11－01 | 4，000.00<br>680.00 | 1，430.00 |
| 联想电脑 | 03 | 销售部 | 直接购入 | 3 | 2015－11－01 | 4，000.00<br>680.00 | 1，430.00 |
| 联想电脑 | 03 | 财务部 | 直接购入 | 3 | 2015－11－01 | 4，000.00<br>680.00 | 1，430.00 |

续表

| 固定资产名称 | 类别编码 | 使用部门 | 增加方式 | 可用年限 | 开始使用日期 | 原值<br>增值税 | 累计折旧 |
|---|---|---|---|---|---|---|---|
| 联想打印机 | 03 | 财务部 | 直接购入 | 3 | 2015-11-01 | 3,000.00<br>510.00 | 1,072.50 |
| 合　计 | | | | | | 1,580，470.00<br>81,679.90 | 54,503.25 |

【操作人员】

由具有固定资产原始卡片录入权限的操作员或财务部［YM 杨明］进行固定资产原始卡片的录入操作，操作日期：2017 年 1 月 1 日。

【信息化操作】

（1）2017 年 1 月 1 日，由财务部［YM 杨明］执行【业务工作】—【财务会计】—【固定资产】—【卡片】—【录入原始卡片】命令，系统打开【固定资产类别档案】窗口，如图 8-19 所示。

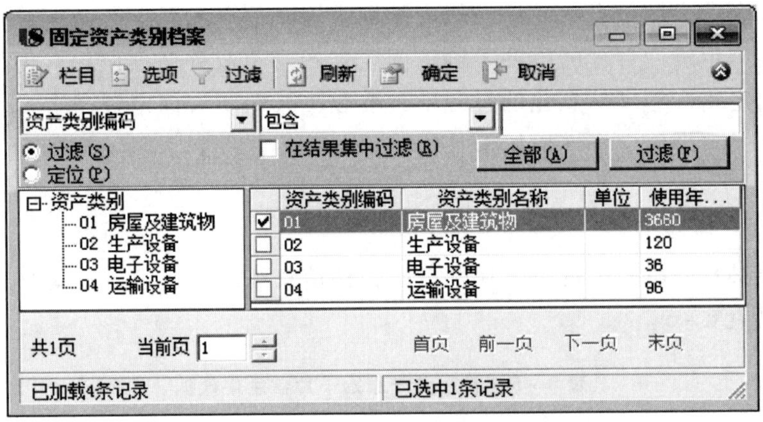


**图 8-19　固定资产类别档案**

（2）选择［资产类别编码］为“01”，然后单击［确定］按钮，打开【固定资产卡片】窗口。

（3）输入［固定资产名称］为“厂房”；单击［使用部门］文本框，再点击［使用部门］按钮，选中［多部门使用］单选按钮。如图 8-20 所示。

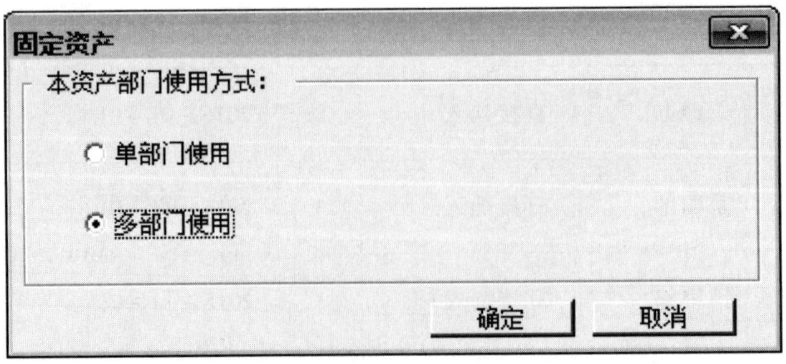


**图 8-20　资产部门使用方式**

（4）单击［确定］按钮，打开【使用部门】窗口，如图8－21所示。

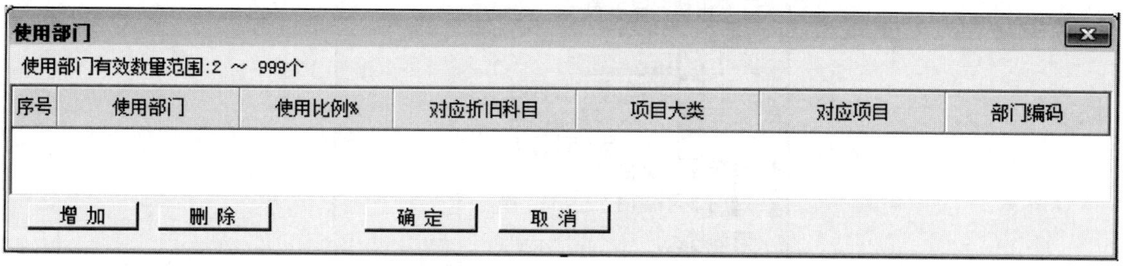


图8－21　使用部门设置

（5）单击［增加］按钮，双击选择［使用部门］为“一车间”，录入［使用比例%］为“50”；单击［增加］按钮，双击选择［使用部门］为“二车间”，录入［使用比例%］为“50”。如图8－22所示。

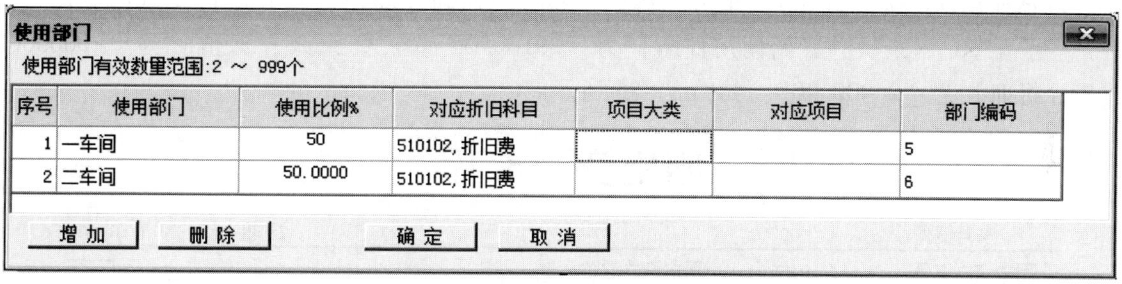


图8－22　使用部门设置设置完成

（6）单击［确定］按钮，回到【固定资产卡片】窗口；单击［增加方式］文本框，再点击［增加方式］按钮，打开【固定资产增加方式】窗口，选中“在建工程转入”，如图8－23所示。

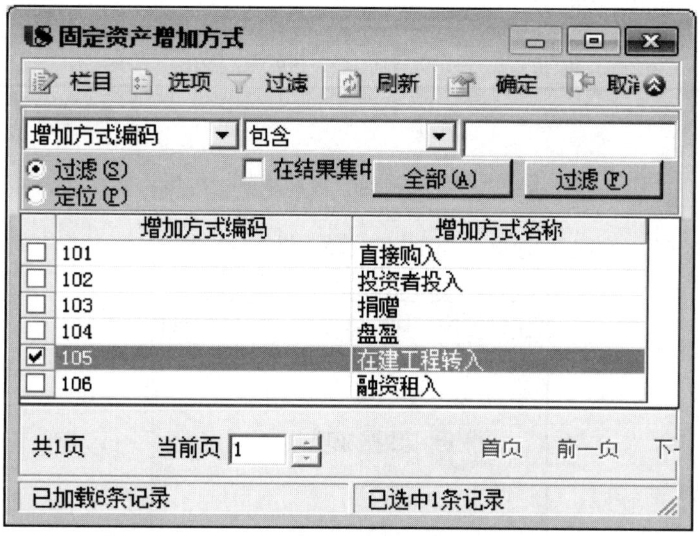


图8－23　固定资产增加方式

（7）单击［确定］按钮，回到【固定资产卡片】窗口；单击［使用状况］文本框，再点击［使用状况］按钮，打开【使用状况参照】窗口，如图8－24所示。

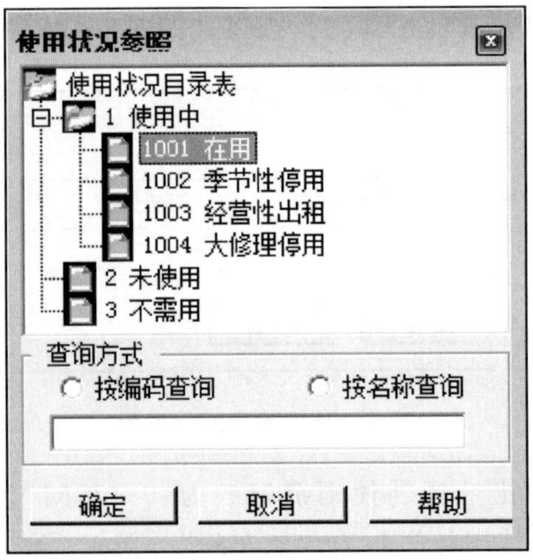


图 8－24　使用状况参照

（8）选择使用状况为“在用”，单击［确定］按钮，回到【固定资产卡片】窗口；录入［使用年限（月）］为“360”，录入［开始使用日期］为“2016－02－01”，录入［原值］为“1000000.00”，录入［累计折旧］为“26000.00”。如图 8－25 所示。

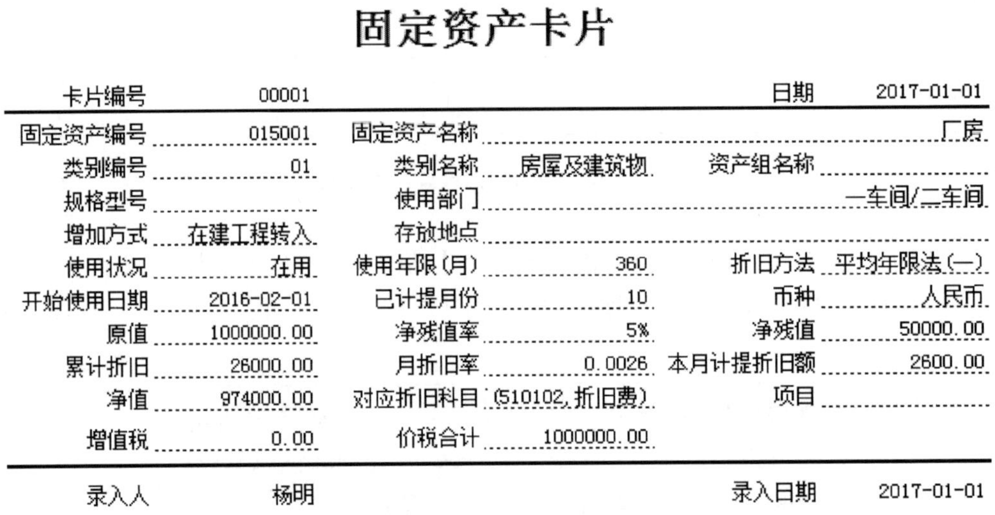


图 8－25　固定资产原始卡片—厂房

（9）单击［ ］按钮，弹出消息框，如图 8－26 所示。

图 8－26　数据保存成功提示框

（10）单击［确定］按钮，完成厂房卡片录入，进入下一张原始卡片录入窗口。

（11）用同样方法，完成其他固定资产原始卡片录入，如图 8－27 至图 8－33 所示。

**固定资产卡片**

| 卡片编号 | 00002 | | | 日期 | 2017-01-01 |
|---|---|---|---|---|---|
| 固定资产编号 | 014001 | 固定资产名称 | 仓库 | | |
| 类别编号 | 01 | 类别名称 | 房屋及建筑物 | 资产组名称 | |
| 规格型号 | | 使用部门 | 仓储部 | | |
| 增加方式 | 在建工程转入 | 存放地点 | | | |
| 使用状况 | 在用 | 使用年限(月) | 360 | 折旧方法 | 平均年限法(一) |
| 开始使用日期 | 2016-02-01 | 已计提月份 | 10 | 币种 | 人民币 |
| 原值 | 100000.00 | 净残值率 | 5% | 净残值 | 5000.00 |
| 累计折旧 | 2600.00 | 月折旧率 | 0.0026 | 本月计提折旧额 | 260.00 |
| 净值 | 97400.00 | 对应折旧科目 | 660205，折旧费 | 项目 | |
| 增值税 | 0.00 | 价税合计 | 100000.00 | | |
| 录入人 | 杨明 | | | 录入日期 | 2017-01-01 |

图 8－27　固定资产原始卡片—仓库

**固定资产卡片**

| 卡片编号 | 00003 | | | 日期 | 2017-01-01 |
|---|---|---|---|---|---|
| 固定资产编号 | 025001 | 固定资产名称 | PI生产线 | | |
| 类别编号 | 02 | 类别名称 | 生产设备 | 资产组名称 | |
| 规格型号 | | 使用部门 | 一车间/二车间 | | |
| 增加方式 | 直接购入 | 存放地点 | | | |
| 使用状况 | 在用 | 使用年限(月) | 120 | 折旧方法 | 平均年限法(一) |
| 开始使用日期 | 2016-07-01 | 已计提月份 | 5 | 币种 | 人民币 |
| 原值 | 250000.00 | 净残值率 | 5% | 净残值 | 12500.00 |
| 累计折旧 | 9875.00 | 月折旧率 | 0.0079 | 本月计提折旧额 | 1975.00 |
| 净值 | 240125.00 | 对应折旧科目 | (510102，折旧费) | 项目 | |
| 增值税 | 42500.00 | 价税合计 | 292500.00 | | |
| 录入人 | 杨明 | | | 录入日期 | 2017-01-01 |

图 8－28　固定资产原始卡片－PI 生产线

**固定资产卡片**

| 卡片编号 | 00004 | | | 日期 | 2017-01-01 |
|---|---|---|---|---|---|
| 固定资产编号 | 041001 | 固定资产名称 | 大众PASSAT轿车 | | |
| 类别编号 | 04 | 类别名称 | 运输设备 | 资产组名称 | |
| 规格型号 | | 使用部门 | 总经办 | | |
| 增加方式 | 直接购入 | 存放地点 | | | |
| 使用状况 | 在用 | 使用年限(月) | 96 | 折旧方法 | 平均年限法(一) |
| 开始使用日期 | 2016-07-01 | 已计提月份 | 5 | 币种 | 人民币 |
| 原值 | 215470.00 | 净残值率 | 5% | 净残值 | 10773.50 |
| 累计折旧 | 10665.75 | 月折旧率 | 0.0099 | 本月计提折旧额 | 2133.15 |
| 净值 | 204804.25 | 对应折旧科目 | 660205，折旧费 | 项目 | |
| 增值税 | 36629.90 | 价税合计 | 252099.90 | | |
| 录入人 | 杨明 | | | 录入日期 | 2017-01-01 |

图 8－29　固定资产原始卡片—大众 PASSAT 轿车

## 固定资产卡片

| 卡片编号 | 00005 | | | 日期 | 2017-01-01 |
|---|---|---|---|---|---|
| 固定资产编号 | 037001 | 固定资产名称 | 联想电脑 | | |
| 类别编号 | 03 | 类别名称 | 电子设备 | 资产组名称 | |
| 规格型号 | | 使用部门 | 采购部 | | |
| 增加方式 | 直接购入 | 存放地点 | | | |
| 使用状况 | 在用 | 使用年限(月) | 36 | 折旧方法 | 平均年限法(一) |
| 开始使用日期 | 2015-11-01 | 已计提月份 | 13 | 币种 | 人民币 |
| 原值 | 4000.00 | 净残值率 | 1% | 净残值 | 40.00 |
| 累计折旧 | 1430.00 | 月折旧率 | 0.0275 | 本月计提折旧额 | 110.00 |
| 净值 | 2570.00 | 对应折旧科目 | 660205,折旧费 | 项目 | |
| 增值税 | 680.00 | 价税合计 | 4680.00 | | |
| 录入人 | 杨明 | | | 录入日期 | 2017-01-01 |

图 8-30　固定资产原始卡片—联想电脑

## 固定资产卡片

| 卡片编号 | 00006 | | | 日期 | 2017-01-01 |
|---|---|---|---|---|---|
| 固定资产编号 | 038001 | 固定资产名称 | 联想电脑 | | |
| 类别编号 | 03 | 类别名称 | 电子设备 | 资产组名称 | |
| 规格型号 | | 使用部门 | 销售部 | | |
| 增加方式 | 直接购入 | 存放地点 | | | |
| 使用状况 | 在用 | 使用年限(月) | 36 | 折旧方法 | 平均年限法(一) |
| 开始使用日期 | 2015-11-01 | 已计提月份 | 13 | 币种 | 人民币 |
| 原值 | 4000.00 | 净残值率 | 1% | 净残值 | 40.00 |
| 累计折旧 | 1430.00 | 月折旧率 | 0.0275 | 本月计提折旧额 | 110.00 |
| 净值 | 2570.00 | 对应折旧科目 | 660105,折旧费 | 项目 | |
| 增值税 | 680.00 | 价税合计 | 4680.00 | | |
| 录入人 | 杨明 | | | 录入日期 | 2017-01-01 |

图 8-31　固定资产原始卡片—联想电脑

## 固定资产卡片

| 卡片编号 | 00007 | | | 日期 | 2017-01-01 |
|---|---|---|---|---|---|
| 固定资产编号 | 032001 | 固定资产名称 | 联想电脑 | | |
| 类别编号 | 03 | 类别名称 | 电子设备 | 资产组名称 | |
| 规格型号 | | 使用部门 | 财务部 | | |
| 增加方式 | 直接购入 | 存放地点 | | | |
| 使用状况 | 在用 | 使用年限(月) | 36 | 折旧方法 | 平均年限法(一) |
| 开始使用日期 | 2015-11-01 | 已计提月份 | 13 | 币种 | 人民币 |
| 原值 | 4000.00 | 净残值率 | 1% | 净残值 | 40.00 |
| 累计折旧 | 1430.00 | 月折旧率 | 0.0275 | 本月计提折旧额 | 110.00 |
| 净值 | 2570.00 | 对应折旧科目 | 660205,折旧费 | 项目 | |
| 增值税 | 680.00 | 价税合计 | 4680.00 | | |
| 录入人 | 杨明 | | | 录入日期 | 2017-01-01 |

图 8-32　固定资产原始卡片—联想电脑

**固定资产卡片**

| 卡片编号 | 00008 | | | 日期 | 2017-01-01 |
|---|---|---|---|---|---|
| 固定资产编号 | 032002 | 固定资产名称 | | | 联想打印机 |
| 类别编号 | 03 | 类别名称 | 电子设备 | 资产组名称 | |
| 规格型号 | | 使用部门 | | | 财务部 |
| 增加方式 | 直接购入 | 存放地点 | | | |
| 使用状况 | 在用 | 使用年限(月) | 36 | 折旧方法 | 平均年限法(一) |
| 开始使用日期 | 2015-11-01 | 已计提月份 | 13 | 币种 | 人民币 |
| 原值 | 3000.00 | 净残值率 | 1% | 净残值 | 30.00 |
| 累计折旧 | 1072.50 | 月折旧率 | 0.0275 | 本月计提折旧额 | 82.50 |
| 净值 | 1927.50 | 对应折旧科目 | 660205,折旧费 | 项目 | |
| 增值税 | 510.00 | 价税合计 | 3510.00 | | |
| 录入人 | 杨明 | | | 录入日期 | 2017-01-01 |

图 8-33　固定资产原始卡片—联想打印机

**知识要点**

①“卡片编号”和“固定资产编号”是两个不同的项目，根据初始设置，都由系统自动编码，不可修改。当删除非最后一张卡片时，系统将保留空号。

②“已计提月份”由系统自动计算，但可以根据实际计提月份进行修改。

③“月折旧率”和“本月计提折旧额”由系统自动计算。

# 实训二　固定资产管理系统日常业务信息化处理

【信息化要求】

固定资产管理日常业务主要包括固定资产增减业务、固定资产变动业务等。企业固定资产增加业务的信息化处理，就是要根据相关原始凭证资料在固定资产管理系统中录入固定资产卡片，并通过固定资产管理系统制单生成记账凭证。

固定资产的变动业务包括原值变动、部门转移、使用状况变动、使用年限调整、折旧方法调整、净残值（率）调整、累计折旧调整、资产类别调整等。这些变动情况如不及时记录并作相应处理，会影响会计核算的准确性。固定资产变动业务的信息化处理，就是要在固定资产管理系统中记录各种固定资产变动信息，并作相应的会计处理。例如，对于固定资产原值变动业务和固定资产减值业务，应在固定资产管理系统中填制固定资产变动单，并通过系统制单生成记账凭证。

## 业务一　固定资产增加信息化处理

【业务描述】

2017 年 1 月 25 日，取得相关原始凭证如图 8-34 至图 8-37 所示。

**深圳增值税专用发票**

发票联

4500364411　机器编号：421081140126

№ 45034426　4500364411　45034426

开票日期：2017年1月25日

| | | | |
|---|---|---|---|
| 购买方 | 名　　称：深圳华威创新科技有限公司<br>纳税人识别号：91440300MA5HDQ370L<br>地址、电话：深圳市南山区高新南四道18号，0755-26656699<br>开户行及账号：工商银行深圳市南山区高新支行2086481614711133459 | 密码区 | 3-64754<19785<32+-4<>+/*48<br>56/375265*2>+-6//2<<-4**2005<br>>*8456255-7<8*24/+7721</>115<br>12-320154-/7412>8-27+-/19/82 |

| 货物或应税劳务、服务名称 | 规格型号 | 单位 | 数量 | 单价 | 金额 | 税率 | 税额 |
|---|---|---|---|---|---|---|---|
| HP电脑 | | 台 | 1 | 6500.00 | 6500.00 | 17% | 1105.00 |
| HP扫描仪 | | 台 | 1 | 1500.00 | 1500.00 | 17% | 255.00 |
| 合　计 | | | | | ¥8000.00 | | ¥1360.00 |
| 价税合计（大写） | ⊗玖仟叁佰陆拾元整 | | | | （小写）¥9360.00 | | |

| | | | |
|---|---|---|---|
| 销售方 | 名　　称：深圳惠普计算机有限公司<br>纳税人识别号：91234322MA5LMJ356H<br>地址、电话：深圳市经开区广深路8号0755-3345227<br>开户行及账号：建设银行深圳经开区支行2026652432123325781 | 备注 | 校验码 12561 69874 48917 25124 |

收款人：张琳　　复核：丁丁　　开票人：宋承明　　销售方：（章）

第三联：发票联　购买方记账凭证

国税函［2016］号海南泰华实业公司

图 8－34　［业务一　增值税专用发票］

**中国工商银行**
**转账支票存根**

10205330
03025455

附加信息

出票日期 2017 年 01 月 25 日

| | |
|---|---|
| 收款人： | 深圳惠普计算机有限公司 |
| 金　额： | ¥9360.00 |
| 用　途： | 购买电脑、扫描 |

单位主管 郑静　会计 张静仪

中钞北华印制有限公司・2013年印制

图 8－35　［业务一　转账支票存根］

# 固定资产验收单

单位名称：深圳市华威创新科技有限公司　　　　类别：电子设备

| 资产编号 | 办固00005 | | | 资产来源 | 直接购入 | | |
|---|---|---|---|---|---|---|---|
| 名称 | HP电脑 | | | 规格型号 | PAVILION550 | 购（造）价 | 6500.00 |
| 安装费 | 无 | 使用年限 | 3年 | 月折旧率 | 2.75% | 预计残值 | 65.00 |
| 建造单位 | 深圳惠普计算机有限公司 | | | 验收日期 | 2017.01.25 | | |
| 验收部门 | 人事部 | 验收人员 | 刘涛 | 管理部门 | 人事部 | 管理人员 | 刘琳 |
| 备注 | 取得增值税专用发票一张，增值税税金1105.00元。 | | | | | | |

会计机构负责人：郑静　　制表人：李蕊　　制表日期：2017 年 01 月 25 日

图 8－36　［业务一　固定资产验收单－HP 电脑］

**固定资产验收单**

单位名称：深圳市华威创新科技有限公司　　　　类别：电子设备

| | | | | | | | |
|---|---|---|---|---|---|---|---|
| 资产编号 | 办固00006 | | | 资产来源 | 直接购入 | | |
| 名称 | HP扫描仪 | | | 规格型号 | M132a | 购（造）价 | 1500.00 |
| 安装费 | 无 | 使用年限 | 3年 | 月折旧率 | 2.75% | 预计残值 | 15.00 |
| 建造单位 | 深圳惠普计算机有限公司 | | | 验收日期 | 2017.01.25 | | |
| 验收部门 | 财务部 | 验收人员 | 刘涛 | 管理部门 | 财务部 | 管理人员 | 李蕊 |
| 备注 | 取得增值税专用发票一张，增值税税金255.00元。 | | | | | | |

会计机构负责人：郑静　　制表人：李蕊　　制表日期：2017 年 01 月 25 日

图 8－37　[业务一　固定资产验收单－HP 扫描仪]

【业务分析】

该笔业务是企业新购固定资产的业务。在手工处理时，应根据增值税专用发票和支票头确认固定资产的取得成本，填制记账凭证，据以登记固定资产总分类账和明细分类账。在会计信息化系统中，应在固定资产管理系统中录入新固定资产卡片，并通过固定资产管理系统制单生成记账凭证。

【数据信息化】

根据以上业务资料采集整理得到固定资产新增卡片信息化数据（见表 8－6）：

表 8－6　固定资产新增卡片信息化数据

| 固定资产名称 | 类别编码 | 使用部门 | 增加方式 | 可用年限 | 开始使用日期 | 原值增值税 |
|---|---|---|---|---|---|---|
| HP 电脑 | 03 | 人事部 | 直接购入 | 3 | 2017－01－25 | 6,500.00<br>1,105.00 |
| HP 扫描仪 | 03 | 财务部 | 直接购入 | 3 | 2017－01－25 | 1,500.00<br>255.00 |

【操作人员】

由具有固定资产增加录入及制单权限的操作员或财务部［YM 杨明］进行新增固定资产及制单的操作，操作日期：2017 年 1 月 25 日。

【信息化操作】

1. 新增固定资产

（1）2017 年 1 月 25 日，由财务部［YM 杨明］执行【业务工作】—【财务会计】—【固定资产】—【卡片】—【资产增加】命令，打开【固定资产类别档案】窗口。

（2）在【固定资产类别档案】窗口下选择［资产类别］为“03 电子设备”，然后单击［确定］按钮，打开【固定资产卡片】窗口，按“固定资产新增卡片信息化数据表”的内容完成 HP 电脑固定资产卡片的录入。结果如图 8－38 所示。

## 固定资产卡片

| 卡片编号 | 00009 | | | 日期 | 2017-01-25 |
|---|---|---|---|---|---|
| 固定资产编号 | 033001 | 固定资产名称 | HP电脑 | | |
| 类别编号 | 03 | 类别名称 | 电子设备 | 资产组名称 | |
| 规格型号 | | 使用部门 | 人事部 | | |
| 增加方式 | 直接购入 | 存放地点 | | | |
| 使用状况 | 在用 | 使用年限(月) | 36 | 折旧方法 | 平均年限法(一) |
| 开始使用日期 | 2017-01-25 | 已计提月份 | 0 | 币种 | 人民币 |
| 原值 | 6500.00 | 净残值率 | 1% | 净残值 | 65.00 |
| 累计折旧 | 0.00 | 月折旧率 | 0 | 本月计提折旧额 | 0.00 |
| 净值 | 6500.00 | 对应折旧科目 | 660205, 折旧费 | 项目 | |
| 增值税 | 1105.00 | 价税合计 | 7605.00 | | |
| 录入人 | 杨明 | | | 录入日期 | 2017-01-25 |

图 8－38　固定资产卡片－HP 电脑

（3）单击［ ］按钮保存信息，然后继续完成 HP 扫描仪固定资产卡片的录入。结果如图 8－39 所示。

## 固定资产卡片

| 卡片编号 | 00010 | | | 日期 | 2017-01-25 |
|---|---|---|---|---|---|
| 固定资产编号 | 032003 | 固定资产名称 | HP扫描仪 | | |
| 类别编号 | 03 | 类别名称 | 电子设备 | 资产组名称 | |
| 规格型号 | | 使用部门 | 财务部 | | |
| 增加方式 | 直接购入 | 存放地点 | | | |
| 使用状况 | 在用 | 使用年限(月) | 36 | 折旧方法 | 平均年限法(一) |
| 开始使用日期 | 2017-01-25 | 已计提月份 | 0 | 币种 | 人民币 |
| 原值 | 1500.00 | 净残值率 | 1% | 净残值 | 15.00 |
| 累计折旧 | 0.00 | 月折旧率 | 0 | 本月计提折旧额 | 0.00 |
| 净值 | 1500.00 | 对应折旧科目 | 660205, 折旧费 | 项目 | |
| 增值税 | 255.00 | 价税合计 | 1755.00 | | |
| 录入人 | 杨明 | | | 录入日期 | 2017-01-25 |

图 8－39　固定资产卡片－HP 扫描仪

2. 固定资产卡片制单

（1）2017 年 1 月 25 日，由财务部［YM 杨明］执行【业务工作】—【财务会计】—【固定资产】—【处理】—【批量制单】命令，打开【查询条件选择—批量制单】窗口，选择［业务类型］为“新增资产”，如图 8－40 所示。

（2）单击［确定］按钮，打开【批量制单】窗口；在【制单选择】选项卡下选择［凭证类别］为“付 付款凭证”；双击［选择］列相应的单元格选中需要制单的记录，系统作选择标志“Y”；再单击［合并］按钮。如图 8－41 所示。

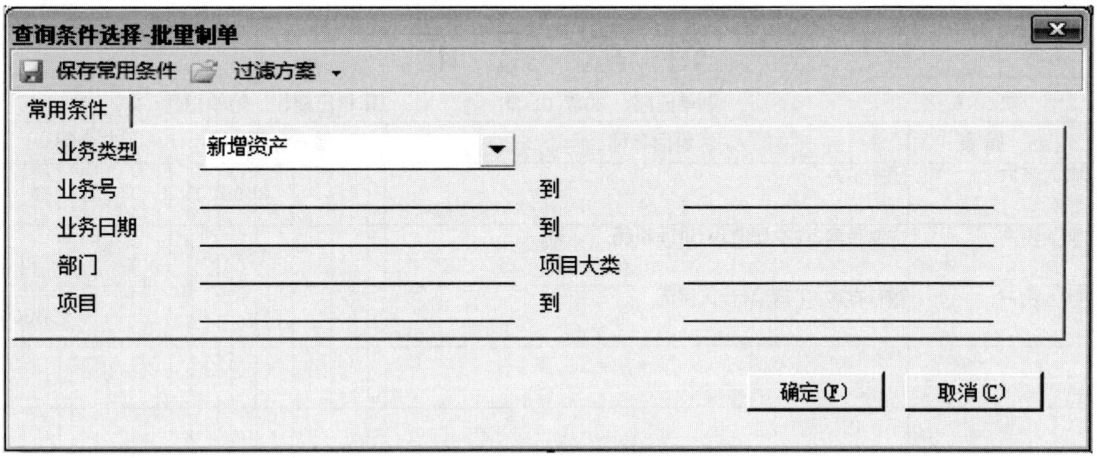


图 8－40 批量制单查询条件选择

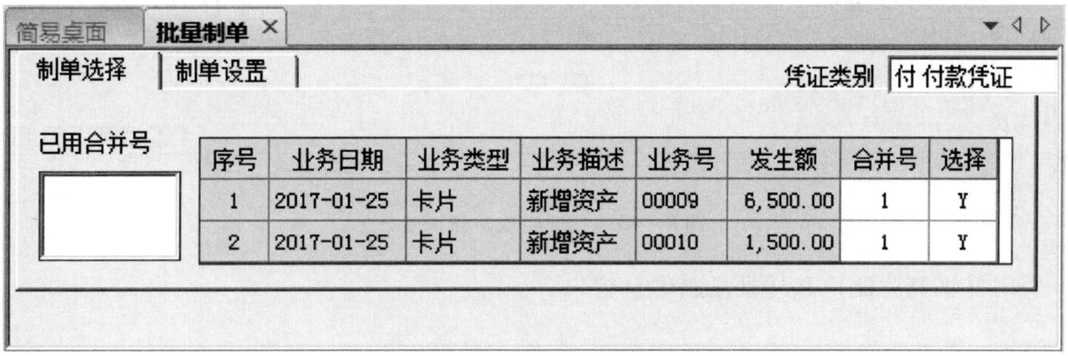


| 序号 | 业务日期 | 业务类型 | 业务描述 | 业务号 | 发生额 | 合并号 | 选择 |
|---|---|---|---|---|---|---|---|
| 1 | 2017-01-25 | 卡片 | 新增资产 | 00009 | 6,500.00 | 1 | Y |
| 2 | 2017-01-25 | 卡片 | 新增资产 | 00010 | 1,500.00 | 1 | Y |

图 8－41 批量制单—制单选择

（3）选择【制单设置】选项卡，如图 8－42 所示。

| 序号 | 业务日期 | 业务类型 | 业务描述 | 业务号 | 方向 | 发生额 | 科目 |
|---|---|---|---|---|---|---|---|
| 1 | 2017-01-25 | 卡片 | 新增资产 | 00009 | 借 | 6,500.00 | 1601 固定资产 |
| 2 | 2017-01-25 | 卡片 | 新增资产 | 00009 | 借 | 1,105.00 | 22210101 进项税额 |
| 3 | 2017-01-25 | 卡片 | 新增资产 | 00009 | 贷 | 7,605.00 | 10020101 人民币 |
| 4 | 2017-01-25 | 卡片 | 新增资产 | 00010 | 借 | 1,500.00 | 1601 固定资产 |
| 5 | 2017-01-25 | 卡片 | 新增资产 | 00010 | 借 | 255.00 | 22210101 进项税额 |
| 6 | 2017-01-25 | 卡片 | 新增资产 | 00010 | 贷 | 1,755.00 | 10020101 人民币 |

图 8－42 批量制单—制单设置

（4）单击［凭证］按钮，打开【填制凭证】窗口，输入［附单据数］为“4”，单击［ ］按钮，系统保存凭证并显示“已生成”，如图 8－43 所示。

已生成

## 付款凭证

付 字 0016　　制单日期：2017.01.25　　审核日期：　　附单据数：4

| 摘要 | 科目名称 | 借方金额 | 贷方金额 |
|---|---|---|---|
| 直接购入资产. | 固定资产 | 800000 | |
| 直接购入资产. | 应交税费/应交增值税/进项税额 | 136000 | |
| 直接购入资产. | 银行存款/工商银行/人民币 | | 936000 |
| | | | |
| | | | |
| 票号<br>日期 | 数量<br>单价 合计 | 936000 | 936000 |

备注　项　目　　部　门

个　人　　客　户

业务员

记账　　审核　　出纳　　制单　杨明

图 8－43　凭证生成—新增资产

（5）关闭【填制凭证】和【批量制单】窗口。

## 业务二　固定资产原值变动信息化处理

【业务描述】

2017 年 1 月 26 日，财务部电脑进行软件升级，需要增加 8G 内存条一条，取得相关原始凭证如图 8－44、图 8－45 所示。

深圳市国家税务局通用机打发票　　仟元版

发票联

全国统一发票监制章 深圳 国家税务局监制

机打代码653126324526

机打号码45211201　　发票代码 653126324526

开票日期：2017年01月26日　　行业分类：电子　　发票号码 45211201

付款单位名称：　深圳华威创新科技有限公司　付款单位识别号：

| 货物及劳务名称 | 规格 | 单位 | 单价 | 数量 | 金额 |
|---|---|---|---|---|---|
| 内存条 | 金士顿骇客神条FURY 8GB | 条 | 409.00 | 1.00 | 409.00 |

合计人民币（大写金额）：肆佰零玖元整　　合计：400.00

收款单位名称（盖章）：　　收款单位开户银行及账号：

收款单位识别号：　　开票人：张娟　　备注：

深圳百腾数码城 336624872142365 发票专用章

国税函［2016］号海南泰华实业公司

第一联：发票联购货单位付款凭证（手开无效）

发票防伪查询措施请登录深圳地税网站：www.szds.gov.cn　（本发票开具合计金额超过万元无效）

图 8－44　［业务二　通用机打发票］

**华威公司付款申请书**

2017年01月26日

| 用途及情况 | 金额 | | | | | | | | | | | 收款单位（人）： | 深圳百腾数码城 |
|---|---|---|---|---|---|---|---|---|---|---|---|---|---|
| 购买金士顿骇客神条 FURY 8GB DDR4 2400 | 亿 | 千 | 百 | 十 | 万 | 千 | 百 | 十 | 元 | 角 | 分 | 账号： | |
| | | | | | | | ¥ | 4 | 0 | 9 | 0 | 0 | 开户行：现金付讫 |
| 金额（大写）合计：肆佰零玖元整 | | | | | | | | | | | | □电汇 □信汇 □转账 □汇票 | |
| 总经理 | 张国明 | 财务部门 | 经理 | 郑静 | | | | | | | | 业务部门 | 经理 |
| | | | 会计 | 李磊 | | | | | | | | | 经办人 刘晴 |

图 8－45 ［业务二 付款申请书］

【业务分析】

该笔业务是企业为原有固定资产增加配件、设备的业务。该业务使得企业原有资产原值增加，应确认增加部分的价值，并计入固定资产成本，同时调整固定资产折旧相关的数据，填制记账凭证，据以登记固定资产总分类账和明细分类账。在会计信息系统中，应在固定资产管理系统中录入固定资产变动单，并通过固定资产管理系统制单生成记账凭证。

【数据信息化】

根据以上业务资料采集整理得到固定资产原值变动信息化数据：

变动卡片：00007；增加金额：409.00；变动原因：增加内存条。

【操作人员】

由具有固定资产变动业务操作权限的操作员或财务部［YM 杨明］进行固定资产原值变动及制单的操作，操作日期：2017 年 1 月 26 日。

【信息化操作】

1. 原值变动

（1）2017 年 1 月 26 日，由财务部［YM 杨明］执行【业务工作】—【财务会计】—【固定资产】—【卡片】—【变动单】—【原值增加】命令，打开【固定资产变动单】窗口，选择［卡片编号］为“00007”，然后录入变动信息，如图 8－46 所示。

**固定资产变动单**

－ 原值增加 －

| | | | | | |
|---|---|---|---|---|---|
| 变动单编号 | 00001 | | | 变动日期 | 2017-01-26 |
| 卡片编号 | 00007 | 资产编号 | 032001 | 开始使用日期 | 2015-11-01 |
| 资产名称 | | | 联想电脑 | 规格型号 | |
| 增加金额 | 409.00 | 币种 | 人民币 | 汇率 | 1 |
| 变动的净残值率 | 1% | 变动的净残值 | 4.09 | | |
| 变动前原值 | 4000.00 | 变动后原值 | 4409.00 | | |
| 变动前净残值 | 40.00 | 变动后净残值 | 44.09 | | |
| 变动原因 | 增加内存条 | | | | |
| | | | | 经手人 | 杨明 |

图 8－46 固定资产变动单—原值增加

（2）单击［ ］按钮保存信息，系统提示数据保存成功，如图 8－47 所示。

图 8－47　固定资产变动数据保存成功

2. 变动单制单

（1）2017 年 1 月 26 日，由财务部［YM 杨明］执行【业务工作】—【财务会计】—【固定资产】—【处理】—【批量制单】命令，打开【查询条件选择—批量制单】窗口，选择［业务类型］为“原值增加”，如图 8－48 所示。

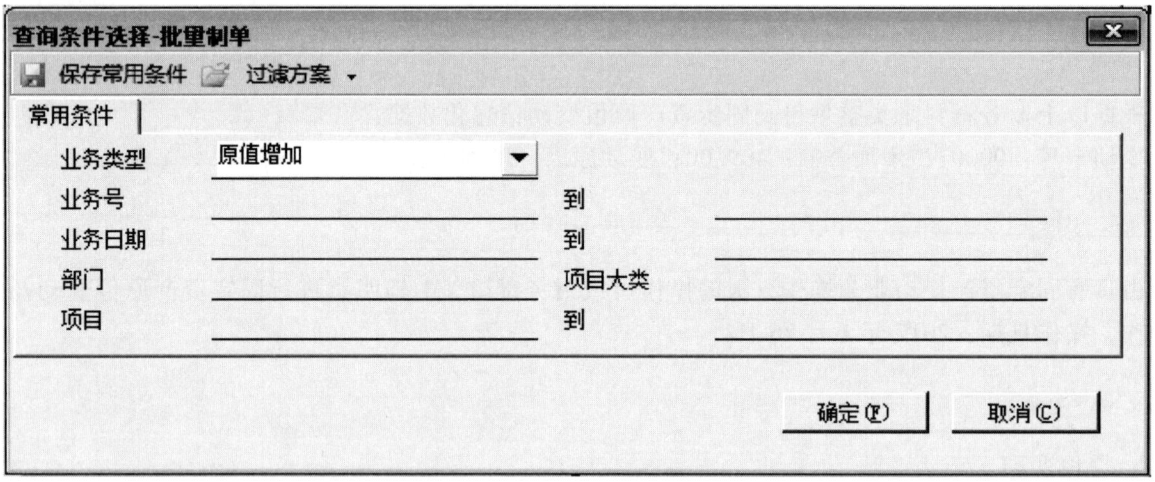


图 8－48　批量制单查询条件选择

（2）单击［确定］按钮，打开【批量制单】窗口；在【制单选择】选项卡下选择［凭证类别］为“付 付款凭证”；双击［选择］列相应的单元格或单击［ALL 全选］按钮选中需要制单的记录，系统作选择标志“Y”；如图 8－49 所示。

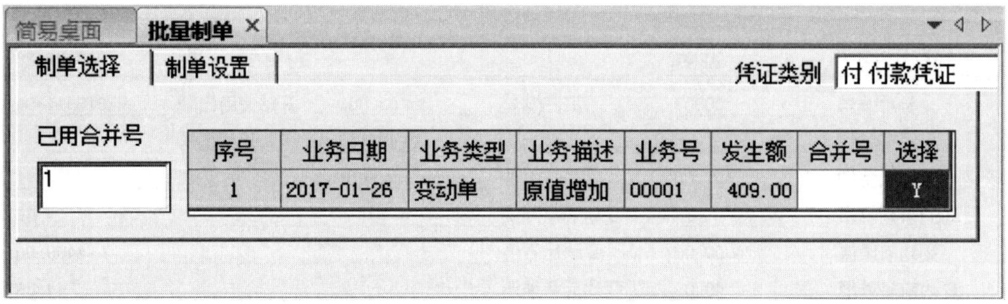


图 8－49　批量制单—制单选择

（3）选择【制单设置】选项卡，输入或选择贷方科目为“1001 库存现金”，如图 8－50 所示。

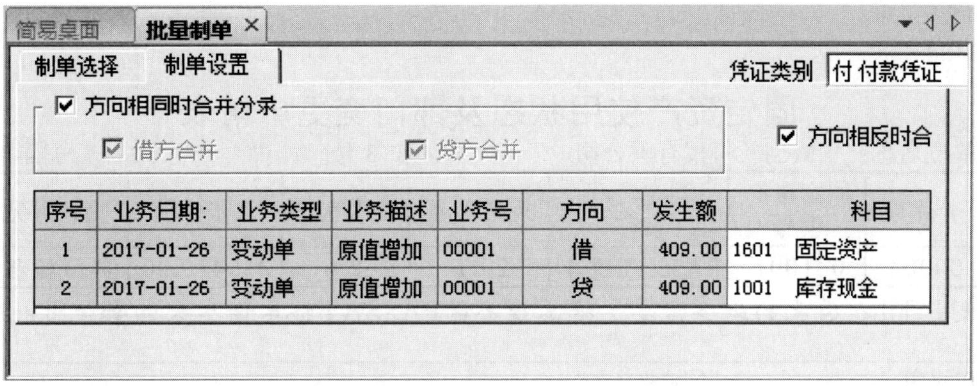


图 8－50　批量制单—制单设置

(4) 单击［凭证］按钮，打开【填制凭证】窗口，输入［附单据数］为“2”，单击［ ］按钮，系统保存凭证并显示“已生成”，如图 8－51 所示。

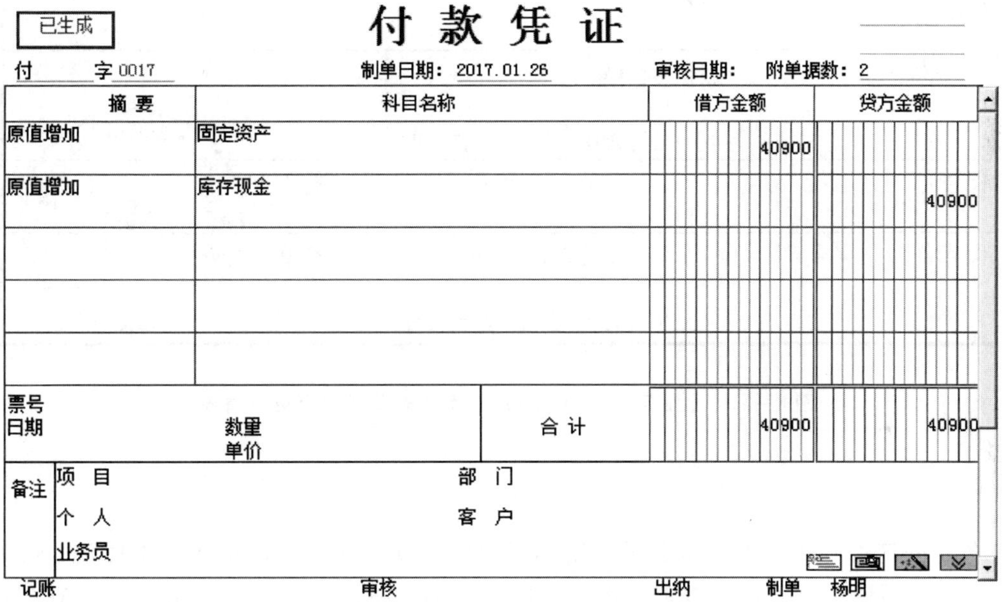


图 8－51　凭证生成—原值增加

(5) 关闭【填制凭证】和【批量制单】窗口。

**知识要点**

固定资产变动单一经保存不能修改，只有在填制变动单当月可删除并重新填制，因此在保存之前应仔细检查以确保固定资产变动单正确无误。

## 业务三　固定资产部门变动信息化处理

【业务描述】

2017 年 1 月 26 日，因工作需要，调用总经办大众 PASSAT 轿车到采购部使用，取得相关原始凭证如图 8－52 所示。

**固定资产使用状态及部门变更申请表**

单位名称：华威创新科技有限公司　　第 8 号　　总固-4

| 卡片号 | 固定资产编号 | 固定资产名称 | 规格型号 | 技术状态 | 入账价值 | 变更情况 |
|---|---|---|---|---|---|---|
| 00004 | 041001 | PASSAT轿车 | 2.0T | 正常 | 215470.00 | 部门转移 |
| 变更理由：因采购业务需要，将总经办的PASSAT轿车调入采购部使用。 | | | | | | |
| 申请部门 | 采购部 | | | | | |
| 申请单位财务主管 | 郑静 | | | | | |
| 单位领导 | 张国明<br>2017 年01 月26 日 | | | | | |
| 批准部门 | 总经办 | | | | | |
| 批准人 | 张国明<br>2017 年01 月26 日 | | | | | |
| 保管部门（总经办） | 移交人：张国明　（签章） | | | | | |
| 保管部门（采购部） | 接受人：张瑜　（签章）<br>2017 年01 月26 日 | | | | | |

深圳市华威创新科技有限公司 4403652859232

图 8－52　［业务三　固定资产使用状态及部门变更申请表］

【业务分析】

该笔业务是固定资产在企业内部不同使用部门间的变动。该业务使得大众 PASSAT 轿车的使用部门发生了变化，应及时登记处理，否则将影响部门的折旧计算。会计信息化方式下，应在固定资产管理系统通过录入固定资产变动单处理。

【数据信息化】

根据以上业务资料采集整理得到固定资产原值变动信息化数据：

变动卡片：00004；变动后部门：采购部；变动原因：业务需要

【操作人员】

由具有固定资产变动业务操作权限的操作员或财务部［YM 杨明］进行固定资产部门变动及制单的操作，操作日期：2017 年 1 月 26 日。

【信息化操作】

（1）2017 年 1 月 26 日，由财务部［YM 杨明］执行【业务工作】—【财务会计】—【固定资产】—【卡片】—【变动单】—【部门转移】命令，打开【固定资产变动单】窗口，选择［卡片编号］为“00004”，然后录入变动信息，如图 8－53 所示。

**固定资产变动单**

— 部门转移 —

| | | | |
|---|---|---|---|
| 变动单编号 | 00002 | 变动日期 | 2017-01-26 |
| 卡片编号 | 00004 | 资产编号 | 041001 |
| 开始使用日期 | 2016-07-01 | | |
| 资产名称 | 大众PASSAT轿车 | 规格型号 | |
| 变动前部门 | 总经办 | 变动后部门 | 采购部 |
| 存放地点 | | 新存放地点 | |
| 变动原因 | 业务需要 | | |
| | | 经手人 | 杨明 |

图 8－53　固定资产变动单—部门转移

（2）单击［💾］按钮保存信息，系统提示“数据成功保存！部门已改变，请检查资产对应折旧科目是否正确！”。

（3）单击［确定］按钮退出。

## 业务四　固定资产减值信息化处理

【业务描述】

2017 年 1 月 27 日，对生产车间使用的 PI 生产线进行减值测试，取得相关原始凭证如图 8－54 所示。

**固定资产减值准备审批表**

申报部门　生产部　　　　生固-00004

| | | | |
|---|---|---|---|
| 资产名称 | PI生产线 | 资产编号 | 2501001 |
| 入账价值 | 250000.00 | 累计折旧 | 9875.00 |
| 可收回金额 | 220125.00 | 不考虑减值因素应计提足折旧年月 | 2026-7-1 |
| 跌幅 | 8.33% | 账面价值 | 240125.00 |
| 不考虑减值因素账面价值 | 240125.00 | 减值准备金额 | 20000.00 |
| 计提依据：根据生产技术的发展状况及设备的市场价值变动对PI生产线进行测试，结果表明其可收回金额低于账面价值，经公司董事会研究决定对其计提20000.00元的减值准备金。 | | | |
| 计算过程：账面价值－可收回金额＝20000.00元 | | | |
| 单位固定资产管理小组鉴定意见：同意计提减值准备金。签章　2017年1月27日 | | 单位意见：同意计提减值准备金。单位（盖章）单位负责人（签章）张国明　2017年1月27日 | |

图 8－54　［业务四　固定资产减值准备审批表］

【业务分析】

该笔业务是企业固定资产发生减值的业务。该业务应按规定计提固定资产减值准备，并及时登记作相应账务处理。会计信息化方式下，应在固定资产管理系统中录入固定资产变动单。

【数据信息化】

根据以上业务资料采集整理得到固定资产原值变动信息化数据：

变动卡片：00003；减值准备金额：20,000.00；变动原因：技术更新

【操作人员】

由具有固定资产变动业务操作权限的操作员或财务部［YM 杨明］进行固定资产减值准备的处理及制单的操作，操作日期：2017 年 1 月 27 日。

【信息化操作】

1. 计提减值准备

（1）2017 年 1 月 27 日，由财务部［YM 杨明］执行【业务工作】—【财务会计】—【固定资产】—【卡片】—【变动单】—【计提减值准备】命令，打开【固定资产变动单】窗口，选择［卡片编号］为“00003”，然后录入变动信息，如图 8－55 所示。

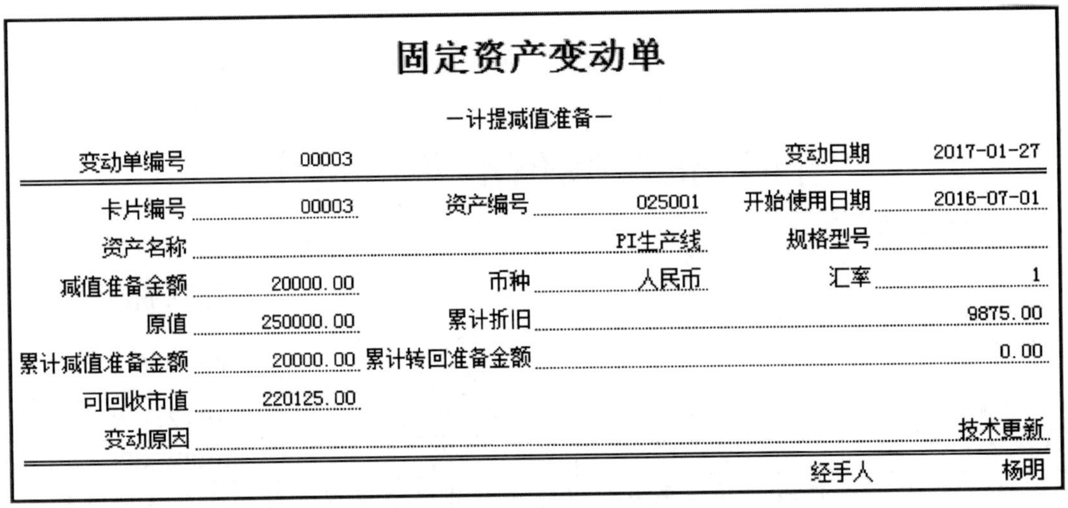
固定资产变动单

—计提减值准备—

| | | | | | |
|---|---|---|---|---|---|
| 变动单编号 | 00003 | | | 变动日期 | 2017-01-27 |
| 卡片编号 | 00003 | 资产编号 | 025001 | 开始使用日期 | 2016-07-01 |
| 资产名称 | | | PI生产线 | 规格型号 | |
| 减值准备金额 | 20000.00 | 币种 | 人民币 | 汇率 | 1 |
| 原值 | 250000.00 | 累计折旧 | | | 9875.00 |
| 累计减值准备金额 | 20000.00 | 累计转回准备金额 | | | 0.00 |
| 可回收市值 | 220125.00 | | | | |
| 变动原因 | | | | | 技术更新 |
| | | | | 经手人 | 杨明 |

图 8－55　固定资产变动单—计提减值准备

（2）单击［保存］按钮保存信息，系统提示数据保存成功。

2. 变动单制单

（1）2017 年 1 月 27 日，由财务部［YM 杨明］执行【业务工作】—【财务会计】—【固定资产】—【处理】—【批量制单】命令，打开【查询条件选择—批量制单】窗口，选择［业务类型］为“计提减值准备”。

（2）单击［确定］按钮，打开【批量制单】窗口；在【制单选择】选项卡下选择［凭证类别］为“转 转款凭证”；双击［选择］列相应的单元格或单击［全选］按钮选中需要制单的记录，系统作选择标志“Y”，如图 8－56 所示。

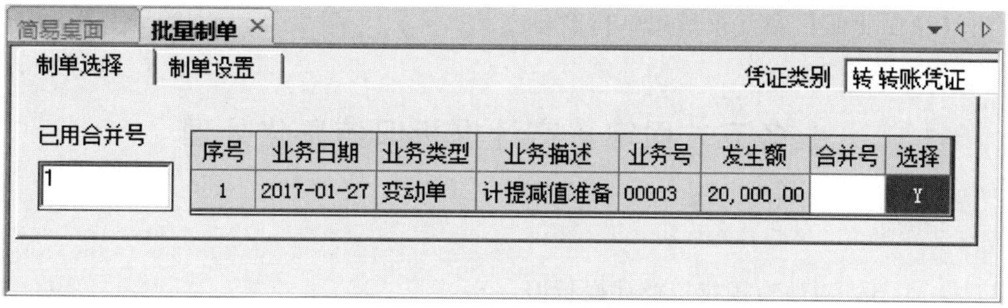


图 8-56 批量制单—制单选择

（3）选择【制单设置】选项卡，输入或选择借方科目为“6701 资产减值损失”，如图 8-57 所示。

图 8-57 批量制单—制单设置

（4）单击［凭证］按钮，打开【填制凭证】窗口，输入［附单据数］为“1”，单击［ ］按钮，系统保存凭证并显示“已生成”，如图 8-58 所示。

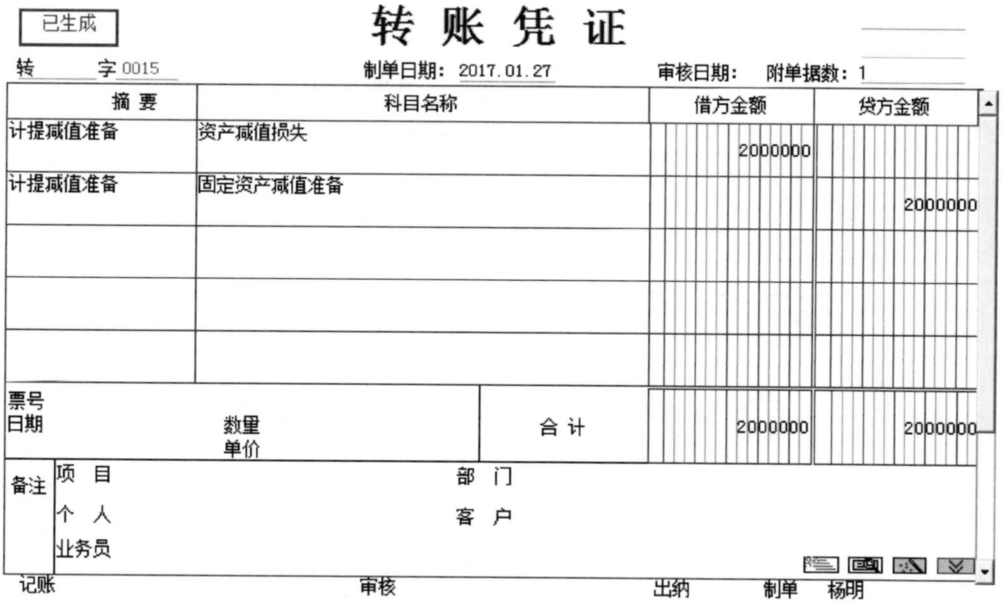


图 8-58 凭证生成—计提减值准备

（5）关闭【填制凭证】和【批量制单】窗口。

## 业务五　固定资产计提折旧信息化处理

【业务描述】

2017 年 1 月 31 日，对所有固定资产计提折旧。

【业务分析】

该笔业务是企业计提本月固定资产折旧的业务。固定资产折旧是企业每月末都必须进行处理的业务，需要进行大量繁杂而枯燥的计算，非常容易出错，是会计人员一项繁重的负担。固定资产管理信息化后，所有固定资产折旧计算工作均交由计算机自动准确处理，大大降低了会计人员的工作强度，保证了会计工作的质量。

【操作人员】

由具有计提固定资产折旧权限的操作员或财务部［YM 杨明］进行计提固定资产折旧的操作，操作日期：2017 年 1 月 31 日。

【信息化操作】

1. 计提本月折旧

（1）2017 年 1 月 31 日，由财务部［YM 杨明］执行【业务工作】—【财务会计】—【固定资产】—【处理】—【计提本月折旧】命令，系统弹出对话框，如图 8－59 所示。

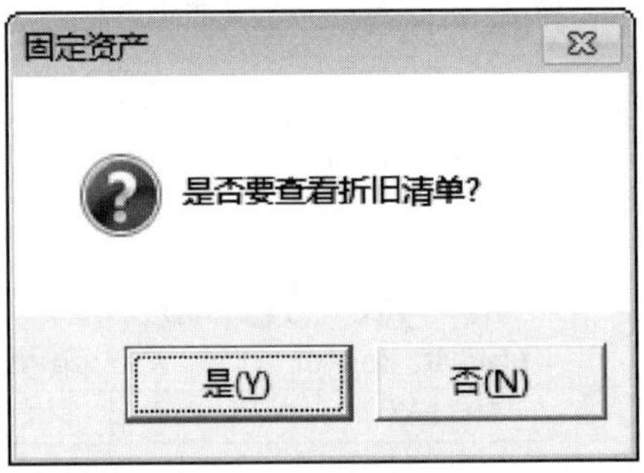


图 8－59　查看折旧清单消息框

（2）单击［是（Y）］按钮，系统弹出对话框，如图 8－60 所示。

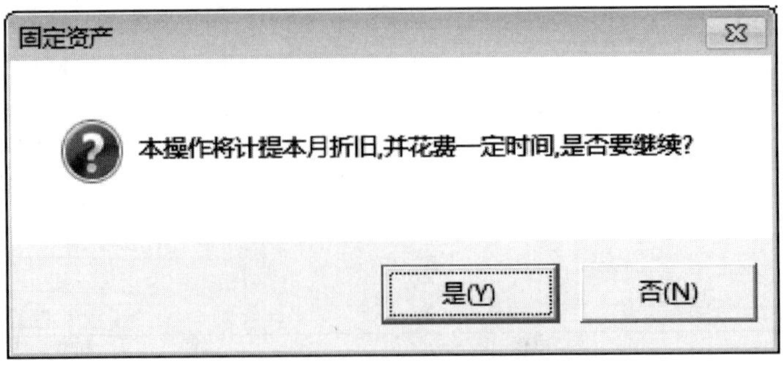


图 8－60　计提折旧消息框

（3）单击［是（Y）］按钮，系统打开【折旧清单】窗口，如图 8－61 所示。

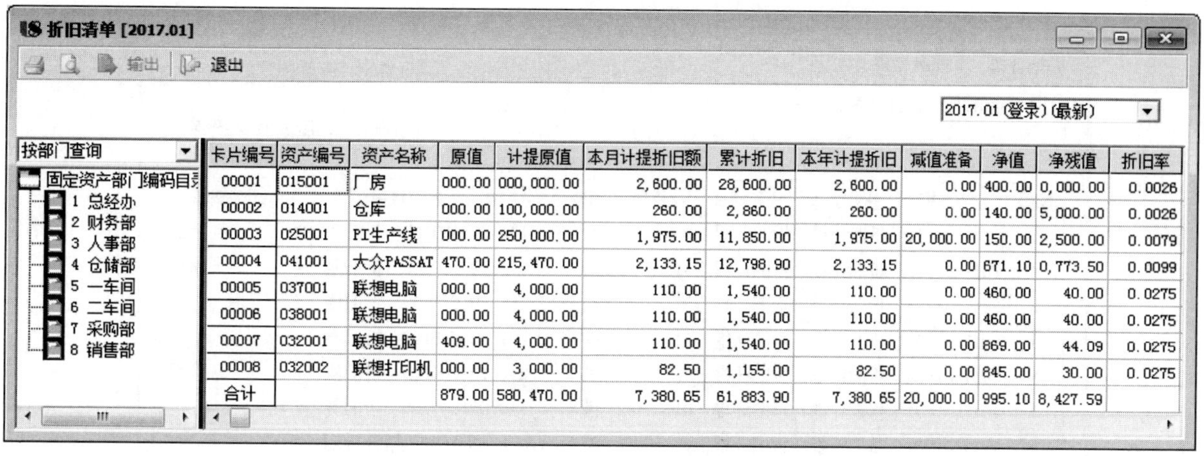


| 卡片编号 | 资产编号 | 资产名称 | 原值 | 计提原值 | 本月计提折旧额 | 累计折旧 | 本年计提折旧 | 减值准备 | 净值 | 净残值 | 折旧率 |
|---|---|---|---|---|---|---|---|---|---|---|---|
| 00001 | 015001 | 厂房 | 000.00 | 000,000.00 | 2,600.00 | 28,600.00 | 2,600.00 | 0.00 | 400.00 | 0,000.00 | 0.0026 |
| 00002 | 014001 | 仓库 | 000.00 | 100,000.00 | 260.00 | 2,860.00 | 260.00 | 0.00 | 140.00 | 5,000.00 | 0.0026 |
| 00003 | 025001 | PI生产线 | 000.00 | 250,000.00 | 1,975.00 | 11,850.00 | 1,975.00 | 20,000.00 | 150.00 | 2,500.00 | 0.0079 |
| 00004 | 041001 | 大众PASSAT | 470.00 | 215,470.00 | 2,133.15 | 12,798.90 | 2,133.15 | 0.00 | 671.10 | 0,773.50 | 0.0099 |
| 00005 | 037001 | 联想电脑 | 000.00 | 4,000.00 | 110.00 | 1,540.00 | 110.00 | 0.00 | 460.00 | 40.00 | 0.0275 |
| 00006 | 038001 | 联想电脑 | 000.00 | 4,000.00 | 110.00 | 1,540.00 | 110.00 | 0.00 | 460.00 | 40.00 | 0.0275 |
| 00007 | 032001 | 联想电脑 | 409.00 | 4,000.00 | 110.00 | 1,540.00 | 110.00 | 0.00 | 869.00 | 44.09 | 0.0275 |
| 00008 | 032002 | 联想打印机 | 000.00 | 3,000.00 | 82.50 | 1,155.00 | 82.50 | 0.00 | 845.00 | 30.00 | 0.0275 |
| 合计 | | | 879.00 | 580,470.00 | 7,380.65 | 61,883.90 | 7,380.65 | 20,000.00 | 995.10 | 8,427.59 | |

图 8－61　折旧清单

（4）单击［退出］按钮，系统打开【折旧分配表】，并弹出对话框，如图 8－62 所示。单击［确定］按钮，完成折旧计提。

| 部门编号 | 部门名称 | 项目编号 | 项目名称 | 科目编号 | 科目名称 | 折旧额 |
|---|---|---|---|---|---|---|
| 2 | 财务部 | | | 660205 | 折旧费 | 192.50 |
| 4 | 仓储部 | | | 660205 | 折旧费 | 260.00 |
| 5 | 一车间 | | | 510102 | 折旧费 | 2,287.50 |
| 6 | 二车间 | | | 510102 | 折旧费 | 2,287.50 |
| 7 | 采购部 | | | 660205 | 折旧费 | 2,243.15 |
| 8 | 销售部 | | | 660105 | 折旧费 | 110.00 |
| 合计 | | | | | | 7,380.65 |

图 8－62　折旧分配表

2. 折旧分配表制单

（1）2017 年 1 月 31 日，由财务部［YM 杨明］执行【业务工作】—【财务会计】—【固定资产】—【处理】—【批量制单】命令，打开【查询条件选择—批量制单】窗口，选择［业务类型］为“计提折旧”。

（2）单击［确定］按钮，打开【批量制单】窗口；在【制单选择】选项卡下选择［凭证类别］为“转 转款凭证”；双击［选择］列相应的单元格或单击［ALL 全选］按钮选中需要制单的记录，系统作选择标志“Y”，如图 8－63 所示。

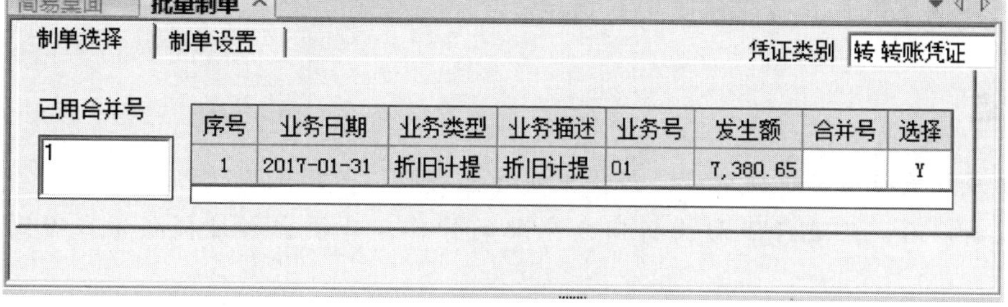


| 序号 | 业务日期 | 业务类型 | 业务描述 | 业务号 | 发生额 | 合并号 | 选择 |
|---|---|---|---|---|---|---|---|
| 1 | 2017-01-31 | 折旧计提 | 折旧计提 | 01 | 7,380.65 | | Y |

图 8－63　批量制单—制单选择

（3）选择【制单设置】选项卡，如图 8－64 所示。

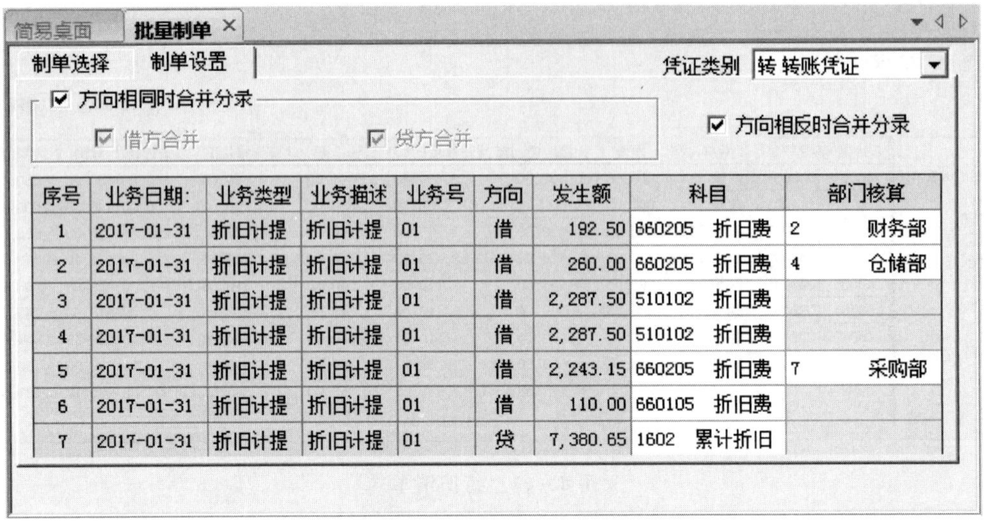



| 序号 | 业务日期: | 业务类型 | 业务描述 | 业务号 | 方向 | 发生额 | 科目 | | 部门核算 | |
|---|---|---|---|---|---|---|---|---|---|---|
| 1 | 2017-01-31 | 折旧计提 | 折旧计提 | 01 | 借 | 192.50 | 660205 | 折旧费 | 2 | 财务部 |
| 2 | 2017-01-31 | 折旧计提 | 折旧计提 | 01 | 借 | 260.00 | 660205 | 折旧费 | 4 | 仓储部 |
| 3 | 2017-01-31 | 折旧计提 | 折旧计提 | 01 | 借 | 2,287.50 | 510102 | 折旧费 | | |
| 4 | 2017-01-31 | 折旧计提 | 折旧计提 | 01 | 借 | 2,287.50 | 510102 | 折旧费 | | |
| 5 | 2017-01-31 | 折旧计提 | 折旧计提 | 01 | 借 | 2,243.15 | 660205 | 折旧费 | 7 | 采购部 |
| 6 | 2017-01-31 | 折旧计提 | 折旧计提 | 01 | 借 | 110.00 | 660105 | 折旧费 | | |
| 7 | 2017-01-31 | 折旧计提 | 折旧计提 | 01 | 贷 | 7,380.65 | 1602 | 累计折旧 | | |

图 8－64　批量制单—制单设置

（4）单击［凭证］按钮，打开【填制凭证】窗口，单击［ ］按钮，系统保存凭证并显示“已生成”，如图 8－65 所示。

| 摘要 | 科目名称 | 借方金额 | 贷方金额 |
|---|---|---|---|
| 计提第[1]期间折旧 | 制造费用/折旧费 | 457500 | |
| 计提第[1]期间折旧 | 销售费用/折旧费 | 11000 | |
| 计提第[1]期间折旧 | 管理费用/折旧费 | 19250 | |
| 计提第[1]期间折旧 | 管理费用/折旧费 | 26000 | |
| 计提第[1]期间折旧 | 管理费用/折旧费 | 224315 | |
| 票号 日期 数量 单价 | 合 计 | 738065 | 738065 |



图 8－65　凭证生成—计提折旧

（5）关闭【填制凭证】和【批量制单】窗口。

**知识要点**

①制单生成计提折旧记账凭证后，若要重新计提折旧，必须先删除记账凭证。

②在计提折旧后，又进行了影响折旧或分配的操作，必须重新计提折旧，否则系统不允许结账。

## 业务六　固定资产减少信息化处理

【业务描述】

2017 年 1 月 31 日，财务部毁损电脑一台，取得相关原始凭证如图 8－66、图 8－67 所示。

**固定资产拆除、报废申请单**

申请部门：财务部　　2017 年 1 月 31 日　　第 1 号

| 固定资产名称 | 联想电脑 | 固定资产编号 | 32001 | 卡片 | 7 | 交付使用日期 | 2015-11-1 |
|---|---|---|---|---|---|---|---|
| 型号规格 | | 计量单位 | 台 | 数量 | 1 | 建造年月 | |
| 原预计使用年限（月） | 36 | 实际使用年限（月） | 14 | 清理地点 | | 预计净残值 | 44.09 |
| 入账价值 | 4409.00 | 已提折旧 | 1540.00 | 已提减值 | | 账面价值 | 2869.00 |
| 技术状态及拆除、报废理由：电线短路及电脑主要配件毁损，已无修理价值。 | | | | | | | |
| 附属设备 | 名称 | 规格 | | 数量 | | 备注 | |
| 鉴定小组意见：同意报废。 | | | | | | | |

单位领导：张国明　技术（设备）主管：邢杰　会计机构负责人：郑静　经办人：陈兵

（印章：华威公司固定资产管理办公室；深圳市华威创新科技有限公司 4403652859232）

图 8－66　［业务六　固定资产拆除报废申请单］

**收　款　收　据**

入账日期：2017年01月31日

今收到：李均明

交来：收购电脑款　　现金收讫

金额（大写）零拾零万零仟贰佰零拾零元零角零分

¥200.00　　☑现金　☐支票　☐领用卡　☐其他　　收款单位（盖章）

会计 张静仪　　出纳 李婷婷　　经手人 陈兵

第三联 财务联

（印章：深圳市华威创新科技有限公司 财务专用章）

图 8－67　［业务六　收款收据］

【业务分析】

该笔业务是企业的固定资产减少业务。对固定资产减少业务，应及时进行会计核算，按规定程序办理有关手续，结转固定资产的账面价值，计算有关的清理收入、清理费用及残料价值等。信息化方式下，应在固定资产管理系统中进行资产减少的操作，并通过固定资产管理系统制单生成结转固定资产账面价值的记账凭证，结转清理净损失的记账凭证则需要在总账管理系统中填制。

【操作人员】

由具有固定资产减少业务操作权限的操作员或财务部［YM 杨明］进行固定资产减少及制单的操作，操作日期：2017 年 1 月 31 日。

【信息化操作】

1. 资产减少

（1）2017 年 1 月 31 日，由财务部［YM 杨明］执行【业务工作】—【财务会计】—【固定资产】—【卡片】—【资产减少】命令，打开【资产减少】窗口。选择［卡片编号］为“00007”，单击［增加］按钮，选择［减少方式］为“毁损”，输入［清理收入］为“200.00”，输入［清理原因］为“主要配件损坏”。如图 8 - 68 所示。

**图 8 - 68　资产减少**

（2）单击［确定］按钮，系统提示资产已经减少，如图 8 - 69 所示。

**图 8 - 69　资产减少成功**

（3）单击［确定］按钮，完成操作。

2. 资产减少制单

（1）2017 年 1 月 31 日，由财务部［YM 杨明］执行【业务工作】—【财务会计】—【固定资产】—【处理】—【批量制单】命令，打开【查询条件选择—批量制单】窗口，选择［业务类型］为“减少资产”。

（2）单击［确定］按钮，打开【批量制单】窗口；在【制单选择】选项卡下选择［凭证类别］为“收 收款凭证”；双击［选择］列相应的单元格或单击［全选］按钮选中需要制单的记录，系统作选择标志“Y”，如图8－70所示。

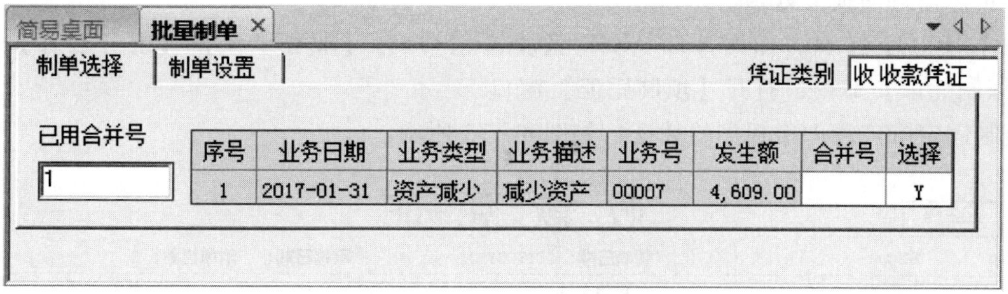


**图8－70　批量制单—制单选择**

（3）选择【制单设置】选项卡，在空白［科目］栏输入或选择“1001 库存现金”，如图8－71所示。

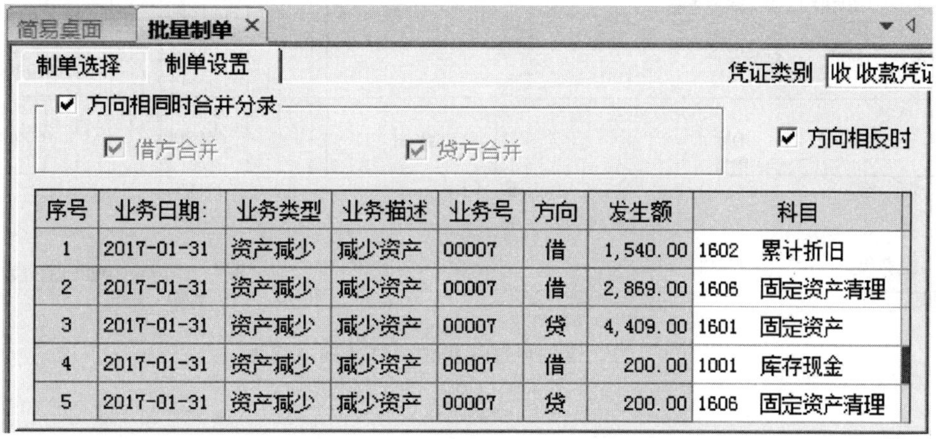


**图8－71　批量制单—制单设置**

（4）单击［凭证］按钮，打开【填制凭证】窗口，输入［附单据数］为“2”，单击［］按钮，系统保存凭证并显示“已生成”，如图8－72所示。

**图8－72　凭证生成—资产减少**

(5) 关闭【填制凭证】和【批量制单】窗口。

3. 固定资产清理净损失处理

(1) 2017 年 1 月 31 日，由财务部［ZJY 张静仪］］执行【业务工作】—【财务会计】—【总账】—【凭证】—【填制凭证】命令，打开【填制凭证】窗口。

(2) 填制固定资产清理净损失的凭证，如图 8 - 73 所示。

已生成

**收 款 凭 证**

收 字 0005 制单日期：2017.01.31 审核日期： 附单据数：2

| 摘要 | 科目名称 | 借方金额 | 贷方金额 |
|---|---|---|---|
| 资产减少 | 固定资产清理 | 286900 | |
| 资产减少 - 累计折旧 | 累计折旧 | 154000 | |
| 资产减少 - 清理收入 | 库存现金 | 20000 | |
| 资产减少 - 清理收入 | 固定资产清理 | | 20000 |
| 资产减少 - 原值 | 固定资产 | | 440900 |
| 票号<br>日期 数量<br>单价 | 合 计 | 460900 | 460900 |

备注 项 目 部 门
个 人 客 户
业务员

记账 审核 出纳 制单 杨明

图 8 - 72 填制凭证—固定资产清理净损失

**知识要点**

根据会计准则的规定，当月减少资产，当月照提折旧，所以，信息化方式下要计提完当月折旧后，才能减少资产。

# 项目 9

# 薪资管理系统信息化处理

**工作任务**

- 完成薪资管理与薪资核算资料的收集整理工作
- 完成企业薪资管理初始化及日常业务数据的信息化设计工作
- 完成企业薪资管理初始化及日常业务的信息化处理工作

**职业能力**

- 掌握薪资管理有关数据的采集与分析能力
- 具备薪资管理业务的处理能力及数据分析能力

**知识要求**

- 能理解薪资管理系统初始设置的重要性与合理性
- 能描述薪资管理业务的处理流程

**技能要求**

- 能按企业的实际情况对薪资管理业务数据进行合理归类、整理
- 能按企业的实际情况合理设置薪资管理的初始化信息
- 能完成企业薪资管理业务的信息化处理

# 实训一　薪资管理系统初始设置信息化处理

【信息化要求】

薪资管理涉及大量简单、重复的计算工作，并且由于涉及职工的切身利益，要求计算要准确，不能有差错。在手工条件下，除了职工工资，企业还涉及以工资为基数进行的一系列会计核算，包括“五险一金”、职工教育经费和工会经费的核算。这些工作，每个月的计算方法及会计核算方法都相同，在手工条件下需要进行大量的重复劳动，耗费大量的人力，通过实施会计信息化，可以全面提高企业薪资管理的效率和质量。

在实施薪资管理信息化的过程中，首先要对公司的薪资管理制度、工资报表、工资分配核算、五险一金的计提与核算及职工教育经费的计提与核算等资料进行收集整理，结合薪资管理系统的要求，对工资项目、人员档案、工资计算公式、工资分摊等进行信息化处理。

## 业务一　工资账套信息化处理

【业务描述】

2017 年 1 月 1 日，通过查阅公司薪资管理制度及相关会计核算资料，得到以下有关信息：

公司在职工薪资的管理上采用正式员工及临时员工分别管理的方式，所有员工不论正式、临时均由公司代扣个人所得税，所得税按最新的七级超额累进税率进行计算，工资通过基本结算账户进行发放，不进行工资扣零处理，不核算计件工资。薪资数据处理的信息化工作从 2017 年 1 月 1 日开始进行。

【业务分析】

在企业业务活动中，薪资管理是一项不断重复进行而又相对独立的业务，而且各企业通常都有自己的管理特色，因此，在用友 ERP－U8 管理系统中专门设置工资子账套进行管理。各单位薪资管理的特色是通过工资账套的各项参数设置来体现的，例如是否设置不同的工资类别、是否进行扣零处理等等。进行日常业务信息化处理前，这些参数均需要从企业薪资管理制度及相关会计核算资料中，按照薪资管理系统的要求进行收集整理。

【数据信息化】

根据以上业务资料及公司薪资管理制度、相关会计核算资料，按照薪资管理系统的要求，收集整理得到工资账套信息化数据（见表 9－1）：

表 9－1　工资账套信息化数据

| | |
|---|---|
| 参数设置 | 请选择本账套所需处理的工资类别个数：多个<br>请选择币别名称：人民币 RMB<br>是否核算计件工资：不选中 |
| 扣税设置 | 是否从工资中代扣个人所得税：选中 |
| 扣零设置 | 扣零：不选中 |
| 人员编码 | 系统要求与公共平台保持一致 |

【操作人员】

由具有工资账套初始化设置权限的操作员或财务部［ZJ 郑静］进行工资账套的初始化设置操作，操作日期：2017 年 1 月 1 日。

【信息化操作】

（1）2017 年 1 月 1 日，由财务部［ZJ 郑静］执行【业务工作】—【人力资源】—【薪资管理】命令，系统打开【建立工资套—参数设置】对话框。选择［请选择本账套所需处理的工资类别个数］为“多个”，［币别］为“人民币 RMB”，如图 9－1 所示。

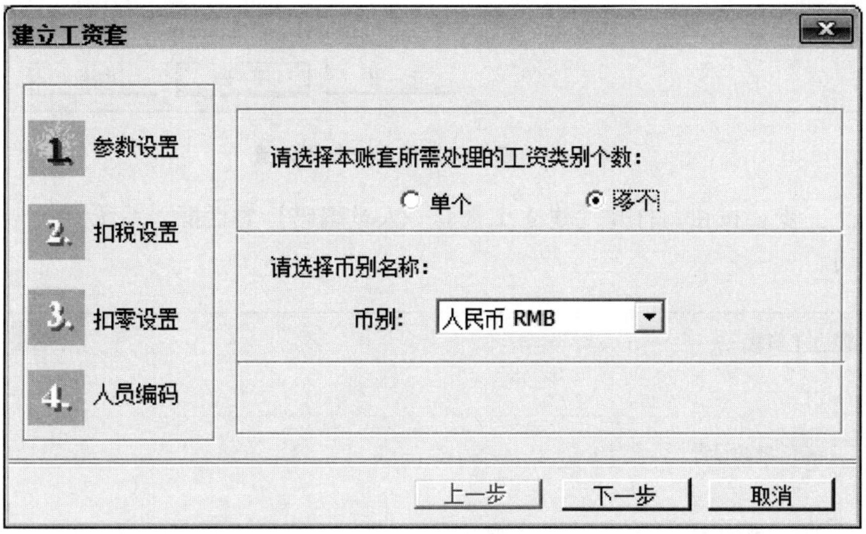


图 9－1　建立工资账套—参数设置

（2）单击［下一步］按钮，打开【建立工资套—扣税设置】对话框，选中“是否从工资中代扣个人所得税”复选框，如图 9－2 所示。

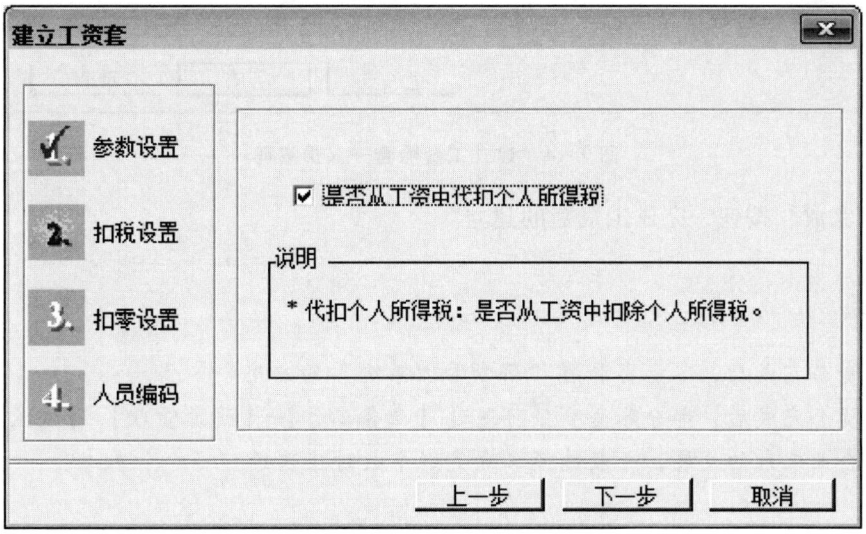


图 9－2　建立工资账套—扣税设置

（3）单击［下一步］按钮，打开【建立工资套—扣零设置】对话框，不选“扣零”复选框，如图 9－3 所示。

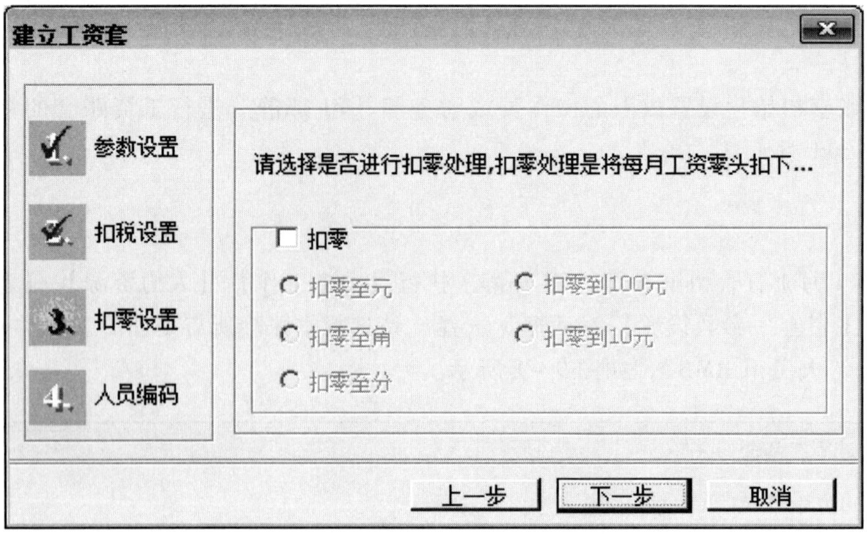


图 9-3　建立工资账套—扣零设置

（4）单击［下一步］按钮，打开【建立工资套—人员编码】对话框，系统要求与公共平台保持一致，如图 9-4 所示。

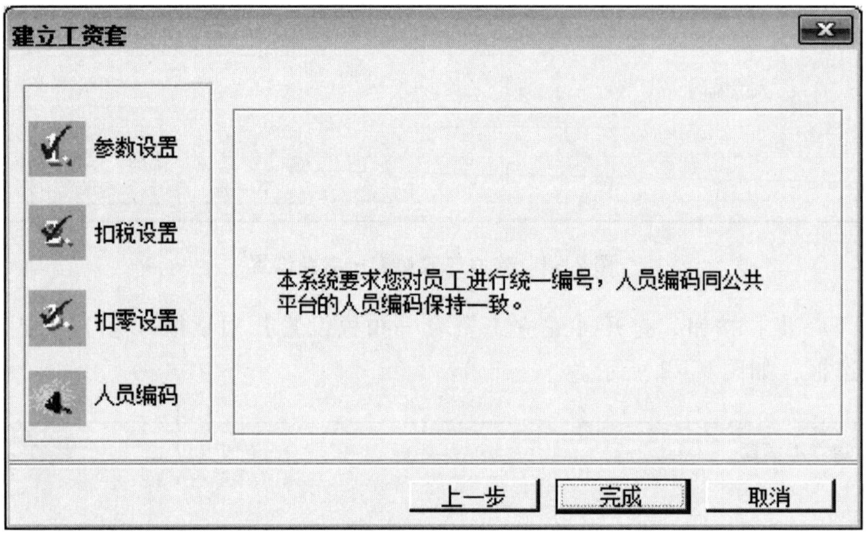


图 9-4　建立工资账套—人员编码

（5）单击［完成］按钮，完成工资套的建立。

**知识要点**

①建立工资套完成后，不能再取消“薪资管理系统”的启用。

②建立工资套完成后，部分账套参数可通过【业务工作】—【薪资管理】—【设置】进行修改。

③考虑到企业未来的发展，一般选择工资类别个数时应选择“多个”较好。

## 业务二　薪资管理系统银行档案信息化处理

【业务描述】

2017 年 1 月 1 日，通过查询财务部门信息，华威公司所有员工的薪酬均通过公司在中国工商银行开立的基本结算账户进行发放，个人薪资卡的账号长度为 19 位。

【业务分析】

该笔业务要求设置企业员工的工资个人账户信息及长度。信息化方式下，员工薪资的发放银行及账号长度，信息系统一般会提供默认值，在不符合实际的情况下，可以进行调整或修改。本业务需要通过基础档案中的“银行档案”功能进行处理。

【操作人员】

由具有银行档案设置权限的操作员或财务部［ZJ 郑静］进行工资个人账户信息的设置操作，操作日期：2017 年 1 月 1 日。

【信息化操作】

（1）2017 年 1 月 1 日，由财务部［ZJ 郑静］执行【基础设置】—【基础档案】—【收付结算】—【银行档案】命令，打开【银行档案】设置窗口。

（2）选择“01 中国工商银行”，然后单击［］按钮，系统打开【修改银行档案】窗口。勾选［定长］复选框，修改［账号长度］为“19”，输入［自动带出账号长度］为“17”，如图 9－5 所示。

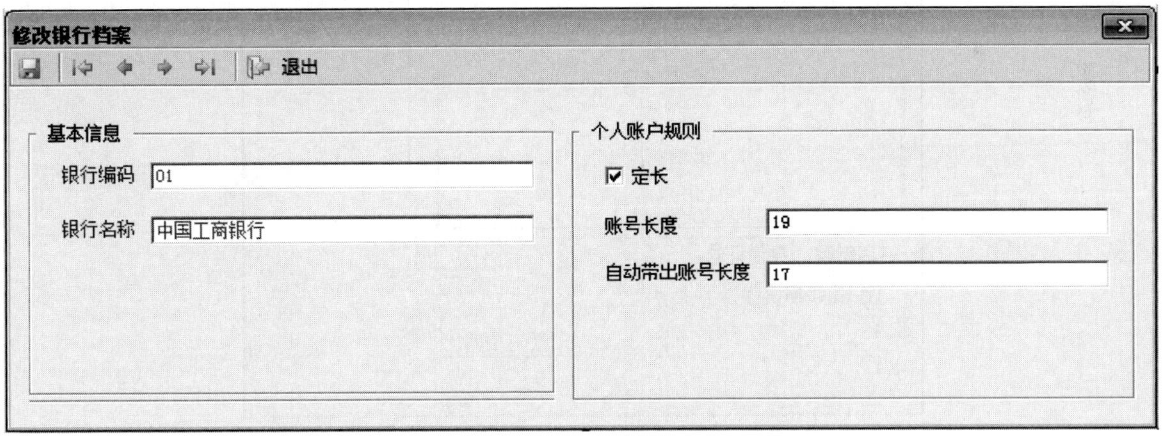


图 9－5　修改银行档案

（3）单击［］按钮保存信息，再点击［］按钮，然后关闭【银行档案】窗口。

## 业务三　薪资管理系统人员附加信息信息化处理

【业务描述】

2017 年 1 月 1 日，根据管理的要求，在进行薪资管理信息化的过程中，需要在有关的薪资职工档案信息及相应的报表中反映职工的性别及身份证号码，以便于管理。

【业务分析】

该笔业务要求补充薪资管理所涉及报表中职工个人的信息项目。职工的个人信息在基础档案里设置完成，但涉及到薪资管理所需要的一些特殊信息，需要在薪资管理系统中单独进行设置。

【操作人员】

由具有薪资人员附加信息设置权限的操作员或财务部［ZJ 郑静］进行薪资人员附加信息的设置操作，操作日期：2017 年 1 月 1 日。

【信息化操作】

（1）2017 年 1 月 1 日，由财务部［ZJ 郑静］执行【业务工作】—【人力资源】—【薪资管理】—【设置】—【人员附加信息设置】命令，打开【人员附加信息设置】窗口。

（2）单击［增加］按钮，然后在［栏目参照］下拉列表里选择“性别”，再单击［增加］按钮确认选择。

（3）以同样方法完成“身份证号”附加信息的设置。结果如图 9－6 所示。

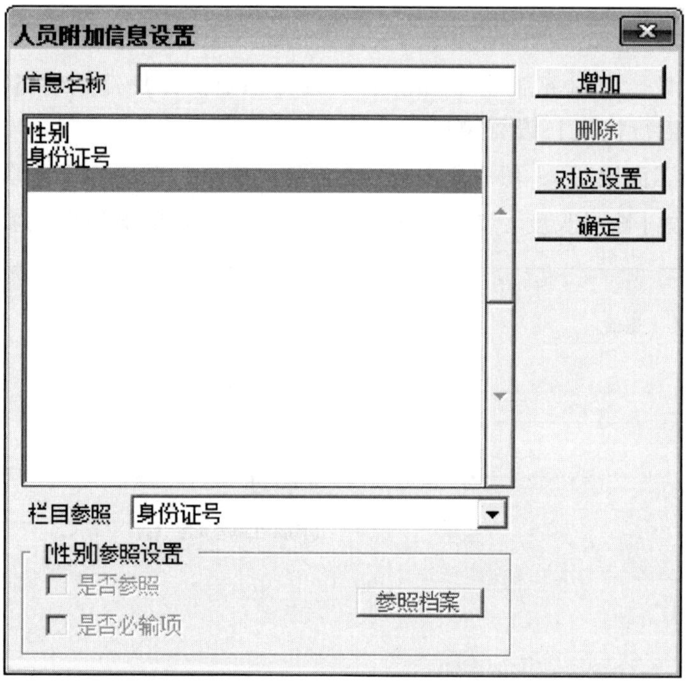


图 9－6　人员附加信息设置完成

（4）单击［确定］按钮关闭窗口。

## 业务四　工资项目设置信息化处理

【业务描述】

2017 年 1 月 1 日，通过查阅公司工资发放表及相关核算资料，取得如图 9－7 所示原始资料。

**工资发放表**

编制单位：　　　　所属月份：　12月份　　　　发放日期：2017.01.05　　　　金额单位：元

| 序号 | 姓名 | 应发工资 | | | | 其他应发 | | | 其他应扣 | | | | | |
|---|---|---|---|---|---|---|---|---|---|---|---|---|---|---|
| | | 基本工资 | 岗位工资 | 奖金 | 小计 | 交通补贴 | 福利补贴 | 小计 | 缺勤扣款 天数 | 缺勤扣款 扣款 | 事假扣款 | 病假扣款 | 迟到扣款 | 小计 |
| 1 | 张国明 | 6,000.00 | 1,500.00 | 1,000.00 | 8,500.00 | 800.00 | 300.00 | 1,100.00 | | | | | | |
| 2 | 杨洋 | 4,500.00 | 1,000.00 | 800.00 | 6,300.00 | 800.00 | 300.00 | 1,100.00 | | | | | | |
| 3 | 刘晴 | 4,500.00 | 1,000.00 | 800.00 | 6,300.00 | 800.00 | 300.00 | 1,100.00 | | | | | | |
| 4 | 邢杰 | 6,000.00 | 1,200.00 | 1,000.00 | 8,200.00 | 600.00 | 300.00 | 900.00 | | | | | | |
| 5 | 刘欢 | 5,000.00 | 1,000.00 | 800.00 | 6,800.00 | 600.00 | 300.00 | 900.00 | | | | | | |
| 6 | 吴小可 | 5,000.00 | 1,000.00 | 800.00 | 6,800.00 | 600.00 | 300.00 | 900.00 | | | | | | |
| 7 | 巩伟 | 5,000.00 | 1,000.00 | 800.00 | 6,800.00 | 600.00 | 300.00 | 900.00 | | | | | | |
| 8 | 李月 | 6,000.00 | 1,200.00 | 800.00 | 8,000.00 | 600.00 | 300.00 | 900.00 | | | | | | |
| 9 | 蒋平 | 5,000.00 | 1,000.00 | 1,000.00 | 7,000.00 | 600.00 | 300.00 | 900.00 | | | | | | |
| 10 | 邓建国 | 5,000.00 | 1,000.00 | 800.00 | 6,800.00 | 600.00 | 300.00 | 900.00 | | | | | | |
| 11 | 谢明明 | 5,000.00 | 1,000.00 | 800.00 | 6,800.00 | 600.00 | 300.00 | 900.00 | | | | | | |
| 12 | 郑静 | 5,500.00 | 1,200.00 | 1,000.00 | 7,700.00 | 800.00 | 300.00 | 1,100.00 | | | | | | |
| 13 | 张学兵 | 5,500.00 | 1,000.00 | 1,000.00 | 7,500.00 | 800.00 | 300.00 | 1,100.00 | | | | | | |
| 14 | 李蕊 | 4,500.00 | 1,000.00 | 800.00 | 6,300.00 | 800.00 | 300.00 | 1,100.00 | | | | | | |
| 15 | 张静仪 | 4,500.00 | 1,000.00 | 800.00 | 6,300.00 | 800.00 | 300.00 | 1,100.00 | | | | | | |
| 16 | 杨明 | 4,500.00 | 1,000.00 | 800.00 | 6,300.00 | 800.00 | 300.00 | 1,100.00 | | | | | | |
| 17 | 陈东 | 4,500.00 | 1,000.00 | 800.00 | 6,300.00 | 800.00 | 300.00 | 1,100.00 | | | | | | |
| 18 | 李婷婷 | 4,500.00 | 1,000.00 | 800.00 | 6,300.00 | 800.00 | 300.00 | 1,100.00 | | | | | | |
| 19 | 王健 | 5,500.00 | 1,200.00 | 1,000.00 | 7,700.00 | 1,000.00 | 300.00 | 1,300.00 | | | | | | |
| 20 | 李倩 | 4,500.00 | 1,000.00 | 800.00 | 6,300.00 | 1,000.00 | 300.00 | 1,300.00 | | | | | | |
| 21 | 张瑜 | 5,500.00 | 1,200.00 | 1,000.00 | 7,700.00 | 1,000.00 | 300.00 | 1,300.00 | | | | | | |
| 22 | 肖莹 | 4,500.00 | 1,000.00 | 800.00 | 6,300.00 | 1,000.00 | 300.00 | 1,300.00 | | | | | | |
| 23 | 宋春丽 | 5,500.00 | 1,200.00 | 1,000.00 | 7,700.00 | 800.00 | 300.00 | 1,100.00 | | | | | | |
| 24 | 李伟 | 4,500.00 | 1,000.00 | 800.00 | 6,300.00 | 800.00 | 300.00 | 1,100.00 | | | | | | |
| 25 | 刘涛 | 5,500.00 | 1,200.00 | 1,000.00 | 7,700.00 | 800.00 | 300.00 | 1,100.00 | | | | | | |
| 26 | 刘琳 | 4,500.00 | 1,000.00 | 800.00 | 6,300.00 | 800.00 | 300.00 | 1,100.00 | | | | | | |
| 合计 | | 130,500.00 | 27,900.00 | 22,600.00 | 181,000.00 | 20,000.00 | 7,800.00 | 27,800.00 | | | | | | |

| 序号 | 姓名 | 应扣部分（单位/个人承担社会保险） | | | | | | | | | 代扣款项 | | | | 实发金额 | 签名 |
|---|---|---|---|---|---|---|---|---|---|---|---|---|---|---|---|---|
| | | 养老保险 单位20% | 养老保险 个人8% | 医疗保险 单位10% | 医疗保险 个人2% | 失业保险 单位1% | 失业保险 个人0.2% | 工伤保险 单位1% | 生育保险 单位0.8% | | 住房公积金 单位12% | 住房公积金 个人12% | 个人所得税 | 小计 | | |
| 1 | 张国明 | 1,500.00 | 600.00 | 750.00 | 150.00 | 75.00 | 15.00 | 75.00 | 60.00 | | 900.00 | 900.00 | 452.00 | 1,352.00 | 7,483.00 | |
| 2 | 杨洋 | 1,100.00 | 440.00 | 550.00 | 110.00 | 55.00 | 11.00 | 55.00 | 44.00 | | 660.00 | 660.00 | 198.90 | 858.90 | 5,980.10 | |
| 3 | 刘晴 | 1,100.00 | 440.00 | 550.00 | 110.00 | 55.00 | 11.00 | 55.00 | 44.00 | | 660.00 | 660.00 | 198.90 | 858.90 | 5,980.10 | |
| 4 | 邢杰 | 1,440.00 | 576.00 | 720.00 | 144.00 | 72.00 | 14.40 | 72.00 | 57.60 | | 864.00 | 864.00 | 358.12 | 1,222.12 | 7,143.48 | |
| 5 | 刘欢 | 1,200.00 | 480.00 | 600.00 | 120.00 | 60.00 | 12.00 | 60.00 | 48.00 | | 720.00 | 720.00 | 223.80 | 943.80 | 6,144.20 | |
| 6 | 吴小可 | 1,200.00 | 480.00 | 600.00 | 120.00 | 60.00 | 12.00 | 60.00 | 48.00 | | 720.00 | 720.00 | 223.80 | 943.80 | 6,144.20 | |
| 7 | 巩伟 | 1,200.00 | 480.00 | 600.00 | 120.00 | 60.00 | 12.00 | 60.00 | 48.00 | | 720.00 | 720.00 | 223.80 | 943.80 | 6,144.20 | |
| 8 | 李月 | 1,440.00 | 576.00 | 720.00 | 144.00 | 72.00 | 14.40 | 72.00 | 57.60 | | 864.00 | 864.00 | 331.56 | 1,195.56 | 6,970.04 | |
| 9 | 蒋平 | 1,200.00 | 480.00 | 600.00 | 120.00 | 60.00 | 12.00 | 60.00 | 48.00 | | 720.00 | 720.00 | 243.80 | 963.80 | 6,324.20 | |
| 10 | 邓建国 | 1,200.00 | 480.00 | 600.00 | 120.00 | 60.00 | 12.00 | 60.00 | 48.00 | | 720.00 | 720.00 | 223.80 | 943.80 | 6,144.20 | |
| 11 | 谢明明 | 1,200.00 | 480.00 | 600.00 | 120.00 | 60.00 | 12.00 | 60.00 | 48.00 | | 720.00 | 720.00 | 223.80 | 943.80 | 6,144.20 | |
| 12 | 郑静 | 1,340.00 | 536.00 | 670.00 | 134.00 | 67.00 | 13.40 | 67.00 | 53.60 | | 804.00 | 804.00 | 326.66 | 1,130.66 | 6,985.94 | |
| 13 | 张学兵 | 1,300.00 | 520.00 | 650.00 | 130.00 | 65.00 | 13.00 | 65.00 | 52.00 | | 780.00 | 780.00 | 308.70 | 1,088.70 | 6,848.30 | |
| 14 | 李蕊 | 1,100.00 | 440.00 | 550.00 | 110.00 | 55.00 | 11.00 | 55.00 | 44.00 | | 660.00 | 660.00 | 198.90 | 858.90 | 5,980.10 | |
| 15 | 张静仪 | 1,100.00 | 440.00 | 550.00 | 110.00 | 55.00 | 11.00 | 55.00 | 44.00 | | 660.00 | 660.00 | 198.90 | 858.90 | 5,980.10 | |
| 16 | 杨明 | 1,100.00 | 440.00 | 550.00 | 110.00 | 55.00 | 11.00 | 55.00 | 44.00 | | 660.00 | 660.00 | 198.90 | 858.90 | 5,980.10 | |
| 17 | 陈东 | 1,100.00 | 440.00 | 550.00 | 110.00 | 55.00 | 11.00 | 55.00 | 44.00 | | 660.00 | 660.00 | 198.90 | 858.90 | 5,980.10 | |
| 18 | 李婷婷 | 1,100.00 | 440.00 | 550.00 | 110.00 | 55.00 | 11.00 | 55.00 | 44.00 | | 660.00 | 660.00 | 198.90 | 858.90 | 5,980.10 | |
| 19 | 王健 | 1,340.00 | 536.00 | 670.00 | 134.00 | 67.00 | 13.40 | 67.00 | 53.60 | | 804.00 | 804.00 | 348.32 | 1,152.32 | 7,164.28 | |
| 20 | 李倩 | 1,100.00 | 440.00 | 550.00 | 110.00 | 55.00 | 11.00 | 55.00 | 44.00 | | 660.00 | 660.00 | 218.90 | 878.90 | 6,160.10 | |
| 21 | 张瑜 | 1,340.00 | 536.00 | 670.00 | 134.00 | 67.00 | 13.40 | 67.00 | 53.60 | | 804.00 | 804.00 | 348.32 | 1,152.32 | 7,164.28 | |
| 22 | 肖莹 | 1,100.00 | 440.00 | 550.00 | 110.00 | 55.00 | 11.00 | 55.00 | 44.00 | | 660.00 | 660.00 | 218.90 | 878.90 | 6,160.10 | |
| 23 | 宋春丽 | 1,340.00 | 536.00 | 670.00 | 134.00 | 67.00 | 13.40 | 67.00 | 53.60 | | 804.00 | 804.00 | 326.66 | 1,130.66 | 6,985.94 | |
| 24 | 李伟 | 1,100.00 | 440.00 | 550.00 | 110.00 | 55.00 | 11.00 | 55.00 | 44.00 | | 660.00 | 660.00 | 198.90 | 858.90 | 5,980.10 | |
| 25 | 刘涛 | 1,340.00 | 536.00 | 670.00 | 134.00 | 67.00 | 13.40 | 67.00 | 53.60 | | 804.00 | 804.00 | 326.66 | 1,130.66 | 6,985.94 | |
| 26 | 刘琳 | 1,100.00 | 440.00 | 550.00 | 110.00 | 55.00 | 11.00 | 55.00 | 44.00 | | 660.00 | 660.00 | 198.90 | 858.90 | 5,980.10 | |
| 合计 | | 31,680.00 | 12,672.00 | 15,840.00 | 3,168.00 | 1,584.00 | 316.80 | 1,584.00 | 1,267.20 | | 19,008.00 | 19,008.00 | 6,717.70 | 25,725.70 | 166,917.50 | |

批准：　李子明　　　　制表：　陈东

**图9－7　［业务四　工资发放表］**

【业务分析】

该笔业务要求设置企业职工的工资构成项目信息。工资项目是工资的构成要素，是计算职工工资的基本依据，也是不同企业薪资管理特色的具体体现。进行信息化处理前，要根据企业职工工资表，结合公司薪资管理制度及相关核算资料，并考虑企业将来薪资管理的发展趋势，确定企业所有使用到的工资项目。同时还要按照薪资管理系统的要求，根据工资核算资料，确定各工资项目的类型、长度、小数、增减项等信息。

【数据信息化】

根据以上业务资料及公司薪资管理制度，按照薪资管理系统的要求，收集整理得到工资项目信息化数据（见表9－2）：

**表9－2　工资项目信息化数据**

| 工资项目名称 | 类型 | 长度 | 小数 | 增减项 | 停用 |
|---|---|---|---|---|---|
| 基本工资 | 数字 | 8 | 2 | 增项 | 否 |
| 岗位工资 | 数字 | 8 | 2 | 增项 | 否 |
| 奖金 | 数字 | 8 | 2 | 增项 | 否 |
| 交通补贴 | 数字 | 8 | 2 | 增项 | 否 |
| 福利补贴 | 数字 | 8 | 2 | 增项 | 否 |
| 应发合计 | 数字 | 10 | 2 | 增项 | 否 |
| 社会保险费 | 数字 | 8 | 2 | 减项 | 否 |
| 设定提存计划 | 数字 | 8 | 2 | 减项 | 否 |
| 住房公积金 | 数字 | 8 | 2 | 减项 | 否 |
| 缺勤扣款 | 数字 | 8 | 2 | 减项 | 否 |
| 扣款合计 | 数字 | 10 | 2 | 减项 | 否 |
| 实发合计 | 数字 | 10 | 2 | 增项 | 否 |

续表

| 工资项目名称 | 类型 | 长度 | 小数 | 增减项 | 停用 |
|---|---|---|---|---|---|
| 缺勤天数 | 数字 | 8 | 2 | 其他 | 否 |
| 计税工资 | 数字 | 8 | 2 | 其他 | 否 |
| 五险一金计提基数 | 数字 | 8 | 2 | 其他 | 否 |
| 代扣税 | 数字 | 8 | 2 | 减项 | 否 |
| 年终奖 | 数字 | 8 | 2 | 其他 | 否 |
| 年终奖代扣税 | 数字 | 8 | 2 | 其他 | 否 |
| 工资代扣税 | 数字 | 8 | 2 | 其他 | 否 |
| 扣税合计 | 数字 | 8 | 2 | 其他 | 否 |

【操作人员】

由具有工资项目设置权限的操作员或财务部［ZJ 郑静］进行工资项目的设置操作，操作日期：2017 年 1 月 1 日。

【信息化操作】

（1）2017 年 1 月 1 日，由财务部［ZJ 郑静］执行【业务工作】—【人力资源】—【薪资管理】—【设置】—【工资项目设置】命令，系统弹出【工资项目设置】对话窗口，在［工资项目设置］选项卡下单击第一行“应发合计”工资项，然后单击［增加］按钮，在“应发合计”项目后增加一空行，如图 9 - 8 所示。

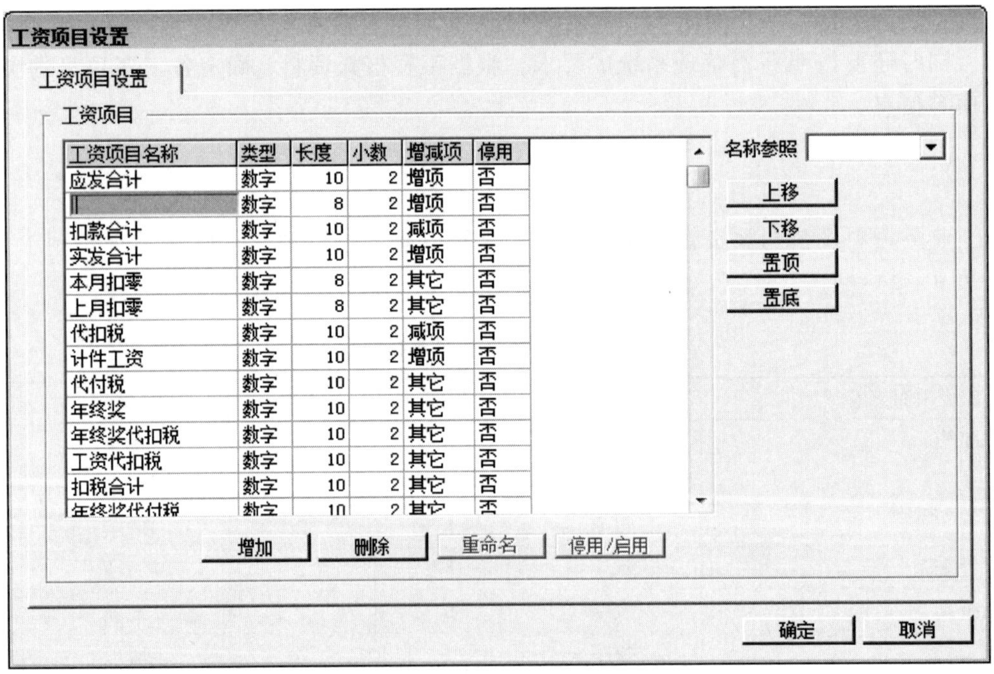


**图 9 - 8　工资项目设置—增加空行**

（2）在空行中的“工资项目名称”单元格中输入或通过［名称参照］选择“基本工资”；双击本行的“类型”单元格，选择下拉列表中的“数字”；双击本行的“长度”，通过微调按钮调整长度为“8”，双击本行的“小数”，通过微调按钮调整小数位数为“2”；双击本行的“增减项”，选择下拉列表中的“增项”。

（3）单击［上移］按钮，将“基本工资”项目移动到“应发合计”项目前。如图9-9所示。

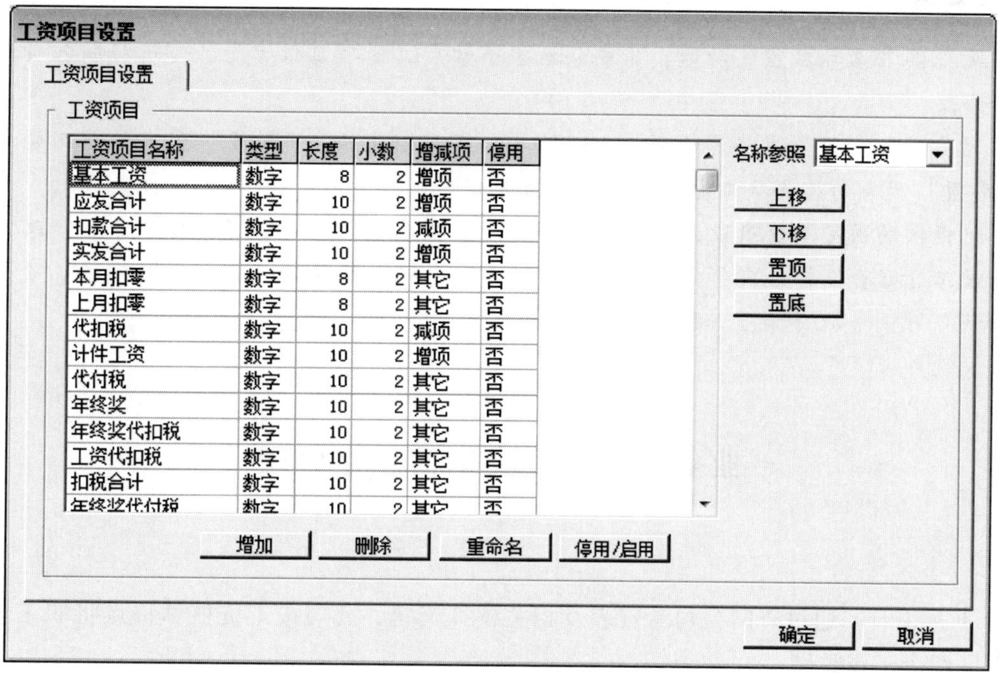


图9-9 工资项目设置—输入信息

（4）以同样的方法完成“工资项目信息化数据表”中的其他工资项目的设置，并通过［上移］、［下移］、［置顶］、［置底］移动按钮按顺序排列工资项目。结果如图9-10所示。

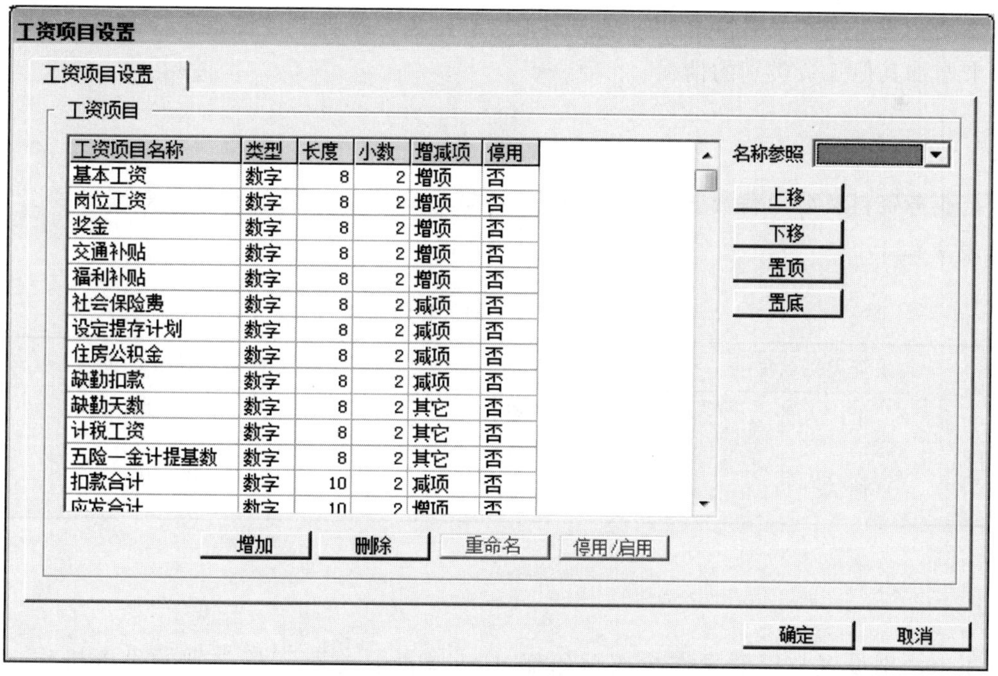


图9-10 工资项目设置—设置完成

（5）单击［确定］按钮保存，完成工资项目的设置。

**知识要点**

①系统提供“名称参照”功能，其中包括若干常用工资项目供参考，可选择输入并根据实际情况进行修改。

②“增减项”的设置直接影响到工资的计算，不可以出错。“增项”代表的是工资构成的增加数，“减项”代表的是要从工资总额中扣除的部分。

③系统提供的固定工资项目，如“应发合计”、“实发合计”等，不可以删除、修改。

④如果工资账套选择了需要代扣个人所得税，则系统自动显示“代扣税”项目，否则，不显示“代扣税”项目，也不能手工输入。

## 业务五　工资类别信息化处理

【业务描述】

2017 年 1 月 1 日，通过查阅公司工资表及相关核算资料，公司按工资核算特点将职工分为正式人员和临时人员两个工资类别。

【业务分析】

该笔业务要求明确企业职工工资核算时的分类信息。实际工作中，企业的职工工资可能会因多种情况而分成不同的核算类型，如某企业中将正式职工和临时职工分设为两个工资类别进行管理。一般情况下，考虑到企业未来的发展情况，应建立多工资类别进行管理，即便企业目前只有一种人员类别，也要考虑未来增加其他工资类别的情况。

【数据信息化】

根据以上业务资料及公司薪资管理制度，按照薪资管理系统的要求，收集整理得到工资类别信息化数据（见表 9 - 3）：

**表 9 - 3　工资类别信息化数据**

| 工资类别名称 | 涉及部门 | 工资类别启用日期 |
|---|---|---|
| 正式人员 | 所有部门 | 2017 - 01 - 01 |
| 临时人员 | 一车间<br>二车间 | 2017 - 01 - 01 |

【操作人员】

由具有工资类别设置权限的操作员或财务部［ZJ 郑静］进行工资类别的设置操作，操作日期：2017 年 1 月 1 日。

【信息化操作】

(1) 2017 年 1 月 1 日，由财务部［ZJ 郑静］执行【业务工作】—【人力资源】—【薪资管理】—【工资类别】—【新建工资类别】命令，系统弹出【新建工资类别】对话窗口，在［请输入工资类别名称］

文本框下输入“正式人员”，如图 9－11 所示。

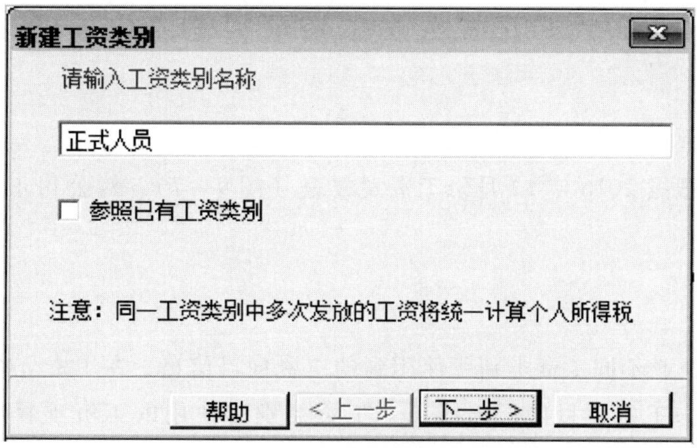


**图 9－11　新建工资类别—类别名称**

（2）单击［下一步］按钮，勾选所有部门，如图 9－12 所示。

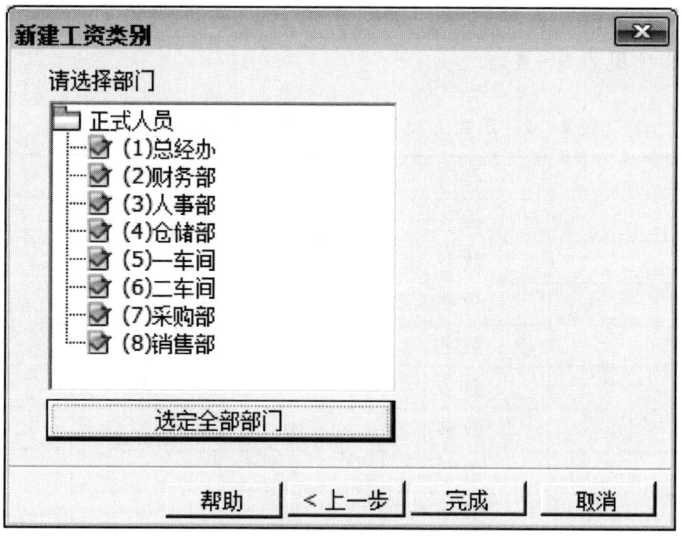


**图 9－12　新建工资类别—选择部门**

（3）单击［完成］按钮，系统提示工资类别的启用日期，如图 9－13 所示。

**图 9－13　新建工资类别—启用日期**

（4）单击［是］按钮，完成“正式人员”工资类别的建立。

（5）执行【业务工作】—【人力资源】—【薪资管理】—【工资类别】—【关闭工资类别】命令。

（6）按以上方法，完成“临时人员”工资类别的建立。

## 业务六　正式人员工资项目信息化处理

【业务描述】

2017 年 1 月 1 日，根据 2016 年 12 月份工资发放表（图 9－7），对公司正式员工涉及到的工资项目进行设置。

【业务分析】

该笔业务要求设置企业不同工资类别所使用到的工资项目信息。在工资分类别进行管理的情况下，需要从企业所有使用到的工资项目中，选择某一工资类别所使用的工资项目，使之区别于其他工资类别。

【数据信息化】

根据以上业务资料及公司薪资管理制度，按照薪资管理系统的要求，收集整理得到正式人员工资类别工资项目信息化数据（见表 9－4）：

**表 9－4　正式人员工资类别工资项目信息化数据**

| 工资项目名称 | 类型 | 长度 | 小数 | 增减项 | 停用 |
|---|---|---|---|---|---|
| 基本工资 | 数字 | 8 | 2 | 增项 | 否 |
| 岗位工资 | 数字 | 8 | 2 | 增项 | 否 |
| 奖金 | 数字 | 8 | 2 | 增项 | 否 |
| 交通补贴 | 数字 | 8 | 2 | 增项 | 否 |
| 福利补贴 | 数字 | 8 | 2 | 增项 | 否 |
| 应发合计 | 数字 | 10 | 2 | 增项 | 否 |
| 社会保险费 | 数字 | 8 | 2 | 减项 | 否 |
| 设定提存计划 | 数字 | 8 | 2 | 减项 | 否 |
| 住房公积金 | 数字 | 8 | 2 | 减项 | 否 |
| 缺勤扣款 | 数字 | 8 | 2 | 减项 | 否 |
| 扣款合计 | 数字 | 10 | 2 | 减项 | 否 |
| 实发合计 | 数字 | 10 | 2 | 增项 | 否 |
| 缺勤天数 | 数字 | 8 | 2 | 其他 | 否 |
| 计税工资 | 数字 | 8 | 2 | 其他 | 否 |
| 五险一金计提基数 | 数字 | 8 | 2 | 其他 | 否 |
| 代扣税 | 数字 | 8 | 2 | 减项 | 否 |
| 年终奖 | 数字 | 8 | 2 | 其他 | 否 |
| 年终奖代扣税 | 数字 | 8 | 2 | 其他 | 否 |
| 工资代扣税 | 数字 | 8 | 2 | 其他 | 否 |
| 扣税合计 | 数字 | 8 | 2 | 其他 | 否 |

【操作人员】

由具有正式人员工资类别工资项目设置权限的操作员或财务部［CD 陈东］进行正式人员工资类

别工资项目的设置操作，操作日期：2017 年 1 月 1 日。

【信息化操作】

◎ 前置操作：先将［CD 陈东］设为所有工资类别的“工资类别主管”。

①由财务部［ZJ 郑静］执行【系统服务】—【权限】—【数据权限分配】命令，打开【权限浏览】窗口。

②在【权限浏览】窗口下，［用户］列表下选择“CD 陈东”，再选择［业务对象］为“工资权限”，工资类别为“001 正式人员”，如图 9－14 所示。

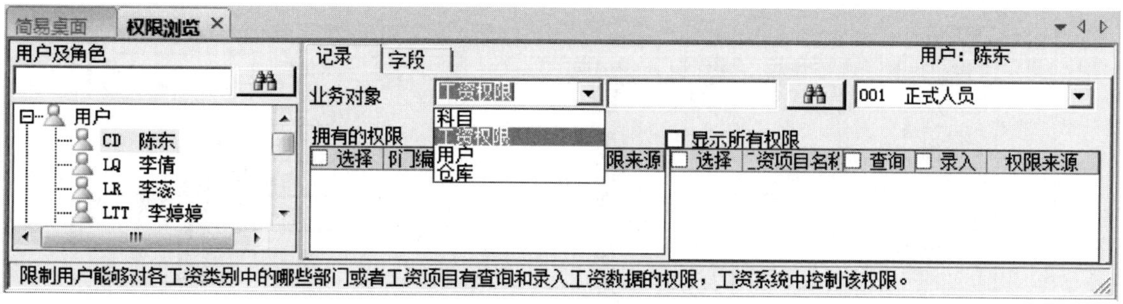

图 9－14　权限浏览—工资权限

③单击［修改］按钮，在【权限浏览】窗口下勾选［工资类别主管］复选框，如图 9－15 所示。

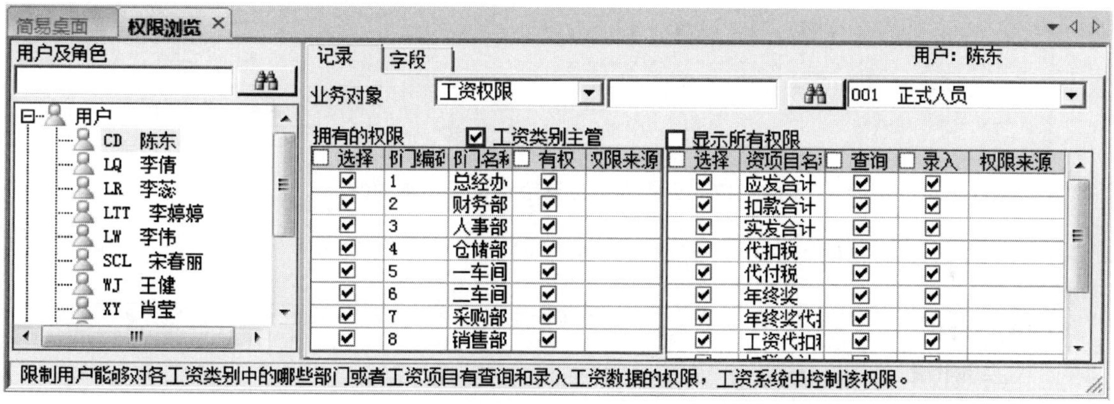

图 9－15　权限浏览—正式人员工资类别主管设置

④单击［保存］按钮，完成正式人员工资类别主管的设置操作。选择右上角工资类别为“002 临时人员”，再勾选［工资类别主管］复选框。

⑤以同样的方法完成临时人员工资类别主管的设置操作。

（1）2017 年 1 月 1 日，由财务部［CD 陈东］执行【业务工作】—【人力资源】—【薪资管理】—【工资类别】—【打开工资类别】命令，如图 9－16 所示。

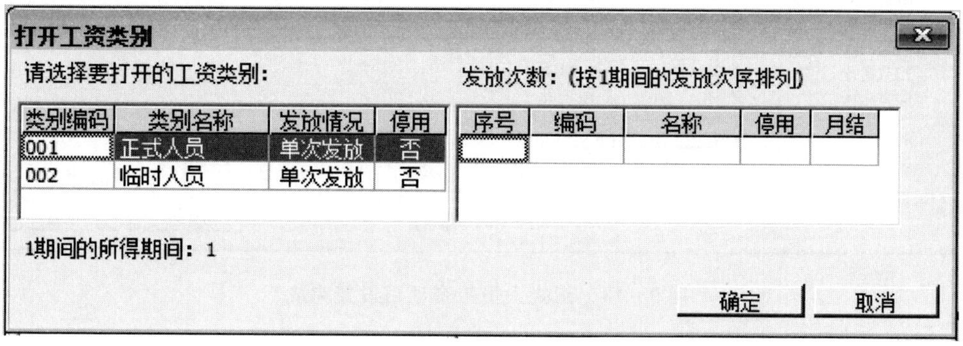

图 9－16　打开工资类别

（2）选择“001 正式人员”工资类别，单击［确定］按钮。

（3）执行【业务工作】—【人力资源】—【薪资管理】—【设置】—【工资项目设置】命令，系统弹出【工资项目设置】对话窗口，在［工资项目设置］选项卡下单击第一行“应发合计”工资项，然后单击［增加］按钮，在“应发合计”项目后增加一空行，再单击［名称参照］下拉列表，选择“基本工资”项，如图 9－17 所示。

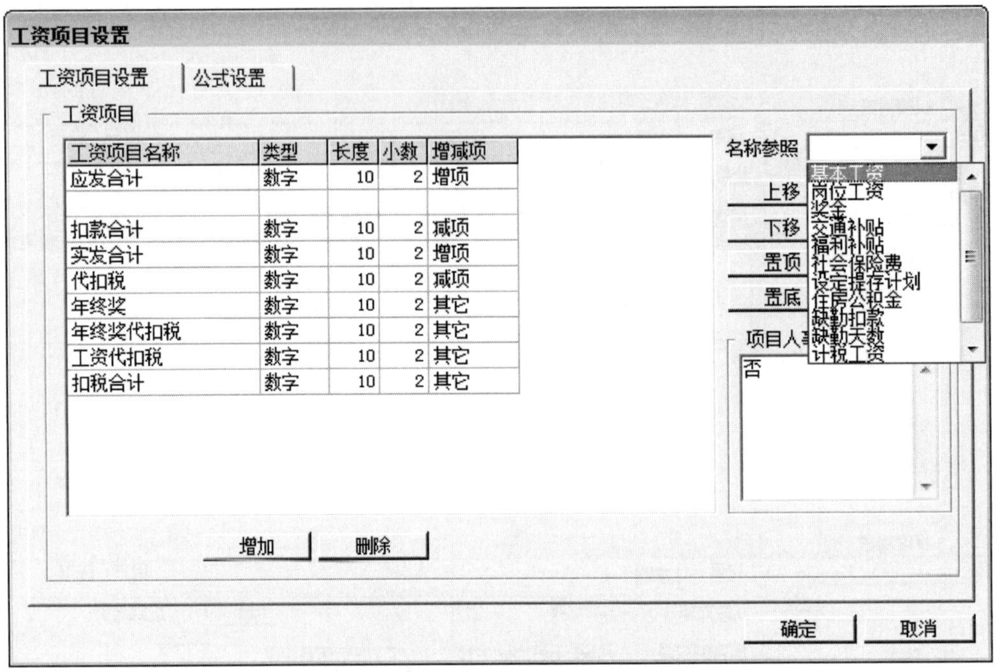


**图 9－17　正式人员工资项目设置—增加空行**

（2）按以上方法完成其他工资项目的设置，结果如图 9－18 所示。

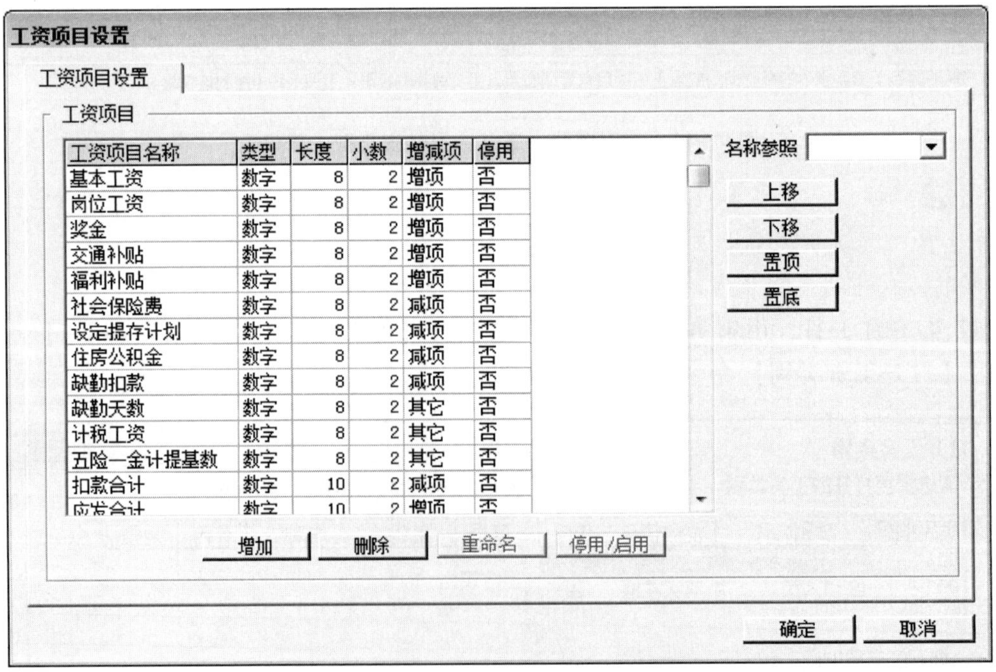


**图 9－18　正式人员工资项目设置完成**

# 业务七　正式人员档案信息化处理

【业务描述】

2017 年 1 月 1 日，通过人力资源部门取得如图 9－19 所示原始资料。

**公司薪资部门人员档案表**

| 薪资部门名称 | 工号 | 人员编号 | 人员姓名 | 人员类别 | 账号 | 中方人员 | 是否计税 | 工资停发 | 核算计件工资 | 现金发放 |
|---|---|---|---|---|---|---|---|---|---|---|
| 总经办 | | 101 | 张国明 | 企业管理人员 | 6212264000003107101 | 是 | 是 | 否 | 否 | 否 |
| 总经办 | | 102 | 杨洋 | 企业管理人员 | 6212264000003107102 | 是 | 是 | 否 | 否 | 否 |
| 总经办 | | 103 | 刘晴 | 企业管理人员 | 6212264000003107103 | 是 | 是 | 否 | 否 | 否 |
| 财务部 | | 201 | 郑静 | 企业管理人员 | 6212264000003107201 | 是 | 是 | 否 | 否 | 否 |
| 财务部 | | 202 | 张学兵 | 企业管理人员 | 6212264000003107202 | 是 | 是 | 否 | 否 | 否 |
| 财务部 | | 203 | 李蕊 | 企业管理人员 | 6212264000003107203 | 是 | 是 | 否 | 否 | 否 |
| 财务部 | | 204 | 张静仪 | 企业管理人员 | 6212264000003107204 | 是 | 是 | 否 | 否 | 否 |
| 财务部 | | 205 | 杨明 | 企业管理人员 | 6212264000003107205 | 是 | 是 | 否 | 否 | 否 |
| 财务部 | | 206 | 陈兵 | 企业管理人员 | 6212264000003107206 | 是 | 是 | 否 | 否 | 否 |
| 财务部 | | 207 | 李婷婷 | 企业管理人员 | 6212264000003107207 | 是 | 是 | 否 | 否 | 否 |
| 人事部 | | 301 | 刘涛 | 企业管理人员 | 6212264000003107301 | 是 | 是 | 否 | 否 | 否 |
| 人事部 | | 302 | 刘琳 | 企业管理人员 | 6212264000003107302 | 是 | 是 | 否 | 否 | 否 |
| 仓储部 | | 401 | 宋春丽 | 企业管理人员 | 6212264000003107401 | 是 | 是 | 否 | 否 | 否 |
| 仓储部 | | 402 | 李伟 | 企业管理人员 | 6212264000003107402 | 是 | 是 | 否 | 否 | 否 |
| 一车间 | | 501 | 邢杰 | 车间管理人员 | 6212264000003107501 | 是 | 是 | 否 | 否 | 否 |
| 一车间 | | 502 | 刘欢 | 车间管理人员 | 6212264000003107502 | 是 | 是 | 否 | 否 | 否 |
| 一车间 | | 503 | 吴小可 | 生产人员 | 6212264000003107503 | 是 | 是 | 否 | 否 | 否 |
| 一车间 | | 504 | 巩伟 | 生产人员 | 6212264000003107504 | 是 | 是 | 否 | 否 | 否 |
| 二车间 | | 601 | 李月 | 车间管理人员 | 6212264000003107601 | 是 | 是 | 否 | 否 | 否 |
| 二车间 | | 602 | 蒋平 | 车间管理人员 | 6212264000003107602 | 是 | 是 | 否 | 否 | 否 |
| 二车间 | | 603 | 邓建国 | 生产人员 | 6212264000003107603 | 是 | 是 | 否 | 否 | 否 |
| 二车间 | | 604 | 谢明明 | 生产人员 | 6212264000003107604 | 是 | 是 | 否 | 否 | 否 |
| 采购部 | | 701 | 张瑜 | 采购人员 | 6212264000003107701 | 是 | 是 | 否 | 否 | 否 |
| 采购部 | | 702 | 肖莹 | 采购人员 | 6212264000003107702 | 是 | 是 | 否 | 否 | 否 |
| 销售部 | | 801 | 王健 | 销售人员 | 6212264000003107801 | 是 | 是 | 否 | 否 | 否 |
| 销售部 | | 802 | 李倩 | 销售人员 | 6212264000003107802 | 是 | 是 | 否 | 否 | 否 |

制表：刘琳

**图 9－19　［业务七　薪资部门人员档案表］**

【业务分析】

该笔业务要求设置企业发放薪酬的职工的基本信息。进行信息化处理前，要根据企业工资表及相关工资资料，按照薪资管理系统的要求，确定具体人员的人员编号、人员姓名、薪资部门名称、人员类别、银行名称、银行账号、是否中方人员等信息。

【数据信息化】

根据以上业务资料及公司薪资管理制度，按照薪资管理系统的要求，收集整理得到正式人员档案信息化数据（见表 9－5）：

**表 9－5　正式人员档案信息化数据**

| 人员编号 | 人员姓名 | 薪资部门名称 | 人员类别 | 银行账号 |
|---|---|---|---|---|
| 101 | 张国明 | 总经办 | 企业管理人员 | 6212264000003107101 |
| 102 | 杨洋 | 总经办 | 企业管理人员 | 6212264000003107102 |
| 103 | 刘晴 | 总经办 | 企业管理人员 | 6212264000003107103 |
| 201 | 郑静 | 财务部 | 企业管理人员 | 6212264000003107201 |
| 202 | 张学兵 | 财务部 | 企业管理人员 | 6212264000003107202 |
| 203 | 李蕊 | 财务部 | 企业管理人员 | 6212264000003107203 |
| 204 | 张静仪 | 财务部 | 企业管理人员 | 6212264000003107204 |
| 205 | 杨明 | 财务部 | 企业管理人员 | 6212264000003107205 |
| 206 | 陈东 | 财务部 | 企业管理人员 | 6212264000003107206 |
| 207 | 李婷婷 | 财务部 | 企业管理人员 | 6212264000003107207 |
| 301 | 刘涛 | 人事部 | 企业管理人员 | 6212264000003107301 |
| 302 | 刘琳 | 人事部 | 企业管理人员 | 6212264000003107302 |
| 401 | 宋春丽 | 仓储部 | 企业管理人员 | 6212264000003107401 |
| 402 | 李伟 | 仓储部 | 企业管理人员 | 6212264000003107402 |
| 501 | 邢杰 | 一车间 | 车间管理人员 | 6212264000003107501 |
| 502 | 刘欢 | 一车间 | 车间管理人员 | 6212264000003107502 |
| 503 | 吴小可 | 一车间 | 生产人员 | 6212264000003107503 |
| 504 | 巩伟 | 一车间 | 生产人员 | 6212264000003107504 |
| 601 | 李月 | 二车间 | 车间管理人员 | 6212264000003107601 |
| 602 | 蒋平 | 二车间 | 车间管理人员 | 6212264000003107602 |
| 603 | 邓建国 | 二车间 | 生产人员 | 6212264000003107603 |
| 604 | 谢明明 | 二车间 | 生产人员 | 6212264000003107604 |
| 701 | 张瑜 | 采购部 | 采购人员 | 6212264000003107701 |
| 702 | 肖莹 | 采购部 | 采购人员 | 6212264000003107702 |
| 801 | 王健 | 销售部 | 销售人员 | 6212264000003107801 |
| 802 | 李倩 | 销售部 | 销售人员 | 6212264000003107802 |

注：以上人员均为中方人员，均要代扣个人所得税，不核算计件工资，发放银行均为中国工商银行。

【操作人员】

由具有人员档案设置权限的操作员或财务部［CD 陈东］进行人员档案的设置操作，操作日期：2017 年 1 月 1 日。

【信息化操作】

（1）2017 年 1 月 1 日，由财务部［CD 陈东］执行【业务工作】—【人力资源】—【薪资管理】—【设置】—【人员档案】命令，系统弹出【人员档案】窗口。

（2）单击［批增］按钮，系统弹出【人员批量增加】对话框，如图 9－20 所示。

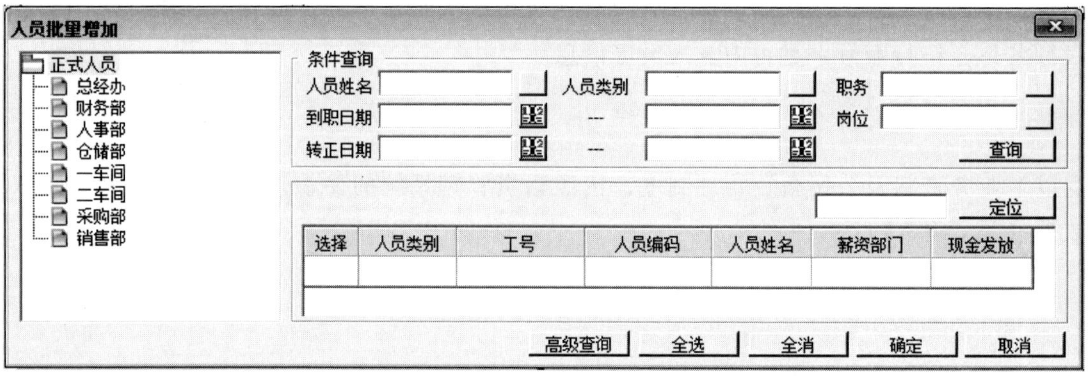


**图 9－20　人员批量增加**

（3）选择所有部门，单击［查询］按钮，显示所有人员，如图9－21所示。

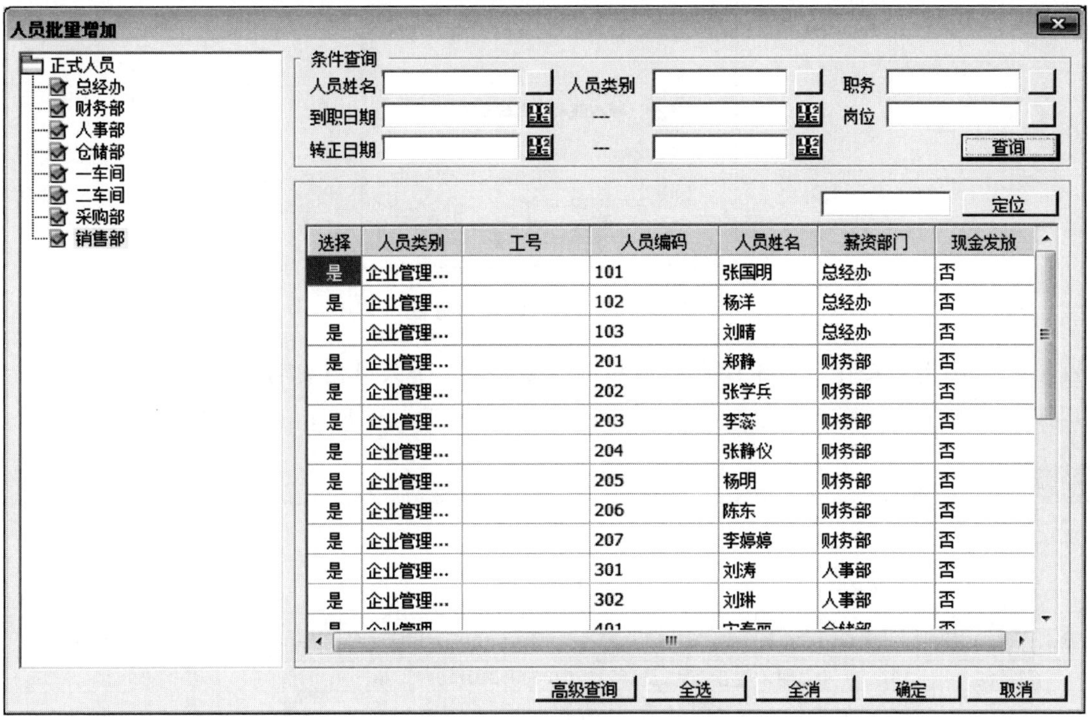


**图9－21　人员批量导入**

（4）单击［确定］按钮，系统导入所有部门的人员到【人员档案】窗口下，在【人员档案】窗口下单击［修改］按钮。

（5）选择第一条记录“张国明”，单击［修改］按钮，系统弹出【人员档案明细】对话框，从［银行名称］下拉列表框中选择“中国工商银行”，然后输入银行账号“6212264000003107101”，如图9－22所示。

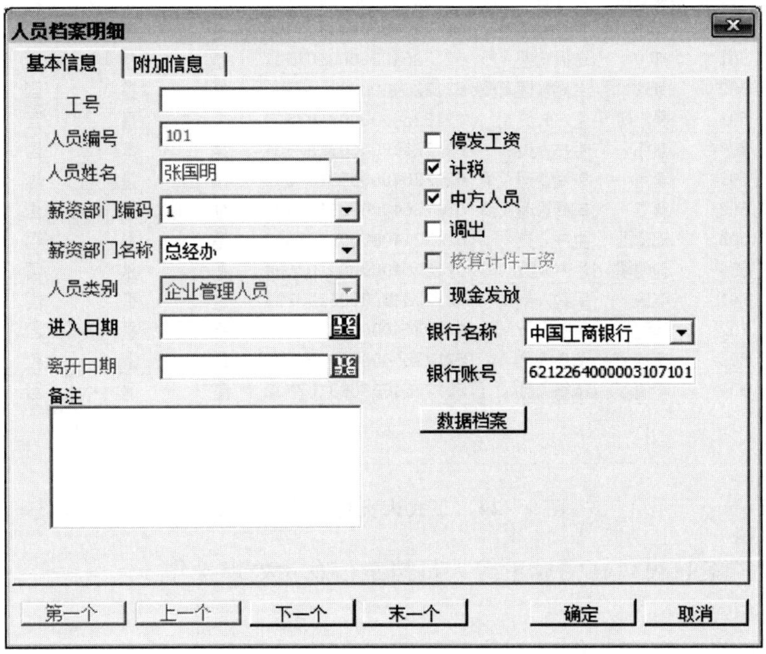


**图9－22　人员档案明细修改**

（6）单击［确定］按钮，系统弹出消息框，如图 9－23 所示。

**图 9－23　写入档案消息框**

（7）单击［确定］按钮，系统保存信息并自动显示下一个人员档案明细。

（8）按以上方法继续修改其他人员档案明细。结果如图 9－24 所示。

简易桌面　人员档案

**人员档案**

总人数：26

| 选择 | 薪资部门名称 | 人员编号 | 人员姓名 | 人员类别 | 账号 | 中方人员 | 是否计税 | 工资停发 | 现金发放 |
|---|---|---|---|---|---|---|---|---|---|
| | 总经办 | 101 | 张国明 | 企业管理人员 | 6212264000003107101 | 是 | 是 | 否 | 否 |
| | 总经办 | 102 | 杨洋 | 企业管理人员 | 6212264000003107102 | 是 | 是 | 否 | 否 |
| | 总经办 | 103 | 刘晴 | 企业管理人员 | 6212264000003107103 | 是 | 是 | 否 | 否 |
| | 财务部 | 201 | 郑静 | 企业管理人员 | 6212264000003107201 | 是 | 是 | 否 | 否 |
| | 财务部 | 202 | 张学兵 | 企业管理人员 | 6212264000003107202 | 是 | 是 | 否 | 否 |
| | 财务部 | 203 | 李蕊 | 企业管理人员 | 6212264000003107203 | 是 | 是 | 否 | 否 |
| | 财务部 | 204 | 张静仪 | 企业管理人员 | 6212264000003107204 | 是 | 是 | 否 | 否 |
| | 财务部 | 205 | 杨明 | 企业管理人员 | 6212264000003107205 | 是 | 是 | 否 | 否 |
| | 财务部 | 206 | 陈东 | 企业管理人员 | 6212264000003107206 | 是 | 是 | 否 | 否 |
| | 财务部 | 207 | 李婷婷 | 企业管理人员 | 6212264000003107207 | 是 | 是 | 否 | 否 |
| | 人事部 | 301 | 刘涛 | 企业管理人员 | 6212264000003107301 | 是 | 是 | 否 | 否 |
| | 人事部 | 302 | 刘琳 | 企业管理人员 | 6212264000003107302 | 是 | 是 | 否 | 否 |
| | 仓储部 | 401 | 宋春丽 | 企业管理人员 | 6212264000003107401 | 是 | 是 | 否 | 否 |
| | 仓储部 | 402 | 李伟 | 企业管理人员 | 6212264000003107402 | 是 | 是 | 否 | 否 |
| | 一车间 | 501 | 邢杰 | 车间管理人员 | 6212264000003107501 | 是 | 是 | 否 | 否 |
| | 一车间 | 502 | 刘欢 | 车间管理人员 | 6212264000003107502 | 是 | 是 | 否 | 否 |
| | 一车间 | 503 | 吴小可 | 生产人员 | 6212264000003107503 | 是 | 是 | 否 | 否 |
| | 一车间 | 504 | 巩伟 | 生产人员 | 6212264000003107504 | 是 | 是 | 否 | 否 |
| | 二车间 | 601 | 李月 | 车间管理人员 | 6212264000003107601 | 是 | 是 | 否 | 否 |
| | 二车间 | 602 | 蒋平 | 车间管理人员 | 6212264000003107602 | 是 | 是 | 否 | 否 |
| | 二车间 | 603 | 邓建国 | 生产人员 | 6212264000003107603 | 是 | 是 | 否 | 否 |
| | 二车间 | 604 | 谢明明 | 生产人员 | 6212264000003107604 | 是 | 是 | 否 | 否 |
| | 采购部 | 701 | 张瑜 | 采购人员 | 6212264000003107701 | 是 | 是 | 否 | 否 |
| | 采购部 | 702 | 肖莹 | 采购人员 | 6212264000003107702 | 是 | 是 | 否 | 否 |
| | 销售部 | 801 | 王健 | 销售人员 | 6212264000003107801 | 是 | 是 | 否 | 否 |
| | 销售部 | 802 | 李倩 | 销售人员 | 6212264000003107802 | 是 | 是 | 否 | 否 |

**图 9－24　正式人员档案设置完成**

（9）关闭【人员档案】窗口，完成正式人员档案信息化处理操作。

# 业务八 正式人员工资项目计算公式信息化处理

【业务描述】

2017 年 1 月 1 日，通过人力资源部门取得以下信息：

公司承担的职工养老保险、医疗保险、失业保险、工伤保险、生育保险、住房公积金分别按 20%、10%、1%、1%、0.8%、12% 的比例计算；职工个人承担的养老保险、医疗保险、失业保险、住房公积金分别按 8%、2%、0.2%、12% 的比例计算。工会经费的计提比例为 2%，职工教育经费的计提比例为 2.5%，职工福利费按实际发生数列支。

根据公司人力资源部门及财务部门的规定：

公司的交通补贴企业管理人员每月 800 元，采购人员及销售人员每月 1000 元，其他公司正式员工每月 600 元。

公司的缺勤扣款标准为如果缺勤天数不超过 2 天（含 2 天），则按 22 天的工作日，以基本工资平均计算，减半扣除。如果缺勤天数超过 2 天，则不减半。

公司的五险一金的计提基础以基本工资和岗位工资的合计数为基数。

公司的个人所得税的计算按国家标准进行，以基本工资、岗位工资、奖金、交通补贴的合计数减去设定提存计划和社会保险费的金额后计算。

【业务分析】

该笔业务要求设置企业工资项目的计算公式。工资的计算是工资管理活动中比较繁重而又容易出错的一项工作，信息化后，工资的计算可以完全交由计算机自动计算，大大减轻了相关人员的工作量，同时保证了工资计算的正确性。进行信息化处理前，要根据薪资管理制度及相关会计核算资料，确定各工资项目之间的数据关系，并按照薪资管理系统的要求整理出计算公式。

【数据信息化】

根据以上业务资料及公司薪资管理制度，按照薪资管理系统的要求，收集整理得到正式人员工资计算公式信息化数据（见表 9－6）：

表 9－6 正式人员工资计算公式信息化数据

| 工资项目 | 定义公式 |
| --- | --- |
| 交通补贴 | iff（人员类别 ="企业管理人员"，800，iff（人员类别 ="采购人员"，1000，iff（人员类别 ="销售人员"，1000,600)））或者 iff（人员类别 ="企业管理人员"，800，iff（人员类别 ="采购人员" or 人员类别 ="销售人员"，1000,600)) |
| 五险一金计提基数 | 基本工资 + 岗位工资 |
| 社会保险费 | 五险一金计提基数 * 0.02 |
| 设定提存计划 | 五险一金计提基数 * 0.082 |
| 住房公积金 | 五险一金计提基数 * 0.12 |
| 计税工资 | 基本工资 + 岗位工资 + 奖金 + 交通补贴—设定提存计划—社会保险费 |
| 缺勤扣款 | iff（缺勤天数 <=2，(基本工资/22) * 缺勤天数 * 0.5，(基本工资/2) * 缺勤天数） |

【操作人员】

由具有工资计算公式设置权限的操作员或财务部［CD 陈东］进行工资计算公式的设置操作，操作日期：2017 年 1 月 1 日。

【信息化操作】

1. “交通补贴”公式设置

（1）2017 年 1 月 1 日，由财务部［CD 陈东］执行【业务工作】—【人力资源】—【薪资管理】—【设置】—【工资项目设置】命令，系统弹出【工资项目设置】对话框，单击［公式设置］页签，打开［公式设置］选项卡，单击［增加］按钮，从下拉列表框中选择“交通补贴”工资项，如图 9 - 25 所示。

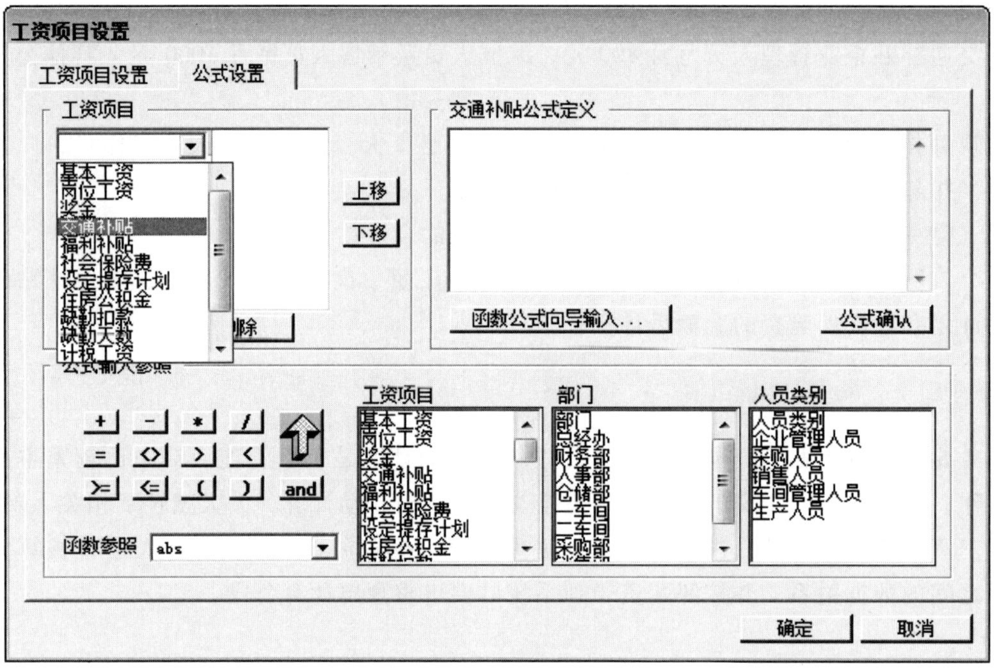


**图 9 - 25　工资项目设置—公式设置**

（2）单击［函数公式向导输入…］按钮，打开【函数向导—步骤之 1】对话框，选择［函数名］为“iff”函数，如图 9 - 26 所示。

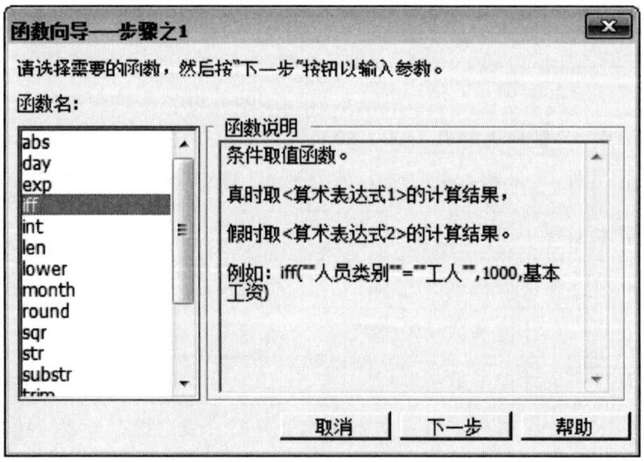


**图 9 - 26　函数向导—步骤 1**

（3）单击［下一步］按钮，打开【函数向导—步骤之2】对话框，单击［逻辑表达式］右侧的［］按钮，打开【参照】对话框。

（4）单击［参照列表］的［］按钮，选择“人员类别”，再单击选择“企业管理人员”，如图9－27所示。

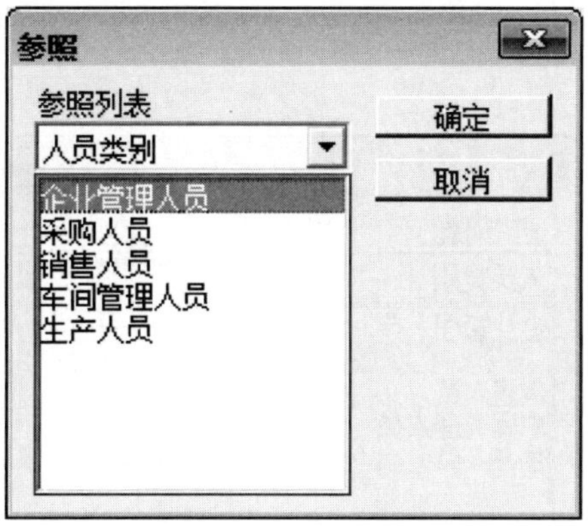


**图9－27　公式参照**

（5）单击［确定］按钮，返回【函数向导—步骤之2】对话框，在［算术表达式1］文本框中输入“800”，如图9－28所示。

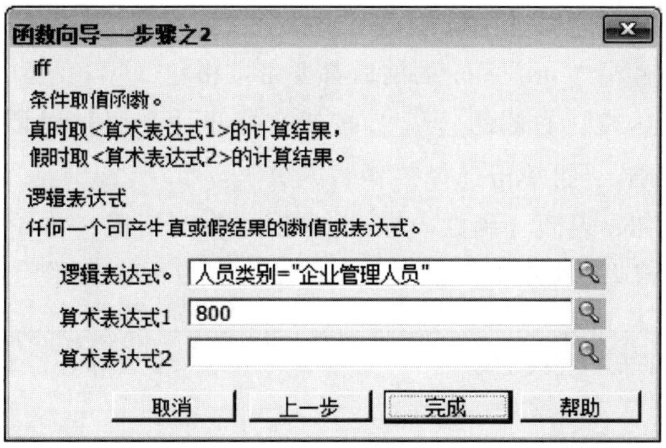


**图9－28　函数向导—步骤2**

（6）单击［完成］按钮，返回【工资项目设置—公式设置】窗口，将光标停在iff函数的右括号前，如图9－29所示。

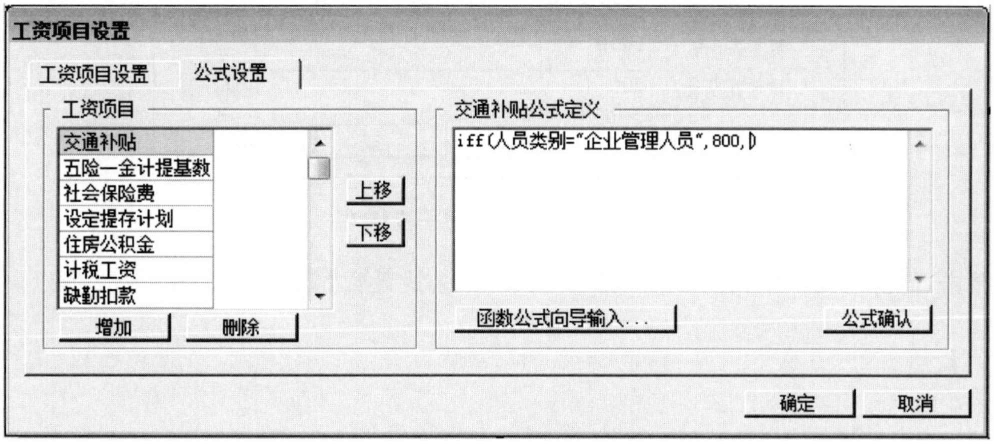


**图9－29　公式设置**

（7）继续单击［函数公式向导输入…］按钮，打开【函数向导—步骤之1】对话框，再选择［函数名］为“iff”函数。

（8）单击［下一步］按钮，打开【函数向导—步骤之2】对话框，单击［逻辑表达式］右侧的［ ］按钮，打开【参照】对话框。

（9）单击［参照列表］的［ ］按钮，选择“人员类别”，再单击选择“采购人员”，如图9－30所示。

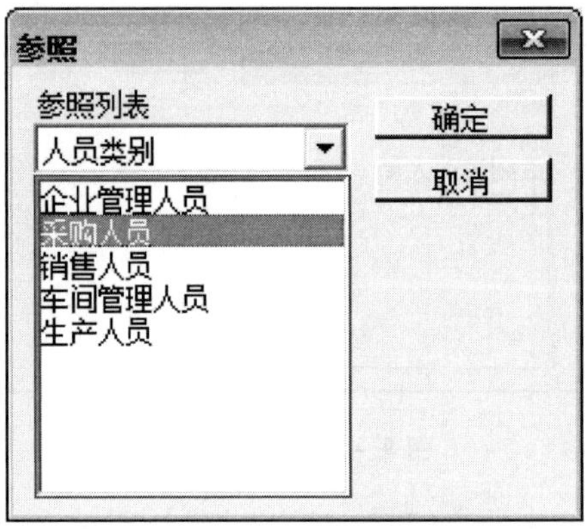


图9－30　公式参照

（10）单击［确定］按钮，返回【函数向导—步骤之2】对话框，在［逻辑表达式］文本框中的“人员类别＝采购人员”后输入“ or ”，or的前后都要带空格。

（11）再单击［逻辑表达式］右侧的［ ］按钮，打开【参照】对话框，单击［参照列表］的［ ］按钮，选择“人员类别”，再单击选择“销售人员”。

（12）单击［确定］按钮，返回【函数向导—步骤之2】对话框，在［算术表达式1］文本框中输入“1000”，在［算术表达式2］文本框中输入“600”，如图9－31所示。

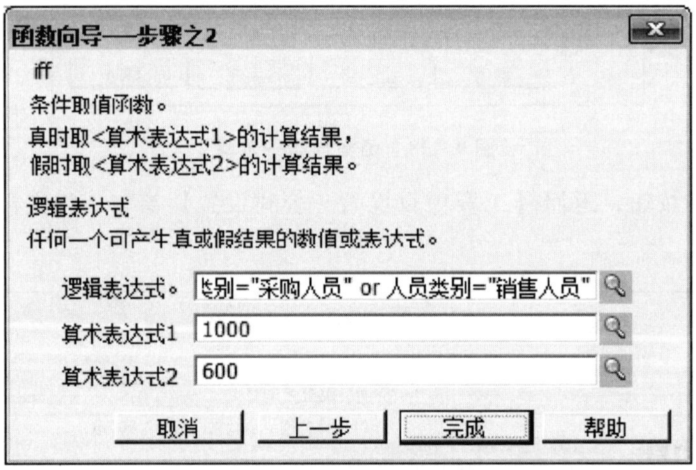


图9－31　函数向导—步骤2

（13）单击［完成］按钮，返回【工资项目设置—公式设置】窗口，如图9－32所示。

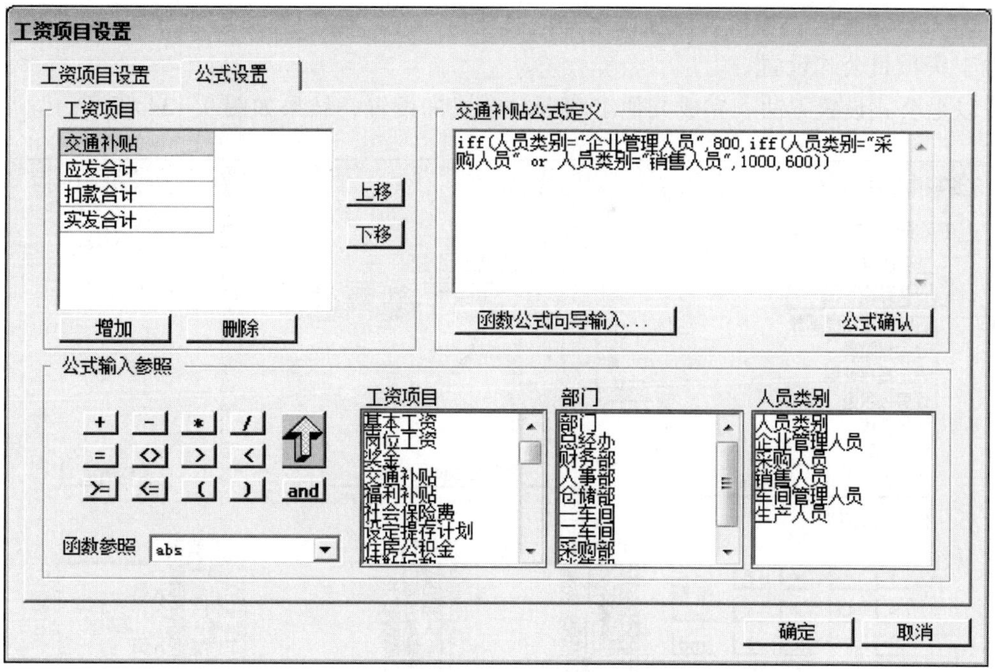


图 9-32 公式设置完成—交通补贴

(14) 单击［公式确认］按钮，保存设置好的公式。

2. “五险一金计提基数”公式设置

(1) 由财务部［CD 陈东］继续单击［增加］按钮，从下拉列表框中选择“五险一金计提基数”工资项。

(2) 在窗口下方“公式输入参照”栏内的［工资项目］列表框中选择“基本工资”项目，或者在窗口右方的公式定义框中直接输入“基本工资”项目，单击符号区的［+］按钮，再从［工资项目］列表框中选择“岗位工资”项目，如图 9-33 所示。

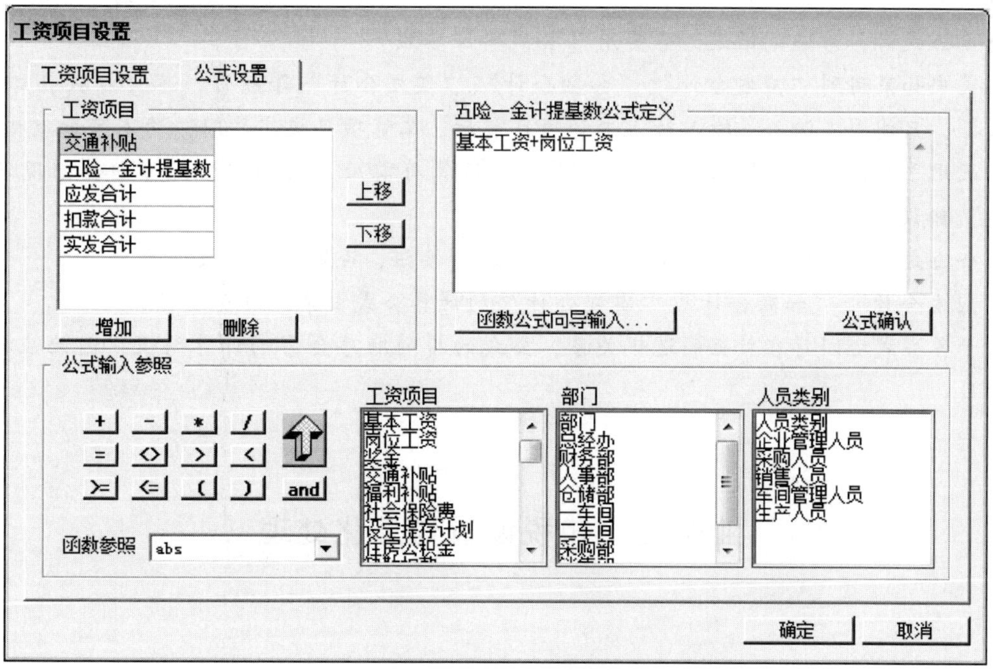


图 9-33 公式设置完成—五险一金计提基数

（3）单击［公式确认］按钮，保存设置好的公式。

3. 其他工资项目公式设置

（1）按以上公式设置方法，完成其他工资项目公式的设置，结果如图 9－34 所示。

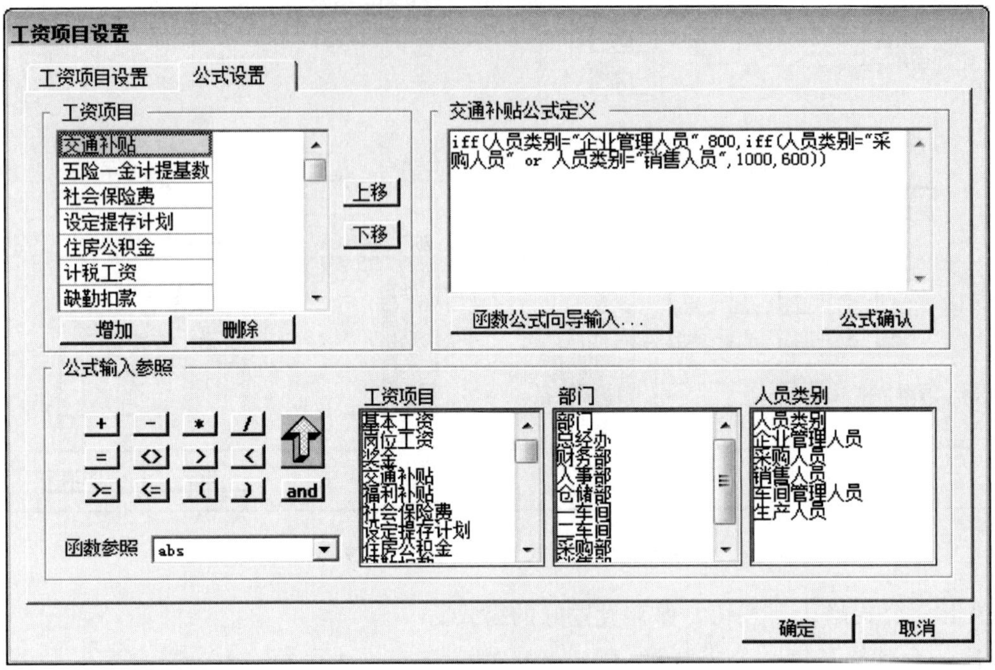


**图 9－34　工资项目公式设置完成**

（2）单击［确定］按钮，关闭【工资项目设置】对话框，完成公式设置操作。

**知识要点**

①输入公式时，为避免错误，尽量用［公式输入参照］。

②公式中如果用到“应发合计”、“扣款合计”、“实发合计”等项目，不可以从［工资项目］列表中选择，只能手工输入；输入时，工资项目前后、工资项目文字之间，均不可加空格。

③如果用手工输入“or”和“and”运算符，运算符前后必须加空格，否则会出现“非法的公式定义”错误。

④每个公式输入完成后，必须单击［公式确认］按钮，否则公式不被保存。

⑤“应发合计”、“扣款合计”、“实发合计”的计算公式由系统自动设置。

⑥由于各公式之间存在数据的逻辑关系，公式的排列顺序会影响计算结果，因此应按顺序排列工资项目。

## 业务九　扣税设置信息化处理

【业务描述】

2017 年 1 月 1 日，通过查阅公司薪资管理制度及税法的相关规定，公司所有员工应缴纳的个人所得税，由公司代扣代缴，同时，为了管理上的方便，公司的个人所得税以“计税工资”工资项目为收入额合计进行计税。

【业务分析】

该笔业务要求设置企业个人所得税的计税依据及基数、税率。个人所得税的计算是工资管理活动中比较繁重而又容易出错的一项工作，信息化后，个人所得税的计算可以完全交由计算机自动计算，大大减轻了相关人员的工作量，同时保证了个人所得税计算的正确性。进行信息化处理前，要根据个人所得税法及实施条例，确定各项扣税设置参数及个人所得税税率表。

【数据信息化】

根据以上业务资料及个人所得税法的相关规定，按照薪资管理系统的要求，收集整理得到正式人员工资扣税参数信息化数据（见表9－7、表9－8）：

**表9－7 扣税参数信息化数据**

| 扣税设置参数 | 内容 |
| --- | --- |
| 收入额合计 | 计税工资 |
| 月度工资扣税方式 | 代扣税 |
| 年终奖扣税方式 | 代扣税 |
| 基数 | 3,500.00 |
| 附加费用 | 4,800.00 |

**表9－8 个人所得税税率表**

| 级次 | 应纳税所得额下限 | 应纳税所得额上限 | 税率（%） | 速算扣除数 |
| --- | --- | --- | --- | --- |
| 1 | 0.00 | 1,500.00 | 3.00 | 0.00 |
| 2 | 1,500.00 | 4,500.00 | 10.00 | 105.00 |
| 3 | 4,500.00 | 9,000.00 | 20.00 | 555.00 |
| 4 | 9,000.00 | 35,000.00 | 25.00 | 1,005.00 |
| 5 | 35,000.00 | 55,000.00 | 30.00 | 2,755.00 |
| 6 | 55,000.00 | 80,000.00 | 35.00 | 5,505.00 |
| 7 | 80,000.00 |  | 45.00 | 13,505.00 |

【操作人员】

由具有工资扣税参数设置权限的操作员或财务部［CD 陈东］进行工资扣税参数的设置操作，操作日期：2017年1月1日。

【信息化操作】

（1）2017年1月1日，由财务部［CD 陈东］执行【业务工作】—【人力资源】—【薪资管理】—【设置】—【选项】命令，系统打开【选项】对话框。

（2）单击［编辑］按钮，再单击［扣税设置］页签，设置［收入额合计］为“计税工资”、［月度工资扣税方式］为“代扣税”、［年终奖扣税方式］为“代扣税”，如图9－35所示。

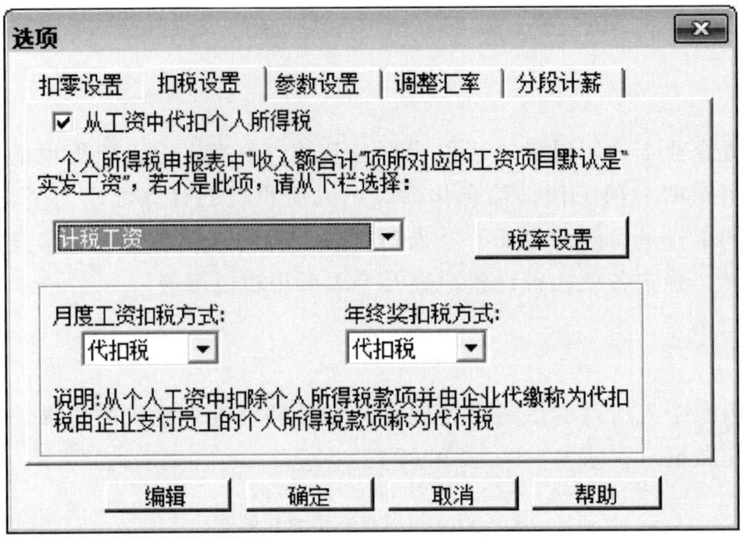


图 9-35　选项—扣税设置

（3）单击［税率设置］按钮，打开【个人所得税申报表—税率表】对话框，单击［代扣税］页签，调整税率表内容，再调整［附加费用］为“4800”，如图 9-36 所示。

图 9-36　税率表调整

（4）单击［确定］按钮，返回【选项】对话框。

（5）单击［确定］按钮，完成扣税设置信息化操作。

**知识要点**

“代扣税”是指从员工个人工资中扣除个人所得税款项并由企业代缴；“代付税”是指由企业支付员工的个人所得税款项。

# 业务十 固定工资项目数据信息化处理

【业务描述】

2017 年 1 月 1 日，通过查阅公司工资表及相关核算资料，得到公司的固定工资项目包括基本工资、岗位工资、资金、交通补贴、福利补贴，其数据参见公司 12 月份的工资发放表。

【业务分析】

该笔业务要求录入固定工资项目的金额数据。工资项目可分为固定工资项和变动工资项。固定工资项是指同时满足以下两个条件的工资项目，一是没有使用公式进行计算的项目；二是在一定期间保持数据不变的工资项目。信息化方式下，在进行日常工资业务处理前，要根据公司职工工资表，结合公司薪资管理制度及相关核算资料，按照薪资管理系统的要求，确定固定工资项并录入其金额数据。

【数据信息化】

根据以上业务资料及工资发放表，按照薪资管理系统的要求，收集整理得到正式人员固定工资项信息化数据（见表 9－9）：

表 9－9 正式人员固定工资项信息化数据

| 人员编号 | 姓名 | 基本工资 | 岗位工资 | 奖金 | 福利补贴 |
|---|---|---|---|---|---|
| 101 | 张国明 | 6, 000. 00 | 1, 500. 00 | 1, 000. 00 | 300. 00 |
| 102 | 杨洋 | 4, 500. 00 | 1, 000. 00 | 800. 00 | 300. 00 |
| 103 | 刘晴 | 4, 500. 00 | 1, 000. 00 | 800. 00 | 300. 00 |
| 201 | 郑静 | 5, 500. 00 | 1, 200. 00 | 1, 000. 00 | 300. 00 |
| 202 | 张学兵 | 5, 500. 00 | 1, 000. 00 | 1, 000. 00 | 300. 00 |
| 203 | 李蕊 | 4, 500. 00 | 1, 000. 00 | 800. 00 | 300. 00 |
| 204 | 张静仪 | 4, 500. 00 | 1, 000. 00 | 800. 00 | 300. 00 |
| 205 | 杨明 | 4, 500. 00 | 1, 000. 00 | 800. 00 | 300. 00 |
| 206 | 陈兵 | 4, 500. 00 | 1, 000. 00 | 800. 00 | 300. 00 |
| 207 | 李婷婷 | 4, 500. 00 | 1, 000. 00 | 800. 00 | 300. 00 |
| 301 | 刘涛 | 5, 500. 00 | 1, 200. 00 | 1, 000. 00 | 300. 00 |
| 302 | 刘琳 | 4, 500. 00 | 1, 000. 00 | 800. 00 | 300. 00 |
| 401 | 宋春丽 | 5, 500. 00 | 1, 200. 00 | 1, 000. 00 | 300. 00 |
| 402 | 李伟 | 4, 500. 00 | 1, 000. 00 | 800. 00 | 300. 00 |
| 501 | 邢杰 | 6, 000. 00 | 1, 200. 00 | 1, 000. 00 | 300. 00 |
| 502 | 刘欢 | 5, 000. 00 | 1, 000. 00 | 800. 00 | 300. 00 |
| 503 | 吴小可 | 5, 000. 00 | 1, 000. 00 | 800. 00 | 300. 00 |
| 504 | 巩伟 | 5, 000. 00 | 1, 000. 00 | 800. 00 | 300. 00 |
| 601 | 李月 | 6, 000. 00 | 1, 200. 00 | 800. 00 | 300. 00 |
| 602 | 蒋平 | 5, 000. 00 | 1, 000. 00 | 1, 000. 00 | 300. 00 |
| 603 | 邓建国 | 5, 000. 00 | 1, 000. 00 | 800. 00 | 300. 00 |
| 604 | 谢明明 | 5, 000. 00 | 1, 000. 00 | 800. 00 | 300. 00 |
| 701 | 张瑜 | 5, 500. 00 | 1, 200. 00 | 1, 000. 00 | 300. 00 |
| 702 | 肖莹 | 4, 500. 00 | 1, 000. 00 | 800. 00 | 300. 00 |
| 801 | 王健 | 5, 500. 00 | 1, 200. 00 | 1, 000. 00 | 300. 00 |
| 802 | 李倩 | 4, 500. 00 | 1, 000. 00 | 800. 00 | 300. 00 |
| 合计 | | 130, 500. 00 | 27, 900. 00 | 22, 600. 00 | 7, 800. 00 |

【操作人员】

由具有工资变动处理权限的操作员或财务部［CD 陈东］进行固定工资项数据的录入操作，操作日期：2017 年 1 月 1 日。

【信息化操作】

（1）2017 年 1 月 1 日，由财务部［CD 陈东］执行【业务工作】—【人力资源】—【薪资管理】—【业务处理】—【工资变动】命令，系统打开【工资变动】窗口。

（2）录入“正式人员固定工资项信息化数据表”中的数据，如图 9－37 所示。

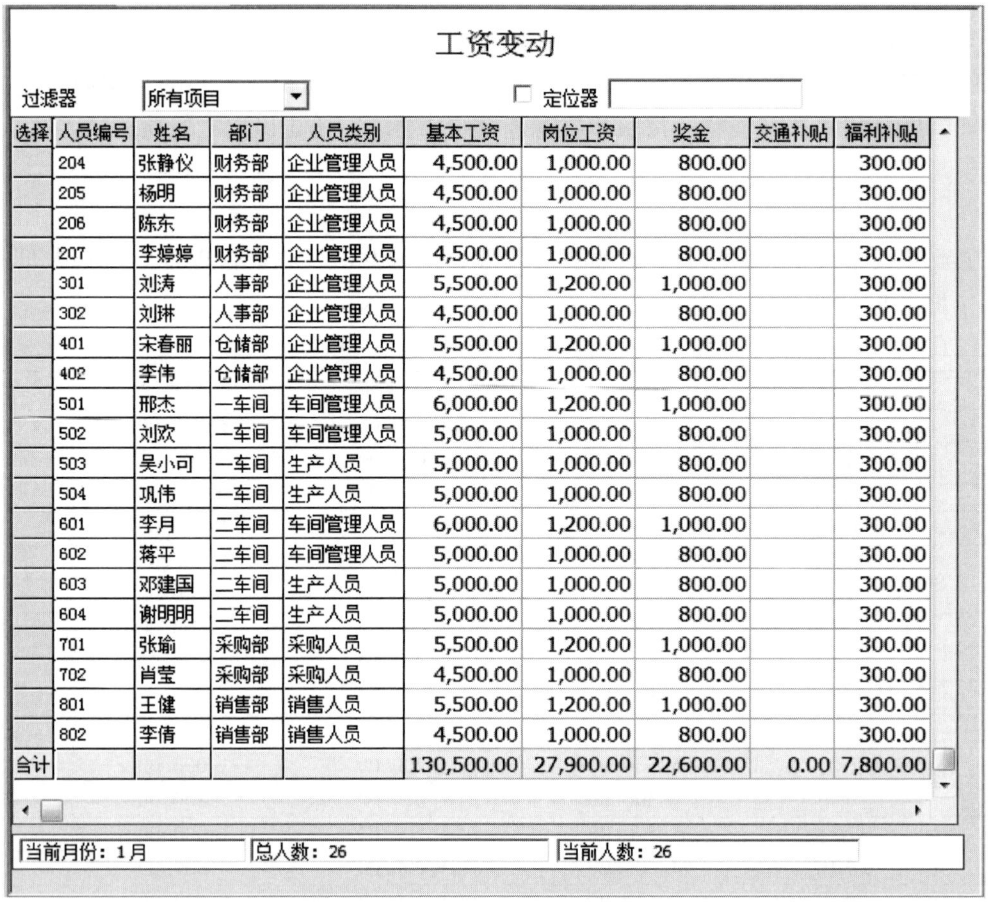

工资变动

过滤器 所有项目　　定位器

| 选择 | 人员编号 | 姓名 | 部门 | 人员类别 | 基本工资 | 岗位工资 | 奖金 | 交通补贴 | 福利补贴 |
|---|---|---|---|---|---|---|---|---|---|
| | 204 | 张静仪 | 财务部 | 企业管理人员 | 4,500.00 | 1,000.00 | 800.00 | | 300.00 |
| | 205 | 杨明 | 财务部 | 企业管理人员 | 4,500.00 | 1,000.00 | 800.00 | | 300.00 |
| | 206 | 陈东 | 财务部 | 企业管理人员 | 4,500.00 | 1,000.00 | 800.00 | | 300.00 |
| | 207 | 李婷婷 | 财务部 | 企业管理人员 | 4,500.00 | 1,000.00 | 800.00 | | 300.00 |
| | 301 | 刘涛 | 人事部 | 企业管理人员 | 5,500.00 | 1,200.00 | 1,000.00 | | 300.00 |
| | 302 | 刘琳 | 人事部 | 企业管理人员 | 4,500.00 | 1,000.00 | 800.00 | | 300.00 |
| | 401 | 宋春丽 | 仓储部 | 企业管理人员 | 5,500.00 | 1,200.00 | 1,000.00 | | 300.00 |
| | 402 | 李伟 | 仓储部 | 企业管理人员 | 4,500.00 | 1,000.00 | 800.00 | | 300.00 |
| | 501 | 邢杰 | 一车间 | 车间管理人员 | 6,000.00 | 1,200.00 | 1,000.00 | | 300.00 |
| | 502 | 刘欢 | 一车间 | 车间管理人员 | 5,000.00 | 1,000.00 | 800.00 | | 300.00 |
| | 503 | 吴小可 | 一车间 | 生产人员 | 5,000.00 | 1,000.00 | 800.00 | | 300.00 |
| | 504 | 巩伟 | 一车间 | 生产人员 | 5,000.00 | 1,000.00 | 800.00 | | 300.00 |
| | 601 | 李月 | 二车间 | 车间管理人员 | 6,000.00 | 1,200.00 | 1,000.00 | | 300.00 |
| | 602 | 蒋平 | 二车间 | 车间管理人员 | 5,000.00 | 1,000.00 | 800.00 | | 300.00 |
| | 603 | 邓建国 | 二车间 | 生产人员 | 5,000.00 | 1,000.00 | 800.00 | | 300.00 |
| | 604 | 谢明明 | 二车间 | 生产人员 | 5,000.00 | 1,000.00 | 800.00 | | 300.00 |
| | 701 | 张瑜 | 采购部 | 采购人员 | 5,500.00 | 1,200.00 | 1,000.00 | | 300.00 |
| | 702 | 肖莹 | 采购部 | 采购人员 | 4,500.00 | 1,000.00 | 800.00 | | 300.00 |
| | 801 | 王健 | 销售部 | 销售人员 | 5,500.00 | 1,200.00 | 1,000.00 | | 300.00 |
| | 802 | 李倩 | 销售部 | 销售人员 | 4,500.00 | 1,000.00 | 800.00 | | 300.00 |
| 合计 | | | | | 130,500.00 | 27,900.00 | 22,600.00 | 0.00 | 7,800.00 |

当前月份：1月　总人数：26　当前人数：26

图 9－37　固定工资项数据

（3）关闭【工资变动】窗口，系统弹出【计算和汇总】消息框，如图 9－38 所示。

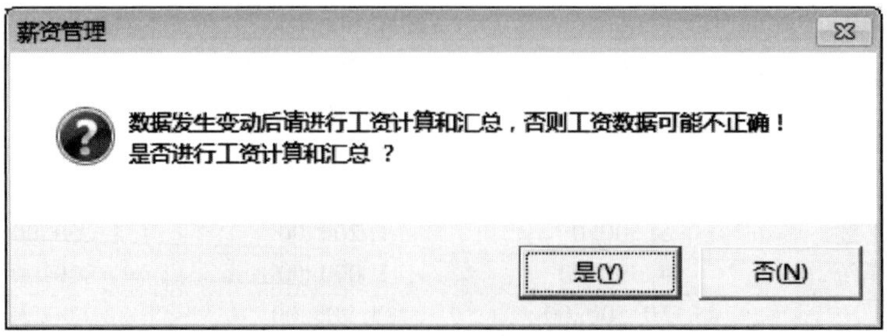


图 9－38　工资计算和汇总提示

(4) 单击［是（Y）］按钮，完成固定工资项的录入及工资变动计算。

## 业务十一 工资分摊设置信息化处理

【业务描述】

2017年1月1日，通过人力资源部门及财务部门取得以下信息：

公司承担的职工基本养老保险、医疗保险、失业保险、工伤保险、生育保险、住房公积金分别按20%、10%、1%、1%、0.8%、12%的比例计算；工会经费的计提比例为2%，职工教育经费的计提比例为2.5%，职工福利费按实际发生数列支。

公司的五险一金及工会经费和职工教育经费的计提基础以五险一金计提基数为基础进行计算。

公司的个人所得税的计算按国家标准进行，以基本工资、岗位工资、奖金、交通补贴的合计数减去设定提存计划和社会保险费的金额后计算，由公司代扣代缴。

除个人所得税外，所有分摊中涉及到的生产人员，一车间本月主要是为生产PHANTOM系列产品，二车间本月主要是为生产INSPIRE系列产品。

【业务分析】

该笔业务要求对企业分配工资、计提五险一金等业务进行账务处理的信息设置。根据税收法律法规的规定，企业应以工资为基数进行工资分配、计算提取个人所得税、职工教育经费、基本养老保险、医疗保险、失业保险、工伤保险、生育保险、住房公积金等。这些计算，工作量繁重又容易出错。信息化后，这些计算都可以交由计算机自动计算处理，可大大减轻相关人员的工作量，同时保证了计算的正确性。为了由会计信息系统自动进行处理，在进行信息化处理时，要根据薪资管理制度及相关会计核算资料，确定各项费用的计算及核算方法，并按照薪资管理系统的要求整理出计提类型名称、分摊计提比例、部门名称、人员类别、工资项目、借方科目、贷方科目等信息。

【数据信息化】

根据以上业务资料及税收相关法律、会计准则的规定，按照薪资管理系统的要求，收集整理得到正式人员工资分摊信息化数据（见表9-10至表9-17）：

**表9-10 工资分摊转账分录信息化数据**

| 分摊构成设置（计提比例100%） | | | | |
|---|---|---|---|---|
| 部门名称 | 人员类别 | 工资项目 | 借方科目（项目） | 贷方科目 |
| 总经办、财务部、人事部、仓储部 | 企业管理人员 | 应发合计 | 660201 | 221101 |
| 采购部 | 采购人员 | 应发合计 | 660201 | 221101 |
| 销售部 | 销售人员 | 应发合计 | 660101 | 221101 |
| 一车间、二车间 | 车间管理人员 | 应发合计 | 510101 | 221101 |
| 一车间 | 生产人员 | 应发合计 | 500102（PHANTOM系列） | 221101 |
| 二车间 | 生产人员 | 应发合计 | 500102（INSPIRE系列） | 221101 |

表 9－11　工会经费分摊转账分录信息化数据

| 分摊构成设置（计提比例 2%） | | | | |
|---|---|---|---|---|
| 部门名称 | 人员类别 | 工资项目 | 借方科目（项目） | 贷方科目 |
| 总经办、财务部、人事部、仓储部 | 企业管理人员 | 五险一金计提基数 | 660201 | 221106 |
| 采购部 | 采购人员 | 五险一金计提基数 | 660201 | 221106 |
| 销售部 | 销售人员 | 五险一金计提基数 | 660101 | 221106 |
| 一车间、二车间 | 车间管理人员 | 五险一金计提基数 | 510101 | 221106 |
| 一车间 | 生产人员 | 五险一金计提基数 | 500102（PHANTOM 系列） | 221106 |
| 二车间 | 生产人员 | 五险一金计提基数 | 500102（INSPIRE 系列） | 221106 |

表 9－12　职工教育经费分摊转账分录信息化数据

| 分摊构成设置（计提比例 2.5%） | | | | |
|---|---|---|---|---|
| 部门名称 | 人员类别 | 工资项目 | 借方科目（项目） | 贷方科目 |
| 总经办、财务部、人事部、仓储部 | 企业管理人员 | 五险一金计提基数 | 660201 | 221107 |
| 采购部 | 采购人员 | 五险一金计提基数 | 660201 | 221107 |
| 销售部 | 销售人员 | 五险一金计提基数 | 660101 | 221107 |
| 一车间、二车间 | 车间管理人员 | 五险一金计提基数 | 510101 | 221107 |
| 一车间 | 生产人员 | 五险一金计提基数 | 500102（PHANTOM 系列） | 221107 |
| 二车间 | 生产人员 | 五险一金计提基数 | 500102（INSPIRE 系列） | 221107 |

表 9－13　设定提存计划（养老保险）分摊转账分录信息化数据

| 分摊构成设置（计提比例 20%） | | | | |
|---|---|---|---|---|
| 部门名称 | 人员类别 | 工资项目 | 借方科目（项目） | 贷方科目 |
| 总经办、财务部、人事部、仓储部 | 企业管理人员 | 五险一金计提基数 | 660201 | 22110901 |
| 采购部 | 采购人员 | 五险一金计提基数 | 660201 | 22110901 |
| 销售部 | 销售人员 | 五险一金计提基数 | 660101 | 22110901 |
| 一车间、二车间 | 车间管理人员 | 五险一金计提基数 | 510101 | 22110901 |
| 一车间 | 生产人员 | 五险一金计提基数 | 500102（PHANTOM 系列） | 22110901 |
| 二车间 | 生产人员 | 五险一金计提基数 | 500102（INSPIRE 系列） | 22110901 |

表 9－14　设定提存计划（失业保险）分摊转账分录信息化数据

| 分摊构成设置（计提比例 1%） | | | | |
|---|---|---|---|---|
| 部门名称 | 人员类别 | 工资项目 | 借方科目（项目） | 贷方科目 |
| 总经办、财务部、人事部、仓储部 | 企业管理人员 | 五险一金计提基数 | 660201 | 22110902 |
| 采购部 | 采购人员 | 五险一金计提基数 | 660201 | 22110902 |
| 销售部 | 销售人员 | 五险一金计提基数 | 660101 | 22110902 |
| 一车间、二车间 | 车间管理人员 | 五险一金计提基数 | 510101 | 22110902 |
| 一车间 | 生产人员 | 五险一金计提基数 | 500102（PHANTOM 系列） | 22110902 |
| 二车间 | 生产人员 | 五险一金计提基数 | 500102（INSPIRE 系列） | 22110902 |

表9－15　社会保险费分摊转账分录信息化数据

| 分摊构成设置（计提比例11.8%） | | | | |
|---|---|---|---|---|
| 部门名称 | 人员类别 | 工资项目 | 借方科目（项目） | 贷方科目 |
| 总经办、财务部、人事部、仓储部 | 企业管理人员 | 五险一金计提基数 | 660201 | 221104 |
| 采购部 | 采购人员 | 五险一金计提基数 | 660201 | 221104 |
| 销售部 | 销售人员 | 五险一金计提基数 | 660101 | 221104 |
| 一车间、二车间 | 车间管理人员 | 五险一金计提基数 | 510101 | 221104 |
| 一车间 | 生产人员 | 五险一金计提基数 | 500102（PHANTOM系列） | 221104 |
| 二车间 | 生产人员 | 五险一金计提基数 | 500102（INSPIRE系列） | 221104 |

表9－16　住房公积金分摊转账分录信息化数据

| 分摊构成设置（计提比例12%） | | | | |
|---|---|---|---|---|
| 部门名称 | 人员类别 | 工资项目 | 借方科目（项目） | 贷方科目 |
| 总经办、财务部、人事部、仓储部 | 企业管理人员 | 五险一金计提基数 | 660201 | 221105 |
| 采购部 | 采购人员 | 五险一金计提基数 | 660201 | 221105 |
| 销售部 | 销售人员 | 五险一金计提基数 | 660101 | 221105 |
| 一车间、二车间 | 车间管理人员 | 五险一金计提基数 | 510101 | 221105 |
| 一车间 | 生产人员 | 五险一金计提基数 | 500102（PHANTOM系列） | 221105 |
| 二车间 | 生产人员 | 五险一金计提基数 | 500102（INSPIRE系列） | 221105 |

表9－17　计提个人所得税转账分录信息化数据

| 分摊构成设置（计提比例100%） | | | | |
|---|---|---|---|---|
| 部门名称 | 人员类别 | 工资项目 | 借方科目 | 贷方科目 |
| 总经办、财务部、人事部、仓储部 | 企业管理人员 | 扣税合计 | 221101 | 221116 |
| 采购部 | 采购人员 | 扣税合计 | 221101 | 221116 |
| 销售部 | 销售人员 | 扣税合计 | 221101 | 221116 |
| 一车间、二车间 | 车间管理人员 | 扣税合计 | 221101 | 221116 |
| 一车间 | 生产人员 | 扣税合计 | 221101 | 221116 |
| 二车间 | 生产人员 | 扣税合计 | 221101 | 221116 |

【操作人员】

由具有工资分摊设置权限的操作员或财务部［CD陈东］进行工资分摊设置的操作，操作日期：2017年1月1日。

【信息化操作】

（1）2017年1月1日，由财务部［CD陈东］执行【业务工作】—【人力资源】—【薪资管理】—【业务处理】—【工资分摊】命令，系统打开【工资分摊】对话框，如图9－39所示。

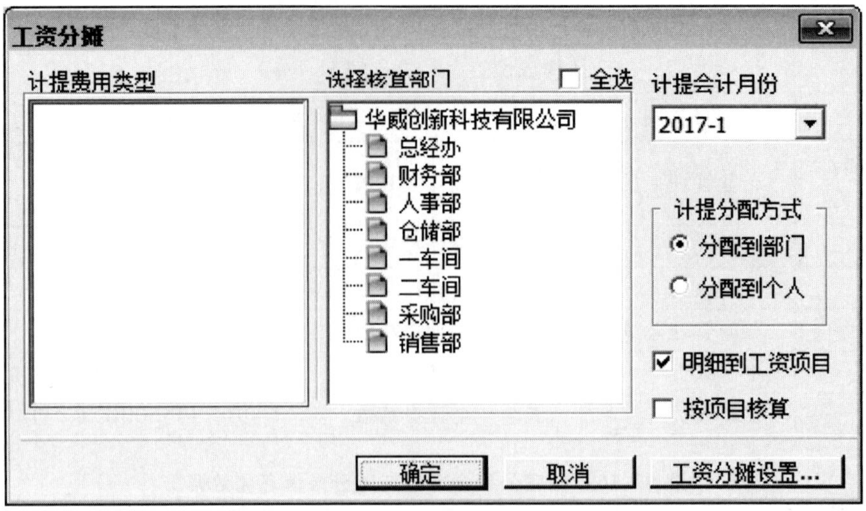


图 9－39　工资分摊

（2）单击［工资分摊设置…］按钮，打开【分摊类型设置】对话框，如图 9－40 所示。

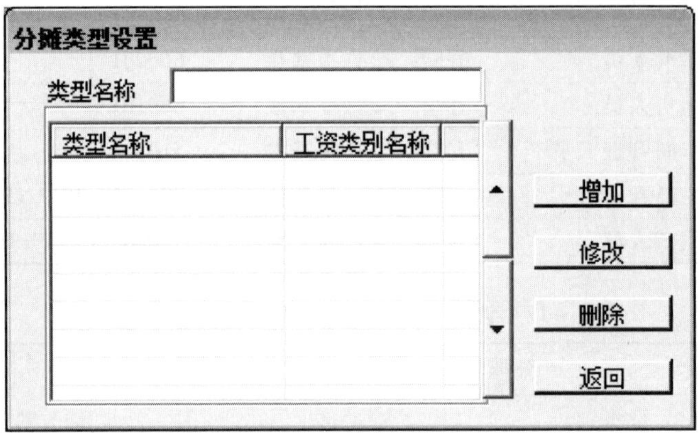


图 9－40　分摊类型设置

（3）单击［增加］按钮，打开【分摊计提比例设置】对话框，如图 9－41 所示。

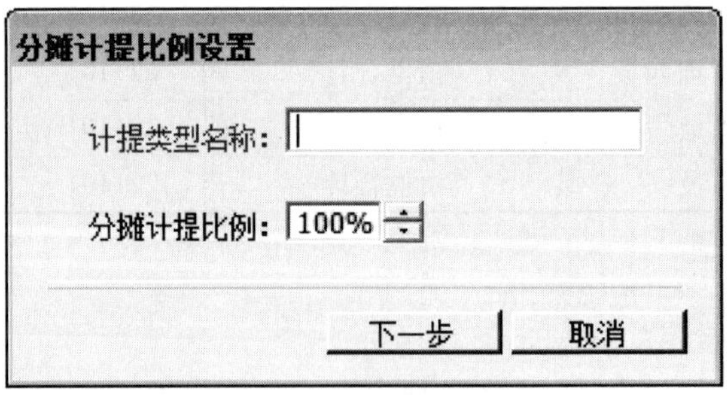


图 9－41　分摊计提比例设置

（4）按照“工资分摊转账分录信息化数据表”的内容输入［计提类型名称］为“工资分摊”，［分摊计提比例］为“100%”，如图 9－42 所示。

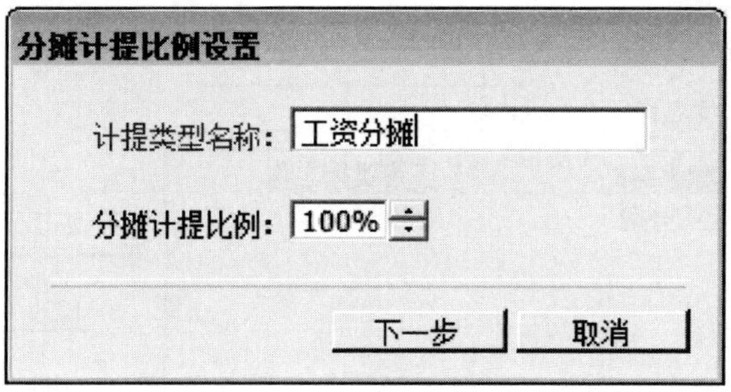


图 9－42 分摊计提比例设置—输入

（5）单击［下一步］按钮，打开【分摊构成设置】对话框，双击［部门名称］单元格，打开【部门名称参照】窗口，勾选“总经办”、“财务部”、“人事部”、“仓储部”，如图 9－43 所示。

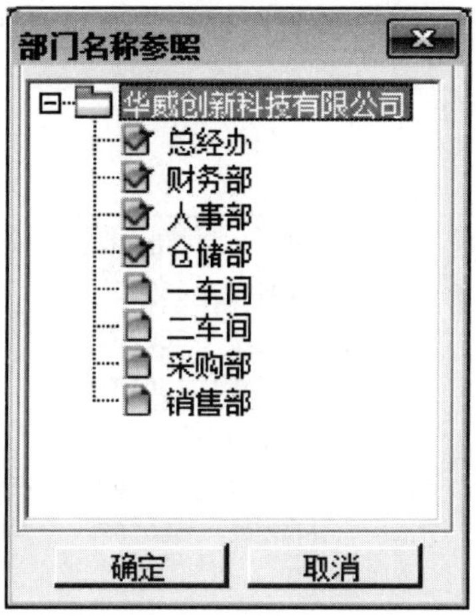


图 9－43 部门名称参照

（6）单击［确定］按钮，选中部门。按以上方法，分别鼠标双击［人员类别］、［工资项目］、［借方科目］、［借方项目大类］、［借方项目］、［贷方科目］单元格，选择对应的“工资分摊转账分录信息化数据表”的内容，完成工资分摊转账分录的设置。结果如图 9－44 所示。

| 部门名称 | 人员类别 | 工资项目 | 借方科目 | 借方项目大类 | 借方项目 | 贷方科目 |
|---|---|---|---|---|---|---|
| 总经办,财务部,人事部,仓储部 | 企业管理人员 | 应发合计 | 660201 | | | 221101 |
| 采购部 | 采购人员 | 应发合计 | 660201 | | | 221101 |
| 销售部 | 销售人员 | 应发合计 | 660101 | | | 221101 |
| 一车间,二车间 | 车间管理人员 | 应发合计 | 510101 | | | 221101 |
| 一车间 | 生产人员 | 应发合计 | 500102 | 产成品 | PHANTOM系列 | 221101 |
| 二车间 | 生产人员 | 应发合计 | 500102 | 产成品 | INSPIRE系列 | 221101 |
| | | | | | | |

图 9－44 工资分摊设置

（7）单击［完成］按钮，返回【分摊类型设置】对话框，如图 9－45 所示。

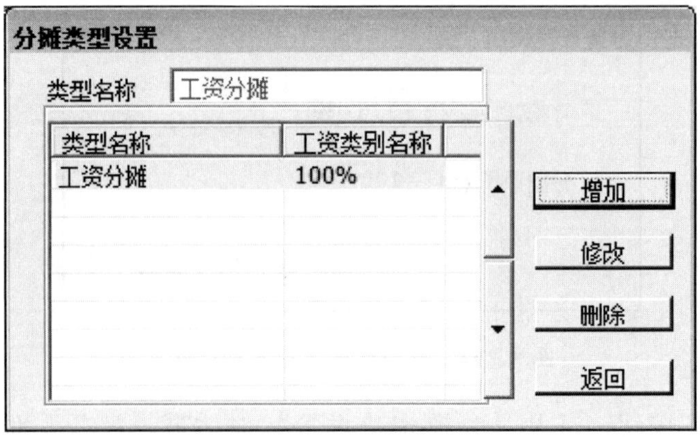


图 9-45　分摊类型设置完成

（8）继续单击［增加］按钮，重复以上的操作步骤，完成表 9-11 到表 9-12 的其他工资分摊类型的设置。设置结果如图 9-46、图 9-47、图 9-48、图 9-49、图 9-50、图 9-51、图 9-52、图 9-53 所示。

| 部门名称 | 人员类别 | 工资项目 | 借方科目 | 借方项目大类 | 借方项目 | 贷方科目 |
|---|---|---|---|---|---|---|
| 总经办,财务部,人事部,仓储部 | 企业管理人员 | 五险一金计提基数 | 660201 | | | 221106 |
| 采购部 | 采购人员 | 五险一金计提基数 | 660201 | | | 221106 |
| 销售部 | 销售人员 | 五险一金计提基数 | 660101 | | | 221106 |
| 一车间,二车间 | 车间管理人员 | 五险一金计提基数 | 510101 | | | 221106 |
| 一车间 | 生产人员 | 五险一金计提基数 | 500102 | 产成品 | PHANTOM系列 | 221106 |
| 二车间 | 生产人员 | 五险一金计提基数 | 500102 | 产成品 | INSPIRE系列 | 221106 |
| | | | | | | |

图 9-46　工会经费分摊设置

| 部门名称 | 人员类别 | 工资项目 | 借方科目 | 借方项目大类 | 借方项目 | 贷方科目 |
|---|---|---|---|---|---|---|
| 总经办,财务部,人事部,仓储部 | 企业管理人员 | 五险一金计提基数 | 660201 | | | 221107 |
| 采购部 | 采购人员 | 五险一金计提基数 | 660201 | | | 221107 |
| 销售部 | 销售人员 | 五险一金计提基数 | 660101 | | | 221107 |
| 一车间,二车间 | 车间管理人员 | 五险一金计提基数 | 510101 | | | 221107 |
| 一车间 | 生产人员 | 五险一金计提基数 | 500102 | 产成品 | PHANTOM系列 | 221107 |
| 二车间 | 生产人员 | 五险一金计提基数 | 500102 | 产成品 | INSPIRE系列 | 221107 |
| | | | | | | |

图 9-47　教育经费分摊设置

| 部门名称 | 人员类别 | 工资项目 | 借方科目 | 借方项目大类 | 借方项目 | 贷方科目 |
|---|---|---|---|---|---|---|
| 总经办,财务部,人事部,仓储部 | 企业管理人员 | 五险一金计提基数 | 660201 | | | 22110901 |
| 采购部 | 采购人员 | 五险一金计提基数 | 660201 | | | 22110901 |
| 销售部 | 销售人员 | 五险一金计提基数 | 660101 | | | 22110901 |
| 一车间,二车间 | 车间管理人员 | 五险一金计提基数 | 510101 | | | 22110901 |
| 一车间 | 生产人员 | 五险一金计提基数 | 500102 | 产成品 | PHANTOM系列 | 22110901 |
| 二车间 | 生产人员 | 五险一金计提基数 | 500102 | 产成品 | INSPIRE系列 | 22110901 |
| | | | | | | |

图 9-48　设定提存计划（养老保险）分摊设置

| 部门名称 | 人员类别 | 工资项目 | 借方科目 | 借方项目大类 | 借方项目 | 贷方科目 |
|---|---|---|---|---|---|---|
| 总经办,财务部,人事部,仓储部 | 企业管理人员 | 五险一金计提基数 | 660201 | | | 22110902 |
| 采购部 | 采购人员 | 五险一金计提基数 | 660201 | | | 22110902 |
| 销售部 | 销售人员 | 五险一金计提基数 | 660101 | | | 22110902 |
| 一车间,二车间 | 车间管理人员 | 五险一金计提基数 | 510101 | | | 22110902 |
| 一车间 | 生产人员 | 五险一金计提基数 | 500102 | 产成品 | PHANTOM系列 | 22110902 |
| 二车间 | 生产人员 | 五险一金计提基数 | 500102 | 产成品 | INSPIRE系列 | 22110902 |
| | | | | | | |

图 9－49　设定提存计划（失业保险）分摊设置

| 部门名称 | 人员类别 | 工资项目 | 借方科目 | 借方项目大类 | 借方项目 | 贷方科目 |
|---|---|---|---|---|---|---|
| 总经办,财务部,人事部,仓储部 | 企业管理人员 | 五险一金计提基数 | 660201 | | | 221104 |
| 采购部 | 采购人员 | 五险一金计提基数 | 660201 | | | 221104 |
| 销售部 | 销售人员 | 五险一金计提基数 | 660101 | | | 221104 |
| 一车间,二车间 | 车间管理人员 | 五险一金计提基数 | 510101 | | | 221104 |
| 一车间 | 生产人员 | 五险一金计提基数 | 500102 | 产成品 | PHANTOM系列 | 221104 |
| 二车间 | 生产人员 | 五险一金计提基数 | 500102 | 产成品 | INSPIRE系列 | 221104 |
| | | | | | | |

图 9－50　社会保险费分摊设置

| 部门名称 | 人员类别 | 工资项目 | 借方科目 | 借方项目大类 | 借方项目 | 贷方科目 |
|---|---|---|---|---|---|---|
| 总经办,财务部,人事部,仓储部 | 企业管理人员 | 五险一金计提基数 | 660201 | | | 221105 |
| 采购部 | 采购人员 | 五险一金计提基数 | 660201 | | | 221105 |
| 销售部 | 销售人员 | 五险一金计提基数 | 660101 | | | 221105 |
| 一车间,二车间 | 车间管理人员 | 五险一金计提基数 | 510101 | | | 221105 |
| 一车间 | 生产人员 | 五险一金计提基数 | 500102 | 产成品 | PHANTOM系列 | 221105 |
| 二车间 | 生产人员 | 五险一金计提基数 | 500102 | 产成品 | INSPIRE系列 | 221105 |
| | | | | | | |

图 9－51　住房公积金分摊设置

| 部门名称 | 人员类别 | 工资项目 | 借方科目 | 借方项目大类 | 借方项目 | 贷方科目 |
|---|---|---|---|---|---|---|
| 总经办,财务部,人事部,仓储部 | 企业管理人员 | 扣税合计 | 221101 | | | 222116 |
| 采购部 | 采购人员 | 扣税合计 | 221101 | | | 222116 |
| 销售部 | 销售人员 | 扣税合计 | 221101 | | | 222116 |
| 一车间,二车间 | 车间管理人员 | 扣税合计 | 221101 | | | 222116 |
| 一车间,二车间 | 生产人员 | 扣税合计 | 221101 | | | 222116 |
| | | | | | | |

图 9－52　计提个人所得税分摊设置

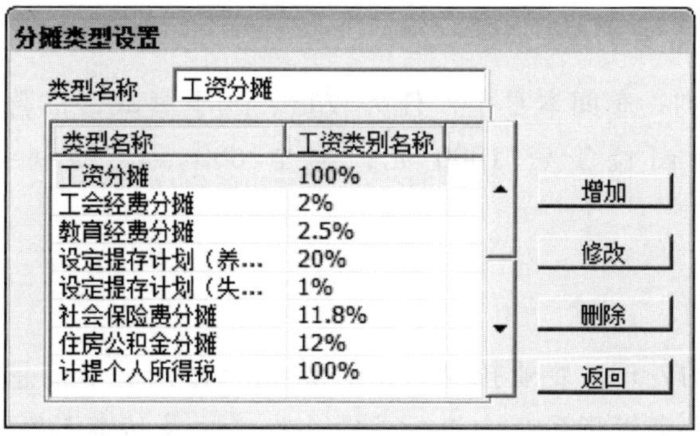


图 9－53　分摊设置完成

(9) 单击［返回］按钮，返回【工资分摊】对话框，如图9－54所示。

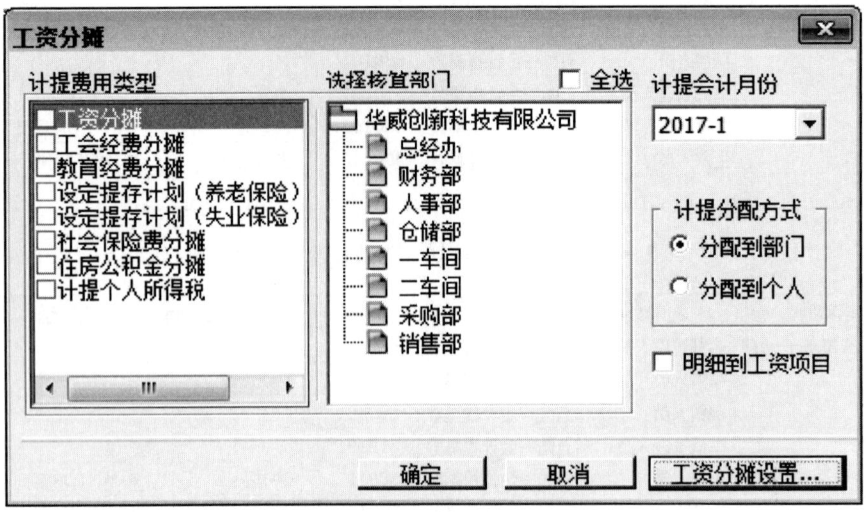


图9－54 工资分摊

(10) 单击［取消］按钮，完成工资分摊设置信息化操作。

# 实训二　薪资管理系统日常业务信息化处理

【信息化要求】

薪资管理日常业务主要包括薪资人员的增减变化、当月各工资类别的计算汇总、工资分摊的账务处理等。这些工作涉及大量繁杂的计算，耗费大量人力。通过薪资管理信息化，把这些繁杂的工作交由计算机自动计算处理，极大地提高了工作效率和质量。薪资管理日常业务的信息化处理，就是要在薪资管理系统中处理人员的增减变化、当月工资的变化、当月工资的计算汇总，并通过薪资管理系统自动生成相关记账凭证。

## 业务一　新增人员信息化处理

【业务描述】

2017年1月1日，考虑到一车间本月生产任务较重、人手紧缺，招聘张荣到一车间担任正式生产人员，基本工资3000元，岗位工资1000元，奖金600元，福利补贴300元，代发银行账号6212264000003107505。

【业务分析】

该业务是企业新进人员的处理。企业招聘人员，首先应将其基本信息录入企业人员档案，同时为了准确核算其工资，还应在薪资管理系统中进行薪资人员档案及基本工资数据的处理。

【数据信息化】

根据以上业务资料及公司薪资管理制度，按照薪资管理系统的要求，收集整理得到新招聘人员的信息化数据（见表9-18至表9-20）：

**表9-18 人员档案信息化数据**

| 人员编码 | 人员姓名 | 行政部门 | 性别 | 雇佣状态 | 人员类别 | 业务及费用部门 |
|---|---|---|---|---|---|---|
| 505 | 张荣 | 一车间 | 男 | 在职 | 生产人员 | 一车间 |

**表9-19 薪资人员档案信息化数据**

| 人员编号 | 人员姓名 | 薪资部门名称 | 人员类别 | 银行账号 |
|---|---|---|---|---|
| 505 | 张荣 | 一车间 | 生产人员 | 6212264000003107505 |

**表9-20 固定工资信息化数据**

| 人员编号 | 姓名 | 基本工资 | 岗位工资 | 奖金 | 福利补贴 |
|---|---|---|---|---|---|
| 505 | 张荣 | 4,000.00 | 1,000.00 | 600.00 | 300.00 |

【操作人员】

由财务部［ZJ郑静］完成人员档案的设置操作；由财务部［CD陈东］进行薪资管理系统中人员档案的设置、固定工资数据的录入操作。操作日期：2017年1月1日。

【信息化操作】

（1）2017年1月1日，由财务部［ZJ郑静］执行【基础设置】—【基础档案】—【机构人员】—【人员档案】命令，系统打开【人员档案】窗口。

（2）单击［增加］按钮，按照表9-18录入张荣的信息，如图9-55所示。

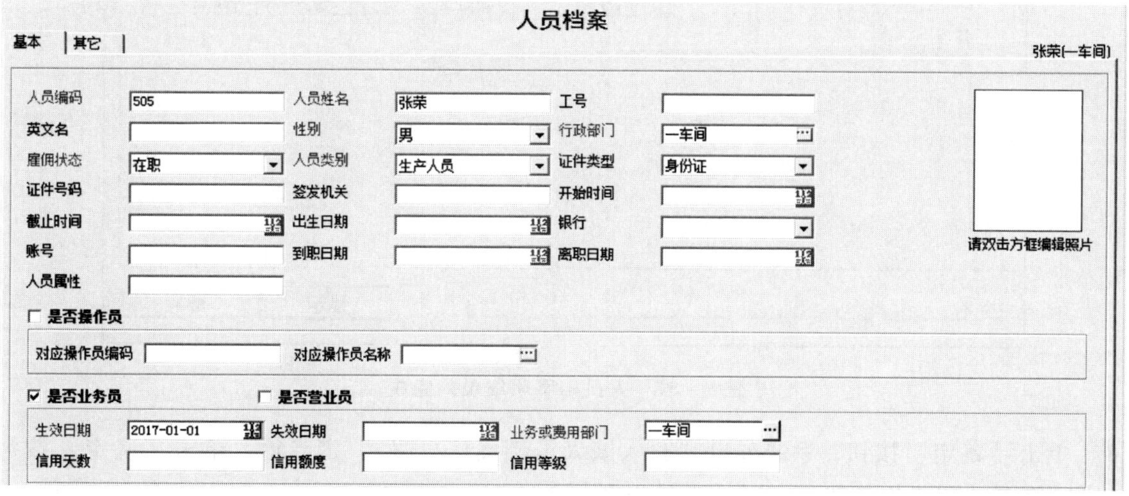


**图9-55 人员档案增加**

（3）单击［ ］按钮保存记录。

（4）2017年1月1日，由财务部［CD陈东］执行【业务工作】—【人力资源】—【薪资管理】—

【设置】—【人员档案】命令，系统打开【人员档案】窗口。

（5）单击［增加］按钮，系统打开【人员档案明细】窗口。单击［　］参照按钮，打开【人员选入】窗口，如图 9－56 所示。

图 9－56　人员选入

（6）双击记录或单击［确定］按钮，选入人员，返回【人员档案明细】窗口。

（7）从［银行名称］下拉列表框中选择“中国工商银行”，输入［银行账号］“6212264000003107505”，如图 9－57 所示。

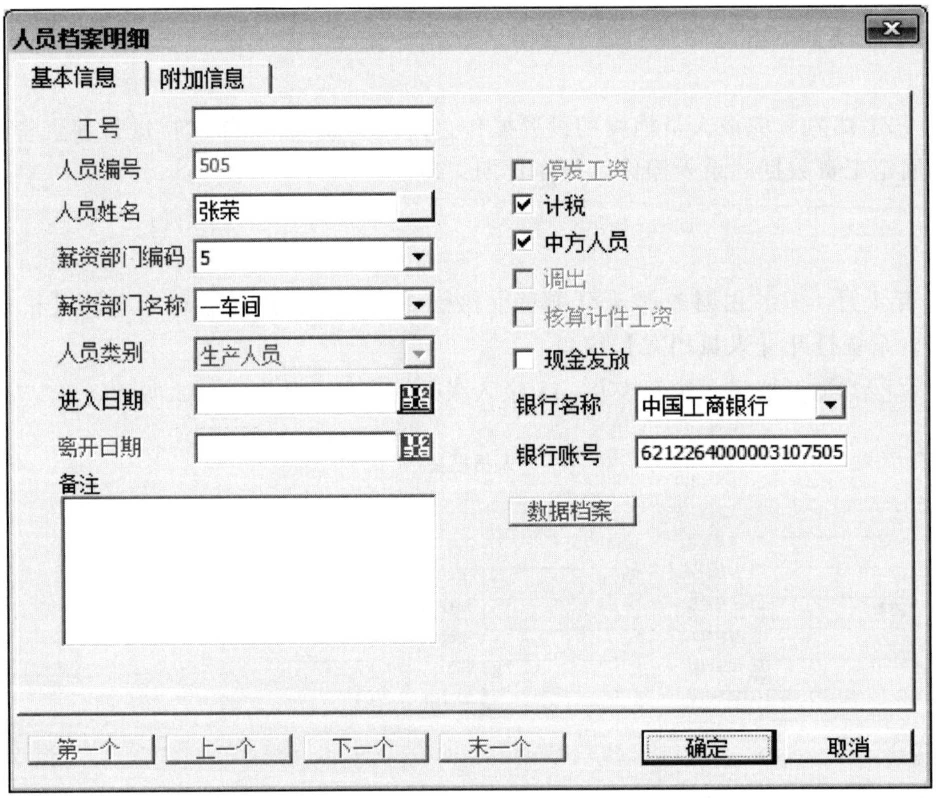


图 9－57　人员档案明细录入完成

（8）单击［确定］按钮，系统弹出“写入该人员档案信息吗?”消息框，单击［确定］按钮保存信息，然后单击［取消］按钮，返回【人员档案】窗口。

（9）关闭【人员档案】窗口。

（10）由财务部［CD 陈东］执行【业务工作】—【人力资源】—【薪资管理】—【业务处理】—【工资变动】命令，系统弹出【工资变动】窗口。如图 9－58 所示。

简易桌面 工资变动

工资变动

过滤器 所有项目 定位器

| 选择 | 人员编号 | 姓名 | 部门 | 人员类别 | 基本工资 | 岗位工资 | 奖金 | 交通补贴 | 福利补贴 |
|---|---|---|---|---|---|---|---|---|---|
| | 302 | 刘琳 | 人事部 | 企业管理人员 | 4,500.00 | 1,000.00 | 800.00 | 800.00 | 300.00 |
| | 401 | 宋春丽 | 仓储部 | 企业管理人员 | 5,500.00 | 1,200.00 | 1,000.00 | 800.00 | 300.00 |
| | 402 | 李伟 | 仓储部 | 企业管理人员 | 4,500.00 | 1,000.00 | 800.00 | 800.00 | 300.00 |
| | 501 | 邢杰 | 一车间 | 车间管理人员 | 6,000.00 | 1,200.00 | 1,000.00 | 600.00 | 300.00 |
| | 502 | 刘欢 | 一车间 | 车间管理人员 | 5,000.00 | 1,000.00 | 800.00 | 600.00 | 300.00 |
| | 503 | 吴小可 | 一车间 | 生产人员 | 5,000.00 | 1,000.00 | 800.00 | 600.00 | 300.00 |
| | 504 | 巩伟 | 一车间 | 生产人员 | 5,000.00 | 1,000.00 | 800.00 | 600.00 | 300.00 |
| | 505 | 张荣 | 一车间 | 生产人员 | | | | | |
| | 601 | 李月 | 二车间 | 车间管理人员 | 6,000.00 | 1,200.00 | 1,000.00 | 600.00 | 300.00 |

当前月份：1月 总人数：27 当前人数：27

图 9－58 工资变动

（11）按资料要求录入工资数据，如图 9－59 所示。

简易桌面 工资变动

工资变动

过滤器 所有项目 定位器

| 选择 | 人员编号 | 姓名 | 部门 | 人员类别 | 基本工资 | 岗位工资 | 奖金 | 交通补贴 | 福利补贴 |
|---|---|---|---|---|---|---|---|---|---|
| | 302 | 刘琳 | 人事部 | 企业管理人员 | 4,500.00 | 1,000.00 | 800.00 | 800.00 | 300.00 |
| | 401 | 宋春丽 | 仓储部 | 企业管理人员 | 5,500.00 | 1,200.00 | 1,000.00 | 800.00 | 300.00 |
| | 402 | 李伟 | 仓储部 | 企业管理人员 | 4,500.00 | 1,000.00 | 800.00 | 800.00 | 300.00 |
| | 501 | 邢杰 | 一车间 | 车间管理人员 | 6,000.00 | 1,200.00 | 1,000.00 | 600.00 | 300.00 |
| | 502 | 刘欢 | 一车间 | 车间管理人员 | 5,000.00 | 1,000.00 | 800.00 | 600.00 | 300.00 |
| | 503 | 吴小可 | 一车间 | 生产人员 | 5,000.00 | 1,000.00 | 800.00 | 600.00 | 300.00 |
| | 504 | 巩伟 | 一车间 | 生产人员 | 5,000.00 | 1,000.00 | 800.00 | 600.00 | 300.00 |
| | 505 | 张荣 | 一车间 | 生产人员 | 3,000.00 | 1,000.00 | 600.00 | | 300.00 |
| | 601 | 李月 | 二车间 | 车间管理人员 | 6,000.00 | 1,200.00 | 1,000.00 | 600.00 | 300.00 |

当前月份：1月 总人数：27 当前人数：27

图 9－59 工资基本数据录入

（12）计算、汇总数据并关闭【工资变动】窗口。

## 业务二 正式人员工资变动信息化处理

【业务描述】

2017 年 1 月 31 日，根据人事部门资料，2017 年 1 月工资变动情况如下：

一、考勤情况：杨明请假 2 天，张瑜请假 1 天。

二、因去年销售部推广产品业绩较好，经批准从 1 月份起，销售部人员本年每人每月增加奖金 500 元。

【业务分析】

该业务是本月日常薪资业务的处理。在工资管理业务活动中，每月都要根据工资相关的统计资料及相关政策，将会引起工资变动的数据输入薪资管理系统，重新计算本月工资。

【数据信息化】

根据以上工资变动相关统计资料及公司薪资管理制度，按照薪资管理系统的要求，收集整理得到本月工资变动信息化数据（见表 9 - 21）：

**表 9 - 21　工资变动信息化数据**

| 工资项目名称 | 杨明 | 张瑜 | 王健 | 李倩 |
| --- | --- | --- | --- | --- |
| 部门 | 财务部 | 采购部 | 销售部 | 销售部 |
| 资金 | | | +500.00 | +500.00 |
| 缺勤天数 | 2 | 1 | | |

【操作人员】

由具有工资变动处理权限的操作员或财务部［CD 陈东］进行工资变动的操作，操作日期：2017 年 1 月 31 日。

【信息化操作】

1. 考勤数据录入

（1）2017 年 1 月 31 日，由财务部［CD 陈东］执行【业务工作】—【人力资源】—【薪资管理】—【业务处理】—【工资变动】命令，打开【工资变动】窗口。

（2）分别找到职员“杨明”、“张瑜”，在［缺勤天数］工资项目内分别输入“2”、“1”，如图 9 - 60 所示。

| 选择 | 人员编号 | 姓名 | 部门 | 人员类别 | 扣款合计 | 实发合计 | 缺勤天数 | 计税工资 |
| --- | --- | --- | --- | --- | --- | --- | --- | --- |
| | 201 | 郑静 | 财务部 | 企业管理人员 | 1,814.06 | 6,985.94 | | 7,816.60 |
| | 202 | 张学兵 | 财务部 | 企业管理人员 | 1,751.70 | 6,848.30 | | 7,637.00 |
| | 203 | 李蕊 | 财务部 | 企业管理人员 | 1,419.90 | 5,980.10 | | 6,539.00 |
| | 204 | 张静仪 | 财务部 | 企业管理人员 | 1,419.90 | 5,980.10 | | 6,539.00 |
| | 205 | 杨明 | 财务部 | 企业管理人员 | 1,624.45 | 5,775.55 | 2.00 | 6,539.00 |
| | 206 | 陈东 | 财务部 | 企业管理人员 | 1,419.90 | 5,980.10 | | 6,539.00 |
| | 207 | 李婷婷 | 财务部 | 企业管理人员 | 1,419.90 | 5,980.10 | | 6,539.00 |
| | 701 | 张瑜 | 采购部 | 采购人员 | 1,960.72 | 7,039.28 | 1.00 | 8,016.60 |
| | 702 | 肖莹 | 采购部 | 采购人员 | 1,439.90 | 6,160.10 | | 6,739.00 |
| 合计 | | | | | 14,270.43 | 56,729.57 | 3.00 | 62,904.20 |



图 9 - 60　工资变动数据录入

2. 数据替换处理

（1）【工资变动】窗口单击［ALL全选］按钮，选择栏全部出现选中标记“Y”。

（2）单击［替换］按钮，打开【工资项数据替换】对话框，如图9－61所示。

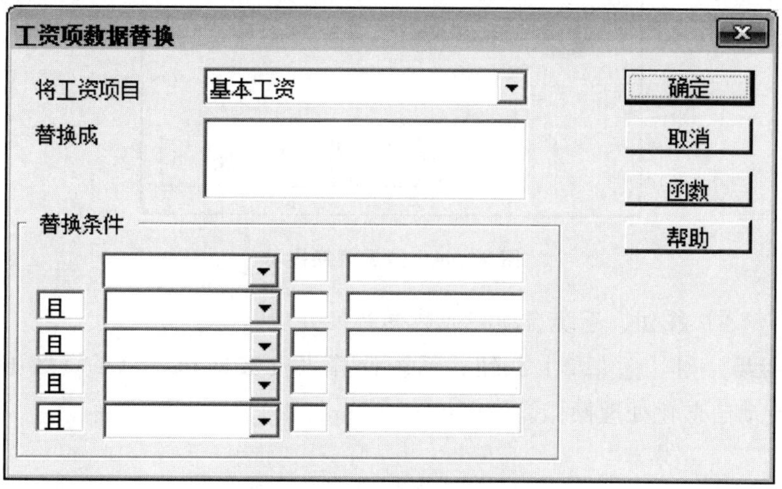


图9－61 工资项数据替换

（3）单击［将工资项目］下拉列表框，从中选择“奖金”选项；在［替换成］文本框中，输入“奖金+500”；在［替换条件］下拉列表框中，分别选择“部门”、“=”、“销售部”；如图9－62所示。

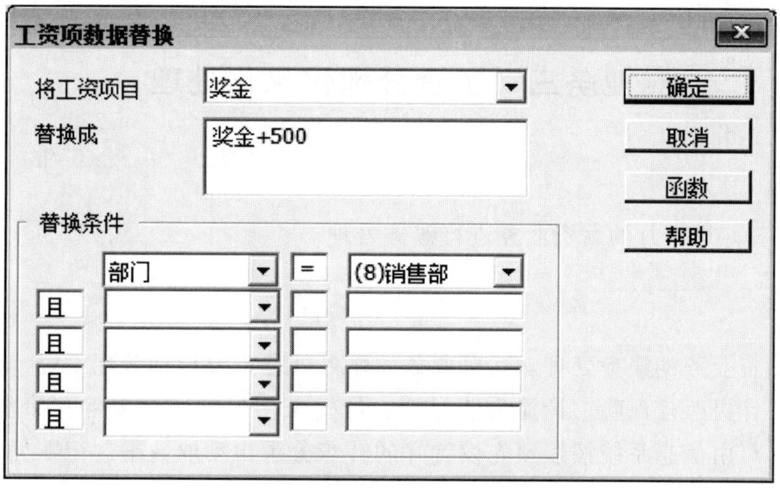


图9－62 工资项数据替换设置完成

（4）单击［确定］按钮，弹出【数据替换后不可恢复】信息框，如图9－63所示。

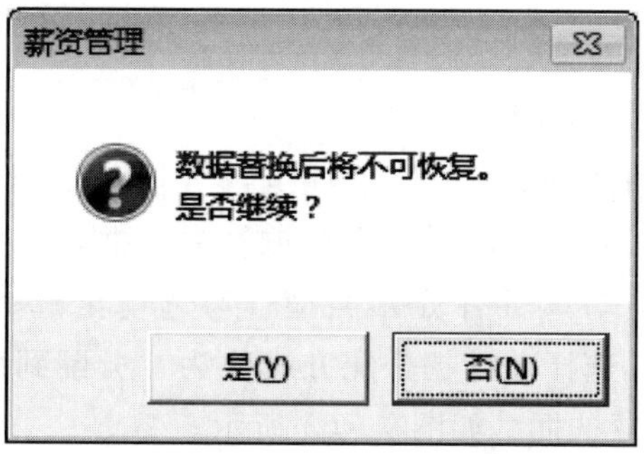


图9－63 数据替换提示

（5）单击［是（Y）］按钮，弹出【记录被替换】信息框，如图 9－64 所示。

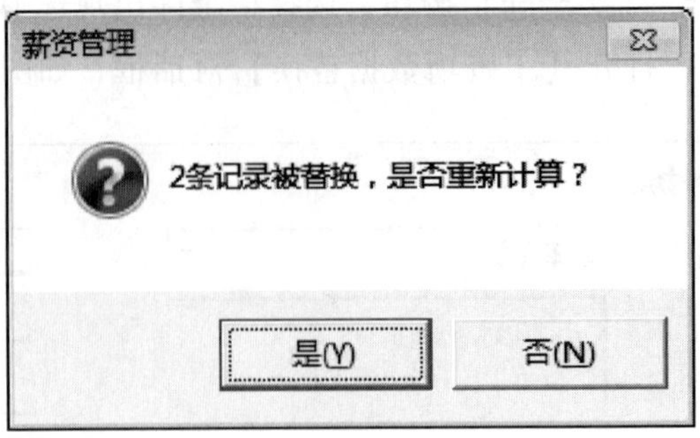


图 9－64　数据替换提示

（6）单击［是（Y）］按钮，系统自动完成数据替换处理。

（7）单击［计算］和［汇总］按钮，系统计算工资数据和汇总工资数据，关闭工资变动窗口，完成本月工资变动信息化处理操作。

**知识要点**

只要工资数据发生变动，都应单击［计算］和［汇总］按钮，让系统计算工资数据和汇总工资数据。

## 业务三　工资分摊信息化处理

【业务描述】

2017 年 1 月 31 日，对本月的薪资业务进行账务处理。

【业务分析】

该业务是本月薪资业务的账务处理。薪资业务的账务处理主要包括分配工资、计提职工教育经费、计提基本养老保险、计提医疗保险、计提失业保险、计提工伤保险、计提生育保险、计提住房公积金等，信息化方式后，可由信息系统按照预先设置好的转账分录自动取数编制记账凭证。

【操作人员】

由具有工资分摊账务处理权限的操作员或财务部［CD 陈东］进行工资分摊的账务处理的操作，操作日期：2017 年 1 月 31 日。

【信息化操作】

（1）2017 年 1 月 31 日，由财务部［CD 陈东］执行【业务工作】—【人力资源】—【薪资管理】—【业务处理】—【工资分摊】命令，系统弹出【工资分摊】对话框。

（2）在［计提费用类型］中勾选所有分摊类型；勾选［全选］复选框，选中所有部门；选择［计提会计月份］为“2007－1”；选择［计提分配方式］为“分配到部门”；选中［明细到工资项目］复选框，再选中［按项目核算］复选框。如图 9－65 所示。

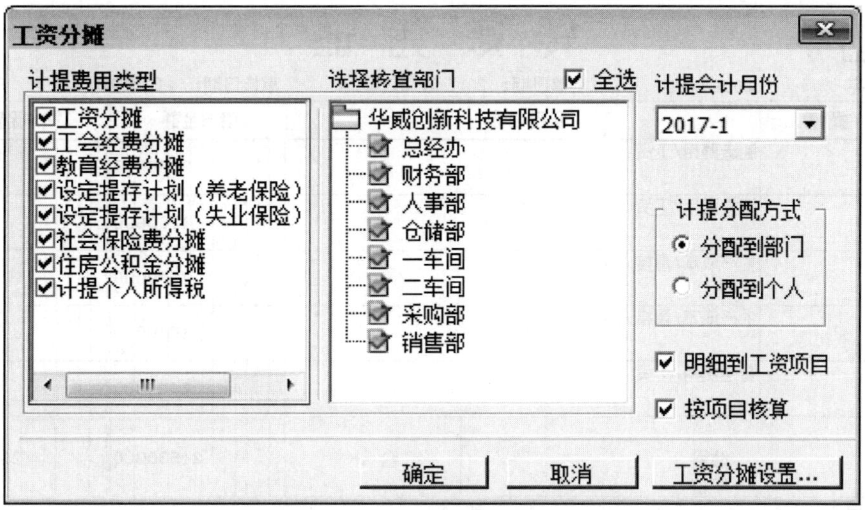


图 9－65　工资分摊参数选择

（3）单击［确定］按钮，打开【工资分摊明细】窗口；选中［合并科目相同、辅助项相同的分录］复选框；在［类型］下拉列表框中选择“工资分摊”，如图 9－66 所示。

工资分摊一览表

☑ 合并科目相同、辅助项相同的分录

类型 工资分摊

计提会计月份 1月

| 部门名称 | 人员类别 | 应发合计 | | | | |
|---|---|---|---|---|---|---|
| | | 分配金额 | 借方科目 | 借方项目大类 | 借方项目 | 贷方科目 |
| 总经办 | 企业管理人员 | 24400.00 | 660201 | | | 221101 |
| 财务部 | | 54400.00 | 660201 | | | 221101 |
| 人事部 | | 16200.00 | 660201 | | | 221101 |
| 仓储部 | | 16200.00 | 660201 | | | 221101 |
| 一车间 | 车间管理人员 | 16800.00 | 510101 | | | 221101 |
| | 生产人员 | 20900.00 | 500102 | 产成品 | PHANTOM系列 | 221101 |
| 二车间 | 车间管理人员 | 16800.00 | 510101 | | | 221101 |
| | 生产人员 | 15400.00 | 500102 | 产成品 | INSPIRE系列 | 221101 |
| 采购部 | 采购人员 | 16600.00 | 660201 | | | 221101 |
| 销售部 | 销售人员 | 17600.00 | 660101 | | | 221101 |

图 9－66　工资分摊选择

（4）单击［制单］按钮，系统生成凭证，单击［　］按钮选择凭证类别为“转 转账凭证”，然后单击［　］按钮保存凭证，系统显示凭证“已生成”，如图 9－67 所示。

（5）关闭【填制凭证】窗口，返回【工资分摊明细】窗口，在［类型］下拉列表框中选择“工会经费分摊”，勾选［合并科目相同、辅助项相同的分录］复选框。

（6）单击［制单］按钮，系统生成凭证，单击［　］按钮选择凭证类别为“转 转账凭证”，然后单击［　］按钮保存凭证，系统显示凭证“已生成”，如图 9－68 所示。

已生成

# 转 账 凭 证

转 字 0018 - 0001/0002 制单日期：2017.01.31 审核日期： 附单据数：0

| 摘 要 | 科目名称 | 借方金额 | 贷方金额 |
| --- | --- | --- | --- |
| 工资分摊 | 制造费用/工资 | 3360000 | |
| 工资分摊 | 销售费用/工资 | 1760000 | |
| 工资分摊 | 生产成本/直接人工 | 2090000 | |
| 工资分摊 | 生产成本/直接人工 | 1540000 | |
| 工资分摊 | 管理费用/工资 | 2440000 | |
| 票号 日期 | 数量 单价 合 计 | 21530000 | 21530000 |

备注 项 目 部 门
个 人 客 户
业务员

记账 审核 出纳 制单 陈东

图 9-67 凭证生成—工资分摊

已生成

# 转 账 凭 证

转 字 0019 - 0001/0002 制单日期：2017.01.31 审核日期： 附单据数：0

| 摘 要 | 科目名称 | 借方金额 | 贷方金额 |
| --- | --- | --- | --- |
| 工会经费分摊 | 制造费用/工资 | 52800 | |
| 工会经费分摊 | 销售费用/工资 | 24400 | |
| 工会经费分摊 | 生产成本/直接人工 | 32000 | |
| 工会经费分摊 | 生产成本/直接人工 | 24000 | |
| 工会经费分摊 | 管理费用/工资 | 37000 | |
| 票号 日期 | 数量 单价 合 计 | 324800 | 324800 |

备注 项 目 部 门
个 人 客 户
业务员

记账 审核 出纳 制单 陈东

图 9-68 凭证生成—工会经费分摊

（7）关闭【填制凭证】窗口，返回【工资分摊明细】窗口，在［类型］下拉列表框中选择“教育经费分摊”，勾选［合并科目相同、辅助项相同的分录］复选框。

（8）单击［制单］按钮，系统生成凭证，单击［ ］按钮选择凭证类别为“转 转账凭证”，然后单击［ ］按钮保存凭证，系统显示凭证“已生成”，如图 9-69 所示。

已生成

**转 账 凭 证**

转 字 0020 － 0001/0002 制单日期：2017.01.31 审核日期： 附单据数：0

| 摘 要 | 科目名称 | 借方金额 | 贷方金额 |
|---|---|---|---|
| 教育经费分摊 | 制造费用/工资 | 66000 | |
| 教育经费分摊 | 销售费用/工资 | 30500 | |
| 教育经费分摊 | 生产成本/直接人工 | 40000 | |
| 教育经费分摊 | 生产成本/直接人工 | 30000 | |
| 教育经费分摊 | 管理费用/工资 | 46250 | |
| 票号 日期 数量 单价 | 合 计 | 406000 | 406000 |

| 备注 | | |
|---|---|---|
| | 项 目 | 部 门 |
| | 个 人 | 客 户 |
| | 业务员 | |

记账 审核 出纳 制单 陈东

图 9－69 凭证生成—教育经费分摊

（9）关闭【填制凭证】窗口，返回【工资分摊明细】窗口，选择［类型］为“设定提存计划（养老保险）分摊”，勾选［合并科目相同、辅助项相同的分录］复选框。

（10）单击［制单］按钮，系统生成凭证，单击［ ］按钮选择凭证类别为“转 转账凭证”，单击［ ］按钮保存凭证，系统显示凭证“已生成”，如图 9－70 所示。

已生成

**转 账 凭 证**

转 字 0021 － 0001/0002 制单日期：2017.01.31 审核日期： 附单据数：0

| 摘 要 | 科目名称 | 借方金额 | 贷方金额 |
|---|---|---|---|
| 设定提存计划（养老保险）分摊 | 制造费用/工资 | 528000 | |
| 设定提存计划（养老保险）分摊 | 销售费用/工资 | 244000 | |
| 设定提存计划（养老保险）分摊 | 生产成本/直接人工 | 320000 | |
| 设定提存计划（养老保险）分摊 | 生产成本/直接人工 | 240000 | |
| 设定提存计划（养老保险）分摊 | 管理费用/工资 | 370000 | |
| 票号 日期 数量 单价 | 合 计 | 3248000 | 3248000 |

| 备注 | | |
|---|---|---|
| | 项 目 | 部 门 |
| | 个 人 | 客 户 |
| | 业务员 | |

记账 审核 出纳 制单 陈东

图 9－70 凭证生成—养老保险分摊

（11）关闭【填制凭证】窗口，返回【工资分摊明细】窗口，选择［类型］为“设定提存计划（失业保险）分摊”，勾选［合并科目相同、辅助项相同的分录］复选框。

（12）单击［制单］按钮，系统生成凭证，单击［ ］按钮选择凭证类别为“转 转账凭证”，单击［💾］按钮保存凭证，系统显示凭证“已生成”，如图 9－71 所示。

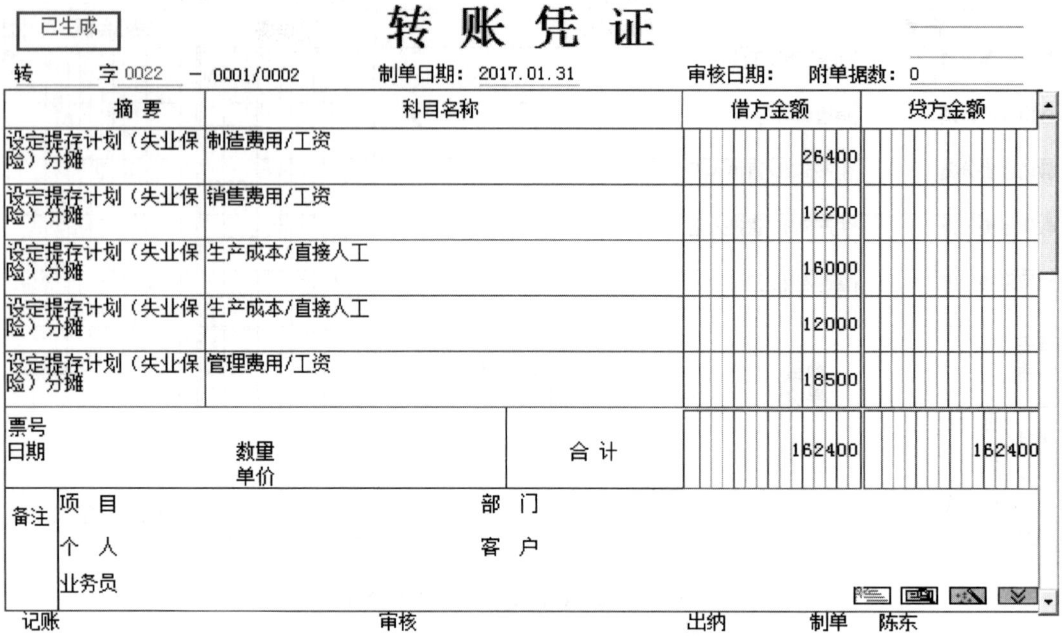

已生成

转账凭证

转 字 0022 － 0001/0002 制单日期：2017.01.31 审核日期： 附单据数：0

| 摘要 | 科目名称 | 借方金额 | 贷方金额 |
|---|---|---|---|
| 设定提存计划（失业保险）分摊 | 制造费用/工资 | 26400 | |
| 设定提存计划（失业保险）分摊 | 销售费用/工资 | 12200 | |
| 设定提存计划（失业保险）分摊 | 生产成本/直接人工 | 16000 | |
| 设定提存计划（失业保险）分摊 | 生产成本/直接人工 | 12000 | |
| 设定提存计划（失业保险）分摊 | 管理费用/工资 | 18500 | |
| 票号 日期 | 数量 单价 合计 | 162400 | 162400 |

备注 项目 部门 个人 客户 业务员

记账 审核 出纳 制单 陈东

图 9－71 凭证生成—失业保险分摊

（13）关闭【填制凭证】窗口，返回【工资分摊明细】窗口，选择［类型］为“社会保险费分摊”，勾选［合并科目相同、辅助项相同的分录］复选框。单击［制单］按钮，选择凭证类别为“转 转账凭证”，单击［💾］按钮保存凭证，如图 9－72 所示。

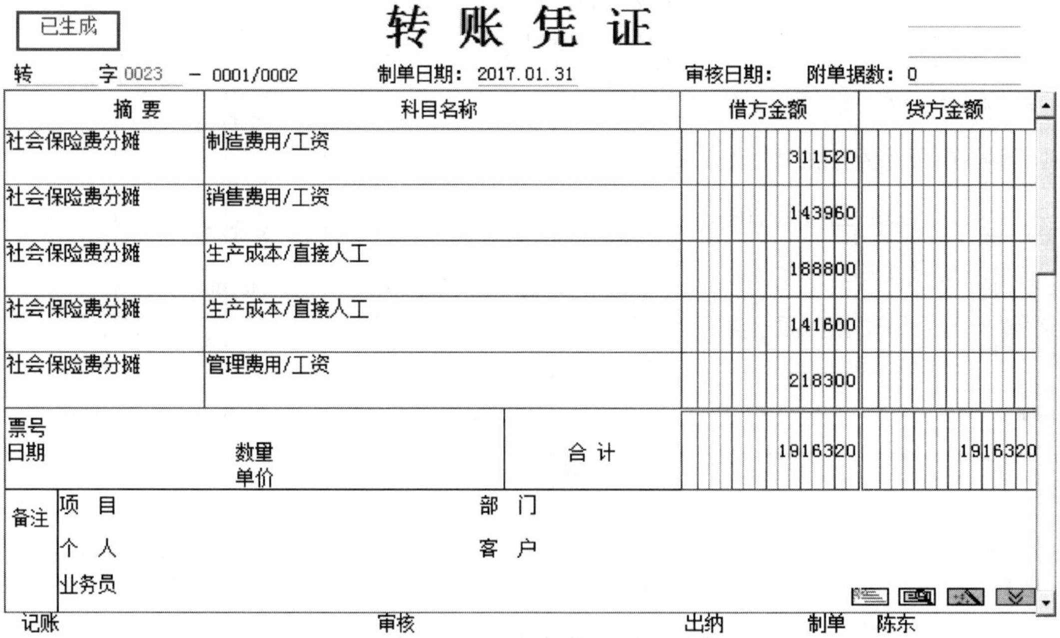

已生成

转账凭证

转 字 0023 － 0001/0002 制单日期：2017.01.31 审核日期： 附单据数：0

| 摘要 | 科目名称 | 借方金额 | 贷方金额 |
|---|---|---|---|
| 社会保险费分摊 | 制造费用/工资 | 311520 | |
| 社会保险费分摊 | 销售费用/工资 | 143960 | |
| 社会保险费分摊 | 生产成本/直接人工 | 188800 | |
| 社会保险费分摊 | 生产成本/直接人工 | 141600 | |
| 社会保险费分摊 | 管理费用/工资 | 218300 | |
| 票号 日期 | 数量 单价 合计 | 1916320 | 1916320 |

备注 项目 部门 个人 客户 业务员

记账 审核 出纳 制单 陈东

图 9－72 凭证生成—社会保险费分摊

（14）关闭【填制凭证】窗口，返回【工资分摊明细】窗口，选择［类型］为“住房公积金分摊”，勾选［合并科目相同、辅助项相同的分录］复选框。单击［制单］按钮，选择凭证类别为“转 转账凭证”，单击［💾］按钮保存凭证，如图 9－73 所示。

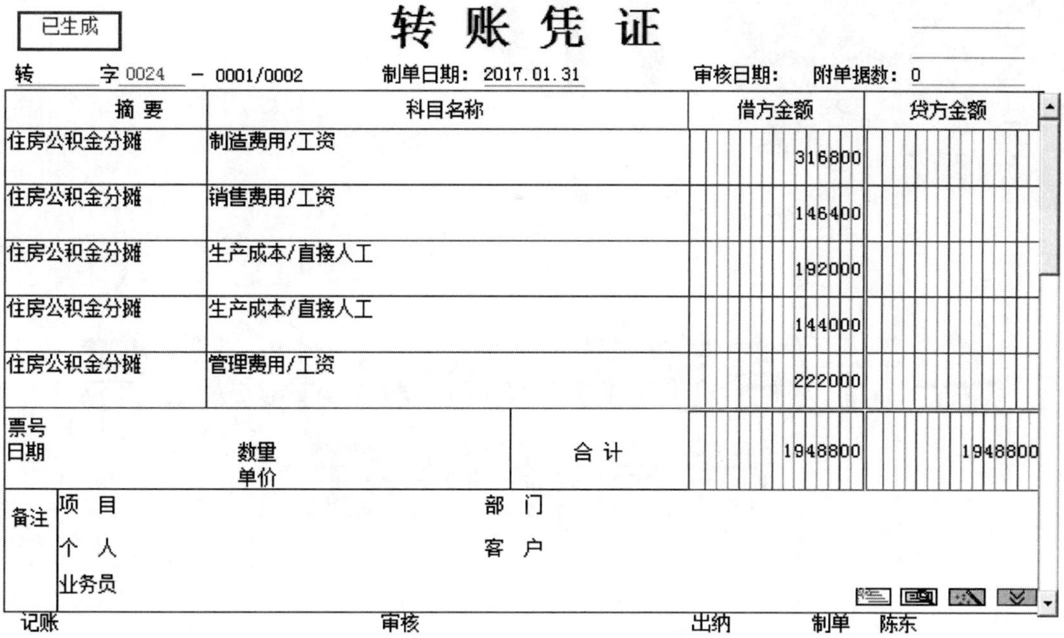

已生成

**转 账 凭 证**

转 字 0024 - 0001/0002　制单日期：2017.01.31　审核日期：　附单据数：0

| 摘要 | 科目名称 | 借方金额 | 贷方金额 |
| --- | --- | --- | --- |
| 住房公积金分摊 | 制造费用/工资 | 316800 | |
| 住房公积金分摊 | 销售费用/工资 | 146400 | |
| 住房公积金分摊 | 生产成本/直接人工 | 192000 | |
| 住房公积金分摊 | 生产成本/直接人工 | 144000 | |
| 住房公积金分摊 | 管理费用/工资 | 222000 | |
| 票号 日期　数量 单价 | 合计 | 1948800 | 1948800 |

备注　项目　部门　个人　客户　业务员

记账　审核　出纳　制单 陈东

图 9－73　凭证生成—住房公积金分摊

（15）关闭【填制凭证】窗口，返回【工资分摊明细】窗口，选择［类型］为“计提个人所得税”，勾选［合并科目相同、辅助项相同的分录］复选框。单击［制单］按钮，选择凭证类别为“转 转账凭证”，单击［ ］按钮保存凭证，如图 9－74 所示。

已生成

**转 账 凭 证**

转 字 0025　制单日期：2017.01.31　审核日期：　附单据数：0

| 摘要 | 科目名称 | 借方金额 | 贷方金额 |
| --- | --- | --- | --- |
| 计提个人所得税 | 应付职工薪酬/工资 | 691302 | |
| 计提个人所得税 | 应交税费/应交个人所得税 | | 691302 |
| | | | |
| | | | |
| | | | |
| 票号 日期　数量 单价 | 合计 | 691302 | 691302 |

备注　项目　部门　个人　客户　业务员

记账　审核　出纳　制单 陈东

图 9－74　凭证生成—计提个人所得税

（16）关闭【填制凭证】和【工资分摊明细】窗口，完成工资分摊信息化处理操作。

项目 10

# 会计信息系统期末业务信息化处理

**工作任务**

- 根据企业的实际完成情况产成品成本的核算工作
- 完成企业总账期末业务的处理工作
- 完成信息化方式下各子系统的结账工作

**职业能力**

- 掌握信息化方式下正确核算产品成本的能力
- 具备信息化方式下期末业务的处理能力

**知识要求**

- 能理解信息化方式下产品成本核算的处理流程
- 能描述信息化方式下各子系统期末业务的处理流程

**技能要求**

- 能按企业的实际生产情况完成产成品成本的核算
- 能完成期末转账业务信息化处理的定义工作
- 能正确完成信息化方式下各子系统的结账处理

# 实训一　产品完工入库及结转销售成本信息化处理

【信息化要求】

信息化方式下，企业产品成本核算所需要的数据主要来源于库存管理系统、薪资管理系统、固定资产管理系统所产生的出库数据、人工费数据和折旧数据，企业可以启用成本管理系统对成本核算进行精细化管理，也可以不使用成本管理系统对成本核算进行简化管理，但不论哪种方式下，都需要从相应的子系统中获取成本核算所需要的基础数据，这些数据来源于不同的子系统，并最终传递到总账管理系统，所以可以从不同的子系统获取，也可以通过查询总账账簿数据获取，在取得相应的成本核算所需的基础数据后，通过对产品成本进行分配完成产品完工入库的信息化处理工作。

【软件操作流程】

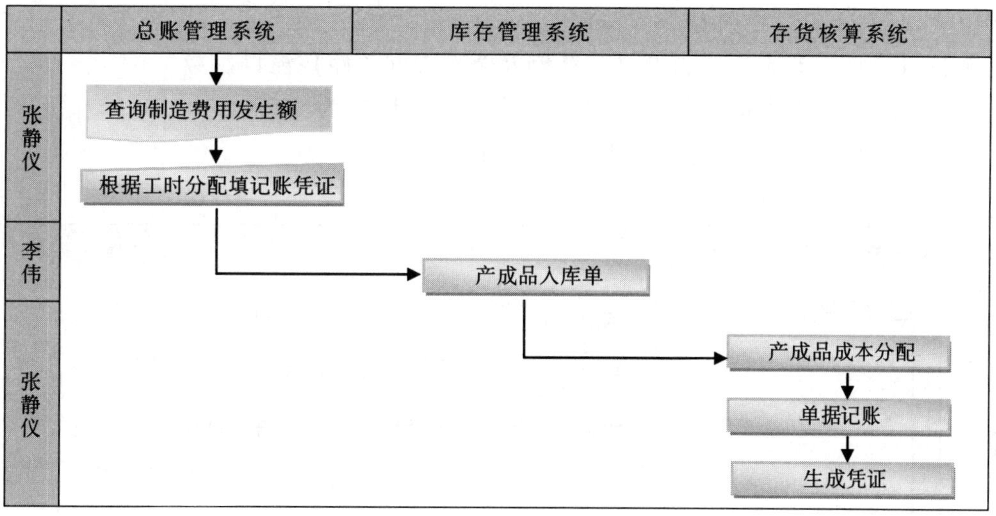


［软件操作流程图 10］　产品完工入库

## 业务一　结转制造费用信息化处理

【业务描述】

2017 年 1 月 31 日，从生产部门处取得如下原始凭证，如图 10－1 所示。

**制造费用产品工时统计表**

2017年1月31日

| 产品名称 | 耗用工时/小时 | 分配率 | 分配金额 |
|---|---|---|---|
| PHANTOM系列 | 100 | | |
| OSMO系列 | 100 | | |
| INSPIRE系列 | 200 | | |
| MAVIC系列 | 100 | | |
| 合计 | 500 | | 51190.20 |

图 10－1　［业务一　产品工时分配表］

【业务分析】

该笔业务是对本期所发生的制造费用进行结转分配处理，在没有使用成本管理系统的情况下，需要通过查询取得本期制造费用的明细数据，并按照企业所确定的分配方法对制造费用进行分配结转，完成产品成本计算的第一步工作。

【数据信息化】

数据来源：产品工时统计表、制造费用明细数据

【操作人员】

由具有凭证填制权限的操作员或财务部［ZJY 张静仪］完成制造费用结转凭证的填制操作，操作日期：2017 年 1 月 31 日。

【信息化操作】

（1）2017 年 1 月 31 日，由财务部［ZJY 张静仪］执行【业务工作】—【财务会计】—【总账】—【账表】—【科目账】—【余额表】命令，打开【发生额及余额查询条件】窗口。

（2）在【发生额及余额查询条件】窗口下，选择［科目］为“5101－5101”，［级次］为“1－4”，勾选［包含未记账凭证］复选框，如图 10－2 所示。

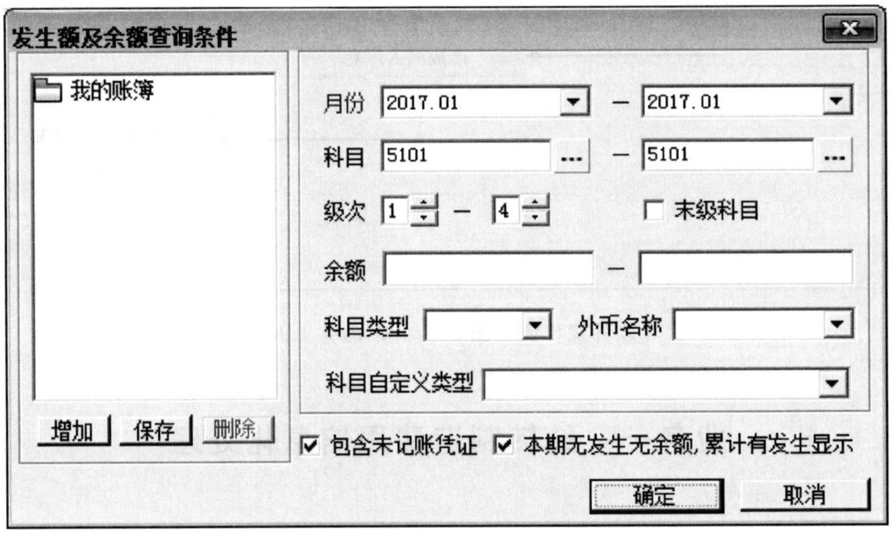


图 10－2　发生额及余额查询条件

（3）单击［确定］按钮，系统显示“制造费用”科目的明细发生额及余额数据，此数据将作为编制结转制造费用凭证的依据，如图 10－3 所示。

简易桌面 | 发生额及余额表 ×

金额式

**发生额及余额表**

月份：2017.01-2017.01

| 科目编码 | 科目名称 | 期初余额 | | 本期发生 | | 期末余额 | |
|---|---|---|---|---|---|---|---|
| | | 借方 | 贷方 | 借方 | 贷方 | 借方 | 贷方 |
| 5101 | 制造费用 | | | 51,190.20 | 51,190.20 | | |
| 510101 | 工资 | | | 46,615.20 | 46,615.20 | | |
| 510102 | 折旧费 | | | 4,575.00 | 4,575.00 | | |
| 成本小计 | | | | 51,190.20 | 51,190.20 | | |
| 合计 | | | | 51,190.20 | 51,190.20 | | |

**图 10－3　发生额及余额表**

（4）2017 年 1 月 31 日，由财务部［ZJY 张静仪］执行【业务工作】—【财务会计】—【总账】—【凭证】—【填制凭证】命令，根据生产部门的工时统计结果及制造费用科目的发生额查询结果，编制结转制造费用的转账凭证。

在编制记账凭证时，应根据不同的产品成本项目编制借方科目，每一个成本项目均需要填制一条借方分录，并选择对应的辅助核算项目。结果如图 10－4 所示。

**转 账 凭 证**

转　字 0026 － 0001/0002　　制单日期：2017.01.31　　审核日期：　　附单据数：1

| 摘要 | 科目名称 | 借方金额 | 贷方金额 |
|---|---|---|---|
| 分配制造费用 | 生产成本/制造费用 | 1023804 | |
| 分配制造费用 | 生产成本/制造费用 | 1023804 | |
| 分配制造费用 | 生产成本/制造费用 | 2047608 | |
| 分配制造费用 | 生产成本/制造费用 | 1023804 | |
| 分配制造费用 | 制造费用/工资 | | 4661520 |
| 票号<br>日期 | 数量<br>单价 | 合 计 5119020 | 5119020 |

备注　项　目　PHANTOM系列　　部　门
　　　个　人　　　　　　　　　客　户
　　　业务员

记账　　审核　　出纳　　制单　张静仪

**图 10－4　凭证填制—结转制造费用**

## 业务二　完工产品入库信息化处理

【业务描述】

2017 年 1 月 31 日，从生产部门处取得如下原始凭证，如图 10－5 所示。

**本月产量记录**

2017年1月31日　　　　单位：台

| 产品名称 | 月初在产品 | 本月投产 | 本月完工产品 | 月末在产品 | 在产品完工程度 |
|---|---|---|---|---|---|
| PHANTOM系列 | 50 | | 50 | | |
| OSMO系列 | | 30 | | 30 | 50% |
| INSPIRE系列 | 40 | | 40 | | |
| MAVIC系列 | | 30 | | 30 | 50% |
| 合计 | 90 | 60 | 90 | 60 | |

图 10-5 ［业务二　产量记录表］

【业务分析】

该笔业务是本月已完工产品的入库处理工作，对于本笔业务需要填制“产成品入库单”进行处理，在填制产成品入库单时，只需要填入完工产品数量，对于产成品的入库单价，要通过产成品成本分配功能进行处理。

【数据信息化】

数据来源：产量记录表

根据以上业务数据采集得到产成品入库单信息化数据（见表 10-1）：

表 10-1　产成品入库单信息化数据

| | | | |
|---|---|---|---|
| 表头信息 | 入库日期 | 2017-01-31 | 2017-01-31 |
| | 仓库 | 产品一库 | 产品二库 |
| | 部门 | 仓储部 | 仓储部 |
| | 入库类别 | 产成品入库 | 产成品入库 |
| 表体信息 | 产品代码 | 0201 | 0203 |
| | 产品名称 | PHANTOM 系列 | INSPIRE 系列 |
| | 数量 | 50.00 | 40.00 |

【操作人员】

由仓储部［LW 李伟］负责产成品入库单的填制，由仓储部［宋春丽］负责产成品入库单的审核，操作日期：2017 年 1 月 31 日。

【信息化操作】

1. 产成品入库单填制

（1）2017 年 1 月 31 日，由仓储部［LW 李伟］执行【业务工作】—【供应链】—【库存管理】—【入库业务】—【产成品入库单】命令，打开【产成品入库单】窗口。

（2）单击［增加］按钮，按要求录入产品一库的产成品入库单信息，并单击［］按钮保存。结果如图 10-6 所示。

图 10-6　产成品入库单填制—产品一库

（3）按上述方法完成产品二库的产成品入库单的录入操作。结果如图 10-7 所示。

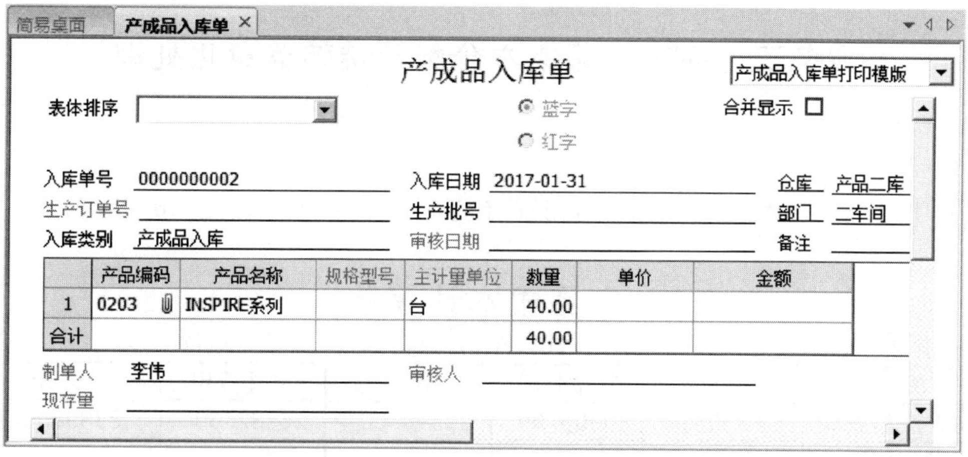


图 10-7　产成品入库单填制—产品二库

2. 产成品入库单审核

（1）2017 年 1 月 31 日，由仓储部［SCL 宋春丽］执行【业务工作】—【供应链】—【库存管理】—【入库业务】—【产成品入库单】命令，打开【产成品入库单】窗口。

（2）通过点击［◀◀ ◀ ▶ ▶▶］按钮找到需要审核的产成品入库单，然后单击［审核］按钮，完成产成品入库单的审核操作。结果如图 10-8、图 10-9 所示。

图 10-8　产成品入库单审核—产品一库

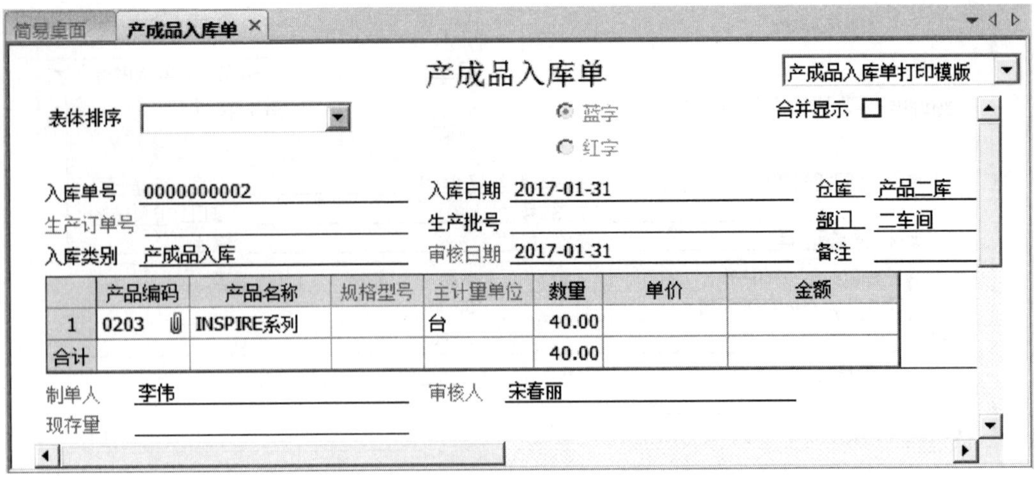


图 10－9　产成品入库单审核—产品二库

## 业务三　完工产品成本分配及结转信息化处理

【业务描述】

2017 年 1 月 31 日，从生产部门处取得如下原始凭证，如图 10－10、图 10－11 所示。

**产品成本计算单**

一车间：PHANTOM系列　　2017年1月31日　　单位：台

| 项目 | 数量 | 直接材料 | 直接人工 | 制造费用 | 合计 |
|---|---|---|---|---|---|
| 期初在产品成本 | 50 | 40000.00 | 21316.00 | 26582.60 | 87898.60 |
| 本月发生费用 | | | | | |
| 合计 | | | | | |
| 约当产量 | | | | | |
| 单位成本 | | | | | |
| 完工产品成本 | | | | | |
| 月末在产品成本 | | | | | |

图 10－10　［业务三　产品成本计算单——一车间］

**产品成本计算单**

二车间：INSPIRE系列　　2017年1月31日　　单位：台

| 项目 | 数量 | 直接材料 | 直接人工 | 制造费用 | 合计 |
|---|---|---|---|---|---|
| 期初在产品成本 | 50 | 60000.00 | 21316.00 | 26582.60 | 107898.60 |
| 本月发生费用 | | | | | |
| 合计 | | | | | |
| 约当产量 | | | | | |
| 单位成本 | | | | | |
| 完工产品成本 | | | | | |
| 月末在产品成本 | | | | | |

图 10－11　［业务三　产品成本计算单—二车间］

【业务分析】

该笔业务是对本月已经完工产品的成本进行计算操作，在未启用成本管理系统的情况下，成本计算中所需要的本月发生费用等数据需要通过查询账簿数据来获取，并在“存货核算”系统通过“产品成本分配”功能完成产成品成本的计算工作。同时，由于产品库采用了全月一次加权平均法计算发出产品的成本，所以，只有在本期产品成本计算完成的情况下，也才能对本期的产品销售成本做出处理。

【数据信息化】

数据来源：产品成本计算单、账簿数据

【操作人员】

由采购部［ZJY 张静仪］完成产成品成本的分配、单据记账及填制凭证操作，操作日期：2017 年 1 月 31 日。

【信息化操作】

（1）2017 年 1 月 31 日，由采购部［ZJY 张静仪］执行【业务工作】—【财务会计】—【总账】—【账表】—【项目辅助账】—【项目总账】—【项目总账】命令，打开【项目总账条件】窗口。

（2）在【项目总账条件】窗口下选择［项目大类］为“产成品”，选择［项目］为“PHANTOM 系列”，勾选［包含未记账凭证］复选框，如图 10 – 12 所示。

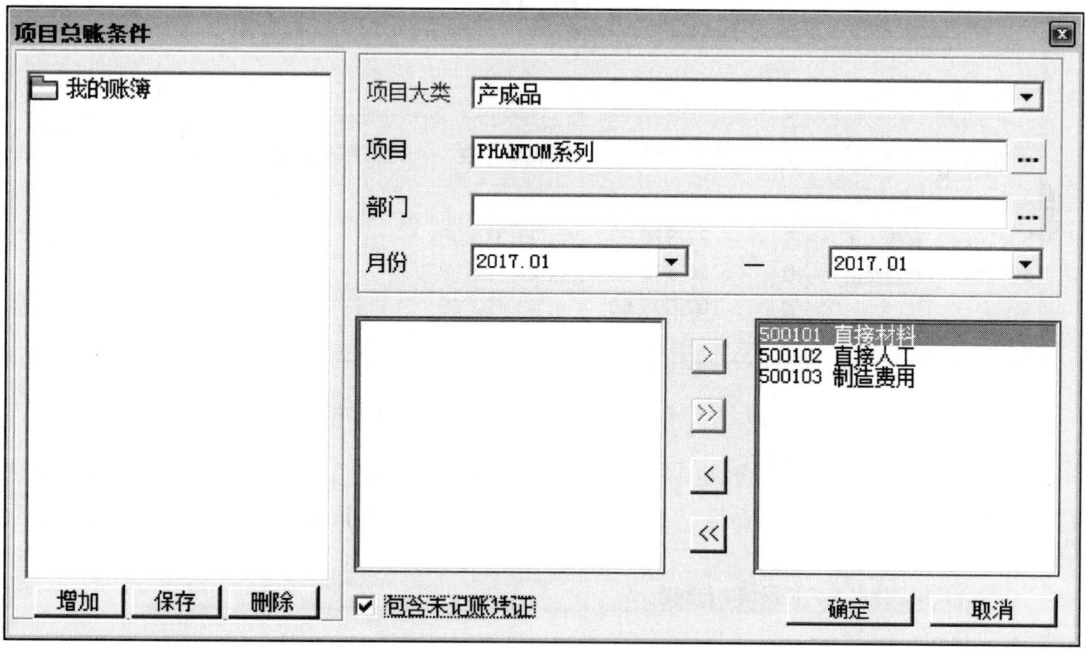


图 10 – 12　项目总账条件

（3）单击［确定］按钮，系统显示“PHANTOM 系列”产品的项目总账查询数据，将各项明细数据及期末总金额记录下来，如图 10 – 13 所示。

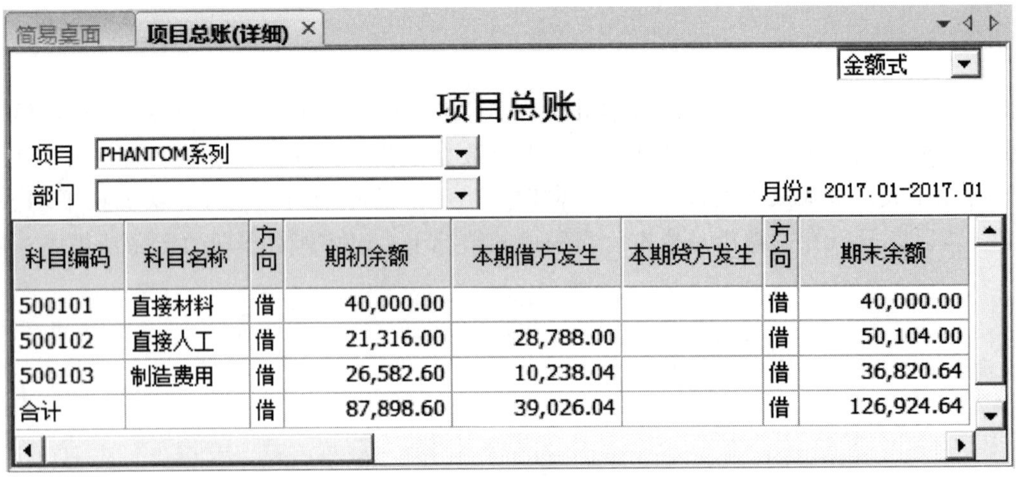

简易桌面　项目总账(详细)

金额式

项目总账

项目 PHANTOM系列

部门

月份：2017.01-2017.01

| 科目编码 | 科目名称 | 方向 | 期初余额 | 本期借方发生 | 本期贷方发生 | 方向 | 期末余额 |
|---|---|---|---|---|---|---|---|
| 500101 | 直接材料 | 借 | 40,000.00 | | | 借 | 40,000.00 |
| 500102 | 直接人工 | 借 | 21,316.00 | 28,788.00 | | 借 | 50,104.00 |
| 500103 | 制造费用 | 借 | 26,582.60 | 10,238.04 | | 借 | 36,820.64 |
| 合计 | | 借 | 87,898.60 | 39,026.04 | | 借 | 126,924.64 |

**图 10－13　项目总账－PHANTOM 系列项目**

（4）以同样方法在【项目总账条件】窗口下选择［项目大类］为“产成品”，选择［项目］为“INSPIRE 系列”，勾选［包含未记账凭证］复选框。

（5）单击［确定］按钮，系统显示查询得到的“INSPIRE 系列”产品的项目总账数据，将各项明细数据及期末总金额记录下来，如图 10－14 所示。

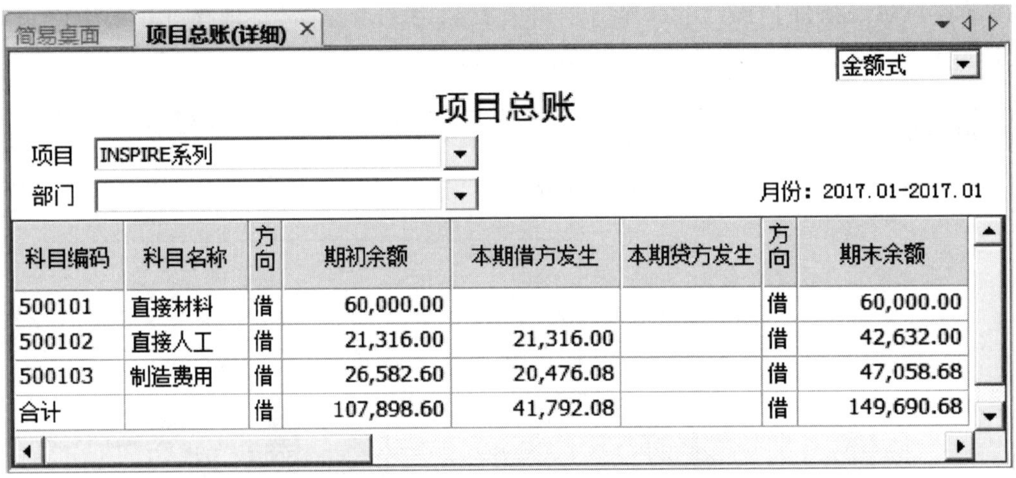

简易桌面　项目总账(详细)

金额式

项目总账

项目 INSPIRE系列

部门

月份：2017.01-2017.01

| 科目编码 | 科目名称 | 方向 | 期初余额 | 本期借方发生 | 本期贷方发生 | 方向 | 期末余额 |
|---|---|---|---|---|---|---|---|
| 500101 | 直接材料 | 借 | 60,000.00 | | | 借 | 60,000.00 |
| 500102 | 直接人工 | 借 | 21,316.00 | 21,316.00 | | 借 | 42,632.00 |
| 500103 | 制造费用 | 借 | 26,582.60 | 20,476.08 | | 借 | 47,058.68 |
| 合计 | | 借 | 107,898.60 | 41,792.08 | | 借 | 149,690.68 |

**图 10－14　项目总账－INSPIRE 系列项目**

（6）2017 年 1 月 31 日，由财务部［ZJY 张静仪］执行【业务工作】—【供应链】—【存货核算】—【业务核算】—【产成品成本分配】命令，打开【产成品成本分配表】窗口，如图 10－15 所示。

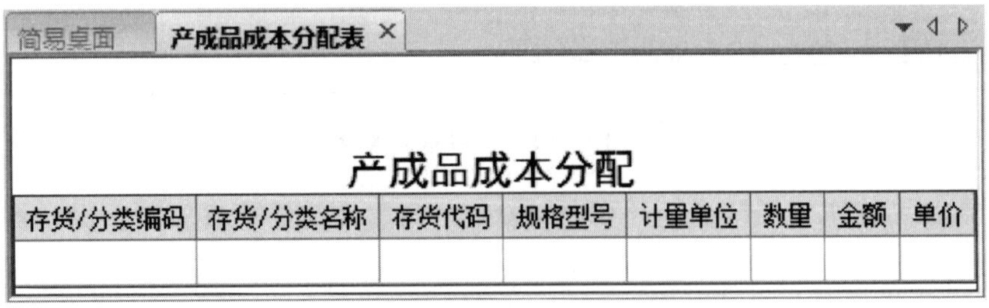

简易桌面　产成品成本分配表

产成品成本分配

| 存货/分类编码 | 存货/分类名称 | 存货代码 | 规格型号 | 计量单位 | 数量 | 金额 | 单价 |
|---|---|---|---|---|---|---|---|
| | | | | | | | |

**图 10－15　产成品成本分配表**

（7）在【产成品成本分配表】窗口下单击［查询］按钮，打开【产成品成本分配表查询】窗口。

（8）勾选［02 产品一库］、［03 产品二库］复选框，如图 10－16 所示。

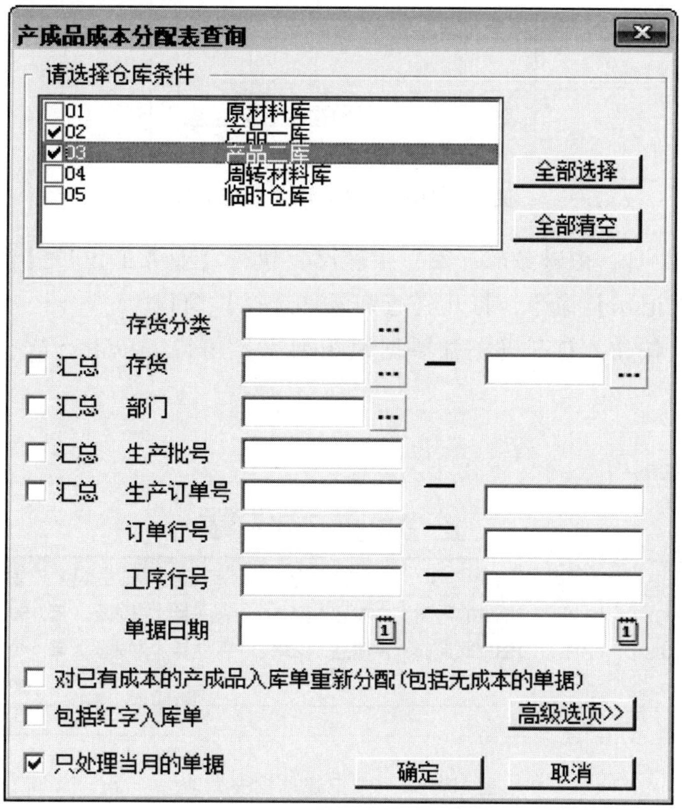


图 10－16　产成品成本分配表查询

（9）单击［确定］按钮，打开【产成品成本分配表】窗口，根据之前查询所得的产品项目数据，在对应的产品行金额列内输入项目金额的合计数，如图 10－17 所示。

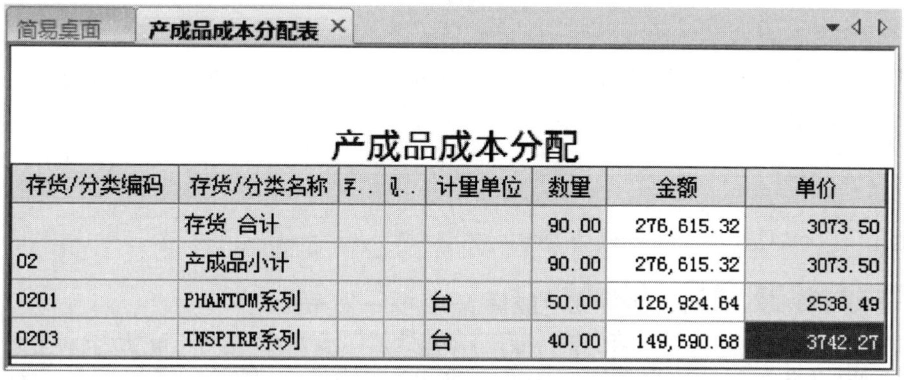


产成品成本分配

| 存货/分类编码 | 存货/分类名称 | 子.. | 飞.. | 计量单位 | 数量 | 金额 | 单价 |
|---|---|---|---|---|---|---|---|
| | 存货 合计 | | | | 90.00 | 276,615.32 | 3073.50 |
| 02 | 产成品小计 | | | | 90.00 | 276,615.32 | 3073.50 |
| 0201 | PHANTOM系列 | | | 台 | 50.00 | 126,924.64 | 2538.49 |
| 0203 | INSPIRE系列 | | | 台 | 40.00 | 149,690.68 | 3742.27 |

图 10－17　产成品成本分配

（10）单击［分配］按钮，系统提示“分配操作顺利完成！”，提示产成品成本分配操作完成，如图 10－18 所示。

图 10－18　产成品成本分配完成

（11）2017 年 1 月 31 日，由财务部［ZJY 张静仪］执行【业务工作】—【供应链】—【存货核算】—【业务核算】—【正常单据记账】命令，打开【查询条件选择】窗口。

（12）单击［确定］按钮，打开【正常单据记账列表】窗口，单击［ALL 全选］按钮，如图 10－19 所示。

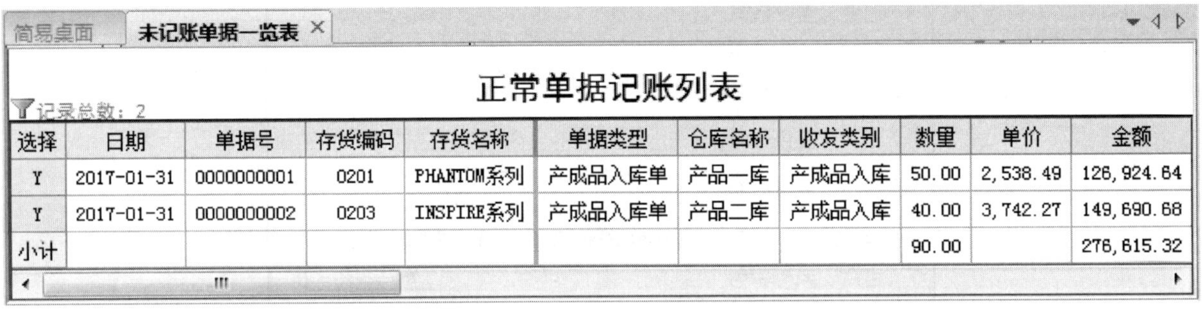


| 选择 | 日期 | 单据号 | 存货编码 | 存货名称 | 单据类型 | 仓库名称 | 收发类别 | 数量 | 单价 | 金额 |
|---|---|---|---|---|---|---|---|---|---|---|
| Y | 2017-01-31 | 0000000001 | 0201 | PHANTOM系列 | 产成品入库单 | 产品一库 | 产成品入库 | 50.00 | 2,538.49 | 126,924.64 |
| Y | 2017-01-31 | 0000000002 | 0203 | INSPIRE系列 | 产成品入库单 | 产品二库 | 产成品入库 | 40.00 | 3,742.27 | 149,690.68 |
| 小计 | | | | | | | | 90.00 | | 276,615.32 |

图 10－19　未记账单据一览表

（13）然后再单击［记账］按钮，完成产品入库单的记账操作。

（14）2017 年 1 月 31 日，由财务部［ZJY 张静仪］执行【业务工作】—【供应链】—【存货核算】—【财务核算】—【生成凭证】命令，打开【生成凭证】窗口。

（15）在【生成凭证】窗口下，单击［选择］按钮，然后单击［确定］，打开【选择单据】窗口。

（16）在【选择单据】窗口下，单击［选择］栏对应的单元格，选中需要生成凭证的两张产成品入库单，如图 10－20 所示。

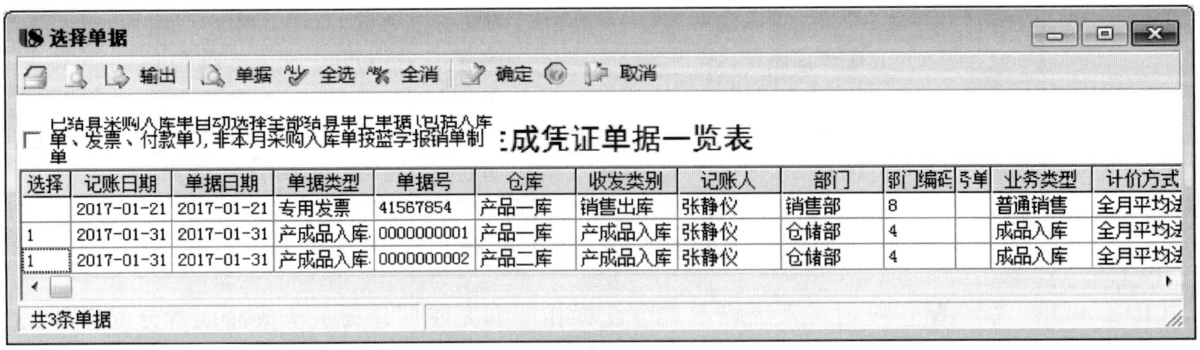


| 选择 | 记账日期 | 单据日期 | 单据类型 | 单据号 | 仓库 | 收发类别 | 记账人 | 部门 | 部门编码 | 号单 | 业务类型 | 计价方式 |
|---|---|---|---|---|---|---|---|---|---|---|---|---|
| | 2017-01-21 | 2017-01-21 | 专用发票 | 41567854 | 产品一库 | 销售出库 | 张静仪 | 销售部 | 8 | | 普通销售 | 全月平均法 |
| 1 | 2017-01-31 | 2017-01-31 | 产成品入库 | 0000000001 | 产品一库 | 产成品入库 | 张静仪 | 仓储部 | 4 | | 成品入库 | 全月平均法 |
| 1 | 2017-01-31 | 2017-01-31 | 产成品入库 | 0000000002 | 产品二库 | 产成品入库 | 张静仪 | 仓储部 | 4 | | 成品入库 | 全月平均法 |

图 10－20　选择单据—产成品入库单

（17）单击［确定］，返回【生成凭证】窗口，选择［凭证类别］为“转　转证凭证”，如图 10－21 所示。

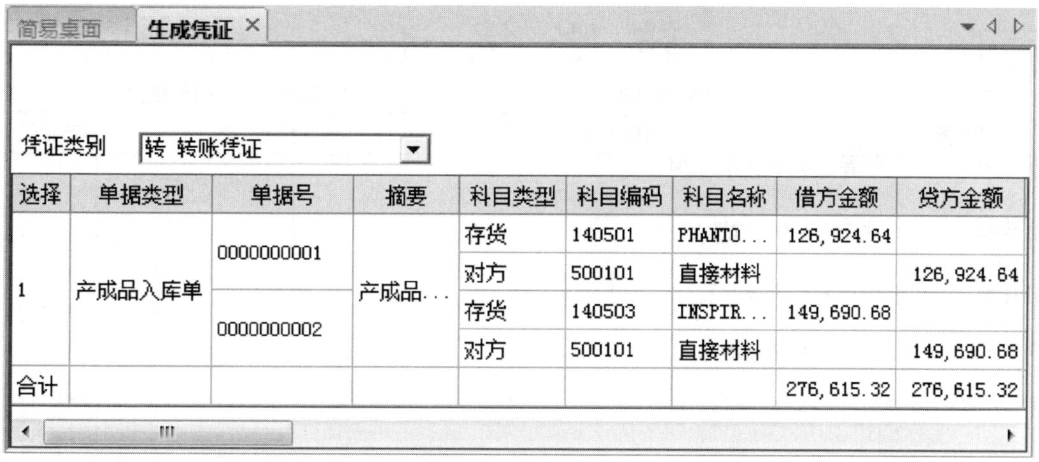

简易桌面 生成凭证

凭证类别 转 转账凭证

| 选择 | 单据类型 | 单据号 | 摘要 | 科目类型 | 科目编码 | 科目名称 | 借方金额 | 贷方金额 |
|---|---|---|---|---|---|---|---|---|
| 1 | 产成品入库单 | 0000000001 | 产成品... | 存货 | 140501 | PHANTO... | 126,924.64 | |
| | | | | 对方 | 500101 | 直接材料 | | 126,924.64 |
| | | 0000000002 | | 存货 | 140503 | INSPIR... | 149,690.68 | |
| | | | | 对方 | 500101 | 直接材料 | | 149,690.68 |
| 合计 | | | | | | | 276,615.32 | 276,615.32 |

图 10－21　生成凭证

（18）单击［生成］，系统显示生成的凭证，根据之前所查产品项目的明细账数据，修改第一张凭证的贷方分录为“生产成本/直接材料 40,000.00”、“生产成本/直接人工 50,104.00”、“生产成本/制造费用 36,820.64”三行分录，然后点击选择［ ］按钮保存凭证。第一张凭证的项目核算内容是“PHANTOM 系列”。结果如图 10－22 所示。

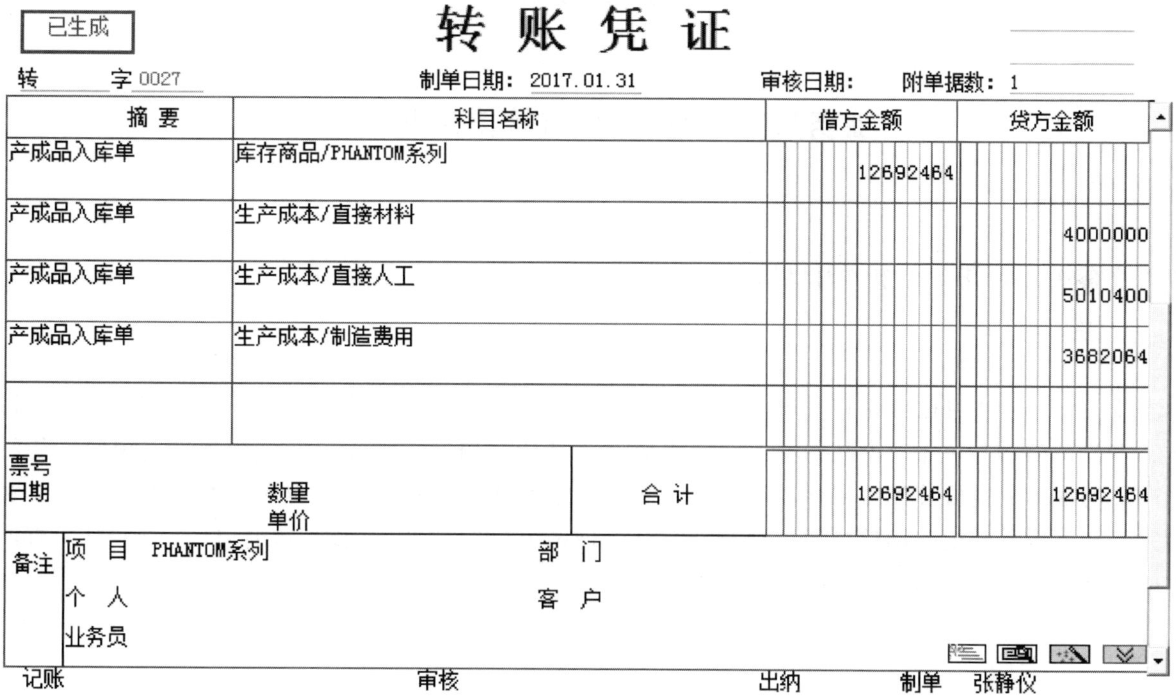

已生成

转账凭证

转 字 0027　制单日期：2017.01.31　审核日期：　附单据数：1

| 摘要 | 科目名称 | 借方金额 | 贷方金额 |
|---|---|---|---|
| 产成品入库单 | 库存商品/PHANTOM系列 | 12692464 | |
| 产成品入库单 | 生产成本/直接材料 | | 4000000 |
| 产成品入库单 | 生产成本/直接人工 | | 5010400 |
| 产成品入库单 | 生产成本/制造费用 | | 3682064 |
| | | | |
| 票号 日期　数量 单价 | 合计 | 12692464 | 12692464 |

备注　项目 PHANTOM系列　部门

个人　客户

业务员

记账　审核　出纳　制单 张静仪

图 10－22　凭证生成—结转完工产品成本（PHANTOM 系列）

（19）单击［ ］按钮，系统显示第二张凭证，根据之前所查产品项目的明细账数据，修改第一张凭证的贷方分录为“生产成本/直接材料 60,000.00”、“生产成本/直接人工 42,632.00”、“生产成本/制造费用 47,058.68”三行分录，然后点击选择［ ］按钮保存凭证。第二张凭证的项目核算内容是“INSPIRE 系列”。结果如图 10－23 所示。

已生成

**转 账 凭 证**

转 字 0028　　制单日期：2017.01.31　　审核日期：　　附单据数：1

| 摘 要 | 科目名称 | 借方金额 | 贷方金额 |
|---|---|---|---|
| 产成品入库单 | 库存商品/INSPIRE系列 | 14969068 | |
| 产成品入库单 | 生产成本/直接材料 | | 6000000 |
| 产成品入库单 | 生产成本/直接人工 | | 4263200 |
| 产成品入库单 | 生产成本/制造费用 | | 4705868 |
| | | | |
| 票号<br>日期　数量<br>单价 | 合 计 | 14969068 | 14969068 |

备注　项 目 INSPIRE系列　　部 门
个 人　　客 户
业务员

记账　　审核　　出纳　　制单 张静仪

图 10－23　凭证生成—结转完工产品成本（INSPIRE 系列）

## 业务四　销售成本结转信息化处理

【业务描述】

2017 年 1 月 31 日，结转本月已销产品成本。

【业务分析】

本业务是结转本月已经销售实现的产品的销售成本。销售成本的结转取决于发出商品成本的计价方式，本公司的产品一库、产品二库计价方式均为全月一次加权平均法，因此在销售实现时不能结转销售产品的成本，需要等到月末计算出全月的平均成本后才能确定本月的销售成本。本业务需要在本月的完工产品成本分配完毕后，通过“存货核算管理系统”的“期末处理”功能完成对本月所有产品成本的计算，然后进行销售成本的结转操作。

【操作人员】

由财务部［ZJY 张静仪］完成本月产品一库、产品二库的期末处理，并对本月的销售出库单进行记账、生成凭证操作，操作日期：2017 年 1 月 31 日。

【信息化操作】

（1）2017 年 1 月 31 日，由财务部［ZJY 张静仪］执行【业务工作】—【供应链】—【存货核算】—【业务核算】—【期末处理】命令，打开【期末处理】对话窗口。

（2）在【期末处理】窗口下，选择需要处理的仓库［产品一库］、［产品二库］复选框，如图 10－24 所示。

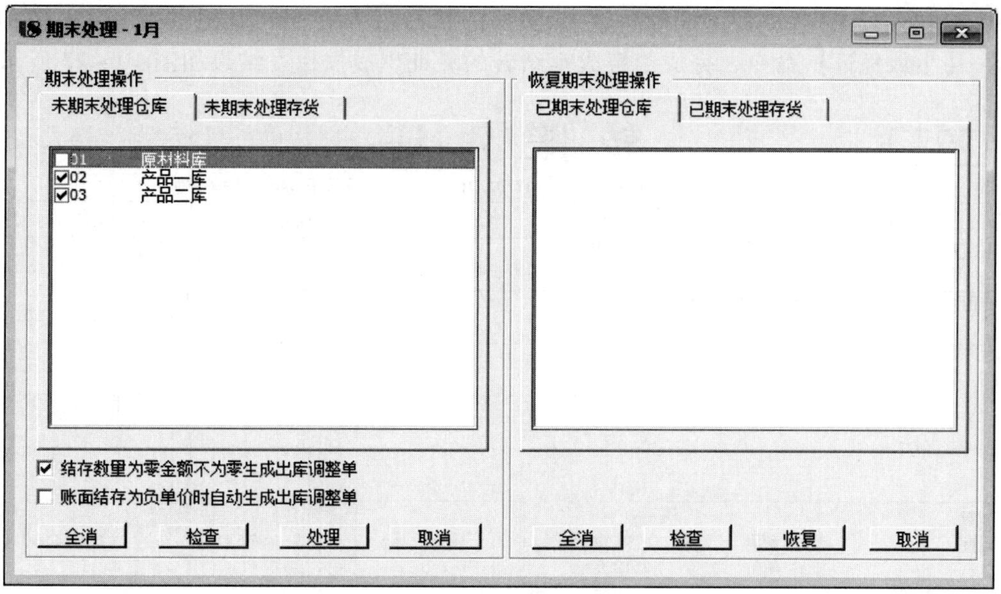


图 10－24　存货期末处理—产品一库、产品二库

（3）单击［处理］按钮，打开【月平均单价计算表】窗口，如图 10－25 所示。

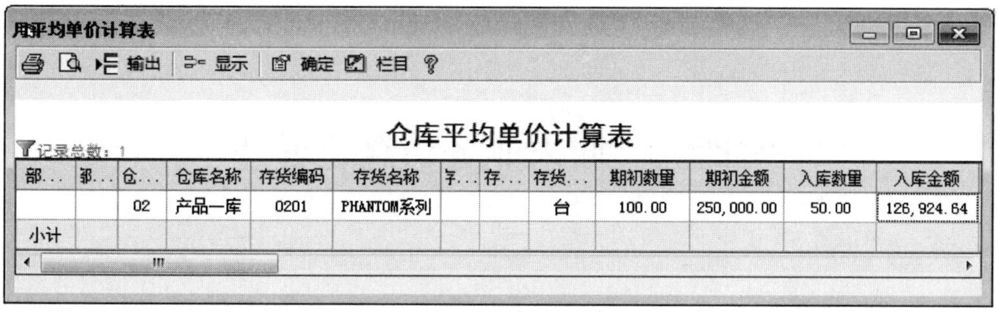


图 10－25　月平均单价计算表

（4）单击［确定］按钮，系统自动计算平均单价，并显示计算完毕窗口，如图 10－26 所示。

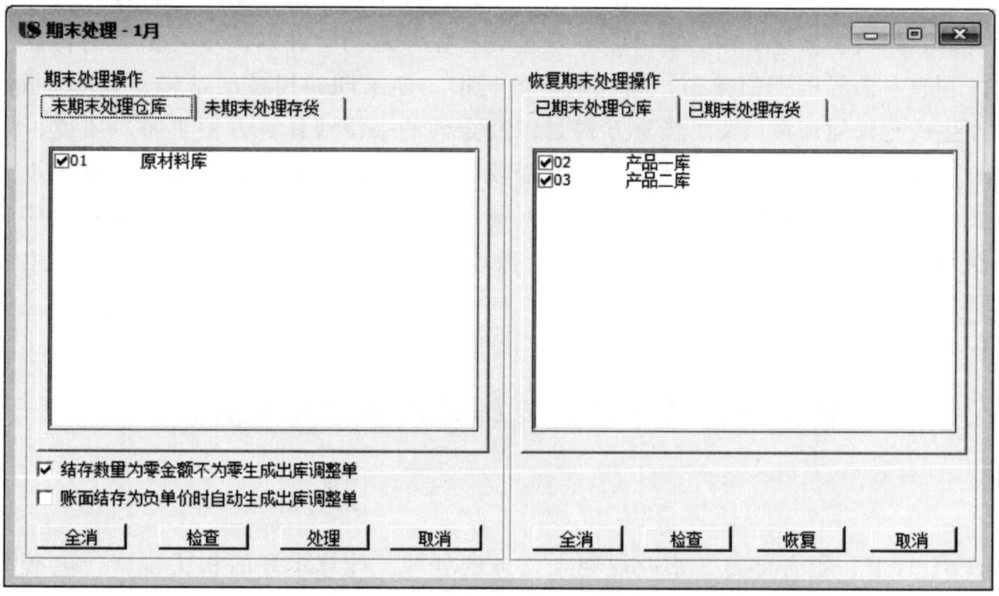


图 10－26　存货期末处理完毕—产品一库、产品二库

（5）2017 年 1 月 31 日，由财务部［ZJY 张静仪］执行【业务工作】—【供应链】—【存货核算】—【财务核算】—【生成凭证】命令，完成销售成本结转的凭证生成操作。结果如图 10－27 所示。

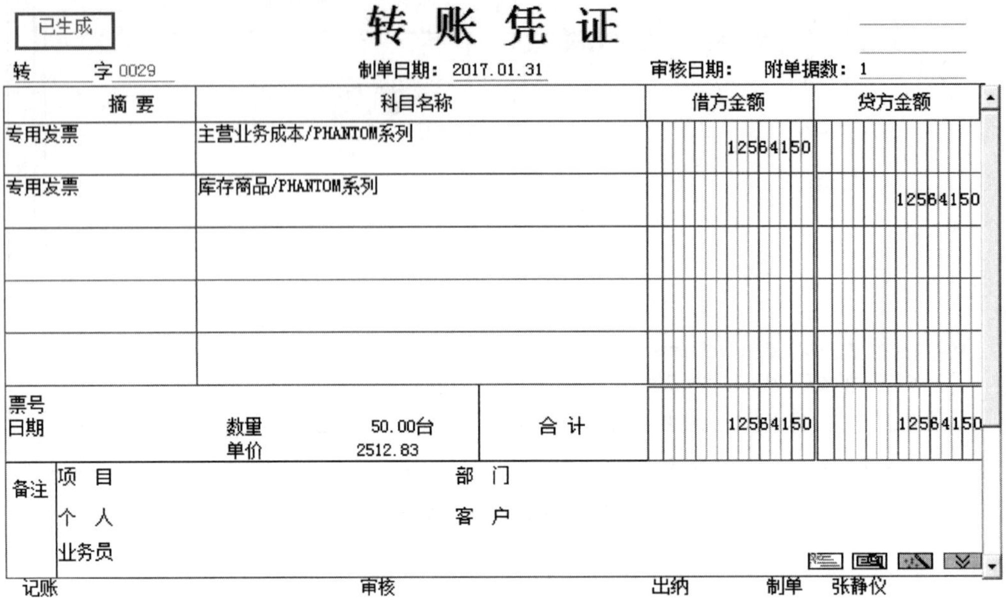

已生成

转账凭证

转 字 0029 制单日期：2017.01.31 审核日期： 附单据数：1

| 摘要 | 科目名称 | 借方金额 | 贷方金额 |
| --- | --- | --- | --- |
| 专用发票 | 主营业务成本/PHANTOM系列 | 12564150 | |
| 专用发票 | 库存商品/PHANTOM系列 | | 12564150 |
| | | | |
| | | | |
| | | | |
| 票号 日期 数量 50.00台 单价 2512.83 | 合计 | 12564150 | 12564150 |

备注 项目 部门 个人 客户 业务员

记账 审核 出纳 制单 张静仪

图 10－27 凭证生成—结转销售成本

# 实训二 期末业务信息化处理

【信息化要求】

期末处理是指在每个会计期间的期末所要完成的特定业务。会计期末业务是指在本期所发生的各项日常经济业务全部填制记账凭证并经登记入账后所要进行的账务处理工作，主要包括各种分摊、计提、结转及对账、结账工作。在手工方式下，期末会计业务主要是通过手工进行计算、查询并编制记账凭证来实现的，但由于会计工作的期末业务一般具有在一定的会计期内重复出现的特征，如每期计提短期借款的利息、无形资产的摊销、固定资产的折旧、期末期间损益的结转、利润分配的处理等，这些业务所产生的记账凭证在摘要、借贷方科目以及金额的来源或计算方法上基本不变，所以，在手工方式下期末业务是一项重复率比较高且工作流程较固定的工作。信息化方式下，期末业务的处理主要是在人的控制下由计算机根据会计软件或操作人员所设定的期末处理原则自动进行。其业务处理程序一般是先执行转账定义，然后再执行转账生成，如果以后的各期转账类型、参数未发生变化，只需执行转账凭证生成即可。

## 业务一 期末自定义转账设置信息化处理

【业务描述】

2017 年 1 月 31 日，财务部门开始进行期末业务的处理，计算本月的相关税费，包括短期借款利息、未交增值税、城建税、教育费附加、地方教育费附加及企业所得税，取得本月及上月有关的原始凭证如图 10－28、如图 10－29、图 10－30 所示。

## 借款利息费用计算表

单位：华威创新科技有限公司　　2017年01月28日　　单位：元

| 借款种类 | 借款金额 | 借款日期 | 借款期限 | 还款方式 | 年利率 | 本月应计利息 |
|---|---|---|---|---|---|---|
| 流动资金周转借款 | 100000.00 | 2016.12.12 | 6个月 | 到期还本付息 | 6% | 500.00 |
| | | | | | | |
| 合计 | 100000.00 | | | | | 500.00 |

财务主管：郑静　会计：张静仪　复核：李蕊　制表：张静仪

图 10－28　[业务一　借款利息费用计算表]

## 未交增值税计算表

编制单位：华威创新科技有限公司　　2016年12月　　金额单位：元

| 项目 | 本月进项税额 | 本月销项税额 | 本月未交增值税 |
|---|---|---|---|
| 增值税 | 27,210.00 | 95,200.00 | 67,990.00 |
| 合计 | 27,210.00 | 95,200.00 | 67,990.00 |

审核：李蕊　　制表：张静仪

图 10－29　[业务一　12 月未交增值税计算表]

## 应交城市维护建设税与教育费附加计算表

2016年12月　　金额单位：元

| 税种 | 计税依据 | 计税金额 | 税率 | 应纳税额 |
|---|---|---|---|---|
| 城市维护建设税 | 增值税 | 67,990.00 | 7% | 4,759.30 |
| | 小计 | | | |
| 教育费附加 | 增值税 | 67,990.00 | 3% | 2,039.70 |
| | 小计 | | | |
| 地方教育费附加 | 增值税 | 67,990.00 | 2% | 1,359.80 |
| | 小计 | | | |

审核：李蕊　　制表：张静仪

图 10－30　[业务一　12 月城建税及教育费附加计算表]

【业务分析】

该笔业务是对本期期末的相关税费进行计算、计提的处理。信息化方式下，期末业务的处理主要是在人的控制下由计算机根据会计软件或操作人员所设定的期末处理原则自动进行。对费用分摊、税金计算结转和辅助核算结转一般可以通过自定义转账来实现，自定义转账是指用户根据企业的实际业务情况和财务核算的需要所进行的转账定义。此种转账凭证定义的自由度较大，是使用范围最广的自动转账凭证定义方式。

【数据信息化】

数据来源：相关税费的计算表

根据以上业务数据及相关税费计算表采集得到期末自定义转账凭证信息化数据（见表 10－2 至表 10－7）：

表 10－2　计提本月短期借款利息自定义公式信息化数据

| 序号/转账说明 | 方向 | 会计科目编码 | 金额公式 |
|---|---|---|---|
| 0001<br>计提本月短期借款利息 | 借 | 660301 | 2001 的期末余额 * 0.06/12 |
| | 贷 | 2231 | 取对方科目计算结果 |

表 10－3　结转本月末交增值税自定义公式信息化数据

| 序号/转账说明 | 方向 | 会计科目编码 | 金额公式 |
|---|---|---|---|
| 0002<br>结转本月未交增值税 | 借 | 22210104 | 取 222101 的期末余额 |
| | 贷 | 222102 | 取对方科目计算结果 |

表 10－4　计提本月城建税自定义公式信息化数据

| 序号/转账说明 | 方向 | 会计科目编码 | 金额公式 |
|---|---|---|---|
| 0003<br>计提本月城建税 | 借 | 6403 | 222102 的期末余额 * 0.07 |
| | 贷 | 222112 | 取对方科目计算结果 |

表 10－5　计提本月教育费附加自定义公式信息化数据

| 序号/转账说明 | 方向 | 会计科目编码 | 金额公式 |
|---|---|---|---|
| 0004<br>计提本月教育费附加 | 借 | 6403 | 222102 的期末余额 * 0.03 |
| | 贷 | 222113 | 取对方科目计算结果 |

表 10－6　计提本月地方教育费附加自定义公式信息化数据

| 序号/转账说明 | 方向 | 会计科目编码 | 金额公式 |
|---|---|---|---|
| 0005<br>计提本月地方教育费附加 | 借 | 6403 | 222102 的期末余额 * 0.02 |
| | 贷 | 222114 | 取对方科目计算结果 |

表 10－7　计提本月企业所得税自定义公式信息化数据

| 序号/转账说明 | 方向 | 会计科目编码 | 金额公式 |
|---|---|---|---|
| 0006<br>计提本月企业所得税 | 借 | 6801 | （4103 的贷方发生额－4103 的借方发生额） * 0.25 |
| | 贷 | 222115 | 取对方科目计算结果 |

【操作人员】

由具有总账期末转账定义权限的操作员或财务部［ZJY 张静仪］完成期末转账凭证的定义操作，操作日期：2017 年 1 月 31 日。

【信息化操作】

（1）2017 年 1 月 31 日，由财务部［ZJY 张静仪］执行【业务工作】—【财务会计】—【总账】—【期末】—【转账定义】—【自定义转账】命令，打开【自定义转账设置】窗口。

（2）单击［增加］按钮，打开【转账目录】窗口，按表 10－2 的内容输入［转账序号］为

"0001"，[转账说明] 为"计提本月短期借款利息"，[凭证类别] 选择"转 转账凭证"，如图 10－31 所示。

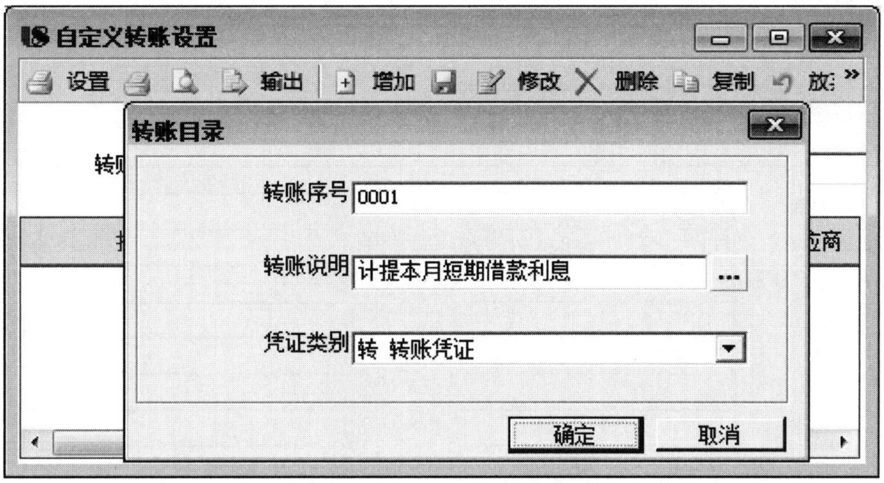


图 10－31 转账目录设置

(3) 单击 [确定] 按钮，返回【自定义转账设置】窗口，单击 [增行] 按钮，系统在表体增加一行，并自动显示摘要信息。双击 [科目编码] 单元格，单击 [...] 按钮选择或直接输入"660301"；双击 [方向] 单元格，选择"借"。如图 10－32 所示。

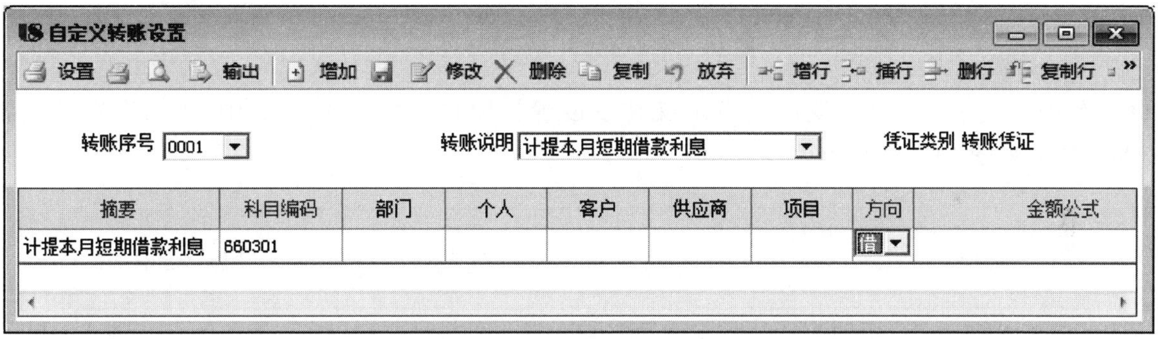


图 10－32 自定义转账设置 1

(4) 双击 [金额公式] 单元格，点击 [...] 按钮，打开【公式向导】窗口，在 [公式名称] 列表栏内选择"期末余额 QM ( )"，如图 10－33 所示。

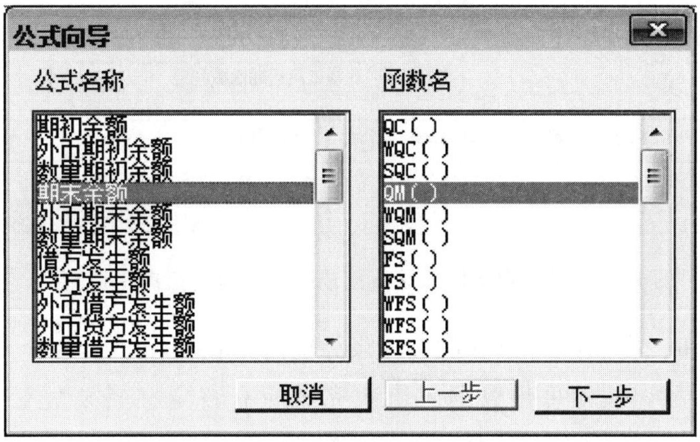


图 10－33 公式向导—函数选择

（5）单击［下一步］按钮，打开【公式向导—公式说明】窗口，在［科目］栏内更改科目为“2001”或单击［...］按钮选择“2001”，如图 10－34 所示。

图 10－34　公式向导—参数设置

（6）单击［完成］按钮，返回【自定义转账设置】窗口，在“QM（2001，月）”公式后输入“＊0.06/12”，如图 10－35 所示。

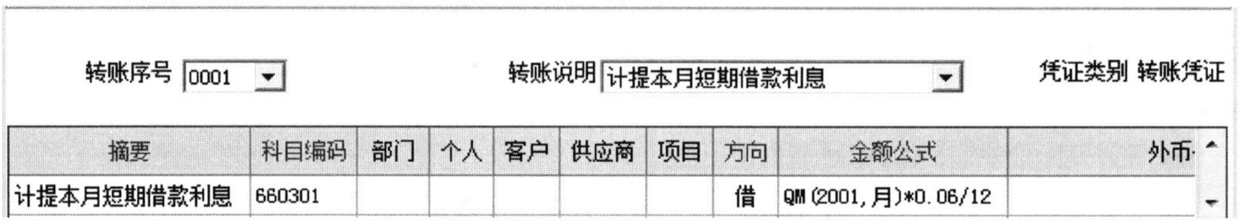
转账序号 0001　　转账说明 计提本月短期借款利息　　凭证类别 转账凭证

| 摘要 | 科目编码 | 部门 | 个人 | 客户 | 供应商 | 项目 | 方向 | 金额公式 | 外币 |
|---|---|---|---|---|---|---|---|---|---|
| 计提本月短期借款利息 | 660301 | | | | | | 借 | QM(2001,月)*0.06/12 | |

图 10－35　自定义转账设置 2

（7）继续单击［增行］，以相同方法完成贷方分录的定义。如图 10－36 所示。

转账序号 0001　　转账说明 计提本月短期借款利息　　凭证类别 转账凭证

| 摘要 | 科目编码 | 部门 | 个人 | 客户 | 供应商 | 项目 | 方向 | 金额公式 | 外币公式 |
|---|---|---|---|---|---|---|---|---|---|
| 计提本月短期借款利息 | 660301 | | | | | | 借 | QM(2001,月)*0.06/12 | |
| 计提本月短期借款利息 | 2231 | | | | | | 贷 | JG() | |

图 10－36　自定义转账设置完成—计提本月短期借款利息

（8）单击［ ］按钮，完成第一张自定义转账凭证的设置操作。

（9）重复以上操作步骤，按信息化数据表依次完成所有自定义转账凭证的设置操作。结果如图 10－37、图 10－38、图 10－39、图 10－40、图 10－41 所示。

转账序号 0002　　转账说明 结转本月未交增值税　　凭证类别 转账凭证

| 摘要 | 科目编码 | 部门 | 个人 | 客户 | 供应商 | 项目 | 方向 | 金额公式 | 外币公式 |
|---|---|---|---|---|---|---|---|---|---|
| 结转本月未交增值税 | 22210104 | | | | | | 借 | QM(222101,月) | |
| 结转本月未交增值税 | 222102 | | | | | | 贷 | JG() | |

图 10－37　自定义转账设置完成—结转本月未交增值税

转账序号 0003　　转账说明 计提本月城建税　　凭证类别 转账凭证

| 摘要 | 科目编码 | 部门 | 个人 | 客户 | 供应商 | 项目 | 方向 | 金额公式 | 外币公式 |
|---|---|---|---|---|---|---|---|---|---|
| 计提本月城建税 | 6403 | | | | | | 借 | QM(222102,月)*0.07 | |
| 计提本月城建税 | 222112 | | | | | | 贷 | JG() | |

图 10－38　自定义转账设置完成—计提本月城建税

转账序号 0004　　转账说明 计提本月教育费附加　　凭证类别 转账凭证

| 摘要 | 科目编码 | 部门 | 个人 | 客户 | 供应商 | 项目 | 方向 | 金额公式 | 外币公式 |
|---|---|---|---|---|---|---|---|---|---|
| 计提本月教育费附加 | 6403 | | | | | | 借 | QM(222102,月)*0.03 | |
| 计提本月教育费附加 | 222113 | | | | | | 贷 | JG() | |

图 10－39　自定义转账设置完成—计提本月教育费附加

转账序号 0005　　转账说明 计提本月地方教育费附加　　凭证类别 转账凭证

| 摘要 | 科目编码 | 部门 | 个人 | 客户 | 供应商 | 项目 | 方向 | 金额公式 | 外币公式 |
|---|---|---|---|---|---|---|---|---|---|
| 计提本月地方教育费... | 6403 | | | | | | 借 | QM(222102,月)*0.02 | |
| 计提本月地方教育费... | 222114 | | | | | | 贷 | JG() | |

图 10－40　自定义转账设置完成—计提本月地方教育费附加

转账序号 0006　　转账说明 计提本月企业所得税　　凭证类别 转账凭证

| 摘要 | 科目编码 | 部门 | 个人 | 客户 | 供应商 | 项目 | 方向 | 金额公式 |
|---|---|---|---|---|---|---|---|---|
| 计提本月企业所得税 | 6801 | | | | | | 借 | (FS(4103,月,贷)-FS(4103,月,借))*0.25 |
| 计提本月企业所得税 | 222115 | | | | | | 贷 | JG() |

图 10－41　自定义转账设置完成—计提本月企业所得税

## 业务二　期末自定义转账凭证生成信息化处理

【业务描述】

2017 年 1 月 31 日，财务部门编制期末业务的记账凭证，具体包括计提本期短期借款利息、转出未交增值税处理、计提本期城建税、计提本期教育费附加、计提本期地方教育费附加及计提本月企业所得税的记账凭证。

【业务分析】

该笔业务要求编制本期期末相关会计业务的记账凭证。信息化方式下，实现了期末业务记账凭证的自动处理，计算机可根据会计软件或操作人员所设定的期末处理原则，自动取数生成机制凭证。在执行月末自动转账时，必须遵循这样的原则，即转账业务相互之间无关联性时可以同时转账并生成记账凭证，有前后关联性的转账业务则应严格按顺序结转。这是因为自动转账功能生成的会计凭证中的借贷金额来源于已记账的账簿数据，执行转账功能后生成的仅仅是会计凭证，还未经过审核记账，如果将前后相关的转账业务同时结转，会直接导致后续转账业务从账簿上获取的数据不完整、不准确。

【操作人员】

由具有期末转账凭证生成权限的操作员或财务部［ZJY 张静仪］完成期末转账凭证生成的操作，操作日期：2017 年 1 月 31 日。

【信息化操作】

◎ 前置操作：将所有未记账凭证记账完毕。

1. 生成“计提本月短期借款利息”和“结转本月未交增值税”记账凭证

（1）2017 年 1 月 31 日，由财务部［ZJY 张静仪］执行【业务工作】—【财务会计】—【总账】—【期末】—【转账生成】命令，打开【转账生成】窗口。

（2）选中［自定义转账］单选按钮，然后双击编号为“0001”和“0002”的自定义凭证的［是否结转］栏，［是否结转］栏标识“Y”符号，如图 10 – 42 所示。

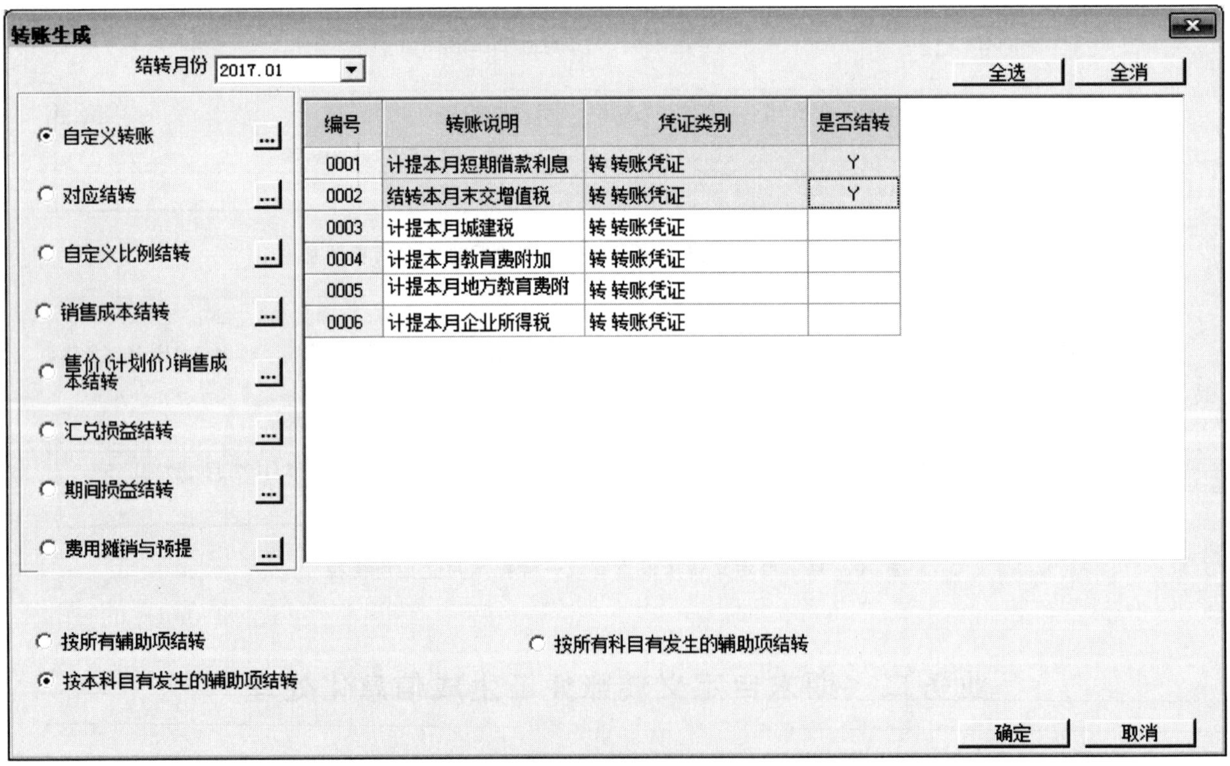


图 10 – 42　自定义转账生成 – 0001 号、0002 号

（3）单击［确定］按钮，系统打开【转账】窗口，并自动生成两张机制凭证，单击［ ］按钮，系统显示凭证“已生成”，如图 10－43 所示。

已生成

**转 账 凭 证**

转 字 0030　　制单日期：2017.01.31　　审核日期：　　附单据数：0

| 摘要 | 科目名称 | 借方金额 | 贷方金额 |
|---|---|---|---|
| 计提本月短期借款利息 | 财务费用/利息收支 | 50000 | |
| 计提本月短期借款利息 | 应付利息 | | 50000 |
| | | | |
| | | | |
| | | | |
| 票号 日期　数量 单价 | 合计 | 50000 | 50000 |

备注　项目　　部门
　　　个人　　客户
　　　业务员

记账　　审核　　出纳　　制单 张静仪

图 10－43　凭证生成—计提本月短期借款利息

（4）单击［ ］按钮，显示第二张机制凭证，单击［ ］按钮，系统显示凭证“已生成”，如图 10－44 所示。

已生成

**转 账 凭 证**

转 字 0031　　制单日期：2017.01.31　　审核日期：　　附单据数：0

| 摘要 | 科目名称 | 借方金额 | 贷方金额 |
|---|---|---|---|
| 结转本月未交增值税 | 应交税费/应交增值税/转出未交增值税 | 2867400 | |
| 结转本月未交增值税 | 应交税费/未交增值税 | | 2867400 |
| | | | |
| | | | |
| | | | |
| 票号 日期　数量 单价 | 合计 | 2867400 | 2867400 |

备注　项目　　部门
　　　个人　　客户
　　　业务员

记账　　审核　　出纳　　制单 张静仪

图 10－44　凭证生成—结转本月未交增值税

（5）单击［ 退出］按钮，返回【转账生成】窗口，单击［取消］按钮，关闭【转账生成】窗口。

2. “计提本月短期借款利息”和“结转本月未交增值税”记账凭证审核/记账

（1）由财务部［LR 李蕊］执行【业务工作】—【财务会计】—【总账】—【凭证】—【审核凭证】命

令，完成以上两张凭证的审核操作。

（2）由财务部［ZJY 张静仪］执行【业务工作】—【财务会计】—【总账】—【凭证】—【记账】命令，对以上两张凭证进行记账操作。

3. 生成“计提城建税”、“计提本月教育费附加”、“计提本月地方教育费附加”记账凭证

（1）重复以上步骤，打开【转账生成】窗口。选中［自定义转账］单选按钮，然后双击选中编号为“0003”、“0004”和“0005”的自定义凭证，如图 10－45 所示。

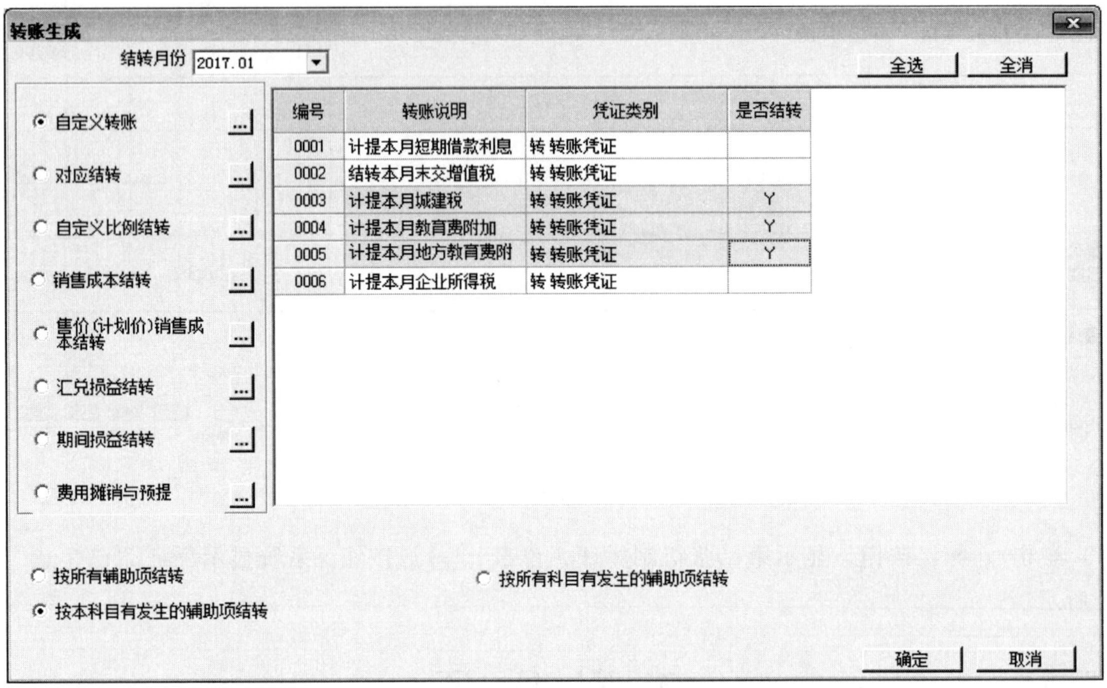


图 10－45　自定义转账生成－0003 号、0004 号、0005 号

（2）单击［确定］按钮，系统打开【转账】窗口，并自动生成三张机制凭证，单击［ ］按钮，系统显示凭证“已生成”，如图 10－46 所示。

图 10－46　凭证生成—计提本月城建税

（3）单击［➡］按钮，显示第二张机制凭证，单击［💾］按钮，系统显示凭证“已生成”，如图10－47所示。

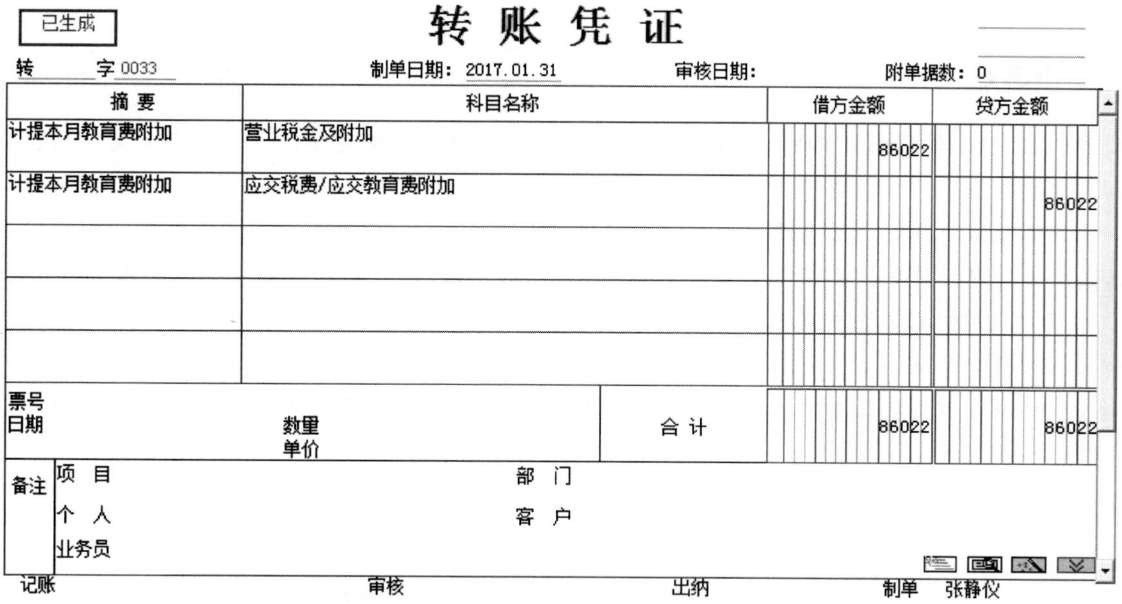

已生成

转账凭证

转 字 0033　制单日期：2017.01.31　审核日期：　附单据数：0

| 摘要 | 科目名称 | 借方金额 | 贷方金额 |
| --- | --- | --- | --- |
| 计提本月教育费附加 | 营业税金及附加 | 86022 | |
| 计提本月教育费附加 | 应交税费/应交教育费附加 | | 86022 |
| | | | |
| | | | |
| | | | |
| 票号<br>日期 | 数量<br>单价 | 合计 86022 | 86022 |

备注　项目　部门
个人　客户
业务员

记账　审核　出纳　制单 张静仪

图 10－47　凭证生成—计提本月教育费附加

（4）单击［➡］按钮，显示第三张机制凭证，单击［💾］按钮，系统显示凭证“已生成”，如图10－48所示。

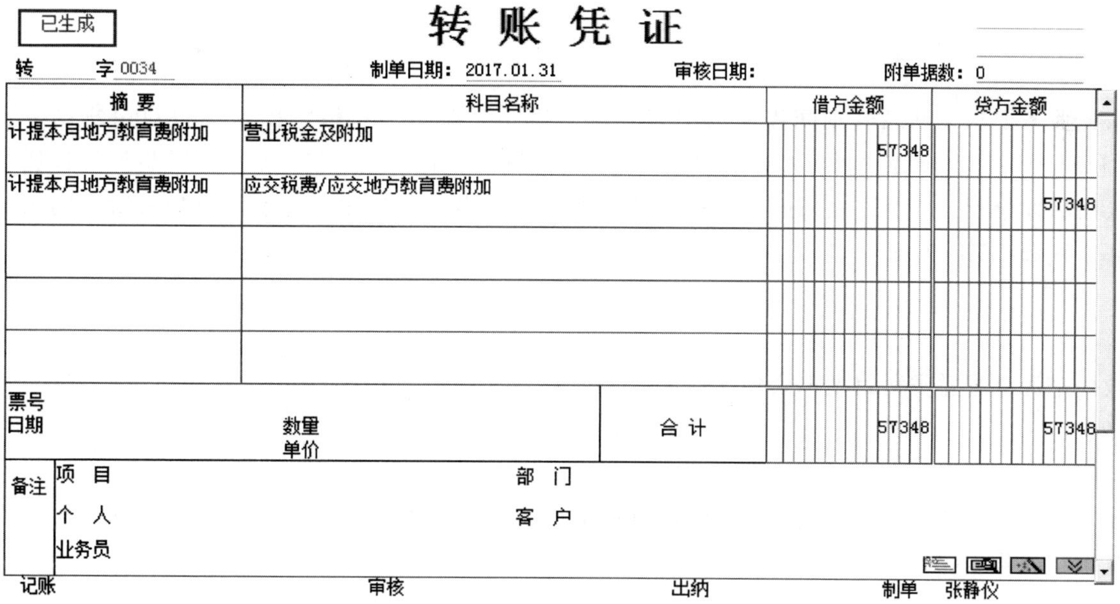

已生成

转账凭证

转 字 0034　制单日期：2017.01.31　审核日期：　附单据数：0

| 摘要 | 科目名称 | 借方金额 | 贷方金额 |
| --- | --- | --- | --- |
| 计提本月地方教育费附加 | 营业税金及附加 | 57348 | |
| 计提本月地方教育费附加 | 应交税费/应交地方教育费附加 | | 57348 |
| | | | |
| | | | |
| | | | |
| 票号<br>日期 | 数量<br>单价 | 合计 57348 | 57348 |

备注　项目　部门
个人　客户
业务员

记账　审核　出纳　制单 张静仪

图 10－48　凭证生成—计提本月地方教育费附加

（5）单击［退出］按钮，返回【转账生成】窗口，单击［取消］按钮，关闭【转账生成】窗口。

4.“计提城建税”、“计提本月教育费附加”、“计提本月地方教育费附加”记账凭证凭证审核/记账

（1）由财务部［LR 李蕊］执行【业务工作】—【财务会计】—【总账】—【凭证】—【审核凭证】命

令，完成以上三张凭证的审核操作。

(2) 由财务部［ZJY 张静仪］执行【业务工作】—【财务会计】—【总账】—【凭证】—【记账】命令，对以上三张凭证进行记账操作。

**知识要点**

①“自定义转账凭证”功能是系统提供的一种便利的凭证生成方式，只需要定义一次，以后可以直接调用生成凭证。也可以不使用自动转账功能，通过直接填制凭证完成。

②转账生成凭证时，首先要将未记账凭证全部记账，而且如果后一张自定义凭证的数据和上一张自定义凭证有关联，则应先将上一张自定义凭证记账，再生成后一张自定义凭证。

③“计提所得税”的自定义凭证要在结转完损益后才执行生成操作，而且，如果损益结转后本年利润为借方金额，则所得税的凭证不需要生成。本例即为此种情况。

④城建税、教育费附加和地方教育费附加的计提基数应为本期发生的增值税、消费税、营业税之和，本例只涉及增值税。

## 业务三　期间损益转账定义及凭证生成信息化处理

【业务描述】

2017 年 1 月 31 日，本月日常业务全部结束，财务部门准备核算本月的利润情况，对本月的期间损益进行处理。

【业务分析】

该笔业务要求编制结转期间损益的记账凭证。期间损益结转是指将损益类科目余额结平，转入“本年利润”科目进行后续利润核算的业务处理。期间损益结转应在月末将所有损益类科目凭证全部登记入账后才进行，因此，在采用信息系统自动生成期间损益结转凭证之前，应先将所有的未记账凭证全部审核和记账。

【数据信息化】

数据来源：损益类科目期末余额

【操作人员】

由具有期末转账定义及凭证生成权限的操作员或财务部［ZJY 张静仪］完成期间损益转账凭证的定义及生成操作，操作日期：2017 年 1 月 31 日。

【信息化操作】

◎ 前置操作：将所有未记账凭证记账完毕。

1. 期间损益转账定义

(1) 2017 年 1 月 31 日，由财务部［ZJY 张静仪］执行【业务工作】—【财务会计】—【总账】—【期末】—【转账定义】—【期间损益】命令，打开【期间损益结转设置】窗口。

(2) 点击［凭证类别］下拉列表，选择“转 转账凭证”，在［本年利润科目］栏内直接输入或通过点击［…］按钮选择“4103”科目，如图 10－49 所示。

图 10－49 期间损益结转设置

（3）单击［确定］按钮，完成期间损益结转凭证的定义。

2. 期间损益转账生成

（1）2017 年 1 月 31 日，由财务部［ZJY 张静仪］执行【业务工作】—【财务会计】—【总账】—【期末】—【转账生成】命令，打开【转账生成】窗口。

（2）选中［期间损益结转］单选按钮，选择［类型］为“收入”，再单击［全选］按钮，如图 10－50 所示。

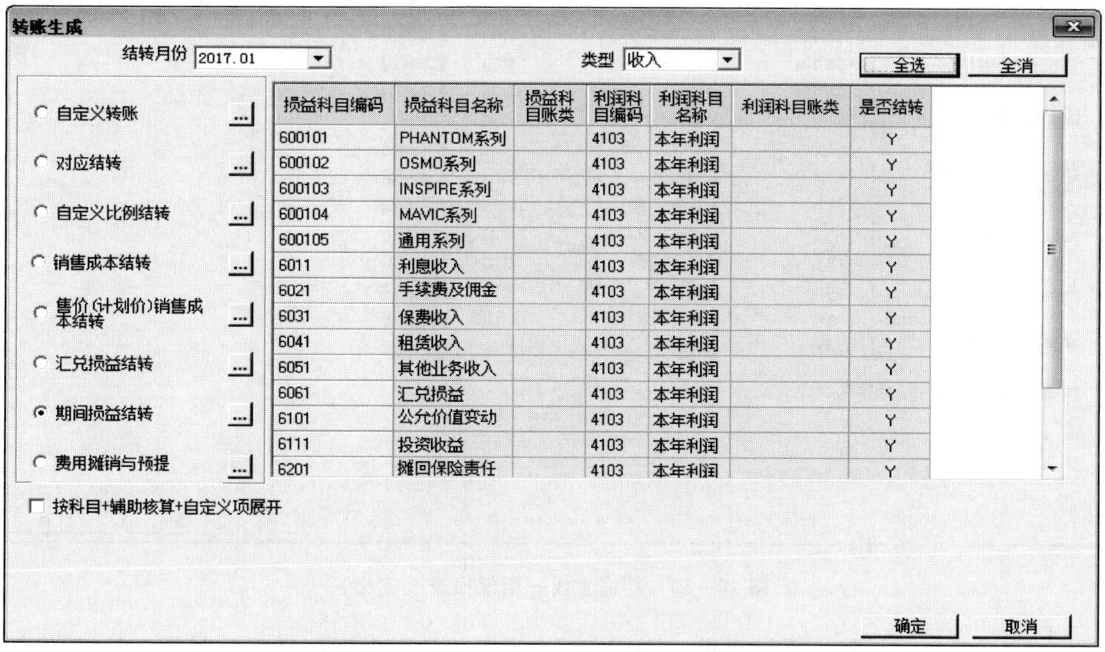


图 10－50 转账生成—期间损益（收入）

（3）单击［确定］按钮，系统打开【转账】窗口，并自动生成机制凭证，单击［ ］按钮，系统显示凭证“已生成”，如图 10－51 所示。

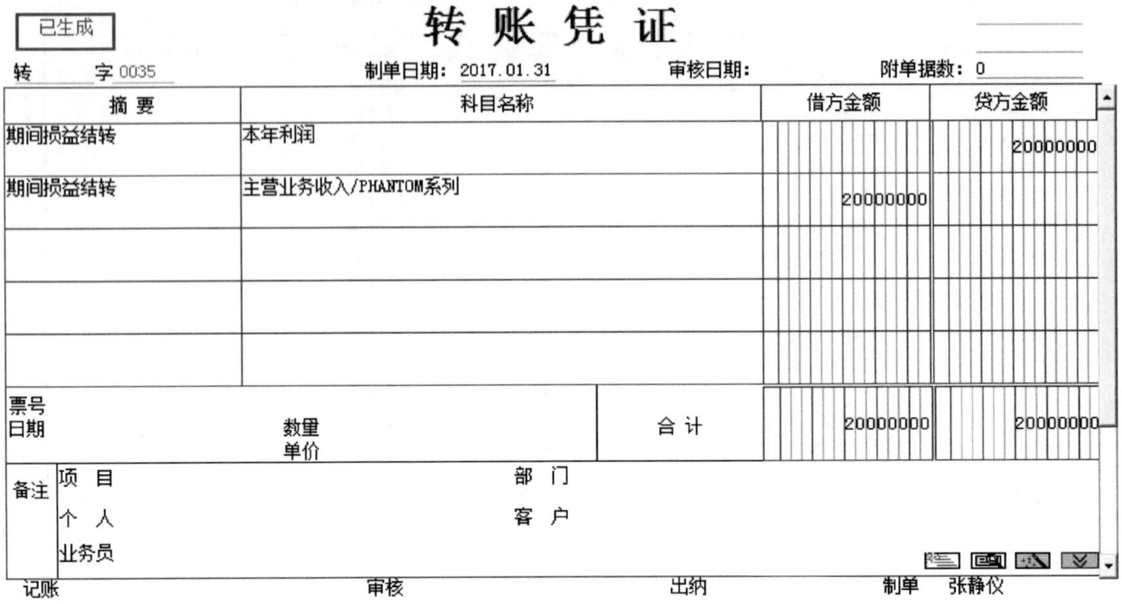

已生成

转账凭证

转 字 0035　　制单日期：2017.01.31　　审核日期：　　附单据数：0

| 摘 要 | 科目名称 | 借方金额 | 贷方金额 |
| --- | --- | --- | --- |
| 期间损益结转 | 本年利润 | | 20000000 |
| 期间损益结转 | 主营业务收入/PHANTOM系列 | 20000000 | |
| | | | |
| | | | |
| | | | |
| 票号 日期 | 数量 单价 合计 | 20000000 | 20000000 |

备注　项 目　　部 门
个 人　　客 户
业务员

记账　审核　出纳　制单 张静仪

图 10－51　凭证生成—期间损益结转（收入）

（4）单击［ 退出］按钮，返回【转账生成】窗口，选择［类型］为“支出”，再单击［全选］按钮，如图 10－52 所示。

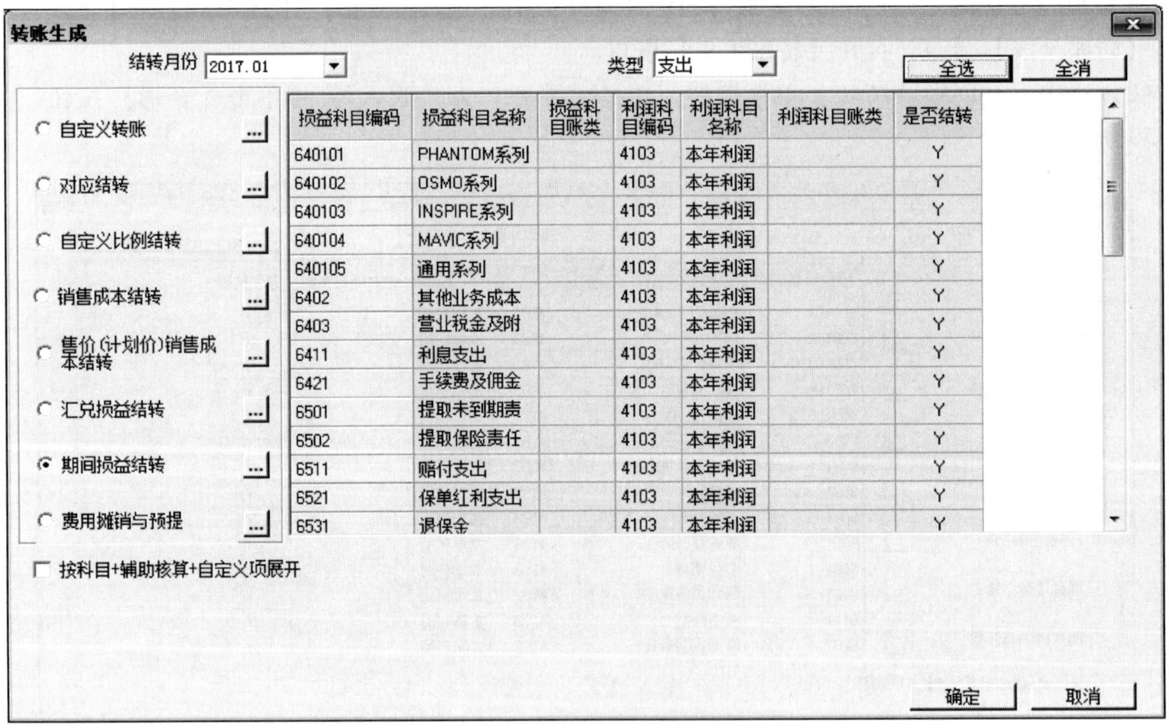

转账生成

结转月份 2017.01　　类型 支出　　全选　全消

自定义转账
对应结转
自定义比例结转
销售成本结转
售价（计划价）销售成本结转
汇兑损益结转
期间损益结转
费用摊销与预提

| 损益科目编码 | 损益科目名称 | 损益科目账类 | 利润科目编码 | 利润科目名称 | 利润科目账类 | 是否结转 |
| --- | --- | --- | --- | --- | --- | --- |
| 640101 | PHANTOM系列 | | 4103 | 本年利润 | | Y |
| 640102 | OSMO系列 | | 4103 | 本年利润 | | Y |
| 640103 | INSPIRE系列 | | 4103 | 本年利润 | | Y |
| 640104 | MAVIC系列 | | 4103 | 本年利润 | | Y |
| 640105 | 通用系列 | | 4103 | 本年利润 | | Y |
| 6402 | 其他业务成本 | | 4103 | 本年利润 | | Y |
| 6403 | 营业税金及附 | | 4103 | 本年利润 | | Y |
| 6411 | 利息支出 | | 4103 | 本年利润 | | Y |
| 6421 | 手续费及佣金 | | 4103 | 本年利润 | | Y |
| 6501 | 提取未到期责 | | 4103 | 本年利润 | | Y |
| 6502 | 提取保险责任 | | 4103 | 本年利润 | | Y |
| 6511 | 赔付支出 | | 4103 | 本年利润 | | Y |
| 6521 | 保单红利支出 | | 4103 | 本年利润 | | Y |
| 6531 | 退保金 | | 4103 | 本年利润 | | Y |

按科目+辅助核算+自定义项展开

确定　取消

图 10－52　转账生成—期间损益（支出）

（5）单击［确定］按钮，系统提示“2017.01 月或之前月有未记账凭证，是否继续结转?”，如图 10－53 所示。

图 10－53　转账生成提示

（6）单击［是（Y）］按钮，系统打开【转账】窗口，并自动生成机制凭证，单击［ ］按钮，系统显示凭证“已生成”，如图 10－54 所示。

图 10－54　凭证生成—期间损益结转（支出）

（5）单击［ 退出］按钮，返回【转账生成】窗口，单击［取消］按钮，关闭【转账生成】窗口。

3. 期间损益记账凭证审核/记账

（1）由财务部［LR 李蕊］执行【业务工作】—【财务会计】—【总账】—【凭证】—【审核凭证】命令，完成以上两张凭证的审核操作。

（2）由财务部［ZJY 张静仪］执行【业务工作】—【财务会计】—【总账】—【凭证】—【记账】命令，对以上两张凭证进行记账操作。

**知识要点**

①期间损益凭证记账完毕后才能执行“计提本期企业所得税”的操作，因所得税的计算根据计算公式要使用到“本年利润”的数据。

②期间损益的结转也可以一次全部结转，不区分“收入”和“支出”凭证。

## 业务四 计提所得税凭证生成信息化处理

【业务描述】

2017 年 1 月 31 日，财务部门计算本月应计提的企业所得税。

【业务分析】

该笔业务要求编制计提本月应缴企业所得税的记账凭证。企业所得税要视企业“利润总额”的情况处理，若亏损，应纳所得税额是负数，则不需计提所得税；若应纳所得税额为正数，则应进行相应的账务处理。

【数据信息化】

数据来源：“本年利润”账户借贷差额

【操作人员】

由具有期末转账凭证生成权限的操作员或财务部［ZJY 张静仪］完成计提企业所得税凭证的生成操作，操作日期：2017 年 1 月 31 日。

【信息化操作】

◎ 前置操作：期间损益结转凭证记账完毕。

（1）2017 年 1 月 31 日，由财务部［ZJY 张静仪］执行【业务工作】—【财务会计】—【总账】—【期末】—【转账生成】命令，打开【转账生成】窗口。

（2）选中［自定义转账］单选按钮，然后双击选中编号为“0006”的自定义凭证，如图 10－55 所示。

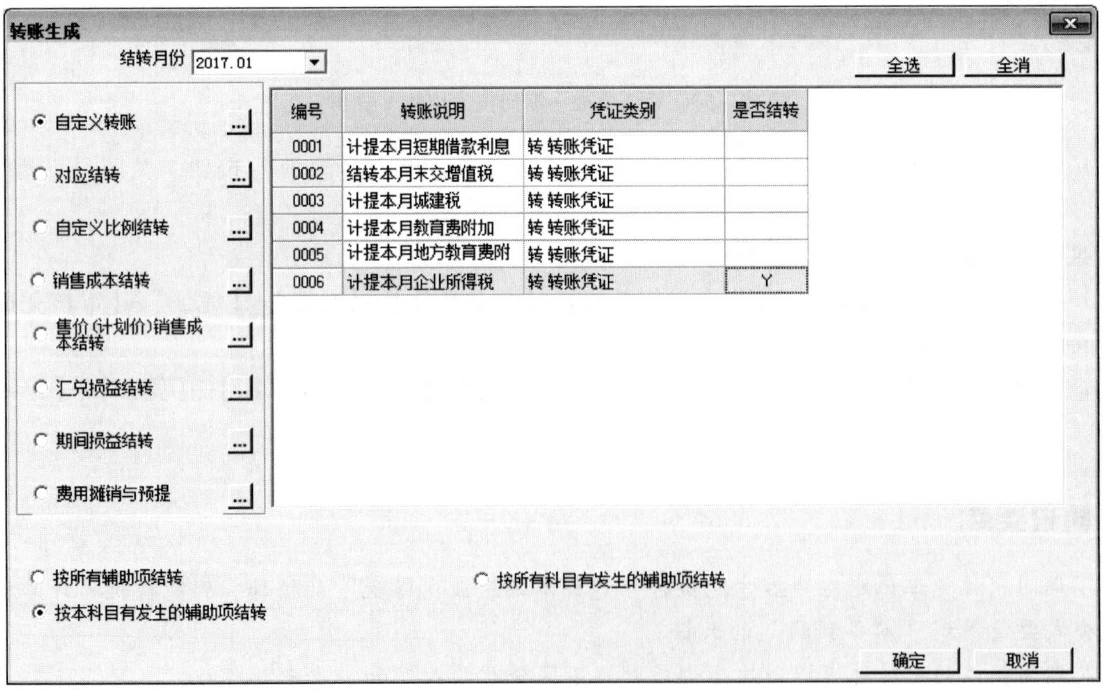


图 10－55 自定义转账生成－0006 号

（3）单击［确定］按钮，系统打开【转账】窗口，并自动生成机制凭证，如图10－56所示。

转 账 凭 证

转 字　　制单日期：2017.01.31　　审核日期：　　附单据数：0

| 摘要 | 科目名称 | 借方金额 | 贷方金额 |
|---|---|---|---|
| 计提本月企业所得税 | 所得税费用 | 4353866 | |
| 计提本月企业所得税 | 应交税费/应交企业所得税 | | 4353866 |
| | | | |
| | | | |
| | | | |
| 票号 日期 | 数量 单价 | 合计 4353866 | 4353866 |

备注　项 目　　部 门

个 人　　客 户

业务员

记账　　审核　　出纳　　制单 张静仪

图10－56　转账生成—计提本月企业所得税

（4）该凭证为红字凭证，说明企业本月亏损，不需要计提企业所得税，所以，不保存凭证，直接单击［退出］按钮，返回【转账生成】窗口，再单击［取消］按钮退出，完成本月企业的所有账务处理工作。

## 业务五　会计信息系统各子系统结账信息化处理

【业务描述】

2017年1月31日，财务部门完成本月账务处理工作，对会计信息系统进行月度结账处理。

【业务分析】

该笔业务要求月末对企业会计信息系统各子系统进行结账处理。结账主要包括计算和结转各账簿的本期发生额和期末余额，终止本期的账务处理工作，并将会计科目余额结转至下月作为月初余额。信息化方式下，总账管理系统的结账是当月期末处理的最后一项操作，结账只能在每月月底进行一次，且必须按月连续进行。在进行期末结账前，必须将本月所有未记账凭证进行记账，否则系统会拒绝结账。结账完成后，不能再输入当月的记账凭证，该月也不能再记账。若企业同时启用了多个业务系统，则相关业务系统结账后，总账管理系统才能结账。

【操作人员】

由采购部［XY 肖莹］进行采购管理系统的结账操作；由销售部［WJ 王健］进行销售管理系统的结账操作；由仓储部［SCL 宋春丽］进行库存管理系统的结账操作；由财务部［ZJY 张静仪］进行应收款管理系统、应付款管理系统、固定资产管理系统、总账管理系统的结账操作；由财务部［CD 陈东］进行薪资管理系统的结账操作。操作日期：2017年1月31日。

【信息化操作】

1. 采购管理系统结账

（1）2017 年 1 月 31 日，由采购部［XY 肖莹］执行【业务工作】—【供应链】—【采购管理】—【月末结账】命令，打开【结账】窗口，如图 10－57 所示。

| 会计月份 | 起始日期 | 结束日期 | 是否结账 |
| --- | --- | --- | --- |
| 1 | 2017-01-01 | 2017-01-31 | 否 |
| 2 | 2017-02-01 | 2017-02-28 | 否 |
| 3 | 2017-03-01 | 2017-03-31 | 否 |
| 4 | 2017-04-01 | 2017-04-30 | 否 |
| 5 | 2017-05-01 | 2017-05-31 | 否 |
| 6 | 2017-06-01 | 2017-06-30 | 否 |
| 7 | 2017-07-01 | 2017-07-31 | 否 |
| 8 | 2017-08-01 | 2017-08-31 | 否 |
| 9 | 2017-09-01 | 2017-09-30 | 否 |
| 10 | 2017-10-01 | 2017-10-31 | 否 |
| 11 | 2017-11-01 | 2017-11-30 | 否 |
| 12 | 2017-12-01 | 2017-12-31 | 否 |

**图 10－57　结账—采购管理系统**

（2）单击［结账］按钮，系统给出结账提示，如图 10－58 所示。

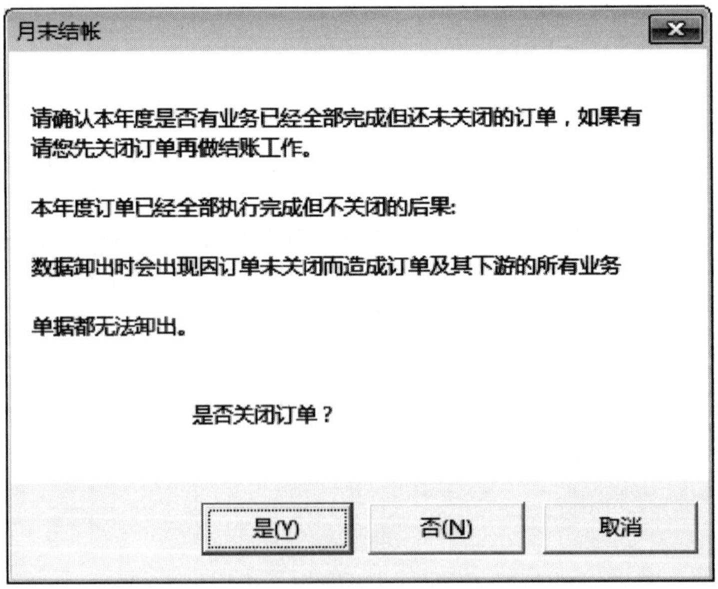


**图 10－58　采购管理系统结账提示**

（3）单击［否（N）］按钮，完成采购管理系统的结账，如图 10－59 所示。

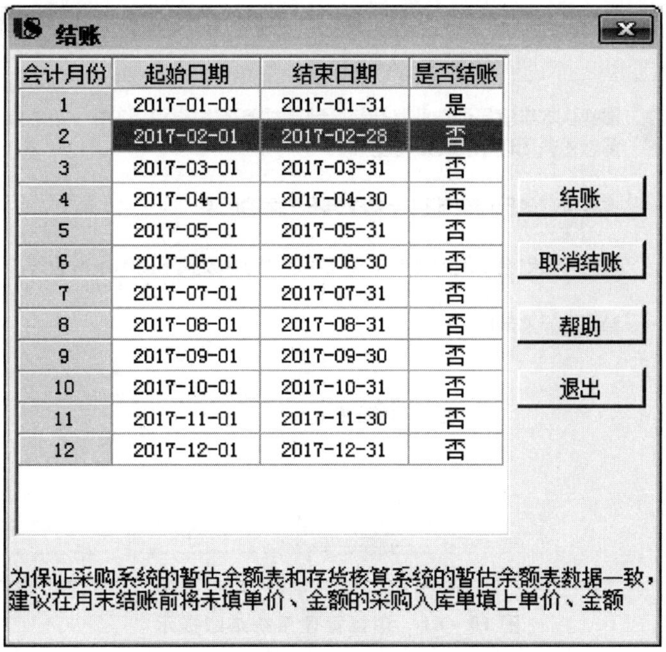


**图 10－59　结账完成—采购管理系统**

2. 销售管理系统结账

（1）2017 年 1 月 31 日，由销售部［WJ 王健］执行【业务工作】—【供应链】—【销售管理】—【月末结账】命令，打开【结账】窗口，如图 10－60 所示。

**图 10－60　结账—销售管理系统**

（2）单击［结账］按钮，系统给出结账提示，如图 10－61 所示。

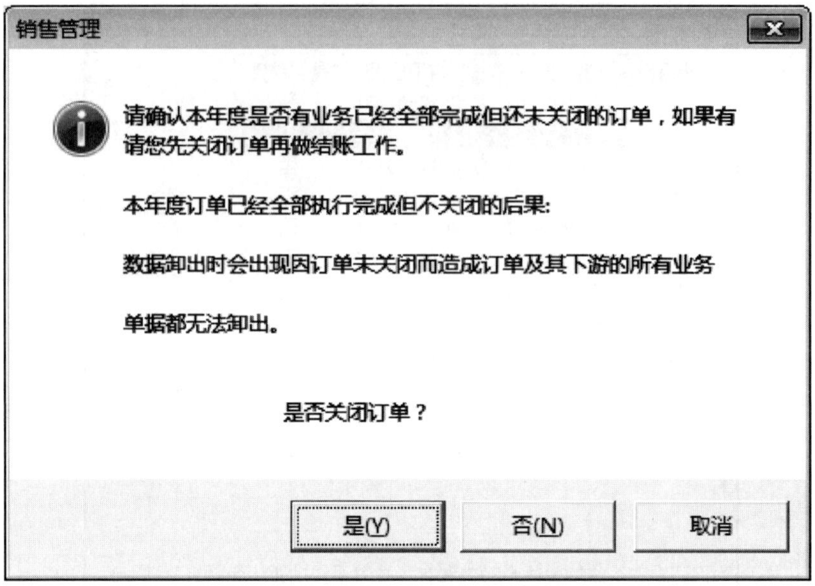


图 10－61　销售管理系统结账提示

（3）单击［否（N）］按钮，完成销售管理系统的结账，如图 10－62 所示。

图 10－62　结账完成—销售管理系统

3. 库存管理系统结账

（1）2017 年 1 月 31 日，由仓储部［SCL 宋春丽］执行【业务工作】—【供应链】—【库存管理】—【月末结账】命令，打开【结账】窗口，如图 10－63 所示。

| 会计月份 | 起始日期 | 结束日期 | 是否结账 |
| --- | --- | --- | --- |
| 1 | 2017-01-01 | 2017-01-31 | 否 |
| 2 | 2017-02-01 | 2017-02-28 | 否 |
| 3 | 2017-03-01 | 2017-03-31 | 否 |
| 4 | 2017-04-01 | 2017-04-30 | 否 |
| 5 | 2017-05-01 | 2017-05-31 | 否 |
| 6 | 2017-06-01 | 2017-06-30 | 否 |
| 7 | 2017-07-01 | 2017-07-31 | 否 |
| 8 | 2017-08-01 | 2017-08-31 | 否 |
| 9 | 2017-09-01 | 2017-09-30 | 否 |
| 10 | 2017-10-01 | 2017-10-31 | 否 |
| 11 | 2017-11-01 | 2017-11-30 | 否 |
| 12 | 2017-12-01 | 2017-12-31 | 否 |

图 10-63 结账—库存管理系统

（2）单击［结账］按钮，系统给出结账提示，如图 10-64 所示。

图 10-64 库存管理系统结账提示

（3）单击［是（Y）］按钮，完成销售管理系统的结账，如图 10-65 所示。

| 会计月份 | 起始日期 | 结束日期 | 是否结账 |
| --- | --- | --- | --- |
| 1 | 2017-01-01 | 2017-01-31 | 是 |
| 2 | 2017-02-01 | 2017-02-28 | 否 |
| 3 | 2017-03-01 | 2017-03-31 | 否 |
| 4 | 2017-04-01 | 2017-04-30 | 否 |
| 5 | 2017-05-01 | 2017-05-31 | 否 |
| 6 | 2017-06-01 | 2017-06-30 | 否 |
| 7 | 2017-07-01 | 2017-07-31 | 否 |
| 8 | 2017-08-01 | 2017-08-31 | 否 |
| 9 | 2017-09-01 | 2017-09-30 | 否 |
| 10 | 2017-10-01 | 2017-10-31 | 否 |
| 11 | 2017-11-01 | 2017-11-30 | 否 |
| 12 | 2017-12-01 | 2017-12-31 | 否 |

图 10-65 结账完成—库存管理系统

4. 存货核算系统结账

（1）2017 年 1 月 31 日，由财务部［ZJY 张静仪］执行【业务工作】—【供应链】—【存货核算】—【业务核算】—【期末处理】命令，打开【期末处理】对话窗口。

（2）在【期末处理】窗口下，选择［原材料库］，如图 10－66 所示。

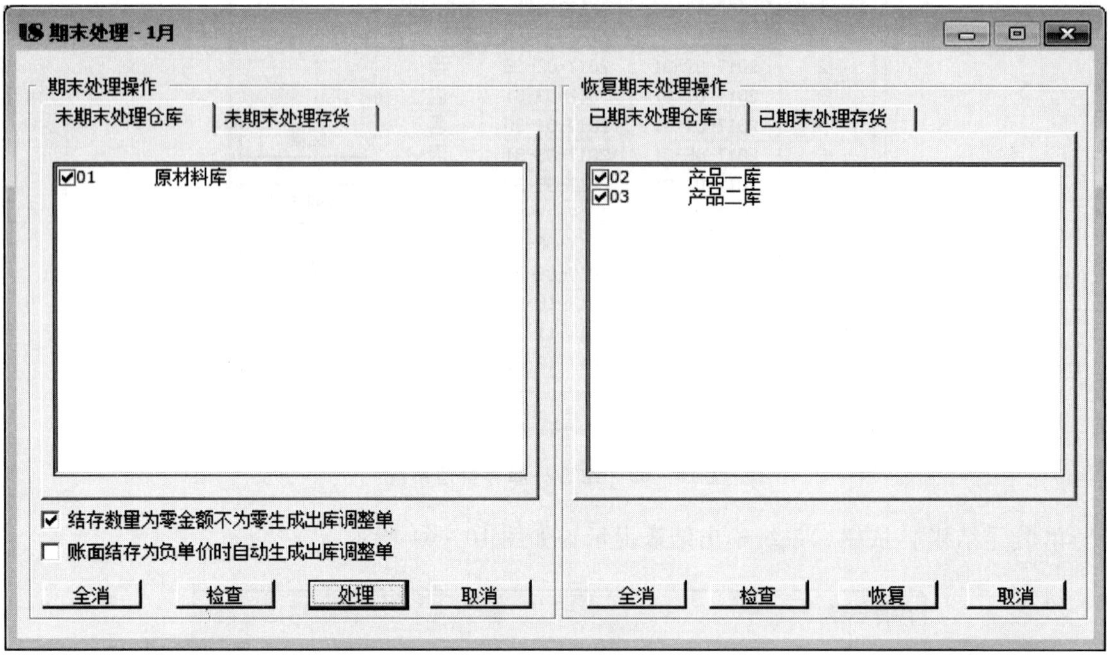


图 10－66　存货期末处理—原材料库

（3）单击［处理］按钮，系统提示处理完毕，确定返回【期末处理】窗口，如图 10－67 所示。

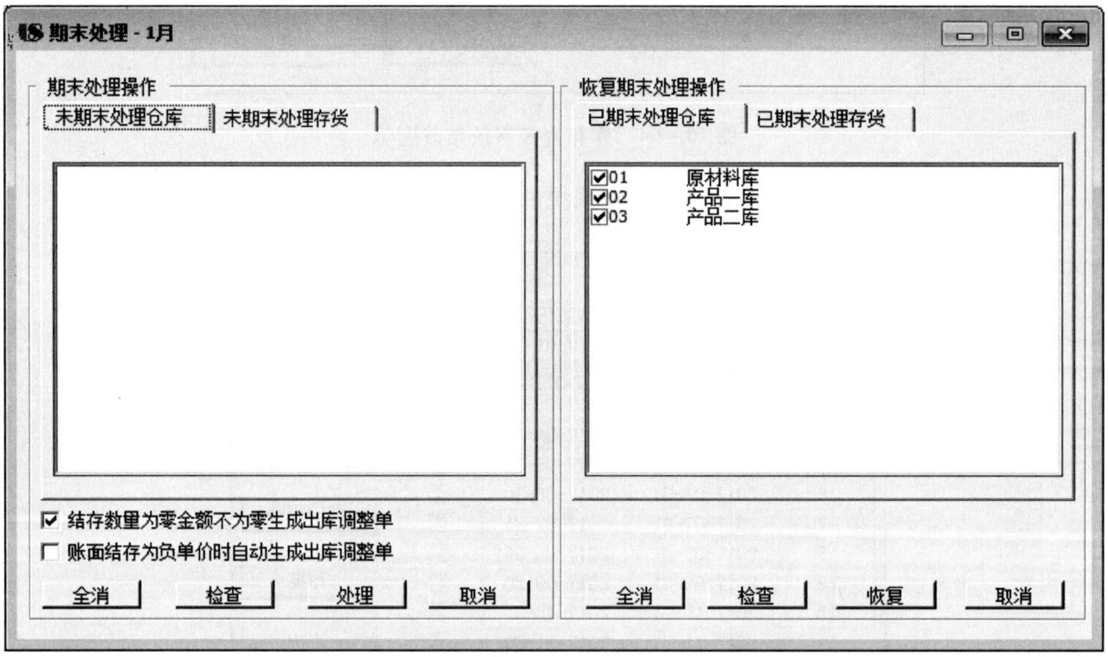


图 10－67　存货期末处理完毕—原材料库

（4）单击［取消］按钮，完成仓库的期末处理。

（5）2017 年 1 月 31 日，由财务部［ZJY 张静仪］执行【业务工作】—【供应链】—【存货核算】—【业务核算】—【月末结账】命令，如图 10－68 所示。

**图 10－68　结账—存货核算系统**

（6）单击［结账］按钮，系统给出结账提示，如图 10－69 所示。

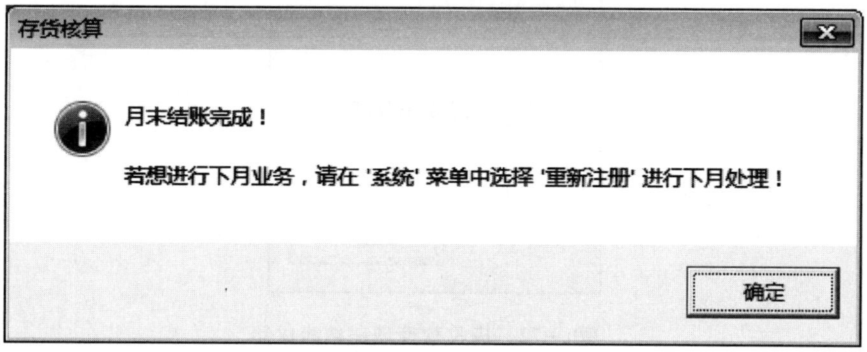


**图 10－69　存货核算系统结账提示**

（7）单击［确定］按钮，完成存货核算系统的结账。

5. 应收款管理系统结账

（1）2017 年 1 月 31 日，由财务部［ZJY 张静仪］执行【业务工作】—【财务会计】—【应收款管理】—【期末处理】—【月末结账】命令，打开【月末处理】窗口。

（2）双击选中一月份的［结账标志］“Y”，如图 10－70 所示。

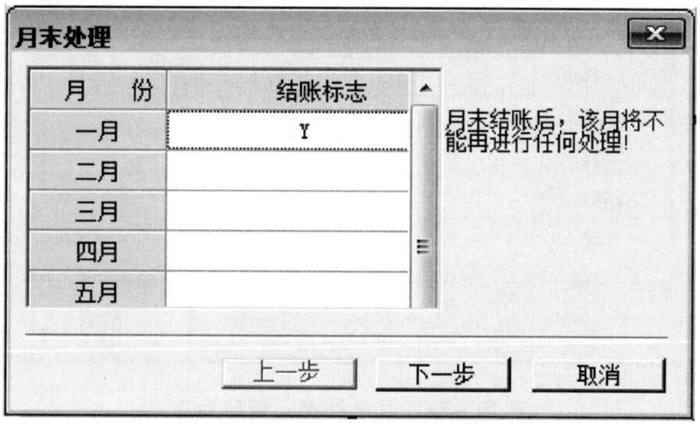


**图 10－70　月末处理—结账标志**

（3）单击［一下步］按钮，系统给出处理情况，如图 10－71 所示。

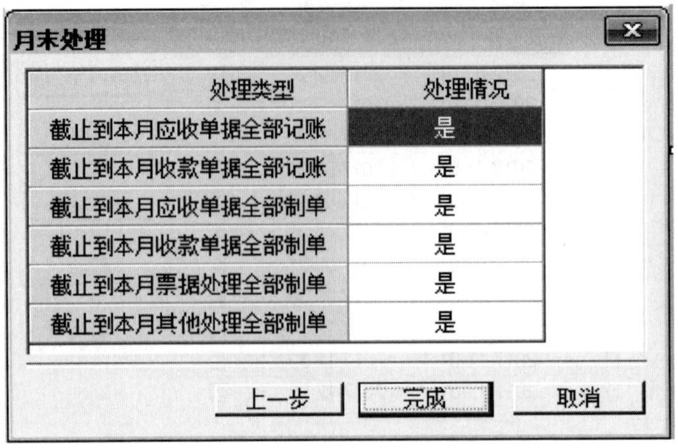


**图 10－71　月末处理—处理情况**

（4）单击［完成］按钮，系统给出结账提示，如图 10－72 所示。

**图0－72　应收款管理—结账成功**

（5）单击［确定］按钮，退出应收款管理系统【月末处理】窗口。

6. 应付款管理系统结账

（1）2017 年 1 月 31 日，由财务部［ZJY 张静仪］执行【业务工作】—【财务会计】—【应付款管理】—【期末处理】—【月末结账】命令，打开【月末处理】窗口。

（2）双击选中一月份的［结账标志］“Y”，如图 10－73 所示。

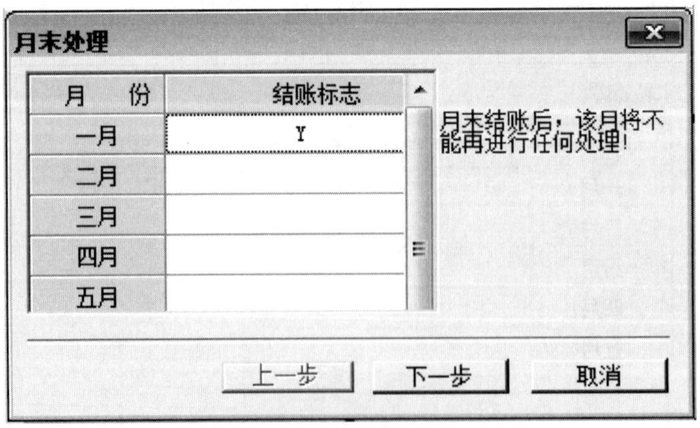


**图 10－73　月末处理—结账标志**

（3）单击［一下步］按钮，系统给出处理情况，如图 10－74 所示。

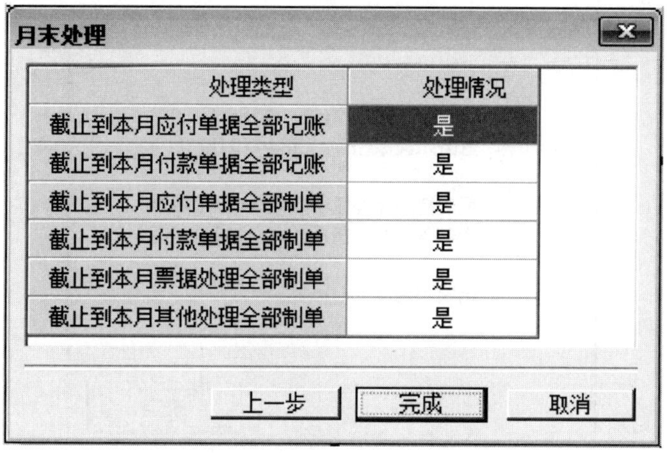


图 10－74　月末处理—处理情况

（4）单击［完成］按钮，系统给出结账提示，如图 10－75 所示。

图0－75　应付款管理—结账成功

（5）单击［确定］按钮，退出应付款管理系统【月末处理】窗口。

7. 固定资产管理系统结账

（1）2017 年 1 月 31 日，由财务部［ZJY 张静仪］执行【业务工作】—【财务会计】—【固定资产】—【处理】—【月末结账】命令，打开【月末结账…】窗口，如图 10－76 所示。

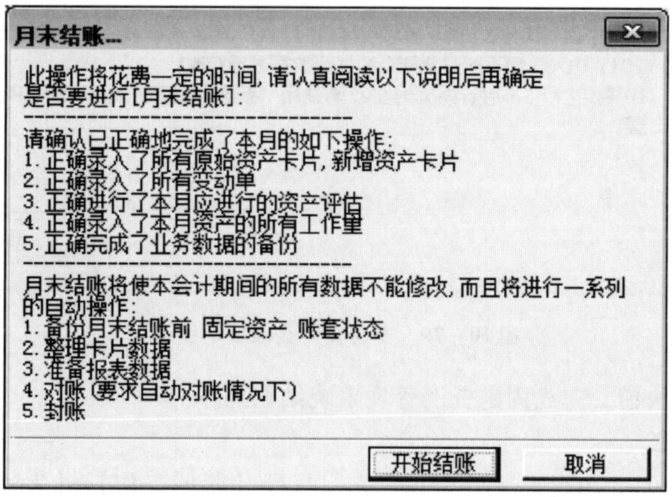


图 10－76　月末结账

（2）单击［开始结账］按钮，系统给出对账结果，如图 10－77 所示。

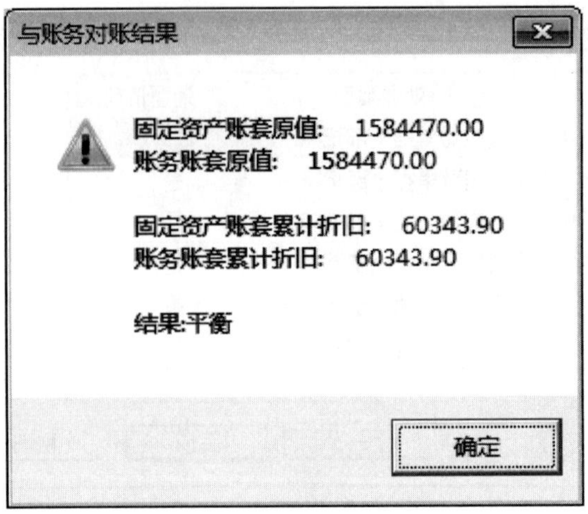


图 10－77　与账务对账结果

（3）单击［确定］按钮，系统提示结账成功，如图 10－78 所示。

图 10－78　固定资产结账成功

（4）单击［确定］按钮，系统提示可修改日期改变，如图 10－79 所示。

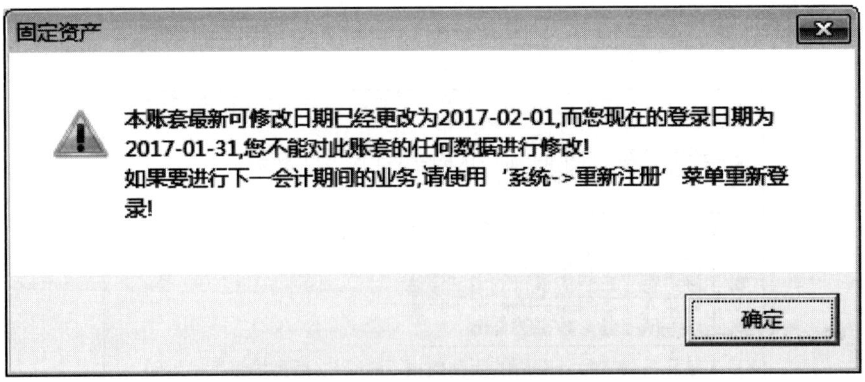


图 10－79　固定资产登录日期提示

（5）单击［确定］按钮，完成固定资产管理系统结账操作。

8. 薪资管理系统结账

（1）2017 年 1 月 31 日，由财务部［CD 陈东］执行【业务工作】—【人力资源】—【薪资管理】—【业务处理】—【月末处理】命令，打开【月末处理】窗口。

（2）单击［全选］按钮，选中需要进行结账的工资类别，如图 10－80 所示。

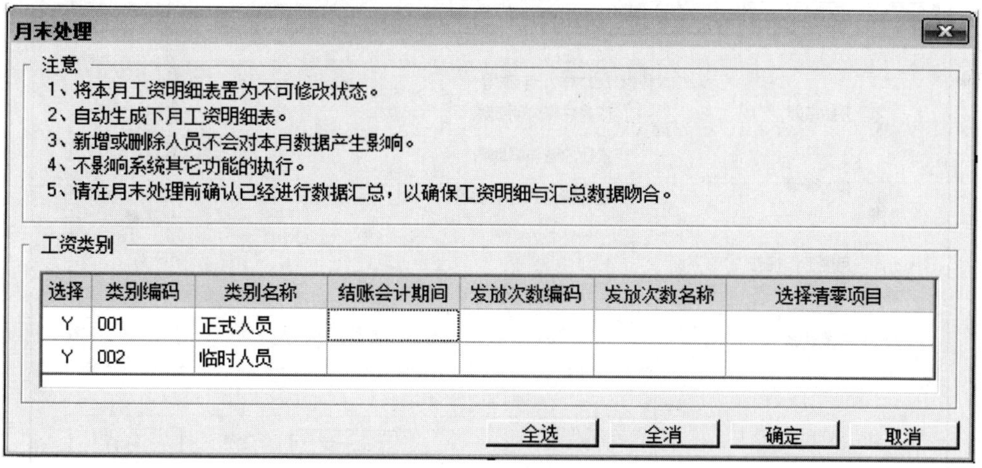


图 10－80 月末处理

（3）单击［确定］按钮，系统给出提示信息，如图 10－81 所示。

图 10－81 月末处理提示

（4）单击［是（Y）］按钮，系统自动进行结账，结账完毕后返回系统主窗口。

9. 总账管理系统结账

（1）2017 年 1 月 31 日，由财务部［ZJY 张静仪］执行【业务工作】—【财务会计】—【总账】—【期末】—【结账】命令，打开【结账】窗口，如图 10－82 所示。

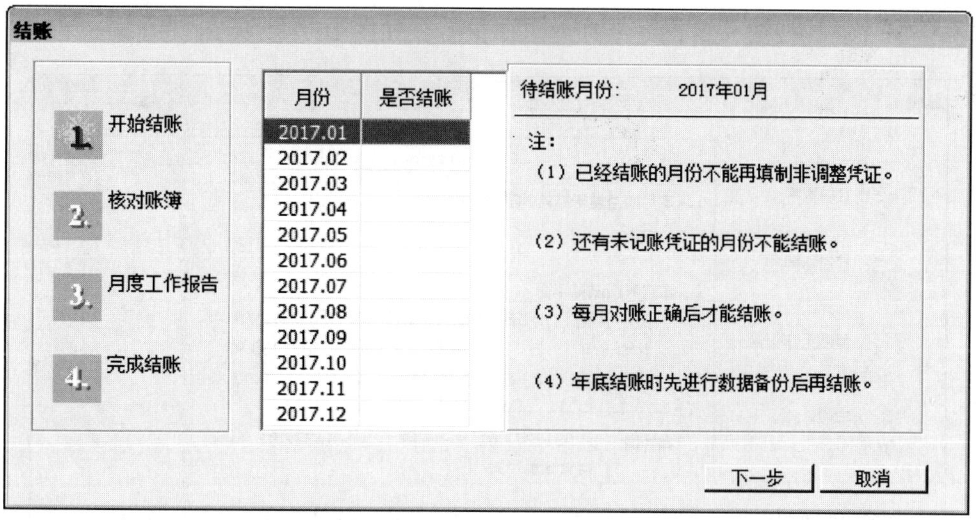


图 10－82 结账窗口

（2）单击［下一步］按钮，系统显示准备开始结账，如图 10－83 所示。

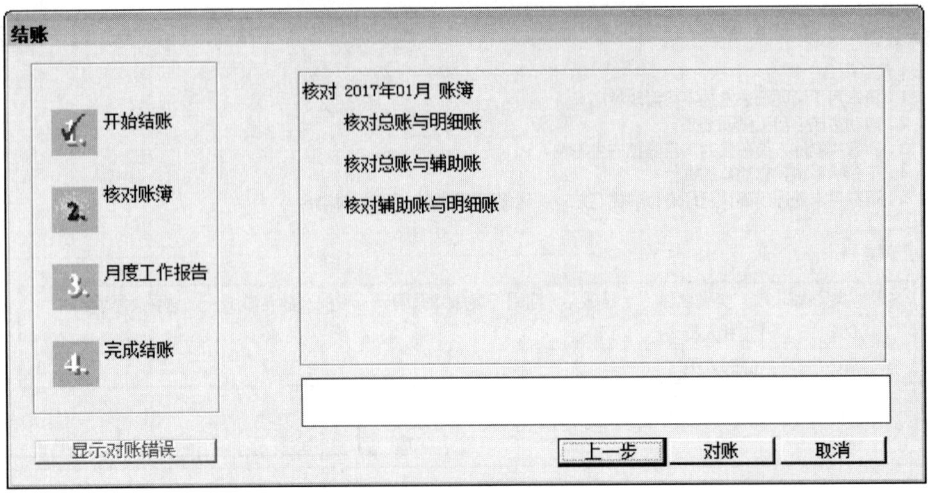


图 10－83　结账—开始结账

（3）单击［对账］按钮，系统显示对账完毕，如图 10－84 所示。

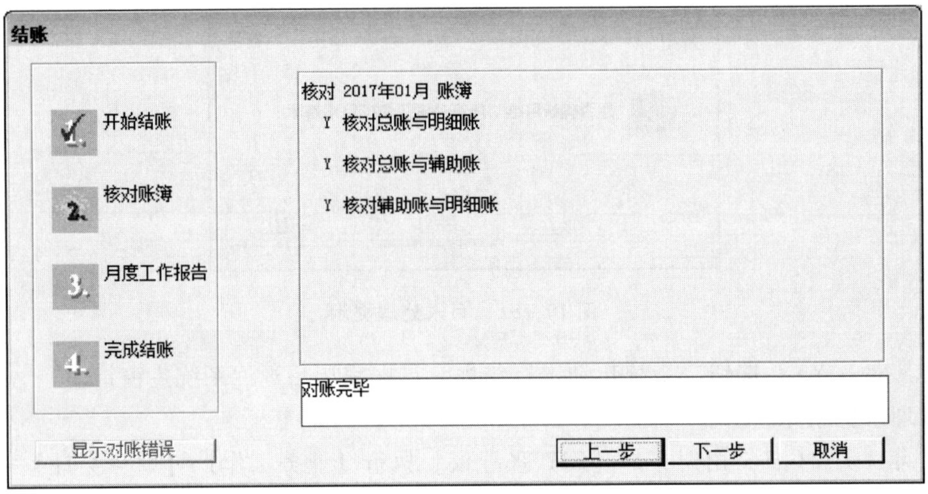


图 10－84　结账—核对账簿

（4）单击［下一步］按钮，系统显示月度工作报告，如图 10－85 所示。

图 10－85　结账—月度工作报告

（5）单击［下一步］按钮，系统显示是否可以结账提示，如图 10－86 所示。

**图 10－86 结账—工作检查完成**

（6）单击［结账］按钮，系统自动进行结账，结账完毕后返回系统主窗口。

**知识要点**

①信息化方式下各系统的月末结账，应遵循先结业务系统，再结财务系统，最后结总账管理系统的顺序。

②结账必须按月连续进行，不能跳月结账，上月未结账，本月不能结账。

③在用友 U8 系统中隐藏有反结账功能，以便于用户在学习演练中能够修正错误，操作方法是：以账套主管登录系统，在【结账】对话框中选择最近已结账的月份，按“Ctrl＋Shift＋F6”组合键并输入主管口令即可取消结账。

项目 11

# 报表管理系统信息化处理

**工作任务**

- 完成企业常用会计报表的设计工作
- 根据企业的实际需要完成有关报表的设计工作
- 完成会计报表的取数、保存和输出工作

**职业能力**

- 掌握信息化方式下正确编制会计报表的能力
- 具备信息化方式下报表间数据逻辑关系的分析、处理能力

**知识要求**

- 能理解信息化方式下会计报表设计的有关概念
- 能描述信息化方式下会计报表的编制流程
- 能理解会计报表间的数据逻辑关系

**技能要求**

- 能完成自定义报表的编制
- 能调用报表模板完成常用会计报表的编制
- 能正确处理报表间的逻辑关系

# 实训一　自定义报表信息化处理

【信息化要求】

编制会计报表是会计核算的一项专门方法，会计报表能够更为综合、系统、全面地反映企业的财务和业务情况。企业不仅需要编制规范的对外报表，还要根据经营管理需要编制大量的内部报表。

报表管理系统是会计信息系统中的一个子系统，它可以单独使用，也可以与其他子系统一块使用。报表管理系统可以独立完成表格制作、数据运算、图形分析等电子表格软件的功能，其基本功能就是按照用户的需求利用报表系统提供的报表制作工具及常见会计报表模板，设计并编制符合不同会计信息使用者所要求的会计报表，特别是内部管理报表更需要通过自定义方式并结合二次开发功能进行编制。

报表系统的具体功能可分为文件管理功能、格式管理功能、数据处理功能、图表处理功能及二次开发功能。

## 业务一　报表格式设计信息化处理

【业务描述】

2017 年 1 月 31 日，根据财务部门实际工作的需求，为了更方便、更准确地对资金进行统计、分析，需要在信息化方式下编制资金日报表，为此，从财务部门取得原始资料如图 11－1 所示。

资金日报表

年　月　日　　　　单位：元

| 科目编码 | 科目名称 | 昨日余额 | 本日收入 | 本日支出 | 本日结存 |
|---|---|---|---|---|---|
| 1001 | 库存现金 | | | | |
| 1002 | 银行存款 | | | | |
| 合计 | | | | | |

出纳：　　　　会计复核：

**图 11－1　［业务一　资金日报表］**

【业务分析】

该业务要求根据手工资金日报表的格式在信息系统方式下编制自定义报表。会计信息系统中一般提供了标准的会计报表模板供使用者使用，但是对于一些企业内部管理使用的报表，仍然需要通过自定义功能来完成报表的编制，并要充分考虑金额的取数公式。

【数据信息化】

数据来源：手工资金日报表格式

【操作人员】

由具有报表系统使用权限的操作员或财务部［ZJ 郑静］完成资金日报表格式的设计操作，操作日期：2017 年 1 月 31 日。

【信息化操作】

1. 建立空表

（1）2017 年 1 月 31 日，由财务部［ZJ 郑静］执行【业务工作】—【财务会计】—【UFO 报表】命令，进入“UFO 报表管理系统”，系统显示【日积月累】窗口，如图 11－2 所示。

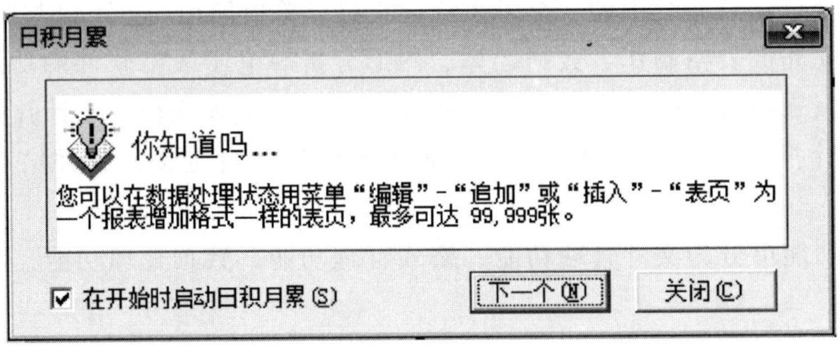


图 11－2　日积月累

（2）单击［关闭（C）］按钮，关闭【日积月累】窗口。

（3）执行菜单【文件】—【新建】命令，或单击工具栏上的［🗋］按钮创建一张空白表，窗口的左下角出现当前状态为“格式”状态。如图 11－3 所示。

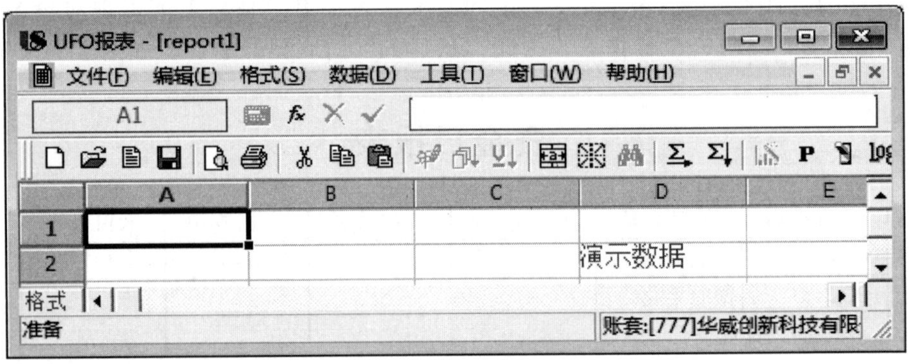


图 11－3　建立报表文件

2. 设置报表尺寸

（1）在“格式状态”下由财务部［ZJ 郑静］执行【格式】—【表尺寸】命令。打开【表尺寸】对话框，直接输入或通过微调按钮［÷］调整［行数］为“7”，［列数］为“6”，如图 11－4 所示。

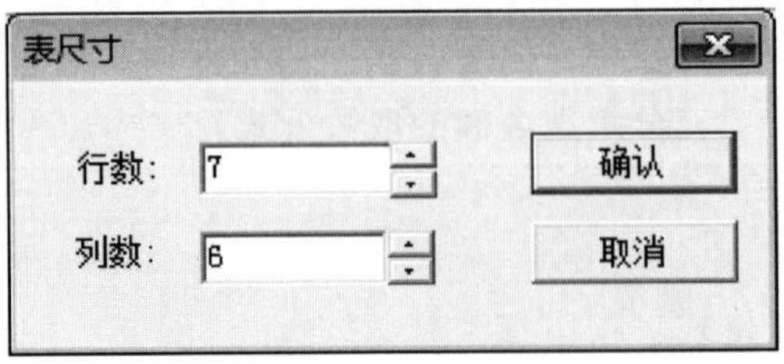


图 11－4　表尺寸

（2）单击［确认］按钮，确定报表尺寸大小，如图 11－5 所示。

图 11－5　报表尺寸设置完成

3. 定义组合单元

（1）在“格式状态”下选择组合的区域 A1：F1，如图 11－6 所示。

图 11－6　选择组合区域

（2）执行【格式】—【组合单元】命令，打开【组合单元】对话框，如图 11－7 所示。

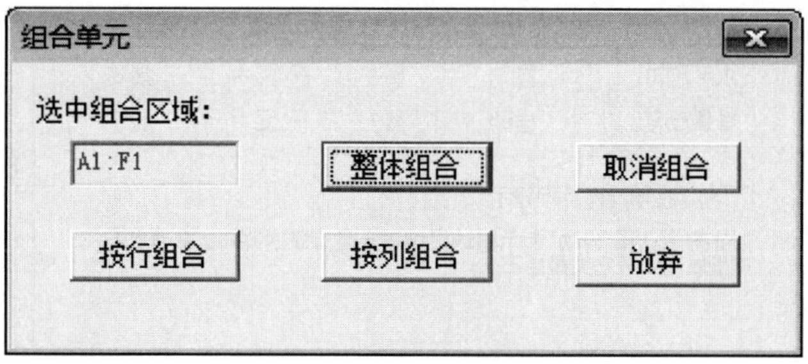


图 11－7　组合单元

（3）单击［整体组合］按钮，A1：F1 区域被合并为一个完整单元。

（4）选中 A1：F1 组合单元格，在其中输入“资金日报表”，如图 11－8 所示。

图 11－8　组合单元设置完成

4. 设置单元格属性

(1) 在“格式状态”下选择组合单元格 A1：F1，执行【格式】—【单元格属性】命令，打开【单元格属性】窗口。

(2) 选择【字体图案】选项卡，调整［字号］为“24”，［背景色］为“浅灰色”，如图 11－9 所示。

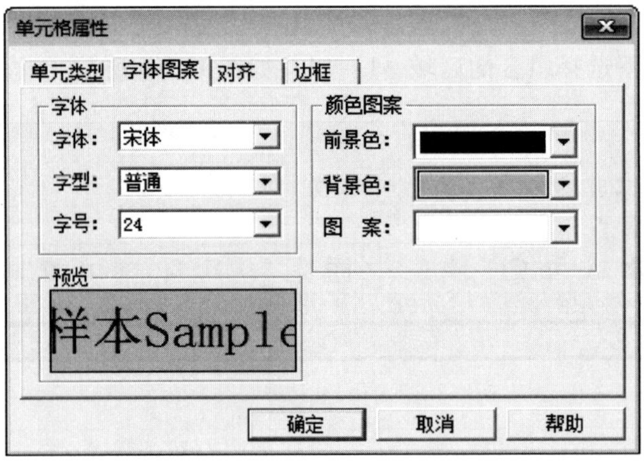


图 11－9　单元格属性—字体图案

(3) 选择【对齐】选项卡，调整对齐方式［水平方向］、［垂直方向］均为“居中”，如图 11－10 所示。

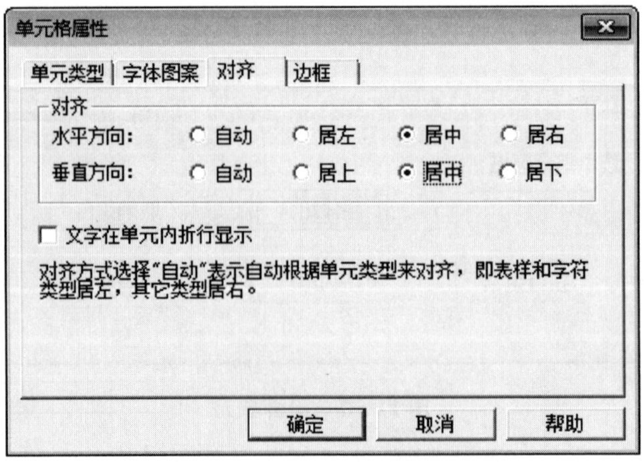


图 11－10　单元格属性—对齐

（4）单击［确定］按钮，完成单元格属性的设置，如图 11－11 所示。

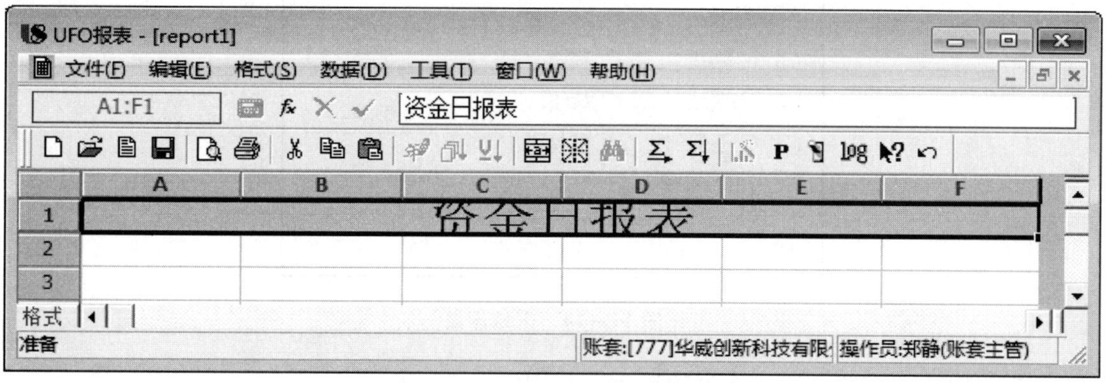


**图 11－11　单元格属性设置完成**

5. 设置行高/列宽

（1）在“格式状态”下选择组合单元格 A1：F1，执行【格式】—【行高】命令，打开【行高】对话框。

（2）直接输入或通过微调按钮［⇕］调整［行高］为“12”，如图 11－12 所示。

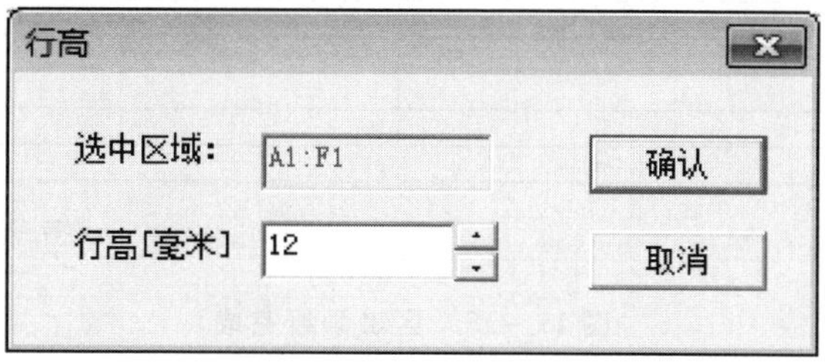


**图 11－12　行高**

（3）单击［确认］按钮，完成行高设置。

（4）执行【格式】—【列宽】命令，设置每列的列宽为“30”，如图 11－13 所示。

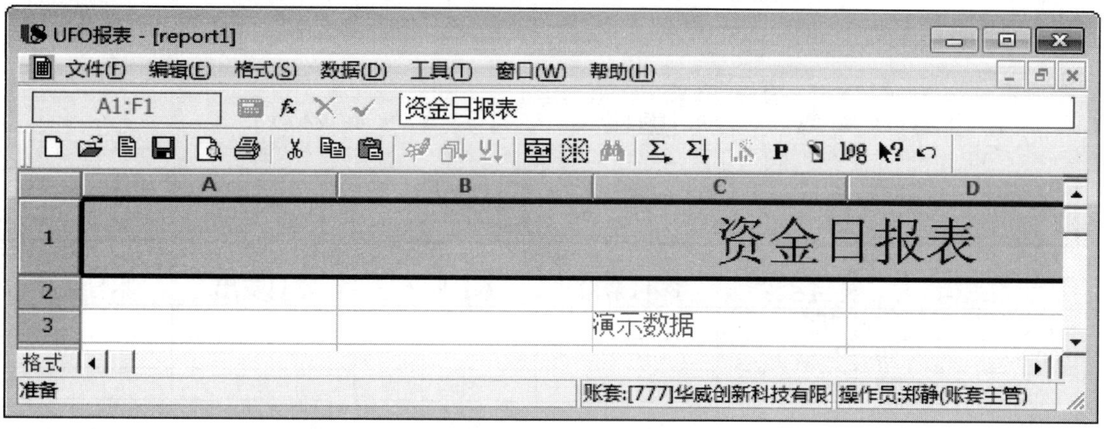


**图 11－13　行高、列宽设置完成**

6. 区域画线

（1）在“格式状态”下选择区域 A3：F6，执行【格式】—【区域画线】命令，打开【区域画线】对话框。

（2）选择［画线类型］为“网线”，［样式］为“———”，如图 11－14 所示。

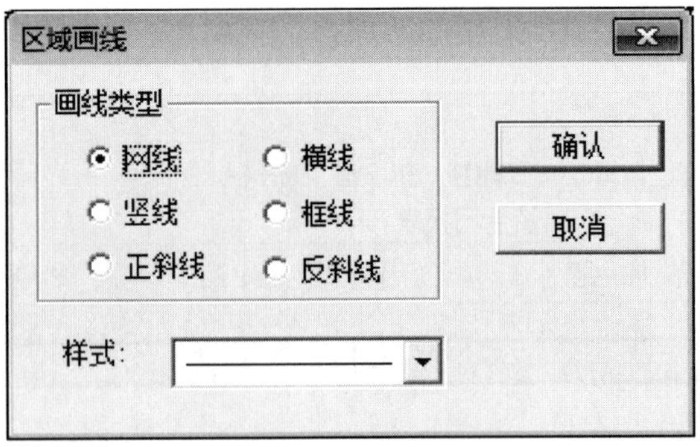


图 11－14　区域画线

（3）单击［确认］按钮，完成线框的绘制，如图 11－15 所示。

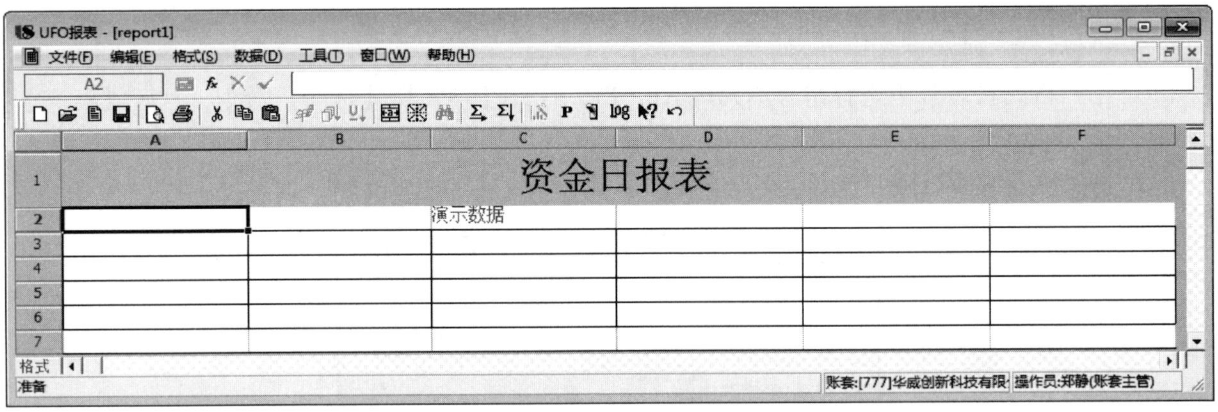


图 11－15　区域画线完成

7. 报表文字项目录入

依据以上方法，在“格式状态”下，按“资金日报表”的格式，依次输入报表的表头、表体、表尾内容，并对各单元格进行属性的调整、设置。结果如图 11－16 所示。

图 11－16　报表格式设计完成

8. 保存报表文件

（1）执行【文件】—【保存】命令或单击工具栏上的［ ］按钮，打开【另存为】对话框。

（2）选择自己的目标文件夹，在［文件名］文本框内输入文件名“资金日报表 . rep”，如图 11 – 17 所示。

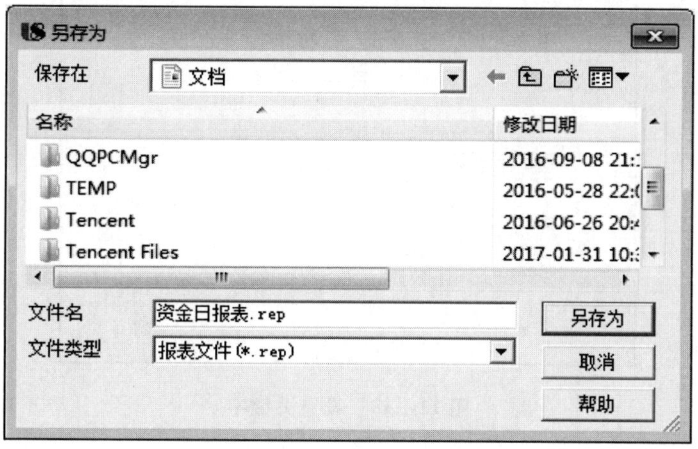


图 11 – 17　报表文件保存

（2）单击［另存为］按钮，保存文件。

## 业务二　关键字设置信息化处理

【业务描述】

对已经完成格式设计的资金日报表设置报表的关键字。

【业务分析】

关键字是用友报表管理系统中的特殊单元，主要用来唯一地标识一张表页，用于在大量的表页中快速定位某一张表页，同时，日期关键字还可以控制报表的取数期间，便于快速生成不同会计期间的会计报表。报表关键字必须通过在“格式状态”下的【数据—关键字—设置】功能完成，而关键字的值则在“数据状态”下的【数据—关键字—录入】功能下完成。

【数据信息化】

根据要求完成报表关键字的设置：在 C2 单元设置关键字“年”，在 D2 单元设置关键字“月”，在 D2 单元设置关键字“日”，同时调整关键字“月”的偏移量为“ – 30”。

【操作人员】

由具有报表系统使用权限的操作员或财务部［ZJ 郑静］完成报表关键字的设置操作，操作日期：2017 年 1 月 31 日。

【信息化操作】

1. 设置报表关键字

（1）2017 年 1 月 31 日，由财务部［ZJ 郑静］执行【业务工作】—【财务会计】—【UFO 报表】命令，进入“UFO 报表管理系统”，打开“资金日报表 . rep”。

（2）在“格式状态”下，选择 C2 单元格，执行【数据】—【关键字】—【设置】命令，打开【设置关键字】窗口，单击［年］单选按钮，如图 11－18 所示。

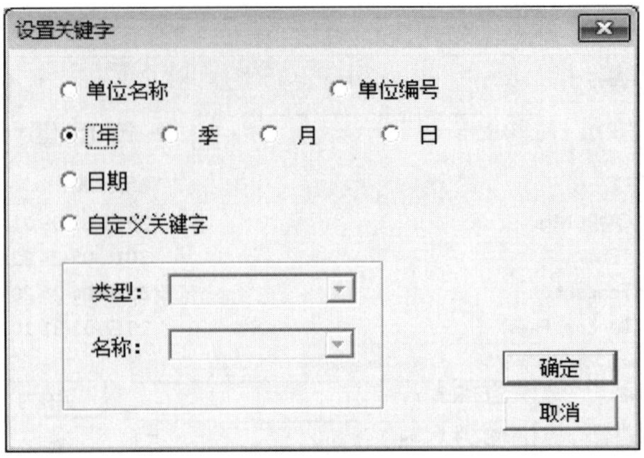


图 11－18　设置关键字

（3）单击［确定］按钮，完成关键字“年”的设置。

（4）重复以上步骤，在 D2 单元格设置关键字“月”、“日”，如图 11－19 所示。

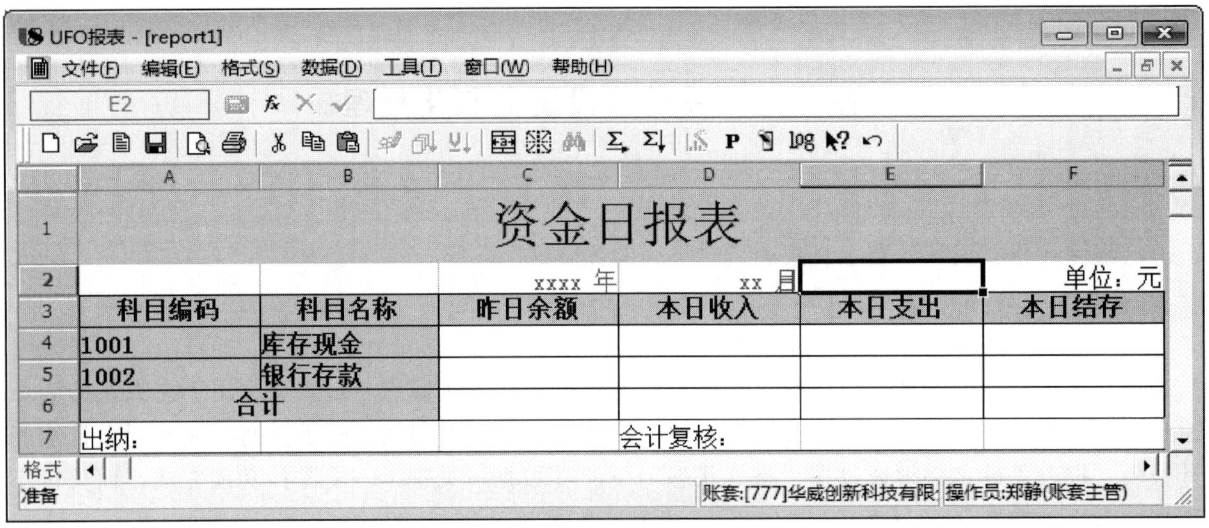


图 11－19　关键字设置完成

2. 设置关键字偏移量

（1）在“格式状态”下，执行【数据】—【关键字】—【偏移】命令，打开【定义关键字偏移】窗口，直接输入或通过微调按钮［÷］调整关键字“月”的偏移量为“－30”，如图 11－20 所示。

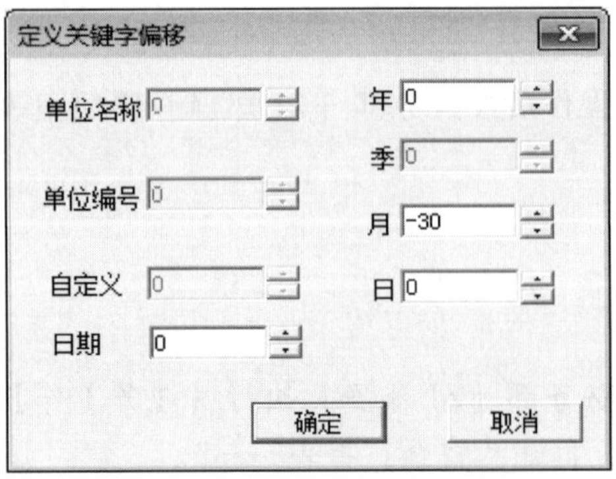


图 11－20　定义关键字偏移

（2）单击［确定］按钮，完成关键字偏移量的调整，如图 11－21 所示。

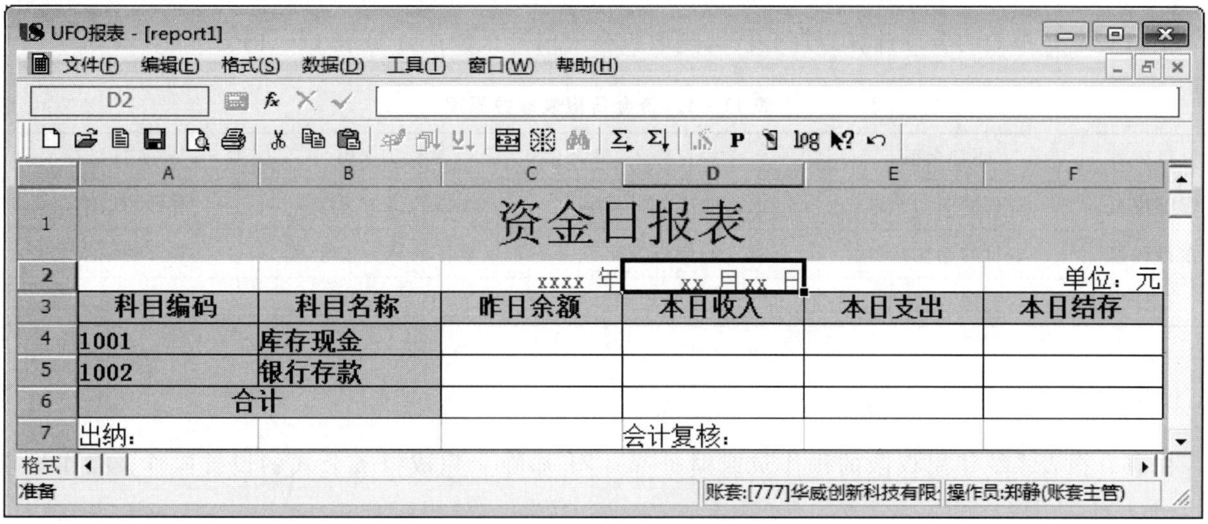


**图 11－21 关键字偏移调整完成**

**知识要点**

①对单元格文字的属性、文字对齐方式、字体、字号的调整均在【格式－单元属性】此功能下进行。确定一个报表数据需要表页名、行号、列号三个要素。

②格式状态下输入内容的单元默认为表样单元，也就是用于存放格式信息的单元，未输入内容的单元默认为数值单元。表样单元对所有表页有效，数值和字符单元只对当前表页有效。

③定义为数值及字符类型的单元，其值要在报表数据状态下录入。

④关键字的设置在格式状态下操作，关键字的值的录入在数据状态下进行。关键字可以设置多个，但不能相同。

⑤关键字位置设置错误时，可以重新选择单元格，再重新设置关键字。

## 业务三 公式设置信息化处理

【业务描述】

对已经完成格式设计的资金日报表设置报表的取数公式。

【业务分析】

该笔业务要求定义报表的取数公式。手工方式下编制报表，其数据来源主要依据查询账簿并根据报表的要求对数据进行计算、汇总、整理得到，通常情况下，数据的改变意味着需要重新编制整张报表，工作量较大。信息化方式下，通过定义取数公式，将手工方式下数据的处理规则、原理嵌入公式中，可以实现对报表数据的自动化处理，在原始数据发生改变时，也不需要修改公式，只需要重新计算取数即可，极大地提高了会计工作效率。

【数据信息化】

根据资金日报表的金额计算原理分析得到取数公式信息化数据（见表 11 - 1）：

**表 11 - 1　资金日报表取数原理**

| 科目名称 | 昨日余额 | 本日收入 | 本日支出 | 本日结存 |
|---|---|---|---|---|
| 库存现金 | 本日的期初余额 | 本日的借方发生额 | 本日的贷方发生额 | 本日的期末余额 |
| 银行存款 | 本日的期初余额 | 本日的借方发生额 | 本日的贷方发生额 | 本日的期末余额 |
| 合计 | 上述两项和 | 上述两项和 | 上述两项和 | 上述两项和 |

【操作人员】

由具有报表系统使用权限的操作员或财务部［ZJ 郑静］完成报表公式的设置操作，操作日期：2017 年 1 月 31 日。

【信息化操作】

1. “昨日余额”公式设置

（1）由财务部［ZJ 郑静］打开“资金日报表 . rep”，在“格式状态”下单击选中 C4 单元格，执行【数据】—【编辑公式】—【单元公式】命令，或直接按“=”号，或点击工具栏［fx］按钮，打开【定义公式】窗口，如图 11 - 22 所示。

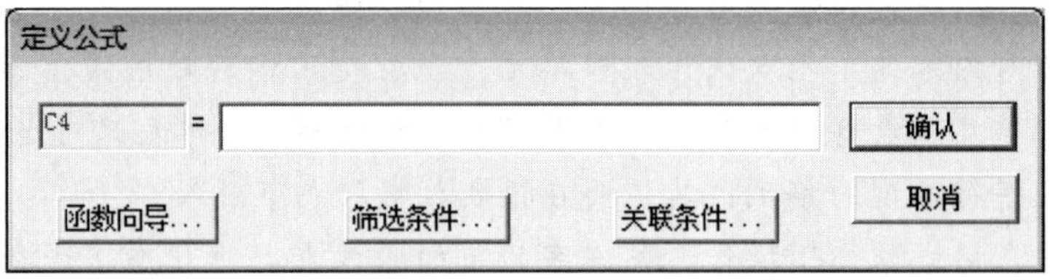


**图 11 - 22　定义公式**

（2）单击［函数向导…］按钮，打开【函数向导】窗口，在［函数分类］列表中点击“用友账务函数”，在［函数名］列表中选择“期初（QC）”函数，如图 11 - 23 所示。

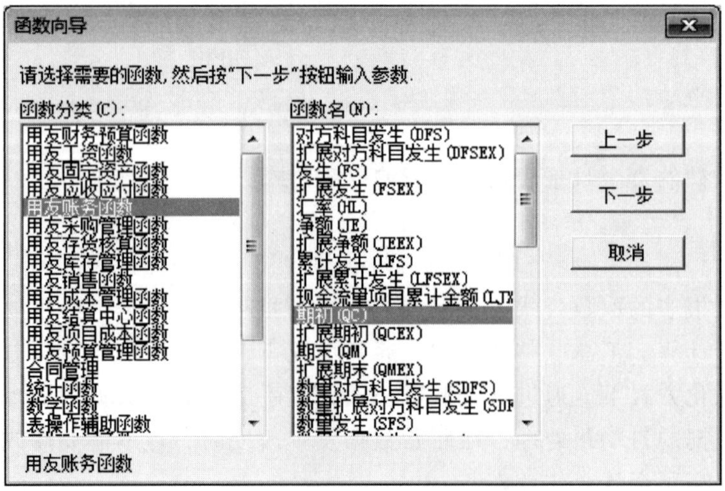


**图 11 - 23　函数向导—函数选择（QC）**

（3）单击［下一步］按钮，系统显示【用友账务函数】窗口，如图11－24所示。

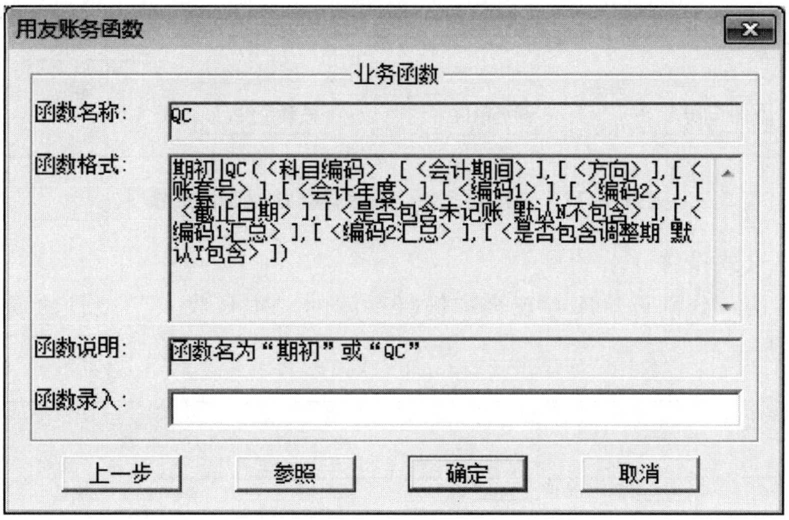


图11－24 用友账务函数

（4）单击［参照］按钮，系统打开【账务函数】窗口，选择［期间］下拉列表为"日期"，其余参数为默认值，如图11－25所示。

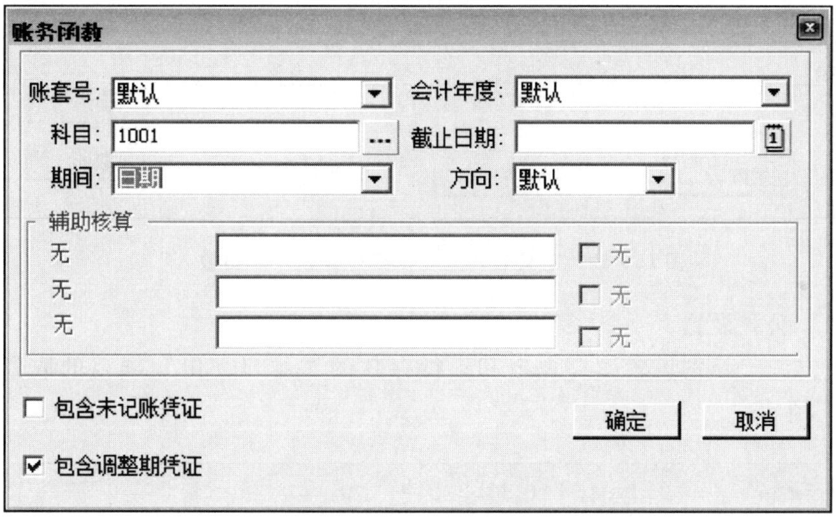


图11－25 账务函数

（5）连续单击［确定］按钮，返回【定义公式】窗口，系统显示定义好的取数公式，如图11－26所示。

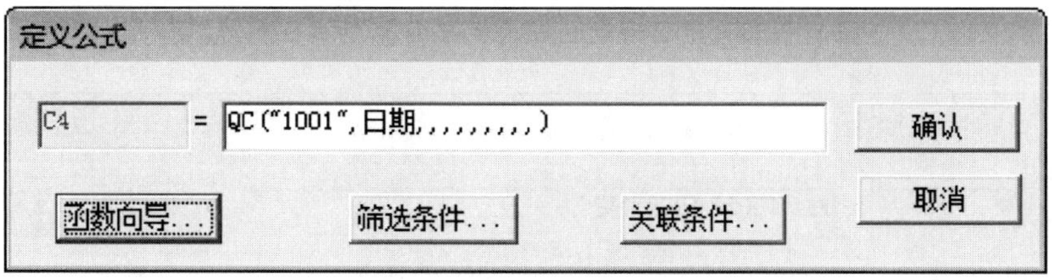


图11－26 定义公式完成—库存现金"昨日余额"

（6）单击［确认］按钮，完成库存现金"昨日余额"公式的定义。

（7）选择C5单元格，完成银行存款"昨日余额"公式的定义，如图11－27所示。

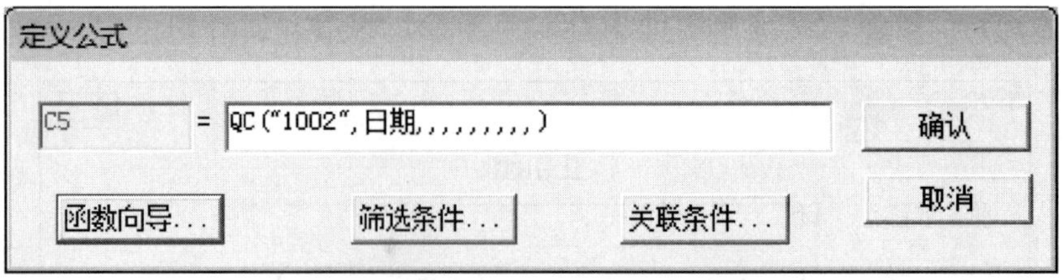


图 11－27　定义公式完成—银行存款“昨日余额”

2. “本日收入”公式设置

按以上的操作方法，分别设置库存现金和银行存款的“本日收入”项目的取数公式。结果如图 11－28、图 11－29 所示。

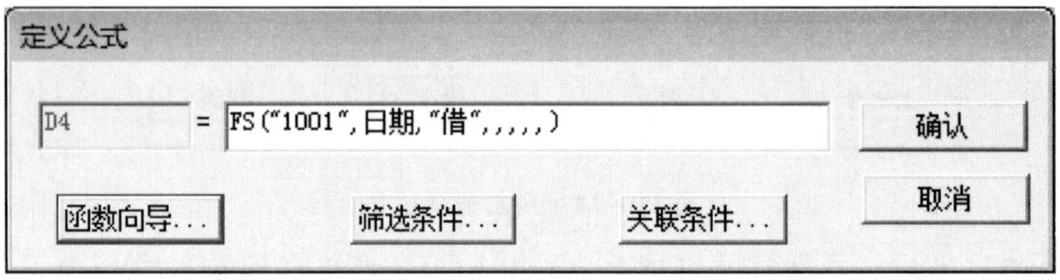


图 11－28　定义公式完成—库存现金“本日收入”

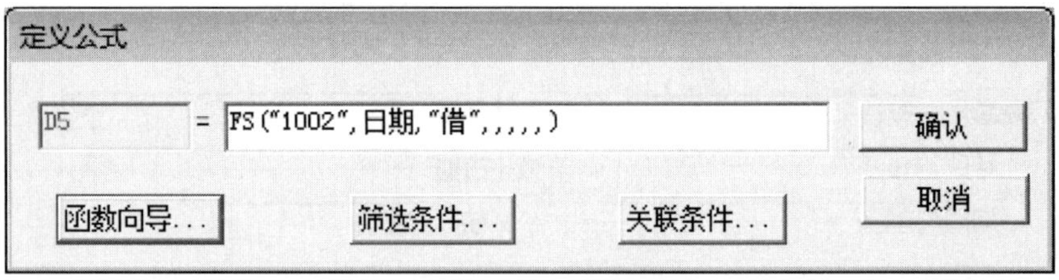


图 11－29　定义公式完成—银行存款“本日收入”

3. “本日支出”公式设置

按以上的操作方法，分别设置库存现金和银行存款的“本日支出”项目的取数公式。结果如图 11－30、图 11－31 所示。

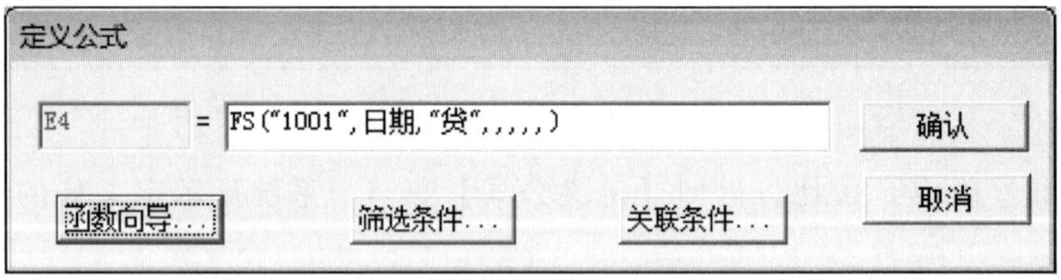


图 11－30　定义公式完成—库存现金“本日支出”

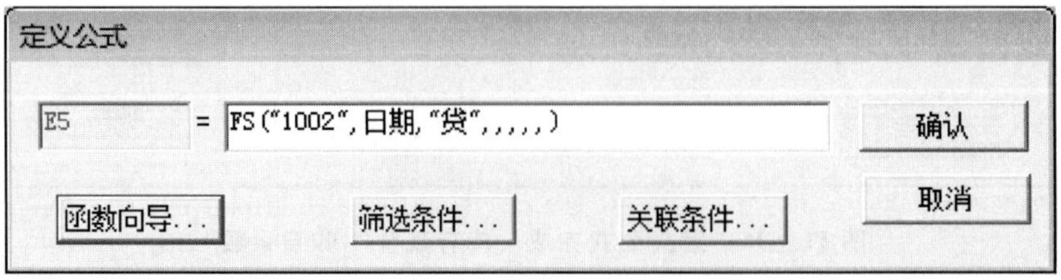


图 11－31　定义公式完成—银行存款“本日支出”

4. “本日结存”公式设置

按以上的操作方法，分别设置库存现金和银行存款的“本日结存”项目的取数公式。结果如图 11－32、图 11－33 所示。

图 11－32　定义公式完成—库存现金“本日结存”

图 11－33　定义公式完成—银行存款“本日结存”

5. “合计”公式设置

（1）在“格式状态”下单击选中 C6 单元格，执行【数据】—【编辑公式】—【单元公式】命令，或直接按“＝”号，或点击工具栏［fx］按钮，打开【定义公式】窗口。

（2）单击［函数向导…］按钮，打开【函数向导】窗口，在［函数分类］列表中点击“统计函数”，在［函数名］列表中选择“PTOTAL”函数，如图 11－34 所示。

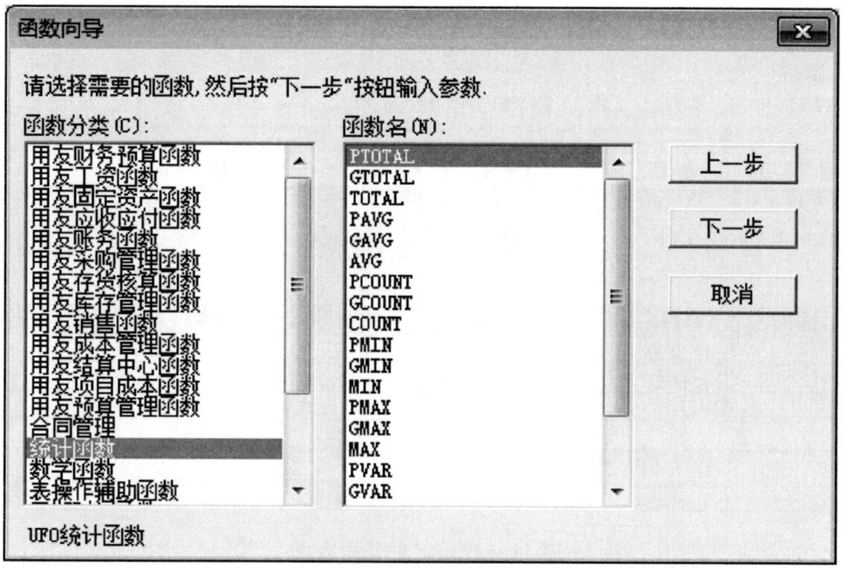


图 11－34　函数向导—函数选择（PTOTAL）

（3）单击［下一步］按钮，系统显示【固定区统计函数】窗口，在［固定区区域］文本框内输入“C4：C5”，如图 11－35 所示。

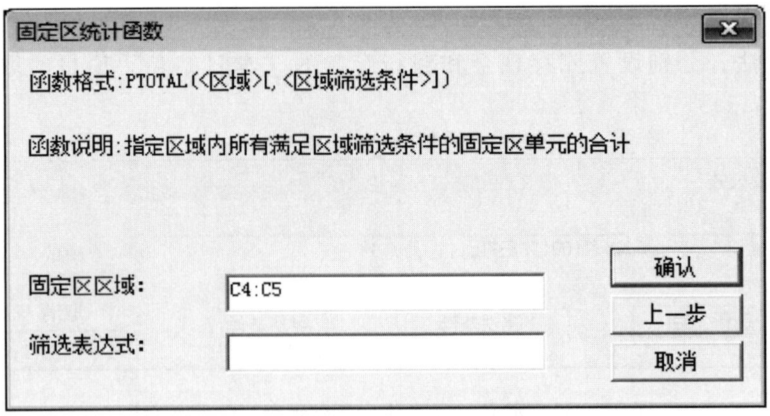


图 11－35　固定区统计函数

（4）单击［确认］按钮，返回【定义公式】窗口，如图 11－36 所示。

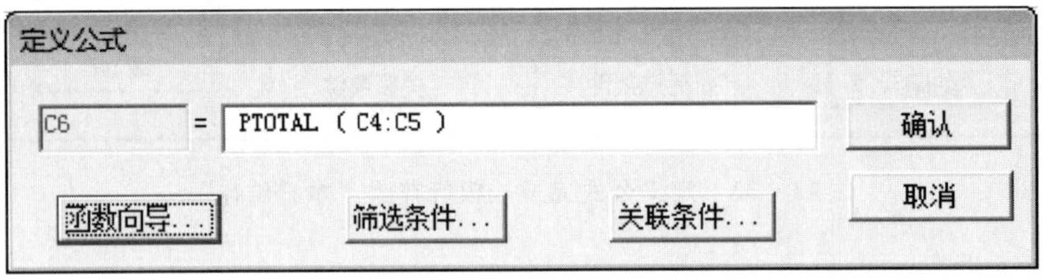


图 11－36　定义公式完成—昨日余额“合计”

（5）单击［确认］完成昨日余额“合计”项的取数公式定义。昨日余额的、“合计”项公式也可以在【定义公式】窗口下直接输入“C4＋C5”公式。

（6）重复以上步骤，完成本日收入、本日支出、本日结存的“合计”项的公式定义。结果如图 11－37 所示。

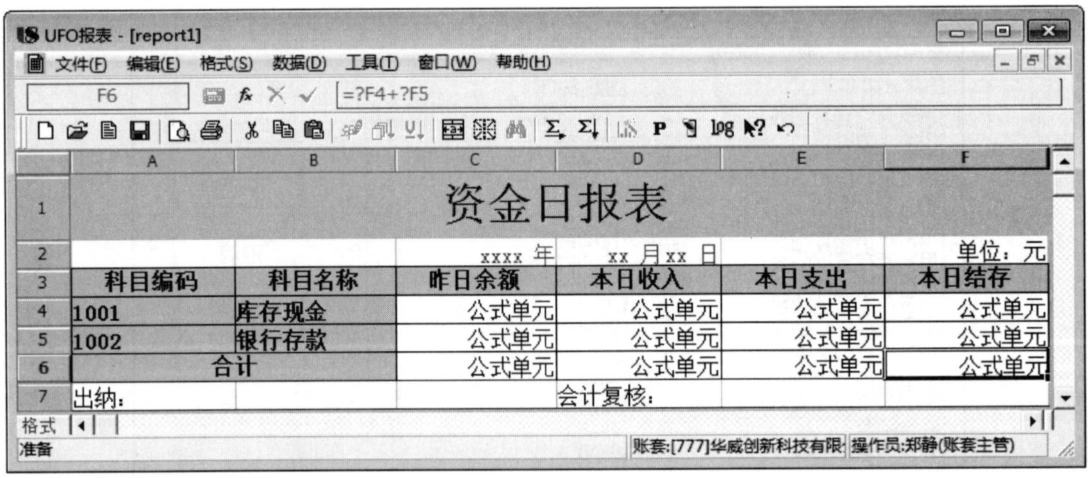


图 11－37　定义公式完成

**知识要点**

①公式中的所有符号均需要采用英文半角字符。

②报表公式可以直接输入，也可以采用向导的方法来完成。

## 业务四　公式取数信息化处理

【业务描述】

对已经完成公式定义的资金日报表进行生成数据操作。

【业务分析】

该笔业务要求生成资金日报表的具体数据。报表的数据，或者来源于手工录入，或者来源于报表管理系统其他报表，再或者来源于会计信息系统内其他子系统中。公式取数，就是根据定义好的公式从以上三种方式下获取数据的过程，一般情况下，常用的会计报表数据主要从总账管理系统中获取。

【操作人员】

由具有报表系统使用权限的操作员或财务部［ZJ 郑静］完成报表公式的取数操作，操作日期：2017 年 1 月 31 日。

【信息化操作】

（1）由财务部［ZJ 郑静］打开“资金日报表.rep”，点击窗口左下角的“格式”按钮切换到“数据状态”，执行【数据】—【关键字】—【录入】命令，分别录入关键字［年］为“2017”，［月］为“1”，［日］为“31”，如图 11－38 所示。

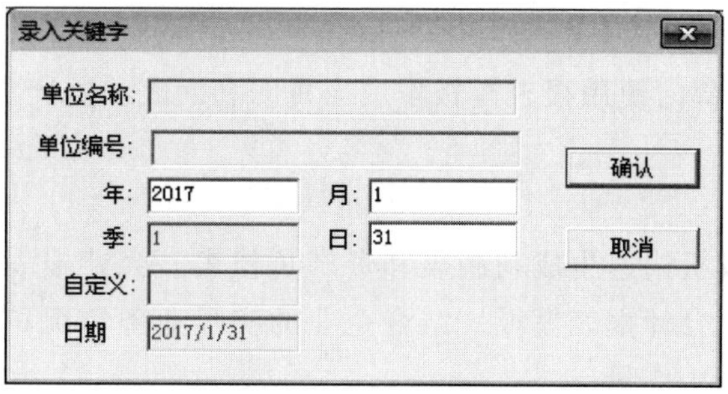


图 11－38　录入关键字

（2）单击［确认］按钮，系统提示“是否重算第 1 页?”。

（3）单击［是（Y）］按钮，系统自动进行计算并显示计算结果，如图 11－39 所示。

图 11－39　报表取数结果—资金日报表

（4）单击［💾］按钮保存文件。

**知识要点**

①报表的关键字在“数据状态”下录入，日期关键字决定了报表的取数期间。

②如果修改了报表公式，应该在数据状态下使用［数据］菜单下的“表页重算”或“整表重算”功能对报表进行重新计算。

## 实训二　报表模板调用信息化处理

【信息化要求】

会计信息化方式下，报表管理系统通常会提供按行业设置的报表模板，为每个行业提供若干张标准的会计报表模板，以便用户直接从中选择合适的模板快速生成固定格式的会计报表。用户不仅可以修改系统提供报表模板中的公式，而且可以生成、调用自行设计的报表模板。报表模板的使用，可以极大地提高编制会计报表的工作效率，同时又可以保证会计报表编制的准确、及时。

【业务描述】

2017 年 1 月 31 日，财务部门使用报表模板生成当月的利润表和资产负债表。

【业务分析】

该笔业务要求使用报表模板快速生成利润表和资产负债表。会计报表管理系统提供了多种常用的对外报表模板。利用系统中的会计报表模板，结合企业的实际业务情况稍加修改来编制报表，可以最大限度地减轻用户报表编制的工作量。

【操作人员】

由具有报表系统使用权限的操作员或财务部［ZJ 郑静］完成调用报表模板编制利润表和资产负债表，并生成报表数据的操作，操作日期：2017 年 1 月 31 日。

【信息化操作】

（1）2017 年 1 月 31 日，由财务部［ZJ 郑静］执行【业务工作】—【财务会计】—【UFO 报表】命令，进入“UFO 报表管理系统”。

（2）执行菜单【文件】—【新建】命令，或单击工具栏上的［🗋］按钮创建一张空白表，窗口的左下角出现当前状态为“格式”状态。

（3）在“格式状态”下执行【格式】—【报表模板】命令，系统打开【报表模板】对话框，在［您所在的行业］下拉列表中选择“2007 年新会计制度科目”，在［财务报表］下拉列表中选择［利润表］，如图 11－40 所示。

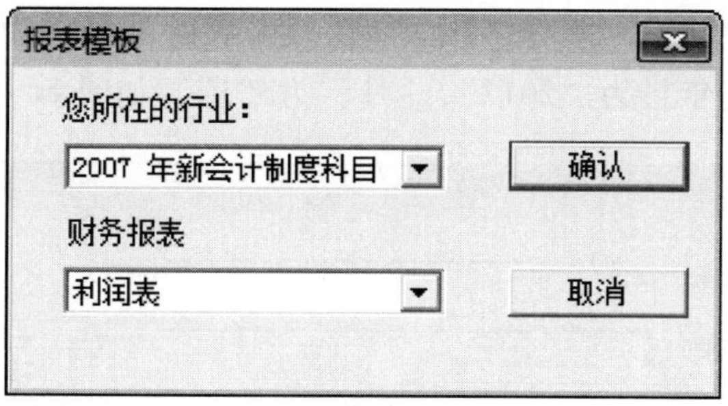


图 11－40　报表模板—利润表

（4）单击［确认］按钮，系统提示“模板格式将覆盖本表格式！是否继续？”。

（5）单击［确定］按钮，系统生成利润表格式，如图 11－41 所示。

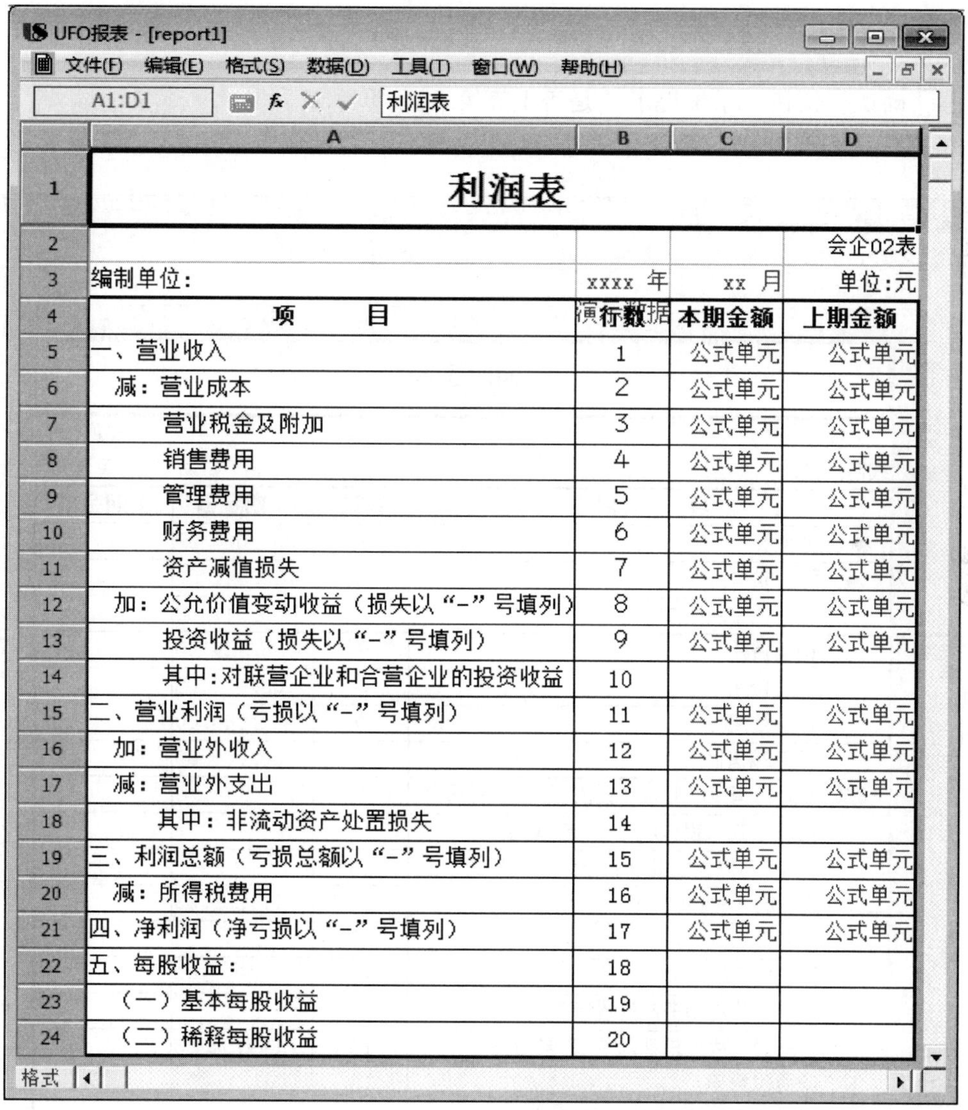


| | A | B | C | D |
|---|---|---|---|---|
| 1 | 利润表 | | | |
| 2 | | | | 会企02表 |
| 3 | 编制单位: | xxxx 年 | xx 月 | 单位:元 |
| 4 | 项　　目 | 行数 | 本期金额 | 上期金额 |
| 5 | 一、营业收入 | 1 | 公式单元 | 公式单元 |
| 6 | 减：营业成本 | 2 | 公式单元 | 公式单元 |
| 7 | 营业税金及附加 | 3 | 公式单元 | 公式单元 |
| 8 | 销售费用 | 4 | 公式单元 | 公式单元 |
| 9 | 管理费用 | 5 | 公式单元 | 公式单元 |
| 10 | 财务费用 | 6 | 公式单元 | 公式单元 |
| 11 | 资产减值损失 | 7 | 公式单元 | 公式单元 |
| 12 | 加：公允价值变动收益（损失以“-”号填列） | 8 | 公式单元 | 公式单元 |
| 13 | 投资收益（损失以“-”号填列） | 9 | 公式单元 | 公式单元 |
| 14 | 其中：对联营企业和合营企业的投资收益 | 10 | | |
| 15 | 二、营业利润（亏损以“-”号填列） | 11 | 公式单元 | 公式单元 |
| 16 | 加：营业外收入 | 12 | 公式单元 | 公式单元 |
| 17 | 减：营业外支出 | 13 | 公式单元 | 公式单元 |
| 18 | 其中：非流动资产处置损失 | 14 | | |
| 19 | 三、利润总额（亏损总额以“-”号填列） | 15 | 公式单元 | 公式单元 |
| 20 | 减：所得税费用 | 16 | 公式单元 | 公式单元 |
| 21 | 四、净利润（净亏损以“-”号填列） | 17 | 公式单元 | 公式单元 |
| 22 | 五、每股收益： | 18 | | |
| 23 | （一）基本每股收益 | 19 | | |
| 24 | （二）稀释每股收益 | 20 | | |

图 11－41　利润表格式

（6）点击窗口左下角的“格式”按钮将报表切换到“数据状态”，执行【数据】—【关键字】—【录入】命令，分别录入关键字［年］为“2017”，［月］为“1”，如图 11－42 所示。

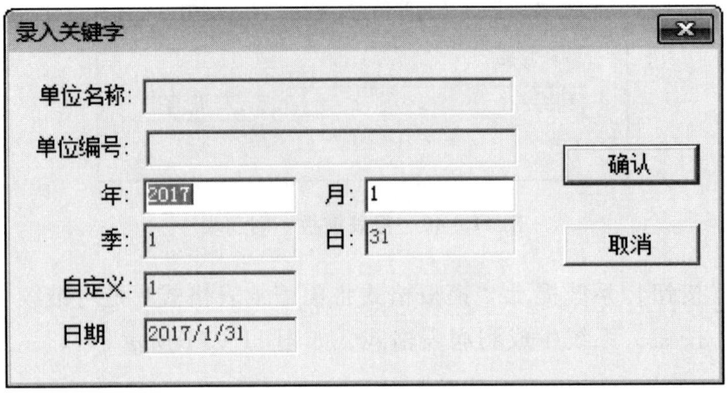


图 11－42　录入关键字

（7）单击［确认］按钮，系统提示“是否重算第 1 页?”。

（8）单击［是（Y）］按钮，系统自动进行计算并显示计算结果，如图 11－43 所示。

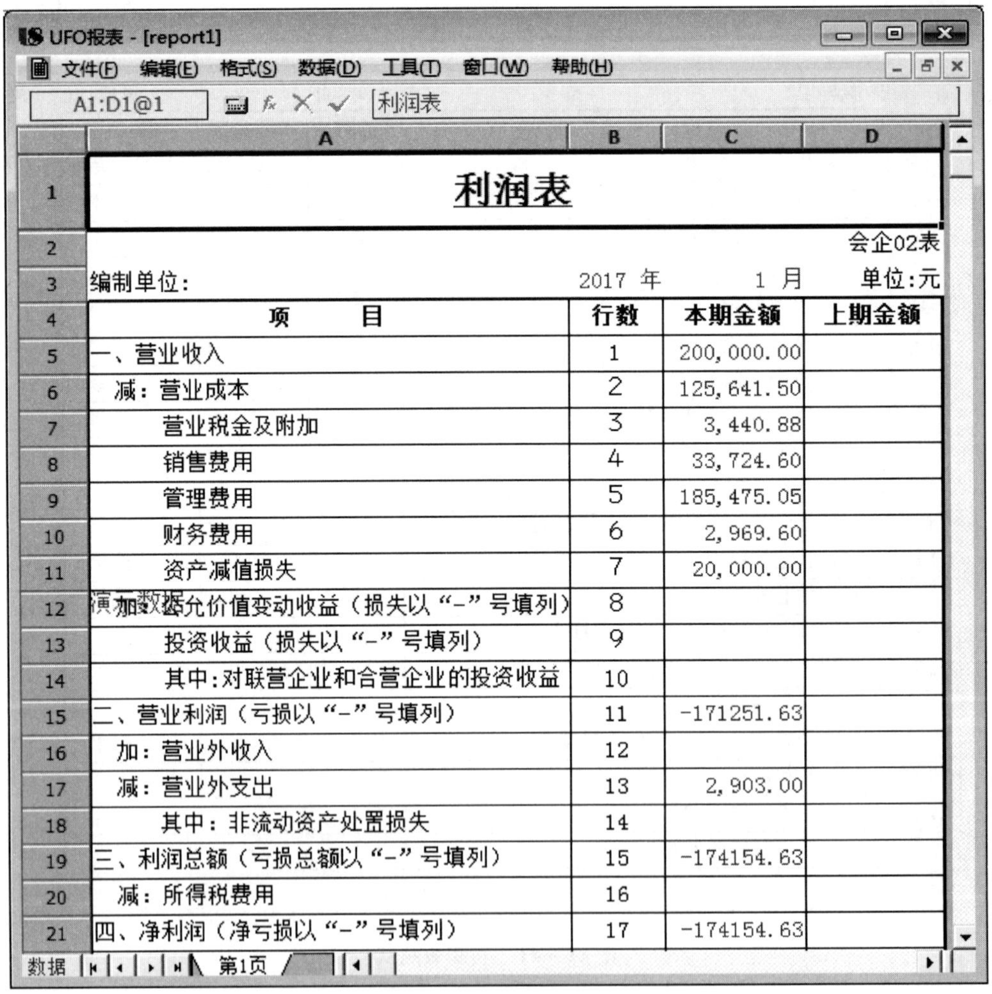


利润表

会企02表

| 编制单位： | 2017 年 | 1 月 | 单位：元 |
|---|---|---|---|
| 项　　目 | 行数 | 本期金额 | 上期金额 |
| 一、营业收入 | 1 | 200, 000. 00 | |
| 减：营业成本 | 2 | 125, 641. 50 | |
| 营业税金及附加 | 3 | 3, 440. 88 | |
| 销售费用 | 4 | 33, 724. 60 | |
| 管理费用 | 5 | 185, 475. 05 | |
| 财务费用 | 6 | 2, 969. 60 | |
| 资产减值损失 | 7 | 20, 000. 00 | |
| 加：公允价值变动收益（损失以“-”号填列） | 8 | | |
| 投资收益（损失以“-”号填列） | 9 | | |
| 其中：对联营企业和合营企业的投资收益 | 10 | | |
| 二、营业利润（亏损以“-”号填列） | 11 | -171251. 63 | |
| 加：营业外收入 | 12 | | |
| 减：营业外支出 | 13 | 2, 903. 00 | |
| 其中：非流动资产处置损失 | 14 | | |
| 三、利润总额（亏损总额以“-”号填列） | 15 | -174154. 63 | |
| 减：所得税费用 | 16 | | |
| 四、净利润（净亏损以“-”号填列） | 17 | -174154. 63 | |

图 11－43　报表取数结果—利润表

（9）单击［保存］按钮，以“利润表 . rep”文件名保存文件。

（10）按以上方法，调用报表模板生成当月资产负债表并进行报表计算，结果如图 11－44 所示。

| | A | B | C | D | E | F | G | H |
|---|---|---|---|---|---|---|---|---|
| 1 | | | | 资产负债表 | | | | |
| 2 | | | | | | | | 会企01表 |
| 3 | 编制单位： | | 2017 年 | 1 月 | 31 日 | | | 单位:元 |
| 4–5 | 资　　产 | 行次 | 期末余额 | 年初余额 | 负债和所有者权益（或股东权益） | 行次 | 期末余额 | 年初余额 |
| 6 | 流动资产： | | | | 流动负债： | | | |
| 7 | 货币资金 | 1 | 1,955,509.26 | 2,117,057.86 | 短期借款 | 32 | 100,000.00 | 100,000.00 |
| 8 | 交易性金融资产 | 2 | | | 交易性金融负债 | 33 | | |
| 9 | 应收票据 | 3 | | | 应付票据 | 34 | | |
| 10 | 应收账款 | 4 | 20,686.75 | 52,386.75 | 应付账款 | 35 | 8,000.00 | 19,700.00 |
| 11 | 预付款项 | 5 | 10,000.00 | 10,000.00 | 预收款项 | 36 | 40,000.00 | 10,000.00 |
| 12 | 应收利息 | 6 | | | 应付职工薪酬 | 37 | 292,410.18 | 280,173.50 |
| 13 | 应收股利 | 7 | | | 应交税费 | 38 | 39,027.90 | 117,746.50 |
| 14 | 其他应收款 | 8 | 2,000.00 | 5,000.00 | 应付利息 | 39 | 500.00 | |
| 15 | 存货 | 9 | 演示数据 1,819,049.90 | 1,822,797.20 | 应付股利 | 40 | | |
| 16 | 一年内到期的非流动资产 | 10 | | | 其他应付款 | 41 | | |
| 17 | 其他流动资产 | 11 | | | 一年内到期的非流动负债 | 42 | | |
| 18 | 流动资产合计 | 12 | 3,807,245.91 | 4,007,241.81 | 其他流动负债 | 43 | | |
| 19 | 非流动资产： | | | | 流动负债合计 | 44 | 479,938.08 | 527,620.00 |
| 20 | 可供出售金融资产 | 13 | | | 非流动负债： | | | |
| 21 | 持有至到期投资 | 14 | | | 长期借款 | 45 | | |
| 22 | 长期应收款 | 15 | | | 应付债券 | 46 | | |
| 23 | 长期股权投资 | 16 | | | 长期应付款 | 47 | | |
| 24 | 投资性房地产 | 17 | | | 专项应付款 | 48 | | |
| 25 | 固定资产 | 18 | 1,504,126.10 | 1,525,966.75 | 预计负债 | 49 | | |
| 26 | 在建工程 | 19 | | | 递延所得税负债 | 50 | | |
| 27 | 工程物资 | 20 | | | 其他非流动负债 | 51 | | |
| 28 | 固定资产清理 | 21 | | | 非流动负债合计 | 52 | | |
| 29 | 生产性生物资产 | 22 | | | 负债合计 | 53 | 479938.08 | 527620.00 |
| 30 | 油气资产 | 23 | | | 所有者权益（或股东权益）： | | | |
| 31 | 无形资产 | 24 | | | 实收资本（或股本） | 54 | 4,000,000.00 | 4,000,000.00 |
| 32 | 开发支出 | 25 | | | 资本公积 | 55 | 505,588.56 | 505,588.56 |
| 33 | 商誉 | 26 | | | 减：库存股 | 56 | | |
| 34 | 长期待摊费用 | 27 | | | 盈余公积 | 57 | | |
| 35 | 递延所得税资产 | 28 | | | 未分配利润 | 58 | 325,845.37 | 500,000.00 |
| 36 | 其他非流动资产 | 29 | | | 所有者权益（或股东权益）合计 | 59 | 4,831,433.93 | 5,005,588.56 |
| 37 | 非流动资产合计 | 30 | 1504126.10 | 1525966.75 | | | | |
| 38 | 资产总计 | 31 | 5311372.01 | 5533208.56 | 负债和所有者权益(或股东权益)总计 | 60 | 5,311,372.01 | 5,533,208.56 |

图 11－44　报表取数结果—资产负债表

（11）单击［💾］按钮，以“资产负债表 . rep”文件名保存文件。

**知识要点**

①选择报表模板时，所在行业的选择应与建立账套时所选行业相一致。

②在从格式状态转入数据状态，系统提示表页计算时，如果没有设置“年”、“月”、“日”关键字或没有输入其值，则 UFO 系统默认按计算机系统时间为关键字的值计算生成报表数据。